엑스포지멘터리

미가·나훔
하박국·스바냐
학개·스가랴
말라기

엑스포지멘터리 미가·나훔·하박국·스바냐·학개·스가랴·말라기

초판 1쇄 발행 2011년 6월 10일
개정판 1쇄 발행 2020년 3월 20일

지은이 송병현

펴낸곳 도서출판 이엠
등록번호 제25100-2015-000063
주소 서울시 구로구 공원로 3번지
전화 070-8832-4671
E-mail empublisher@gmail.com

내용 및 세미나 문의 스타선교회: 02-520-0877 / EMail: starofkorea@gmail.com / www.star123.kr

ISBN 979-11-86880-71-5 93230

※ 가격은 표지 뒷면에 있습니다.

「이 도서의 국립중앙도서관 출판시 도서목록(CIP)은 서지정보유통지원시스템 홈페이지(http://seoji.nl.go.kr)와 국가자료공동목록시스템(http://www.nl.go.kr/kolisnet)에서 이용하실 수 있습니다. (CIP제어번호:CIP2015000753)」

엑스포지멘터리

미가·나훔
하박국·스바냐
학개·스가랴
말라기

| **송병현** 지음 |

EXPOSItory comMENTARY

EM Exposi Mentary

차례

엑스포지멘터리 미가

엑스포지멘터리 나훔

엑스포지멘터리 하박국

엑스포지멘터리 스바냐

엑스포지멘터리 학개

엑스포지멘터리 스가랴

엑스포지멘터리 말라기

시리즈 서문

“너는 50세까지는 좋은 선생이 되려고 노력하고, 그 이후에는 좋은 저자가 되려고 노력해라.” 내가 시카고 근교에 있는 트리니티 신학교(Trinity Evangelical Divinity School) 박사과정을 시작할 즘에 지금은 고인이 되신 스승 맥코미스키(Thomas E. McComiskey)와 아처(Gleason L. Archer) 두 교수님께서 주신 조언이었다. 너무 일찍 책을 쓰면 훗날 아쉬움이 많이 남는다며 하신 말씀이었다. 박사학위를 마치고 1997년에 한국에 들어와 신대원에서 가르치기 시작하면서 나는 이 조언을 마음에 새겼다. 사실 이 조언과 상관없이 내가 당시에 당장 책을 출판한다는 일은 불가능한 일이었다. 중학교에 다니던 70년대 중반에 캐나다에 이민을 갔다가 20여 년 만에 귀국하여 우리말로 강의하는 일 자체가 당시 나에게는 매우 큰 도전이었으며, 책을 출판하는 일은 사치로 느껴졌기 때문이다.

세월이 지나 어느덧 나는 선생님들이 말씀하신 50을 눈앞에 두었다. 1997년에 귀국한 후 지난 10여 년 동안 나는 구약 전체의 강의안을 만드는 일을 목표로 삼았다. 나 자신에게 동기를 부여하기 위하여 내가 몸담은 신대원 학생들에게 매 학기 새로운 구약 강해 과목을 개설해 주었다. 감사한 것은 지혜문헌을 제외하고 구약 모든 책의 본문 관찰을 중심으로 한 강의안을 13년 만에 완성할 수 있었다는 점이다. 앞으로 수년에 걸쳐 이 강의안들을 대폭 수정하여 매년 2-3권씩 책으로 출판하려 한다. 지혜문헌은 잠시 미루어 두었다. 시편 1권(1-41편)에 대하여 강의안을 만든 적이 있었는데, 본문 관찰과 주해는 얼마든지 할 수 있었지만, 무언가 아쉬움이 남았다. 삶의 연륜이 가미되지 않은 데서 비롯된 부족함이었다. 그래서 나는 지혜문헌에 대한 주석은 60을 바라볼 때쯤 집필하기로 작정했다. 삶을 조금 더 경험한 후로 미루어 놓은 것이다. 아마도 이 시리즈가 완성될 때쯤이면, 자연스럽게 지혜문헌에 대한 책들을 출판할 때가 되지 않을까 싶다.

이 시리즈는 설교를 하고 성경공부를 인도해야 하는 중견 목회자들과 평신도 지도자들을 마음에 두고 집필한 책들이다. 나는 이 시리즈의 성격을 Exposimentary('해설주석')라고 부르고 싶다. Exposimentary라는 단어는 내가 만들어 낸 용어이다. 해설/설명을 뜻하는 expository라는 단어와 주석을 뜻하는 commentary를 합성하였다. 대체로 expository는 본문과 별 연관성이 없는 주제와 묵상으로 치우치기 쉽고, commentary는 필요 이상으로 논쟁적이고 기술적일 수 있다는 한계를 의식해서 이러한 상황을 의도적으로 피하고, 가르치는 사역에 조금이나마 실제적으로 도움이 되는 교재를 만들기 위하여 만들어낸 개념이다. 나는 본문의 다양한 요소와 이슈들에 대하여 정확하게 석의하면서도 전후 문맥과 책 전체의 문형(literary shape)을 최대한 고려하여 텍스트의 의미를 설명하고 우리의 삶과 연결하려고 노력했다. 또한, 히브리어 사용은 최소화했다.

이 시리즈를 내놓으면서 감사할 사람이 참 많다. 먼저, 지난 25년 동안 내 인생의 동반자가 되어 아낌없는 후원과 격려를 해주었던 아내 임우민에게 감사한다. 아내를 생각할 때마다 참으로 현숙한 여인을(cf. 잠 31: 10-31) 배필로 주신 하나님께 감사할 뿐이다. 아빠의 사역을 기도와 격려로 도와준 지혜, 은혜, 한빛에게도 고마운 마음을 표한다. 평생 기도와 후원을 아끼지 않는 친가와 처가, 친지들에게도 감사하다는 말을 전하고 싶다. 항상 옆에서 돕고 격려해 준 평생 친구 장병환 · 윤인옥, 박선철 · 송주연 부부들에게도 고마움을 표하는 바이며, 시카고 유학 시절에 큰 힘이 되어주셨던 이선구 장로 • 최화자 권사님 부부에게도 이 자리를 빌려 평생 빚진 마음을 표하고 싶다. 우리 가족이 20여 년 만에 귀국하여 정착할 수 있도록 배려를 아끼지 않으신 백석학원 설립자 장종현 목사님께도 감사하는 바이다. 우리 부부의 영원한 담임 목자이신 이동원 목사님께도 고마움을 표하고 싶다. 마지막으로 이 시리즈를 출판할 수 있게 해준 국제제자훈련원 편집장 장병주님 외 모든 분에게도 감사를 전하는 바이다.

2009년 겨울 방배동에서

미가, 나훔, 하박국, 스바냐, 학개, 스가랴, 말라기

엑스포지멘터리 미가서–말라기서를 허락해 주신
하나님께 감사 드립니다.

2011년 설날 아침에 방배동에서

시리즈 추천의 글

저의 서재에는 성경 본문 연구에 관한 많은 책이 있습니다. 그중에는 주석들도 있고 강해집들도 있습니다. 그러나 그 어떤 것 중에도 송병현 교수님이 시도한 이런 책은 없습니다. 엑스포지멘터리, 듣기만 해도 가슴이 뛰는 책입니다. 설교자와 진지한 성경학도 모두에게 꿈의 책이 아닐 수 없습니다. 이런 책이 좀 더 일찍 나올 수 있었더라면 한국교회가 어떠했을 것인가를 생각해 봅니다. 나는 이 책을 꼼꼼히 읽어보면서 가슴 깊은 곳에서 큰 자긍심을 느꼈습니다.

이 책은 지금까지의 복음주의적 교회의 모든 학문적 업적을 망라하고 있습니다. 그러나 동시에 한국 교회 강단이 목말라한 모든 실용적 갈망에 답하고 있습니다. 이 책에서는 실제로 활용할 수 있는 충실한 신학적 정보가 일목요연하게 제시됩니다. 그러면서도 또한 위트와 감탄을 자아내는 감동적인 적용들도 제공됩니다. 얼마나 큰 축복이며 얼마나 신 나는 일이며 얼마나 큰 은총인지요. 나의 사역에 좀 더 일찍 이런 학문적 효과를 활용하지 못한 것이 너무 아쉽기만 합니다. 진실로 한국 교회의 내일을 위해 너무나 소중한 기여라고 생각됩니다.

일찍이 한국교회 1세대를 위해 박윤선 목사님과 이상근 목사님의 기여가 컸습니다. 그러나 이제 한국교회는 새 시대의 리더십을 열어야 하는 교차로에 서 있습니다. 송병현 교수님은 이런 시점을 위해서 준비된 선물이라고 생각합니다. 진지한 강해 설교를 시도하고자 하는 모든 이들과 진지한 성경 강의를 준비하고자 하는 모든 성경공부 지도자들에게 어떤 대가를 지불하고서라도 우선순위로 이 책을 소장하고 성경을 연구하는 책상 가까운 곳에 두시라고 권면하고 싶습니다. 앞으로 계속 출판될 책들이 참으로 기다려집니다.

한국 교회의 기초는 다행스럽게 말씀과 더불어 그 기초를 놓을 수 있었습니다. 이제 한국 교회는 그 말씀으로 어떻게 미래의 집을 지을 것인가를 고민하고 있습니다. 이 엑스포지멘터리는 분명한 하나의 해답, 하나의 희망입니다. 이 책과 함께 성숙의 걸음을 걸어갈 한국 교회의 미래가 벌써 성급하게 기다려집니다. 더 나아가 한국 교회 역사의 성과물 중의 하나인 이 책이 다른 열방에도 나누어졌으면 합니다. 이제 우리는 복음에 빚진 자로서 열방을 학문적으로도 섬겨야 하기 때문입니다. 이 책을 한국 교회에 허락하신 우리 주님께 감사와 찬양을 드리고 싶습니다.

함께 복음의 빚진 자 된, **이동원 목사** 드림(지구촌교회 원로목사)

선별된 약어표

개역	개역한글
개역개정	성경전서 개역개정판
공동번역	공동번역
새번역	표준새번역 개정판
BHK	Biblica Hebraica Kittel
BHS	Biblica Hebraica Stuttgartensia
JPS	Jewish Publication Society Bible
KJV	King James Version
LXX	칠십인역(Septuaginta)
MT	마소라 사본
NAB	New American Bible
NAS	New American Standard Bible
NEB	New English Bible
NIV	New International Version
NRS	New Revised Standard Bible
AB	Anchor Bible
ABD	*The Anchor Bible Dictionary*
ABRL	Anchor Bible Reference Library
ANET	J. B. Pritchard (ed.), *The Ancient Near Eastern Texts Relating to the Old Testament.* 3rd. edition. Princeton: Princeton University Press, 1969.
ANETS	Ancient Near Eastern Texts and Studies
AOTC	Abingdon Old Testament Commentary

BA	*Biblical Archaeologist*
BAR	*Biblical Archaeology Review*
BASOR	*Bulletin of the American Schools of Oriental Research*
BDB	F. Brown, S. R. Driver & C. A. Briggs, *A Hebrew and English Lexicon of the Old Testament.* Oxford: Clarendon Press, 1907.
BibOr	Biblia et Orientalia
BJRL	*Bulletin of the John Rylands Library*
BLS	Bible and Literature Series
BN	*Biblische Notizen*
BO	Berit Olam: Studies in Hebrew Narrative & Poety
BS	*Bibliotheca Sacra*
BSC	Bible Student Commentary
BT	*The Bible Today*
BZAW	Beihefte zur Zeitschrift für die alttestamentliche
CAD	*Chicago Assyrian Dictionary*
CBC	Cambridge Bible Commentary
CBQ	*Catholic Biblical Quarterly*
CB	Communicator's Bible
DSB	Daily Study Bible
EBC	Expositor's Bible Commentary
EQ	*Evangelical Quarterly*
ET	*Expository Times*
ETL	*Ephemerides Theologicae Lovanienses*
FOTL	Forms of Old Testament Literature
GKC	E. Kautszch and A. E. Cowley, *Gesenius' Hebrew Grammar.* Second English edition. Oxford: Clarendon Press, 1910.
GTJ	Grace Theological Journal
HALOT	L. Koehler and W. Baumgartner, *The Hebrew and Aramaic*

	Lexicon of the Old Testament. Trans. by M. E. J. Richardson. Leiden: E. J. Brill, 1994-2000.
HUCA	*Hebrew Union College Annual*
IB	Interpreter's Bible
ICC	International Critical Commentary
IDB	*Interpreter's Dictionary of the Bible*
ISBE	G. W. Bromiley (ed.), *The International Standard Bible Encyclopedia.* 4 vils. Grand Rapids: 1979-88.
ITC	International Theological Commentary
J-M	P. Joüon-T. Muraoka, *A Grammar of Biblical Hebrew.* Part One: Orthography and Phonetics. Part Two: Morphology. Part Three: Syntax. Subsidia Biblica 14/I-II. Rome: Editrice Pontificio Istituto Biblico, 1991.
JAAR	*Journal of the American Academy of Religion*
JANES	*Journal of Ancient Near Eastern Society*
JNES	*Journal of Near Eastern Studies*
JBL	*Journal of Biblical Literature*
JBQ	*Jewish Bible Quarterly*
JJS	*Journal of Jewish Studies*
JNES	*Journal of Near Eastern Studies*
JSOT	*Journal for the Study of the Old Testament*
JSOTSS	*Journal for the Study of the Old Testament Supplement Series*
LCBI	Literary Currents in Biblical Interpretation
NAC	New American Commentary
NCB	New Century Bible
NCBC	New Century Bible Commentary
NEAEHL	E. Stern (ed.), *The New Encyclopedia of Archaeological Excavations in the Holy Land.* 4 vols. Jerusalem: Israel

	Exploration Society & Carta, 1993.
NIB	New Interpreter's Bible
NICOT	New International Commentary on the Old Testament
NIDOTTE	W. A. Van Gemeren (ed.), *The New International Dictionary of Old Testament Theology and Exegesis.* Grand Rapids: Zondervan, 1996.
NIVAC	New International Version Application Commentary
OTA	*Old Testament Abstracts*
OTE	Old Testament Essays
OTG	Old Testament Guides
OTL	Old Testament Library
OTM	Old Testament Message
OTS	Old Testament Studies
PBC	People's Bible Commentary
RTR	*Reformed Theological Review*
SBJT	*Southern Baptist Journal of Theology*
SBLDS	Society of Biblical Literature Dissertation Series
SBLMS	Society of Biblical Literature Monograph Series
SHBC	Smyth & Helwys Bible Commentary
SJOT	*Scandinavian Journal of the Old Testament*
SSN	Studia Semitica Neerlandica
TBC	Torch Bible Commentary
TynBul	*Tyndale Bulletin*
TD	*Theology Digest*
TDOT	G. J. Botterweck and H. Ringgren (eds.), *Theological Dictionary of the Old Testament.* Vol. I-. Grand Rapids: Eerdmans, 1974-.
THAT	*Theologisches Handwörterbuch zum Alten Testament.* 2 vols. Munich: Chr. Kaiser, 1971-1976.

TJ	*Trinity Journal*
TOTC	Tyndale Old Testament Commentaries
TWAT	*Theologisches Wörterbuch zum Alten Testament.* Stuttgart: W. Kohlhammer, 1970-.
TWBC	The Westminster Bible Companion
TWOT	R. L. Harris, G. L. Archer, Jr., and B. K. Waltke (eds.), *Theological Wordbook of the Old Testament,* 2 vols. Chicago: Moody, 1980.
TZ	*Theologische Zeitschrift*
VT	*Vetus Testament*
VTS	Vetus Testament Supplement Series
W-O	B. K. Waltke and M. O'Connor, *An Introduction to Biblical Hebrew Syntax.* Winona Lake: Eisenbrauns, 1990.
WB	Westminster Bible Companion
WBC	Word Biblical Commentary
WEC	Wycliffe Exegetical Commentary
WJT	*The Westminster Theological Journal*
ZAW	*Zeitschrift für die alttestamentliche Wissenschaft*
ZIBBC	Zondervan Illustrated Bible Backgrounds Commentary

선별된 참고문헌
(SELECT BIBLIOGRAPHY)

Achtemeier, E. *Nahum-Malachi.* Interpretation. Atlanta: John Knox, 1986.

Achtemeier, E. *Minor Prophets I.* NIBCOT. Grand Rapids: Hendrickson, 1996.

Ackerman, S. *Under Every Green Tree: Popular Religion in Sixth-Century Judah.* HSM. Atlanta: Scholars, 1992.

Ackroyd, P. R. *Exile and Restoration.* OTL. Philadelphia: Westminster, 1968.

Ackroyd, P. R. "Studies in the Book of Haggai." JJS 2 (1951): 163-76; 3 (1952): 1-13.

Alfaro, J. *Micah: Justice and Loyalty.* ITC. Edinburgh: Handsel, 1989.

Allen, L. C. Joel, Obaidah, Jonah, and Micah. NICOT. Grand Rapids: Eerdmans, 1976.

Andersen, F. I. *Habakkuk.* AB. New York: Doubleday, 2001.

Andersen, F. I.; D. N. Freedman, *Micah.* AB. New York: Doubleday, 2000.

Armerding, C. E. "Habakkuk." in *Expositor's Bible Commentary,* vol. 7. Grand Rapids: Zondervan.

Bailey, W. *Micah/Nahum/Habakkuk/Zephaniah.* NAC. Nashville: Broadman, 1999.

Baker, D. W. *Joel, Obadiah, Malachi.* NIVAC. Grand Rapids: Zondervan, 2006.

Baker, D. W. *Nahum, Habakkuk, Zephaniah.* TOTC. Downers Grove: InterVarsity, 1988.

Baker, D. W.; T. D. Alexander; B. K. Waltke. Obadiah, Jonah, Micah. TOTC. Downers Grove: InterVarsity, 1988.

Baldwin, J. G. *Haggai, Zechariah, Malachi.* TOTC. London: Tyndale, 1972.

Ball, I. J. "The Rhetorical Shape of Zephaniah." Pp. 155-65 in *Perspectives on Language and Text* (Fest. F. I. Andersen). Ed. by E. W. Conrad and E. G. Newing. Winona Lake, Ind.: Eisenbrauns, 1987.

_______. *A Rhetorical Study of Zephaniah.* Berkeley: Bibal, 1988.

Barber, C. J. *Habakkuk and Zephaniah.* EBC. Chicago: Moody, 1985.

Barton, J. "The Canonical Meaning of the Book of the Twelve." Pp. 59-73 in *After the Exile: Essays in Honour of Rex Mason.* Eds., J. Barton, D. J. Reimer. Macon, GA: Mercer University, 1996.

Baumann, G. *Love and Violence: Marriage as Metaphor for Relationship between YHWH and Israel in the Prophetic Books.* Trans. By Linda M. Maloney. Collegeville, MN: Liturgical, 2003.

Ben Zvi, E. "Twelve Prophetic Books or 'The Twelve': A Few Preliminary Considerations." Pp. 125-56 in *Forming Prophetic Literature: Essays on Isaiah and the Twelve in Honor of J. D. W. Watts.* Eds., J. W. Watts, P. R. House. JSOTSS. Sheffield: Sheffield Academic Press, 1996.

Ben Zvi, E. *Micah.* FOTL. Grand Rapids: Eerdmans, 2000.

Ben Zvi, E. A *Historical-Critical Study of the Book of Zephaniah.* BZAW. Berlin: de Gruyter, 1991.

Bennett, R. A. "The Book of Zephaniah: Introduction, Commentary, and Reflections." Pp. 657-704 in *The New Interpreter's Bible,* vol. 7. Nashville: Abingdon, 1996.

Boadt, L. *Jeremiah 26-52, Habakkuk, Zephaniah, Nahum.* OTM. Wilmington, Del.: Michael Glazier, 1982.

Boda, M. J. *Haggai, Zechariah.* NIVAC. Grand Rapids: Zondervan, 2004.

Brichto, H. C. *Toward a Grammar of Biblical Poetics.* New York: Oxford University Press, 1992.

Brown, W. P. *Obadiah Through Malachi.* Westminster Bible Companion. Louisville: Westminster John Knox, 1996.

Brownlee, W. H. *The Midrash Pesher of Habakkuk.* SBL Monograph Series. Missoula, MT: Scholars Press, 1979.

Bruce, F. F. "Habakkuk." Pp. 831-96 in *The Minor Prophets,* vol. 2. Ed. by T. McComiskey. Grand Rapids: Baker, 1993.

Bruckner, J. *Jonah, Nahum, Habakkuk, Zephaniah.* NIVAC. Zondervan, 2004.

Bullock, C. H. *An Introduction to the Old Testament Prophetic Books.* Chicago: Moody, 1986.

Butterworth, M. Structure and the Book of Zechariah. JSOTSS. Sheffield: JSOT Press, 1992.

Calkins, R. *The Modern Message of the Minor Prophets.* New York: Harper & Brothers, 1947.

Cathcart, K. J. *Nahum in the Light of Northwest Semitic.* BibOr. Rome: Biblical Institute Press, 1973.

Childs, B. S. *Introduction to the Old Testament as Scripture.* Philadelphia: Fortress, 1979.

Chisholm, R. B. *Interpreting the Minor Prophets.* Grand Rapids: Zondervan, 1990.

Clark, D. J.; H. A. Hatton. *A Handbook on the Books of Nahum, Habakkuk, and Zephaniah.* New York: United Bible Society, 1989.

Coggins, R. *Haggai, Zechariah, Malachi.* OTG. Sheffield: Sheffield Academic Press, 1987.

Coggins, R. J.; S. P. Re'emi. *Israel Among the Nations: Nahum, Obadiah, Esther.* ITC. Grand Rapids: Eerdmans, 1985.

Conrad, E. W. *Zechariah.* Readings. Sheffield: Sheffield Academic Press, 1990.

Craigie, P. C. *The Twelve Prophets,* 2 vols. DSB. Edinburgh: The Saint Andrew Press, 1984-85.

Cross, F. M. *From Epic to Canon; History and Literature in Ancient Israel.* Baltimore: Johns Hopkins University, 1998.

Dicou, B. *Edom, Israel's Brother and Antagonist: The Role of Edom in Biblical Prophecy and Story.* JSOTSS.. Sheffield: Sheffield Academic Press, 1994.

Duhm, B. *The Twelve Prophets: A Version to the Various Poetical Measures of the Original Writings.* Trans. By Archibald Duff. London: Black, 1912.

Eaton, J. H. *Obadiah, Nahum, Habakkuk, Zephaniah.* TBC. London: SCM, 1961.

Eiselen, F. C. *The Prophetic Books of the Old Testament.* vol. 2. New York: the Methodist Book Concern, 1923.

Floyd, M. H. *Minor Prophets, Part 2.* FOTL. Grand Rapids: Eerdmans, 2000.

Floyd, M. H. "The Nature of the Narrative and the Evidence of Redaction in Haggai." VT 45 (1995): 470-90.

Fuller, R. "The Form and Formation of the Book of the Twelve: The Evidence from the Judean Desert." Pp. 86-101 in *Forming Prophetic Literature: Essays on Isaiah and the Twelve in Honor of J. D. W. Watts.* Eds., J. W. Watts, P. R. House. JSOTSS. Sheffield: Sheffield Academic Press, 1996.

Gaebelein, F. E. *Four Minor Prophets: Obadiah, Jonah, Habakkuk, and Haggai.* Chicago: Moody, 1977.

Ginzberg, L. *Legends of the Bible.* Philadelphia: The Jewish Publication Society, 1956.

Gowan, D. W. *The Triumph of Faith in Habakkuk.* Atlanta: John Knox, 1976.

Hardar, A. *Studies in the Book of Nahum.* Uppsala: Lundequistska Bokhandeln, 1947.

Hanson, P. *The Dawn of Apocalyptic.* Philadelphia: Fortress, 1975.

Harrison, R. K. *Introduction to the Old Testament.* Grand Rapids: Eerdmans, 1969.

Hayes, J. H.; and J. K. Kuan. "The Final Years of Samaria (730-720)." *Bib* 72 (1991), 153-81.

Hess, R. Israelite Religions: *An Archaeological and Biblical Survey.* Grand

Rapids: Baker Academic Books, 2007.

Hill, A. E. *Malachi*. AB. New York: Doubleday, 1998.

Hillers, D. R. *Micah*. Hermeneia. Philadelphia: Fortress, 1984.

Hiebert, T. "The Book of Habakkuk: Introduction, Commentary, and Reflections." Pp. 621-55 in *The New Interpreter's Bible*, vol. 7. Nashville: Abingdon, 1996.

House, P. *The Unity of the Twelve*. JSOTSS. Bible and Literature Series. Sheffield: Almond, 1990.

_______. *Zephaniah: A Prophetic Drama*. JSOTSS. Sheffield: Almond, 1988.

Hugenberger, G. P. Marriage as a Covenant: Biblical Law and Ethics as Developed from Malachi. Biblical Studies Library. Grand Rapids: Baker, 1998.

Johnson, A. R. *The Cultic Prophet in Ancient Israel*. 2nd. ed. Cardiff: University of Wales, 1962.

Jones, B. A. *The Formation of the Book of the Twelve: A Study in Text and Canon*. SBLDS Atlanta: Scholars Press, 1995.

Jones, R. *Haggai, Zechariah, and Malachi*. TBC. London: SCM, 1962.

Kaiser, W. C. *Micah-Malachi*. Communicator's Bible. Dallas: Word, 1992.

Kaiser, W. C. *Malachi: God's Unchanging Love*. Grand Rapids: Baker, 1984.

Kaminsky, J. *Corporate Responsibility in the Hebrew Bible*. JSOTSS. Sheffield: Sheffield Academic Press, 1995.

Kapelrud, A. S. *The Message of the Prophet Zephaniah: Morphology and Ideas*. Oslo: Universitetsforlaget, 1975.

Keil, C. F. *The Twelve Minor Prophets*. 2 vols. Trans. By James Martin. Grand Rapids: Eerdmans, 1977 reprint.

Keith, K. M. *Have Faith Anyway: The Vision of Habakkuk for Our Times*. San Francisco: Jossey-Bass, 2008.

Larkin, K. The Eschatology of Second Zechariah. Paris: Gabalda, 1961.

Limburg, J. *Hosea-Micah*. Interp. Philadelphia: Westminster, 1976.

Lindblom, J. *Prophecy in Ancient Israel*. Philadelphia: Fortress, 1962.

Lohfink, N. "Zephaniah and the Church of the Poor." TD 32 (1985): 113-18.

Maier, W. A. *The Book of Nahum*. St. Louis: Concordia, 1959.

March, W. E. "The Book of Haggai: Introduction, Commentary, and Reflections." Pp. 705-32 in *The New Interpreter's Bible*, vol. 7. Nashville: Abingdon, 1996.

Mason, R. "The Purpose of the 'Editorial Framework' of the Book of Haggai." VT 27 (1977): 413-21.

Mason, R. *The Books of Haggai, Zechariah, and Malachi*. CBC. Cambridge: Cambridge University Press, 1977.

Mason, R. *Micah, Nahum, Obadiah*. OTG. Sheffield: JSOT Press, 1991.

Mays, J. L. Micah. OTL. Philadelphia: Westminster-John Knox, 1976.

McComiskey, T. "Zechariah." Pp. 1003-1244 in *The Minor Prophets*, vol. 3. Ed. By T. McComiskey. Grand Rapids: Baker, 1998.

McKeating, H. *Amos, Hosea, Micah*. CBC. Cambridge: Cambridge University Press, 1971.

Meyers, C. L.; E. M. Meyers. *Haggai, Zechariah 1-8*. AB. Garden City, N. Y.: Doubleday, 1987.

Meyers, C. L.; E. M. Meyers. *Zechariah 9-14*. AB. New York: Doubleday, 1993.

Mitchell, H. G.; J. M. P. Smith; J. A. Bewer. *Haggai, Zechariah, Malachi, and Jonah*. ICC. Edinburgh: T. & T. Clark, 1912.

Motyer, J. A. "Haggai." Pp. 963-1002 in *The Minor Prophets*, vol. 3. Ed. By T. McComiskey. Grand Rapids: Baker, 1998.

Nelsen, K. *Yahweh as Prosecutor and Judge: An Investigation of the Prophetic Lawsuit (Rîb Pattern)*. Trans. By F. Cryer. JSOTSS. Sheffield: JSOT Press, 1978.

Nogalski, J. D. *Literary Precursors to the Book of the Twelve*. BZAW Berlin and New York: Walter de Gruyter, 1993.

Nogalski, J. D. "Intertextuality and the Twelve." Pp. 102-24 in *Forming Prophetic Literature: Essays on Isaiah and the Twelve in Honor of J. D. W. Watts*. Eds., J. W. Watts, P. R. House. JSOTSS. Sheffield: Sheffield Academic Press, 1996.

Nogalski, J. D. "Recurring Themes in the Book of the Twelve: Creating Points of Contact for a Theological Reading." *Interpretation* 61 (2007), 125-36.

Nogalski, J. D.; and M. Sweeney, eds. *Reading and Hearing the Book of the Twelve*. SBLSymS Atlanta: SBL, 2000.

O'Brien, J. M. *Challenging Prophetic Metaphor: Theology and Ideology in the Prophets*. Louisville: Westminster John Knox, 2008.

O'Brien, J. M. *Nahum, Habakkuk, Zephaniah, Haggai, Zechariah, Malachi*. AOTC. Louisville: Abingdon, 2004.

O'Brien, J. M. Priest and Levite in Malachi. SBLDS. Atlanta: Scholars Press, 1990.

Ogden, G. S.; R. R. Deutsch. *Joel and Malachi: A Promise of Hope, a Call to Obedience*. ITC. Edinburgh: Handsel, 1987.

Ollenburger, B. C. "The Book of Zechariah: Introduction, Commentary, and Reflections." Pp. 733-840 in *The New Interpreter's Bible,* vol. 7. Nashville: Abingdon, 1996.

Patterson, R. D.; M. E. Travers. "Literary Analysis and the Unity of Nahum. GTJ 9 (1988): 45-58.

Person, R. E. Second Zechariah and the Deuteronomic School. JSOTSS. Sheffield: JSOT Press, 1993.

Petersen, D. L. *Haggai & Zechariah 1-8*. OTL. London: SCM, 1984.

_______. *Zechariah 9-14 and Malachi*. OTL. Louisville: Westminster, 1995.

Prior, D. *The Message of Joel,* Micah & Habakkuk. BST. Downers Grove: InterVarsity, 1998.

Redditt, P. L. *Haggai, Zechariah,* Malachi. NCB. Grand Rapids: Eerdmans, 1995.

Redditt, P. L.; and A. Schart, eds. *Thematic Threads in the Book of the Twelve.* BZAW Berlin: de Gruyter, 2003.

Rendtorff, R. *The Old Testament: An Introduction.* Trans. by J. Bowden. Philadelphia: Fortress, 1986.

Roberts, J. J. M. *Nahum, Habakkuk, and Zephaniah.* OTL. Louisville: John Knox, 1991.

Robertson, O. P. *The Books of Nahum, Habakkuk, and Zephaniah.* NICOT. Grand Rapids: Eerdmans, 1990.

Rofé, A. "Classes in the Prophetical Stories: Didactic Legend and Parable." Pp. 143-64 in *Studies on Prophecy: A Collection of Twelve Papers.* VTSup. Leiden: E. J. Brill, 1974.

Schuller, E. M. "The Book of Malachi: Introduction, Commentary, and Reflections." Pp. 841-77 in *The New Interpreter's Bible,* vol. 7. Nashville: Abingdon, 1996.

Simundson, D. J. *Hosea, Joel, Amos, Obadiah, Jonah, Micah.* AOTC. Nashville: Abingdon Press, 2005.

Smith, B. K. and F. S. Page. *Amos, Obadiah, Jonah.* NAC. Nashville: Broadman & Holman, 1995.

Smith, J. M. P. et al. *A Critical and Exegetical Commentary on Micah, Zephaniah, Nahum, Habakkuk, Obadiah, and Joel.* ICC. Edinburgh: T. & T. Clark, 1911.

Smith, R. L. *Micah—Malachi.* WBC. Dallas: Word, 1990.

Stuart, D. *Hosea—Jonah.* WBC. Waco, TX: Word, 1987.

Stuart, D. "Malachi." Pp. 1245-1396 in *The Minor Prophets,* vol. 3. Ed. By T. McComiskey. Grand Rapids: Baker, 1998.

Stuhlmueller, C. "Haggai-Zechariah-Malachi." Pp. 387-401 in *The Jerome Biblical Commentary.* Ed. by R. E. Brown, et al. London: Geoffrey Chapman, 1970.

Stuhlmueller, C. *Rebuilding with Hope: A Commentary on the Books of Haggai and Zechariah.* ITC. Grand Rapids: Eerdmans, 1988.

Sweeney, M. "The Place and Function of Joel in the Book of the Twelve." Pp. 570-95 in *Society of Biblical Literature 1999 Seminar Papers.* Atlanta: Scholars, 1999.

Sweeney, M. "Three Recent European Studies of the Composition of the Book of the Twelve." *Review of Biblical Literature* 1 (1999), 22-37.

Sweeney, M. *The Twelve Prophets,* 2 vols. BO. Collegeville, MN: Liturgical Press, 2000

Szeles, M. E. *Habakkuk and Zephaniah: Wrath and Mercy.* ITC. Edinburgh: Handsel, 1987.

Taylor, R. A.; E. R. Clendenen. *Haggai/Malachi.* NAC. Nashville: Broadman, 2004.

Tucker, G. M. "Prophetic Superscriptions and the Growth of Canon." Pp. 56-70 in *Canon and Authority.* Ed. By B. O. Long and G. W. Coats. Philadelphia: Fortress, 1977.

Van der Woude, A. S. "The Book of Nahum: A Letter Written in Exile." OTS 20 (1977): 108-26.

Van Leeuwen, R. C. "Scribal Wisdom and Theodicy in the Book of the Twelve." Pp. 31-49 in *In Search of Wisdom: Essays in Memory of John G. Gammie.* Eds., L. G. Perdue, B. B. Scott and W. J. Wiseman. Louisville: Westminster John Knox, 1993.

Verhoef, P. A. *Haggai and Malachi.* NICOT. Grand Rapids: Eerdmans, 1987.

Von Rad, Gerhard. "The Origin of the Concept of the Day of Yahweh." *JSS* 4 (1959), 97-108.

Waltke, B. "Micah." Pp. 591-764 in *The Minor Prophets: An Exegetical and Expository Commentary.* Ed. by T. McComiskey, vol. 2. Grand Rapids: Baker, 1993.

Watts, J. D. W. *The Books of Joel, Obadiah, Jonah, Nahum, Habakkuk, and Zephaniah.* CBC. New York: Cambridge University, 1975.

Wendland, E. "Linear and Concentric Patterns in Malachi." BT 36 (1985): 108-21.

Wilson, R. R. *Prophecy and Society in Ancient Israel.* Philadelphia: Fortress, 1980.

Wolfe, R. E. "The Editing of the Book of the Twelve." *ZAW* 53 (1935), 90-129.

Wolff, H. W. *Haggai: A Commentary.* CC. Trans. by M. Kohl. Minneapolis: Augsburg, 1990.

Wolff, H. W. *Obadiah and Jonah.* Trans. by M. Kohn. CC. Minneapolis: Augsburg, 1986.

Yadin, Y. et al. *Hazor II: An Account of the Second Season of Excavations,* 1956. Jerusalem: Magnes Press, 1960.

엑스포지멘터리
미가

미가

내가 무엇을 가지고 여호와 앞에 나아가며
높으신 하나님께 경배할까
내가 번제물로 일 년 된 송아지를 가지고 그 앞에 나아갈까
여호와께서 천천의 숫양이나 만만의 강물 같은 기름을 기뻐하실까
내 허물을 위하여 내 맏아들을,
내 영혼의 죄로 말미암아 내 몸의 열매를 드릴까
사람아 주께서 선한 것이 무엇임을 네게 보이셨나니
여호와께서 네게 구하시는 것은
오직 정의를 행하며 인자를 사랑하며
겸손하게 네 하나님과 함께 행하는 것이 아니냐
(6:6–8)

베들레헴 에브라다야
너는 유다 족속 중에 작을지라도
이스라엘을 다스릴 자가 네게서 내게로 나올 것이라
그의 근본은 상고에, 영원에 있느니라
그러므로 여인이 해산하기까지 그들을 붙여 두시겠고
그 후에는 그의 형제 가운데에 남은 자가 이스라엘 자손에게로 돌아오리니
그가 여호와의 능력과 그의 하나님 여호와의 이름의 위엄을 의지하고
서서 목축하니 그들이 거주할 것이라
이제 그가 창대하여 땅 끝까지 미치리라
(5:2–5)

미가는 남 왕국 유다를 향한 하나님의 사회정의에 대한 지침과 그 요구를 채우지 못하는 당대 정권을 향해 유감없이 비난을 퍼부었던 선지자이다. 그의

가슴에서는 하나님의 거룩한 분노가 폭발하고 있었고, 그의 입에서는 이 분노가 말씀의 불이 되어 죄로 얼룩진 사회에 유황불을 쏟아 내고 있었다. 이러한 이유에서 미가는 '남 왕국의 아모스'라고도 불린다(Allen). 또한 동시대에 사역했던 선지자 이사야가 남긴 책의 분량에 비하면 미가서는 1/10밖에 되지 않지만, 내용에 있어서는 이사야서만큼이나 명확하고 호소력이 있다 해서 미가서를 '작은 이사야서'라고 부르기도 한다. 마치 신약 학자들이 종종 갈라디아서를 '작은 로마서'로 부르는 것처럼 말이다.

선지자 미가는 비록 다른 책에 비해 상대적으로 짧은 책을 우리에게 남겼지만, 그의 책은 구약의 매우 중요한 신학적인 주제 3가지를 논하고 있다. 곧 정의, 평화, 그리고 메시아이다. 카터(Jimmy Carter)는 미국 대통령으로 취임하던 1977년 1월, "여호와께서 네게 구하시는 것이 오직 공의를 행하며 인자를 사랑하며 겸손히 네 하나님과 함께 행하는 것"(미 6:8)라는 말씀이 펼쳐진 성경에 손을 얹고 선서를 했으며, 취임 연설에서 이 말씀을 인용하였다(Limburg). 1959년 소련은 유엔(UN)에 동으로 된 동상을 선사했는데, 한 사람이 망치를 사용하여 칼을 쟁기로 바꾸는 모습이었다. 높이가 2.7m에 달하던 이 동상 밑에는 "우리는 칼을 쳐서 보습을 만들 것이다"라는 미가 4:3(cf. 사 2:4)의 말씀이 새겨져 있었다. 또한 우리가 크리스마스 때마다 부르는 "오 베들레헴 작은 골너 잠들었느냐"로 시작하는 찬송가 역시 미가 5:2의 예언을 배경으로 한 노래이다. 마태가 미가의 이 예언을 예수 그리스도께서 직접 성취한 것으로 해석했기 때문이다(마 2:6). 이처럼 미가서는 이 세상 각계각층에게 다양한 도전과 소망을 주는 주제들로 가득 차 있다.

1. 선지자

미가 1:1과 예레미야 26:18은 그를 '모레셋 사람 미가'(מִיכָה הַמֹּרַשְׁתִּי)라고 부른다. 일반적으로 선지자가 자신의 계보나 아버지의 이름을 밝히는 것에 비해 미가는 부모의 이름을 밝히지 않는다. 집안이 별로 내놓을 것이 없어서였을까? 아니면, 너무 잘 알려졌던 사람이라 별다른 소개가 필요 없었던 것일까? 사실은 다른 이유가 있는 듯하다. 그는 자신의 가문보다는 출생지와 연관되어 알려지는 것을 선호했다. 족보가 아니라 출신지와 연관해서 자신을 밝히는 선지자로는 미가 외에도 아모스와 나훔이 있다. 이 선지자들과 미가의 사역을 비교해보면 한 가지 공통점이 있다. 세 선지자 모두 자신의 고향을 떠나 다른 곳에서 사역을 했다는 점이다. 아모스는 드고아를 떠나 북 왕국으로 갔으며, 나훔은 아시리아의 니느웨를 찾아가 말씀을 선포했다. 미가는 고향 모레셋을 떠나 예루살렘에서 사역했다(Mays). 이 세 선지자들이 자신의 계보보다는 출신 지역과 연관되어 알려진 것은 그들이 정상적인 활동 영역을 벗어나 타 지역에서 사역했기 때문일 것이다. 또는 미가가 고향을 떠나 예루살렘으로 가게 된 동기는 그가 살던 성이 아시리아의 왕 산헤립의 손에 넘어갔기 때문이었을 수 있다(Sweeney).

모레셋(lit. '소유물/재산'; Sweeney)은 예루살렘에서 남서쪽으로 35Km 떨어진 곳으로서, 해발 400m에 달하는 고지대의 작은 요새였으며 블레셋 사람들의 도시인 가드에서 15Km 정도밖에 떨어지지 않은 접경 지역에 있었다. 세블라 지역의 경계선이기도 한 이곳에 위치한 모레셋은 지중해 연안을 내려다보고 있었으며, 아스가(Azekah)에서 라기스(Lachish)까지 이어지는 주요 도로가 이곳을 지났다. 이처럼 전략적으로 중요한 지역이었기에 르호보암은 예루살렘이 서쪽에서 공격당하는 일을 방지하기 위하여 이곳을 요새화하였다. 모레셋은 결코 평범한 시골 도시가 아니었다(Mays). 요새화된 이후의 모레셋은 군사적 요충지였기에 종종 예루살렘에서 관료들과 군인들이 이곳을 순방했다. 그러나 이들의 노력에도 불구하고 모레셋은 아시리아의 산헤립이 주전 701년에 점령한 유다의 46개 성읍 중에 속하게 되었다(cf. ANET).

미가에 대하여 우리는 별로 아는 바가 없다(cf. Mason). 심지어는 미가가 '선지자'였는지에 대하여 반문하는 학자들도 있다. 미가가 자신의 소명에 대하여 언급하지 않으며, '왕'이란 말 대신에 '두령과 치리자'를 사용하는 것, 그리고 그의 최고의 관심사가 '정의'라는 것을 근거로 그가 모레셋 지역의 유지 혹은 장로였다는 주장이 제시되기도 했다(Wolff; Carrera). 학자들에 따라 미가는 성전(聖殿) 선지자(성전에 머물면서 예배자들에게 하나님의 신탁을 예언해 준 선지자)라고 하기도 하고(Kapelrud), 모레셋에 많은 땅을 가진 지주였다고 하기도 한다(Rudolph). 그러나 대부분의 학자들은 미가가 전통적인 이스라엘의 선지자 대열에 속한다고 생각한다(Weiser; Mays; van der Woude). 한 가지 확실한 것은 미가는 성전이나 왕궁보다는 사람들이 모여 있는 시장과 도심에서 사역했던 선지자였다는 점이다(Mason).

선지자는 자신의 책에서 개인적인 정보나, 사역 중에 일어난 일에 대하여 전혀 언급하지 않는다. 다만 그는 자신이 여호와의 대변인으로 활동했으며, 요담(750-732), 아하스(735-716), 히스기야(716-687)가 유다를 통치할 때 사역했다고 밝힐 뿐이다(1:1). 이 딜레(Thiele)의 연대들에 의하면 미가는 최고 50여 년 동안 사역을 했던 것으로 생각되지만, 그가 남긴 글의 분량은 사역 기간에 비해 상대적으로 적다. 이러한 이유에서 그가 매우 짧은 기간 사역했으며 아마도 그 기간이 산헤립이 예루살렘을 침략했던 701년의 몇 개월이었을 것이라는 추측도 있다(Mays).

미가(מִיכָה)는 구약시대에 상대적으로 널리 사용된 이름이었으며 "누가 여호와와 같으랴?"(여호와를 누구에게 비교하겠는가?)라는 의미를 지녔다. 그가 강조하고자 하는 믿음의 공동체를 향한 하나님의 관심을 묘사하는데 매우 적절한 이름이다. 고대 근동의 신들은 대체로 인간의 삶에는 관심이 없었다. 그러나 이스라엘의 하나님 여호와는 다르시다. 그분은 자신의 백성들에게 매우 관심이 많으셔서 그들이 잘하면 세상의 그 누구보다도 기뻐하시지만, 잘못하면 분노하시는 분이시다. 그러므로 하나님의 분노는 주의 백성들을 향한 애정과 관심의 표현이다.

미가는 공의와 정의 실현에 매우 갈증이 나 있던 사람이었다. 선지자는 여호와 종교가 이스라엘의 정치적—사회적 삶에 영향을 미치지 않는다면, 아무런 의미가 없다고 생각했다(Mason). 그는 힘과 권위를 누렸던 예루살렘의 권세가들을 대상으로 메시지를 선포하며(cf. 2:1f., 8f.; 3:1, 5, 9, 11; Mays), 지배층이 하나님께서 세워주신 기준들을 버리고 자신들의 이익만을 추구하며 힘없는 자들을 제물로 삼는 것에 분을 토했다(Allen). 선지자는 두령과 치리자들이 피로 예루살렘을 세워 나가고 있다고 비난한다(3:9f.). 그는 선지자들이 자신의 직분을 상업적으로 사용하고 있다는 말을 두 차례나 한다(3:5, 11). 제사장들도 예외는 아니었다(3:11). 썩어빠진 관료들과 종교 지도자들을 비난하는 미가는 서민의 관점에서 이 일을 수행하고 있었다(Mays; Allen). 그는 이들의 폭력에 희생되고 고통당하고 있는 백성들에 대한 깊은 관심뿐만 아니라 심적으로 그들과 함께하고 있다는 점을 그의 글에서 보여주고 있다. 그는 권력자들에 의해 땅과 집을 잃고 심지어는 자존감까지 잃게 된 서민들과 함께 호흡하고 있었던 것이다(2:1; 8f.; 3:2f.).

같은 시대에 같은 지역에서 사역했던 미가와 이사야의 메시지를 비교해보면 한 가지 확연히 드러나는 차이점이 있다. 이사야는 사회 윤리뿐만 아니라 여호와 종교를 부패시키는 배교행위, 정권의 외교정책, 왕족들의 횡포에 대해서 관심을 보이지만, 미가는 오직 한 가지 주제에 메시지의 초점을 맞춘다는 점이다. 지도자들의 물질에 대한 욕심과 이 경건치 못한 욕망이 빚어내는 정의에 대한 무관심만을 부각시킨다. 물론 이사야서에 비해 미가서가 짧은 책이기 때문에 이러한 현상이 포착되는 것이라 생각할 수 있지만, 미가의 관심이 그만큼 사회정의에 편중되어 있음을 의미하는 것으로 이해하는 것이 바람직하다.

선지자 이사야는 상류층 출신이라는 것이 학자들의 일반적인 결론이다. 그래서 그는 왕실에 자유자재로 드나들 수 있었으며 당시 주요 관료들 및 제사장들과도 섞일 수 있었다. 반면에 미가는 시골에 살던 서민 출신이었다(Mason). 그렇다면 이 두 선지자가 동일하게 사회정의를 외치지만, 이사야는 상류층의 관점에서, 미가는 서민의 관점에서 메시지를 외치고 있다는 것을 알게 된다. 한 선지자는 위에서 아래로 내려다보며, 다른 선지자는 아래에서 위를 올려다보며 똑같은 주제를 다루고 있는 것이다. 미가는 리더들의 혹독한 정책이 서민들에게 어떤 영향을 미치고 있는가를 정확히 알고 있었다. 일부 학자들은 히스기야의 종교개혁이 미가의 말씀 선포에서 비롯된 것이라고 생각한다(Kirkpatrick; Allen).

2. 역사적 정황

미가는 1:1에서 자신이 유다의 요담(750-732), 아하스(735-716), 히스기야(716-687) 왕 시대에 사역했음을 밝히고 있다. 일부 학자들은 미가가 요담 왕 시대 때 사역하지 않았다고 단정 지으며(cf. Mason), 심지어는 미가가 히스기야 시대 때에만 사역했다고 결론짓기도 한다(Mays). 그러나 대부분은 미가가 아무리 늦어도 아하스 시대에는 사역을 시작했던 것으로 생각한다(Thomas). 한 주석가는 미가의 사역 시대에 대하여 725-690년을 제안한다(Smith). 대부분 학자들은 미가가 730년대에는 사역을 시작했을 것으로 생각한다(Wolff; Limburg). 미가는 이사야 선지자의 뒤를 잇는 후배로 간주되기도 한다(Simundson).

이 시대는 남 왕국 유다의 웃시야 왕과 북 왕국 이스라엘의 여로보암 왕 때부터 시작된 괄목할만한 경제적 성장이 부분적으로나마 지속되던 때이다. 북 왕국의 여로보암과 남 왕국의 웃시야는 안정적인 정치, 지속적인 경제적 구조 변화와 상업화를 통하여 두 왕국에 큰 경제적 부흥을 가져왔다. 그러나 과거에 경험하지 못했던 경제적 부흥은 이기주의, 인간적인 성취를 위해 종교를 이용하려는 열망, 개인적—사회적 가치관의 파괴 등등 많은 후유증을 동반했다(Allen). 또한 이스라엘과 유다 사람들은 옛적에 하나님과 맺은 언약에 따라 살아가는 것에 대해 더 이상 관심을 가지지 않았다.

경제적 부흥이 가져온 또 하나의 문제는 분배 문제였다. 지배층을 비롯한 상류층은 경제적 르네상스를 누리고 있었던 것에 반해 서민들의 삶은 점점 어려워만 갔다. 선지자들과 제사장 등 종교적 지도자들도 당시의 분위기에 흠뻑 젖어들어 서민들에게 별다른 관심을 가지지 않았다. 우리는 이 시대 서민들의 애환과 고충을 미가를 통해서 들을 뿐 아니라, 동시대 선지자 이사야를 통해서도 듣는다(사 1:23; 3:12, 15; 5:8; 10:1f.).

웃시야의 죽음과 함께 시작된 것은 아시리아의 제국적 팽창과 야망이었다. 과거에도 아시리아는 서쪽과 남쪽으로 영향력을 행사했지만, 웃시야가 통치하던 시대에는 내부적인 갈등으로 인하여 국제적인 영향력을 거의 행사하지 못하고 있었다. 요담의 통치가 시작되면서 지난 수십 년 동안 국제 정치에 관심을 가질 여력이 없었던 아시리아가 746년 '아시리아의 나폴레옹'(Allen)이라고 불리는 디글랏블레셀(Tiglath-pileser III)이 왕위에 오르면서 강력한 군사력을 앞세워 주변 국가 정복에 나섰다. 아시리아가 유독 위협적이었던 것은 그들의 잔인성 때문이었다. 가나안 지역의 국가들이 대체로 자치 군대를 가지고 있었던 것에 비해, 아시리아는 많은 용병을 거느리고 있었다. 이 용병들은 속국들이 바치는 조공으로 유지되었기에 이를 위해 각 나라들로부터 큰 액수를 징수했을 뿐만 아니라, 거부하거나 반역하는 국가는 무차별하게 짓밟고 용병들로 하여금 약탈하게 했다. 한 예로 라기스의 한 구덩이에서 산헤립이 잔인하게 처형했던 1,500여 명의 유골이 그의 군대가 버린 쓰레기와 범벅이 되어 발굴되었다(Waltke).

아시리아의 국제적 야심 때문에 위협을 느낀 북 왕국 이스라엘과 시리아가 반(反)아시리아 연합전선을 펼치고 남 왕국 유다의 왕 아하스에게도 이 동맹에 가입할 것을 강요했다. 그러나 아하스는 그들의 요구를 거부하였고, 이에 화가 난 이스라엘의 왕 베가와 시리아의 왕 르신은 733/2년 경에 예루살렘을 침략했다. 그들은 아하스를 제거하고 꼭두각시 왕을 유다에 세우려 했다(cf. 사 7). 예루살렘이 연합군에 포위된 상황에서 이사야 선지자는 아하스를 찾아가 하나님의 구원을 선포했지만, 왕은 하나님이 아닌 아시리아 왕을 믿기로 했다. 믿음에서 비롯된 해결책보다는 외교적인 방법을 동원했던 것이다. 아하스는 많은 돈을 아시리아 왕에게 보내고 예루살렘을 포위하고 있는 연합군을 물리쳐 달라고 부탁했다. 아하스의 부탁은 아시리아에게 일석이조의 좋은 기회를 제공했다. 거금도 받고, 아시리아를 견제하기 위하여 연합전선을 펼치고 있는 아시리아의 적인 이스라엘과 시리아를 치게 된 것이다.

이 일로 인하여 아시리아는 가나안 정치에 깊이 관여하게 되었으며, 그들을 가나안 땅으로 초청한 유다도 속국으로 만들었다. 아시리아는 호세아가 북 왕국 이스라엘의 왕 베가를 암살하고 왕이 되자 호세아로부터 많은 돈을 받고 그를 이스라엘의 왕으로 인준해 주었으며 매년 큰 액수의 조공을 요구했다. 호세아가 이스라엘의 왕으로 인준 받기 위하여 디글랏블레셀에게 지불한 금액은 금 10달란트에 은 1,000달란트에 달했다(ANET, 282-88). 선지자들의 관점에서 볼 때, 아시리아의 성지(聖地) 점령은 놀랄만한 일이 아니었다. 이것은 이스라엘 두 왕국의 지속된 죄에 대하여 하나님께서 경고하신 대로 징계를 받고 있는 것에 불과했기 때문이다(cf. 레 26; 신 28:15-68).

이때부터 유다는 100여 년 후 바빌론이 근동의 슈퍼파워로 부상할 때까지 아시리아의 지속적인 지배에 시달려야 했다. 아시리아는 가나안 지역에 발을 들여놓은 지 불과 1-2년 만에 시리아를 정복하였으며, 10년 후인 722년에 북 왕국 이스라엘이 그들의 손에 최후를 맞았다. 호세아가 아시리아에 조공을 바치던 것을 멈추자 살만에셀(Shalmaneser V, 726-722)이 725년에 이스라엘을 공격해 왔으며, 사마리아가 포위된 상태에서 그가 722년 12월에 죽자, 후계자 사르곤(Sargon II, 722-705)(일부 학자들은 사르곤이 살만에셀을 살해한 것으로 추측한다)이 대를 이어 성을 함락시켰던 것이다(cf. 왕하 17). 아시리아 사람들은 재정복한 국가에서 반역이 재발되는 것을 방지하기 위하여 제정한 정책에 따라 북 왕국 이스라엘 사회의 상류층을 비롯한 많은 사람들을 끌고 갔으며, 이스라엘 땅에는 다른 곳의 주민들을 끌고 와 국제결혼을 강요했다. 사르곤이 이때 북 왕국에서 끌고 간 사람의 숫자는 27,290명으로 기록되어 있다(왕하 17:6; cf. 왕하 16:9). 이때 북 왕국 이스라엘 사람들 중 상당수가 남 왕국 유다의 수도 예루살렘으로 피신해 예루살렘의 인구가 상당히 증가하기도 했다(Simundson). 열왕기 저자는 북 왕국이 망한 이유에 대하여 긴 신학적 해석을 제시한다(왕하 17:7-23). 이스라엘이 하나님께 온갖 죄를 다 지었기 때문에 일어난 일이라는 것이다. 그 외에도 아시리아는 721-720, 714-701년에 가나안 지역 평정에 나섰다.

유다는 자매 나라 이스라엘의 지속된 어려움과 최종적인 멸망이 종교적인 이유에서 비롯된 것이라는 사실을 깨닫지 못했다. 아하스는 노골적으로 아시리아의 신을 섬겼을 뿐만 아니라, 자신의 아들마저 불사르는 이교적인 행위를 마다하지 않았다(cf. 왕하 16:3, 9-18). 왕이 전심을 다해서 여호와 하나님께 매달려야 할 때에 이처럼 가증스러운 짓을 하고 있었으니, 이 나라의 미래가 불투명한 것은 당연한 것이다. 유다는 또한 아시리아에 대항하는 것이 얼마나 큰 대가를 요구하는가에 대한 정치적 교훈도 얻지 못했다. 이집트의 압력과 블레셋, 페니키아 등 주변 국가들의 꼬임에 넘어가 유다의 왕 히스기야가 이들과 함께 아시리아에 반기를 들었던 것이다. 이 반(反)아시리아 동맹국에 므로닥발라단의 바빌론도 참여했다(Waltke). 이사야는 히스기야의 외교정책을 강력하게 비난했지만 아무 소용 없었다(cf. 사 20).

그때 아시리아는 사르곤이 통치하고 있었다. 사르곤은 가나안 지역 국가들의 반역을 잠재우기 위하여 712년에 서쪽으로 진군하기 시작했다. 히스기야는 아시리아의 침략에 대비하여 예루살렘과 아시리아 군이 예루살렘으로 진군할 때 이용될만한 길목의 성읍들을 요새화하였다. 이 프로젝트 역시 많은 돈을 필요로 했는데, 모두 세금으로 충당했기 때문에 서민들의 고통은 이루 말할 수 없었다(Simundson). 이때 완성된 프로젝트들 중 하나가 예루살렘의 식수(食水)를 성 밖에 있는 샘에서 성 안으로 끌어오게 하는 실로암 터널이었다.

산헤립의 지휘 아래 아시리아의 군대는 703-701년 사이에 반역에 가담한 가나안 지역의 나라들을 하나씩 점령해 나갔다. 유다도 701년에 풍전등화(風前燈火)의 위기를 맞았지만, 다행히 하나님께서 그들을 도우셨으므로 멸망하지 않았다. 기록에 의하면 이때 산헤립은 유다에 속한 46개 성읍을 별다른 저항 없이 접수하였으며 예루살렘만 남겨둔 상태였다. 아시리아 군에게 포위된 예루살렘에는 평상시 인구보다 3-4배가량 많은 사람들이 살고 있었다(Broshi). 유다 사람들이 아시리아 군의 정복을 피해 이 도성으로 몰려든 것이다. 그러나 예루살렘은 아시리아의 손에 넘어가지 않았다. 산헤립이 남긴 기록에도 그가 예루살렘에 입성했다는 말은 없다.

"나의 멍에에 항복하지 않은 유다 사람 히스기야의 요새 도시 46개와 많은 마을들을 점령했다.…나는 이 도시들을 포위하고 정복했다. 노획물로

200,150명을 이곳[아시리아]으로 끌어왔다. 나는 새를 새장에 가두듯이 히스기야를 그의 왕족 도시 예루살렘에 가두었다"(ANET).

유다가 위기를 모면할 수 있었던 것은 히스기야의 지속적인 종교개혁과 믿음에서 비롯된 축복의 결과였다. 그는 왕이 된 후 그의 아버지 아하스가 폐쇄했던 예루살렘 성전 문을 다시 열고 보수했다(대하 28:24; 29:3-5). 미가가 사역을 시작한 시기를 요담 왕 시대로 본다면 미가의 주요 사역이 유다와 이스라엘이 아시리아로부터 이와 같은 위기를 맞고 있을 때에 이루어졌음을 추측할 수 있다(Mason). 히스기야는 종교를 개혁했을 뿐만 아니라 아시리아 군의 침략에 대비하여 예루살렘 성 밖에 있는 기혼 샘에서 성 안으로 물을 끌어들이는 터널을 만들었다(왕하 20:20-21). 길이가 550m에 달하는 이 터널에는 실로암 기념문(Siloam Inscription)이 새겨져 있으며 702년에 완공된 것으로 추측된다(ANET; cf. Gibson).

국제 정세가 불안하니 유다의 내부 정세도 좋을 리 없었다. 가뜩이나 빈익빈 부익부 현상이 두드러지고 경제정의가 실현되지 않던 상황에서 불안한 국제 정세는 하나님 백성이라는 공동체 정신을 더욱더 약화시켰다. 결과적으로 사회 전반에는 한탕주의뿐만 아니라 남에게 해를 입혀서라도 자신의 욕구를 채우고자 하는 사고가 팽배해졌다. 그러므로 있는 자들은 더욱더 갖기 위하여 고리대금업 등을 통하여 가난한 자들을 착취했으며, 권세가들은 뇌물을 받고 힘 있는 자들과 부유층의 손을 들어주었다. 정의를 수호하는 일에 전력을 다해야 할 사람들이 자신들에게 주어진 권력을 남용하여 사회의 '작은 자들'을 울렸던 것이다(Mason). 이렇게 혼란한 시대가 선지자 미가가 사역하던 시대였다.

3. 다른 책들과의 관계

미가서가 때로는 '작은 이사야서'로, 선지자가 '남 왕국의 아모스'라는 별명으로 불리는 것은 이 책들과의 밀접한 연관성을 전제한다. 실제로 미가서는 내용면에서 공의와 정의를 맹렬하게 부르짖는 아모스서와 깊은 연관이 있다.

또한 미가 4:1-3은 이사야 2:2-5와 거의 흡사하다. 그래서 학자들은 미가서가 이사야서를, 혹은 이사야서가 미가서를 인용한 것으로 생각하기도 하고, 제3의 출처를 두 선지자가 인용한 것이라고 하기도 한다. 미가와 이사야가 거의 같은 시대에 사역을 했다는 점을 고려할 때 충분히 가능한 일이다. 그러나 미가서와 나머지 정경들과의 연관성은 미가서가 12 소선지서에서 어떤 위치에 있는가를 바탕으로 생각해 보아야 한다.

미가서는 12 소선지서들 중 마소라 사본에서는 여섯 번째로 등장하고 칠십인역(LXX)에서는 세 번째로 등장하는 책이다. 미가서의 내용이 북 왕국이 아시리아에 의하여 멸망하는 것을 남 왕국 유다가 장차 체험할 심판의 모델로 삼고 있다는 점(1-3장)과, 유다와 예루살렘이 바빌론으로 끌려갈 것이지만 훗날 시온이 온 세상의 중심으로 회복될 것을 노래하는 것(4-5장)은 마소라 사본과 칠십인역의 12 소선지서 순서에서 미가서가 갖는 중요한 역할을 드러내고 있다(Sweeney).

미가서는 마소라 사본에서 오바댜서와 요나서를 뒤따르고 있는데, 오바댜서는 여호와의 열방에 대한 심판을, 요나서는 하나님의 이방 국가들에 대한 자비를 강조하는 책이다. 미가서의 뒤를 잇는 책은 나훔서, 하박국서, 스바냐서 등이다. 나훔서는 니느웨의 멸망을, 하박국서는 바빌론의 위협을, 스바냐서는 심판을 받은 유다에게 하나님의 말씀에 순종할 것을 호소하고 있다. 이러한 순서 속에서 미가서는 이스라엘과 유다가 먼저 아시리아와 바빌론에 의하여 고통을 당한 후에 영광스러운 회복을 체험할 것을 선포한다(Sweeney).

칠십인역에서 미가서는 호세아서와 아모스서를 뒤따르고 있다. 이 두 책은 북 왕국에 대한 심판을 예언하고 있다. 미가서를 뒤따르는 책들은 요엘서, 오바댜서, 요나서 등이다. 요엘서는 여호와께서 어떻게 시온을 열방의 위협에서 구원하실 것인가를, 오바댜서는 하나님께서 열방의 상징인 에돔을 심판하실 것을, 요나서는 하나님께서 열방을 대표하는 아시리아에게 자비를 베푸실 것을 선언하는 책들이다. 이러한 구조 속에서 미가서는 북 왕국 이스라엘의 멸망은 남 왕국 유다와 예루살렘뿐만 아니라 온 열방에 임할 심판의 예고임을 선언한다(Sweeney). 또한 이스라엘 자매 나라들과 열방들의 심판 중심에 서 있는 미가서가 열방이 시온과 함께 평안할 것이라는 비전을 함께 제시하는 것은 여호와의 세상에 대한 최종적인 계획을 부각시키고 있는 칠십인역의 소선지서 구조에 적절한 것이다(Sweeney).

4. 통일성

대부분의 학자들은 1-3장이 8세기 선지자 미가에게서 비롯되었다는 것에 동의한다. 그러나 4-7장의 저작권에 대하여는 추측이 난무하다(cf. Wolff; Limburg; Mays). 미가서의 통일성에 대하여 처음으로 문제가 제기된 때는 1881년이며 스타데(Bernhard Stade)라는 학자에 의해서였다(Harrison). 그는 4-7장이 포로 시대나 포로기 이후 시대에 저작된 것이며 8세기 선지자 미가의 글이 아니라고 주장했다. 그는 주의 백성들에게 공의와 정의를 행하여 하나님의 심판을 멈추도록 하라는 6-7장의 말씀은 도저히 미가에게서 비롯된 것이라 볼 수 없다고 주장했다. 그 후 많은 학자들이 그의 주장을 수용하며 크게 6가지의 이유를 제시했다(cf. Davis). 그러나 이러한 결론 역시 전제적인 조건들에서 비롯된 것이지 어떠한 역사적 증거나 언어적인 물증이 있어서 내려진 결론은 아니다. 그래서 오늘날에 와서는 비평학자들도 편집비평의 결과에 대하여 문제를 제기한다(Hillers).

미가서가 오랜 세월을 거치면서 여러 사람에 의해 편집되었다며 텍스트를 시대별로 세분화시킨 일은, 19세기 말부터 20세기 중반까지 구약의 학계를 휩쓸었던 이스라엘 종교의 '진화적 성향'에 의한 선입견에서 비롯된 것일 뿐이다. 오히려 미가가 히스기야를 설득시켰다는 예레미야서 26:18의 말씀을 사실로 수용한다면 이 섹션들은 미가 선지자로부터 비롯되었다는 것이 확실하다(Sweeney). 그러므로 이것은 별로 설득력 있는 주장이 아니며, 1:1에서 주어진 정보에 근거하여 미가가 모두 저작한 것으로 보는데 별다른 문제가 없다(Waltke; Barker; Allen).

5. 신학과 메시지

대체로 선지자들은 권세가들에게는 경고와 비난을, 그리고 이 권세가들에게 농락당하는 자들에게는 위로와 소망을 제시한다. 미가서도 이러한 성격의 메시지를 전하고 있다(cf. 5:2). 미가 선지자가 전하고자 하는 중심 메시지를 한마디로 요약한다면 다음과 같다: "여호와께서 불변의 멸망을 사마리아와 예루살렘과 유다의 도시들에 내리려 하신다"(Wolff). 누리는 자들과 짓눌린 자들이 함께 망할 것이라는 경고가 이 책의 중심을 이루고 있는 것이다. 미가는 자신이 전하는 메시지의 성향을 하나님께서 언약 백성에게 소송을 제기하는 것(1:2-7; 2:6-11; 3:1-4, 9-12; 6:1-16)과 여호와께서 그들의 죄에 대하여 심판을 내리실 것(3:8) 등을 역설하면서 부각시킨다. 그뿐만 아니라 미가서에서는 다른 선지서에서 자주 접하는 권면(exhortation)이나 가르침(instruction)이 보이지 않는다(예, "여호와께 돌아오라")(Clendenen). 아마도 죄의 심각성과 임박한 심판을 부각시키기 위하여 권면이 빠진 듯하다.

그는 사마리아의 멸망은 앞으로 예루살렘과 유다의 성읍에 임할 하나님의 심판의 전초전에 불과하다고 한다(1:6). 사마리아는 파괴될 것이며(1:6), 예루살렘도 멸망할 것이며, 성전이 서 있던 언덕은 황무지로 변할 것이다(3:12). 현재 권력을 누리고 있는 권세가들은 모든 재산을 잃을 뿐만 아니라 노예가 될 것이다(2:3ff.). 이스라엘의 자녀들이 강제로 끌려갈 것이며(1:16), 이스라엘은 이방인 군대에 의하여 점령당할 것이다(1:15). 하나님께서는 심지어 하나님과 가장 가까이 서 있다고 자부하는 사람들에게서 당신 자신을 거두시고 완전한 침묵으로 대체하신다(3:4, 7, 12). 재앙은 다름 아닌 여호와께로부터 오는 것이기 때문에 피할 길도 없다.

재앙에 대한 책임이 정치, 사회, 그리고 종교 지도자들에게 있다는 것이 선지자의 주장이다. 유다의 수도 예루살렘에서 남서쪽으로 40km 떨어진 작은 마을 출신인 선지자가 예루살렘을 찾았을 때 그의 눈에 들어온 것은 끊임없는 지도층의 부패와 타락이었다. 가난한 자들의 대변인으로서 미가는 권력을 남용하고 오용하여 서민들을 괴롭히는 자들에게 분노를 쏟아냈다. 이기적이고 사치스러운 생활을 하는 자들이 아무리 귀한 제물을 하나님께 바친다 해도 하나님께는 그들이 단지 서민들의 피를 빨며 사는 흡혈귀에 지나지 않는다는 것이다(Robinson). 선지자는 또한 임박한 하나님의 심판에 대하여 지도자들에게 책임을 추궁했다. 비록 책임 추궁은 지도자들이 받지만, 대가는 모든 백성이 치러야 하는 것이 공동체의 현실이었다. 그러므로 온 이스라엘과 유다를 삼킬 심판은 남녀노소(男女老少), 빈부귀천(貧富貴賤)을 따지지 않고 주의 백성들에게 임할 것이라는 메시지가 선포되고 있다.

6. 구조와 개요

미가서를 작은 단위로 나누는 것은 매우 쉽다. 학자들은 미가서를 약 20개의 단위(discourse/pericope)로 나눈다. 이 작은 섹션들은 또한 균형이 잡힌 대칭적인 구조로 묶인다. 문제는 이 작은 단위들을 최종적으로 묶는 대칭 구조가 어떤 것이냐 하는 점이다. 학자들은 다양한 제안을 했다(cf. Hagstrom; Willis). 첫 번째 제안은 미가서를 1-3장(심판), 4-5장(소망), 그리고 6-7장(심판) 등 세 섹션으로 나누는 것이다(Simundson). 그러나 이 제안은 책의 최종적인 형태보다는 역사비평학적인 측면에서 얻어진 결과에 의존한다. 즉, 두 번째와 세 번째 섹션이 서로 다른 시대에 저작되어 미가서에 첨부된 것이기 때문에 이 각 섹션들이 통일성을 지닐 것이라는 전제에서 비롯된 것이다(Hagstrom). 또한 각 섹션은 소망과 심판을 함께 담고 있다.

두 번째 제안은 1-3장, 4-5장, 6:1-7:7, 7:8-20 등으로 네 등분하는 것이다(Wolff). 첫 번째 섹션(1-3장)은 죄와 심판을 선언하며, 두 번째 섹션(4-5장)은 예루살렘과 이스라엘의 구원 약속이다. 세 번째 섹션(6:1-7:7)은 포로기 이후 시대에 살던 사람이 미가의 메시지를 자신이 살고 있는 시대적 상황에서 해석한 것이며, 7:8-20은 온 백성이 예배에서 고백한 내용이라고 한다. 이 제안 역시 역사비평학적인 시각에서 본 책의 진화 과정에 근거를 둔 것일 뿐이다.

세 번째 제안은 책을 1-5장, 6-7장 등 두 섹션으로 구분하는 것이다. 이 경우 1-5장은 열방에 선포된 말씀으로, 6-7장은 이스라엘에게 선포된 것으로 간주된다(Mays). 이 두 섹션은 "들으라"는 동일한 문구로 시작하며, 언약 소송 양식을 취하는 공통점이 있다. 문제는 이처럼 미가서를 2등분할 경우 각 섹션에 있는 다양한 내용들이 제대로 반영되지 않는다는 점이다(Barker).

네 번째 제안은 1-2장, 3-5장, 6-7장 등 미가서를 세 섹션으로 구분하는 것이다(Allen; Waltke; Barker; Willis; Childs). 각 섹션은 "들으라"는 말로 시작되며, 각 섹션마다 심판으로 시작해서 소망으로 끝나는 공통점을 지녔다. 또한 1-2장(A)—3-5장(B)—6-7장(A')의 구조를 지니고 있으며, A에 속한 1-2장과 6-7장에서는 심판이 많은 비중을 차지하고 있는 반면에 B를 형성하고 있는 3-5장에서는 구원이 큰 비중을 차지하고 있다(Willis). 다섯 번째 제안은 미가서를 1:1-16, 2:1-5:15, 6:1-16, 7:1-20 등으로 4등분 하는 것이다(Sweeney).

위 다섯 가지 제안들 중 가장 많은 학자들의 지지를 받고 있는 것은 1-2장, 3-5장, 6-7장 등 세 섹션으로 구분하는 네 번째 제안이다. 이 제안의 장점은 문체적인 변화와 주제적인 통일성과 변화를 적절하게 배합했다는 것이다. 간단히 요약하자면 다음과 같은 구조를 파악할 수 있다(cf. Childs).

A. 첫 번째 사이클 1. 심판(1:2-2:11)
2. 구원(2:12-13)
B. 두 번째 사이클 1. 심판(3장)
2. 구원(4-5장)
C. 세 번째 사이클 1. 심판(6:1-7:7)
2. 구원(7:8-20)

위에서 제시된 책의 주요 섹션 구분을 바탕으로 이 책에서는 다음과 같은 분석을 기본으로 하여 본문을 주해하고자 한다.

Ⅰ. 주께서 정의를 세우기 위하여 오심(1:1-2:13)

1장. 표제(1:1)

2장. 주께서 백성을 심판하심(1:2-16)

3장. 유다가 심판 받아야 할 이유(2:1-11)

4장. 주께서 남은 자를 모으심(2:12-13)

Ⅱ. 예루살렘의 옛 영화가 회복됨(3:1-5:15)

1장. 예루살렘의 부패한 지도자들(3:1-12)

2장. 예루살렘의 회복과 영화(4:1-8)

3장. 예루살렘의 고통과 궁극적인 회복(4:9-5:9)

4장. 이스라엘의 정화와 열방 심판(5:10-15)

Ⅲ. 하나님께서 죄를 사하심(6:1-7:20)

1장. 비난과 심판(6:1-16)

2장. 썩은 사회에 대한 탄식(7:1-7)

3장. 확실한 소망과 기도(7:8-20)

EXPOSIMENTARY
Micah

Ⅰ. 주께서 정의를 세우기 위하여 오심

1:1–2:13

이미 서론에서 언급했듯이 미가서는 세 개의 심판—회복 사이클로 구성되어 있다. 그중 첫 번째 사이클은 1:1-2:13이다. 선지자는 1:1-1:16에서 사마리아와 유다의 멸망을 선포하며, 2:1-11에서는 탐욕으로 가득 찬 지주들과 그들에게 종교적인 정당성을 부여하는 거짓 선지자들을 비난한다. 당시 정치인들과 제사장 및 선지자들은 평안과 안녕이 곧 임할 것이라고 했지만, 미가는 이들의 주장이 모두 거짓임을 강조하는 것이다(Simundson). 그러나 모든 것이 비관적이지는 않다. 심판과 비난 선언 이후 회복에 대한 메시지가 2:12-13에 전개되어 있다. 이 섹션은 다음과 같이 구분될 수 있다. 비록 하나님께서 이스라엘을 심판하러 오시지만, 완전히 멸하지는 않으시고 남은 자들을 두실 것이라는 긍정적인 반전으로 마무리된다.

표제(1:1)

A. 주께서 백성을 심판하심(1:2-16)

B. 유다가 심판 받아야 할 이유(2:1-11)

A'. 주께서 남은 자를 모으심(2:12-13)

1장 표제

1:1

[1] 유다의 왕들 요담과 아하스와 히스기야 시대에 모레셋 사람 미가에게 임한 여호와의 말씀 곧 사마리아와 예루살렘에 관한 묵시라

다른 선지서들의 표제처럼 미가서의 표제 역시 3인칭 남성 단수로 표기되어 있으며, 선지자의 이름과 출생지, 그의 메시지의 출처, 선지자가 사역했던 시대, 그가 어떻게 메시지를 받게 되었고, 누가 선지자가 전하는 메시지의 대상이었는가를 밝히고 있다(cf. 호 1:1, 욜 1:1; 습 1:1; 렘 1:2; 겔 1:3; 욘 1:1; 학 1:1; 슥 1:1; 말 1:1). 선지자의 이름 미가(מִיכָה)는 미가야(מִיכָיְהוּ)(cf. 왕상 22:8)를 줄인 것으로서 "누가 여호와와 같은가?"라는 의미를 지녔다. "아무도 여호와와 같은 분은 없다"라는 정답이 정해진 수사학적인 질문이다. 미가는 실제로 7:18에서 "주와 같은 신이 어디 있습니까?"라는 수사학적인 질문을 한다. 선지자의 이름은 그가 전하고자 하는 메시지와 잘 어울리는 이름인 것이다. 미가는 열정적인 아모스의 마음과, 사랑으로 가득 찬 호세아의 마음을 지닌 자였다(Smith).

미가의 시대를 유다의 왕이었던 요담(750-732), 아하스(735-716), 히스기야(716-687)가 통치하던 때로 규정하는 것은 그가 상당히 오랜 세월 동안 선지자

로 사역했음을 뜻한다(cf. Thiele). 사마리아에서 발굴된 이 시대의 유물을 살펴보면 많은 사람들의 이름이 나오는데 이 이름들 중 상당수가 '바알'이란 말을 담고 있다(viz., '이스바알' = man of Baal)(Thompson). 주전 8세기 선지자들이 비난했던 당시 이스라엘의 종교적인 타락을 실감나게 보여주고 있는 자료들인 것이다. 선지자 이사야가 요담의 아버지였던 웃시야 왕이 죽던 해(739년)에 사역을 시작했던 점을 감안할 때, 이사야와 미가는 거의 같은 시대에 같은 지역에서 사역했던 동료였다고 볼 수 있다. 한 주석가는 미가를 이사야의 젊은 후배로 생각한다(Smith).

선지자는 자신이 선포할 메시지를 여호와의 말씀이라 한다. '여호와의 말씀'(דְּבַר־יְהוָה)이라는 표현은 구약에서 242차례 등장하는데, 이 중 225번은 선지자들이 받은 계시를 가리키는 전문적인 용어로 사용된다(Gerleman). 미가는 또한 자신이 사마리아와 예루살렘에 대한 여호와의 말씀을 [이상으로] 보았다(חָזָה)라고 한다. 선지자들은 종종 자신들의 메시지를 이상/환상으로 보았다고 하는데, 이렇게 표현하는 것은 자신들이 선포하는 메시지가 하나님으로부터 연원(淵源)한 것임을 강조하기 위해서이다. 미가도 지금부터 선포될 메시지는 자신이 만들어낸 것이 아니라 하나님께 받은 것임을 선언하고 있는 것이다(Smith).

'예루살렘'과 '사마리아'는 돛(sail)이 배(ship) 전체를 상징하는 것처럼, 전체로 일부를 상징하거나, 일부로 전체를 뜻하는 제유법(提喩法, synecdoche)이며 유다와 이스라엘의 왕들을 포함한 지도자들을 뜻하는 환유(metonymy)이기도 하다(Waltke). 비록 선지자가 이 두 도시를 지목하여 말씀을 선포하지만, 그의 메시지는 북 왕국 이스라엘과 남 왕국 유다의 모든 사람들에게 주신 하나님의 말씀인 것이다. 선지자는 더 나아가 2절에서 하나님의 메시지가 세상 모든 민족과 온 우주에 영향을 미치는 것이라고 한다.

2장 주께서 백성을 심판하심
1:2-16

이 섹션은 주전 8세기 후반부에 유다와 이스라엘에 있었던 사건들에 대한 선지자의 묵상으로 생각된다(Sweeney). 대부분의 학자들은 1:2-7은 사마리아가 함락되었던 722년 이전에 선포된 말씀이며, 1:8-16은 산헤립이 예루살렘을 공격했던 701년 이전에 선포된 말씀으로 간주한다(Simundson; Smith). 그렇다면 이 섹션은 남 왕국 유다와 북 왕국 이스라엘이 건국 이래 최고의 위기를 맞이하기 바로 전에 선포된 말씀들로 구성되어 있는 것이다. 안타깝게도 선지자는 이들에게 위로가 되는 말씀을 선포하지 않는다.

미가는 남 · 북 왕국이 당면하고 있는 갖가지 국제적 · 내부적 재앙들은 하나님께서 이들의 죄를 심판하시고 있다는 증거라고 한다. 믿지 않는 자들이 보기에는 대국 아시리아의 군대가 약소국가인 사마리아를 정복하는, 어떻게 생각하면 매우 자연스러운 사건일 수 있다. 그러나 미가는 아시리아 정복군 뒤에서 모든 것을 지휘하시는 하나님을 보았다(Waltke). 이스라엘이 어느덧 하나님의 원수가 되어 있었기 때문이다. 본 텍스트는 다음과 같이 두 파트로 구분될 수 있다.

A. 사마리아의 멸망과 같을 유다 심판(1:2-7)

1. 하나님께서 심판하러 오심(1:2-4)

2. 하나님께서 이스라엘과 유다를 심판하심(1:5-7)

B. 유다의 멸망에 대한 애가(1:8-16)

1. 애가 선언(1:8-9)

2. 유다의 6 도시에 대한 애가(1:10-12)

3. 유다의 5 도시에 대한 애가(1:13-16)

Ⅰ. 주께서 정의를 세우기 위하여 오심(1:2-2:13)
2장. 주께서 백성을 심판하심(1:2-16)
1. 사마리아의 멸망과 같을 유다 심판(1:2-7)

1. 사마리아의 멸망과 같을 유다 심판(1:2-7)

(1) 하나님께서 심판하러 오심(1:2-4)

2 백성들아 너희는 다 들을지어다 땅과 거기에 있는 모든 것들아 자세히 들을지어다 주
여호와께서 너희에게 대하여 증언하시되 곧 주께서 성전에서 그리하실 것이니라 3 여호와
께서 그의 처소에서 나오시고 강림하사 땅의 높은 곳을 밟으실 것이라 4 그 아래에서 산
들이 녹고 골짜기들이 갈라지기를 불 앞의 밀초 같고 비탈로 쏟아지는 물 같을 것이니

선지자의 메시지는 이스라엘과 언약을 맺으신 여호와 하나님의 소송(ריב-양식 complaint/legal procedure)으로 시작한다(Ramsey; Westermann). 하나님께서는 이 소송을 제기하기 위하여 자신의 처소인 거룩한 성전에서 말씀하신다(2절). 일부 주석가들은 하나님의 '거룩한 성전'(הֵיכַל קָדְשׁוֹ)이 예루살렘에 있는 성전을 뜻한다고 하지만(Sweeney), 대부분의 학자들은 하늘에 있는 하나님의 거처를 의미하는 것으로 풀이한다(cf. v. 3; 시 11:4; 욘 2:7; 합 2:20; 슥 2:13)(Barker; Waltke; Smith).

하나님께서 소송을 진행하기 위하여 자신의 처소를 떠나 세상에 임하신다. 인류 역사에 개입하시는 것이다(Barker). 그의 현현은 온 세상을 파괴하기에 충

분하다. 특히 산과 같이 높이 솟은 것들이 불에 초가 녹듯이 허망하게 녹아 강을 이룬다(3-4절). 미가가 묘사하고 있는 하나님의 현현은 시내산에 임했던 하나님의 모습과 비슷하다(Kaiser). 높은 산들을 마치 초를 녹이듯 녹여 버리는 불을 화산 폭발을 연상하는 것으로 풀이하는 주석가도 있지만(Smith), 이는 전쟁의 불을 의미한다(Sweeney; cf. Waltke). 하나님께서 이 세상에 임하시는 날, 초자연적인 현상을 통해 모든 높은 것들이 무너져 내릴 것이라고 경고했던 이사야서 2장의 예언을 연상케 한다. 하나님께서 세상에 모습을 보이시면, 세상의 모든 것이 낮아진다. 오직 하나님만이 높고 존귀하시기 때문이다.

하나님의 현현은 이스라엘에게 서로 엇갈리는 감정을 안겨 주었다. 너무나도 거룩하신 하나님을 보게 된 것에서 비롯되는 죽을 것 같은 두려움과 주의 백성들의 원수를 벌하실 것이라는 기대와 즐거움이었다(Smith). 그러나 미가는 이번 현현이 오직 두려움만 동반하고 있음을 암시한다. 이스라엘이 하나님의 뜻대로 살지 않았기 때문에 하나님께서 이스라엘의 원수들에게 앙갚음을 해주시기는커녕 오히려 이스라엘을 벌하시려고 오시기 때문이다. 본문에서 하나님의 현현은 곧 전쟁을 뜻하기도 한다(cf. 삿 5:4-5; 시 18:7-15; 사 26:21). 전에는 하나님께서 이스라엘을 위하여 전쟁을 하셨지만, 이번에는 이스라엘과 전쟁하기 위하여 오신다(cf. 렘 25:30-31). 자신들은 주의 백성이라고 자부하던 이스라엘이 어느덧 하나님의 원수가 되어 있다.

선지자는 재판에 회부되어야 하는 백성들을 소환하는 임무를 부여받았으므로 "뭇 민족아, 너희는 모두 들어라" 라고 외친다(2절). 선지자는 백성들에게 부족한 지식을 얻으라고 외치는 것이 아니라 자신들의 생사가 어떻게 결정되는가를 들어야 한다고 외치고 있다(Wolff). 즉, 하나님께서 제기하신 소송에 적절한 반응을 보이라는 권면이다. 만일 자신들이 억울하다고 생각되면 하나님의 주장에 이의를 제기하면 될 것이다. 그러나 완전하신 하나님께서 결코 부당하게 소송을 제기하실 리 없다. 소송에 회부된 백성들의 상황이 결코 좋지 않은 것이다.

하나님께서 이스라엘과 유다를 심판하시는데 왜 세상의 모든 백성과 땅에 거하는 모든 것들(2절)이 함께 심판을 받아야 하는가? 이러한 해석상의 어려움 때문에 일부 주석가들은 본문이 언급하고 있는 백성은 이스라엘을 뜻하며 땅은 이스라엘의 땅을 의미하는 것, 즉 이 말씀은 이스라엘에게 제한된 것으로 이해한다(cf. Waltke). 혹은 이 말씀은 훗날 편집자들에 의하여 삽입된 것이라고 하기도 한다(Mays; Wolff). 그러나 온 우주를 증인석에 부르는 이 말씀은 본문의 문맥과 정황에 잘 어울린다(Willis).

또한 아브라함 언약은 아브라함과 그의 후손들을 통해 세상의 모든 백성들이 축복을 받도록 되어 있다. 그러나 이스라엘이 그 역할을 감당하지 못했기 때문에 그들로 인하여 온 세상이 심판을 받게 된 것으로 이해한다면 크게 어려운 문제는 아니다. 혹은 거룩한 백성마저도 심판을 피할 수 없을 정도로 부패했다면, 나머지 백성들은 뻔한 것이 아니냐는 해석도 가능하다. 주의 백성은 온 세상에 그만큼 많은 영향력을 행사하는 것이다. 또한, 창조주 하나님께서 한 나라를 심판하시는 것은 온 세상에 정의를 세워 나가시려는 하나님의 범우주적인 섭리에서 이해되어야 한다(Hillers). 아울러 하나님께서 이스라엘을 심판하시는 것이 열방에 내리실 심판의 모델이라는 측면에서 생각할 때(Willis), 하나님께서 행하시는 모든 심판은 인류가 종말에 당하게 될 최종적인 심판의 전조(前兆)이기도 하다(Pusey).

Ⅰ. 주께서 정의를 세우기 위하여 오심(1:2–2:13)
2장. 주께서 백성을 심판하심(1:2–16)
1. 사마리아의 멸망과 같을 유다 심판(1:2–7)

(2) 하나님께서 이스라엘과 유다를 심판하심(1:5–7)

5 이는 다 야곱의 허물로 말미암음이요 이스라엘 족속의 죄로 말미암음이라 야곱의 허물
이 무엇이냐 사마리아가 아니냐 유다의 산당이 무엇이냐 예루살렘이 아니냐 6 이러므로
내가 사마리아를 들의 무더기 같게 하고 포도 심을 동산 같게 하며 또 그 돌들을 골짜기

에 쏟아내리고 그 기초를 드러내며 7 그 새긴 우상들은 다 부서지고 그 음행의 값은 다 불
살라지며 내가 그 목상들을 다 깨뜨리리니 그가 기생의 값으로 모았은즉 그것이 기생의
값으로 돌아가리라

앞 섹션(2-4절)에서 하나님의 현현을 묘사하는 데만 몰두했던 선지자가 이 섹션에서는 하나님께서 이스라엘을 찾아오신 구체적인 목적에 대해 언급한다. 하나님께서 세상에 오신 이유는 이스라엘과 유다의 죄를 심판하시기 위함이다. 성경이 심판하시는 하나님에 대하여 그렇게 경고하는데도 전혀 개의치 않고 마음껏 죄짓던 자들에게 드디어 자신들이 지은 죄에 대하여 대가를 치러야 할 때가 온 것이다. 우리도 언젠가는 행한 모든 일에 대하여 창조주 앞에서 심판을 받을 날이 올 것이라는 사실을 기억한다면 죄를 짓는 일도 많이 줄일 수 있을 것이다.

이스라엘과 유다 두 왕국이 하나님께 지은 죄는 무엇인가? 선지자가 사마리아를 이스라엘의 산당으로, 예루살렘을 유다의 산당으로 비약하고 있는 것으로 보아(5절) 그들의 죄가 여호와께 등을 돌리고 우상을 숭배함에 있음을 알 수 있다. 사마리아의 우상 역시 이들의 영적인 부패를 지적하는 것이다(7절). 물론 이스라엘과 유다의 역사를 살펴보면 여호와께 전적으로 등을 돌리고 우상만을 숭배한 것은 흔하지 않은 일이었다. 반면에 여호와를 섬기면서 우상을 함께 섬기는 종교적 복합주의는 흔히 있었던 일이었다. 이러한 정황 속에서 사람들은 자신들이 하나님과 우상을 함께 섬겼기 때문에 여호와께 등을 돌리지 않았다고 주장할지 모른다. 그러나 성경은 하나님과 우상을 함께 섬길 수 없을 뿐만 아니라, 하나님을 섬기든 안 섬기든 우상에게 절하는 것은 하나님께 전적으로 등을 돌린 것으로 규정한다.

여호와와의 언약을 아무리 잘 준수한다 해도 우상을 함께 숭배하면 하나님과의 언약을 위반하는 행위이다. 이스라엘이 하나님과 시내 산에서 언약을 체결할 때 약속한 것은 오직 하나님 한 분만을 전심으로 섬기고 사랑하는 것이었다. 그러므로 선지자는 이들의 행위를 범죄로 규정한다(5절). '죄'(חַטָּאת)는

사람이 이행해야 할 책임을 완수하지 않은 것을, '범죄'(פֶּשַׁע)는 의도적인 반역을 뜻한다. 선지자는 이 두 개념으로 이 백성의 신앙적 성향을 포괄적으로 고발한다(Mays). 그들은 자신이 당연히 감당해야 할 책임을 잘 이행하지 않았을 뿐만 아니라, 의도적으로 하나님 여호와께 반역했다는 것이다. 또한, 선지자들은 사회의 모든 부패가 종교적인 타락에서 비롯되는 것이라고 믿었던 사람들이다. 그러므로 미가가 부패한 사회정의 문제를 논하기 전에 먼저 종교적 문제를 부각시키는 것은 이들로 하여금 핵심 이슈를 깨닫게 하기 위함인 것이다(cf. Waltke).

이스라엘과 유다의 영적 타락의 책임은 누구에게 있는가? 저자는 두 개의 질문을 제시하고 스스로 답함으로써 이 문제를 논하고 있다: "야곱의 죄가 무엇이냐? 사마리아가 아니더냐? 유다의 산당이 무엇이냐? 예루살렘이 아니더냐?"(5절; cf. NIrV: "Who is to blame for the wrong things Jacob has done? Samaria! Who is to blame for the high places, where Judah's people worship other gods? Jerusalem!") 예루살렘과 사마리아는 두 국가의 수도이자 권력의 상징이다. 저자는 이스라엘과 유다의 문제는 종교적으로 부패한 리더십에서 비롯되었음을 시사한다(Barker).

결국 하나님을 버리고 우상을 좇은 사마리아는 하나님의 심판을 받아 파멸에 이른다(6-7절). 사마리아는 빈 들의 폐허가 될 것이며, 성의 기초가 드러날 것이다. 물론 그들이 숭배하던 우상들도 모두 부서져 쓰레기 더미가 될 것이다. 사마리아처럼 중요한 도성의 최후를 예언하면서 선지자가 우상들의 운명만 논하는 것은 괄목할만한 일이며, 하나님의 심판의 진정한 목표가 어디에 있는지를 암시한다(Mays). 심판의 목적은 무엇보다도 주의 백성들로부터 우상을 제거하는 일에 있는 것이다. 저자는 하나님께서 자연재해를 통하여 이들을 심판하시는 것이 아니라 직접 침략자가 되시어 이들을 멸하실 것을 예고하고 있다(Wolff).

선지자가 7절에서 세 차례나 사용하고 있는 '화대/몸을 팔아서 모은 재물'(אֶתְנַן)은 사마리아 사람들이 이방 신전을 찾을 때마다 창녀들에게 몸값으로 지불했던 돈, 식량, 옷 등을 뜻한다(cf. 창 38:17-18; 겔 16:10-11; 호 2:8-9). 근동 지역의 종교들은 대체로 성적으로 매우 문란했으며, 많은 신전 창녀들을 두어 이들이 예배자들로부터 받은 화대로 유지되었다. 하나님께서는 사마리아가 신전 창녀들을 고용해서 얻은 재물은 다시 창녀의 화대로 사용될 것이라고 선언하신다. 침략군이 사마리아의 신전에서 귀금속과 돈을 취하여 자신들의 신전에 헌물하거나 신전 창녀들에게 화대로 지불할 것임을 뜻한다(Hillers; Kaiser). 역사적으로 언제 이 일이 성취되었는가? 대부분의 학자들은 이 사건이 722년에 사마리아가 아시리아의 손에 멸망한 것을 예언한 것으로 생각한다(Waltke; Sweeney; Wolff; Barker). 요세푸스는 아시리아의 손에 멸망한 사마리아가 훗날 히어카누스(John Hyrcanus)가 이 도시를 완전히 초토화한 일을 통해 이 예언이 최종적으로 성취되었다고 했다(Ant. 13.10.3; cf. Smith).

I. 주께서 정의를 세우기 위하여 오심(1:2-2:13)
2장. 주께서 백성을 심판하심(1:2-16)
2. 유다의 멸망에 대한 애가(1:8-16)

2. 유다의 멸망에 대한 애가(1:8-16)

(1) 애가 선언(1:8-9)

8 이러므로 내가 애통하며 애곡하고 벌거벗은 몸으로 행하며 들개 같이 애곡하고 타조 같이 애통하리니 9 이는 그 상처는 고칠 수 없고 그것이 유다까지도 이르고 내 백성의 성문 곧 예루살렘에도 미쳤음이니라

사마리아에게 심판의 말씀을 선언한 선지자가 이번에는 예루살렘에 닥칠 재앙을 생각하며 애가(哀歌)를 부른다. 이 애가는 701년에 산헤립이 예루살렘을 공격하기 얼마 전에 선포되었을 것이다. 학자들은 720-11년쯤으로 추측한다(Allen; Smith). 앞으로 임할 일에 대하여 애가를 부르는 것은 여기에 선포된 일이 예언대로 이루어질 것이라는 의미를 지녔다. 저자는 자신의 슬픔을 네 가

지로 표현한다: (1) 슬피 울며 통곡할 것이다; (2) 맨발로 벌거벗고 다닐 것이다; (3) 여우처럼 구슬피 울 것이다; (4) 타조처럼 목놓아 울 것이다(8절). 모두 극에 달하는 슬픔을 묘사하는 표현들이다. 주의 백성을 바라보며 슬퍼하는 미가의 모습은 예레미야(렘 8:21-9:1), 아모스(암 7:1-6), 바울(롬 9:2-3; 10:1)과도 같다. 선지자들은 백성들을 정죄하는 차원에서 심판을 선언한 냉혈한들이 아니다. 그들은 그 누구보다도 가슴 아파하고 괴로워하며 하나님의 심판을 선언했다. 미가도 진정으로 아파하며 고통스러워하고 있다(Simundson).

맨발로 다니는 것은 슬픔의 표현이며(삼하 15:30), 벌거벗고 다닌다는 것은 겉옷과 외투를 벗고 속옷만 착용하고 다닌다는 뜻이다(cf. 삼상 19:24; 사 20:2-4)(Driver). 이사야 선지자는 이집트에 임할 하나님의 심판을 상징하며 3년 동안 속옷만 입고 다닌 적이 있다(사 20장). 미가도 이사야처럼 속옷만 입고 맨발로 예루살렘 거리를 돌아다녔을 수도 있다(Barker). 욥은 자신의 슬픈 운명을 비관하여 여우처럼 구슬피 울었던 적이 있다(욥 30:29). 타조(בְּנוֹת יַעֲנָה)(lit., "daughter of the desert")(표준; NIV; NRS; NAS; TNK)는 종종 '사막 올빼미'(desert owl)로 번역되기도 한다(cf. NIV). 공공장소에서 미가의 슬퍼하는 모습은 많은 사람들의 관심을 끌기에 충분했을 것이다. 선지자는 호기심으로 모여든 사람들에게 메시지를 선포한다.

> I. 주께서 정의를 세우기 위하여 오심(1:2–2:13)
> 2장. 주께서 백성을 심판하심(1:2–16)
> 2. 유다의 멸망에 대한 애가(1:8–16)

(2) 유다의 6 도시에 대한 애가(1:10–12)

10 가드에 알리지 말며 도무지 울지 말지어다 내가 베들레아브라에서 티끌에 굴렀도다 11
사빌 주민아 너는 벗은 몸에 수치를 무릅쓰고 나갈지어다 사아난 주민은 나오지 못하고
벧에셀이 애곡하여 너희에게 의지할 곳이 없게 하리라 12 마롯 주민이 근심 중에 복을 바
라니 이는 재앙이 여호와께로 말미암아 예루살렘 성문에 임함이니라

선지자는 위 섹션(8-9절)에서 매우 슬퍼하며 애가를 시작했다. 그가 왜 그토록 슬퍼하는가? 사마리아가 돌이킬 수 없는 운명으로 치닫고 있기 때문이다. 하나님께서는 더 이상 심판을 지체할 계획이 없으시다. 선지자는 이러한 현실을 "사마리아의 상처가 고칠 수 없는 병이 되었다"(9절)라는 표현으로 묘사했다. 남 왕국에서 사역하고 있는 선지자가 왜 사마리아의 멸망 때문에 이렇게 슬퍼하는 것일까? 사마리아의 멸망은 곧 예루살렘 멸망의 전조가 되기 때문이다(9절). 사마리아를 강타한 불치병이 유다에 전염되었고, 예루살렘의 성문까지 이르렀다. 성문은 도시를 상징하기도 한다(Hillers). 그러므로 성문이 무너지는 것은 곧 도시/국가가 멸망하는 것을 뜻한다(Alt).

앞으로 유다에게 임할 재앙이 얼마만큼 위협적이고 심각한 위기가 될 것인가? 선지자가 이 섹션에서 사용하는 용어들을 생각해보라: 통곡(10절), 벌거벗음과 수치(11절), 애도(11절), 하나님께로부터 온 재앙(12절). 매우 심각한 심판이 그들에게 내려질 것이다. 그러나 가장 큰 문제는 이 모든 재앙이 여호와 그들의 하나님께로부터 온다는 점이다. 그렇다면 그들을 도울 자는 하나도 없는 것이다. 상황이 매우 절망적이다. 그러나 미가의 메시지를 듣고 있던 자들은 이러한 메시지에 강력하게 반발했을 것이다. 여호와께서 선민인 이스라엘을 그렇게 대하실 리 없다는 논리에서이다(Smith). 게다가 다른 곳도 아니고 하나님의 성전이 있는 예루살렘이 망한다는 것은 도저히 믿을 수 없는 일이다. 그러나 이러한 논리는 오직 백성들이 하나님의 말씀에 순종할 때나 통하는 것이지 언제든지 면죄부로 사용할 수 있는 사안이 아니다. 하나님께서는 제구실을 못하는 성전이나 교회를 언제든지 포기하실 뿐만 아니라 스스로 파괴하실 수도 있는 분이시다.

다행히 저자는 이스라엘의 적이 예루살렘의 성문까지만 이를 것이라고 한다. 성문을 무너뜨리지 못해 예루살렘 안으로 진군하지 못할 것을 예고하고 있는 듯하다. 701년에 있었던 산헤립의 침략을 적절하게 묘사하고 있는 것으로 생각된다(Waltke). 사마리아의 멸망이 돌이킬 수 없는 현실인 만큼, 예루살렘의 멸망도 피할 수 없는 운명이다. 미가는 자매 국가인 북 왕국의 멸망 때문에 슬퍼하지만, 남 왕국 유다에게 다가오는 심판 때문에 더 슬퍼하고 있는 것이다. 또한 두 자매 나라를 멸망케 하는 것이 다름 아닌 하나님의 주먹이라는 사실이 선지자의 슬픔을 가중시키고 있다.

선지자는 "가드에 알리지 말라"는 말로 예루살렘에 대한 장송곡을 시작한다. 학자들은 이 슬픈 일을 왜 가드(viz., 블레셋)에게 알리지 말라고 하는가에 대하여 매우 당혹스러워한다. 그래서 한 주석가는 히브리어 텍스트를 수정할 것을 제안하기도 한다(Mays). 그러나 사실 그다지 어려운 문제는 아니다. 다윗은 사울과 요나단의 죽음에 대하여 '활의 노래'라는 애가를 지어 부르며 슬퍼한 적이 있는데, 그 노래에서도 "가드에 알리지 말라"라는 말이 등장한다(삼하 1:20). 이들의 죽음이 이스라엘에게는 슬픈 일이지만 이스라엘의 적 블레셋에게는 승전보이기 때문에 그들에게 알리지 말라는 뜻이었다. 선지자 미가도 같은 맥락에서 이스라엘을 미워하는 이방인들이 주의 백성의 멸망을 듣고 기뻐하는 것을 원하지 않는 것이다.

그가 애가를 부르며 10절에서부터 나열하는 도시의 수는 예루살렘을 포함하여 총 12곳이다: 예루살렘, 가드, 베들레아브라, 사빌, 사아난, 벧에셀, 마롯, 라기스, 가드모레셋, 악십, 마레사, 아둘람. 이 중 7곳이 이 섹션에 나열되어 있다. 이 이름들 대부분은 다양한 의미의 히브리어 문구와 유사한 음을 지니고 있으며 다양한 언어유희를 보여주고 있다(Sweeney; Waltke; Simundson; Barker).[1] 각 도시들은 각각 이름과 연관된 재앙을 경험하게 될 것이다(Smith).

---

1 이 섹션에 언급되는 7 도시들 중 예루살렘을 제외한 다른 도시들의 이름이 보여주고 있는 언어유희에 대하여는 다음을 참조하라(Smith).

도시	의미/소리	언어유희
Gath	the sound gat	the sound tag (Heb. verb "tell)
Beth Ophrah	"house of dust"	roll in the dust
Shaphir	"pleasant/beautiful"	nakedness and shame
Zaanan	(similar sound)	not come/go out
Beth Ezel	"house of taking away"	protection taken away
Maroth	"bitter"	Good

이 도시들 중 예루살렘, 가드, 아둘람을 제외한 9도시는 미가의 고향인 모레셋 가드를 중심으로 모두 15Km 반경에 위치한 것들이라는 해석이 있지만(Elliger), 몇몇 도시의 정확한 위치는 아직까지 밝혀지지 않았다.

가드와 아둘람은 다윗의 삶을 상징하는 의미에서 목록에 들어가게 된 것으로, 실제로 이 도시들은 타 도시와 함께 멸망할 것은 아니다(Waltke). 특히 애가가 가드(10절)에 대한 언급으로 시작하여 아둘람(15절)에 대한 언급으로 끝난다는 것은 우연이 아니다(Renauld). 다윗은 사울에게 쫓겨 가드에 있던 블레셋 왕에게 몸을 맡긴 적이 있으며, 아둘람 광야로 그를 피한 적이 있었다. 옛적에 사울에게 쫓기던 다윗이 생명에 위협을 느껴 가드와 아둘람을 찾았던 것처럼, 그의 후손들(유다의 왕족)도 위험으로부터 도주해야 한다. 물론 산헤립은 피에 굶주린 늑대처럼 이들을 쫓을 것이다. 아둘람은 세벨라 지역에 위치했던 도시였다(Wolff).

다윗 왕조의 멸망은 곧 유다의 멸망을 뜻한다. 본문에 등장하는 도시 이름들 중 비교적 잘 알려진 도시의 위치를 살피노라면, 아시리아의 산헤립이 701년에 해변 도로를 타고 가나안 지역 깊숙이 남하한 후, 블레셋 지역에 위치한 세블라에서부터 시작하여, 예루살렘을 방어하기 위하여 산악 지대에 세운 요새 도시들을 차례대로 휩쓸며 예루살렘을 향해 진군하는 장면을 보는 듯하다(Sweeney; Barker; Waltke).

Ⅰ. 주께서 정의를 세우기 위하여 오심(1:2-2:13)
2장. 주께서 백성을 심판하심(1:2-16)
2. 유다의 멸망에 대한 애가(1:8-16)

(3) 유다의 5 도시에 대한 애가(1:13-16)

13 라기스 주민아 너는 준마에 병거를 메울지어다 라기스는 딸 시온의 죄의 근본이니 이
는 이스라엘의 허물이 네게서 보였음이니라 14 이러므로 너는 가드모레셋에 작별하는 예

물을 줄지어다 악십의 집들이 이스라엘 왕들을 속이리라 15 마레사 주민아 내가 장차 너
를 소유할 자로 네게 이르게 하리니 이스라엘의 영광이 아둘람까지 이를 것이라 16 너는
네 기뻐하는 자식으로 인하여 네 머리털을 깎아 대머리 같게 할지어다 네 머리가 크게 벗
어지게 하기를 독수리 같게 할지어다 이는 그들이 사로잡혀 너를 떠났음이라

선지자가 언급하는 12도시들 중 앞에서 언급한 7곳을 제외한, 나머지 5곳이 이곳에서 언급된다. 이 도시들 이름 역시 언어유희를 보여주고 있다.[2] 작은 마을들만이 아니라, 라기스(13절)처럼 큰 도시들도 파괴될 것이며 선지자는 자신의 고향인 모레셋도 하나님께서 보내신 침략자들에 의하여 파괴될 것이라고 한다. 선지자는 하나님께서 보내시는 침략자들이 누구인지 밝히지 않는다. 미가는 유다가 저지른 죄에 대해서 구체적으로 지적하지 않는다. 선지자는 그의 청중들에게 다가오는 재앙의 규모와 파괴력만 생각하도록 유도하기 위해서 이 같은 역사적 세부 사항들을 밝히지 않고 있다(Smith). 역사는 이들이 아시리아 사람들이었다고 한다.

미가는 아마도 이곳에 언급된 도시들 대부분을 방문했을 것이다. 또한 그의 친구들과 친척들이 이 도시들에서 살고 있었다. 하나님의 심판을 받아 멸망할 이 도시들에 그의 가족들이 있다. 평화롭게 살고 있는 친지들에게 그들이 하나님의 심판을 받아 곧 망할 것이라고 선언해야 하는 미가의 마음이 어떠했을까? 그들은 또한 가족의 일원인 미가가 이런 메시지를 선포하는 것에 대하여 어떤 반응을 보였을까? 선지자는 이 심판을 선언하면서도 매우 마음

2 다음을 참조하라(Smith).

도시	의미/소리	언어유희
Lachish	(similar sound)	to the horses/team
Moresheth Gath	"to be betrothed"	you will give parting gifts
Aczib	"deception"	will prove deceptive
Mareshah	"conqueror/possessor	a conqueror against you
Adullam	the place where David fled	glory of Israel will flee there

이 아팠을 것이다. 때로 주님께 순종하는 일은 고통을 동반한다.

라기스는 유다의 가장 큰 도시들 중 하나였다. 예루살렘에서 남서쪽으로 약 50km 떨어진 곳에 있었으며 모레셋에서 10km 떨어져 있었다(Barker). 르호보암은 이 지역을 통해 침입하는 적군들로부터 예루살렘을 방어하기 위하여 이 도시를 요새화하였다(대하 11:9). 고고학자들의 발굴에 의하면 이 도시는 6m 두께의 거대한 성벽으로 둘러싸여 있었으며 701년에 있었던 산헤립의 침략 때 그가 함락시킨 유다의 46개 성읍들 가운데 마지막으로 정복한 것들 중 하나였다(Ussishkin; Davies).

선지자는 라기스(לָכִישׁ) 사람들에게 군마(לָרֶכֶשׁ)에 병거를 매라고 한다. 소리의 유사성을 생각해보라(lakish와 larekesh). 라기스가 유다가 저지른 죄의 근본이라는 13절 후반부는 해석하기가 어렵다. 어떻게 라기스가 시온의 죄의 근본이란 말인가?(cf. TNK). 라기스 사람들이 북 왕국 이스라엘로부터 우상숭배를 배워서 예루살렘에 전파한 것으로 풀이하는 주석가도 있다(Waltke). 그러나 이 해석은 별로 설득력이 없어 보인다. 아마도 예루살렘이 군마와 병거를 포함한 군사력을 의지하는 것을 요새화된 도성에서 살고 있던 라기스 사람들에게서 배운 것을 뜻하는 듯하다(Mays; Smith; cf. 신 17:16; 사 2:7; 31:1-2; 호 10:13-15; 14:4). 오직 하나님만을 바라보며 살기로 약속한 이스라엘이 군사력에 의지하는 것은 우상숭배와 마술만큼이나 언약 신앙을 파괴하는 요소이다(cf. 5:10-14).

"이스라엘의 영광이 아둘람까지 이른다"(15절)는 것은 무엇을 뜻하는가? 아둘람은 옛적에 다윗이 사울에게서 도피하여 방랑자로 세월을 보냈던 곳이다(cf. 삼상 22장). 유다의 왕 혹은 귀족들이 옛적에 다윗이 아둘람 굴에 피했던 것처럼 피할 것이라는 뜻인가? 혹은 적의 침략을 받은 이스라엘이 모든 보화를 가져다 굴에 숨길 것을 뜻하는가? 아마도 '이스라엘의 영광'은 이스라엘이 지금까지 누려왔던 모든 명예와 영화를 뜻하는 것이며, 하나님께서 백성을 심판하시는 날, 이스라엘의 모든 과거의 명예와 명성이 아무런 효력을 발휘하지 못하고 굴 속으로 숨어야 하는 수치를 당할 것을 의미하는 듯하다(Smith).

유다가 심판을 받는 날, 많은 젊은이들이 노예와 인질이 되어 타국으로 끌려갈 것이다(16절). 선지자는 이날을 바라보며 백성들에게 애곡하라고 한다. 머리를 밀어 독수리처럼 털이 없는 머리를 내놓고 슬픔을 표현해야 한다. 일부 학자들은 이 독수리가 가나안과 이집트에 흔하게 서식했던 목에까지 털이 없는 대머리 독수리(bald vulture)라고 풀이한다(Nowack). 머리털뿐만 아니라 수염까지 밀라는 뜻이다. 자식들을 떠나보내는 고통을 겪는 부모들은 이렇게 처절한 모습으로 슬픔을 토로해야 한다. 그러나 그들이 대머리 독수리처럼 머리를 밀고 슬퍼하는 동안, 그들의 아들들은 독수리처럼 그들의 품에서 날아간다(Sweeney). 이 땅에서 젊은이가 사라진다는 것은 이 나라의 미래도 사라진다는 것을 의미한다.

3장 유다가 심판 받아야 할 이유
2:1–11

미가는 이 섹션에서 유다 사회의 지도층을 비난한다. 이스라엘이 심판을 받아야 할 이유가 온 나라가 부패해서지만, 특별히 지도층의 부정과 부패가 가장 큰 문제가 된다는 뜻이다. 미가가 자신의 고향 모레셋에서 장로들을 대상으로 이 말씀을 선포하고 있다고 하는 주석가도 있지만(Wolff), 아마도 예루살렘에서 이 메시지를 선언하고 있는 듯하다(Smith). 또한 이 메시지가 거짓 선지자들을 상대로 선포되고 있다는 학자도 있지만(van der Woude), 상류층 지도자들이 미가의 신탁의 대상이 되고 있다. 물론 이들은 미가가 전하는 하나님의 메시지보다 거짓 선지자들이 선포하는 거짓 평안을 선호한다(cf. 2:6-7).

시대와 장소를 초월하여 가장 근본적인 인간의 문제는 욕심이다. 인간은 남보다 더 많은 것을 가지기 원하며, 이웃보다 더 행복하기를 원한다. 모든 사람이 같은 것을 먹고, 동일하게 누리는 사회가 이상적이겠지만, 인간의 본성을 감안하면 불가능한 일이다. 이러한 실험에서 실패한 것이 공산주의이다. 거리를 청소하는 사람과 병원에서 복잡한 수술을 하는 의사가 같은 수준의 생활을 하게 된다면 누가 어렵게 공부하여 의사가 되려 하겠는가? 그러므로 어떤 사회든지 각 개인의 노력에 따라 남들보다 더 누릴 수 있는 기회가 주어져야 한다. 이런 면에서 욕심은 동기 부여가 될 수 있다. 그러나 문제는 지나친 욕심이다. 나 자신의 평안과 욕구 충족을 위하여 남을 착취하고 우롱한다면, 그것은 하나님을 분노케 하는 탐욕에 불과하다.

미가가 사역하던 시대의 유다가 불안하다. 범국가적인 고난이 그들을 엄습하고 있다. 이러한 때일수록 지도자들과 부유층이 고통 분담에 앞장서야 한다. 그러나 이들은 오히려 서민들을 착취하는 데 혈안이 되어 있다. 게다가 종교 지도자들, [거짓] 선지자들이 그들의 행동을 부추기고 있다. 정경유착이 아니라 종경유착(宗經癒着)이 이뤄지고 있는 것이다. 당연히 하나님께서 분노하신다. 서민들은 그분이 가장 염려하고 아끼는 부류이기 때문이다.

이 섹션은 두 개의 스피치로 구성되어 있다. 첫 번째 파트(2:1-5)는 짤막한 재앙 선언(woe oracle)으로 '망한다'(1절)로 시작하여 비난(1-2절)과 '그러므로'로 맺어지는 결론(3-5절)으로 이어지는 전형적인 재앙 선언 양식을 따르고 있다(cf. 사 30:1-5; 암 6:1-7). 두 번째 파트(2:6-11)는 논쟁 스피치(disputation speech) 양식을 사용하고 있다. 논쟁 스피치에서는 청중이 선지자가 이미 선포한 메시지에 반론을 제기하고, 이 반론에 대하여 선지자가 다시 반박하는 형태를 취한다. 성경에 등장하는 논쟁 스피치의 대부분은 청중들이 하나님에 대하여 완전히 무지해서 비롯되는 것이 아니라, 하나님과 신앙에 대하여 어설프게 알고 있어서, 곧 반쯤만 알고 있어서 비롯된다. 우리말로 하면 '선무당이 사람 잡는 경우'가 되는 것이다. 이 섹션은 다음과 같이 두 파트로 구분되어 있다: (1) 부자들의 횡포(2:1-5); (2) 부자들이 하나님의 말씀을 거부함(2:6-11).

Ⅰ. 주께서 정의를 세우기 위하여 오심(1:2-2:13)
3장. 유다가 심판을 받아야 할 이유(2:1-11)

1. 부자들의 횡포(2:1-5)

1 그들이 침상에서 죄를 꾀하며 악을 꾸미고 날이 밝으면 그 손에 힘이 있으므로 그것을
행하는 자는 화 있을진저 2 밭들을 탐하여 빼앗고 집들을 탐하여 차지하니 그들이 남자와

그의 집과 사람과 그의 산업을 강탈하도다 3 그러므로 여호와의 말씀에 내가 이 족속에게
재앙을 계획하나니 너희의 목이 이에서 벗어나지 못할 것이요 또한 교만하게 다니지 못
할 것이라 이는 재앙의 때임이라 하셨느니라 4 그 때에 너희를 조롱하는 시를 지으며 슬
픈 노래를 불러 이르기를 우리가 온전히 망하게 되었도다 그가 내 백성의 산업을 옮겨 내
게서 떠나게 하시며 우리 밭을 나누어 패역자에게 주시는도다 하리니 5 그러므로 여호와
의 회중에서 분깃에 줄을 댈 자가 너희 중에 하나도 없으리라

많은 학자들이 본문을 재앙 선언(woe speech)으로 간주한다(Klein; Blomberg; Hubbard). 재앙 선언은 네 가지 조건을 갖추고 있는 양식인데—(1) 재앙 선언(declaration of woe); (2) 죄에 대한 언급(explanation of offenses); (3) 메신저 유형(messenger formula); (4) 파멸에 대한 예측(prediction of doom)—이 섹션에 이 모든 요소들이 등장하고 있기 때문이다(cf. Westermann). 지금까지 미가는 주의 백성들의 종교적인 죄만 언급했다(1:5). 이 섹션에서 미가는 처음으로 지도층의 죄를 구체적으로 논한다. 지도층의 죄를 한마디로 요약하자면 "힘이 곧 정의이다"(Might makes right)이다(Barker). 그들은 자신들의 권력을 이용하여 닥치는 대로 사람들을 착취한다. 어떻게 이런 일이 가능했을까? 그들은 권력이 자신들의 것이기 때문에 마음대로 할 수 있다고 생각했던 것이다. 하나님을 두려워하지 않는 권세가들의 본 모습이다.

사회의 안녕을 좌우하는 지도자들이 밤새 고심하며 하는 것이 고작 백성들을 괴롭히는 음모를 꾸미는 일이다(1절). 저자는 이들의 행동을 세 동사로 요약한다: '궁리하다/생각하다'(חשב), [음모를] '꾸미다/계획하다'(פעל), '해치우다/하다'(עשה). 문제는 무엇을 생각하고, 계획하고, 행동으로 옮기는가이다. 우리 가요에 '앉으나 서나 당신 생각'이라는 말로 시작하는 것이 있다. 미가가 살았던 시대 유다 지도자들의 주제가는 '앉으나 서나 악한 음모 꾸미기'이다. 그리고는 날이 밝으면 곧장 행동으로 옮긴다. 당시 사회에서 악한 자들은 주로 밤에 남의 눈을 피해서 나쁜 짓을 했다. 그러나 유다의 지도자들은 대낮에 드러내놓고, 그것도 편법과 불법으로 나쁜 짓을 한다(Smith). 물론 이들이 권력

을 쥐고 있기 때문에 그 누구도 방해할 수 없다. 공평과 정의는 안중에도 없다. 그들은 마치 죄를 짓고 백성들을 괴롭히기 위하여 태어난 자들처럼 행동한다. 이런 자들에게 주어진 권력은 흉기로 돌변한다. 권력과 음모는 공평과 정의를 위협하는 가장 두려운 궁합이다.

그들은 자신들의 권력을 악용하여 서민들을 착취하고 있다(2절). 많이 가진 자들이 더 많이 가지려고 그나마 조금 갖고 있는 것도 착취하는 죄를 저지르고 있다. 권력가들에게 억울하게 당한 자들이 빼앗긴 것은 단순히 땅과 재산만이 아니다. 이스라엘의 사회적 구조에서는 사람의 정체성과 권리는 곧 그가 소유한 땅과 재산으로 정의되었다. 그러므로 땅과 재산을 빼앗긴다는 것은 곧 사회적인 신분과 권리를 함께 빼앗긴다는 것을 의미했다(Mays). 그는 어떠한 지위도 가질 수 없고 권리도 행사할 수 없게 된 것이다.

일명 '있는 자들'이 더불어 살아가야 할 약자들에게 이처럼 잔인한 짓을 하는 것을 보면서 우리는 질문해본다. 인간의 욕심의 한계는 어디까지일까? 한 심리학자가 말한 것처럼 인간의 욕심은 뒤집어진 웨딩 케이크와 같다. 웨딩 케이크는 여러 층으로 되어 있는데, 아래로 내려갈수록 각 층을 형성하고 있는 케이크의 크기는 커진다. 이것을 뒤집어 놓은 것, 곧 많이 가질수록 더 많은 것을 원하는 것이 인간의 욕심이라는 것이다. 그러나 이러한 욕심의 끝은 어디인가? 결국 사람은 욕심의 노예가 되어 일생을 마무리한다. 우리는 이 세상에서 쌓은 부를 모두 남겨두고 떠나야 한다. 오직 한 가지 가지고 갈 수 있는 것은 믿음뿐이라는 사실을 기억해야 한다.

지도자들의 백성을 향한 비열함은 신정(神政) 통치를 지향하던 이스라엘과 유다에게 절대로 있어서는 안 될 일이다. 하나님께서 권력을 위임해 주셨을 때는 백성들을 섬기고 지도하라고 주신 것이지 권력을 남용하고 오용하여 자신의 이익을 추구하라고 주신 것이 아니기 때문이다. 특히 이들이 권력을 남용하여 다른 사람들의 집과 땅을 빼앗는다는 것은 매우 심각한 범죄에 속하는 일이다. 땅은 일부 권세가들에게 속한 것이 아니라 하나님께 속한 것이며, 그분이 이스라엘 공동체에게 하나님을 잘 섬기도록 선물로 주셨다는 것이 율법에 기록된 그들의 고백이자 신앙이었다.

또한 땅을 소유한다는 것은 고대 이스라엘 사회에서 매우 특별한 의미를 가진다. 땅을 소유한다는 것은 사람들이 행사할 수 있는 가장 기본적인 형태의 재산권이자 부의 축적이었다. 그래서 이스라엘은 율법을 통해, 한 사람의 땅이 그의 가족의 테두리를 떠나는 것을 막았다. 심지어는 사람이 빚 때문에 자신을 노예로 판다 할지라도, 희년과 안식년 법은 일정한 기간이 지나면 그 빚을 탕감하도록 하고 그가 소유했던 땅은 다시 그에게 돌아가도록 했다(cf. 출 21:1-11; 22:25-27; 레 25:35-38; 신 15:12-18; 23:19-20; 24:10-15). 심지어는 계대결혼(繼代結婚)을 통해서라도 땅의 소유권은 그 집안에 머물게 했다(cf. 신 25:5-10).

그러므로 이스라엘 공동체가 지향했던 이상적인 경제적—사회적 구조는 모든 사람들이 가족을 충분히 먹일 수 있는 여력의 땅을 소유한 자유인들(free landholders)로 형성된 사회였지, 빚 때문에 팔린 노예, 소작민, 종들로 구성된 것이 아니었다(Hillers). 그만큼 땅 소유권은 이 공동체의 일원에게 보장된 기본적인 권리였다. 그렇다면 지금 권세가들은 연약한 자들에게서 땅을 빼앗음으로써 하나님과의 언약을 깨고 있는 것이다. 즉 유다 지도층의 권력 남용은 단순히 윤리적인 차원의 문제가 아니라 신학적인 문제도 동반하고 있는 것이다. 이 점을 부각시키고자 선지자는 '유산'(נַחֲלָה)이라는 구체적인 단어를 사용한다(2절). 유산은 한 세대에서 다음 세대로 상속되는 것이며(창 31:14), 고대의 법이 보장하는 권한이기도 했다(Coppes).

미가는 권세가들의 범죄에 대한 형 선고를 '그러므로'(לָכֵן)로 시작한다(3절). 그들은 자신들의 죄에 상응하는 대가를 치러야 한다는 뜻이다. 권력자들이 악한 '궁리'(חשׁב)를 한 것에 비해(1절), 여호와께서는 그들과 그들이 소유하고 있는 것들에게 재앙을 내릴 '궁리'(חשׁב)를 하셨다. 부메랑 효과(boomerang effect)가 현실로 드러나고 있다. 시내 산 언약을 통해 하나님께서는 그들이 지고 있던 무거운 짐을 거두시고 대신 가벼운 짐을 지게 하셨다. 그러나 그들이 하나님께서 주신 가벼운 짐 지기를 거부하였으므로, 이제 그분이 지어주는 무거운 짐을 지어야 한다(Fausset). 이들이 지게 될 '짐'이 얼마나 무거운지 그들은 비틀거리기에 바빠 거만하게 걸을 수가 없다(3절).

선지자는 그들이 치러야 할 대가를 평소 그들의 폭력에 희생되었던 사람들이 입술로 읊은 풍자시를 통해 요약한다: "우리는 알거지가 되었다. 주께서 내 백성의 유산의 몫을 나누시고, 나에게서 빼앗은 땅을 반역자들의 몫으로 할당해 주셨다"(4절; 새번역). 유다 공동체에서 가장 부유하다고 하던 자들이 알거지가 될 것이며, 그들은 음모와 폭력을 통해 빼앗은 땅을 빼앗기게 될 것이다. 남의 땅을 빼앗겠다는 탐욕이 유다의 권세가들에게 일종의 신이 되었다. 많은 땅을 소유하는 것을 숭배했던 자들이 땅을 잃음으로 인해 땅 소유의 허무함을 느끼게 될 것이다(Craigie).

그뿐만 아니라 그들은 미래에 형성될 주의 백성 공동체에 속하지도 못한다(5절). 일부 주석가들은 본문이 언급하고 있는 '공동체'(קָהָל)가 종교적인 것이 아니고 단순히 인종적인 것이라고 해석하지만(Sweeney), 선지자들이 전반적으로 노래하는 포로기 이후의 공동체는 신앙과 고백에 근거한 믿음의 공동체이다(Mays). 그러므로 이 구절은 포로기 이후 시대에 형성될 믿음의 공동체, 곧 남은 자 공동체가 옛적에 이스라엘이 가나안 땅을 차지한 후 제비뽑기를 통해 땅을 분배했던 것처럼 기업을 나눌 때를 묘사하고 있으며, 선지자 시대에 권력을 남용하여 이웃을 갈취하던 사람들은 이 공동체에 속하지 못할 것이다.

Ⅰ. 주께서 정의를 세우기 위하여 오심(1:2-2:13)
3장. 유다가 심판을 받아야 할 이유(2:1-11)

2. 부자들이 하나님의 말씀을 거부함(2:6-11)

6 그들이 말하기를 너희는 예언하지 말라 이것은 예언할 것이 아니거늘 욕하는 말을 그치
지 아니한다 하는도다 7 너희 야곱의 족속아 어찌 이르기를 여호와의 영이 성급하시다 하
겠느냐 그의 행위가 이러하시다 하겠느냐 나의 말이 정직하게 행하는 자에게 유익하지 아
니하냐 8 근래에 내 백성이 원수 같이 일어나서 전쟁을 피하여 평안히 지나가는 자들의

의복에서 겉옷을 벗기며 9 내 백성의 부녀들을 그들의 즐거운 집에서 쫓아내고 그들의 어
린 자녀에게서 나의 영광을 영원히 빼앗는도다 10 이것은 너희가 쉴 곳이 아니니 일어나
떠날지어다 이는 그것이 이미 더러워졌음이니라 그런즉 반드시 멸하리니 그 멸망이 크리
라 11 사람이 만일 허망하게 행하며 거짓말로 이르기를 내가 포도주와 독주에 대하여 네게
예언하리라 할 것 같으면 그 사람이 이 백성의 선지자가 되리로다

바로 앞(2:1-5)에서 유다의 상류층에게 엄청난 재앙이 임할 것이라고 한 선지자는 이곳에서 그 이유를 말하고 있다. 미가는 지도자들과 그들이 앞세운 거짓 선지자들이 하는 말을 6-7절에서 직접 인용하며(Allen; Mays) 그들이 '하나님의 백성'이라는 명성에 걸맞게 서로를 돌보고 특히 약자에 대하여 배려하는 자비로운 삶을 살아야 하는데, 오히려 약자들을 착취하며 살았기 때문이라고 말한다. 하나님께서 백성들에게 요구하시는 기본적인 윤리와 공동체적 지침이 준수될 때 하나님과의 관계는 그들을 보호하는 보호막이 되지만, 이러한 경우에는 아무 효력도 발휘하지 못한다는 뜻이다. 이같이 전반적인 내용은 확실한데, 일부 문구들의 구체적인 내용은 해석이 쉽지 않다. 특히 8절과 10절은 정확하게 번역하기도 쉽지 않다(cf. Smith; Simundson).

미가로부터 비난을 받은 기득권자들이 선지자의 비난을 받아들일 리 만무하다. 그들은 미가에 대응할만한 선지자들을 내세워 미가를 포함한 참선지자들이 선포한 메시지의 정통성을 문제 삼고자 했다(6절; cf. 새번역의 "그들의 예언자들이 말한다"). 자신들이 잘못된 것이 아니며, 사회적인 정서와 상황에 거스르는 말을 하고 있는 미가가 문제라는 것이다. 게다가 여호와는 그들을 보호하고 축복하시는 분이시지, 미가가 말하는 것처럼 그들을 심판하시는 분이 아니라고 주장했다(Simundson). 기득권자들의 요청을 받은 선지자들은 하나님의 이름으로 백성들이 듣고자 하는 메시지(*vox populi*)를 망설임 없이 선포했다. 이 선지자들은 미가 부류와 다르게 생각하는 당시 이스라엘의 선지자들이었다(van der Woude). 역사를 살펴보면 어느 시대든지 이러한 자들이 기득권자들의 권력 남용을 정당화하고(*realpolitik*) 백성들이 반드시 들어야 하는 하나님의 메시지

가 아니라, 그들이 듣고자 하는 메시지(*vox populi*)를 선포함으로써 소위 여호와 종교의 대변인 자리를 차지하고 있었다.

그러나 시간이 흐르면서 그들은 하나님의 메시지를 희석시키는 거짓 선지자들에 불과했다는 것이 명백해진다. 그들은 여호와께서 그의 백성을 보호하기 위하여 역사하실 것이라는 주장을 펼치며 미가와 같은 선지자들이 유다는 망할 것이라고 선포한 메시지를 정면으로 반박하고 있다. 하나님은 선민인 이스라엘에게 절대 그렇게 하실 분이 아니라는 것이 그들의 신학적 근거이다(6절). 거짓 선지자들은 하나님의 사랑에만 초점을 맞추어 메시지를 선포하고 주님의 분노나 심판은 언급하지 않는 특징을 지니고 있다(Waltke).

물론 "하나님은 사랑이시다"는 진리이다. 그러나 이는 반쪽 진리밖에 되지 않는다. 편협한 반쪽 진리는 백성들을 죽음으로 몰아간다. 반쪽 진리는 하나님과 백성의 관계를 지극히 제한된 관점에서 편파적으로 해석하는 것에서 초래된 오류이다. 문제는 예나 지금이나 백성들이 반쪽 진리를 선호한다는 사실이다. 이렇게 해야 신앙생활을 편하게 할 수 있기 때문이다. 이러한 신앙생활은 그들에게 생명을 주는 것이 아니라 죽음을 안겨주는데도 말이다. 하나님의 음성을 전혀 듣지 않거나 듣지 못하는 자들이 이 공동체에서 하나님을 대변하는 선지자로 군림하고 있다는 것도 문제이다. 그들은 하나님께로부터 선지자 소명을 받은 자들이 아니라, 스스로 소명을 조작한 자들이다. 그런데 왜 하나님의 백성이라는 자들이 참선지자보다는 이들을 선호하는 것일까? 서로 잇속이 맞아떨어져서이다. 백성들은 자신들의 삶의 방식이 어떻든지 상관없이 하나님께서 그들을 귀하게 여기신다는 종교적인 정당성이 필요하고, 선지자들은 하나님을 대신해서 그들이 요구하는 정당성을 부여해주며 그 대가로 재물을 챙기는 것이다.

하나님께서는 이런 선지자들을 어떻게 평가하시는가? 11절에서 이 백성은 거짓말쟁이나 사기꾼이 와서 거짓을 말하면 그들을 선지자로 환영할 것이라고 하시며 하나님은 이 '선지자들'을 거짓말쟁이와 사기꾼이라고 단정하신다. 또한 그들이 예언한 내용을 포도주와 독한 술에 연결하는 것은 이 선지자들의 메시지가 포도주와 독한 술처럼 사람들을 속이는 것을 의미한다(Sweeney). 아무리 좋은 학벌을 가지고 있고, 세상의 권세가 인정하고 인준한다 해도 하나님께는 거짓말쟁이와 사기꾼에 불과한 자들이 선지자로 자리를 차지하고 있으니 이 백성이 얼마나 하나님으로부터 멀어져 있으며, 얼마나 잘못되어 있겠는가! 게다가 백성들도 완악해져서 자신들이 듣고 싶은 메시지만 듣는다. 그들은 참선지자들의 메시지에는 관심이 없고 오직 이 거짓 선지자들의 메시지만 따른다. 백성들은 거짓 선지자들의 메시지로 자신들을 정당화하며 하나님과의 관계에 대하여 아무 문제 없다고 착각하고 있다.

예레미야는 자신의 시대에 대하여 이렇게 반문한 적이 있다: "예언자들은 거짓으로 예언하며, 제사장들은 거짓 예언자들이 시키는 대로 다스리며, 나의 백성은 이것을 좋아하니 마지막 때에, 너희가 어떻게 하려느냐?"(렘 5:31; 새번역) 믿음의 공동체가 이렇게까지 잘못될 수 있을까 하고 의구심을 갖게 되지만, 하나님 음성 듣기를 거부하는 공동체는 항상 이러한 위험에 노출되어 있다. 오늘날에도 이러한 현실들이 곳곳에서 반복되고 있지 않은가!(cf. 마 7:24-37; 12:50; 고전 6:9-11; 갈 5:21; 딤후 2:12). 미가 — 예레미야 시대를 살았던 주의 백성의 영적 문제는 오늘날에도 되풀이되고 있다.

거짓 선지자들이 선포한 '반쪽 진리'는 곧 이스라엘 사회의 부패로 이어졌다(8-9절). 당연한 결과이다. 하나님의 은혜가 감사와 감격으로 받아들여지고, 죄를 짓지 않게 하는 동기가 아니라 오히려 죄를 짓는 면허증으로 취급되었기 때문이다. 하나님의 선택과 언약의 영향력을 지나치게 과장하다 보면 이런 일이 있게 된다(Labuschagne). 아마도 그들이 강조하는 신학은 '주, 나 주는 자비롭고 은혜로우며, 노하기를 더디 하고, 한결같은 사랑과 진실이 풍성한 하나님이다"(출 34:6)등과 같은 말씀에 근거했을 것이다(Waltke).

선지자가 비난하는 이스라엘 사회의 전반적인 성향은 힘 있는 자들이 힘없는 자들을 착취하고 농락하는 것이었다. 그들은 전혀 악이라고 의심하지 않는 자들을 속이고 그들의 물건을 갈취한다. 당한 자들은 마치 전쟁에서 승리하고 돌아오는 군인들처럼 가해자들을 전혀 의심하지 않는 상황에서 속임을 당했다(8절). 당연히 이러한 사회에서 힘없는 자들은 힘 있는 자들의 먹이가 된다(Allen). 상황이 이러하니 이스라엘 공동체의 생존을 위협하는 것은 사실 외부에서 침략해 온 아시리아의 군대가 아니라 공동체 내부에 있으면서 자신들의 이익을 위하여 공동체를 좀먹어 들어가는 인간들이다(Brown). 기독교 역사를 보아도 교회를 괴롭게 하는 것은 결코 외부세력만은 아니었다. 항상 내부의 원수들이 더 심각한 위협을 해 왔다. 오늘날도 결코 예외는 아니다. 교회를 다니는 수많은 사람들이 하나님의 원수가 되어 있을 뿐만 아니라, 하나님을 반대하는 사람들이 지도자들의 위치에 있다.

그들은 '백성들의 아내들'(נְשֵׁי עַמִּי)을 집에서 쫓아냈다(9절). 정황을 감안할 때, 아마도 남편을 잃은 과부들을 뜻하는 듯하다(Barker). 고대 사회에서 남편을 잃은 과부들의 형편이 얼마나 비참했던가를 생각하면, 이러한 일은 인간으로서 할 수 있는 일이 아니다. 그것도 모자라 과부의 자녀들로부터 하나님께서 그들에게 주신 '영광'(הֲדָרִי)까지 빼앗는다(9절). 이 말이 정확히 무엇을 의미하는지는 확실하지 않지만, 아이들이 엄마와 함께 집에서 쫓겨나면서 어쩔 수 없이 헤어져야 하는 것을 뜻하거나(Sweeney), 하나님께서 내려주신 육체적 건강으로 말미암은 갖가지 축복(Waltke)을 상실했거나 혹은 이들의 재산을 모두 빼앗아 갔기 때문에 아이들이 상속할 것이 없어졌다(Bakrer; cf. 새번역)는 것을 의미하는 것으로 해석된다. 한 가지 확실한 것은 아이들의 형편도 그들의 어머니들의 형편처럼 절박하다는 것이다.

하나님께서 이처럼 부도덕한 사회에 내리실 심판은 어떤 것인가? 미가는 그들이 살던 땅이 오염되었기에 그 땅에서 내쫓길 것이라고 한다(10절). 타국으로 귀양갈 것을 예고하고 있는 것이다. 그들은 하나님께서 기업으로 주시면서 안식하라고 했던 그 땅에서 떠나야 한다. 그들의 죄가 도저히 회복할 수 없을 정도로 땅을 더럽혔기 때문에 떠나야 한다. 그들이 이 땅을 떠난다는 것은 남을 속이고 등을 치면서까지 애착을 가지고 모았던 모든 땅도 버리고 떠나는 것을 의미한다. 결국 탐욕으로 모은 재산을 제대로 누려보지도 못하고 남에게 넘겨주어야 하는 것이다. 누군가가 그랬다. "인생은 빈손으로 왔다가 빈손으로 가는 나그네 길"이라고 말이다.

그런데 그들의 땅이 오염되었다는 것은 무엇을 뜻하는가? 성경은 어느 땅이든 거주민들이 죄를 지으면 그 땅이 오염된다고 한다. 가인이 아벨을 죽였을 때, 그들이 거하던 땅은 오염되었다(cf. 창 4장). 온 인류가 죄를 지었을 때, 하나님께서는 홍수를 보내셔서 땅을 정화시키셨다(cf. 창 6-9장). 이처럼 땅에 사는 사람들이 잘못하면 온 땅이 오염되기 때문에 하나님께서 백성들을 회복시키실 때 땅도 회복시키시는 것이 일반적이었다(cf. 대하 7:14). 미가는 주의 백성들의 죄가 그들이 사는 땅을 죄로 오염시켜서 더 이상 사람이 살 수 있는 땅이 아니라고 하는 것이다.

4장 주께서 남은 자를 모으심
2:12–13

12 야곱아 내가 반드시 너희 무리를 다 모으며 내가 반드시 이스라엘의 남은 자를 모으고
그들을 한 처소에 두기를 보스라의 양 떼 같이 하며 초장의 양 떼 같이 하리니 사람들이
크게 떠들 것이며 13 길을 여는 자가 그들 앞에 올라가고 그들은 길을 열어 성문에 이르러
서는 그리로 나갈 것이며 그들의 왕이 앞서 가며 여호와께서는 선두로 가시리라

이 텍스트의 기능을 결정하는 데 상당한 논란이 있다. 표면적으로는 구원신탁(salvation oracle)으로 보이지만, 이 말씀이 하나님 혹은 유다를 정복한 이방 왕이 심판을 받은 유다의 남은 자들을 모아 타국으로 잡아가는 것으로 해석되기도 한다. 이 경우 본문은 구원신탁이 아니라 재앙을 알리는 예언이 된다. 이러한 해석은 초대 교회 교부들로부터 오늘까지 맥을 이어왔다(Ephraem Syrus; Calvin; Grotius; Mays; Sweeney). 본문이 재앙을 알리는 예언으로 간주되는 가장 근본적인 이유는 문맥의 흐름 때문이다. 지금까지 심판을 선언해 오다가 갑자기 아무런 예고도 없이 구원신탁으로 바뀐다는 것이 납득이 가지 않는다는 것이다.

그러나 이미 서론에서 언급했듯이 미가서는 세 개 사이클의 '심판 — 회복' 메시지로 구성되어 있다. 미가서의 이러한 구조는 선지서들의 일반적인

성향을 반영하기도 한다. 선지자들은 심판을 위한 심판을 선언하지 않았다. 그들은 항상 심판을 넘어 회복을 갈망하며 메시지를 전했다. 그러므로 여기서도 구원신탁이 강렬한 심판 메시지를 뒤따르는 것은 당연한 일이다(Childs; Limburg; Allen; Simundson; Smith). 그뿐만 아니라 전혀 예고 없이 심판 메시지에서 회복 메시지로, 혹은 회복 메시지에서 심판 메시지로 전환하는 것은 선집(選集, anthological)[3] 성향을 지닌 선지서들의 특징이기도 하다. 미가서 안에서도 갑작스러운 메시지의 변화는 본문뿐만 아니라 3장과 4장, 5장과 6장, 6:1-7:7과 7:8-20 등에서 접할 수 있다. 게다가 본문이 성을 정복한 타국 왕이 성의 거주민들을 인질과 노예로 삼아 끌고 가는 일을 묘사하고 있다면 왜 성문을 부수면서 나가야 하는가? 성문은 정복 과정에서 이미 부수어졌을 텐데 말이다.

이 사건이 701년에 있었던 산헤립의 침략 때 있었던 일을 묘사하고 있다고 생각하는 학자들이 있다(Sellin; Allen; Willis; Sweeney; Waltke). 하나님께서 아시리아 군에게 포위된 예루살렘(Sweeney는 세블라 지역이라 함) 성문을 깨고 남은 자들을 탈출시키실 것을 예언하고 있다는 것이다. 이 해석이 타당성이 있다고 보는 가장 주된 이유는 본문이 산헤립 사건을 다루고 있는 이사야 37:32(cf. 왕하 19:31)와 매우 흡사하다는 것이다(Allen). 물론 가능한 해석이다. 그러나 가장 자연스러운 해석은 때가 되면 하나님께서 인질이 되어 타국으로 끌려간 주의 백성들 중 남은 자들을 모아 다시 약속의 땅으로 데려오시겠다는 것으로 이해하는 것이다(Barker; Deane; Smith). 거짓 선지자들은 한결같이 축복만 선포하지만, 미가는 심판을 선언함으로써 자신의 메시지를 차별화하고 있다. 그러나 선지자들의 전통 안에서 자신의 메시지를 전하는 미가 역시 심판 이후에는 주의 남은 자들에게 꼭 구원이 임할 것임을 예고하고 있다.

메시지의 기능에 관한 만큼은 아니지만 여기에 기록된 말이 누가 선포한 것이냐에 대해서도 상당한 논란이 있다. 선지자 미가의 메시지인가, 아니면

---

3 여러 개의 독립적인 글/메시지를 편집하여 모아 놓은 것을 선집(選集, anthology)이라 한다.

미가를 대적하고 있는 거짓 선지자들의 말인가 하는 것이다. 상당수의 학자들이 본문은 거짓 선지자들의 주장을 기록하고 있다고 생각한다(van der Woude; cf. Renauld). 현실과 동떨어진 억지 주장이기에 구원의 메시지가 될 수 없고, 이스라엘이 이런 허황된 메시지를 믿었기 때문에 심판을 받아야 한다는 것이다. 그러나 그렇게 보기에는 몇 가지 문제가 있다: (1) 거짓 선지자들의 말은 11절에서 끝이 난다; (2) 미가가 그를 대적하는 자들의 말을 인용할 때는 명확한 힌트를 준다(6-7, 11절); (3) 본문은 4:6-8과 흡사한데, 4:6-8은 거짓 선지자들에게서 비롯된 메시지가 아니다; (4) 포로 생활 후 회복이 있을 것이라는 메시지는 포로 생활 자체를 부인하는 거짓 선지자들의 주장과 어울리지 않는다. 그러므로 본문은 미가의 구원 메시지라는 것이 더 설득력 있는 해석인 것이다.

많은 랍비 문헌들은 새로운 출애굽을 경험하는 남은 자들을 인도하는 '길을 여는 자'(הַפֹּרֵץ)(13절)를 메시아적인 인물로 해석했다(Cathcart & Gordon). 백성을 인도하는 자가 평범한 인물이 아니라는 것은 선지자가 13절에서 그를 설명하는 세 가지 표현이 뒷받침한다. 첫째, 그는 길을 여는 자(הַפֹּרֵץ)이시다. 그는 길을 여는 자로서 이방인들의 성에 갇혀 있는 주의 백성들을 위하여 성문을 부숴 그들의 길을 열어준다. 둘째, 그는 왕(מֶלֶךְ)이시다. 그는 백성의 왕이 되어 처음 출애굽 사건 때 그들을 앞장서서 지나갔던 것처럼 이번에도 그렇게 할 것이다(출 13:21; 신 1:30-33; 사 63:9). 셋째, 그는 여호와(יהוה)이시다. 그는 선두에 서서 그를 따라갈 사람들이 갈 길을 닦고 예비하실 것이다. 랍비들이 주장한 것처럼 미가는 메시아에 대하여 예언하고 있는 것이다.

EXPOSIMENTARY

Micah

II. 예루살렘의 옛 영화가 회복됨

3:1–5:15

미가가 선포한 말씀의 세 사이클 중 두 번째 사이클인 이 섹션에서는 심판 테마가 3:1-12에서 전개되며 4:1-5:15는 구원과 회복의 메시지를 담고 있다. 첫 번째 사이클(1:2-2:13)에 비하면 구원과 회복이 훨씬 더 큰 비중을 차지하고 있는 것이다. 앞 섹션에서 지도자들은 거짓 선지자들을 내세워 미가에게 예언하지 말라고 했다. 그러나 그들이 그렇게 말한다고 기가 죽을 미가가 아니었다. 그는 생명을 내놓고 하나님의 말씀을 대언하고 있다. 이 섹션에서 선지자는 이 지도자들의 죄를 더 구체적으로, 낱낱이 지적한다.

미가는 지도자들이 자신의 이익을 위하여 불의를 일삼는 것을 강력히 비난한다(3:1-12). 선지자는 2장에서 유다 사회의 지도자들을 전반적으로 비난했지만, 3장에서는 구체적으로 재판관들을 지목하여 집중적으로 비난한다. 이들은 권력을 행사하는 자들이며 힘없는 자들에게서 빼앗고(גזל)(2:2; 3:2), 벗긴다(פשט)(2:8; 3:3). 이스라엘의 지도층이 직업과 직분에 상관없이 총체적으로 썩어 있음을 실감하는 장이다. 이 섹션은 다음과 같은 구조를 지녔다.

A. 예루살렘의 부패한 지도자들(3:1-12)

B. 예루살렘의 회복과 영화(4:1-8)

B'. 예루살렘의 고통과 궁극적인 회복(4:9-5:9)

A'. 이스라엘의 정화와 열방 심판(5:10-15)

4장 예루살렘의 부패한 지도자들
3:1-12

지도자들은 사회의 구성원들을 바른길로 인도하여 공동체의 삶을 풍요롭고 평화롭게 만들기 위해 노력하고 희생해야 할 의무가 있다. 그렇지 못한 부패한 지도자들은 단순히 자신들의 삶만 망치는 것뿐 아니라, 다른 사람들의 삶도 망치는 결과를 초래한다. 미가 시대에 유다의 지도자들이 그러했다. 선지자는 2:1-5에서 사회의 일부 계층이 어떤 두려움이나 거리낌도 없이 남의 땅을 빼앗는 것을 비난했다. 이 섹션에서는 그들이 그렇게 할 수 있었던 이유를 설명한다. 그들이 남의 땅을 가로챌 수 있었던 것은 그들 뒤에서 뇌물을 수수하고 그릇된 판결을 해 주는 재판관들이 있었기 때문이다(Simundson).

유다의 지도자들이 이처럼 부패한 데는 무엇보다도 하나님을 두려워하지 않는 것이 한몫했다. 지도자들의 가장 큰 문제는 영적 타락이며, 그들의 잘못된 신앙생활에서 모든 문제가 시작되는 것이다. 선지자는 이 섹션에서 부패한 지도자들을 맹렬한 메시지로 비난한다. 물론 그들은 회개하지 않는다. 회개하고 하나님께 돌아오기에는 너무 멀리 가버렸던 것이다. 본 텍스트는 다음과 같이 구분된다.

A. 유다 법정에 대한 비난(3:1-4)

B. 선지자들과 대조되는 미가(3:5-8)

A'. 권력 기구들에 대한 비난(3:9-12)

Ⅱ. 예루살렘의 옛 영화가 회복됨(3:1-5:15)
1장. 예루살렘의 부패한 지도자들(3:1-12)

1. 유다 법정에 대한 비난(3:1-4)

1 내가 또 이르노니 야곱의 우두머리들과 이스라엘 족속의 통치자들아 들으라 정의를 아
는 것이 너희의 본분이 아니냐 2 너희가 선을 미워하고 악을 기뻐하여 내 백성의 가죽을
벗기고 그 뼈에서 살을 뜯어 3 그들의 살을 먹으며 그 가죽을 벗기며 그 뼈를 꺾어 다지기
를 냄비와 솥 가운데에 담을 고기처럼 하는도다 4 그 때에 그들이 여호와께 부르짖을지라
도 응답하지 아니하시고 그들의 행위가 악했던 만큼 그들 앞에 얼굴을 가리시리라

학자들에 따라 심판신탁으로, 신적 소송으로, 혹은 재앙신탁으로 간주되는 본문은 법정에서 소송을 듣고 판결하는 재판관들을 상대로 하고 있으며, 세 부분으로 구성되어 있다: (1) 상대—미가는 재판관들에게 자기의 말씀을 들으라고 호소한다(1a절); (2) 비난(accusation)—그들은 사회의 정의를 유지해야 할 임무를 등한시하고 있다(1b-3절); (3) 형 선고(sentence)—여호와께서 심판을 돌이키지 않으실 것이다(4절)(Waltke). 미가는 '악하다'(רָעָה)는 말로 그들에 대한 비난을 시작하고 또한 끝을 맺는다(2, 4절).

'야곱의 우두머리들'(רָאשֵׁי יַעֲקֹב)(1절)에서 '머리'(רֹאשׁ)는 이스라엘 사회에서 법정과 연관되어 사용되었다(Bartlett; Waltke). 미가는 일반적인 지도층을 겨냥하여 말씀을 선포하는 것이 아니라 법정에서 소송의 내용을 듣고 판결을 내리는 법관들을 상대로 이 말씀을 선포하고 있는 것이다. 이스라엘은 각 마을과 지역 단위로 유지들을 재판관으로 세웠고, 왕들은 전문적인 법조인들을 고용하여 국가 전체의 법정들을 관리한 것으로 알려졌다(De Vaux). 그렇다면 본문에서 왕도 비난의 대상으로 등장할 만한데 선지자는 왕은 언급하지 않는다. 악한 법관들로부터 고통당하는 사람들은 왕이 법관들의 횡포에 대하여 전혀 모르고 있기 때문에 그에게는 죄가 없다고 생각했기 때문일 수도 있다(Hillers).

한 사회의 정의의 마지막 보루는 법정이라 할 수 있다. 사회에 속한 사람들이 아무리 악하더라도 법정의 판결이 공정하고 재판 절차에서 공의와 정의가 실현된다면, 그 사회의 미래는 낙관적이라 할 수 있다. 그러나 반대로 재판관들이 썩고, 판결이 공정하지 못하다면, 그 사회의 미래는 매우 비관적일 수밖에 없다. 특히 생명을 내걸고 공평과 공의를 지켜나가야 할 재판관들이 자신들의 개인적인 이익을 위하여 편파적으로 판결한다면 문제는 매우 심각하다. 이스라엘과 같이 하나님께서 통치하시는 나라에서는 더욱더 그렇다. 그들에게는 잘못된 판결에 대한 책임이 있을 뿐만 아니라, 하나님께서 위임해 주신 권위를 오용한 일에 대한 책임도 있기 때문이다.

하나님께서 재판관들에게 요구하신 것은 간단했다. "정의/법(הַמִּשְׁפָּט)를 알라(ידע)"는 것이었다(1절). 히브리 사람들의 사고 체계에서 아는 것과 행하는 것이 동일하다는 것을 감안할 때, 이 말씀은 그들이 관심을 가지고 법을 알고 행하라는 요구이다. 즉, 지도자들의 법에 대한 지식을 문제 삼는 것이 아니라, 그들이 아는 대로 판결하지 않는 것에 대한 질책이다. 정의를 안다는 것은 공평과 정의가 하나님 언약 공동체를 다스리게 하여 온 공동체에 가족적인 분위기가 조성되게 하는 것을 의미했다(Renaud). 선지자 미가가 체험하고 있는 당대의 언약 공동체 분위기와는 매우 동떨어진 분위기이다.

그렇다면 혹시 이스라엘의 법관들이 법과 정의에 대하여 잘 알지 못하거나, 아직까지 사회적으로 정립이 되지 않아서 이런 일이 빚어지고 있는 것은 아닐까? 이스라엘의 역사를 살펴보면 이스라엘 공동체는 공평과 정의에 대하여 한 번도 고민할 필요가 없었다. 공동체를 다스리는 데 필요한 법을 규정할 필요도 없었다. 모두 시내 산에서 하나님께서 모세를 통해 계시해 주셨기 때문이다. 하나님께서 주신 율법을 살펴보면 적용 범위가 매우 포괄적이다. 주의 백성들의 일상생활에서 일어날 수 있는 문제에서부터, 의학, 종교적인 이슈까지 법을 적용할 수 있도록 했다. 그러므로 절대 법이 없어서, 혹은 부족해서 빚어지고 있는 일이 아니다. 문제는 그들이 이 계시에 대한 지식은 가지고 있어도 삶에 적용하지 않았다는 것에 있었다.

재판관이 공평과 정의에 따라 판결하는 것은 이스라엘의 재판관들뿐만 아니라 어느 사회의 재판관들에게도 요구되는 기본 상식이다. 이러한 상식적인 정서를 강조하기 위하여 저자는 수사학적인 질문을 사용한다: “[법관인] 너희가 정의를 알아야 하지 않겠느냐?” 정의는 행동으로 옮겨진 진실이며, 불의는 사회의 모든 주요 분야에서 거짓이 행동으로 옮겨진 것이다(Craigie).

재판관들이 정의에는 관심이 없고 자신의 이권을 보호하기 위하여 판결한다면 어떤 결과를 초래할까? 선지자는 매우 자극적인 이미지로 설명한다(2-3절). 판결을 내리는 자들이 개인적인 이익을 위하여 판결하는 것은 그들이 ‘선한 것’(טוֹב)을 미워하고 ‘악한 것’(רָעָה)을 사랑하는 것일 뿐만 아니라, 자기 스스로 제 살을 먹는 것과 같은 일이라는 것이다. 저자는 인육(人肉) 비유(metaphor)로 이들이 가지고 있는 죄의 심각성을 부각시킨다(Mays; Sweeney).

하나님께서 이스라엘의 지도자들에게 요구하신 것은 이들이 목자가 되어 여호와께서 그들에게 맡기신 양들인 백성들을 치라는 것이었다. 그런데 그들은 하나님께서 맡기신 양들을 보살피기는커녕 이리떼가 되어 양들을 잡아먹고 있다. 저자는 재판관들의 만행을 이렇게 고발한다: “벗기다(גזל)… [뜯어내다(גזל)(implied)]… 먹다(אכל)… 벗기다(פשט)… 부수다(פצח)… 자르다/펼치다(פרשׂ)(새번역은 ‘삶다’로 번역함)”(2-3절; cf. 겔 34장). 지도자들의 만행을 매우 잔인하고 충격적인 모습으로 묘사하고 있다(Smith). 주인이 목동들을 고용하여 양을 치게 했는데, 이 목동들이 양을 치기는커녕 오히려 이처럼 학대하고 잡아먹고 있다면, 그들에게 양을 맡긴 주인은 어떻게 해야 하는가?

심판이 임하는 날, 하나님께서 절대로 용서하지 않으실 것이다. 그들이 아무리 부르짖으며 호소해도 하나님의 굳은 마음을 돌이킬 수 없다. 하나님께서 그들의 울부짖음과 기도를 묵살하실 것이기 때문이다(4절). 시내 산에서 이스라엘과 하나님 사이에 맺어진 언약의 가장 기본적인 요지는 “부르짖으라. 내가 응답하리라”이다. 언약 백성으로서 이스라엘에게는 환난 날에 여호와께 부르짖을 권리가 있었고, 하나님께는 이들의 부르짖음에 응답하셔야 할 의무가 있었다. 그러나 하나님께서는 이스라엘 지도자들의 부르짖음에 응답하지 않으실 것이다(לֹא יַעֲנֶה). 아니, 응답하실 수가 없다. 하나님께서 그들의 기도를 들어 주신다면, 그분의 공의와 정의의 기준이 무너지기 때문이다. 선지자가 묘사하고 있는 하나님의 모습은 울부짖는 자들로부터 얼굴을 숨기시는 자세이다(Sweeney). 성경에서 하나님께서 사람에게 얼굴을 돌리시는 것은 그에게 자비와 은혜를 베푸시겠다는 것을 상징한다(Wehmeier). 그러므로 하나님이 사람에게서 얼굴을 돌리신다는 것은 자비를 베풀지 않으시겠다는 그의 의지의 표현이다. 곧 진노를 쏟아부으시겠다는 뜻이다(cf. 사 8:17; 54:8; 64:5; 신 31:17; 18; 32:20; 렘 33:5; 겔 39:23, 24, 29; 시 13:1; 22:24; 27:9; 30:7; 69:17; 88:14; 욥 13:24; 34:29). 하나님의 이러한 행동이 가혹하다 생각될지 몰라도, 지도자들이 저지른 죄에 대한 정당한 응징이다(Deane).

II. 예루살렘의 옛 영화가 회복됨(3:1–5:15)
1장. 예루살렘의 부패한 지도자들(3:1–12)

2. 선지자들과 대조되는 미가(3:5–8)

5 내 백성을 유혹하는 선지자들은 이에 물 것이 있으면 평강을 외치나 그 입에 무엇을 채
워 주지 아니하는 자에게는 전쟁을 준비하는도다 이런 선지자에 대하여 여호와께서 이르
시되 6 그러므로 너희가 밤을 만나리니 이상을 보지 못할 것이요 어둠을 만나리니 점 치
지 못하리라 하셨나니 이 선지자 위에는 해가 져서 낮이 캄캄할 것이라 7 선견자가 부끄
러워하며 술객이 수치를 당하여 다 입술을 가릴 것은 하나님이 응답하지 아니하심이거니
와 8 오직 나는 여호와의 영으로 말미암아 능력과 정의와 용기로 충만해져서 야곱의 허물
과 이스라엘의 죄를 그들에게 보이리라

이스라엘의 재판관들이 갖은 횡포를 저지르고도 후환을 두려워하거나 하나님의 심판을 두려워하지 않은 데는 그만한 이유가 있었다. 이스라엘 종교의 가장 중요한 위치에 서 있는 선지자들이 그들과 한통속이 되어 있었기 때문이

다. 선지자들은 원래 하나님을 대변하는 자들로서 국가의 안녕과 여호와 백성 공동체의 순결을 위해서는 목에 칼이 들어와도 하나님께서 주신 말씀을 선포해야 한다. 즉, 그들의 메시지의 기준은 하나님의 계시와 지시이다. 문제는 개인적인 이익이 그들의 기준이 되어 있다는 점이다. 선지자들은 그들에게 가장 많은 돈을 주는 사람들에게는 가장 좋은 신탁을 선언해 주고, 돈을 내지 못하는 사람들에게는 저주를 퍼부어댔다(Simundson). '하나님의 말씀'이 거래되는 세상이 되어버린 것이다.

그들은 뇌물을 주는 자들에게는 평화를 외치고, 뇌물을 주지 않는 자들에게는 전쟁을 선포한다(5절). 구약에서 평화(שָׁלוֹם)는 하나님께서 선지자들의 말씀을 통하여 하나님과 언약 관계에 있는 자들에게 내려주시는 축복이다(시 85:9-14). 그러므로 '평화'는 항상 참선지자들과 거짓 선지자들의 논쟁의 중심이 되었다(von Rad). 미가가 대적하고 있는 거짓 선지자들의 경우 그들의 입에서 나오는 것은 그들에게 무엇이 들어갔느냐에 따라 결정되었다(Wolff). 미가가 의도적으로 강력하게 이들을 비난하는 것은 그들의 공동체에 끼치는 악영향을 부각시키기 위함이다(Innes).

선지자들은 하나님의 이름으로 억압하는 자들이 저지른 부정과 불의를 종교적으로 정당화시킴으로써 그들이 양심의 가책을 느끼지 않고 마음껏 만행을 저지를 수 있는 발판이 된 '억압 신학'(theology of oppression)을 만들어 냈다(Sicre). 오늘날로 말하면 목회자들이 썩어빠진 탐관오리들과 똑같아진 것이다(Craigie). 세상에서 가장 비겁한 것은 대항해 싸울 수 없는 자들의 인권을 유린하고 착취하는 일이다. 이스라엘의 지도자들이 지금 이처럼 비겁한 짓들을 하고 있다. 더 야비한 것은 그들에게 하나님의 진노를 퍼부어야 할 선지자들이 오히려 그들을 거들고 있다는 점이다. 연약한 자들을 착취하는 자들에게 기생하여 살아가고 있는 것이다. 종교인들이 부패하면 이렇게까지 천박해진다.

우리는 미가의 선지자들에 대한 비난이 어디까지가 사실에 근거한 것이고 어디서부터 과장인지 알 수 없다(Mays; Sweeney). 다만 미가가 그들이 직무를 유기하고 있다고 비난하고 있는 것은 확실하다(Smith). 그들이 직무를 유기하는 동기는 돈이다. 이 선지자들에게 "돈은 하나님보다 더 큰 소리를 냈다"("Money talked louder than God")(Mays). 그들은 여호와의 선지자가 아니라 하나님의 원수들이다: "그들은 배를 자기네의 하나님으로 삼고, 자기네의 수치를 영광으로 삼고, 땅의 것만을 생각하였다"(빌 3:19; 새번역). 다른 사람들도 마찬가지지만, 특히 성직자들이 더러운 부당 이익을 사랑하는 것은 절대 용납되어서는 안 된다(Mays). 불행하게도 이러한 일은 동서양을 막론하여 아직도 우리 주변에 허다하다(Brown). 결국 교회가 순결해지려면 지도층이 먼저 변화되어야 하는 것이다.

하나님께서 종교를 빙자하여 악한 지도자들을 정당화시켜주며 잇속을 챙기는 자들을 어떻게 처벌하실 것인가? 한마디로 말해서 그들의 '밥그릇'을 빼앗으실 것이다(6-7절): "끝났다… 저물었다… [환상을] 못 볼 것이다… [예언하지] 못할 것이다… 부끄러워할 것이다… 수치를 당할 것이다… 응답하지 않으실 것이다… 고개를 들지 못할 것이다." 거짓 선지자들이 마치 자신들은 빛(하나님) 안에서 거하는 것처럼 행동하며 예언했기에 하나님께서 이들로 하여금 밤과 흑암을 만나게 하신다(6절). 하나님의 말씀은 일종의 아이러니를 형성하고 있다. 선지자들이 이상을 보는 때는 주로 밤이다. 그런데 이들에게 아무것도 볼 수 없는 밤이 임했다(Sweeney). 그들로부터 환상을 보고 사람들에게 풀이해 주는 은사를 거두어가실 것이다.

하나님께서는 또한 그들이 더 이상 점을 칠(קסם) 수 없게 하실 것이다(6절). 환상을 통해 하나님의 뜻을 분별하는 것은 이스라엘의 선지자들이 사용할 수 있는 정당한 방법이었다. 그러나 점성술은 성경이 금하는 것이다. 어느새 이스라엘의 선지자들은 다양한 이방 풍습을 받아들여 점쳐주는 사업에 이용하고 있었던 것이다(Waltke; Barker). 고대 근동에서는 매우 다양한 방법의 점성술이 사용되었다. 활을 흔들거나 내리쳐보기도 하고, 드라빔에게 묻기도 하고, 짐승을 잡아 간을 보기도 하고, 새를 날려 보내 날아가는 모습을 보기도 하고, 아이들의 출생 모습을 보기도 하는 등등이 사용되었던 기록이 있다.

선지자는 그들이 하나님께서 인정하신 정당한 방법(예, 이상을 보는 것)과 인정하지 않으신 부당한 방법(예, 점성술)을 빼앗길 것이라고 선언한다. 그들이 하나님으로부터 진정한 계시를 받았던 선지자들이었는가가 이슈가 아니다. 본문을 통해 선지자가 하고자 하는 말은 하나님께서 총체적으로 그들의 행위를 막으실 것이라는 점이다. 일부 학자들이 주장하는 대로 이들은 그동안 필요하면 아무 때나 거짓으로 예언을 할 수 있었다(Mays). 이제 하나님께서 그들의 거짓 수단마저도 빼앗으실 것이다.

그렇게 되면 결국 그들은 사람들 앞에서 수치를 당할 것이다(7절). 그러므로 그들은 얼굴의 반(lit., '윗입술')을 가려야 한다. 이러한 행동은 부정함의 징표이자(레 13:45) 슬픔의 표현이었지만(겔 24:17), 본문에서는 큰 수치를 의미한다(Barker). 그들이 사람들 앞에서 수치를 당한다는 것은 그동안 누리던 모든 특권과 명예도 함께 잃는다는 것을 의미한다(Seebass; Waltke). 그들이 아무리 하나님께 은사를 돌려달라고 기도해도 하나님께서는 얼굴을 돌리고 외면하실 것이다. 하나님의 침묵은 가장 혹독한 심판에 속한다.

당대 선지자들을 맹렬하게 공격하던 미가가 잠시 숨을 돌리며 자신과 그들을 대조한다(8절). 하나님의 심판을 받아 모든 능력과 술수를 잃고 '밥그릇'을 빼앗기게 될 자들과는 달리, 미가는 자신이 하나님의 능력의 영으로 가득 차 있다(מלא)고 고백한다. '능력'(כֹּחַ), '정의'(מִשְׁפָּט), '용기'(גְּבוּרָה)는 같은 개념의 세 가지 성향을 설명하는 삼사일의(三詞一意)이다(Wolff).[4] 우리가 흔히 말하는 성령의 은사, 곧 신적 경지(ecstasy)가 아니라 성령의 열매라 할 수 있는 능력, 정의, 용기가 성령의 임재의 증거인 것이다(cf. Waltke).

파스칼은 다음과 같은 말을 남겼다: "능력이 없는 정의는 무능하다. 정의가 없는 능력은 독선적이다… 그러므로 정의와 능력은 함께하여 정의로운 것은 능력이 있고, 능력은 정의롭도록 해야 한다." 옳은 말이다. 본문에서 사

---

4 영어로는 hendiatreis라고 하며 세 명사 또는 형용사를 접속사 and로 연결하여 한 뜻을 나타내는 수사법이다.

용되는 '능력'(כֹּחַ)과 '용기'(גְּבוּרָה)(8절)는 전쟁에서 비롯된 단어들로서(Renaud; Kosmala) 미가는 위험을 무릅쓰고 원수들을 대적할 것이며, 그들 앞에서 당당하게 하나님의 말씀을 증거할 각오가 되어 있음을 시사한다(Deane). 하나님의 영으로 무장한 미가는 정의(מִשְׁפָּט)를 위하여 용감하게 싸울 준비가 되어 있는 사람이다. "예수님께서는 자신의 말씀에서뿐만 아니라 손수 불의를 당하시고 승리하심으로써 정의를 완성시키셨다. 의롭지 못한 자들을 대신해서 불의를 당하심으로써 정의에 최종적인 권위를 부여하셨다"(Wolff).

여호와의 권능을 받은 선지자는 비장한 각오로 용기를 내 이스라엘에게 그들의 죄를 꾸짖을 것이다. 그의 사역의 본질이 무엇인지 보여 주고 있다. 선지자가 죄에 흠뻑 젖어 있으면서도 자신들이 죄인이라는 것을 인정하지 않는 백성들에게 유일하게 할 수 있는 일이 꾸짖는 것 외에 무엇이 있겠는가? 물론 그의 말을 귀담아듣는 자들보다 싫어하거나 듣기를 거부하는 자들이 더 많을 것이다. 그래도 선지자는 모든 위험을 무릅쓰고 꾸짖어야 한다. 선지자가 왜 이처럼 이스라엘의 GNP나 개인소득이 아니라 그들의 죄에 집착하는가? 죄인들은 하나님의 심판 아래 서 있는 자신들의 모습을 깨닫고 나서야 자신들의 현실적인 위치를 파악하게 되기 때문이다(Mays).

미가의 체험이 우리에게 시사하는 바가 크다. 시대가 아무리 어두워도 하나님의 영은 역사하신다. 하나님은 한 번도 이 세상을 포기하신 적이 없다. 포기하기에는 이 세상을 너무나 사랑하신다. 우리가 하나님을 의지하면 주님께서는 우리를 능력과 용기로 채우실 것이다. 우리는 하나님께서 주신 능력과 용기로 정의를 실현해야 한다. 때를 얻든지 못 얻든지 주의 종들은 여호와를 증거해야 하며 죄인들에게 그들의 죄를 깨닫게 해 주어야 한다.

Ⅱ. 예루살렘의 옛 영화가 회복됨(3:1–5:15)
1장. 예루살렘의 부패한 지도자들(3:1–12)

3. 권력 기구들에 대한 비난(3:9–12)

9 야곱 족속의 우두머리들과 이스라엘 족속의 통치자들 곧 정의를 미워하고 정직한 것을
굽게 하는 자들아 원하노니 이 말을 들을지어다 10 시온을 피로, 예루살렘을 죄악으로 건
축하는도다 11 그들의 우두머리들은 뇌물을 위하여 재판하며 그들의 제사장은 삯을 위하
여 교훈하며 그들의 선지자는 돈을 위하여 점을 치면서도 여호와를 의뢰하여 이르기를 여
호와께서 우리 중에 계시지 아니하냐 재앙이 우리에게 임하지 아니하리라 하는도다 12 이
러므로 너희로 말미암아 시온은 갈아엎은 밭이 되고 예루살렘은 무더기가 되고 성전의 산
은 수풀의 높은 곳이 되리라

선지자는 지금까지 그가 선포했던 메시지를 이곳에서 요약하는 듯하다. 본문은 재판 신탁 양식을 취하고 있으며 세 파트로 구성되어 있다: (1) 청종하라는 권면; (2) 고발; (3) 판결(Waltke). 지금까지 선지자는 지주들, 재판관들, 선지자들을 비난했다. 여기서 그는 비난 대상에 제사장들을 추가한다. 의를 사랑하고 공의로 백성들을 다스려야 하는 책임이 있는 지도자들이 오히려 정의를 미워하고 올바른 것을 그릇되게 하고 있다(9절). 정의로운 가치관에 따라 통치해야 할 자들이 오히려 가치관의 혼란을 초래하고 있는 것이다. 이와 같은 지도자들의 언약을 파괴하는 죄들 때문에 예루살렘과 성전은 함께 파괴될 것이다.

선지자의 비난에 대하여 일부 지도자들은 나라를 운영하기 위해서 어떤 죄는 필연적이라고 변명할지 모른다. 잦은 침략자들로부터 하나님의 도성 예루살렘을 보호하기 위해서는 백성들에게 무리한 세금을 거두어들여서라도 성벽을 쌓아야 했다고 말이다. 즉, 일종의 고통 분담이었다는 것이다. 그러나 가뜩이나 형편이 어려운 사람들로부터 무자비하게 거두어들여 도성을 재건하는 것은 하나님의 뜻이 아니었다(Vawter; Mays). 게다가 선지자가 11절에서 비난하고 있는 이들의 행동은 결코 어떤 변명도 용납될 수 없음을 시사한다.

여호와의 성전이 예루살렘에 있었기에 예루살렘은 항상 제물로 희생된 동물들의 피가 흘렀다. 이제 권력자들에게 약탈당하고 희생당한 백성들의 피가 이 도성에 흘러넘친다(10절). 사람들은 예루살렘의 모습을 보고 감탄할지 모른다. 그러나 하나님의 눈에는 무고한 피로 얼룩지고, 억울한 피로 흥건히 젖은 부정한 도성에 불과하다. 오늘날 우리가 인류의 문화유산이라고 지정하며 감탄하는 것들의 상당수가 이런 것들이다. 우리는 중국의 만리장성이나 이집트의 피라미드를 보고 감탄한다. 그러나 그것들을 쌓느라고 흘린 노예들의 피와 죽어간 생명들을 생각해보라.

지도자들의 어떤 변명도 설득력이 없는 것은 그들의 삶이 악하기 때문이다(11절). 지도자들(재판관들)은 뇌물을 수수하며, 제사장들은 삯을 받고서 율법을 가르친다. 선지자들도 이러한 구조에서 한몫을 챙기고 있다. 여기서는 노동에 대한 정당한 대가를 받는지의 여부가 이슈가 아니다. 지도자들의 경우, 자신의 지위와 권력을 사용하여 백성들을 지나치게 착취하고 뇌물을 수수하는 것이 문제라는 것이다. 정치인들은 하나님께서 자신의 백성들을 다스리라고 위임해 주신 지위를 마치 자신들이 이겨서 얻은 상품으로 생각하고 남용하고 있다. 주께서 맡겨 주신 백성들을 섬겨야 할 제사장들과 선지자들이 자신들의 직분을 이익을 추구하는 데 사용하고 있다. 하나님께서 주신 은사가 개인의 이익을 도모하는 도구로 전락해버린 것이다. 물론 이들에게 희생되는 것은 서민들이다. 3장에 들어와서 선지자는 지도자들(재판관들)(1-4절), 선지자들(5-8절)의 부패를 비난했는데, 이곳에서 제사장들을 더함으로써 '부패의 삼위일체'를 완성한다. 유다의 왕궁, 법정, 성전이 죄로 가득 차 있다(Boice).

미가가 더 견디기 힘들어하는 부분은 이들의 뻔뻔함이다. 온갖 가증스러운 죄를 저지르면서도 "여호와께서 우리와 함께 계시니, 우리에게 재앙이 닥치지 않는다"라고 떠들어댄다(11절). 아마도 이들은 예루살렘에 여호와의 성전이 있기에 어떤 일이 있어도 예루살렘은 망하지 않을 것이라는 착각에서 이렇게 뻔뻔스러울 수 있었을 것이다. 이들은 마치 자신들이 하나님을 독점하고 있는 것으로 착각한다. 하나님께서 말씀하신 대로 살려는 생각은 전혀 하지 않으면서 하나님께서 그들을 지켜주시고 보호해 주실 것이라고 생각하는 것은 착각이며 위선이다. 안타깝게도 오늘날 우리 주변에도 이렇게 가르치는 목회자들이 많이 있다.

하나님께서 억울한 자들의 피로 얼룩진 시온을 어떻게 하셔야 하는가? 시온을 쟁기로 밭을 갈듯이 뒤엎어 폐허 더미로 만드실 것이며, 하나님의 성전이 있던 언덕은 야산으로 변할 것이다(12절). 가인과 아벨의 이야기에서 보듯이 억울한 사람의 피를 머금은 땅은 하나님의 심판을 받아야 한다. 예루살렘도 사람들의 죽음과 피 위에 세워졌다. 그러므로 하나님께서 이 도성을 심판하실 것이다. 결과적으로 볼 때, 이 도성을 세운 자들(지도자들)이 결국에는 이 도성의 파괴를 재촉하는 자들이었다는 것이 참으로 아이러니하다.

이 말씀은 훗날 법정에서 예레미야의 무죄를 주장하던 장로들이 예레미야의 예언이 이미 오래전에 미가가 예언한 것과 같다는 증거로 인용되었다(렘 26:18). 예레미야서 26:19는 미가의 사역을 통해 히스기야 왕이 회심했을 가능성을 시사하고 있다(Sweeney; Barker).

2장 예루살렘의 회복과 영화
4:1-8

미가서 1-3장은 하나님의 백성에 대한 혹독한 비난과 심판을 중심으로 구성되어 있다. 아마도 청중들이 선지자의 메시지를 귀담아들었다면 그들은 이제는 모든 것이 끝났고, 모든 것을 포기해야 하는 순간이 왔다고 마음을 정리하고 있었을 것이다. 그러나 바로 그 순간 놀라운 구원과 회복의 메시지가 울려 퍼지고 있다. 걷잡을 수 없는 환희와 감격이 물결친다. 4:1-8의 아름다움이 바로 여기에 있다. 1-3장에 묘사되어 있는, 주의 백성이 당면하고 있는 절망적인 현실과는 매우 대조적이면서도 동시에 그들이 아픈 현실 속에서도 갈망하는 대안(alternative) 사회와 너무도 일치하는 것이다.

미가의 시대에도 다른 시대와 마찬가지로 주의 백성들을 괴롭게 하는 많은 분쟁과 문제가 있었다. 따라서 주의 백성들의 평화에 대한 갈망은 결코 꺼질 수 없는 등불이었다. 이런 면에서 미가서의 메시지는 시간과 장소를 초월하여 어지러운 시절을 살아가는 주의 백성들에게 큰 위로와 도전이 된다. 이 섹션은 다음과 같이 두 파트로 구분될 수 있다: (1) 여호와께서 세상을 통치하시는 그날(4:1-5); (2) 예루살렘의 위대함(4:6-8)

Ⅱ. 예루살렘의 옛 영화가 회복됨(3:1–5:15)
2장. 예루살렘의 회복과 영화(4:1–8)

1. 여호와께서 세상을 통치하시는 그날(4:1–5)

1 끝날에 이르러는 여호와의 전의 산이 산들의 꼭대기에 굳게 서며 작은 산들 위에 뛰어나
고 민족들이 그리로 몰려갈 것이라 2 곧 많은 이방 사람들이 가며 이르기를 오라 우리가
여호와의 산에 올라가서 야곱의 하나님의 전에 이르자 그가 그의 도를 가지고 우리에게
가르치실 것이니라 우리가 그의 길로 행하리라 하리니 이는 율법이 시온에서부터 나올 것
이요 여호와의 말씀이 예루살렘에서부터 나올 것임이라 3 그가 많은 민족들 사이의 일을
심판하시며 먼 곳 강한 이방 사람을 판결하시리니 무리가 그 칼을 쳐서 보습을 만들고 창
을 쳐서 낫을 만들 것이며 이 나라와 저 나라가 다시는 칼을 들고 서로 치지 아니하며 다
시는 전쟁을 연습하지 아니하고 4 각 사람이 자기 포도나무 아래와 자기 무화과나무 아래
에 앉을 것이라 그들을 두렵게 할 자가 없으리니 이는 만군의 여호와의 입이 이같이 말씀
하셨음이라 5 만민이 각각 자기의 신의 이름을 의지하여 행하되 오직 우리는 우리 하나님
여호와의 이름을 의지하여 영원히 행하리로다

미가 4:1-3은 이사야 2:2-4와 거의 흡사하다. 누가 누구의 것을 인용한 것일까? 학자들마다 의견이 분분하다. 이사야가 원조이고 미가가 인용한 것으로 해석하는 학자들이 있고(Wildberger), 미가가 선포한 것을 이사야가 인용한 것이라 주장하는 주석가들도 있지만(Cannawurf), 대체로 두 선지자가 우리에게 전해지지 않은 제3의 출처를 인용하고 있다고 생각한다(Tov; Sweeney; Barker). 하나님께서 이 두 선지자에게 동일하게 주신 계시라고 생각하는 주장도 있다(Archer). 누가 누구의 것을 인용하고 있는지는 해석적으로 중요한 영향을 미치지 않으며 이 비전이 두 선지서에서 감당하는 역할이 확연히 다르기 때문에 둘 다 오리지널 텍스트처럼 간주되어야 한다(Tov).

이사야서에서는 이 말씀이 하나님의 백성이면서도 이방인보다 올바르게 살지 못하는 이스라엘을 책망하는 데 사용되고 있다. 그래서 선지자는 야곱/

이스라엘에게 시온에 몰려와 하나님의 주권을 인정하는 열방의 대열에 합류하라고 권면한다: “오너라, 야곱 족속아! 주의 빛 가운데서 걸어가자!”(사 2:5) 반면에 미가서에서는 이 말씀을 이스라엘과 열방을 차별화하는 데 사용하고 있다. 열방은 자신들의 우상을 섬기지만, 다윗 왕조에 속한 왕의 지도 아래 이스라엘은 여호와를 섬기는 모습이 묘사된다.

이 섹션은 바로 앞에서 선포된 메시지(3:9-12)로부터 매우 드라마틱하게 전환하고 있다. 예루살렘이 순식간에 폐허에서 가장 숭고한 자리로 부상한다. 매우 가혹하기만 했던 분위기에서 구원에 대한 기대로, 메시지를 듣는 대상이 부패한 예루살렘의 지도자들이었던 것으로부터 신실한 남은 자들로 변환하고 있는 것이다. 그러나 동시에 앞 섹션과 구체적인 연결 고리들도 있다. 첫째, 앞의 메시지에서는 시온이 죄로 물들었으므로(3:10) 완전히 파괴될 것(3:12)이 선포되었지만, 본문에서는 시온이 여호와의 말씀과 율법으로 가득 찬 곳이 될 것이다(4:2). 둘째, 성전의 산은 광야와 같이 되었지만(3:12), 그날이 오면 여호와 전의 산이 세상에서 가장 으뜸이 되는 산이 될 것이다(4:1).

셋째, 이스라엘의 ‘우두머리들’(ראשׁ)의 악행은 세상에서 으뜸이었지만(3:9, 11), 시온은 세상의 모든 산들의 ‘꼭대기’(ראשׁ)가 될 것이다(4:1). 넷째, 비록 이스라엘은 시온을 죄인들의 소굴로 만들었지만(3:10), 하나님께서는 시온을 자신의 가르침의 중심지로 삼으실 것이다(4:1-2). 다섯째, 이스라엘의 지도자들은 뇌물을 수수하여 부당한 판결을 일삼았지만, 여호와의 통치는 공평하고 합리적이어서 모든 사람들을 만족시킬 것이다(4:2-3). 이러한 대조는 주의 백성이 갈망해야 할 진정한 통치자는 오직 여호와이심을 강조하고 있다. 본문이 예언하는 여호와의 통치는 선지자의 메시지를 듣고 있던 자들에게는 아득하게만 느껴지는 ‘먼 미래의 마지막 날’에 있을 일이다(1절).

그렇다면 과연 본문이 묘사하고 있는 세상은 어떤 곳이며, 누구를 대상으로, 어떤 범위에서 펼쳐질 것인가? 몇 가지로 정리해보자. 첫째, 미가가 노래하는 세상은 곧 메시아가 통치하는 만백성을 위한 세상이다. 선지자는 먼저 ‘그날이 오면’(וְהָיָה בְּאַחֲרִית הַיָּמִים)이란 문구를 통해 이 일이 훗날에 있을 것임을 확고히 한다. 칠십인역(LXX)은 이 문구를 "καὶ ἔσται ἐπ' ἐσχάτων τῶν ἡμερῶν"("그리고 마지막 날들에…")라고 번역하여 이 일을 종말론과 연결하지만, 학자들은 이 표현이 단순히 미래를 뜻하는 것으로 간주한다(DeVries; Sweeney; Waltke). 한 가지 확실한 것은 내용으로 보아 메시아의 시대가 도래할 때를 배경으로 삼고 있다는 점이다(cf. Barker).

그날이 오면 메시아의 통치가 자리를 잡은 시온은 세상 모든 백성들의 선망의 대상이 될 뿐만 아니라, 그들의 영적, 정치적 중심지가 된다. 평소에는 시온을 무시하고 경멸하던 열방이 여호와의 길을 배우고자 열심을 내서 시온으로 달려온다. 저자는 시온이 세상의 모든 일의 중심지가 될 것임을 전체성(totality)을 의미하는 쌍을 이루는 단어(word pair)들을 사용해 강조하고 있다: 산과 언덕(작은 산), 민족과 이방, 도(道)와 길, 칼과 창. 미가 시대에 예루살렘에 살며 그의 메시지를 듣고 있는 사람들은 불안에 떨고 있다. 그들은 예루살렘의 미래가 불안하다는 것을 그 누구보다도 잘 알고 있다. 이러한 정황에서 미래에는 예루살렘이 세상의 중심이 될 것이라는 선지자의 말씀이 그들에게 어떻게 들렸을까?

한때는 엄청난 수치와 수모를 겪었던 시온이 온 세상의 선망의 대상이 될 것이다. 시온이 세상의 중심이 되는 것은 곧 여호와의 통치가 세상의 중심이 될 것임을 시사하고 있다. 시온이 무엇 때문에 세상의 중심이 되는가? 세상에서 가장 높은 산이기 때문인가? 일부 학자들은 그날이 오면 시온의 위상뿐만 아니라 실제적인 높이가 높아질 것이라고 한다(Delitzsch; Barker). 그러나 그렇지 않다. 가나안 지역에는 예루살렘 성보다 높은 산들이 많았다. 그럼에도 불구하고 여호와의 성전이 있는 시온 산이 가장 높은 산으로 군림하는 것은 하나님이 그곳에 계시기 때문이다.

고대 근동에서는 신전이 있는 산은 그곳에서 숭배되는 신을 대표했으며 여러 가지 종교적인 상징을 지녔다: (1) 신이 그의 백성과 함께 함; (2) 신의 혼돈(chaos)에 대한 지속적인 군림; (3) 신의 하늘 처소로 가는 관문; (4) 신이 다스리는 영토에서의 주권(Waltke). 이러한 정서에서 시온이 세상의 으뜸 산이라는 미가의 선포는 이곳에서 섬김을 받는 하나님의 위대하심이 으뜸이라는 뜻으로 산 자체가 높아져야 한다는 것을 전제하지는 않는다. 시온에 누가 계시는가가 그곳을 으뜸 되게 만들었다. 시온의 위대함은 곧 여호와의 위대함인 것이다(Wolff).

크리스천의 삶도 마찬가지가 아닐까? 기독교인의 삶이 매력적이고 선망의 대상이 되는 것은 그와 함께하시며 그의 삶을 통치하시는 하나님이 매력적이시기 때문인 것이다. 또한 하나님께서 시온에 계시기 때문에 시온이 영화롭다는 것은 믿는 자들의 정체성과 가치가 그들 자신으로부터 비롯되는 것이 아니라 그들과 함께 하시는 하나님에게서 비롯되는 것을 의미한다. 그러므로 아무리 자신을 '죄인 중의 괴수'라고 생각하는 사람이라도 하나님이 함께 하시는 자라면 그는 하나님께서 영화롭게 하신, 하나님께서 소중하게 여기시는 그분의 형상인 것이다. 크리스천의 가치는 그분의 영광에서 비롯되기 때문이다.

여호와께서 통치하실 백성은 결코 이스라엘 사람들만이 아니다. 세상의 모든 민족들이 하나님의 백성이 될 수 있다. 선지자들이 계속해서 선포하는 것처럼 미래에 모일 하나님의 백성은 국경과 민족을 초월하여 누구든지 여호와를 경외하고 사랑하는 자들이다. 이사야에 의하면 심지어 고레스와 같은 이방인 왕도 이 부류에 속할 수 있다. 선지자 미가 역시 온 세상 민족들을 초청하고 있다. 이제 초청에 임하는 것은 열방의 선택이다(cf. 2절). 초청에 임하면 그들은 하나님과 복된 삶을 누리게 될 것이며, 초청에 임하지 않으면 자신들만 손해인 것이다. 열방이 여호와의 초청에 임한다는 것은, 그들이 드디어 그들을 창조한 분의 권위에 복종한다는 의미이다. 그러므로 열방이 하나님의 초청에 응한다는 것은 창조를 완성하는 것이라 생각할 수 있다(Sweeney).

열방이 초청에 임하는 것의 부수적인 의미는 무엇일까? 열방이 여호와를 왕으로 섬긴다는 것은 자신들이 숭배하던 신들에게서 왕관을 벗긴다는 뜻이다(Brueggemann). 또한, 이 일을 위하여 그들은 예루살렘으로 순례를 와야 한다. 열방이 순례의 길에 오른다는 것은 자신들의 본거지를 떠나야 한다는 것을 전제한다. 떠나지 않고는 얻을 수 없는 것이다. 성도의 삶도 그렇지 않은가! 때로는 그가 가장 익숙해져 있고 편안해 하는 자리를 떠나야 한다. 때때로 이러한 변화가 '희생'으로 혹은 하나님을 사랑하기 때문에 치러야 할 '대가'로 느껴질 때도 있다. 그러나 모든 것이 끝나고 '얻은 것과 잃은 것'에 대한 정산을 하게 될 때는, 잃은 것에 비하여 얻은 것이 너무나도 많다는 것, 즉 넘치게 부어주신 하나님의 은혜를 깨닫게 될 것이다. 이처럼 열방도 자신의 거처를 떠나 여호와의 산으로 순례를 오지만, 돌아갈 때는 그들이 치렀던 대가보다 몇 십 배의 축복을 누리게 되는 것이다.

열방이 어떤 열심을 가지고 하나님께 나아오는가는 '몰려가다'(נהר)(1절)라는 표현에서 역력하게 드러난다. 이 동사는 물이 흐르는 것을 묘사하며, 파생명사는 '강'을 뜻한다. 이러한 표현은 가나안 지형에 잘 어울리지 않지만, 열방이 어떤 각오와 열심을 가지고 하나님께 나아오고 있는가를 적절하게 묘사하고 있다. 그들은 마치 범람하는 강물이 밀려오듯 예루살렘으로 오고 있는 것이다(Barker). 하나님의 말씀과 가르침에 대한 갈증이 그들로 하여금 단숨에 예루살렘으로 몰려오게 하고 있다.

'올라가다'(עלה)(2절), '야곱의 하나님'(אֱלֹהֵי יַעֲקֹב)(2절) 등은 이스라엘 백성이 성전으로 순례를 갈 때 자주 사용하던 제사적(cultic) 표현들이다(Waltke). 열방은 이스라엘 사람들처럼, 그들의 길을 따라 여호와의 전이 있는 곳으로 순례의 길을 가고 있다. 갓 출애굽 한 이스라엘이 율법을 받기 위하여 광야를 지나 하나님의 산으로 알려진 시내 산으로 순례를 갔던 것처럼, 열방이 야곱의 하나님의 처소로 순례를 오고 있다(Kaiser). 한때는 이스라엘에게만 제한되었던 특권이 이제 온 열방에게 주어지고 있는 것이다. 선지자는 누구든지 하나님을 경외하면 옛날 이스라엘 백성이 누리던 특권을 누릴 수 있게 될 시대를 예언하고 있다.

둘째, 미가가 꿈꾸는 세상은 공평과 정의가 통치하는 세상이다. 편안하고 익숙해져 있던 자신들의 처소를 떠나 시온으로 순례를 온 민족들이 하나님의 도(דֶּרֶךְ)를 배우고 주의 길(אֹרַח)로 행하는 것에 대하여 가르침을 받았다(2절).

그들은 솔선수범하여 의로운 삶을 살아간다. 열방은 또한 시온에 머물지 않고 하나님의 말씀과 율법(תּוֹרָה)을 가지고 세상을 향해 나아간다: "율법이 시온에서 나오며, 여호와의 말씀이 예루살렘에서 나온다"(תּוֹרָה וּדְבַר־יְהוָה מִירוּשָׁלָםִ מִצִּיּוֹן תֵּצֵא)(2절).

시온은 그들을 양육하고 훈련하는 장소였으며, 세상은 그들의 사역지였던 것이다. 예수님께서는 믿는 자들을 '세상의 소금과 빛'이라고 부르셨다. 문제는 상당수의 크리스천들이 '교회의 소금과 빛'은 될지 몰라도 세상의 소금과 빛은 되지 못한다는 것이다. 우리는 주변에서 종종 일주일 내내 교회를 중심으로 생활하고 교회 행사를 우선순위로 삼아 바쁘게 살아가는 성도들을 목격하게 된다. 이들은 교회 생활이 너무 바쁘고 거기에 익숙해져 세상 사람들에게 하나님의 말씀을 전할 시간이 없다. 교회 생활이 너무 보람 있고 재미있어서 그렇다고 한다. 일종의 '교회 중독증'을 앓고 있는 것이다. 물론 교회 생활을 즐기는 것 자체를 문제 삼을 수는 없다. 그러나 교회 생활이 현실에서의 도피나, 성도가 이 세상에서 감당해야 할 일을 대체하는 것이 되어서는 안 될 것이다. 우리 말에 "배워서 남 주랴?"라는 말이 있다. 그러나 크리스천들은 배워서 남에게 주어야 한다. 또한 사도행전에서 예루살렘 교회 성도들이 세상에 대한 의무를 감당하지 않고 자신들의 신앙생활에만 치중했을 때, 하나님께서 그 교회를 흩으셨던 것을 기억해야 할 것이다.

시온에서 훈련받은 열방은 가는 곳마다 만나는 사람들에게 하나님의 말씀과 율법을 가르친다(3절). 그들의 가르치는 사역은 하나님의 말씀이 온 세상에 충만하도록 하며, 이같이 세상을 가득 채운 하나님의 말씀은 또한 여호와께서 세상을 통치할 수 있는 조건을 조성한다. 그렇다면 하나님의 말씀이 통치하는 세상은 과연 어떤 곳인가? 무엇보다도 공평과 정의가 다스리는 세상이다. 하나님께서 말씀으로 많은 민족 중에 심판하시고 판결하시니 그의 판결을 받은 모든 민족이 하나님의 심판에 매우 만족해하며 스스로 전쟁 무기를 쳐서 농기구로 만든다!(3절) 하나님의 통치에 대하여 이보다 더 확실한 신임투표는 없을 것이다. 대체로 국가들이 서로를 대적해서 싸우는 것은 무언가 욕구불만이 있기 때문이다. 그러나 하나님의 말씀이 세상을 통치하게 되는 날, 말씀에 의한 그분의 판결이 얼마나 공정하고 공평한지 세상의 모든 나라들이 더 이상 전쟁의 필요성을 느끼지 못한다.

그러므로 그들은 자발적으로 무기를 농기구로 변환하고 있다. 공평과 정의는 선지자들이 예언하고 있는 메시아 통치의 주춧돌이다. 이 사실이 교회에 대하여 시사하는 바는 무엇인가? 만일 교회가 하나님의 나라를 이 세상에서 실현하려고 노력하는 곳이요, 예수 그리스도의 통치를 갈망하는 곳이라면, 교회의 본질은 공평과 정의이어야 한다. 가장 연약하고 소외되기 쉬운 자들이 절대로 무시되거나 짓밟히지 않는 곳이 바로 영적으로 성숙한 교회요 하나님이 인정하시는 교회인 것이다. 교회의 행정과 성도의 교제가 공평과 정의에 기초를 둘 때, 그 교회는 건강한 교회, 하나님께서 기뻐하시는 교회가 될 수 있다.

본문이 묘사하고 있는 메시아 시대에 세상에 임할 참 평안은 우리에게 한 가지 교훈을 주고 있다. 하나님의 말씀이 이 세상에 하수처럼 넘칠 때까지 진정한 평안은 오지 않을 것이라는 점이다. 간혹 우리는 UN, 혹은 어느 특정한 NGO가 마치 이 세상에 참평안을 안겨줄 것이라는 착각에 빠진다. 그러나 성경은 분명히 선언하고 있다. 하나님의 말씀이 온 세상을 지배하지 않는 한, 참 평안은 없다는 것을 말이다. 실제로 UN이 소말리아, 르완다, 보스니아, 아프가니스탄, 그리고 최근의 이라크 사태에서 어떤 역할을 했는가? 그들의 활동은 매우 미미했으며 지구촌의 모든 주민들에게 실망만 가져다주었을 뿐이다. 이것만 보아도 성경의 주장이 설득력이 있음을 쉽게 인식할 수 있다. 세상의 여러 기관들에게 기대하지 말자. 오히려 이 세상에 참 평화가 임할 것을 갈망한다면, 더욱더 열심히 전도하고 하나님의 말씀을 가르침으로써 온 세상에 그분의 말씀이 소용돌이치도록 해야 한다. 그때에야 비로소 진정한 평화가 이 세상에 임할 수 있다.

셋째, 미가가 노래하는 미래는 검소한 풍요로움이 있는 세상이다. 하나님의 통치 아래 거하게 되면 더 이상 전쟁이 없으므로 온 세상이 평화를 즐긴다

(3절). 그러므로 사람마다 각각 자기 포도나무와 무화과나무 아래서 평안을 누리게 된다(4절). 포도나무는 팔레스타인 지역에서 흔히 재배되던 과일나무였다. 포도나무는 이스라엘을 상징하였으며(사 3:14; 5:1-7; 27:2-6; 렘 2:21; 호 10:1; 시 80:8) 훗날 유태인들의 동전에 자주 새겨졌던, 이스라엘과 떼어놓을 수 없는 이미지였다. 아시리아가 남긴 기록에도 이스라엘은 포도나무로 묘사되어 있기도 하다(Waltke). 무화과나무 역시 이스라엘의 삶에서 매우 중요한 자리를 차지했으며 흔히 포도나무 사이의 공간에 심어졌던 과실수였다. 이 두 가지는 함께 땅의 풍요로움을 상징했던 것이기도 하다(Gower).

그러나 이들이 즐기게 될 풍요로움은 일종의 검소한 것이라고 할 수 있다. 포도나 무화과는 비싼 과일이 아니다. 평범한 사람들의 기본 식품에 불과했다. 이 두 과실의 풍성함은 백성들이 충분히 먹고 마실 수는 있겠지만 결코 호의호식(好衣好食) 할 것은 아니라는 것을 의미하는 것이다. 그러므로 이 두 과일은 경제적으로 검소해진 생활수준을 암시하기도 한다. 이러한 의미에서 볼 때 메시아가 통치하는 시대에는 사람들을 휘어잡는 소비주의 성향이 멈추게 되는 것이다(Brueggemann). 메시아의 나라에는 선망의 대상이 되는 유명 브랜드도, 사람들의 마음을 흔들어 놓는 사치품도 없을 것이다. 모두 다 실용적인 풍요로움 안에서 삶을 즐기게 될 것이다.

또한 이 세상에서 하늘나라를 맛보며 사는 크리스천의 삶 안에, 이러한 소비주의와 사치품들로부터 자유함을 누리는 것이 포함되어야 하지 않을까? 세상에 나그네로 와 있는 사람들로서, 검소하게 살수록 우리는 그만큼 천국에 가까워져 있는 것이다. 크리스천이 궁상을 떨며 살 필요는 없지만, 검소하게 살아갈 의무는 있다. 물론 사업상의 이유로 어쩔 수 없이 고가(高價)의 제품들을 사용해야 하는 크리스천들도 있다. 그러나 대부분의 크리스천들은 이러한 위치에 서 있지 않다. 검소하게 사는 것은 아름답다.

미가는 이처럼 놀라운 세상이 머지않아 도래할 것이라며 백성들을 위로한 다음, 그들이 이날을 꿈꾸며 오늘 이 순간 어떻게 살아가야 하는가에 대하여 조언한다. 바로 여호와의 통치를 기대하며 살아가라는 것이다. 꿈을 품은 자들은 꿈이 없는 자들과 다르게 살아야 한다. 우리가 본문에 묘사되어 있는 평화롭고 풍요로운 메시아의 나라를 기대한다면 어떠한 자세로 오늘을 살아가야 하는가? 미가는 분명히 말하고 있다: "만민이 각각 자신의 신의 이름을 빙자하여 행하되 오직 우리는 우리 하나님 여호와의 이름을 빙자하여 행하리로다"(5절). 미래에 임할 하나님의 통치에 대한 기대가 오늘 이 순간 그분에게 더욱더 신실할 수 있도록 해야 한다는 것이다. 비록 온 세상이, 심지어 바로 옆에서 함께 신앙생활을 하고 있는 '주의 백성'마저도 하나님께서 주신 가치관과 세계관대로 살아가기를 꺼린다 할지라도, 메시아의 통치를 기대하는 우리 자신만은 하나님을 섬기고 그분에게만 순종하며 살아가야 하는 것이다.

많은 성도들은 다른 사람들의 삶과 자신의 삶을 비교해서 '상대적인 경건'을 지향하며 '무난하게' 살아가려 한다. 그러나 문제는 그들이 눈여겨보는 예들도 형편없이 부패해 있기 때문에 그들이 지향하는 상대적인 경건 역시 하나님의 기대에서 멀어져 있다는 것이다. 개혁이란 결코 옆 사람과 비교해서 이룰 수 있는 것이 아니다. 옆의 사람과 상관없이 오직 하나님께서 주신 가치관과 신념에 근거하여 확고히 추진해 나가는 것이다. 하나님의 은혜란 바로 이런 것이다.

은혜를 체험한 사람은 결코 옛날처럼 죄 속에 거할 수 없다는 것이 성경의 가르침이다. 하나님의 은혜가 놀라운 만큼 그 은혜를 체험한 우리의 삶도 놀랍게 변화될 수 있도록 노력해야 한다. 물론 행위가 결코 이미 이루어진 구원에 어떠한 영향을 미칠 수는 없다. 그러나 한 가지 확실한 것은 하나님의 구원을 체험한 사람은 결코 부패와 타락의 삶을 계속할 수 없다는 것이 성경의 가르침이라는 사실이다. 주변에서 간혹 구원을 체험했다며 '한 번 구원은 영원한 구원'이란 사실을 마치 '죄를 짓는 허가증' 정도로 간주하여 어떠한 도덕적, 윤리적 가책도 느끼지 않고 살아가는 사람들을 목격하게 된다. 그들을 볼 때마다 질문을 해본다: "저들이 정말 복음이 무엇인가를 아는가? 저들이 하나님을 아는가?" 물론 하나님을 경험해 본 사람도 시행착오를 할 수 있고 순간적으로 타락할 수도 있다. 그러나 그의 삶은 이미 본질적으로 바뀌어 있다.

복음을 아는 사람은 옛날 방식대로 살 수 없기 때문이다. 이 말씀은 또한 우리가 하나님께로부터 좋은 것을 기대한다면, 달갑지 않은 것도 감수할 각오가 되어 있어야 한다는 의미를 포함하고 있다.

Ⅱ. 예루살렘의 옛 영화가 회복됨(3:1-5:15)
2장. 예루살렘의 회복과 영화(4:1-8)

2. 예루살렘의 위대함(4:6-8)

6 여호와께서 말씀하시되 그날에는 내가 저는 자를 모으며 쫓겨난 자와 내가 환난 받게
한 자를 모아 7 발을 저는 자는 남은 백성이 되게 하며 멀리 쫓겨났던 자들이 강한 나라가
되게 하고 나 여호와가 시온 산에서 이제부터 영원까지 그들을 다스리리라 하셨나니 8 너
양 떼의 망대요 딸 시온의 산이여 이전 권능 곧 딸 예루살렘의 나라가 네게로 돌아오리라

'그날'(בַּיּוֹם הַהוּא)(6절)로 시작되는 이 섹션은 1-5절의 '말일'을 상기시킴으로써 같은 주제에 대한 이야기를 진행해 나가고 있음을 암시하고 있다(DeVries). 즉, 6-8절은 1-5절에 묘사된 하나님 나라에 거하게 될 사람들에 대하여 설명하고 있는 것이다. 과연 어떤 사람들이 메시아 왕국의 백성이 될 것인가? 여호와께서는 '저는 자'(הַצֹּלֵעָה), '쫓겨난 자'(הַנִּדָּחָה), '[하나님께서] 환난 받게 한 자'(הֲרֵעֹתִי) 등 세상에서 가장 소외당하기 쉽고 보잘것없는 자들을 불러 모아서 남은 백성이 되게 하시며 강한 나라가 되게 하실 것을 선언하신다(6-7절). 여호와의 확고한 의지는 문법에서도 드러난다. 개인적인 결단을 표현하는 의지형(cohortative)을 사용하고 있다(Waltke). 이들은 또한 지금까지 미가가 묘사해 온 예루살렘과 유다가 하나님의 심판을 받을 때 발생할 희생자들의 모습이기도 하다(Sweeney). 하나님께서 보잘것없는 자들을 모아서 세상의 강대국이 넘볼 수 없는 막강한 민족으로 만드실 것이다. 연약한 자들이 하나님의 손에 잡히니 세상의 강한 자들보다 더 강력한 자들이 된다.

그러나 연약한 자들을 모으신다는 것이 결코 강한 자들을 배척한다는 뜻은 아니다. 유능한 자들은 언제든지, 어느 사회에서든지 남의 도움 없이 살 수 있다. 반면에 연약한 자들은 어느 시대든지, 어느 사회에서든지 가장 쉽게 희생당하고 소외당하게 된다. 그러므로 여기서 메시아의 나라가 '저는 자, 쫓겨난 자, 환난 받게 된 자' 등으로 구성되어 있다는 것은 이렇게 소외되기 쉬운 사람들도 그 나라에서는 결코 소외되지 않을 것이라는 포괄성을 역설한다. 즉, 새로이 구성될 남은 자들은 과거 사회의 생존자들일 뿐만 아니라 새로이 형성될 세상의 선구자들이자 주도자들이 될 것이다.

선지자의 예언은 7절 마지막 부분에 이르러서야 진정한 절정에 이른다: "그 때로부터 영원토록, 나 주가 그들을 시온 산에서 다스리겠다(מלך)"(Waltke). 하나님께서 백성들을 과거의 곤경에서 구속하실 뿐만 아니라, 그들의 미래에도 간섭하실 것이다. 하나님께서는 결코 인간을 죄에서 구원하신 후 고아처럼 홀로 살아가도록 버려두시지 않는다. 왜냐하면 그렇게 하기에는 인간을 너무나도 사랑하시기 때문이다. 그분은 자신이 구원한 사람의 삶에 꾸준히 개입하시고 그들을 인도해 나가시는 것이다. 하나님께서는 구원한 인간을 끝까지 보호하시고 인도하신다. 칼빈주의에서는 이것을 '성도의 견인'(preservation of the saints)이라고 한다. 저자는 하나님의 다스림을 "[왕이] 통치하다"(מלך)로 묘사한다. 그날이 되면 하나님께서는 진정한 왕이 되어 그들을 다스리실 것이다.

또한 주의 백성의 회복은 시온의 회복과 직접 연관되어 있다. 7절이 미래에 임할 영원한 여호와의 통치를 노래하고 있다면, 8절은 시온이 새롭게 형성될 백성의 중심지가 될 것을 선언하고 있다. 시온의 처참한 현 상황과 영광스러운 그때(미래)가 극적인 대조를 이루고 있다. 하나님의 백성으로 이 세상을 살다 보면 좋은 일도 있지만, 힘든 일도 많이 겪게 된다. 어떤 때는 그 순간이 너무 힘들고 버겁게 느껴질 때도 있다. 이러한 순간에는 하나님의 백성답게, 흐트러지지 않은 신앙인의 자세로 그 어려운 순간을 이겨내야겠다는 생각은 사치품에 지나지 않는다. 성도는 아주 소박한 기도를 할 뿐이다. 오직 그 순간의 아픔만이라도 멈추게 해 달라고. 그러나 이 소박한 기도마저도 하나님께로부터 거부당했다는 느낌이 들 때, 성도는 걷잡을 수 없는 슬픔에 잠기게 된다. 그 순간에 기억하자. 마치 황폐해진 시온이 영화롭게 될 때가 있었던 것처럼, 탄식과 좌절로 휩싸여 있는 우리의 삶 또한 하나님의 영광으로 가득 찰 날이 있다는 것을 말이다.

선지자가 묘사하고 있는 이 놀라운 하나님의 구속 사역은 그분의 강력한 의지에 의하여 진행되고 있다. 저자는 이 점을 강조하기 위하여 6절에서 "내가 모으다(אֹסְפָה)/내가 모으다(אֲקַבֵּצָה)"라는 평행구를 사용하고 있다. 죄 속에서 헤매는 백성들의 유일한 소망은 바로 자신들의 내부가 아닌 외부에서 오는 하나님의 구속의 손길이다. 그분께서 결정하시고 행동하셔야만 인간의 구원은 가능한 것이다. 세월이 흐르면서 끊임없는 백성의 반역이 하나님의 가슴을 멍들게 했지만, 자신의 백성에게 구원을 베푸시겠다는 하나님의 의지에는 변함이 없으셨다. 여기에 바로 세상의 소망이 있는 것이 아니겠는가!

3장 예루살렘의 고통과 궁극적인 회복
4:9–5:9

이 섹션의 구조에 대하여 학자들 사이에 논란이 많다. 일부 학자들은 4:9-5:15이 세 단락으로 구성되어 있다고 하는가 하면(Hagstrom), 다른 주석가는 같은 섹션에서 무려 7개의 단락을 찾아낸다(Willis). 또한 이 섹션에 대하여 일부 주석가들은 교차대구법적 구조를 제안하는가 하면(Allen; Renaud), 다른 학자들은 본문이 특별하게 짜임새 있는 구조는 지니지 않은 것으로 간주한다(cf. Simundson; Smith).

선지자는 4:9, 4:11, 5:1등 세 곳에서 우리 말 번역에서는 따로 해석이 되지 않는 히브리어 단어 'עַתָּה'('now')로 시작하여 텍스트를 4:9-10, 4:11-13, 5:1-4 등으로 자연스럽게 구분한다. 각 단락은 다가오는 재앙에 대한 예언과 하나님의 구원 그리고 메시아의 왕국이 실현될 것이라는 내용을 담고 있다. 여기에 5:5-9가 결론 부분을 형성한다. 그러나 5:5가 5:4와 너무나 밀접하게 연관되어 있어서 많은 학자들과 번역본들이 5:5a는 앞섹션과, 5:5b는 뒷섹션과 연결되어 있다고 본다(Hillers; 새번역; NIV; NAS). 아예 5:1-6을 한 문단으로 간주하는 학자들도 있다(Allen; Waltke). 내용을 감안할 때, 5:1에서 시작한 메시아에 대한 노래가 5:5a까지 지속되는 것이 확실하다. 5:5b부터는 선지자 미가 시대 유다가 당면하고 있는 가장 큰 현실적인 문제인 아시리아 침략군에 대한 경고가 시작된다. 그러나 5:6은 아시리아의 손에서 이스라엘이 구원받을 것이라는 메시지를 담고 있다. 문맥의 흐름상 5:6은 5:2에서 시작된 메시아의 구원 사역의 연속으로 해석될 수 있다. 그러므로 5-6절은 메시아의 사역을 노래하는 2-4절과 하나로 간주되는 것이 바람직하다. 필자는 텍스트를 다음과 같이 구분하여 주해해 나가고자 한다.

A. 예루살렘의 고통(4:9-10)

A'. 예루살렘의 원수들이 제거됨(4:11-13)

B. 메시아의 탄생과 영화(5:1-6)

B'. 남은 자들의 역할(5:7-9)

Ⅱ. 예루살렘의 옛 영화가 회복됨(3:1–5:15)
3장. 예루살렘의 고통과 궁극적인 회복(4:9–5:9)

1. 예루살렘의 고통(4:9–10)

9 이제 네가 어찌하여 부르짖느냐 너희 중에 왕이 없어졌고 네 모사가 죽었으므로 네가
해산하는 여인처럼 고통함이냐 10 딸 시온이여 해산하는 여인처럼 힘들여 낳을지어다 이
제 네가 성읍에서 나가서 들에 거주하며 또 바벨론까지 이르러 거기서 구원을 얻으리니
여호와께서 거기서 너를 네 원수들의 손에서 속량하여 내시리라

하나님께서 주의 백성을 다시 회복시키시겠다는 약속(4:6-8)으로 인한 감격이 채 가시기도 전에 4장 후반부는 다시 주의 백성의 미래에 어두운 그림자를 드리운다. 전반부의 밝은 미래에 대한 메시지는 머지않아 심판을 받아야만 하는 백성에게 혹독한 시련을 이겨낼 수 있는 동기만 부여하고 있을 뿐, 그들이 당장 누리게 될 현실은 결코 아니었던 것이다. 선지자는 4:9-13에서 유다가 당면한 어려운 '현실'(now)과 미래에 그들이 영광을 누리게 될 '그때'(then)를 여러 차례 대조하고 있다(Allen; Mays). 선지자는 4장의 이러한 구조를 바탕으로

외치고 있다: “훗날 여호와의 통치가 이 세상에 화평을 가져오고 주의 백성을 회복하실 것을 기대하며, 당신들 목전에 와 있는 환난을 견디어 내십시오.”

이 텍스트의 근원과 의미에 대하여 많은 해석이 있다. 그러나 전후 문맥을 잘 살피며 해석하면 그렇게 어려운 부분은 아니다. 지금까지 하나님께서는 먼 훗날 이스라엘에게 임할 영광스러운 회복에 대하여 말씀을 선포하셨다. 곧 그들이 맞이할 미래가 아무리 암울하다 할지라도, 심지어는 하나님께서 직접 그들을 징계하신다 할지라도 좌절하지 말라는 것이다. 가까운 미래에 그들에게 임할 연단과 징계 후에 찾아올 회복과 구속을 생각하며 견디어 내라는 것이다. 이제부터는 이러한 권면을 아예 그들의 현실에 적용하여 훈계하신다.

그동안 선지자들의 한결같은 경고와 심판 선언을 들어오던 이스라엘 사람들 중에 의식이 있는 사람들은 민족의 미래를 생각하며 슬퍼할 수밖에 없었다. 선지자 미가의 메시지를 듣고 있던 사람들 중에도 앞으로 150여 년 후에 있을 바빌론 포로 생활을 피부로 느낄 수 있는 사람들도 있을 것이다. 포로 생활을 상상할 때마다 이스라엘은 해산의 진통을 겪고 있는 여인처럼 괴로워해야 한다.

그러나 이스라엘의 해산의 고통은 근거가 없다는 것이 하나님의 책망이다: “너희 중에 왕이 없어졌고 네 모사가 죽었느냐?”(9절) 일부 주석가들은 이 말씀을 아직도 유다에는 그들을 지배하는 인간 왕이 건재해 있다는 뜻으로 이해한다(Simundson). 그러나 ‘왕’(מֶלֶךְ)과 ‘모사’(יוֹעֵץ)가 단수인 것에 근거하여 상당수의 학자들은 이 단어들이 하나님을 뜻하는 것으로 해석한다(Renaud; Wolff; Pusey; Waltke). 이 해석에 따르면 아시리아 군의 침략을 받아 어찌할 바를 모르는 사람들에게 이 말씀은 “너희들이 우는 것은 마치 하나님께 무슨 일이라도 생긴 것처럼 들린다”는 책망이 된다. 혹은 하나님께서 아직도 건재하신데, 그들이 당면한 이 어려운 상황에서 왜 그분에게 외치지 않느냐는 선지자의 문제 제기일 수도 있다(Smith). 비록 이스라엘의 미래가 밝지 않더라도 결코 그들이 좌절할 이유는 없다는 것이다. 왜? 임마누엘! 하나님께서 그들과 함께 하신다면, 그들이 어디에 간들 무엇이 문제가 되겠는가! 비록 바빌론으로 가는 길이 험난한 길이지만, 하나님께서 그들과 함께 하실 것이기 때문에 너무 절망하지 말고 가라는 것이다. 하나님께서 함께 하신다면 '사망의 음침한 골짜기'를 지날지라도 해를 두려워할 필요도 소망을 접을 이유도 없다. 그분과 동행하면 그 어디라도 '천국화(天國化)' 될 수 있기 때문이다. 매우 은혜롭고 긍정적인 메시지이다.

반면에 대부분의 주석가들은 본문이 머지않아 산헤립에게 공격을 받아 지도자들을 잃고 방황하게 될 예루살렘의 처량한 모습을 묘사하고 있다고 생각한다(Allen; Hillers; Kaiser; Keil; Mays; McComiskey; Smith; Sweeney). 선지자가 예루살렘의 환상적인 먼 미래를 노래한 후 다시 임박한 암울한 현실을 예언하고 있다는 것이다. 이들이 제시하는 증거로는 '망하다/죽다'(אבר)(9절)라는 표현이 하나님께 적용되기에는 적합하지 않다는 것, 9절에서 백성들이 '왕'을 잃고 '여인처럼 진통하는 것'에 대하여 책망하던 선지자가 10절에 가서는 "여인처럼 진통하라"고 권면하는 것이 왕을 하나님으로 해석할 경우 이해가 가지 않는다는 것, 문맥과 내용을 보아서는 왕과 모사를 예루살렘의 리더십으로 해석하는 것이 더 자연스럽다는 것 등이다. 고대 사회에서 왕을 잃는다는 것이 온 국민에게 어떤 영향을 미쳤는가를 감안하면(Keil) 이 해석이 설득력을 가지고 있지만, 당면한 국가적 위기에서 하나님의 침묵을 마치 그의 '죽음'을 뜻하는 것으로 간주할 수 있기 때문에 어느 것이 맞다고 결정하기가 쉽지 않다. 필자는 후자가 문맥과 더 잘 어울리는 것으로 생각한다.

선지자는 9절에서 해산하는 여인처럼 괴로워하는 시온을 책망했다. 그는 이제 10절에서 시온에게 진통하라고 한다. 새 시대를 맞이하는 과정에서 해산의 고통이 요구되고 있는 것이다. 그러나 10절에 묘사된 해산의 고통은 9절의 해산의 고통과는 질이 다르다. 선지자는 좌절과 절망의 부르짖음(9절)을 구원의 희소식을 알리는(혹은 곧 아이를 생산하게 될 소망을 지닌) 부르짖음(10절)으로 바꾸라고 권고하고 있다. 선지자는 두 개의 명령문 "몸부림치라! 신음하라!"(וָגֹחִי חוּלִי)로 10절을 시작하는데, 이 두 명령문은 산파들이 아이를 낳기 위해 안간

힘을 쓰는 산모들을 격려하는 말이다(Wolff). 즉, 부르짖음의 목적이 다르다. 하나는 아픔과 절망을 표현하기 위함이고, 다른 하나는 좋은 소식을 전하기(낳기) 위함인 것이다.

그렇다면 1-8절에 묘사된 회복과 구원을 해산하는 이스라엘은 어떤 진통을 거쳐야 하는가? 저자는 세 단계로 묘사하고 있다: (1) 딸 시온은 예루살렘의 보호를 떠나게 된다(cf. 왕하 25:2-7; 렘 52:7). 선지자는 예루살렘을 도성(קִרְיָה)이라고 한다. 도시를 뜻하는 일반적인 단어 "עִיר"를 피하고 도성(קִרְיָה)을 사용하는 것은 이 단어가 도시의 혼잡과 동요, 역동성과 분주함을 뜻하기 때문이다(Waltke). 예루살렘 사람들은 도시의 분주함을 떠나 조용한 곳에서 하나님과 만나야 한다; (2) 그들은 생각하지 못했던 광야에서 잠시 머물게 된다(שׁכן). 마치 출애굽 한 이스라엘 백성들이 40년 동안 약속의 땅에 들어가기 전에 광야에 머물렀던 것처럼 한동안 광야 생활을 해야 한다. 구약에서 광야는 수난과 연단을 뜻하지만 새로운 시작과 무한한 가능성을 상징하기도 한다; (3) 그들은 바빌론에 입성해야 한다(10절). 이러한 과정은 유다 사람들이 본국을 떠나 바빌론까지 가는 여정을 순서적으로 정리하고 있다고 생각할 수 있다. 저자는 분명히 밝히고 있는 것이다: "너희들이 바빌론까지 끌려가야만 밝은 미래와 구원을 기대할 수 있다!"(10절) 저자는 다가오는 이스라엘의 앞날이 고통스럽고 두렵다는 것은 인정하지만 메시지의 강조점을 여호와 하나님의 구원의 의지에 두고 있다(Wolff).

이스라엘이 결코 바빌론 포로 생활을 환영했을 리가 없다. 그들에게 바빌론 생활은 쓴 잔이요 죽음으로 느껴졌을 것이다. 그러나 하나님의 관점에서 바빌론 포로 생활은 주의 백성에게 진정 필요한 약이었던 것이다. 그렇다면 이러한 사실이 이스라엘의 역사에서 어떻게 드러났는가? 한 예를 생각해 보자. 비록 이스라엘에게는 바빌론으로 끌려간 것이 매우 감당하기 어려운 충격이요, 아픔이었지만 훗날 이 사건을 돌아볼 때 다른 측면에서는 매우 유익한 경험이었다. 그들이 예루살렘으로 돌아와 나라를 재건했을 때 우상숭배 문제는 완전히 해결되었던 것이다. 이스라엘은 포로 생활에서 돌아온 후로 다시는 우상을 섬기지 않았다. 그러므로 우상 문제에 있어서 만큼은 주의 백성들에게 바빌론 생활보다 더 확실한 약은 없었던 것이다.

Ⅱ. 예루살렘의 옛 영화가 회복됨(3:1–5:15)
3장. 예루살렘의 고통과 궁극적인 회복(4:9–5:9)

2. 예루살렘의 원수들이 제거됨(4:11–13)

11 이제 많은 이방 사람들이 모여서 너를 치며 이르기를 시온이 더럽게 되며 그것을 우리
눈으로 바라보기를 원하노라 하거니와 12 그들이 여호와의 뜻을 알지 못하며 그의 계획을
깨닫지 못한 것이라 여호와께서 곡식 단을 타작 마당에 모음 같이 그들을 모으셨나니 13
딸 시온이여 일어나서 칠지어다 내가 네 뿔을 무쇠 같게 하며 네 굽을 놋 같게 하리니 네
가 여러 백성을 쳐서 깨뜨릴 것이라 네가 그들의 탈취물을 구별하여 여호와께 드리며 그
들의 재물을 온 땅의 주께 돌리리라

본문이 묘사하고 있는 사건이 586년에 있었던 바빌론의 침략이라고 해석하는 학자들도 있지만(Renaul; Wolff), 대부분의 학자들은 여기에서 묘사되는 상황을 두고 주전 701년에 아시리아의 산헤립이 많은 용병을 이끌고 유다를 공략하여 그곳을 차지하고 예루살렘을 포위한 사건을 의미하는 것으로 해석한다(Lindblom; Allen; Lutz; Waltke; Smith). 열방이 모여 시온을 멸하기를 원한다. 만일 본문이 701년에 있었던 아시리아의 침략이나 586년의 바빌론 침략 사건을 묘사하고 있다면 선지자는 왜 이 나라들을 개별적으로 언급하지 않고 마치 온 세상 민족이 모두 몰려온 것처럼 '열방'이라고 말하는가? 이 나라들은 당대의 초 강국들이었기 때문에 열방을 대표하거나 상징한다고 생각할 수도 있고, 아니면 당시 정황을 살펴보면 어느 나라든—특히 강대국들은 엄청난 규모의 용병들을 기용했기 때문에 아시리아 군에도, 바빌론 군에도 세상의 허다한 민족들이 포함된 것으로 해석될 수도 있다.

시온을 공략하는 열방의 목적은 딱 한 가지이다. 그들은 하나님의 백성을 짓밟기를 원한다. 열방은 왜 시온을 짓밟기를 원하는가? "열방이 역사의 중심을 자신들이라고 생각하고 자신들의 능력을 과시하는 운명을 추구한다면, 그들은 시온을 용납할 수 없다; 그들은 자신들을 정죄하거나 자신들의 자아를 약화시킨다고 생각되는 모든 것을 파괴해야만 한다는 강력한 욕구를 느끼게 되는 것이다"(Mays). 그러나 선지자는 마지막에 가서는 이 같은 악의를 품은 열방이 이스라엘의 하나님에 의하여 짓밟힐 것이라고 말한다.

그들이 주의 백성의 멸망을 목적으로 한 행동이 주의 백성의 회복을 가속화할 줄이야! 열방의 의도적인 침략은 여호와의 원대한 디자인에 속한 사슬의 고리에 불과했던 것이다(Wolff). 예루살렘의 수난이 여호와의 계획의 일부였으며, 시온의 위기는 하나님의 기회가 되었다. 하나님께서는 이스라엘이 침략군에게 대항하도록 할 뿐만 아니라 그들을 짓밟아 승리하도록 그들의 '뿔'(קֶרֶן)을 쇠 같게 하시고 그들의 '굽'(פַּרְסָה)을 놋쇠 같게 하실 것이다(13절). 뿔은 고대 근동 예술과 문헌들뿐만 아니라 성경에서도 힘을 상징한다(신 33:17; 삼상 2:10; 삼하 22:3; 시 22:21; 75:10; 132:17; 렘 48:25; 애 2:3). 하나님께서 시온의 뿔을 쇠(בַּרְזֶל) 같게 하신다는 것은 주의 백성이 그 누구도 대적할 수 없는 막강한 능력을 갖게 될 것을 뜻한다(cf. 왕상 22:11). 굽은 보통 달리는 힘이나 짓밟는 능력을 뜻하는데(cf. 사 5:28; 렘 47:3; 겔 26:11), 하나님께서 이들의 굽을 놋쇠(נְחוּשָׁה)로 만드신다는 것은 시온의 강인함을 뜻한다. 그러므로 쇠 뿔과 놋쇠 굽은 시온의 무적(無敵, invincibility)을 상징한다.

시온은 하나님께서 주신 능력을 가지고 원수들을 짓밟을 뿐 아니라 아예 가루로 만든다(דקק)(HALOT; Waltke)(13절). 시온은 소가 타작마당에서 곡식을 짓밟듯이 열방을 짓밟게 될 것이다. 이스라엘에게 끊임없는 위협이요, 두려움과 공포의 존재였던 열방—이스라엘은 그들 앞에서 숨소리를 죽여야 했다. 그런데 이제 이스라엘이 그들을 떨게 했던 두려움의 존재들에게 오히려 공포를 선사한다.

시온은 침략자들을 물리칠 뿐만 아니라 오히려 그들이 폭력을 써서 착취했던 재물(בֶּצַע)을 약탈하여 노획물들을 여호와께 제물로 바친다(חרם)(13절). 이 제물들은 부정한 물건들이다. 열방이 서로 다른 국가들을 약탈하여 자신들의 신들에게 바친 것들이다(Waltke). 하나님께서 이러한 물건들의 온전한 헌납을 요구하신다. 더 이상 물건들이 이런 식으로 돌고 도는 것을 막으시겠다는 것이다. 여호와가 유일하신 참하나님이시니 더 이상 그렇게 할 필요도 없어졌다.

하나님은 역전의 명수이시요, 필요에 따라서는 원수들의 악행을 자신의 계획이 진행되는 계기로 사용하시는 능력을 지니고 계신다. 요셉의 삶이 이러한 원리의 연속으로 구성되어 있지 않은가! 특히 그가 억울한 누명을 쓰고 감옥에 갇혔을 때, 그 일이 바로에게 나아가는 지름길이 될 줄을 누가 상상이나 했겠는가! 또한 사탄이 예수님을 십자가에 못 박을 때, 그 일로 인하여 하나님의 구원 사역이 이루어질 줄을 상상이나 했겠는가!

선지자는 본문에서 먼 미래에 있을 구원과 영광을 소망으로 삼고 잠시 후에 다가올 시험과 환난을 이겨내라고 당부하고 있다. 또한 그 영화로운 미래를 생각하며 현실의 어려움도 이겨내라고 권면한다. 이 모든 일이 가능한 것은 세상이 혼란스럽고, 주의 백성에게 혹독한 일이 임하더라도, 심지어는 하나님께서 그들을 치시더라도, 주님께서는 그들과 꾸준히 함께하실 것이기 때문이다. 하나님께서 함께하시고, 그분의 통치 아래 있다면 무엇이 두렵고 어느 곳인들 달려가길 꺼리겠는가? 또한 환난이 임할 때 우리가 좌절할 필요가 없는 것은 그 환난 뒤에 위로와 구속이 기다리고 있기 때문이다. 환난과 고통은 성도들의 구원을 재촉하는 촉진제인 것이다.

II. 예루살렘의 옛 영화가 회복됨(3:1-5:15) 3장. 예루살렘의 고통과 궁극적인 회복(4:9-5:9)

3. 메시아의 탄생과 영화(5:1-6)

1 딸 군대여 너는 떼를 모을지어다 그들이 우리를 에워쌌으니 막대기로 이스라엘 재판자

의 뺨을 치리로다 2 베들레헴 에브라다야 너는 유다 족속 중에 작을지라도 이스라엘을 다
스릴 자가 네게서 내게로 나올 것이라 그의 근본은 상고에, 영원에 있느니라 3 그러므로
여인이 해산하기까지 그들을 붙여 두시겠고 그 후에는 그의 형제 가운데에 남은 자가 이
스라엘 자손에게로 돌아오리니 4 그가 여호와의 능력과 그의 하나님 여호와의 이름의 위
엄을 의지하고 서서 목축하니 그들이 거주할 것이라 이제 그가 창대하여 땅 끝까지 미치
리라 5 이 사람은 평강이 될 것이라 앗수르 사람이 우리 땅에 들어와서 우리 궁들을 밟을
때에는 우리가 일곱 목자와 여덟 군왕을 일으켜 그를 치리니 6 그들이 칼로 앗수르 땅을
황폐하게 하며 니므롯 땅 어귀를 황폐하게 하리라 앗수르 사람이 우리 땅에 들어와서 우
리 지경을 밟을 때에는 그가 우리를 그에게서 건져내리라

본문은 미가서 텍스트 중에서 우리에게 가장 잘 알려진 본문이다. 우리가 크리스마스 때면 꼭 묵상하고, 찬양으로 불러보는 예언이 이 섹션에 포함되어 있다. 메시아가 베들레헴에서 태어날 것이라는 예언이다. 메시아가 베들레헴에서 태어나신다는 것은 그와 다윗을 두 가지 차원에서 연결시킨다. 베들레헴은 다윗의 가족이 살았던 곳이고(룻 1:2), 다윗이 태어난 곳이기 때문이다(삼상 17:12). 메시아는 곧 새로운 다윗이고 다윗의 후손이신 것이다. 베들레헴에서 태어나실 메시아의 위대함은 온 세상에 널리 알려질 것이다. 한 가지 생각해볼 것은 메시아가 오시는 때이다. 그는 주의 백성들이 헤어날 수 없는 곤경에 처했을 때 오신다. 즉, 가장 절망적이고 고통스러울 때 구세주가 혜성처럼 나타나시는 것이다. 어둠이 깊을수록 빛이 밝게 보이는 것처럼 메시아의 필요성이 극에 달할 때 그가 세상에 임하신다.

우리가 삶에 지쳐 좌절하고 있을 때, 남몰래 눈물 흘리고 있을 때, 모든 것을 포기하고 싶을 때, 그가 오셔서 우리의 눈물을 닦아주실 것이다. 메시아의 사역은 우리의 슬픔을 달래고 위로하심에 끝나지 않는다. 그분은 우리에게 승리까지 주실 것이다. 본문이 끝날 때는 상황이 완전히 반전되어 가해자가 피해자가 되고, 피해자가 가해자가 된다. 주의 백성을 괴롭히던 자들이 괴롭힘을 당하고, 괴롭힘을 당하던 자들이 원수들을 괴롭히게 되는 것이다.

메시아가 오시는 때는 주의 백성들이 결정적인 위기에 처해 있을 때이다(1절). 그러나 나머지 세부 사항은 논쟁의 대상이다. 침략군들이 이스라엘 왕의 뺨을 칠 때 메시아가 오신다. 역사적으로 어느 때를 뜻하는가? 이 섹션을 시작하고 있는 히브리어 문구 "עַתָּה תִּתְגֹּדְדִי בַת־גְּדוּד"는 최소한 세 가지로 해석될 수 있다: (1) "군대의 도성아, 군대를 모아라!"(새번역; NIV; NAS; Waltke); (2) "성벽으로 둘러싸인 성읍아, 네 성벽을 튼튼하게 하여라"(새번역 각주; NRS; cf. LXX); (3) "슬픔 속에 [극한 슬픔의 표현으로] 자신을 베라!"(JPS; Longman). 처음 두 해석은 이스라엘이 전력을 가다듬어 침략군과 싸우는 것을 전제로 하고 있는데, 세 번째 해석은 싸워보지도 못하고 당하게 될 철저한 좌절을 전제한다. 바로 다음 구절의 내용 "침략군들이 몽둥이로 이스라엘 통치자의 뺨을 칠 것이다"에서 암시된 절대적 무기력의 상태를 감안하면 세 번째가 가장 설득력 있어 보인다. 물론 성경은 슬픔의 표현으로 자신의 몸에 상처를 입히는 것을 금하고 있다(신 14:1). 그러나 저자는 이스라엘의 이웃들 중에 쉽게 찾아볼 수 있는 극단적인 슬픔의 표현 방법을 통해 그들이 처한 위기의 절박함을 묘사하고 있는 것뿐이다. 이스라엘이 전혀 손을 쓸 수 없는 절망적인 상황에서 메시아가 오신다는 것이다.

침략군이 이스라엘 왕의 뺨을 때리는 때가 언제인가? 주석가들은 크게 둘로 나누어져 있다. 아시리아 왕 산헤립의 침략을 뜻한다는 해석(Renaud; Waltke; Sweeney)과 바빌론 왕 느브갓네살의 침략을 염두에 둔 말씀이라는 해석이 있다(Mays; Barker). 산헤립의 침략일 경우 '뺨을 맞는 왕'은 히스기야이며 때는 701년이다. 느브갓네살의 침략일 경우, 곤경에 처한 유다의 왕은 시드기야이며 때는 586년이다. 본문을 전적으로 예수 그리스도의 고난에 대한 예언으로 풀이하는 주석가도 있다(Martin). 그러나 텍스트의 역사적인 정황을 고려할 때 별로 설득력 있어 보이지는 않는다는 것이 학자들의 일반적인 평가이다.

백성들이 자신들의 왕이 극단적인 수모와 폭행을 당하는 것을 옆에서 지켜보아야만 하는 무기력함에 좌절하고 있을 때, 하나님께서 보내신 놀라운 구원자가 절망의 지평선을 가르며 등장한다(2절). 하나님께서 주의 백성들과 영원한 언약을 맺었기에, 그들이 당하는 수모와 아픔은 순간적인 것이지 영구적인 것이 아니며, 치유와 회복을 위한 것이지 징벌의 수단은 아니었던 것이다(Waltke).

주의 백성들을 구원할 메시아는 유다에 속한 베들레헴 에브라다(אֶפְרָתָה בֵּית־לֶחֶם)에서 태어난다. 베들레헴은 다윗이 태어난 곳이며, 이곳에서 사무엘이 그에게 기름을 부어 왕으로 세웠다(삼상 16:1-13). 에브라다는 성경 안에서 종종 베들레헴을 뜻하는 지역 이름으로 사용된다(시 132:6; 창 35:16, 18; 48:7; 삼상 16:1, 18; 17:12; 룻 4:11). 두 이름이 서로 구분되는 경우도 있다. 역대상 4:4는 에브라다가 베들레헴의 아버지였다고 하며, 룻기 1:2는 나오미의 일가가 유다에 속한 베들레헴에 살던 에브라다 족/집안사람들이었다고 한다. 모든 정보를 종합할 때, 베들레헴은 마을을 뜻하고, 에브라다는 이 마을을 포함한 더 큰 지역의 이름을 뜻하는 것으로 간주해서 '에브라다에 속한 베들레헴'(Bethlehem of Ephrathah)(NRS; TNK)으로 해석하는 것이 바람직하다(Sweeney; Barker). '족속'으로 번역된 히브리어 단어(אֶלֶף)의 의미는 1,000 혹은 씨족/문중을 뜻하지만, 여기서는 지역 이름을 뜻한다(Wolff). 이 메시아는 다윗의 후손으로 오시는 분이다.

일부 학자들은 베들레헴(בֵּית־לֶחֶם)과 에브라다(אֶפְרָתָה)라는 이름 자체가 징조라고 생각한다(*nomen est omen*)(Waltke). 베들레헴을 풀이하면 '빵집', 에브라다를 풀이하면 '풍요로움'이 되는데 메시아가 에브라다에 속한 베들레헴에서 태어난다는 것은 궁핍하고 굶주리는 자들을 구원하러 오시는 분의 사역과 적절하게 맞아떨어진다는 것이다. 저자는 베들레헴을 '여러 족속 가운데서 작은 족속'이라 하는데, 이 말씀 중 '작은'(צָעִיר)이란 단어의 의미가 새롭게 부각되고 있다. 대부분의 주석가들과 번역본들은 이 단어를 규모나 사회적 지위를 가리키는 뜻으로 해석하여 '작은/보잘것없는'(small/little/insignificant)(개역; 새번역; NIV; NAS; NRS; TNK)으로 번역한다. 그래서 주석가들은 이 단어가 여기서 사용되는 중요성을 베들레헴처럼 보잘것없는 곳에서 메시아를 탄생케 하시는 하나님의 은혜와 사람의 기대를 완전히 초월하는 메시아 탄생의 역사적 정황에서 찾는다(Waltke; Fausset; Barker).

이 단어가 구약에서 일반적으로 사용되는 예를 살펴보면 '어린/젊은'(young)이란 뜻을 지니고 있다(KBL; BDB). 이렇게 이해할 경우, 본 단어가 뜻하는 의미가 완전히 달라질 수 있다. 구약에 형성된 하나의 신학적인 전승은 동생/힘없는 자가 형/힘 있는 자를 이긴다는 것이다. 동생 야곱은 형 에서를 이겼고(창 25-27; 32-35), 요셉은 형들을 다스렸으며(창 37-50), 가장 연약한 베냐민 지파에서 이스라엘의 첫 왕이 나왔고(삼상 10:17-27), 형제들 행렬에 끼지도 못하던 막내 다윗이 차기 왕이 되었다(삼상 16:1-13). 이스라엘도 한 국가로서의 출범이 다른 가나안 지역 국가들보다 늦었지만, 결국 가나안 지역을 차지하게 되었다. 그러므로 선지자가 역설하고자 하는 것은 전혀 기대할 수 없는 보잘것없는 곳에서 메시아가 태어난다는 것이 아니라, 연약한 자와 사회적으로 불리한 자(동생/어린 자)를 통해 역사하시는 하나님의 섭리에 따라 메시아가 태어날 것, 즉 예나 지금이나 변함없이 역사를 주관하시는 하나님께서 이번에도 이스라엘에게 구세주를 보내신다는 것이다(cf. Sweeney).

이 왕의 기원은 '아득한 옛날, 태초'(מִקֶּדֶם מִימֵי עוֹלָם)까지 거슬러 올라간다(2절; cf. 7:14, 20). 다윗 언약은 '영원한 언약'이기에 그 언약에 따라 다윗의 자손들이 영원히 다스릴 것이라는 말씀이 성경 안에 종종 언급되어 있다(삼하 23:5; 시 89:29, 37). 하나님께서 오래전에 다윗과 맺으신 언약을 잊지 않으셨을 뿐만 아니라 그 언약에 따라 메시아를 탄생케 하신다(McComiskey). 그러므로 그의 탄생은 임의적인 일이 아니라 하나님께서 태초에 세우신 계획에 따른 것이다. 하나님께서는 메시아를 통해 인류를 구원하실 계획을 이미 태초에 마음에 두셨던 것이다. 이것이 하나님의 은혜이다.

하나님께서는 주의 백성을 이 메시아 아이가 태어날 때까지 원수들에게 고통당하게 하실 것이다(3절). 구세주가 오시기 전까지 주의 백성들은 제한된 시간 동안 고통을 당해야 한다. 일부 학자들은 미가가 여인이 메시아를 낳는다는 비유를 고대 근동의 신화에서 발견되는 신들을 잉태하는 여신들로부터 빌려온 것이라 하지만(Mowinckel; Kapelrud), 근거 없는 주장이며, 설령 그렇다 하더라도 의미가 달라지는 것은 아니다. 그러면 이 메시아 아이를 낳을 '여인'(יוֹלֵדָה)은 누구를 두고 하는 말인가? 크게 세 가지 해석이 있다: (1) 예수님의 어머니 마리아를 두고 하는 말이다(Smith); (2) 이스라엘의 지도자가 태어날 베들레헴을 의미한다(McComiskey); (3) 이스라엘 혹은 시온을 뜻한다(Barker; Waltke). 대체로 학자들은 세 번째 해석을 취한다. 고통받고 있는 백성들에게서 구세주가 나온다. 그는 분명 고통당하는 자들 중 하나인 것이다. 그러나 그의 근원은 태초로 거슬러 올라간다. 하나님께서 세우신 계획에 따라오는 것이다. 그는 곳곳에 흩어져 있는 하나님의 남은 자들을 모을 것이다.

메시아는 먼저 그의 백성들 앞에 선다(עמד)(4절). 이 단어는 움직이거나 흔들릴 수 없는 확고함을 뜻한다(cf. 시 113:3). 여기서는 왕이 새로운 통치권을 부여받는 것을 의미한다(단 8:23; 11:2-3)(Waltke). 세상의 위협과 협박에서 자신의 백성을 확고히 보호할 자가 백성들 앞에 영원히 왕으로 자리를 잡은 것이다. 그는 그의 하나님 여호와로부터 능력(עֹז)을 받는다. 이 히브리어 단어는 성경 안에서 하나님께서 자신의 왕(삼상 2:10), 백성(시 29:11), 그리고 시온(사 52:1) 등에 능력을 주시는 것을 묘사할 때 사용된다(Schultz). 또한 '여호와께서 주신 능력으로'(בְּעֹז יְהוָה)라는 표현은 '여호와의 능력으로'라고 번역하는 것이 바람직하다(Waltke). 메시아는 자신의 능력이 아닌 여호와의 능력으로 사역하는 자이다. 만일 그가 하나님의 능력으로 사역한다면, 그가 전적으로 하나님께 의지해야 한다는 것을 의미하기도 하지만, 이 세상에서 그를 대적할 자가 없다는 것을 뜻하기도 한다. 절대적인 여호와의 힘을 누가 이겨내겠는가?

여호와의 절대적인 힘을 빌려 사역하는 메시아는 어떤 종류의 사역을 하는가? 적을 무찌르고 민중을 해방시키는 사역인가? 선지자는 메시아의 통치를 목자가 양 떼를 먹이고 보살피는 일(רעה)로 묘사한다(4절). 고대 근동에서 지도자들을 목자로 묘사하는 것은 흔히 있는 일이었다. 왕은 백성들을 대할 때 목자가 양 떼를 대하듯 보살피고 먹여야 한다는 의미이다. 메시아도 하나님의 힘으로 그의 양 떼에게 가장 좋은 것을 먹이고 보살피실 것이다. 물론 치료가 필요한 양은 치료하실 것이고, 특별한 관심이 필요한 양은 가슴에 품으시면서 말이다.

메시아는 '그의 하나님 여호와의 이름의 위엄/영광을 의지하여'(יְהוָה אֱלֹהָיו בִּגְאוֹן שֵׁם) 사역할 것이다. 이 표현 역시 그가 하나님의 능력으로 이 일을 한다는 것을 뜻한다(cf. 삼상 17:45). '그의 하나님'(אֱלֹהָיו)은 그와 하나님의 인격적인 관계를 역설하는 표현이다(Ringgren). 선지자는 이처럼 메시아의 사역이 그와 그를 보내신 여호와의 인격적인 관계에 근거하게 될 것임을 두 차례나 역설한다. 그와 하나님의 관계에 문제가 생기는 순간, 그의 자원(資源)인 여호와의 능력 역시 더 이상 그와 함께하지 않을 것이기 때문이다. 메시아의 목자 같은 사역 덕분에 주의 백성들은 평안히 살 수 있다. 메시아가 자신의 백성을 얼마나 잘 보살피는지 그의 명성이 온 세상에 퍼질 것이다. 다윗의 통치가 목자의 사역으로 비유된 적이 있는데(삼하 5:2; 7:7), 미가는 여호와의 사역도 목자 사역으로 묘사했다(2:12-13; 4:7). 메시아, 하나님, 다윗 왕조가 유기적인 연결성을 유지하고 있다.

"그리고 그는 그들의 '평화'가 될 것이다"(וְהָיָה זֶה שָׁלוֹם)(5a절)가 앞부분에 연결되어야 하는가, 아니면 그 다음 부분과 연결되어야 하는가? 앞부분에 연결되어야 한다고 하는 학자들도 있지만(Simundson), 5-6절의 히브리어 구조가 명백하게 드러내듯, 이 말씀은 뒤따르는 텍스트와 연결되어야 한다(Waltke; Barker; Smith). 히브리어의 순서는 우리말 순서와 다르다는 점을 참조하라. 이 구절들은 승전가 양식(nationalistic song of victory)을 취하고 있다(Allen).

a. 그리고 그는 평화가 될 것이다.
　b. 아시리아가 우리 땅을 침략한다면
　　c. 만일 그가 우리 땅을 지난다면
　　　d. 그때는 우리가 7목자, 8장군을 세워 그를 대항해 싸울 것이다.
　　　d'. 그리고 그들은 아시리아의 땅을 칼로 니므롯의 땅을 빼어든 칼로 정복할 것이다.
a'. 그는 이처럼 아시리아에게서 구원할 것이다.
　b'. 그가 우리 땅을 침략할 때
　　c'. 그가 우리 땅을 지나갈 때

'그'(זֶה)(lit., 이것/이 사람)(5b절)는 어떻게 해석되어야 하는가? 칠십인역은 메시아를 잉태하는 여인으로 간주하여 "καὶ ἔσται αὕτη εἰρήνη"(And she shall have peace)로 번역하는 반면, 요나단 탈굼(Targ. Jonathan)은 이스라엘로 간주하여 "우리에게 평안이 있을 것이다"로 번역하고 있다. 이 문장을 단순히 "평화가 있을 것이다"라고 해석하는 주석가들도 있다(Sweeney). 그러나 가장 자연스러운 해석은 본문의 '그'를 앞부분에 언급된 메시아적 목자—지도자로 이해하는 것이다(Barker; Waltke). 진정한 평안이신 하나님께서 보내신 메시아가 평안으로 불리는 것은 이해하기에 그리 어려운 일은 아니다.

메시아가 통치하는 시대는 선지자의 시대와는 매우 다르다. 미가 시대를 살아가고 있는 이스라엘 사람들은 매우 고통스럽다. 그들의 눈앞에 강대국 아시리아의 위협이 도사리고 있다. 어디서 도움을 구할까 막막하기만 하다. 이스라엘 자체에도 그들을 구원할만한 지도자가 없으며, 국제 정세를 살펴보아도 그들에게 도움을 줄 만한 나라가 없다. 아무리 둘러보아도 빛이 보이지 않는 터널을 지나는 듯한 느낌이다. 반면에 메시아 시대는 매우 긍정적이다. 본문에서 아시리아는 주의 백성을 대적하는 모든 국가의 상징이다(Mays; Barker; Wolff). 그러므로 본문은 아시리아뿐만 아니라 그 어떠한 강대국이 침략해와도 두려워할 필요가 없다고 한다. 메시아께서 적절하게 대처하여 주의 백성을 구원하실 것이기 때문이다.

메시아는 필요한 만큼의 지도자들을 세워서 아시리아를 대적하게 하실 뿐만 아니라, 그들을 짓밟게 하신다. 이스라엘이 침략한 자들로부터 승리하게 된 것이다. 이스라엘은 한 번도 아시리아와 같은 강대국을 싸워 이긴 적이 없다. 자신들의 생존만을 위하여 방어하기에 급급했다. 그러나 메시아의 통치 아래 역사가 새로 쓰이고 있다. 침략을 당하던 자가 침략자가 되고, 패배하던 자가 승리자가 된다. 주의 백성의 역사가 완전히 반전되고 있다. 그렇기에 주의 백성들은 끝까지 포기해서는 안 된다. 우리의 하나님은 반전의 하나님이기 때문이다.

II. 예루살렘의 옛 영화가 회복됨(3:1-5:15)
3장. 예루살렘의 고통과 궁극적인 회복(4:9-5:9)

4. 남은 자들의 역할(5:7-9)

7 야곱의 남은 자는 많은 백성 가운데 있으리니 그들은 여호와께로부터 내리는 이슬 같고
풀 위에 내리는 단비 같아서 사람을 기다리지 아니하며 인생을 기다리지 아니할 것이며 8
야곱의 남은 자는 여러 나라 가운데와 많은 백성 가운데에 있으리니 그들은 수풀의 짐승들
중의 사자 같고 양 떼 중의 젊은 사자 같아서 만일 그가 지나간즉 밟고 찢으리니 능히 구원
할 자가 없을 것이라 9 네 손이 네 대적들 위에 들려서 네 모든 원수를 진멸하기를 바라노라

미가는 메시아 시대에 생존한 이스라엘의 남은 자들을 '주께서 내려 주시는 아침 이슬'(כְּטַל מֵאֵת יְהוָה)과 '[주께서 내려주시는] 푸성귀 위에 내리는 비'(כִּרְבִיבִים עֲלֵי־עֵשֶׂב)라고 묘사한다(7절). 후새가 압살롬에서 이슬 비유를 사용하며 다윗을 덮치자는 사무엘하 17:12를 바탕으로 본문에서 이 비유를 부정적으로 해석하는 사람도 있지만(Hillers), 이러한 표현은 이들이 하나님께로부터 비롯된 자들이며, 하나님과 깊은 교제를 하고 있음을 강조한다(Waltke; Sweeney; Barker). 비록 민족들 사이에 흩어져 살며, 형편이 다른 사람들보다 궁핍할지는 몰라도 남은 자들은 하나님께서 특별한 목적을 위하여 보존해 두신 하나님의 백성들이다.

또한 '아침 이슬', '비'는 땅에 생명과 생기를 더하는 것들이다. 인간은 한결같이 생명의 근원이 되는 물에 대하여 무력한 존재들이다(Allen). 물을 저장하고 샘을 파서 생수를 끌어올릴 수는 있지만, 지속되는 가뭄 앞에서는 아무것도 할 수 없다. 그러므로 하나님께서 세상 만민들에게 내려주시는 은혜 중 가장 귀중한 것이 바로 물이며, 이 물은 비와 이슬 형태로 가나안 땅을 적셨다. 하나님께서 남은 자들을 세상에 이슬과 비로 내리신다. 옛적에 하나님께서 아브라함에게 말씀하신 것처럼 그들은 세상 사람들에게 생명과 복의 근원이 될 것이다(cf. 창 12:1-3).

일부 학자들은 하늘에서 내리는 이슬과 비의 비유가 남은 자들이 하늘에서 비롯되었다는 것에만 한정된 것이며, 세상에 생명과 복을 주는 것과는 상관없는 것이라고 주장한다(Mays; Wolff; Smith; Calvin). 이들에 의하면 남은 자들이 세상에 끼치는 영향은 8절에 묘사되어 있으며, 7절은 단순히 그들이 어디서 왔는지를 말할 뿐이라고 한다. 이러한 해석을 따를 경우 7-8절의 의미는 하나님께로부터 비롯된 남은 자들이 그동안 그들을 박해해 왔던 세상 민족들을 낱낱이 짓밟으리라는 것이다. 7절과 8절의 흐름과 연결성을 감안하면 그럴듯한 해석이다.

그러나 이 해석이 안고 있는 가장 큰 문제는, 이럴 경우 생명을 상징하는 비와 이슬이 이곳에서는 죽음을 뜻해야 한다는 점이다. 그러므로 비와 이슬을 생명을 의미하는 것으로 보는 것이 자연스럽다 할 수 있겠고 또 이렇게 해석해야만 7-8절의 흐름에서도 의미가 있게 된다. 7절은 하나님을 경외하는 이방인들에게는 이스라엘의 남은 자들이 생명을 주는 단비와 같을 것을 암시하는 반면, 8절은 하나님을 대적하는 자들에게 이스라엘의 남은 자들이 죽음의 사자(使者)가 될 것이라고 암시함으로써 이 두 구절이 엇갈리는 운명을 대조하고 있다고 해석할 수 있다. 즉, 주의 남은 자들은 세상에 생명을 선사할 수도 있고 죽음을 줄 수도 있다는 것이다.

선지자는 세상에 죽음을 주는 남은 자들의 모습을 마치 먹이를 움켜쥐고 찢는 사자의 모습으로 그리고 있다(8절). 미가 시대 때 아시리아와 이집트의 왕들과 지도자들은 자신들을 사자로 묘사했다(Botterweck; Waltke). 한 문헌에서 아시리아의 사르곤 2세는 '화난 사자'로 표현되어 있다. 산헤립, 에살하돈, 아술바니발 등도 모두 사자로 묘사되어 있다. 이 '사자들'에게 주의 백성은 찢기는 양이었다(cf. 2:12-13). 그래서 하나님의 양들인 그들에게 새로운 목자가 필요했다(5:1-3). 이제 주의 백성들이 한때는 그들을 찢던 사자들을 사자가 양을 찢듯이 찢을 것이다. 상황이 완전히 반전되고 있다. 또한 주의 남은 자들은 야생 동물을 뜻하는 '숲속 짐승들'뿐만 아니라 가축을 상징하는 '양 떼'도 찢을 것이다. 온 세상 민족이 그들 손에 있다는 뜻이다(Waltke).

선지자는 자신이 선포하는 하나님의 모든 말씀이 그대로 이루질 것을 확신하며 남은 자들에게 복을 빌어준다(9절): "네가 네 대적 위에 손을 들고 네 원수를 모두 파멸시키기를 바란다!"(새번역) 오늘은 한없이 연약해 보이는 자들이 언젠가는 세상에서 가장 막강한 자들이 될 것이다. 오늘은 이리 치이고 저리 치이는 자들이 언젠가는 그들을 차던 자들을 오히려 걷어차게 될 것이다.

4장 이스라엘의 정화와 열방 심판

5:10–15

10 여호와께서 이르시되 그날에 이르러는 내가 네 군마를 네 가운데에서 멸절하며 네 병
거를 부수며 11 네 땅의 성읍들을 멸하며 네 모든 견고한 성을 무너뜨릴 것이며 12 내가 또
복술을 네 손에서 끊으리니 네게 다시는 점쟁이가 없게 될 것이며 13 내가 네가 새긴 우상
과 주상을 너희 가운데에서 멸절하리니 네가 네 손으로 만든 것을 다시는 섬기지 아니하
리라 14 내가 또 네 아세라 목상을 너희 가운데에서 빼버리고 네 성읍들을 멸할 것이며 15
내가 또 진노와 분노로 순종하지 아니한 나라에 갚으리라 하셨느니라

'그날'(בַּיּוֹם־הַהוּא)(메시아가 통치하는 시대)이 되면 하나님께서 자신의 백성들로부터 죄와 우상을 제거하여 그들을 정결하게 하실 것이다. 선지자는 매우 강력한 뉘앙스를 지닌 '자르다'(כרת)를 사용한다. 이 동사는 경건치 못한 사람을 이스라엘 공동체에서 제거하는 의미로 자주 사용되었는데, 이 행위는 당사자에 대한 심판을 의미하지만, 공동체의 순수성을 보존하기 위한 목적도 지니고 있었다(Mays). 본문에서 이 단어는 진멸을 통해 제명(除名, excommunication)할 것을 뜻한다(Vuilleumier). 비록 결과는 좋지만, 과정은 매우 뼈아플 수 있다.

선지자가 사용하고 있는 이미지는 많은 파괴와 칼로 도려내는 듯한 제거이

다. 경건한 백성으로 거듭나기 위하여 주의 백성들은 고통을 당해야 하는 것이다. 그러나 이 일에 있어서 전적으로 책임은 그들에게 있다. 만일 그들이 경건치 못한 것들에 접착되어 있지 않았더라면 도려낼 필요가 없고, 경건하지 않은 것들을 세우지 않았더라면 파괴할 일도 없었을 것이기 때문이다. 하나님께서 제거하시는 세 가지를 살펴보면 모두 하나님과 주의 백성의 관계를 어렵게 하는 것들이다: 군사력, 점, 우상. 또한 언약 백성으로서 이러한 것들은 가까이하지 않는 것이 시내 산 언약의 조건이기도 했다. 그렇다면 주의 백성의 정결을 위한 '수술'은 어떻게 진행되는가?

첫째, 하나님께서 군사력을 제거하신다(10-11절). 하나님께서는 율법을 통해 이스라엘이 너무 큰 군사력을 가지지 않도록 경고하셨다(신 17:16). 군사력이 너무 막강하다 보면 하나님을 의존하지 않게 될 가능성이 많기 때문이었다. 하나님께서 군사력뿐만 아니라 그들이 세운 성벽과 요새들까지 제거하신다. 가나안 지역에서 아시리아 군들이 등장할 때까지 요새화된 성들은 난공불락(難攻不落)이었다(Oswalt). 그러나 메시아가 통치하는 시대에는 이런 것들이 필요하지 않기 때문이다. 또한 성벽과 요새의 보호를 받지 못하는 백성들은 온갖 위험에 노출되어 있다. 위험에 노출되어 있을수록 백성들은 하나님을 더 의지해야 한다. 그러므로 하나님께서 군사력을 제거하시는 것은 그들에게 더 이상 자신들의 힘을 의지하지 말고 전적으로 주님께 의존하라는 권면이다.

둘째, 하나님께서 주의 백성들로부터 점술을 없애신다(12절). 하나님께서는 합당하게 주님의 뜻을 분별할 수 있는 방법들을 허락하셨다. 제사장의 흉패가 주로 사용되었으며, 때로는 법궤, 에봇까지도 하나님의 뜻을 분별하는 도구가 되었다. 선지자들도 백성들을 위하여 하나님의 뜻을 분별해 주었다. 그러나 이러한 방법에 만족하지 못한 이스라엘은 주변 국가들로부터 다양한 이방인 풍습을 받아들였다. 율법이 이것들을 전적으로 금하였는데도 말이다(출 22:17). 때로는 짐승을 잡아 간의 모양을 보고 점을 치고, 새를 날려 보내며 점을 치고, 별의 움직임을 보면서 점을 치기도 하였다. 하나님께서 이 모든 것들을 제거하실 것이다. 다른 방법이 필요 없다. 하나님의 통치가 지속되는 한,

하나님의 뜻을 분별하는 것은 매우 자연스러운 일이 될 것이기 때문이다.

셋째, 하나님께서 우상들도 제거하신다(13-14절). 이스라엘 땅에서 모든 우상이 사라진다. 주의 백성은 하나님만 바라보아야 하는데, 이스라엘은 끊임없이 엉뚱한 곳을 보고 허탄한 것을 좇았다. 이런 일이 더 이상 없을 것이다. 하나님께서 그들이 세운 모든 돌과 나무 우상을 제거하실 것이기 때문이다. 미가는 하나님께서 제거하실 우상의 대표적인 예로 아세라(אֲשֵׁרָה) 여신상을 지목한다(14절). 아세라는 바알 신의 아내로 자주 등장한다(삿 3:7; 왕상 18:19; 왕하 23:4). 아세라를 상징하는 것은 땅에 심어진 나무나 땅에 박힌 나무 기둥이었다(삿 6:26; 왕상 16:32-33; 왕하 17:16; 대하 33:3). 아세라 신상이 만들어져 푸른 나무 밑에 세워진다는 표현을 볼 때, 살아있는 나무는 아니었던 것으로 생각된다(왕상 14:15, 23; 16:33; 왕하 17:10)(de Moor).

다소 혼란스러운 것은 하나님께서 주의 백성들에게서 아세라를 뽑으시면서 그들이 사는 '성읍들'도 함께 뽑으시겠다고 선언하시는 부분이다(14b절). 우상들의 영향력으로 가득 차 버린 이스라엘의 도성들도 정화하시겠다는 의지를 이렇게 표현하는 것일까? 일부 학자들은 '성읍'(עִיר)이 우가릿어로 우상을 뜻한다 하여 본문에서 이 단어를 성읍들이 아니라 '우상들'로 번역할 것을 제안한다(Gaster; Allen). 이 단어를 신전의 뜰 혹은 방으로 해석해야 한다는 주장도 있다(Waltke). 본문의 내용과 흐름을 감안할 때 이 학자들이 제안하는 것처럼 '성읍들'을 우상 숭배와 연결된 기구들(우상들 혹은 신전의 뜰/방들)로 이해하는 것이 바람직해 보인다.

선지자들은 우상이 사람들을 타락하게 하는 것이 아니라, 타락한 인간이 우상을 만든다는 논리를 펼쳤다. 우상은 사람의 손이 빚어낸 것이지 결코 스스로 존재하는 것이 아니다. 사람들이 그동안 스스로를 속인 것이다. 그러나 더 이상 그럴 필요가 없다. 하나님께서 이스라엘에서 우상들과 우상숭배에 연루된 모든 것들을 제거하시는 날, 사람들은 오직 여호와만이 참하나님이심을 알게 될 것이다.

하나님께서 주의 백성들에게서 부정한 것들을 제거하시는 것은 그분의 궁극적인 목적을 성취하기 위한 준비에 불과하다. 하나님의 최종적인 목적은 그에게 불순종한 열방을 심판하는 일이다(15절). 하나님께서 열방을 심판하셔야 시온이 회복될 수 있기 때문이다(Sweeney). 이 말씀이 이 섹션의 절정(climax)이며 '이 열방'(הַגּוֹיִם)에는 이스라엘 사람들 중 불순종하는 자들도 포함되어 있다(Smith). 주의 백성들이 정결하게 되는 날, 하나님께서는 열방 위에 분노를 쏟으실 것이다.

'분노'(נָקָם)는 하나님의 성품과는 맞지 않는 이질적인 것이라고 하기도 하며(Berdyaev), 원시적인 종교에서 유래되어 성경에 도입된 것이라 주장하는 사람들도 있지만(Otto), 성경에 비추어 볼 때 전혀 근거 없는 주장이다. 살아있다는 것은 감정을 가진다는 것을 전제하며, 성경은 분노가 하나님의 성품 중 하나라는 것을 명백히 하고 있다(Tasker). 일반적으로 하나님의 분노는 화로 격화된 감정에만 제한된 것이 아니라 여호와의 주권에 의하여 우리의 일상에서 일어나는 일을 의미하기도 한다(Mendenhall; Waltke). 그렇다면 왜 하나님께서는 열방을 심판하시기 전에 먼저 주의 백성을 정결케 하시는가? 하나님의 백성이 죄로부터 자유해야 하나님께서 떳떳하게 세상을 심판하실 수 있기 때문이다. 주의 백성이 경건하지 못한 상태에서 세상이 심판을 받는다면, 세상 사람들은 하나님의 편애에 불만을 토로할 것이다.

Ⅲ. 하나님께서 죄를 사하심

6:1-7:20

미가의 세 번째 심판—회복 메시지 사이클이다. 첫 번째 사이클(1-2장)은 주의 백성의 죄에 상응하는 재앙이 곧 올 것이라는 경고가 중심을 차지했으며, 회복과 소망에 대한 내용은 거의 없었다. 두 번째 사이클(3-5장)은 주로 미래에는 좋은 일이 있을 것이라는 메시지로 구성되어 있었다. 이 마지막 섹션에서는 심판과 회복에 대한 소망이 비슷한 비율로 섞여 있으며, 섹션을 마무리하는 메시지는 소망과 회복에 관한 것이다. 미가는 소망으로 책을 마무리하고 있다.

선지자는 지금까지 이스라엘의 죄에 대한 하나님의 분노를 묘사하는 데 초점을 맞추었다. 그러나 하나님께서 주의 백성들에게 무엇을 원하시는지 정확하고 자세하게 밝힌 적은 없다. 이 섹션에서 선지자는 하나님께서 백성들에게 기대하시는 것들을 구체적으로 밝힌다(cf. 6:6-16). 일부 학자들은 6장이 두 개(6:1-8, 9-16)(Wolff), 혹은 세 개(6:1-5, 6-8, 9-16)(Mays)의 독립적인 신탁에서 유래된 것이라고 하지만, 6장 전체를 하나로 묶어주는 것은 하나님께서 백성들에게 무엇을 요구하시는가 하는 것이 주제이다. 죄에 대한 비난이 삶의 방식에 대한 지침으로 바뀌고 있는 것이다. 전반적으로 심판 메시지는 6:1-7:7에서, 구원 및 회복 테마는 7:8-20에서 전개된다. 미가서의 마지막 섹션은 다음과 같이 세 파트로 구분될 수 있으며 각 파트마다 세부적으로 나누어진다.

A. 비난과 심판(6:1-16)
   1. 이스라엘에 대한 하나님의 소송(6:1-8)
   2. 언약적 저주가 예루살렘에 임함(6:9-16)
B. 썩은 사회에 대한 탄식(7:1-7)
C. 확실한 소망과 기도(7:8-20)
   1. 이스라엘과 원수들의 뒤바뀐 운명(7:8-17)
   2. 아직 남아 있는 소망(7:18-20)

1장 비난과 심판
6:1–16

Ⅲ. 하나님께서 죄를 사하심(6:1–7:20)
1장. 비난과 심판(6:1–16)

1. 이스라엘에 대한 하나님의 소송(6:1–8)

참종교가 무엇인가를 정의하고 있는 본문은 미가서에서 가장 유명한 텍스트에 속한다. 이 섹션은 하나님이 이스라엘에 대한 언약 소송 양식(רִיב-form; covenantal lawsuit)을 취하고 있다. 언약소송은 선지서에 자주 등장하는 양식이다(사 1:2-3, 18-20; 3:13-15; 렘 2:4-13; 호 2:4-17; 4:1-6; 12:3-15). 이 양식은 세 가지 정황을 배경으로 사용되었다: (1) 성문 근처에 형성된 법정(출 23:2-3, 6; 삼하 15:2-4; 잠 18:17); (2) 여호와께서 백성들을 변호하는 예배(시 35:1; 43:1; 74:22; 119:154; 애 3:58); (3) 국제 관계(삿 11:12-28; 12:2)(Limburg). 소송 양식을 고소(complaint)와 판결(judgment)로 세부화시키기도 한다(Ramsey). 이 경우 본문은 고소에 속한다.[5]

---

5 이 양식은 다음과 같은 구조를 지닌다(Gunkel; Huffmon; Westermann).
- I. A description of the judgment scene (재판 정황 설명)
- II. The speech of the plaintiff (원고의 스피치)
  - A. Heaven and earth are appointed judges (하늘과 땅이 증인으로 채택됨)
  - B. Summons to defendant (or judges) (피고가 증인석에 섬)
  - C. Address in second-person to defendant (원고가 피고에게 스피치를 함)
    1. Accusation in question form to defendant (질문형으로 피고를 비난함)
    2. Refutation of defendant's possible arguments (피고의 가능한 변호를 반박함)
    3. Specific indictment (구체적인 고발)

이 섹션은 (1) 서론(6:1-2); (2) 하나님께서 하신 일(6:3-5); (3) 하나님께서 기대하시는 것(6:6-8) 등 세 부분으로 구분된다.

III. 하나님께서 죄를 사하심(6:1-7:20) 　1장. 비난과 심판(6:1-16) 　　1. 이스라엘에 대한 하나님의 소송(6:1-8)

(1) 서론(6:1-2)

1 너희는 여호와의 말씀을 들을지어다 너는 일어나서 산을 향하여 변론하여 작은 산들이
네 목소리를 듣게 하라 하셨나니 2 너희 산들과 땅의 견고한 지대들아 너희는 여호와의
변론을 들으라 여호와께서 자기 백성과 변론하시며 이스라엘과 변론하실 것이라

하나님께서 백성들에 대하여 법정 소송을 시작하신다. 먼저 원고이신 하나님께서 그의 선지자 미가를 세우셔서 피고인 이스라엘을 상대로 제기한 소송의 내용을 대신 읽게 하신다. 법정에서 하나님은 미가에게 일어나(קוּם) 소송 내용을 낱낱이 밝히라고 하신다(1절). 일부 학자들은 일어나라는 명령이 이스라엘을 두고 하는 말이라 하지만(Mays; Barker), 일어나는 자가 소송 내용을 읽는 자라는 점과 이스라엘은 피고로 끌려왔다는 점을 감안할 때, 미가에게 내린 지시가 분명하다(Waltke). 비록 이스라엘이 피고이기는 하지만, 저자는 소송이 절정에 이를 때까지 구체적인 이름을 언급하지 않는다(Allen).

증인으로는 산들과 '땅을 바치고 있는 견고한 기둥들'(הָאֵתָנִים מֹסְדֵי אָרֶץ)이 채택되었다(2절). 문장 구조상 이 기둥들이 산들과 평행을 이루고 있는 것으로 보아 산들을 지탱하고 있는 '뿌리'를 뜻하는 것으로 생각된다(Barker). 고대 근동 사람들은 산을 깊이 파고 들어가면 바다에서 이 산을 떠받드는 기둥, 혹은 뿌리가 있다고 생각했다. 성경의 언약 소송 양식은 주전 2000년대 헷 족속(Hittite)의 국제 조약과 주전 8세기의 아람인(Aramean) 조약과 매우 흡사하다

(Mendenhall; Huffmon). 이 조약 양식들을 살펴보면 우주적/자연적인 요소들과 신들을 증인으로 채택하는 것이 일반화되어 있는데, 이러한 현상은 성경에서도 흔히 목격된다(사 1:2-3; 렘 2:4-13; 미 6:1-8; cf. 신 4:26; 30:19; 31:28).

일부 학자들은 성경에서 산들이 증인으로 채택되는 것은 성경이 산을 신들의 거처로 여겼던 이방인 종교들의 영향을 받아서라고 주장하지만(Wright; Cross), 이것을 입증할만한 증거는 없다. 산들은 이스라엘의 출범부터 지금까지 모든 일을 다 지켜보았기 때문에 증인으로서 적격이다. 이스라엘이 하나님과 맺은 언약과 그들의 지난 역사를 다 알고 있는 산들이 증인으로 부름을 받는 것은 이스라엘이 하나님과 맺은 언약의 일부를 이행하지 않았다는 점을 암시한다(Huffmon). 그러므로 하나님께서 제기하시는 소송의 내용에 산들이 동의하게 될 것이다. 증인이 없거나 문서로 남긴 계약이 없다면 소송에서 이기지 못할 수도 있다(신 19:15-16).

Ⅲ. 하나님께서 죄를 사하심(6:1–7:20)
1장. 비난과 심판(6:1–16)
1. 이스라엘에 대한 하나님의 소송(6:1–8)

(2) 하나님께서 하신 일(6:3–5)

3 이르시기를 내 백성아 내가 무엇을 네게 행하였으며 무슨 일로 너를 괴롭게 하였느냐
너는 내게 증언하라 4 내가 너를 애굽 땅에서 인도해 내어 종 노릇 하는 집에서 속량하였
고 모세와 아론과 미리암을 네 앞에 보냈느니라 5 내 백성아 너는 모압 왕 발락이 꾀한 것
과 브올의 아들 발람이 그에게 대답한 것을 기억하며 싯딤에서부터 길갈까지의 일을 기억
하라 그리하면 나 여호와가 공의롭게 행한 일을 알리라 하실 것이니라

하나님께서는 자신의 결백을 선포하신다. 하나님께서는 자신이 이스라엘에게 한 번도 짐(לאה)이 된 적이 없음을 수사학적인 질문들을 통해서 역설하신

다(3절). 하나님의 질문은 이스라엘이 하나님께 원망하고 있음을 암시한다(Limburg). 그러나 현실을 제대로 파악해보면 이스라엘은 하나님께 원망할 근거가 없으며, 오히려 하나님께서 이스라엘의 태도와 행동을 문제 삼으셔야 한다는 사실이 명백히 드러난다. 그동안 하나님께서는 이스라엘에게 복을 주시고 많은 은혜를 내려주시어 그들의 삶을 윤택하게 한 적은 있어도 한 번도 무리한 부탁이나 지나친 강요로 그들에게 짐이 되신 적은 없다. 심지어는 이스라엘이 '짐'으로 느끼는 언약마저도 그들을 축복하기 위한 수단이었지 어떠한 차원에서라도 그들에게 무리한 것을 요구하기 위한 것은 아니었다.

하나님의 축복이 짐과 부담으로 느껴지는 것은 결코 이스라엘만의 경험은 아닐 것이다. 오늘날에도 흔히 있는 일이다. 주일에 교회에 가서 드리는 예배와 헌금, 아침이면 드리는 기도와 묵상, 도덕적으로 살아야 한다는 압력 등등이 신앙인으로서 우리가 치러야 하는 '희생'으로, 심지어는 무거운 '짐'으로 느껴질 수도 있다. 그러나 우리의 과거 경험이 증언하듯, 이 모든 것은 주의 백성들이 이 세상에서 하나님의 축복과 임재를 만끽하며 살 수 있는 비결이다. 즉, 우리는 희생으로 치르는 대가보다 몇 배나 더 나은 보상을 누리게 되는 것이다. 그러므로 희생이 크면 클수록 축복도, 즐거움도 많게 된다. 하나님께서는 한 번도 우리에게 짐이 되신 적이 없으며, 앞으로도 결코 짐이 되지 않으실 것이다.

하나님은 그들에게 한 번도 짐이 된 적이 없을 뿐만 아니라, 오히려 그들을 노예 생활에서 해방시키는 은혜를 베푸셨다(4절). 출애굽 사건은 하나님께서 이스라엘에게 베푸신 구원의 표본이다. 또한 은혜의 절정이기도 하다. 또한 출애굽 사건을 통해 이스라엘이 한 국가로 출범했다는 것을 생각할 때, 이스라엘은 그들의 존재 자체를 하나님께로부터 받았다고 할 수 있다. 그러므로 이스라엘은 출애굽 사건을 기념하며 하나님의 은총을 묵상하도록 명령을 받았다. 하나님께서 출애굽 사건을 통해 베푸신 은혜를 생각할 때, 이스라엘은 하나님의 어떠한 요구도 짐이라고 생각할 수 없는 것이다.

하나님께서는 이처럼 이스라엘 역사에서 가장 중요한 출애굽 사건을 상기시킴으로써 여호와께서 자신들에게 짐이 되고 있다고 생각하는 사람들의 생각을 바꾸기를 바라신다. 그들이 노예가 되어 고통당하던 땅 이집트에서 데리고 나오신 분이 하나님이시다. 하나님께서 이스라엘을 이집트에서 데리고 나오신 것은 그들이 처한 위기 가운데서 꺼내 주신 것만을 의미하는 것이 아니라, 약속의 땅으로 평안히 들어갈 때까지 보호하시고 인도하실 것의 서곡에 불과했다(Allen).

모세, 아론, 미리암 등을 세워서 이스라엘을 인도하신 이도 하나님이시다. 이들은 이스라엘에 임하신 하나님의 축복이 함께하심을 상징하는 인물들이다. 모세는 그들에게 율법을 주었고, 이스라엘이 한 국가로 출범하도록 여건을 만들어 준 사람이었다. 아론은 제사장으로서 하나님 앞에서 주의 백성들을 중재했고, 하나님의 은총이 백성들에게 임하도록 축복해준 사람이었다. 미리암은 여 선지자이자 시인으로서 이들에게 하나님의 말씀을 주고 그분께 부를 노래를 주었다. 미가는 3장에서 법을 다루는 재판관들, 예배를 인도하는 제사장들, 하나님의 말씀을 중재하는 선지자들을 비난했다. 앞의 세 사람과 3장에서 비난받는 자들이 극적인 대조를 이룬다(Waltke).

이스라엘은 출범부터 지금까지 하나님의 은혜에 의존하여 연명해온 나라였다. 그러므로 그분에게 감사하는 것은 당연한 일이다. 그런데도 그들에게 하나님은 짐으로 느껴진다! 하나님께서 출애굽 사건을 회고하라고 명령하시는 것은 여호와의 보호와 은혜에 합당한 반응을 보이지 않는 완악한 죄를 지적하기 위함이다(Waltke).

이스라엘은 자신의 과거를 회상해보아야(זכר) 한다(5절). 광야를 지나던 이스라엘은 주변 국가들에게 두려움의 존재였을 뿐만 아니라, 제거되어야 하는 적이기도 했다. 그래서 그들은 갖은 수단과 방법을 동원하여 이스라엘을 치려 했다. 그때마다 하나님께서는 그들의 방패가 되어 보호하셨으며 적들의 악한 계략이 이스라엘에게는 오히려 축복이 되도록 바꾸셨다. 하나님께서는 이스라엘에게 한 예로 모압의 발락과 브올의 발람을 생각해보라고 권면하신다. 이스라엘에게 위협을 느끼던 모압 왕 발락은 거짓 선지자 발람을 시켜 이스라엘을 저주하려고 했다(민 22-24). 그러나 하나님께서는 그들의 저주를 축복으로 바꾸셨다. 이 사건은 이스라엘의 하나님 여호와가 어떤 분이신가를 잘 보여준다. 그분은 적들의 악의마저도 이스라엘에게는 선이 되어 임하도록 하시는 분이시다. 우리의 삶에서도 하나님께서 사람들의 저주를 축복으로 바꾸어 주신 경험이 종종 있었을 것이다. 이런 일들은 시간이 지나도 잊혀서는 안되며 하나님의 보호와 축복에 대한 확신이 필요할 때마다 되새겨져야 한다.

하나님께서는 또한 이스라엘에게 싯딤(שִׁטִּים)에서부터 길갈(גִּלְגָּל)에 이르기까지, 행군하면서 겪은 일들을 생각해보라고 하신다. 싯딤은 요단 강 동편에 위치했으며 이스라엘이 광야 생활을 마감한 곳이다(수 3:1). 길갈은 요단 강을 건넌 후 처음으로 머문 곳이다(수 4:19). 하나님께서 이 두 도시를 언급함으로써 이스라엘에게 자신들이 어떻게 범람하는 요단 강을 건넜는가를 회상하라고 하신다(Simundson). 하나님께서는 이스라엘을 이집트에서 데리고 나오셨을 뿐만 아니라, 약속의 땅으로 데리고 들어오셨던 것이다. 이스라엘이 이집트를 탈출하게 된 것도, 가나안 땅에 입성한 것도 하나님의 섭리와 인도에 따른 결과였다. 이스라엘의 가나안 입성이 아브라함에게 하신 약속의 성취라는 점을 생각할 때, 이 말씀은 하나님의 신실하심을 강조하는 것이다(cf. Deane).

이스라엘이 하나님의 은혜를 '기억한다'(זכר)는 것은 단순히 지나간 사건을 떠올리는 것을 말하는 것이 아니다. 그들이 과거를 기억한다는 것은 과거의 사건을 통해 깨달은 진리를 오늘 우리의 삶에 적용한다는 의미를 지니고 있다(Childs; Eising; Robinson). 우리가 과거에 역사하신 하나님을 회상하고 기념하는 것은 그때 베푸신 주님의 은혜와 능력을 오늘을 사는 우리가 믿고 확신하며, 그 능력의 하나님께서 오늘날에도 주의 백성들과 함께하신다는 것을 고백하는 행위이다(Waltke). 이러한 차원에서 과거의 은혜를 기념하는 것은 과거와 현재를 연결하고 묶어주는 역할을 한다.

Ⅲ. 하나님께서 죄를 사하심(6:1–7:20)
1장. 비난과 심판(6:1–16)
1. 이스라엘에 대한 하나님의 소송(6:1–8)

(3) 하나님께서 기대하시는 것(6:6–8)

6 내가 무엇을 가지고 여호와 앞에 나아가며 높으신 하나님께 경배할까 내가 번제물로 일
년 된 송아지를 가지고 그 앞에 나아갈까 7 여호와께서 천천의 숫양이나 만만의 강물 같
은 기름을 기뻐하실까 내 허물을 위하여 내 맏아들을, 내 영혼의 죄로 말미암아 내 몸의
열매를 드릴까 8 사람아 주께서 선한 것이 무엇임을 네게 보이셨나니 여호와께서 네게 구
하시는 것은 오직 정의를 행하며 인자를 사랑하며 겸손하게 네 하나님과 함께 행하는 것
이 아니냐

출애굽 사건과 가나안 입성은 하나님과 이스라엘의 독특한 관계를 입증하기에 충분하다. 그러므로 하나님께서는 이스라엘에게 어떤 것이라도 요구할 수 있는 권한을 가지고 계신다. 이제 하나님께서 그가 백성들로부터 무엇을 원하시는지를 밝히실 것이다(8절). 그 전에 선지자는 하나님께서 원하시지 않는 것들을 나열한다(6-7절). 이 섹션을 한마디로 요약하면 하나님께서는 제물보다 의로운 삶을 더 원하신다는 것이다. 여호와 하나님께서 자신의 백성들에게 요구하시는 진정한 종교 행위가 무엇인가를 정의하고 있는 이 섹션은 율법(Torah)을 준수하는 것을 정의한다 해서 율법 예식(Torah liturgy)이라고 간주하여(Waltke), 예배에 참석하려는 자들의 마음을 점검하는 성전 입성 예식(Temple entrance liturgy)이라고도 한다(Sweeney). 예배에 참석하는 자들의 자세를 점검하는데 사용되었던 성전 입성 예식은 시편 15, 24; 이사야 33:14-16, 하박국 2:10-14 등에서 그 예를 찾을 수 있다. 이 텍스트를 앞부분과 연결할 때, 이 섹션은 왜 하나님께서 이스라엘 백성들을 상대로 소송(1-5절)을 제기하실 수밖에 없었는가를 설명한다. 이스라엘 백성들이 본문이 요구하는 삶을 살지 못했기 때문이다.

앞섹션에서 하나님께서 이스라엘을 상대로 제기하신 소송을 선지자 미가가 대신 읽었지만, 결과적으로는 원고이신 하나님과 피고인 이스라엘 사이에 주고받은 대화였다. 이제 선지자가 개인적인 자격으로 주의 백성들과 대화를 진행한다(Waltke). 6-7절은 하나님의 문제 제기를 듣고 있던 피고 이스라엘 백성 중 한 사람이 대표로 나서서 하나님께서 백성들에게 원하시는 진정한 종교 행위가 무엇인지에 대하여 던지는 네 개의 질문으로 구성되어 있다. 언급된 제물들의 규모에 대해 과장되게 묘사했다는 점을 감안할 때, 대표로 나선 사람이 왕일 가능성을 배제할 수는 없다(cf. Waltke). 그가 누구든지 이 질문들을 통하여 자신을 합리화하고 있지만, 실제적으로는 자신을 정죄하고 있다. 그는 여호와를 섬기는 자의 책임과 의무를 무조건 율법이 요구하는 것에 맞추어 하나님께 예물만 드리면 되는 것으로 정의하고 있기 때문이다. 경건의 모양은 있을지 몰라도, 경건하지 않은 삶을 하나님께서 기뻐하실 리 없다. 또한 질문하는 분위기를 살펴보면 일종의 비아냥거림이 섞여 있음을 알 수 있다. 하나님의 소송에 동의하지 못하겠다는 피고의 완악한 자세가 감지되는 것이다.

백성을 대표하는 자는 "내가 주님 앞에 나아갈 때에, 높으신 하나님께 예배드릴 때에, 무엇을 가지고 가야 합니까?"라는 질문으로 시작한다. 제물에 대한 매우 일반적인 질문이다. 이스라엘은 주요 종교 절기가 되면 성전에 가서 예배를 드려야 했으며, 예배에 참석할 때마다 제물을 드려야 했다(출 23:14-15; 34:18-20; 신 16:16-17). 그의 두 번째 질문은 "번제물로 바칠 일 년 된 송아지를 가지고 가면 됩니까?"이다. 번제물(עֹלָה)은 하나님과 이스라엘의 관계를 유지하기 위하여 매일 드리던 제물이다(레 2). 번제로 드릴 수 있는 짐승으로는 소, 양, 염소, 비둘기 등이 있다. '일 년 된 송아지'는 번제물(레 12:6; 23:12; 민 6:14), 매일 드리는 제물(출 29:38; 겔 46:13), 속건제(민 6:12), 절기 때 드리는 제물(출 12:5; 레 23:18, 19; 민 28-29), 속죄제(레 9:3), 제단을 헌사할 때 드리는 제물(민 7:17)이 일 년 된 양이나 소여야 한다는 규례를 상기시킨다. 세 번째 질문에서는 '수 천 마리의 양'과 '수만의 강 줄기를 채울만한 기름'을 언급한다. 성전을 헌당할 때 솔로몬이 소 22,000마리와 양과 염소 120,000마리를 드렸지만(왕상 8:63), 본문에 등장하는 이 표현들은 과장법이다(Sweeney; Wolff; Barker). 도대체 얼마만큼의 제물을 드려야 하나님께서 흡족해하시겠느냐는 질문이다.

대표자의 마지막 질문은 과장을 극대화한다. 새번역은 이 질문을 둘로 나누었지만, 원문에는 하나로 묶여 있다: "내 허물을 벗겨 주시기를 빌면서 내 맏아들이라도 주님께 바치고, 내가 지은 죄를 용서하여 주시기를 빌면서 이 몸의 열매를 주님께 바쳐야 합니까?" 유다의 아하스 왕이 아들을 제물로 불살라 바친 기록이 있다(왕하 16:3; 대하 28:3). 암몬 족들은 자신들의 신 몰렉에게 아이들을 바치곤 했다(레 20:2-5; 왕상 11:5). 성경은 아이들을 번제로 바치는 행위를 율법으로 금하고 있지만(레 18:21; 20:2-5; 신 12:31; 18:10), 예레미야가 이러한 행위를 강력하게 비난하는 것으로 보아(렘 7:31; 19:5; 32:32), 이스라엘에서 아하스의 야만적인 행동이 종종 행해졌던 일이었음을 상상할 수 있다. 대표자가 이 질문을 하는 것은 하나님께서 이스라엘을 상대로 제기하신 소송에 동의하지 못하겠다는 의지의 표현이라 할 수 있다(Barker). 또한 이스라엘은 하나님께 자신들의 모든 것을 드렸다 하지만, 또 그들이 많은 제물은 드렸을지 몰라도, 하나님께서 유일하게 요구하신 한 가지(예, 그들의 마음)는 드리지 않았다(Pusey).

하나님께서 백성들에게 요구하시는 것이 제물이 아니라면, 무엇을 요구하신단 말인가? 선지자는 이스라엘이 하나님께서 요구하시는 대로 따르지 않는 것은 무지해서가 아니라고 단언한다. 왜냐하면 하나님께서는 이미 백성들에게 자신이 원하시는 것을 오래전에 말씀하셨기 때문이다(8절). 8절은 미가서를 유명하게 만든 또 하나의 구절이다. 오래전부터 미국 하원 도서관에는 8절 말씀이 벽에 새겨져 있다(Robinson). 선지자는 이 구절을 통해 하나님께서 백성들에게 요구하시는 것을 두 가지로 정리하고 있다: (1) 하나님에 대한 언약적 충성; (2) 언약 공동체를 향한 신실함.

선지자는 주의 백성들이 하나님께 언약적인 충성을 보여야 하는 근거를 4-5절에서 제시했다. 여호와께서 그들을 이집트에서 해방시키셨을 뿐만 아니라, 광야 생활을 끝내고 가나안에 입성한 이후 오늘에 이르기까지 온갖 은혜와 자비를 베풀어 주셨기 때문이다. 여호와의 구원의 은혜를 체험한 사람들은 자신들이 하나님의 보호에 의해 존재하는 자들이라는 것을 깨닫는 순간, 그분에게 충성해야 한다는 도의적인 책임감을 느꼈을지 모른다. 그러나 하나님께서는 이들에게 특별한 것을 요구하신 적이 없으며, 그분의 모양과 형상에 따라 창조된 모든 사람이 당연히 추구해야 할 것을 바라실 뿐이었다. 그렇다면 하나님의 형상대로, 모양대로 창조된 모든 사람이 추구해야 할 것은 무엇인가? 선지자는 하나님께서 이미 '선'(טוֹב)이 무엇인지를 말씀하셨다고 한다. 하나님께서 선에 대하여 말씀하셨다는 것은 인간에게 선을 추구하며 살아가는 의무가 있다는 것을 암시한다(Renaud). 즉, 모든 피조물은 하나님의 아름다운 창조 질서에 따라 선을 추구하며 살아야 하는 것이다.

그렇다면 우리가 하나님께서 창조하신 세상에서 선을 추구하며 산다는 것은 무엇을 뜻하는가? 선지자들은 하나님께서 인간들에게 바라는 선이 무엇인가를 간략하게 정의하기도 하고(사 1:17; 5:20; 암 5:14f.), 두세 가지의 예를 들어 설명하곤 한다(사 5:7; 암 5:24; 호 4:1; 6:6; 13:7)(Wolff). 여호와께서 바라시는 선은 그분께 많은 제물, 유창한 감사기도, 혹은 화려한 찬양을 드리는 것인가? 하나님께서 원하시는 것은 서로에게 "공의를 실천하며, 인자(חֶסֶד)를 사랑하며 겸손히 하나님과 함께 동행하는 것"이다. 공의를 실천한다는 것은 단순히 공의에 대하여 떠들어대는 것이 아니라, 실제로 행동으로 옮기는 것을 전제하기 때문에 이 세 가지 중 가장 중요하다고 할 수 있다(Boice). 공의(מִשְׁפָּט)를 행한다는 것은 각 사람의 행동에 대하여 적절한 보응/보상을 해준다는 의미이며, 핍박하는 자를 징계하고, 박해받는 자들을 자유롭게 한다는 뜻이다(Waltke). 인자(חֶסֶד)를 사랑한다는 것은 언약을 충실하게 이행하는 것을 배경으로 하고 있다. 그러므로 인자를 베푼다는 것은 서로 간에 맺은 언약의 세부 조항대로 보호하고 책임져준다는 뜻이다(Sakenfeld). 함께 한 공동체로 묶인 사람들은 서로의 평안에 대하여 책임을 느껴야 한다. 또한 사랑하다(אהב)는 동사가 감성과 영적인 헌신과 각오를 전제하고 있다는 점을 고려할 때(Hillers), 주의 백성들은 정열적으로 인자를 추구해야 한다. 이스라엘은 하나님과 공동체에 속한 다른 사람들에게 언약으로 묶여 있었다. 겸손히 하나님과 동행한다는 것은 신중히 그분이 원하시는 것에 따라 산다는 것을 뜻한다(Barker).

모든 사람이 하나님 앞에서 공의를 실천하고 하나님과의 관계에서 인자를 베풀 수 있는 것은 아니다. 즉, 공의를 실천하고 인자를 사랑하라는 요구는 믿음의 공동체에 속한 사람들이 서로에게 자비로워야 하며 공평해야 한다는 것을 의미한다. 주의 백성이라고 자부하는 사람은 같은 언약 공동체에 속한 다른 사람들에게 의로워야 하며, 인자를 베풀어야 한다. 중요한 것은 공의와 인자는 항상 함께해야 한다는 점이다. 자비가 없는 공의는 매정할 수 있으며, 공의가 없는 인자는 동정에 불과하기 때문이다. 또한 공의와 인자는 박해당하는 자를 구원하고, 강한 자가 약한 자를 구제한다. 강한 자가 약한 자를 구제할 때는 행동이 강조되며, 박해당하는 자를 구원하는 데 있어서는 자세가 부각된다(Waltke). 이것이 바로 선을 추구하며 살아가는 사람이 본분을 다하는 것이요, 또한 겸손히 하나님과 동행하는 것이다. '겸손히'로 번역된 히브리어 단어(צנע)는 '지혜롭게, 신중하게'라는 뜻을 지니고 있다(Hyatt; Limburg).

많은 사람들이 하나님과 동행하는 것과 의롭게 사는 것을 구별한다. 그러나 선지자들은 이 두 가지가 결코 나누어질 수 없음을 강조한다. 미가 선지자도 본문에서 하나님과 동행하는 것을 주 안에서 형제, 자매 된 자들에게 공의와 인자를 행하는 것과 한 가지로 간주한다. 하나님과 동행하는 자의 가장 기본적인 성향은 공의를 행하며 인자를 베푸는 것에 인색하지 않기 때문이다. 예배와 윤리는 서로 나누어질 수 없다. 이 두 가지는 같은 동전의 양면일 뿐이다(Lewis). 하나님께서 인정하시는 믿음은 세 가지 성향을 지닌다: (1) 다른 사람들을 공평과 정의로 대하는 것; (2) 다른 사람들을 위하여 선을 행하겠다는 각오와 노력; (3) 하나님과 가까이 교제하며 사는 삶을 위한 부지런함(Feinberg). 우리는 오늘날에도 믿음 공동체에 속한 사람들에게 이러한 참종교 행위를 행할 책임을 안고 있다(고전 13:4; 고후 6:6; 골 3:12; 야 1:26-27; 벧전 1:2; 5:5). 기독교인들은 하나님과 언약을 맺었으며, 이 언약의 조건인 율법이 사라진 것이 아니라 우리의 마음에 새겨져 있기 때문이다(렘 31:33; cf. 히 10:14-17)(McComiskey).

선지자들은 이스라엘이 여호와께 드렸던 제물과 예식에 대하여 어떻게 생각하였는가에 대하여 종종 극단적인 해석이 제시된다. 어떤 사람들은 선지자들이 모든 제물과 예식의 정당성을 인정하지 않고, 오로지 여호와 종교는 숭배자들에게 내적인 신앙만을 요구한다고 한다. 또 어떤 이들은 여호와 종교의 기초는 정의, 인자, 겸손이며 나머지 모든 것들은 하나님께서 기대하지 않으신다는 주장을 제시한다. 불행하게도 이러한 주장들은 미가를 포함한 선지자들의 마음을 읽지 못한 것이다. 선지자들에게 예식은 매우 중요하다. 선지자들이 제물을 드리고, 절기에 따라 예배를 드리고, 기도하는 것 등이 이스라엘 종교의 중요한 부분이 아니라고 부인하는 것이 아니다. 다만 이것들이 마음에서 우러나온 행동이 아닐 때, 제물을 드리는 마음과 삶이 무관할 때 문제가 되는 것이다. 즉, 제물은 숭배자들의 삶의 연장선에서 드려져야 한다는 것이 선지자들의 외침인 것이다. 하나님께서는 성도들의 제물을 귀하게 받으신다. 다만 착취와 건전하지 못한 방법으로 얻은 수입의 일부를 제물로 받기를 거부하시는 것이다. 하나님께 많이 드리라. 하나님께서 주신 건강으로 건전한 노동을 통하여 얻은 수입을 성심껏 드리라. 하나님께서 매우 기뻐하신다.

Ⅲ. 하나님께서 죄를 사하심(6:1–7:20)
1장. 비난과 심판(6:1–16)

2. 언약적 저주가 예루살렘에 임함(6:9–16)

이 섹션은 "주께서 성읍을 부르신다"(קוֹל יְהוָה לָעִיר)라는 말씀으로 앞부분과 구분된다. 앞에서 선지자는 여호와께서 언약 백성에게 요구하시는 것이 무엇인가를 확실히 규명했다. 물론 하나님께서는 이들에게 원하시는 것을 이미 오래전부터 말씀하셨기 때문에 이것이 새로운 사실은 아니었다. 다만 그동안 이스라엘이 하나님께서 요구하시는 것에 눈을 감은 것뿐이었다. 선지자는 이 섹션에서 심판을 선언한다. 이스라엘이 위에서 선지자가 밝힌 하나님의 요구대로 살지 못한 것에 대해 책임을 지게 하는 섹션이다.

지금까지 6장에 전개된 언약 소송의 흐름에서 볼 때 이 부분은 피고에게 유죄 판결과 형을 선고하고 있는 부분이라 하겠다(Sweeney). 하나님께서 언약을 통해 이스라엘에게 요구하신 참 종교가 어떤 것인가를 밝힌 앞의 섹션과 연결하면, 이 섹션은 그 요구대로 살지 못한 백성에게 내려지는 언약적 저주로 풀이된다(Waltke). 이 텍스트는 네 파트로 구성되어 있다: (1) 시작(9절); (2) 질책/상업적—사회적 죄 목록(10-12절); (3) 형 선고(13-15절); (4) 요약(16절)(Barker; Waltke).

Ⅲ. 하나님께서 죄를 사하심(6:1-7:20)
1장. 비난과 심판(6:1-16)
2. 언약적 저주가 예루살렘에 임함(6:9-16)

(1) 시작(6:9)

9 여호와께서 성읍을 향하여 외쳐 부르시나니 지혜는 주의 이름을 경외함이니라 너희는 매가 예비되었나니 그것을 정하신 이가 누구인지 들을지니라

미가는 "들으라!"(קוֹל)라는 말을 통해 청중들의 관심을 끌어모은다. 하나님께서 성읍에 말씀하실 것이기 때문이다. 여기서 성읍은 지금까지 선지자가 선포했던 메시지의 중심에 있던 예루살렘을 뜻한다(Waltke; Barker). 선지자가 성읍에게 선포하는 말씀은 밝은 메시지가 아니다. 어두운 메시지를 받아들이는 것을 조금이라도 쉽게 해주기 위해서 선지자는 개인적인 권고를 더하고 있다: "당신[여호와]의 이름을 경외하는 것이 지혜입니다"(잠 9:10; cf. 1:7; 욥 28:28; 시 111:10). '지혜'(תּוּשִׁיָּה)는 현명한 판단(sound judgment)을 뜻하는 전문 용어로서 실질적인 성공에 이르도록 해준다(Goldberg). 성경은 이 '지혜'가 하나님께로부터 오는 것이라고 한다(사 28:29; 잠 3:21; 8:14).

그다음 문장의 해석이 쉽지 않다. 새번역이 "너희는 매를 순순히 받고 그것

을 정하신 분께 순종하라"로 번역해 놓은 히브리어 문구(שִׁמְעוּ מַטֶּה וּמִי יְעָדָהּ)를 어떻게 해석할 것인가. 크게 두 가지 옵션이 있다: (1) 새번역처럼 "מַטֶּה"를 이스라엘을 심판하는 하나님의 '매/막대기'로 이해하는 것이다(NIV; TNK; cf. 사 10:5, 24). 이렇게 해석할 경우 9절은 이스라엘에게 선고될 형의 타당성을 부각시키고 있으며 다음 문구(וּמִי יְעָדָהּ)는 이 매를 준비한 자(viz., 하나님)에게 순종하라는 권면으로 해석된다. 미가의 전체적인 메시지를 감안할 때, 하나님의 매는 다름 아닌 아시리아이다(McComiskey); (2) 이 히브리어 단어(מַטֶּה)를 '지파'로 해석하는 것이다(NRS; NAS; LXX). 이 경우, 지파는 예루살렘에 거하는 자들을 의미하며, 다음 문구(וּמִי יְעָדָהּ)는 "누가 이들[지파]의 운명을 정했는가?"라는 질문(NAS)으로, 혹은 "누가 이들을 한 백성/지파로 불렀는가?"라는 질문으로 이해된다(NRS; LXX). 이들을 한 백성/지파로 부르신 분께서 말씀하신다는 뜻이다. 정황을 고려할 때, 첫 번째 해석이 더 설득력 있어 보인다.

Ⅲ. 하나님께서 죄를 사하심(6:1-7:20)
1장. 비난과 심판(6:1-16)
2. 언약적 저주가 예루살렘에 임함(6:9-16)

(2) 질책/상업적 · 사회적 죄 목록(6:10-12)

10 악인의 집에 아직도 불의한 재물이 있느냐 축소시킨 가증한 에바가 있느냐 11 내가 만일 부정한 저울을 썼거나 주머니에 거짓 저울추를 두었으면 깨끗하겠느냐 12 그 부자들은 강포가 가득하였고 그 주민들은 거짓을 말하니 그 혀가 입에서 거짓되도다

선지자는 청중들의 관심을 집중시킨 다음에 주의 백성들이 저지른 죄를 나열한다. 이스라엘은 이러한 죄를 통해 하나님과의 언약을 파괴했으므로 그 대가로 언약적 저주에 기록된 재앙을 받아야 한다. 백성들은 죄를 지으면서 그들의 하나님을 잊었지만, 하나님께서는 죄짓는 그의 백성들을 잊지 않으셨다.

하나님께서는 백성들의 죄를 지적하시면서 두 차례나 수사학적인 질문을 사용하여(10, 11절) 도저히 용서받을 수 없는 죄를 저질렀음을 선포하신다. 주의 백성들이 서로에게 악한 일을 하고 있다는 것은 그들이 하나님과의 언약을 파괴했을 뿐만 아니라, 서로와의 언약도 잊었다는 것을 의미한다(Waltke).

10절을 시작하는 'עוֹד הַאִשׁ'(lit., '아직도 그 불이')의 해석은 매우 어렵다. 그래서 일부 학자들은 텍스트를 교정하지만(cf. Rudolph; Waltke), 대부분의 학자들은 이 단어(הַאִשׁ)를 '불(the fire)'로 해석하지 않고 '질문형 접사(particle) ה + 존재를 뜻하는 소사 יֵשׁ'로 간주한다(lit., 있느냐?["Is there?"]). 이렇게 간주하면 의미는 확실해지지만 문제는 어떻게 'י'가 'א'으로 변했냐는 것이다. 일부 학자들은 이 히브리어 단어(אִשׁ)가 아람어에서 비롯된 흔치 않은 소사(小辭)라고 설명하기도 한다(Sweeney).

"악한 자의 집(בֵּית רָשָׁע)에 악한 보물(אֹצְרוֹת רֶשַׁע)이 있다"(10절)는 말씀의 해석도 쉽지 않다. 본문을 그대로 받아들이면 '악한 자의 집'은 한 개인의 집을 의미할 수 있지만, 악한 리더들로 가득한 예루살렘을 상징할 수 있고(Barker), 부정한 제물로 가득 차 있는 성전 곳간이나 궁궐을 뜻할 수 있다(Sweeney). 그러나 많은 주석가들이 '집'(בֵּית)을 액체의 부피를 측정하는 '바트'(בַּת)로 읽을 것을 제안한다(Renaud;Allen; Wolff; Waltke). 이처럼 이 단어의 의미를 '악한/가짜 바트'(רָשָׁע, בַּת)로 해석할 경우 장점은 곡물을 재는 단위인 '악한/가짜 되[에바]'(אֵיפַת רָזוֹן)와 평행을 이룬다. 10절이 부피를 측정하는 일에 있어서의 부정을 지적하는 반면, 11절은 무게를 측정하는 일에 있어서의 부정을 문제 삼고 있다는 일관성 있는 문맥의 흐름이 형성되는 것이다. 이렇게 해석할 경우 10절의 의미는 "내가 언제까지 악한 바트, 악한 보물, 악한 에바가 성행하는데도 화를 내지 않겠느냐?"가 된다. 상인들이 무게와 부피를 속여서 곡물과 축산물을 팔고 있다. 악한 보물은 사람이 남을 속이고, 뇌물을 수수하고, 연약한 자들로부터 착취한 것들을 뜻한다. 하나님께서는 정당하고 정의롭게 얻은 수입이 아닌 것을 인정하지 않으신다.

선지자가 10절에서 부피에 대한 부정을 논한 것에 비해 11절에서는 무게에 대한 부정을 지적한다. '틀리는 저울'(מֹאזְנֵי רֶשַׁע)과 '틀리는 추'(כִּיס אַבְנֵי מִרְמָה)로 속인 사람들이 비난을 받고 있다. 성경은 부피를 재는 되와 무게를 다는 저울은 법적인 인증을 받은 다음에 사용하도록 하고 있다(레 19:35-36; 신 2513-16; 잠 11:1; 16:11; 20:23; 겔 45:10). 고대 근동 사회는 당시 기술의 한계 때문에 되와 저울의 오류 범위를 6%까지 허용했다(Diringer). 상인들이 제대로 양을 측정하지 않는 저울과 되를 사용하면서도 전혀 후환을 두려워하지 않는 것은 이것들을 인준해주는 정치인/법조인들도 모두 한통속이 되어 뇌물을 수수하며 눈감아 주고 있음을 시사한다. 이러한 경제, 정치 구조에서 가장 쉽게 희생을 당하는 자들은 역시 서민들이다. 힘없고 의지할 곳 없는 사람들이 착취를 당한다.

부자들과 권세가들은 부정한 저울과 되를 통해 손해를 보기는커녕 오히려 이익을 챙긴다. 권세가들은 상인들로부터 뇌물을 수수하며, 부자들은 부정한 되와 저울을 써서 부를 모으기 때문이다. 그러므로 미가는 예루살렘에 사는 부자들은 폭력으로 가득하다고 단언한다(12절). 예루살렘의 부자들은 누구를 두고 하는 말인가? 지금까지 선포된 선지자의 메시지를 감안할 때, 지주들, 왕족, 군 간부, 거짓 선지자들, 제사장들을 뜻한다(2:1-5; 3장; cf. 암 6:1-3). 이들이 재물을 모으기 위하여 사용한 '폭력'(חָמָס)은 거짓 고발과 불의한 재판을 이용하는 것을 뜻한다(cf. 시 25:19; 27:12; 55:9; 58:2). 사람들이 법정에 가는 이유가 자신을 폭력에서 보호하기 위함이라는 것을 생각하면, 거짓 고발을 당한 자가 법정에서 오히려 폭력을 당하는 것은 크게 잘못된 일이다"(Haag).

III. 하나님께서 죄를 사하심(6:1-7:20)
1장. 비난과 심판(6:1-16)
2. 언약적 저주가 예루살렘에 임함(6:9-16)

(3) 형 선고(6:13-15)

13 그러므로 나도 너를 쳐서 병들게 하였으며 네 죄로 말미암아 너를 황폐하게 하였나니

14 네가 먹어도 배부르지 못하고 항상 속이 빌 것이며 네가 감추어도 보존되지 못하겠고
보존된 것은 내가 칼에 붙일 것이며 15 네가 씨를 뿌려도 추수하지 못할 것이며 감람 열매
를 밟아도 기름을 네 몸에 바르지 못할 것이며 포도를 밟아도 술을 마시지 못하리라

“그러므로 내가…”(וְגַם־אֲנִי)(13절)는 하나님께서 결코 이 백성을 용서하지 않으실 것이며, 용서하실 수도 없다는 것을 강조한다. 만일 하나님께서 이러한 행위에 눈을 감으신다면 하나님도 이 상황을 방관한 죄에서 자유로울 수 없기 때문이다(Waltke). 하나님의 형 선고가 13-15절에 기록되어 있다. 이 형벌은 견디기 힘든 벌이며, 이스라엘은 이 벌 때문에 망할 것이다. 이스라엘의 역사에서 보면, 이 형벌은 주전 605-586년에 바빌론 사람들에 의하여 현실로 드러났다. 그러나 이스라엘은 하나님을 원망할 수 없다. 형벌은 그들이 저지른 죄에 대한 당연한 보응이기 때문이다(13절). 14-15절은 인간의 생존과 먹을 것을 스스로 충족하려는 모든 노력이 실패로 돌아갈 것이라는 다섯 개의 선언문으로 구성되어 있다.

학자들은 “아무리 먹어도 허기가 지고, 아무리 감추고 아껴도 남지 않을 것”(14절)이라는 하나님의 말씀을 ‘무익 저주’(無益 詛呪, futility curse)라고 부르기도 한다(cf. 신 28:30-31, 38-40; 레 26:26; 호 4:10)(Hillers; Waltke; Barker). 먹으면 먹을수록 더 배가 고프고, 입으면 입을수록 더 춥게 되는 것 등 노력하면 할수록 결과가 더 악화되는 것을 이르는 말이다. 모든 인간의 노력을 허사로 돌리겠다는 하나님의 굳은 의지의 표현이기도 하다. 선지자들이 흔히 언급하는 칼, 기근, 재앙 등 신명기의 3대 저주와는 달리 미가는 재앙(14a절), 칼(14b절), 기근으로 인한 굶주림이 아니라 전쟁으로 인한 굶주림(v. 15)의 순서로 저주를 논한다.

선지자가 14-15절에서 주의 백성이 죗값으로 치러야 할 고통으로 선포하는 다섯 가지 재앙은 다음과 같다: (1) 그들은 아무리 먹어도 배가 부르지 않을 것이다. 이 말씀은 레위기 26:26을 반영하고 있다. 전쟁, 재앙, 기근 등으로 인하여 아무리 먹어도 만족스럽게 먹지 못할 것을 의미한다(Barker); (2) 그들이 훗날 사용하기 위하여 양식과 다른 일상생활에 필요한 것들을 아껴두어

도 그것들을 누리지 못할 것이다. 그나마 숨겨놓고 아껴놓은 것들이 원수들에 의하여 파괴될 것이기 때문이다(cf. 레 26:14-16). 신명기 28:47-57은 주의 백성들이 하나님께 범죄하면 원수들을 불러들이셔서 그들을 치게 하실 텐데, 그 효과가 바로 여기에 묘사된 것이다; (3) 그들이 씨를 뿌리지만, 거두지는 못할 것이다(cf. 학1:6-11). 율법은 이러한 현상을 하나님께서 불순종하는 백성들을 심판하기 위하여 끌어들이는 원수들과 메뚜기 떼가 초래하는 결과라고 한다(레 26:16; 신 28:38). 이곳에서는 원수들이 침략하여 그들이 추수할 것을 빼앗아 갈 것을 의미한다; (4) 그들이 올리브로 기름을 짜도, 그 기름을 자신들을 위하여 사용할 수 없을 것이다. 신명기 28:40은 이스라엘이 하나님께 범죄하면 그가 보내신 원수들 때문에 올리브를 수확하지 못할 것을 경고한다. 본문에서는 이스라엘이 올리브 기름도 적들에게 빼앗길 것이기 때문에 자신들을 위하여 사용할 수 없음을 뜻한다; (5) 그들이 포도를 밟아 술을 빚어도, 그 술을 마시지 못할 것이다. 이것마저도 원수들이 빼앗아 갈 것이기 때문이다. 이 말씀 역시 언약적 저주인 신명기 28:30, 39절의 말씀을 반영하고 있다. 부를 축적하기 위하여 비윤리적인 행동을 서슴없이 저지르고 있는 청중들에게 선지자는 그들의 경제 원리를 점검해보라고 도전하고 있다. 왜냐하면 하나님께서 그들이 부정한 방법으로 축적한 부를 마음껏 누리도록 지켜보지 않으실 것이기 때문이다. 폭력과 사기에 바탕을 둔 경제는 시간이 지나면 오늘날의 다단계 판매처럼 자체의 무게 때문에 무너져 내리게 되어 있다(Brown).

Ⅲ. 하나님께서 죄를 사하심(6:1-7:20)
1장. 비난과 심판(6:1-16)
2. 언약적 저주가 예루살렘에 임함(6:9-16)

(4) 요약 (6:16)

16 너희가 오므리의 율례와 아합 집의 모든 예법을 지키고 그들의 전통을 따르니 내가 너

희를 황폐하게 하며 그의 주민을 사람의 조소 거리로 만들리라 너희가 내 백성의 수욕을 담당하리라

하나님의 임박한 심판을 예루살렘 거민들에게 선포한 선지자가 결론을 맺는다(16절). 유다가 전쟁을 통하여 이처럼 비참한 종말을 맞아 멸망하게 된 가장 큰 이유는 그들이 '오므리의 율례'(חֻקּוֹת עָמְרִי)를 따르고 아합 집의 모든 행위를 본받았기 때문이다. 선지자들의 활동 시기를 알려주는 표제를 벗어나서 왕들의 이름이 나열되는 것은 선지서 안에서 이 구절이 유일하다(Waltke). 오므리와 아합은 북 왕국을 통치한 왕조들 중에 가장 악한 왕들이다. 이 왕조에서 그 악명 높은 이세벨(왕상 21)과 아달랴(왕하 11)가 나왔다.

유다가 이스라엘 역사상 가장 악한 왕조와 동일시되고 있다! 이들의 입장에서는 매우 충격적인 일이다. 자신들은 나름대로 하나님을 사랑하며 섬기고 있다고 생각하는데, 하나님께서 하시는 말씀은 예루살렘 사람들이나 노골적으로 우상을 섬기고 드러내놓고 악한 짓만을 골라 하던 오므리 왕조나 별로 다를 바가 없다는 것이다. 그러므로 사마리아가 망한 것처럼, 예루살렘도 망해야 한다. 유다는 돌이킬 수 없는 파멸로 치닫고 있다.

2 장 썩은 사회에 대한 탄식
7:1–7

하나님의 형 선고로 진행된 이전 섹션과는 달리 이 텍스트는 선지자의 탄식/애가(哀歌)이다. 그래서 말하는 자도 하나님에서 선지자로 바뀌고 있다. 일부 주석가들은 예루살렘이 사마리아의 멸망에 대하여 부르는 애가라고 하지만(Mays), 문맥상 가장 자연스러운 해석은 선지자가 부르는 것으로 간주하는 것이다. 하나님의 형 선고를 듣고 망연자실한 선지자가 하나님께서 왜 극단적인 처방을 하실 수밖에 없었는가에 대한 설명을 이 노래를 통하여 하고 있는 것이다. 그는 이스라엘 사회가 총체적으로 썩었기 때문에, 이 병든 사회가 안고 있는 문제는 도저히 개혁으로 해결될만한 것들이 아니므로 파멸이라는 극약 처방을 쓸 수밖에 없음을 밝히고 있다. 우리는 이 섹션에서 조금이나마 미가의 심정을 읽을 수 있다. 선지자는 다가오는 재앙보다는 하나님의 백성이라고 자부하는 유다 사회에 이처럼 악이 만연한 것에 대하여 더 당혹스러워하고 있다(Simundson).

선지자는 썩어빠진 지도층을 겨냥하여 이 애가를 부르는데 1절은 열매가 없는 포도나무 비유를, 2-4절에서는 구체적인 예들을 들어 이 비유를 설명한다. 이 섹션은 다음과 같이 세 파트로 구분될 수 있다. 선지자는 이러한 구조를 통해 사회가 부패할 때 사람들이 감당해야 할 가장 큰 고통은 망가진 관계들이라고 하는 듯하다.

A. 절망: 부패한 사회(7:1-4)

B. 현실적 의미: 파괴된 관계(7:5-6)

A'. 소망: 주님만을 바라봄(7:7)

Ⅲ. 하나님께서 죄를 사하심(6:1-7:20)
2장. 썩은 사회에 대한 탄식(7:1-7)

1. 절망: 부패한 사회(7:1-4)

1 재앙이로다 나여 나는 여름 과일을 딴 후와 포도를 거둔 후 같아서 먹을 포도송이가 없
으며 내 마음에 사모하는 처음 익은 무화과가 없도다 2 경건한 자가 세상에서 끊어졌고
정직한 자가 사람들 가운데 없도다 무리가 다 피를 흘리려고 매복하며 각기 그물로 형제
를 잡으려 하고 3 두 손으로 악을 부지런히 행하는도다 그 지도자와 재판관은 뇌물을 구
하며 권세자는 자기 마음의 욕심을 말하며 그들이 서로 결합하니 4 그들의 가장 선한 자
라도 가시 같고 가장 정직한 자라도 찔레 울타리보다 더하도다 그들의 파수꾼들의 날 곧
그들 가운데에 형벌의 날이 임하였으니 이제는 그들이 요란하리로다

선지자는 가장 맛이 좋다는 첫 무화과(일명 푸른 무화과[green fig]) 수확이 다 끝나고 포도를 수확할 여름(8월)을 배경으로 이야기를 시작한다(King). 과일을 먹고 싶어 포도원을 찾아갔더니 포도가 한 송이도 남아 있지 않았다(1절). 율법은 농부들의 지나친 수확을 금한다. 사회적 약자들인 가난한 자, 과부, 고아, 이방인 등을 위하여 조금은 남겨두어야 한다(레 19:9-10; 23:22; 신 24:19-22; 룻 2:3, 7, 15; 사 17:6). 그래야 밭이나 과수원을 소유하지 못한 사람들도 추수의 기쁨을 맛볼 수 있기 때문이다.

그런데 사람들이 포도원을 몇 차례 지나가며 수확을 했는지 포도 한 송이 남아 있지 않았다. 그만큼 인심이 흉흉해졌거나(Allen), 아시리아 사람들에게

포위된 예루살렘의 형편이 남에 대해 배려할 수 없을 만큼 절박했을 것이다(Sweeney). 선지자는 좌절한다. "아, 절망이다!"(אַלְלַי לִי)라는 표현은 극도에 달한 절망감을 표현한다(Renaud). 포도나무는 유다를 뜻하며(cf. 사 5), "이 땅에 신실한 사람은 하나도 남아 있지 않았다. 정직한 사람이라고는 찾아볼래야 볼 수도 없다"라는 다음 문장을 고려할 때, 포도송이는 하나님을 경외하는 경건한 자들을 뜻한다. 그렇다면 포도원을 찾은 선지자는 하나님을 대표하는 자이다(Waltke). 하나님께서 유다 백성 중에서 의인들을 찾아 나섰는데, 한 명도 찾지 못하신 것이다.

온 땅에 '신실한 사람'(חָסִיד), 혹은 '정직한 사람'(יָשָׁר)을 하나도 찾을 수 없다는 선지자의 탄식(2절)은 의인 10명이 없어 멸망한 소돔과 고모라(창 18:23f), 예레미야가 예루살렘에서 한 명의 의인을 찾지 못했던 일(렘 5:1), 헬라의 철학자 디오게네스(Diogenes)가 정직한 사람을 찾기 위하여 대낮에 호롱불을 들고 아테네의 거리를 돌아다녔던 일을 생각나게 한다. 신실한 사람은 일반적으로 하나님과의 언약 관계에 충실한 사람이나 특별한 종교적 직책을 가진 사람(예, 제사장)을 뜻한다(Barker). 본문에서는 전자를 의미한다. 예루살렘에는 하나님과의 언약을 소중히 여겨 이 언약대로 살아가려는 사람이 없다. 정직한 사람은 언약이 규정하는 도덕 기준을 공정하게 준수하는 사람을 뜻한다(Waltke). 포도원에 한 송이의 포도도 남아있지 않았던 것처럼, 유다에는 선하거나 의로운 사람이 하나도 없었다(Kelley).

예루살렘에는 신실한 사람과 정직한 사람이 고갈된 반면에 악한 사람들은 홍수가 범람하듯 가득하다. 모든 사람들이 다른 사람들을 덮치려고 숨어있고 자기 형제들에게 올가미를 씌우려 한다(2절). 그들은 무고한 피를 흘리는 것을 마다하지 않으며, 형제를 파멸에 이르게 하기 위하여 덫을 놓는 자들이다. 선지자가 어떤 사람들을 두고 이런 비난을 하는지 3절이 밝힌다. 탐욕스러운 관리, 돈에 매수된 재판관, 사리사욕을 채우는 권력자들이 바로 무고한 피를 흘리는 것을 즐기는 자들이요 형제를 파멸로 몰아가는 자들이다.

하나님을 경외하지 않는 지도자들이 판을 치는 사회에서 권력을 잡은 자들이 자신들이 원하는 대로 마음껏 지시하고 요구하는 것은 당연한 결과다. 지도자들의 비윤리적인 행위는 마치 함께 바구니를 짜듯 억울한 자의 피와 부정으로 얼룩진 유다 사회를 짰다(3절). 지도자들이 얼마나 부패했는지 선지자는 가장 훌륭하다고 하는 자는 쓸모없는 잡초와 같고, 가장 정직하다고 하는 자도 가시나무 울타리보다 더 고약하다고 한다(4a절). 이들에게 도움을 기대한 사람은 오히려 헤어날 수 없는 가시나무 울타리에 갇히게 된다는 것이다(Mays). 그러므로 파수꾼의 날—하나님께서 이들을 심판하시는 날이 왔다(4b절). 하나님의 심판이 임하는 날, 유다의 지도자들이 큰 혼란에 빠질 것이다. 가시나무 울타리(מְסוּכָה)와 혼란(מְבוּכָה)은 비슷한 소리를 지니고 있다. 가시나무 울타리와 같은 지도자들이 혼란을 가져왔다.

> Ⅲ. 하나님께서 죄를 사하심(6:1–7:20)
> 2장. 썩은 사회에 대한 탄식(7:1–7)

2. 현실적 의미: 파괴된 관계(7:5–6)

5 너희는 이웃을 믿지 말며 친구를 의지하지 말며 네 품에 누운 여인에게라도 네 입의 문을 지킬지어다 6 아들이 아버지를 멸시하며 딸이 어머니를 대적하며 며느리가 시어머니를 대적하리니 사람의 원수가 곧 자기의 집안 사람이리로다

하나님의 심판이 임하는 날, 이스라엘 공동체는 엄청난 불신과 가치관의 혼란에 휩싸인다. 이때가 되면 세상에 믿을 사람 하나도 없다는 말이 실감 난다. 그래서 선지자는 이웃을 믿지 말고, 친구도 신뢰하지 말며, 심지어는 품에 안겨서 잠드는 아내에게도 속내를 털어놓지 말라고 경고한다(5절). 신뢰와 믿음이 완전히 바닥난 세상이 되어버린 것이다. 마치 북한의 공산주의를 연상케 한다. 선지자들은 하나님께서 세상을 심판하실 때 사회의 가장 기본적인 질서와 신뢰가 깨진다고 말한다(cf. 사3장). 사람들이 하나님을 두려워하지 않으

니 서로에 대한 배려보다는 각 개인이 잇속을 챙기는 세상이기 때문에 그렇다. 미가가 예언하고 있는 시대가 바로 그런 때이다.

곤경에 처한 이스라엘 사회의 가치관도 혼란에 빠진다. 아들이 아버지를 경멸하고, 딸이 어머니에게 대들고, 며느리가 시어머니와 다툰다(6절). 근동 사회도 우리 사회처럼 가정 안에서의 위계질서를 매우 중요시 여겼다(cf. 출 20:12; 21:15, 17; 레 19:3; 20:9). 그런데 하나님의 심판이 시작되면서 사람들의 삶이 얼마나 절박하게 변했는지 이러한 미덕이 순식간에 사라져 버렸다. 또한 가족 관계가 이처럼 악화되니 집안사람들이 곧 원수다. 인생에 전혀 도움이 되지 않는 사람들을 가족과 친지로 두고 있으니 원수가 따로 필요 없는 것이다. 선지자는 이처럼 한 가정의 일을 들어 앞으로 이스라엘 사회 전체가 겪을 엄청난 혼란과 불신을 묘사하고 있다.

이스라엘은 하나님과 언약을 체결한 공동체로서 서로에게 형제나 다름없는 존재들이다. 그런데 선지자 미가의 시대에 이르러서는 공동체 의식이 완전히 사라지고 모든 사람들이 자기의 이익을 위하여 죄 없는 이웃과 공동체를 희생할 생각으로 악을 행동에 옮기고 있었던 것이다. 특히 하나님의 권위를 위임받아 주의 백성들을 치리하라는 소명을 받은 지도자들이 악한 일에 앞장서고 있다. 백성들이 잘못되면 지도자들이 바른길로 인도할 수 있지만, 지도자들이 잘못되면 누가 그들을 지도하겠는가? 특히 하나님을 두려워하지 않는 지도자들을 말이다. 사회 지도층의 부패와 타락이 서민들과의 관계까지 파괴하고 있다(Smith).

Ⅲ. 하나님께서 죄를 사하심(6:1–7:20)
2장. 썩은 사회에 대한 탄식(7:1–7)

3. 소망: 주님만을 바라봄(7:7)

7 오직 나는 여호와를 우러러보며 나를 구원하시는 하나님을 바라보나니 나의 하나님이

나에게 귀를 기울이시리로다

상황이 절박할수록 소망이 진가를 발휘한다. 이스라엘의 어두운 미래가 선지자를 좌절시키지 못한다. 먹구름이 짙게 드리워졌음에도 불구하고 선지자는 종의 기도에 응답하시는 하나님의 구원을 더 강렬하게 바라고 확신한다. 애가 중에 이렇게 강력한 희망이 등장하는 것이 우리에게는 생소할지 몰라도 이스라엘의 애가에는 흔히 있는 일이다(cf. 시 55:16-17)(Allen). 선지자가 강력한 희망을 표현하고 있는 이 구절이 앞부분(1-6절)(Barker)과 연결되어 있는지 아니면 뒷부분(8-18절)(Sweeney)과 연결되어 있는지에 대하여 학자들 사이에 논란이 있다(cf. Wolff).

이 구절이 하나님의 심판을 받아 절망적인 삶을 사는 사람들(5-6절)의 형편과 극적인 대조를 이루고 있음을 감안하면, 이 구절은 앞부분과 연결되어야 한다. 그러나 이 구절은 넘어져도 다시 일어난다는 8절의 확고한 의지의 근거도 될 수 있다. 이 경우 7절은 8-18절과 연결된다. 그러므로 이 구절은 앞부분과 뒷부분 모두에 동시에 연관되어 있는 것으로 보는 것이 바람직할 듯하다(Waltke).

3 장 확실한 소망과 기도
7:8-20

선지자는 지금까지 이스라엘의 미래가 매우 어둡다는 것을 숨기려 하지 않고 솔직하게 예언해 주었다. 그러나 모든 것이 절망적인 것은 아니다. 선지자는 심판의 먹구름이 지나면 하나님의 놀라운 구원의 빛이 그들의 미래를 비춰 줄 것을 확신한다. 잿빛 하늘 아래서 서광이 비칠 것을 노래하고 있는 것이다. 하나님의 심판이 확실한 만큼 그분의 구원이 심판의 뒤를 따를 것도 확실하다. 대부분의 학자들이 이 섹션을 선지자적 예배식(prophetic liturgy) 혹은 확신의 찬양(psalm of confidence)으로 구분한다(Sweeney; Barker; Waltke). 미가서의 마지막 부분을 형성하고 있는 본 텍스트는 다음과 같이 구분될 수 있다.

A. 확신의 노래(7:8-10)

B. 회복 약속(7:11-13)

B'. 기도와 응답(7:14-17)

A'. 찬양의 노래(7:18-20)

Ⅲ. 하나님께서 죄를 사하심(6:1–7:20)
3장. 확실한 소망과 기도(7:8–20)

1. 확신의 노래(7:8–10)

8 나의 대적이여 나로 말미암아 기뻐하지 말지어다 나는 엎드러질지라도 일어날 것이요
어두운 데에 앉을지라도 여호와께서 나의 빛이 되실 것임이로다 9 내가 여호와께 범죄하
였으니 그의 진노를 당하려니와 마침내 주께서 나를 위하여 논쟁하시고 심판하시며 주께
서 나를 인도하사 광명에 이르게 하시리니 내가 그의 공의를 보리로다 10 나의 대적이 이
것을 보고 부끄러워하리니 그는 전에 내게 말하기를 네 하나님 여호와가 어디 있느냐 하
던 자라 그가 거리의 진흙 같이 밟히리니 그것을 내가 보리로다

선지자는 자신의 메시지를 주로 유다의 지도자들을 상대로 선포했다. 이미 언급한 것처럼 히스기야의 회심이 미가의 예언에 근거했을 가능성이 있다. 선지자는 청중들의 회심을 유도하기 위하여 그들이 당면하고 있는 현실과는 완전히 다른 상황을 대안으로 제시한다. 때가 되면 하나님의 심판을 받아 원수들의 놀림거리가 된 유다가 오뚝이처럼 다시 일어설 것이다. 버림받은 백성들이 다시 하나님의 백성이 되어 주의 인도와 보호를 받게 될 것이다. 선지자가 이 문단에서 노래하는 것을 한마디로 요약하면 "이스라엘은 전화위복(轉禍爲福)의 시대를 맞이할 것이다" 이다. 이 노래는 '신뢰 시'로 알려진 시편 11, 16, 23, 27, 125와 비슷한 양식을 취하고 있다.

의인화된 시온은 유다의 아픔을 즐거워하는 자들에게 흐뭇해하지 말라고 경고한다(8절). 주의 백성은 망해 넘어져도 다시 일어설 것이다. 현재는 하나님의 심판을 받아 어둠 속에 있지만, 여호와께서 곧 이들의 앞날을 밝히실 빛이 되어 주실 것이기 때문이다. 시간이 지나 하나님의 분노가 가라앉으면 이스라엘의 상황이 완전히 바뀌게 된다. 지금은 하나님께서 그들의 심판자가 되셨기에 그분 앞에 조용히 근신하고 있지만, 화가 풀리시면 하나님께서 그들의 변호자가 되실 것이다(9절). 반면에 이스라엘을 핍박하는 자들, 이스라엘의

수난을 즐거워하는 자들은 얼굴을 들지 못하게 될 것이다. 때가 되면 그들이 거리의 진흙처럼 짓밟힐 것이기 때문이다. 더 이상 낮아질 수 없을 정도로 낮아질 것을 예고하고 있다(Wolff).

시온의 확신은 어디서 비롯된 것일까? 오늘은 하나님의 심판을 받아 어둠 속을 헤매야 하는 자가 미래에는 주의 빛 가운데로 행하게 될 것을 어떻게 확신하는 것일까? 하나님의 정죄를 받아 죄인의 모습으로 근신해야 하는 주의 백성이 무엇을 근거로 그들을 정죄한 자가 때가 되면 자신의 변호자가 될 것이라고 믿는 것일까? 오늘은 하나님께 버림받아 수치를 당하고 있는 자가 다가오는 하나님의 구원을 어떻게 낙관하는 것일까? 무엇보다도 하나님과 이스라엘 사이에 맺어진 언약에 대한 이해가 밝은 미래에 대한 근거를 제공한 것으로 생각된다.

언약에 의하면 여호와께서 이스라엘의 하나님으로 계시는 한, 그들의 죄를 눈감아 주실 수 없다. 그러므로 하나님께서 언약을 충실하게 이행하기 위해서는 언약을 위반하는 주의 백성을 징계하셔야 한다. 즉, 유다에게 임한 재앙은 하나님께서 하나님이심을 입증하는 사건이다. 만일 재앙이 여호와께서 시온의 남편 되심을 증거하는 사건이라면, 이 재앙이 끝난 후 관계의 회복을 다시 기대할 수 있는 것이다. 언약에 의하면 하나님께서는 결코 파멸을 위하여 이스라엘을 심판하지 않으실 것이 확실하기 때문이다. 그분은 백성의 하나님으로서 그들이 더 잘되라고 징계하시고, 밝은 미래를 위하여 수난을 주시는 분이시기 때문이다.

Ⅲ. 하나님께서 죄를 사하심(6:1-7:20)
3장. 확실한 소망과 기도(7:8-20)

2. 회복 약속(7:11-13)

11 네 성벽을 건축하는 날 곧 그날에는 지경이 넓혀질 것이라 12 그날에는 앗수르에서 애굽

성읍들에까지, 애굽에서 강까지, 이 바다에서 저 바다까지, 이 산에서 저 산까지의 사람들 이 네게로 돌아올 것이나 13 그 땅은 그 주민의 행위의 열매로 말미암아 황폐하리로다

선지자는 이어서 '성벽'(גָּדֵר)을 다시 쌓을 때가 올 것이라고 노래한다(11절). 일반적으로 도시의 경계를 구분하고 방어하는 데 사용되는 성벽을 뜻할 때는 다른 히브리어 단어(חוֹמָה)가 사용되며, 본문에서 사용되는 단어(גָּדֵר)는 포도원(민 22:24; 시 80:12; 사 5:5), 짐승 우리(민 32:16, 24, 36; 삼상 24:3; 습 2:6), 성전(겔 42:7) 등을 오염과 부정으로부터 보호하기 위하여 쌓아 올리는 돌담 등을 뜻한다(HALOT). 문맥을 감안할 때, 이 성벽(גָּדֵר)은 예루살렘의 성벽(חוֹמָה)을 의미하는 것이 확실하다(King; Barker). 아마도 시온이 포도원이나 양들을 수용하는 양우리로 비유되는 듯하다(Waltke).

양의 우리가 양들을 보호하듯 시온이 백성들을 보호하는 곳이 될 텐데, 백성들은 어디서 올 것인가? 세계 사방에서 온다. 주의 백성들이 인질/노예가 되어 끌려갔던 곳곳에서 돌아온다. '아시리아… 이집트… 유프라테스… 바다… 산' 등을 포함한 세상 모든 곳에서 돌아온다(12절). 그렇다면 누가 돌아온단 말인가? 포로로 끌려갔던 이스라엘의 자손들인가? 아니면 세상 모든 민족을 뜻하는가? 주석가들은 둘로 나누어져 있다. 포로로 끌려갔던 이스라엘 자손들이라고 해석하기도 하고(Allen; Waltke; Sweeney), 온 세상 모든 민족에 대한 예언이라고 간주하기도 한다(McComiskey; Barker). 지금까지 선지자가 4:1-5를 제외하고는 모두 시온과 유다에 관하여 예언한 것으로 보아 첫 번째 해석이 더 설득력 있어 보인다.

시온이 돌아온 주의 백성과 함께 영화롭게 될 때, 그들이 시온으로 오기 위하여 떠나 온 나라들은 사막과 광야로 변한다. 그곳에 사는 백성들의 죄 때문이다. 성경은 거주자의 죄 때문에 땅이 더럽혀질 수 있다는 사실을 누누이 암시한다(cf. 창 4; 6장). 온 세상이 죄 때문에 사막이 되어 있는 반면 시온은 생기가 넘치고 사람으로 가득한 모습이 극적인 대조를 이룬다. 시온은 파멸의 바다에 떠 있는 축복의 섬인 것이다(Clark & Mundhenk). 오늘은 세상의 멸시와 비

웃음을 당하는 가장 비천한 자들이 그날이 되면 세상에서 가장 영화롭고 축복받은 자가 될 것이다. 이러한 변화는 우리가 스스로 노력해서 얻은 결과가 아니다. 우리의 능력이나 노력과는 상관없이 하나님이 때가 되면 일방적으로 자신의 주권으로 행사하실 일이기 때문에 우리는 확신을 가지고 기대할 수 있다.

Ⅲ. 하나님께서 죄를 사하심(6:1-7:20)
3장. 확실한 소망과 기도(7:8-20)

3. 기도와 응답(7:14-17)

14 원하건대 주는 주의 지팡이로 주의 백성 곧 갈멜 속 삼림에 홀로 거주하는 주의 기업의
양 떼를 먹이시되 그들을 옛날 같이 바산과 길르앗에서 먹이시옵소서 15 이르시되 네가
애굽 땅에서 나오던 날과 같이 내가 그들에게 이적을 보이리라 하셨느니라 16 이르되 여
러 나라가 보고 자기의 세력을 부끄러워하여 손으로 그 입을 막을 것이요 귀는 막힐 것이
며 17 그들이 뱀처럼 티끌을 핥으며 땅에 기는 벌레처럼 떨며 그 좁은 구멍에서 나와서 두
려워하며 우리 하나님 여호와께로 돌아와서 주로 말미암아 두려워하리이다

선지자는 일차적으로 하나님께 목자가 되어 달라고 간구한다(14절). 이 과정에서 미가는 '당신의 백성(עַמְּךָ), 당신의 지팡이(בְשִׁבְטֶךָ), 당신의 기업(נַחֲלָתֶךָ)'이라는 표현을 통해 하나님과 이스라엘의 특별한 관계를 강조하고 있다. 이 특별한 관계에 근거하여 선지자는 하나님께서 다시 이스라엘의 통치자가 되어 주시기를 호소하며 기도하고 있는 것이다. 시편에는 하나님과 백성의 관계를 목자와 양으로 비유하는 장이 많다(시 23:1; 80:1; 74:1; 28:9). 목자 이미지는 여기뿐만 아니라 2:12, 4:6-8, 5:4에서도 등장한다. 그러므로 '목자 왕'은 미가서의 모든 구원/소망 섹션에서 중요한 위치를 차지한다(Barker). 선지자들의 미래에 오실 메시아에 대한 전통과 맥을 같이하고 있다.

지도자를 목자로 표현하는 것은 고대 근동에서 흔히 있었던 일이다. 성경에서도 이스라엘의 지도자들을 나쁜 목자로, 앞으로 오실 메시아를 선한 목자로 비유하는 경우가 많다. 대표적인 예가 에스겔서 34장이다. 요한복음이 예수님을 선한 목자로 묘사하는 것 역시 이러한 구약적인 전통을 계승하는 것이다. 구약이 예언했던 메시아-목자가 바로 예수님이라는 것이다.

선지자의 '당신의 지팡이로' 주의 백성을 치리하라는 기도는 그들을 내리치라는 말이 아니다. 지팡이는 양들을 보호하는 상징이었으며, 왕과 백성의 관계에서는 통치자의 지팡이(scepter)가 목동들의 지팡이를 대체했다(Gower). 하나님께서 백성을 지팡이로 치리하는 결과가 어떤 것인가? 선지자는 자신이 기대하는 결과를 양 떼가 바산(בָּשָׁן)과 길르앗(גִּלְעָד)에서 먹는 것에 비교한다(14절). 바산은 갈릴리 호수 동쪽에 위치한 곳으로서 큰 나무(사 2:13; 슥 11:2), 풀이 풍부하여 먹음직스러운 가축(신 32:14; 시 22:12; 겔 39:18; 암 4:1)으로 유명했다. 길르앗은 얍복 강 남쪽에 위치한 곳으로 짐승들을 먹이기에 좋은 곳으로 알려졌다(민 32:1, 26). 모세는 이 땅을 이스라엘에게 주었다(민 21:33; 수 13:29-31). 이스라엘은 예후 시대 때 이 땅을 시리아에게 빼앗겼다가(왕하 10:33), 여로보암 2세 때 되찾았다(왕하 14:25). 그러나 선지자 미가 시대 때 다시 아시리아에게 빼앗겼다(왕하 15:29). 디글랏블레셀이 주전 734년에 이 지역을 차지한 것이다. 선지자는 이스라엘이 이 땅을 소유할 날을 위하여 기도한다. 그뿐만 아니라 소나 양이 살기에 가장 좋은 곳을 지명함으로써, 선지자는 하나님의 통치가 주의 백성들에게 매우 편안하고 즐거운 삶을 제공할 것을 기대한다.

하나님께서는 선지자의 이러한 기대를 저버리지 않으신다. 그날이 되면 하나님께서는 이스라엘에게 출애굽 때의 기적을 다시 베푸실 것을 약속하신다(15절). 이스라엘이 하나님의 은혜와 구원을 개념화하는 일에 있어서 출애굽은 가장 중요한 사건이다. 하나님께는 출애굽 때 베풀어 주셨던 규모의 은혜를 다시 베푸실 의향이 있으신 것이다. 미가는 이런 날이 오기를 꿈꾸며 살았지만, 우리는 이미 예수 그리스도의 구원을 통해 경험했다. 예수를 구주로 영접한 순간, 우리는 죄의 나라를 탈출하여 하나님의 나라에 입성한 것이다.

하나님의 출애굽 기적을 재현하시겠다는 응답에 격려를 얻은 선지자가 감격하여 하나님의 약속을 찬양한다. 아무리 힘센 민족이라도 하나님께서 이스라엘을 위하여 새로운 출애굽의 은혜를 베푸셨다는 말을 들으면, 모두 기가 꺾일 것이며 함부로 입을 놀리지 못할 것이다(16절). 처음 출애굽 때 가나안의 나라들이 이스라엘의 하나님을 두려워했던 것처럼 그들도 여호와를 두려워하게 될 것이기 때문이다. 기세등등하여 코를 높이 들고 교만을 떨던 자들이 뱀처럼 티끌을 핥을 것이다(cf. 창 3:14).

높음으로 묘사되는 교만과 낮음으로 표현되는 수모의 대조를 생각해보라. 또한 두려움에 휩싸인 그들은 벌레가 구멍에서 나오는 것처럼 자신들의 거처를 떠나 하나님께로 와서 고개를 숙일 것이다(17절). 이 길만이 유일한 살길이기 때문이다. 그런데 이들의 두려움이 구원에 이르게 하는 두려움인가, 아니면 단순히 공포에 휩싸인 두려움인가? 즉, 본문이 이방인들의 구원을 암시하고 있는가, 아니면 이스라엘의 구원만이 주제인가? 학자들은 둘로 나누어져 있다. 구원과 상관없는 공포라고 하는 주석가들이 있는가 하면(Derousseaux; Waltke), 구원에 이르게 하는 경외라고 생각하는 사람들도 있다(Achtemeier; Barker). 본문이 이스라엘과 열방의 대조되는 운명을 강조하고 있다는 것을 생각하면 전자가 옳지만, 4:1-5와 같이 열방의 구원을 논하는 텍스트들을 감안하면, 후자도 배제할 수 없다.

III. 하나님께서 죄를 사하심(6:1–7:20)
3장. 확실한 소망과 기도(7:8–20)

4. 찬양의 노래(7:18–20)

18 주와 같은 신이 어디 있으리이까 주께서는 죄악과 그 기업에 남은 자의 허물을 사유하
시며 인애를 기뻐하시므로 진노를 오래 품지 아니하시나이다 19 다시 우리를 불쌍히 여기
셔서 우리의 죄악을 발로 밟으시고 우리의 모든 죄를 깊은 바다에 던지시리이다 20 주께

서 옛적에 우리 조상들에게 맹세하신 대로 야곱에게 성실을 베푸시며 아브라함에게 인애를 더하시리이다

일부 주석가들은 이 섹션과 출애굽기 34:6-7이 매우 유사하다고 생각한다(Limburg; Simundson). 또한 "여호와 같은 신이 어디 있으리까?"라는 질문은 마치 미가의 이름을 직접 풀어놓은 것과 같다. 선지자는 처음 출애굽을 통해 이미 놀라운 구원을 베푸셨고, 앞으로 있을 새로운 출애굽을 통해 다시 구원을 베푸실 하나님을 찬양한다. 선지자의 노래의 주제는 여호와를 누구에게 비교하겠느냐는 것이다(18절). 선지자는 이 섹션을 시작하면서 수사학적인 질문을 사용하여 하나님과 비교할 자가 결코 없다고 강하게 역설한다(forcible denial)(GKC). 이 세 절의 내용이 하나님의 백성을 향한 긍휼을 얼마나 잘 표현하고 있는지 당시 속죄일 오후에 요나서와 함께 읽혔으며, 오늘날에도 새해 첫날 오후가 되면 정통파 유태인들은 강과 같이 흐르는 물을 찾아가 자신들의 죄를 물에 던진다는 뜻에서 주머니를 강물에 비우며 이 구절들을 외운다(Feinberg).

미가는 이 세상에 여호와 같은 분이 없다는 것을 증언하며 하나님의 성품 몇 가지를 노래한다. 첫째, 여호와는 죄를 용서하는 하나님이시다. 인간의 가장 근본적인 문제이자 가장 해결하기 어려운 문제라고 할 수 있는 죄가 하나님께는 문제가 되지 않는다. 선지자는 하나님께서 어떤 죄라도 용서하실 수 있다는 점을 강조하기 위하여 18-19절에서 세 개의 다른 히브리어 단어를 사용하여 죄를 논한다: 죄(עָוֹן), 죄악(פֶּשַׁע), 허물(חַטָּאת). 그뿐만 아니라 하나님께서 백성들의 죄를 확실히 용서하신다는 의미에서 용서와 연관된 동사 네 개를 사용한다: '들다'(נשא), '지나가다'(עבר), '복종시키다'(כבש), '던지다'(שׁלך). 미가서 7:18을 구성하는 가장 중요한 단어들이 이사야서 53장의 수난 받는 종에게 적용되었다 — 들다(נשא)(12절), 죄(עָוֹן)(6, 11절), 죄악(פֶּשַׁע)(8, 12절) — 모두 다 하나님의 즐거움이다(חָפֵץ)(10절)(Waltke).

둘째, 하나님의 진노는 잠시이다. 인간이 죄를 지을 때, 하나님께서는 당연히 분노하신다. 그러나 그의 분노는 오래가지 않는다. 그의 진노가 오래가면

사람들은 모두 죽게 된다. 하나님의 창조 섭리는 죽이는 것이 아니라 살리는 것이기 때문이다(사 57:16).

셋째, 하나님은 심판 다음에 사랑(חֶסֶד)을 베풀기를 즐거워하신다(חָפֵץ). 하나님께서는 주의 백성들과 결코 뗄 수 없는 언약 관계로 맺어 있으시기 때문에 그들에게 인애 베푸시기를 즐겨 하시는 것이다.

넷째, 하나님께서는 용서받은 백성들에게 자비(רחם)를 베푸신다. 이 동사에서 아이가 자라는 '자궁'이라는 단어가 파생되었다. 하나님께서 어미가 자궁에 있는 아이를 소중히 돌보는 것처럼 주의 백성을 소중히 돌보신다는 뜻이다.

다섯째, 하나님께서는 용서한 죄는 더 이상 기억하지 않으신다. 선지자는 하나님께서 죄를 발로 밟아서 바다 밑 깊은 곳으로 던지신다고 한다. '밟다'(כבש)의 문자적 의미는 '복종시키다/정복하다'(subdue)이다. 전쟁에서 승리한 왕이 승리를 상징하기 위하여 패배한 왕의 목을 밟듯이, 하나님께서 백성들의 '죄의 목'을 밟으시고 그들을 자유롭게 하셨다(Kelley). 그뿐만 아니라 하나님께서는 용서한 죄를 바다 깊은 곳에 던지신다. 더 이상 이 죄를 문제 삼지 않으실 뿐만 아니라 이 죄에 의하여 주의 백성이 계속 지배되거나 영향받는 것을 원치 않으신다는 의지의 표현이다(Fausset). 다른 선지자들은 "더 이상 기억하지 않으신다", "어두운 곳에 던지신다" 등으로 같은 개념을 표현한다(렘 31:34; 50:20; 사 38:19; 43:25; 44:22) .

선지자가 확신을 가지고 매우 파격적인 은혜를 기대하며 노래한다. 그러나 그는 자신의 이러한 기대가 결코 놀랄만한 일이 아니라고 간증한다. 하나님께서는 이미 오래전부터 놀라운 은혜를 베풀어 오셨기 때문이다(20절). 이스라엘이 하나의 국가로 탄생하기 전부터 하나님께서는 그들의 선조 아브라함과 야곱에게 은혜를 베푸셨다. 그 하나님께서 지금까지 꾸준히 은혜를 베풀어 주셨기 때문에 확신을 가지고 미래의 은혜를 기대할 수 있는 것이다. 이처럼 주의 백성들에게 과거에 베풀어주신 하나님의 은혜는 추억 속에 머물지 않고 현재와 미래에 직접 영향을 미치는 것이다. 우리는 과거에 근거해서 미래를 기대할 수 있다.

위의 내용은 세 가지로 요약될 수 있다: (1) 여호와는 용서하는 사랑의 하나님이시다(18절); (2) 그는 구원의 능력을 지니신 하나님이시다(19절); (3) 그는 영원히 신실하신 하나님이시다(20절)(Carlson). 이러한 것들은 결코 비교될 수 없는 하나님의 트레이드마크(trademark)이다. 그러나 그분의 가장 위대한 상표는 구속하는 주로서 인류의 역사에 개입하신다는 점이다. 즉, 하나님의 비교할 수 없는 성품(incomparability)과 인류 역사에 구세주로 개입하시는 것은 불가분의 관계에 있다. 분노하신 하나님의 임재로 시작한 책이 그분의 은혜에 대한 찬양으로 끝을 맺는 것이 매우 인상적이며 감격적이다(Mays). 이러한 변화가 가능한 것은 물론 하나님의 자비 때문이다.

엑스포지멘터리

나훔

나훔

누가 능히 그의 분노 앞에 서며
누가 능히 그의 진노를 감당하랴
그의 진노가 불처럼 쏟아지니
그로 말미암아 바위들이 깨지는도다
여호와는 선하시며 환난 날에 산성이시라
그는 자기에게 피하는 자들을 아시느니라
(1:6–7)

볼지어다 아름다운 소식을 알리고
화평을 전하는 자의 발이 산 위에 있도다
유다야 네 절기를 지키고 네 서원을 갚을지어다
악인이 진멸되었으니
그가 다시는 네 가운데로 통행하지 아니하리로다 하시니라
(1:15)

나훔서는 회개와 용서 또는 소망적인 메시지는 거의 언급하지 않고 대부분 일방적으로 심판만을 선언하고 있다 하여 때로는 '혐오 찬송'(hymn of hate)으로 취급되기도 한다. 정죄와 심판을 핵심적인 주제로 다루고 있는 나훔서는 기독교인들이 그다지 반기지 않는 책이다. 오늘날 이 책은 기독교인들에게 거의 잊힌 책이 되었을 뿐 아니라, 무한한 사랑과 자비와 용서만을 선포하는 교회에게는 당혹감과 난처함을 안겨다 준 책이기도 하다.

선지자 나훔은 유다를 잔인하게 지배하며 괴롭히던 종주국 아시리아의 멸망을 예언함으로써 머지않아 구원과 자유가 주의 백성에게 임할 것을 선

언한다. 그러나 나훔의 메시지는 유다 역사의 한순간뿐만 아니라, 시간과 장소를 초월하여 언제 어디서든지 여호와의 백성을 핍박하는 악한 세력은 망한다는, 고통 당하는 주의 백성을 위로하는 책이다. 또한 약자들을 짓밟는 모든 자들에게 하나님께서 반드시 그들을 심판하실 것이라고 경고하는 메시지이기도 하다. 때로는 하나님의 심판이 더디게 오는 것 같지만, 반드시 올 것이며, 심판이 임하는 날 사람들이 누구와 무엇을 신뢰하는가가 결정적인 이슈가 될 것이다(Bruckner). 이러한 차원에서 나훔서는 아시리아, 바빌론, 그리스, 로마 제국 등을 비롯해서 현대사에 등장하는 나치, 공산당 등 어떠한 권세와 세력이든 하나님의 백성의 자유를 구속하고 그들을 핍박하는 모든 민족들에게 경종을 울리는 메시지를 선포하고 있다. 때로는 주의 백성을 억압하는 악의 세력이 영원히 지속될 것 같지만, 하나님의 심판을 받아 아시리아가 순식간에 멸망한 것처럼 반드시 망할 것이라는 경고가 바로 나훔의 메시지이다.

1. 선지자

이 책이 나훔이란 이름과 연관되어 있다는 것 외에 그에 대하여 아는 것은 거의 없다. 그의 이름 '나훔'(נַחוּם)은 히브리어 동사 '위로하다'(נחם)(cf. 사 40:1)의 파생어이며 느헤미야(נְחֶמְיָה)("여호와께서 위로하셨다")의 준말일 수도 있고 '위로자'라는 의미를 지닌 이름일 수도 있다(Bruckner; cf. HALOT). 선지자의 메시지가 이스라엘을 괴롭히는 원수의 종말을 예고하는 것과 잘 어울리는 이름으로 생각된다(Bailey). 학자들은 나훔서에 근거하여 그를 위대한 사람으로(Maier), 하나님과 그의 말씀에 대하여 매우 깊은 견해를 가졌으며 역사와 사회의 흐름을 읽었던 통찰력을 지닌 선지자로(Patterson) 평가하기도 한다.

한때 학자들은 나훔이 예루살렘 성전에서 사역한 성전 선지자(cultic prophet)라고 했다(Jeremias). 그가 유다의 원수들에게 맹렬한 비난을 퍼부어댄다는 이유에서였다. 그러나 이러한 추측은 선지자들과 그들의 사역에 대한 매우 편협한 이해에서 비롯되었다는 것이 오늘날 학자들의 결론이다. 선지자들이 누구를 비난하는가가 그들의 사역의 성향이나 양상을 결정할 수 없기 때문이다(Sweeney).

나훔은 이스라엘이 아시리아의 통치하에 있을 때 태어나 사역했다. 그는 아시리아와 같은 악의 세력은 결코 오래 존속하지 않을 것이며 분명히 멸망할 것이라는 확신 속에서 메시지를 전했다. 이 과정에서 그는 아시리아의 잔인성과 반인륜적인 행위에 의로운 분노(righteous indignation)를 표출했다(Heflin). 나훔은 엘고스 사람(הָאֶלְקֹשִׁי)이었다고 기록하고 있는데(1:1), 엘고스가 어디에 위치했는지 아직까지 밝혀진 바가 없으며, 이 도시(지역)가 아시리아, 갈릴리, 유다의 일부였을 것이라는 추측만 난무할 뿐이다(cf. Sweeney).

2. 역사적 정황

책 안에서 발견되는 몇 개의 역사적 힌트가 나훔서의 저작 연대를 주전 663년에서 612년 사이로 가늠하게 한다(cf. Floyd). 3:8-10은 나훔이 고대 이집트의 수도였던 테베(노아몬)가 아시리아의 손에 함락된 직후에 활동했음을 시사하고 있다: "네가 어찌 노아몬보다 낫겠느냐 그는 강들 사이에 있으므로 물이 둘렸으니 바다가 성루가 되었고 바다가 방어벽이 되었으며 구스와 애굽은 그의 힘이 강하여 끝이 없었고 붓과 루빔이 그를 돕는 자가 되었으나 그가 포로가 되어 사로잡혀 갔고 그의 어린아이들은 길모퉁이 모퉁이에 메어침을 당하여 부서졌으며 그의 존귀한 자들은 제비 뽑혀 나뉘었고 그의 모든 권세자들은 사슬에 결박되었나니"(개역). 테베(Thebes)는 나일 강 상류에 위치했으며 험한 지형과 나일 강에 의하여 보호되었던 천연요새로서 도저히 공략할 수 없는 도시로 여겨졌다. 그러므로 아시리아 군이 663년에 이 성을 탈취한 것은 매우 대단한 업적으로 평가되었다(Floyd).

고대 근동 자료에 의하면 아시리아의 수도 니느웨가 메대 사람들에 의하여 625년에 정복당한 일이 있었다. 상당수의 학자들은 나훔이 바로 이때를 전후로 메시지를 선포했을 것으로 간주하기도 한다(Soggin; Kaiser; Cathcart; Roberts). 그러나 니느웨는 다시 612년에 메대—바벨론 연합군에게 함락되어 다시는 과거의 영광을 회복하지 못했다. 몇몇 학자들은 나훔이 612년에 있었던 니느웨의 멸망 이후에 자신의 책을 정리한 것이라고 주장한다(Fohrer; Eissfeldt; Ackroyd; Weiser). 그러나 대부분의 학자들은 나훔서가 니느웨의 612년 멸망을 가까운 미래의 일을 암시하고 있다고 해석한다(Sweeney; Achtemeier; Bailey). 나훔이 메시지를 선포한 연대가 이보다 한참 전이었다는 주장도 있다(Meier; Longman; Rudolph).

성경에서 때로는 '불'로 알려지기도 한 디글랏빌레셀(Tiglath-pileser III, 745-727BC)이 아시리아의 왕위에 오른 이후로 아시리아는 고대 근동의 제국으로 자리를 잡았다. 종주국의 위치에서 군림했던 아시리아는 단순히 종속국들의 정치에 관여하며 조공을 받는 데에 그치지 않고 그들의 사회, 종교에도 영향력을 행사한 나라였다. 이런 상황에서 약소국가인 유다와 이스라엘의 처지는 당연히 어려울 수밖에 없었다.

열왕기하는 유다의 아하스와 이스라엘의 므나헴이 디글랏빌레셀과 어떤 관계에 놓여 있었는지 잘 묘사하고 있다. 북 왕국의 므나헴은 디글랏빌레셀로부터 자기 정권의 정당성을 인정받기 위하여 그에게 은 1,000달란트를 주었다: "앗수르 왕 불이 와서 그 땅을 치려 하매 므나헴이 은 일천 달란트를 불에게 주어서 저로 자기를 도와주게 함으로 나라를 자기 손에 굳게 세우고자 하여 그 은을 이스라엘 모든 큰 부자에게서 토색하여 각 사람에게 은 오십 세겔씩 내게 하여 앗수르 왕에게 주었더니 이에 앗수르 왕이 돌이키고 그 땅에 머물지 아니하였더라"(왕하 15:19-20, 개역). 유다 왕 아하스는 시리아의 르신과 이스라엘의 베가가 반아시리아 반역에 가담하지 않은 그를 치기 위하여 예루살렘을 공략했을 때, 사람을 보내 디글랏빌레셀의 도움을 받아 위기를 모면했다. 이 일이 있은 후 아시리아의 신을 숭배하는 제단이 예루살렘에 세워졌으며(왕하 16:10-16), 이들의 정치—경제적인 압박은 나훔 선지자가 활약하던 시대까지 지속되었다.

아하스 시대부터 유다는 100여 년 동안 아시리아의 종속국으로 존재했다. 아시리아는 유다 사람들에게 있어 그들을 억압하는 혹독하고 무자비한 종주국이었다. 이스라엘에게 한없이 잔인하기만 했던 아시리아는 니느웨를 중심으로 형성된 나라였다. 니느웨는 도시 중심을 흐르는 코서(Khoser) 강에 의하여 남과 북으로 나뉜 곳이었다. 북쪽 지역은 면적이 남쪽 지역의 두 배에 달했으며, 13km의 성벽으로 둘러싸였던 니느웨의 면적은 1,800에이커(1에이커 = 4046m² = 1250평)(총 225만 평) 정도 되었다. 당시 도시국가치고는 매우 큰 규모라 할 수 있다. 고고학자들은 니느웨가 주전 5,000년부터 도시로 존재했으며 3,000년 이후부터 이 도시에 이스타르(Ishtar) 여신의 신전이 있었다고 말한다.

이스라엘이 한창 가나안에 정착하던 1400-1200년에 이르러 살만에셀(Shalmaneser I)과 디글랏빌레셀(Tiglath-pileser I)이 대단한 규모의 건축사업을 통하여 니느웨의 규모를 키웠다. 주전 700년경에 산헤립이 니느웨에 새 궁궐을 세우고 아시리아의 수도로 삼으면서 도시는 최고의 전성기를 맞이하게 되었다(이때까지 아시리아의 수도는 앗술이었다). 산헤립은 도시에 정원들을 세웠고 약 50km에 달하는 수로 시스템을 건설하였다. 그의 후계자들인 에살핫돈(Esarhaddon)과 아술바니발(Ashurbanipal)도 꾸준히 건축사업을 지속해 나갔다. 특히 아술바니발의 도서관은 수만 점의 흙판 문서가 보존된 상태에서 발굴되어 고고학자들과 역사가들에게 매우 중요한 자료를 제공하고 있다.

히스기야가 유다를 통치하던 시대에 산헤립은 유다를 공략하여 히스기야를 예루살렘에 마치 '새를 새장에 가두듯이' 가두어둔 적이 있었다. 다행히 하나님의 기적적인 개입으로 유다는 풍전등화(風前燈火)의 위기를 모면했다(cf. 사 36-39; 왕하 18장). 그러나 산헤립이 유다에서 철수한 다음에도 아시리아의 영향력은 유다 땅에서 지속되었다. 므낫세(697-643)는 바알과 아세라를 중심으로 한 아시리아의 종교를 지향했으며(왕하 21:3), 그의 아들 아몬은 암살될 때까지 2년 동안 아버지보다 더한 배교행위를 지향했다(왕하 21:23). 아몬이 왜 암살을 당했는지 정확히 알 수는 없지만, 아마도 유다의 외교정책에 변화를 추구하던 자들의 음모에 의하여 저격되었을 것이다(Malamat).

아몬의 아들 요시야가 왕이 되었을 때(주전 641년) 아시리아는 유다의 종주국으로 이미 100여 년 동안 군림해오던 상황이었다. 아마도 이때 대부분의 유다 사람들은 옛적 다윗시대에 누렸던 정치적—종교적 독립을 갈망했을 것이다. 이러한 갈망 속에서 아시리아의 마지막 왕 아술바니발(Ashurbanipal)이 627년에 죽자, 요시야는 마치 기다렸다는 듯이 종교개혁을 단행했다.[6] 그는 예루살렘에서 이방 종교들의 흔적을 뿌리뽑고자 했으며 바알 제단과 아세라 상들을 자신이 보는 앞에서 부수도록 했다(대하 34:3–7). 이 같은 행위는 아시리아의 신들을 거부하며 므낫세의 종교적 복합주의를 지탄하는 것을 의미했다(Bright).

이런 정황에서 볼 때 627년은 고대 근동뿐만 아니라 이스라엘의 역사 속에서도 매우 중요한 해였다. 이 해에 아술바니발의 죽음은 곧 아시리아의 쇠퇴로 이어졌다. 그의 죽음은 아시리아의 내부적 갈등으로 이어졌으며, 반(半)유목민(seminomad)으로 분류되는 키메리오스족(Cimmerians), 스키타이족(Scythians), 메대족(Medes) 등이 압력을 가해왔다. 지금까지 아시리아의 속국으로 있었던 바빌론에서는 느보(Nabopolassar)가 왕이 되었으며 623년에는 아시리아로부터 독립을 선언하였을 뿐만 아니라, 아예 아시리아 공략에 나섰다. 아시리아는 614년에 앗술을 메대 사람들에게 빼앗겼으며, 612년에는 느보가 이끄는 바빌론과 메대의 연합군이 수도 니느웨를 공격해서 취했다. 그들은 여세를 몰아 610년에 하란을 함락시켰으며, 605년에는 갈그미스 전투를 통하여 아시리아를 지도에서 지워버렸다.

아술바니발이 죽은 627년에 유다에서는 예레미야와 스바냐, 두 선지자가 사역을 시작했다. 선지자들은 이처럼 국제 정세가 불안한 시기에 유다가 하나님과의 관계를 회복해야 한다고 호소했다. 나훔의 메시지는 이 같은 역사적 배경과 잘 어울린다. 나훔은 예레미야나 스바냐보다 더욱더 강도 높게 아시리아의 종말을 선언함으로써 앞으로 하나님의 백성인 유다가 진정한 종교의 자

6 역대기 저자는 요시야가 즉위 8년이 되던 해에 이미 '어린 나이'로 종교개혁을 시도했다고 기록하고 있다(대하 34:3).

유를 누리게 될 것이니 그때를 위하여 미리 준비하라는 권면을 하고 있다. 게다가 성전을 보수하던 제사장 힐기야가 621년에 율법 책을 발견한 사건은 이러한 기대와 함께 종교개혁에의 의지를 더욱더 확고하게 하였을 것이다. 율법 책이 발견된 후에 이스라엘은 유월절을 지키고 점술가들을 그들의 영토에서 몰아냈다. 이러한 노력을 높이 평가한 열왕기 저자는 요시야를 전무후무(前無後無)한 왕으로 평가하였다. "요시야와 같이 마음을 다하며 성품을 다하며 힘을 다하여 여호와를 향하여 모세의 모든 율법을 온전히 준행한 임금은 요시야 전에도 없었고 후에도 그와 같은 자가 없었더라"(왕하 23:25).

유다의 왕 요시야의 통치 기간(641–609년)이 나훔 선지자의 사역 후반기와 겹친다는 점을 감안하면, 당시 아시리아의 지배하에 힘들어하던 요시야 왕이 나훔 선지자의 메시지를 통하여 큰 위로를 얻었을 것을 충분히 상상할 수 있다. 요시야는 종주국으로 섬기기를 힘들어하고 괴로워하던 아시리아가 곧 망하는 것이 하나님의 뜻이라는 메시지를 들을 때마다 아마도 앓던 이가 빠지는 시원함을 느꼈을 것이다. 그러나 그는 아시리아의 최종적인 종말은 지켜보지 못하고 609년에 므깃도에서 죽었다. 아시리아가 625년에 제국의 위상이 흔들리기 시작했지만, 605년에야 갈그미스(Carchemish)에서 이집트의 도움에도 불구하고 바빌론—메대 연합군에 패하여 지도에서 사라졌기 때문이다.

3. 다른 책들과의 관계

나훔서가 니느웨를 중심 주제로 다루고 있다는 것은 요나서가 니느웨 사람들에게 심판을 경고한 것과 비슷하다(욘 3:4). 또한 두 책 모두 질문으로 마무리되는 점도 비슷하다(욘 4:11; 나 3:19). 반면에 내용적으로 요나서는 소망적인 질문으로 끝나지만, 나훔서는 절망적인 질문으로 마무리 된다는 점이 인상적이다. 요나서와 나훔서 둘 다 하나님을 심판하시는 분이시며 용서하시는 분으로 묘사하는 것에서도 같다. 그러나 나훔서가 강조하는 것은 심판하시는 하나님이며, 요나서가 강조하는 것은 용서하시는 하나님이다. 니느웨 사람들은 여호와의 신탁을 선언한 두 히브리 선지자들에게 각기 다른 반응을 보였다. 요나가 경고했을 때에 그들은 회개하여 재앙을 면했다. 그러나 나훔이 심판을 선언했을 때에는 귀담아 듣지 않아 멸망했던 것이다.

때로는 나훔서가 다른 선지서들의 여러 사상과 문체를 반영한 일종의 선지자적 칸타타로 여겨지기도 한다(Fohrer). 특히 한 주석가는 나훔서와 이사야서의 관계에 대하여 다음과 같은 공통점들을 제시한다(Armerding).

테마	나훔	이사야
사자(使者)가 온다	1:15(cf. 12)	52:7
더 이상 침략이 없다	1:15	52:1(51:22-23)
족쇄에서 자유	1:13	52:2
고통에서 자유	1:12	51:21
노예로 팔림	3:4	52:3
사자(使者)양식	1:12	52:3
취함	3:11	51:21
파괴	3:7	51:19
파멸	3:19	51:19
칼	2:13; 3:3,15	51:19
하나님의 진노	1:2, 6	51:17, 20, 22
위로, 애통	3:7	51:19
위안, 위로	3:7	51:19
바다를 말림	1:4	50:2
레바논, 바산, 갈멜	1:4	33:9
보복	1:2	59:17-19
폭풍과 지진	1:3-6	29:6
마르는 식물	1:4	33:9; 50:2
물이 마름	1:4-5	42:15
좋은 소식을 전하는 자의 발	1:15	52:1, 7

테마	나훔	이사야
노획	2:9-10	24:1, 3
떨림	2:10	21:3-4
벌거벗음의 부끄러움	3:5-7	47:2-3
누가 위로할 수 있는가?	3:7	51:19
회오리바람과 불	1:3, 6	66:15-16

나훔서는 요나서와 이사야서 외에도 선지서, 특히 소선지서들과 일맥상통하는 부분이 있다. 나훔서는 소선지서 12권 중 7번째 책이며, 미가서의 뒤를 잇는 책이다. 미가서는 하나님께서 이스라엘과 유다를 심판하신 후에 예루살렘을 세계의 중심지로 회복시키실 계획을 선포했다. 나훔서는 이스라엘과 유다가 회복되는 데 가장 큰 문젯거리인 아시리아의 멸망을 예언하는 일을 통해 미가의 예루살렘 회복 메시지를 뒷받침한다(Sweeney). 니느웨의 몰락은 곧 예루살렘 회복의 시작을 알리는 신호탄인 것이다. 나훔서의 뒤를 잇는 하박국서, 스바냐서, 학개서, 스가랴서, 말라기서 등이 이 회복 프로그램의 추가적인 단계와 세부사항을 전개해 나가고 있다.

소선지서 12권의 순서에서 나훔서는 요엘서, 오바댜서, 요나서 등을 뒤따르고 있는데, 이 책들은 한결같이 열방에 대하여 언급한다. 요엘서는 종말에 하나님께서 에돔을 심판하는 일을 통해 온 열방을 심판하실 것을 선언했다. 오바댜서 역시 에돔을 표적으로 심판 메시지를 전한다. 요나서에 접어들면서 열방의 상징이 에돔에서 니느웨로 바뀌었다. 요나서는 하나님께서 회개하는 니느웨에게 용서와 자비를 베푸실 것을 선언하지만, 나훔서가 뒤따르면서 니느웨가 요나의 메시지를 듣고 회개하여 일시적으로 재앙은 면했지만, 그들이 회개에 합당한 열매를 맺지 못하여 마침내 멸망했음을 알린다(Sweeney). 결국 열방은 하나님의 심판을 받기에 합당하며, 나훔서를 뒤따르는 소선지서들이 이 열방을 몰락시키시는 하나님의 계획을 점차적으로 드러내는 것이다.

4. 통일성

니느웨의 종말을 예고하고 있는 나훔서의 문학성에 대하여 학자들은 이구동성으로 극찬한다. 폰라드(von Rad)는 나훔의 시적(詩的) 감각은 구약의 그 어느 시인보다도 뛰어나다고 평가하는가 하면, 19세기의 학자 로트(Lowth)는 소선지서들 중에서 나훔과 같이 문장력이 뛰어나고 언어운용을 잘하는 선지자는 없다고 단언했다. 또한 학자들은 나훔서에서 다른 선지서들에서는 찾아볼 수 없는 독창성과 창의력을 감지하는가 하면, 크고 작은 문학적인 기술들을 많이 포착했다.

그러나 모든 사람들이 나훔서를 한 선지자의 걸작품으로 보지는 않는다. 나훔서의 내용 중 어느 부분이 선지자에게서 비롯된 것이며, 어느 부분을 다른 사람(들)이 삽입한 것인가에 대하여 상당한 논란이 있다. 한 학자의 말을 빌리자면 "비평학자들은 나훔서의 47절 중 거의 모든 절이 상당한 삽입을 포함하고 있다고 주장해 왔다"(Maier)라고 한다. 즉, 나훔서는 아주 오랜 전통의 편집과 재편집을 반영하고 있다는 것이다(Jeremias; Schulz; Renaud; Seybold; Sweeney). 또한 나훔서는 여러 사람의 메시지로 구성되어 있으며, 이 모든 메시지가 아시리아의 멸망이라는 공통분모로 묶여 있다고 한다(Seybold; Roberts). 그러나 이러한 주장은 크게 설득력이 없음이 첫째, 진화론을 중심으로 한 전제(presupposition)에서 비롯된 것이요; 둘째, 역사적인 증거가 전혀 없으며; 셋째, 비평학자들 자신들도 전혀 공감대를 형성하지 못하고 있는 데서 드러난다(cf. Jeremias; Schultz; van der Woude; Floyd). 또한 이들이 주장하는 것처럼 나훔서가 여러 저자의 다른 메시지들을 모아 놓은 책이라면, 짜임새 있는 구조와 흐름이 있을 리 만무하다. 비록 학자들마다 제시하는 구조들이 서로 다르기는 하지만, 주석가들은 나훔서에서 명확한 구조와 흐름을 포착한다(Floyd). 어느 순간 나훔서의 통일성에 문제를 제기했던 학설들은 더 이상 큰 지지를 받지 못하게 된 것이다.

통일성보다 더 중요한 이슈는 책의 장르(Genre)를 무엇으로 이해하는가이다. 나훔은 자신이 남긴 문서를 '묵시 책'(סֵפֶר חֲזוֹן)이라 부른다(1:1). '묵시'는 책에 기록된 내용이 선지자에게서 비롯된 것이 아니라, 하나님께로부터 받은 것임을 밝히는 용어이다. '책'이라는 단어는 상당히 독특하다. 선지자들 중에서 자신의 작품을 책으로 구분하는 것은 나훔서에서만 보이는 현상이다. 선지자들이 처음에는 구두로 말씀을 선포했고, 차차 그 말씀이 책으로 정리되었다는 것이 일반적인 학계의 의견인데 반해 나훔서는 선지자가 처음부터 이미 집필된 책으로 하나님의 메시지를 선포했을 가능성을 제시한다(Longman & Dillard). 여기까지는 확실한데, 그다음이 논란의 대상이 된다. 나훔이 남긴 책의 장르는 무엇인가?

한때 독일 학자들 중 일부는 나훔을 '혐오 찬송'(hymn of hate)이나 했던 거짓 선지자로 취급했다(Jepsen; Marti; cf. Smith). 그러나 이러한 주장은 근거가 없을 뿐만 아니라 매우 어리석은 해석이다. 나훔서를 단순히 사람에 관한 책으로 여긴다면 이러한 해석도 완전히 배제할 수는 없겠지만, 나훔서에서 화산 터지듯이 터지는 하나님의 심판 선언은 그 메시지의 초점을 이스라엘의 하나님께 맞추고 있기 때문이다. 즉, 나훔서는 인간의 앙갚음이나 복수에 관한 책이 아니라, 하나님에 관한 책이다(Actemeier). 니느웨가 유다의 원수이기 때문에 심판을 받는 것이 아니라, 하나님의 원수이기 때문에 심판을 받는 것이다(Heflin). 만일 유다가 하나님을 대적한다면, 유다 역시 아시리아와 동일한 운명을 맞이하게 될 것이다. 여호와께서 온 세상에 있는 모든 사람들에게 공평하게 심판하실 것을 선언하는 책이 나훔서인 것이다(Baker). 나훔의 메시지가 심판을 선고하기 시작한 지 한참 후인 2:8에 가서야 니느웨의 이름을 언급하는 것도 이러한 책의 성향을 증거하고 있다(Longman & Dillard).

나훔서를 종말론적 찬양시로 보는 학자들도 있다(Schulz; Renaud). 그들의 주장에 의하면 나훔은 니느웨의 멸망을 역사의 한 순간을 장식한 사건으로만 보지 않고, 이 사건을 인류가 경험하게 될 종말론적인 사건으로 승화시켰다는 것이다. 요한계시록에서 바빌론이 하나님을 대적하는 악의 세력의 결집인 것처럼, 나훔서에서는 니느웨가 세상의 모든 악을 상징한다. 그러므로 하나님께서 니느웨를 멸하시는 것은 곧 종말에 하나님께서 모든 악의 세력을 물리치고 주의 백성을 구원하실 것을 뜻한다는 것이다(Childs). 이들이 증거로 제시하는 것은 1:2−8이 나훔서 곳곳에 묘사된 전쟁과 재앙을 모두 종말론화(eschatologize) 하는 기능을 하고 있다는 것과, 2:1에서 사용된 '파괴하는 자/벨리알'(בְּלִיַּעַל)이라는 단어가 니느웨를 사탄적인 인물 벨리알로 의인화하고 있다는 점이다(Jeremias; Renaud). 그러나 대부분의 학자들은 나훔 시대에 벨리알이 사탄적인 상징으로 자리를 잡았다는 것에 대하여 매우 회의적이며, 1:2−8이 나훔서에 기록된 전쟁들을 종말론화한다는 것에도 문제를 제기한다(Floyd; Sweeney).

또한, 나훔서가 성전에서 예배 때 사용된 예언적 예식(prophetic liturgy) 이었다고 주장하는 학자들도 있다(Humbert; Fohrer; Haupt). 이들에 의하면 나훔서는 예배를 드리러 오는 자들에게 하나님께서 그들을 괴롭히는 원수들을 벌하시고 평안을 주실 것을 선언하는 일종의 선언문이었다고 한다. 일부 학자들은 이 설을 한 단계 더 발전시켜 나훔서는 아시리아의 멸망을 축하하는 예배에서 처음 사용된 이후 이스라엘의 신년예배 때마다 하나님의 백성들을 대적하는 모든 원수들의 종말을 경고하는 예식서로 읽혔다고 주장했다(Eaton; Watts; Kaiser). 그러나 학자들은 이 주장을 거의 수용하지 않는다(Harrison; Childs; Floyd). 그럼에도 불구하고 나훔서가 신명기 32장, 시편 78편과 비슷한 장르를 따르고 있기 때문에 예배예식에서 정기적으로 사용되었을 가능성이 크다는 것이 학자들의 결론이다. 결론적으로, 나훔서와 같은 책이 과연 이스라엘의 예배에서 어떻게 사용되었을까 하는 것은 학자들을 겸손케 하는 질문으로 남겨져 있다 하겠다.

이 책에서는 나훔서를 선지자의 신탁들이 전통적인 예언 양식에 따라 구성된 예언서로 간주하고 주해해 나가고자 한다. 최근에 한 주석가는 나훔서가 우리말 성경들이 '말씀'이라고 번역하고 영어 성경들이 'burden'이라고 번역한 '마사'(מַשָּׂא) 장르에 속한다고 했다(Floyd). 그러나 그가 이 장르를 정의하는 것을 보면 예언서에 대한 전통적인 이해와 크게 다르지 않다.

5. 신학적 메시지

여호와를 대적하는 자들은 심판을 피하지 못할 것이라는 나훔의 메시지는 심판하시는 하나님이 어떤 분인가를 중심으로 전개된다. 또한 심판을 받는 자들이 저지른 죄는 어떤 것이며, 하나님의 심판이 주의 백성에게는 미래를 소망할 수 있는 근거가 된다는 점도 강조한다. 총괄적으로, 나훔서는 다음과 같이 네 가지의 신학적 주제들을 중심으로 선포되었다: (1) 하나님의 주권; (2) 하나님의 성품; (3) 죄; (4) 소망.

(1) 하나님의 주권

선지자는 아시리아의 갖은 간섭과 속박 속에서 살아가던 주의 백성에게 여호와의 주권을 상기시킨다. 물론 백성을 설득하는 것이 쉬운 일은 아니었다. 그들은 지난 100여 년 동안 지속되어온 종주국 아시리아의 폭행과 만행에 염증을 느끼며 해방될 날을 위하여 꾸준히 기도해왔음에도, 이렇다 할 응답을 받지 못하여 패배와 좌절에 젖어 있었던 사람들이었다. 심지어는 "여호와는 아시리아의 신들보다 약한 신이 아닐까?"라는 질문을 서슴없이 내뱉는 이스라엘에게 선지자는 그들의 하나님 여호와가 바로 역사의 주인이시고 통치자이시라는 사실을 강력하게 선포한다.

하나님의 주권과 연관하여 나훔서는 하나님의 엄격하심(severity)을 설명하고 있는데, 이스라엘 사람들은 하나님의 엄격하심이 선민인 자신들에게만 적용되는 것으로 이해해 왔다. 그러나 선지자는 하나님의 엄격하심이 주의 백성뿐만 아니라 세상의 모든 나라에 동일하게 적용된다는 점을 시사한다(Armerding). 바로 여호와께서 온 세상의 창조주이시기 때문에 하나님의 백성과 상관이 없어 보이는 이방인들도 하나님의 엄격한 심판의 대상이 되는 것이다. 그러므로 하나님의 엄격하심은 곧 주의 백성과 열방에 대한 하나님의 주권의 표현인 것이다.

나훔서는 주권자 하나님의 선처(kindness)도 강조한다. 하나님의 호의는 그의 백성들을 구할 능력과 의지가 표현될 때 드러난다(Armerding). 이스라엘은 지난 100여 년 동안 하나님의 의지를 확인할 수 없었다. 이제 나훔은 그들이 가장 두려워하던 적 아시리아의 멸망을 선언함으로써 주의 백성이 기다려왔던 구원이 임박했음을 선언한다. 선지자는 아시리아의 멸망이 여호와께서 하시는 일이라는 사실을 강조하여 그동안의 하나님의 침묵과 하나님의 주권은 무관함을 선언한다. 아시리아가 이스라엘을 억압할 수 있었던 것은 단지 여호와께서 자기 백성들을 징계하는 진노의 도구로 사용했기 때문이며(cf. 사 10:5), 이사야 선지자가 이미 예언했던 '아시리아 왕의 종말'이 이제야 제때를 맞은 것뿐이었다(cf. 사 10:12).

나훔서에 의하면 여호와의 주권은 자연(1:4–6, 8), 세상의 나라들(1:3, 6–10, 15; 2:1, 3–7)에 미친다. 세상의 모든 역사가 하나님의 통치권 밑에 있다(1:12; 2:13; 3:5–7). 필요에 따라서 여호와는 때를 기다리시지만(1:3), 백성의 충성을 요구하기 위하여 교만하고 탐욕스러운 나라에는 신앙에 상관없이 철퇴를 가하신다(1:2–3, 8–10, 14; 2:13; 3:5–7, 11–19). 그러나 진실한 자들에게는 소망과 확신을 주신다(1:7–8, 12–13, 15; 2:2). 선지자 시대에 아시리아는 세계를 영원히 지배할 듯한 느낌을 주었겠지만, 니느웨의 잔해가 증언하는 것처럼 아시리아의 운명은 세상의 주권자이신 여호와께 최종적인 결정권이 있었다. 여호와께서 악의 상징인 니느웨를 멸망하셨기 때문에 아시리아는 더 이상 세상에 존재하지 않는다.

(2) 하나님의 성품

나훔은 하나님을 시기와 복수심이 강한 분으로, 동시에 매우 선한 분으로 묘사한다. 이 성품들은 상반되는 것 같지만, 여호와께서는 자기 백성의 평안을 위해 끝까지 원수를 갚아주심으로써 그들에게 최고의 선을 베푸신다는 것이다. 나훔서 메시지의 중심사상은 정의의 하나님 여호와께서 결코 부정과 압박을 묵인하지 않으실 것이라는 점이다(Roberts). 나훔은 여호와의 보편성(universality)(1:12–14; 2:14; 3:5), 정의(justice)(1:2–3), 전능(omnipotence)(1:4, 9), 위엄(majesty)(1:3, 5), 자비(mercy)(1:3, 7, 12), 그리고 신실하심(faithfulness)(1:7)을 매우 감동적인 아름다움으로 표현하고 있다(Maier). 선지자는 압박을 멈추게 하기 위해서는 압박하는 자를 제거해야 한다고 한다. 그뿐만 아니라 큰 믿음을 지니고 있는 자는 항상 분노하는 자라고 주장한다(Bailey). 다시 말해, 하나님을 사랑하고 인류를 사랑하는 자들은 모두 억압, 비인도적 행위, 잔인함, 악행을 미워하고 경멸해야 한다는 것이다(Calkins).

(3) 죄

나훔서에서 악이 소개되고 또 악이 심판을 받는 것은 일종의 수미쌍관(首尾雙關, inclusio) 구조로 되어 있다(Actemeier). 죄는 하나님을 격노케 한다(1:6). 유다는 죄 때문에 고통을 당하고 있다(1:12). 나훔 시대에 세상을 통치했던 아시리아 제국은 하나님의 도덕적 기준은 고사하고 기본적인 외교적 윤리마저 무시한 채 만행을 저지르고 있었다(3:4, 19). 나훔은 아시리아가 자신의 만행, 도덕적 해이, 폭행, 피 흘림, 거짓, 사기, 그리고 무엇보다도 하나님을 거부한 것을 통해서 스스로 멸망의 길을 걷고 있다는 것을 선언한다. 선지자는 한 나라가 군사력과 무력을 자신의 안보(security)로 삼고 우상으로 숭배하는 것은 이미 죄가 그 나라를 지배하고 있음을 뜻하며, 이런 나라는 분명히 멸망하게 될 것이라고 선언한다. 하나님께서 결코 죄를 방관하지 않으실 것이기 때문이다.

죄에 관해 말하자면, 죄를 정의하는 율법을 가진 자들만이 죄를 짓는 것이 아니다. 율법이 없는 자들은 양심에 기초하여 기본적인 인간의 권리와 가치가 어떤 것인가를 알고 있다(cf. 롬 1-3장). 어떤 나라나 민족이라도 이러한 기본적인 권리와 가치를 부인하면 하나님의 심판을 면할 수 없다는 것이 선지자가 선포하는 메시지이다. 아시리아가 심판을 받는 이유도 바로 여기에 있다.

(4) 소망

나훔서는 여호와께서 니느웨를 심판할 수 있는 능력을 지니고 있으실 뿐만 아니라, 심판하시겠다는 의지도 가지고 있음을 확인하고 있다. 또한, 메시지의 대상은 니느웨이지만, 실제로 메시지를 듣는 청중은 그들에게 고통을 당하는 유다 사람들이라는 사실을 통해 또 다른 목적을 이루시고자 하신다. 즉, 나훔서는 이스라엘을 위로하는 데 주목적이 있는 책이다. 비록 주의 백성이 마치 영원히 군림할 것 같은 압제자들로부터 고통을 당하고 있지만, 하나님께서는 분명히 그 압제자들을 몇 년 안에 심판하실 것을 선언함으로 유다를 위로하고자 하는 것이다.

아시리아에 대한 선지자의 예언이 성취된 이후부터 나훔서는 압제당하는 모든 자들에게 시대와 문화를 초월해서 소망의 횃불이 되었다(Bailey). 아시리아와 니느웨는 단지 역사 속에만 존재했던 한 나라와 도시가 아니라, 시대를 막론하고 착취와 압제를 행하는 자들의 상징이 되었던 것이다: "나훔에게 니느웨는 하나의 평범한 도시가 아니었고, 아시리아는 또 하나의 천한 문명이 아니었다. 니느웨와 아시리아는 하나님의 계획과 그의 백성을 방해하고 억제하려는 최종적이고 초자연적인 악을 상징했다. 그러므로 아시리아의 멸망은 하나님의 승리의 사인(sign)이자, 하나님의 힘과 정의가 세상의 모든 악의 세력을 물리칠 것이라는 소망의 바탕이 되었던 것이다"(Watts).

6. 개요

나훔서는 47절로 구성된 짧은 책이지만 구조를 파악하는 것은 결코 쉽지 않다는 것이 학자들의 공통된 생각이다. 기본적인 틀이나 구성 요소들이 포착되기는 하지만 이것들을 어떻게 해석하고 소화하느냐는 별개의 문제인 것이다. 한 주석가는 나훔서를 크게 두 섹션(1:1–2:11; 2:12–3:19)으로 나누는가 하면(Floyd), 세 섹션(1:1–10; 1:11–2:1; 2:2–3:19)으로 나누는 학자도 있다(Sweeney). 나훔서가 세 개의 주요 섹션으로 구성되었다고 보는 다른 주석가는 1:2–2:2를 아시리아의 유죄와 이스라엘의 무죄를 선고하는 법정 드라마로 간주한다(Baker). 그리고 2:3–10, 3:2–3는 3:1에 표현된 장송곡(dirge)을 중심으로 한 구체적인 니느웨의 포위와 전쟁을 묘사하는 것으로 이해한다.

로버츠(Roberts)는 네 개의 연관된 오라클이 나훔서의 구조를 형성하고 있다고 생각한다: (1) 유다에게 선포된 확신(1:2–2:1); (2) 아시리아의 왕에게 선포된 경고(2:2–14); (3) 니느웨를 향한 '화' 선포(3:1–17); (4) 아시리아의 왕에게 선포된 경고(3:18–19). 마이어(Maier)도 나훔서를 '아시리아의 멸망'이라는 테마에 초점이 맞추어진 네 개의 메시지로 구성된 것으로 해석하지만, 섹션화하는 텍스트의 범위에서는 현저한 차이를 보이고 있다. 그의 제안은 다음과 같다: (1) 표제(1:1); (2) 시작하는 노래(1:2–8); (3) 니느웨의 종말에 대한 예언(1:9–2:1); (4) 니느웨 종말의 참담함(2:2–14); (5) 니느웨에 대한 선지자적 비난(3:1–19). 더 나아가 나훔서를 최소한 일곱 섹션으로 구성된 것으로 보는 사람도 있다. 이처럼 나훔서를 섹션으로 구분하는 것과 전체적인 구조를 제시하는 일은 학자들에 따라 천차만별이며, 심지어는 텍스트가 어떻게 세분화되어야 하는지에 대해서도 주도적인 여론이 형성되어 있지 않다.

이같이 혼란스러운 상황에서도 나훔서에 대하여 짜임새 있는 구조를 제시하는 학자들도 있다. 패터슨(Patterson)은 나훔서에 대하여 매우 짜임새 있는 구조를 제시한다. 그는 나훔서가 각 주요 섹션(1:15; 3:18–19)과 작은 섹션(2:13; 3:7)을 사자(使者)의 활동/비활동(activity/inactivity)에 대한 일종의 '후렴'으로 마치고 있다고 본다. 그는 반복적인 구조로 테마(1:2; 2:1–2), 점진성(1:2–10; 2:3–10; 3:1–7), 그리고 적용(1:11–15; 2:11–13; 3:8–19) 등을 제시한다. 악트마이어(Achtemeier)는 시작하는 노래(1:2–11)와 책의 마지막 부분을 장식하고 있는 심판선언(3:14–19)이 히브리어 단어 '악'(רָעָה)을 중심으로 일종의 수미쌍관(首尾雙關, inclusio)을 형성하고 있다고 주장한다. 그리고 그 중심부에는 네 개의 심판 신탁이 있는 것으로 간주한다(1:12–15; 2:1–13; 3:1–7; 8–13). 이 네 개의 신탁은 한결같이 '보라'로 시작하는 하나님의 말씀으로 끝을 맺는다(1:15; 2:13; 3:5, 13).

아머딩(Armerding)은 다음과 같은 교차대구법적 구조를 제시한다. 그러나 면밀히 검토해보면 상당히 산만하고 다소 억지스러운 느낌을 준다.

주제	1장	2-3장
	판결(judgment) A	판결 A'
악에 대하여	1:11	3:19
물을 통하여	1:8	2:6, 8
불을 통하여	1:6	2:4; 3:13, 15
파괴	1:10	3:13, 15
취함	1:10	3:11
예외	1:7(신뢰하는 자)	2:2(이스라엘/야곱)
	선고(sentence) B	선고 B'
사자(使者)양식	1:12	2:13; 3:5
대상	1:14	3:13; 3:5
결과: 파멸	1:14-15	2;13; 3:16
더 이상 없음	1:14-15	2:13
종말: 혐오와 수치	1:14	3:5
	반응(Response) C	반응 C'
산 위에서	1:15	3:18
선포	1:15	3:13; 3:19

필자는 나훔서가 세 섹션으로 구성되어 있다고 생각하며, 각 섹션은 나훔서 3장을 이루는 각각의 장을 반영하고 있다고 간주한다. 즉, 첫 번째 섹션은 1장으로, 두 번째 섹션은 2장으로, 세 번째 섹션은 3장으로 구성되어 있다는 것이다. 이러한 이해 속에서 다음과 같은 분석을 바탕으로 책을 주해해 나갈 것이다.

Ⅰ. 표제(1:1)

Ⅱ. 하나님의 분노(1:2-15)

1장. 하나님의 복수(1:2-3a)

2장. 하나님의 능력(1:3b-6)

3장. 하나님의 징벌(1:7-11)

Ⅰ. 표제

1:1

1 니느웨에 대한 경고 곧 엘고스 사람 나훔의 묵시의 글이라

고대 근동의 군주가 아시리아에서 바빌론으로 바뀌는 중요한 역사적 전환점이었던 주전 7세기 말에 가나안에서 살았던 선지자 나훔은 자신의 신상 정보를 거의 남기지 않았다. '나훔'(נַחוּם)은 "[하나님께서] 위로하다"라는 뜻을 지녔으며(HALOT), 성경에서는 이 책을 남긴 선지자만 이 이름으로 불린다. 그가 누구의 자손이었으며, 선지자로 부르심을 받기 전에 어떤 일에 종사했는지 등에 대해서도 알려 주지 않는다. 선지자는 다만 자신이 엘고스 사람이라고만 할 뿐이다. '엘고스'(אֶלְקֹשִׁי)는 지역/마을 이름이 확실하다. 문제는 그 마을이 어디냐는 것이다. 학자들은 이에 대해 다양한 의견을 내놓는다(cf. Sweeney). 심지어는 가버나움(lit., '나훔의 마을')도 하나의 대안으로 제시된다. 그러나 엘고스가 갈릴리 호수 근처에 있었을 것이라는 추측 외에 정확한 것은 없다.

선지자는 자신의 책을 니느웨에 대한 경고, 묵시, 책/글이라고 부르고 있다. 성경은 '경고'(מַשָּׂא)라는 단어를 다양하게 사용한다. 이 단어는 지혜로운 말씀을 뜻하기도 하고(잠 30:1; 31:1), 열방에 대한 심판을 선언할 때 사용되는가

하면(사 13:1; 14:28; 15:1; 17:1; 19:1; 21:1, 11, 13; 23:1; 30:6), 독재자에 대한 비난(합 1:1; 렘 23:33; 겔 12:10), 각 개인에 대한 경고를 의미하기도 한다(왕하 9:25; 사 22:1; 대하 24:27). 또한 구원 선포를 표현할 때도 있다(슥 9:1; 12:1; 말 1:1). 이 단어는 매우 포괄적인 개념이며 선지자들의 사역과 깊이 연관되어 있다(cf. Sweeney).

나훔은 자신의 작품을 '글/책'(סֵפֶר)으로 부름으로써 학자들의 다양한 상상력을 유발한다. 선지서 중 나훔서만이 '책'이란 호칭을 사용하고 있기 때문이다. 이 호칭이 선지자가 처음부터 자신의 신탁을 문서화해서 배포했을 가능성을 시사하는 것으로 간주되기도 한다(Bailey; Floyd). 나훔은 아시리아의 통치 아래 고통을 당하던 이스라엘에게 자신의 예언을 문서화하여 비밀리에 유통시켜 주의 백성들을 위로했을 것이라는 추측도 있다(Keil; Rudolph; Longman). 그러나 나훔서의 표제에서 '책'이라는 단어가 사용되었다는 것이, 선지서가 먼저 구두로 선포하지 않고 처음부터 책의 형태로 배포되었다는 것을 전제하지 않는다는 주장도 있다(Achtemeier; Maier; Roberts).

나훔이 자신이 선포할 메시지를 '묵시'(חָזוֹן)를 통해 받았다고 밝히는 것은 그의 메시지의 출처가 어떤 개인의 사상이나 철학이 아니라, 하나님이라는 것을 강조하기 위해서이다(렘 14:14; 23:16). 그뿐만 아니라 묵시문학에서는 이성, 시간, 공간은 별로 중요하지 않으며 하나님께로부터 온 초자연적인 능력에 사로잡혀 말씀을 선포한다는 것이 중요한데, 나훔서의 경우 놀라울 정도로 정교한 시적(詩的) 문체가 바로 이러한 영감의 결과라 할 수 있다(Watts).

하나님의 영감에 사로잡힌 나훔은 니느웨에 대하여 말씀을 선포했다. 선지자가 활약하던 시절 니느웨는 아시리아의 수도로서 근동지역 정치의 핵심이었다. 아시리아는 매우 잔인했으며 공포로 종속국들을 다스리던 테러리스트 종주국이었다. 아시리아는 732년에 시리아를 지도에서 지웠으며, 북 왕국 이스라엘도 파멸에 이르게 하다시피 했다. 그러다가 불과 10년 후 722년에는 이스라엘을 아예 뿌리째 뽑아버렸다. 잔인한 아시리아가 이처럼 무자비했기 때문에 요나는 니느웨로 가는 것을 꺼렸던 것이다. 그러므로 나훔이 노래하고 있는 아시리아의 멸망은 온 세상이 손뼉을 치며 즐거워할 일이었다(3:19).

우리의 인생에 대한 최종적인 평가는 장례식에서 이루어질 것이다. 우리의 죽음을 슬퍼할 자가 많은가, 아니면 별로 없는가 하는 것은 우리에게 많은 것을 시사한다. 만약 우리의 죽음을 기뻐하는 사람들이 많다면 아마도 인생을 헛살았다는 느낌을 감추기 힘들 것이다. 하늘과 세상 앞에 부끄러움 없는 삶을 살며, 항상 남을 배려하는 삶을 산다면, 많은 이들이 우리의 죽음을 슬퍼하고 아쉬워하지 않을까?

EXPOSIMENTARY

Nahum

II. 하나님의 분노

1:2–15

나훔서의 첫 섹션은 찬양(1:2–8)과 여러 부류의 사람들에게 선언한 비난과 심판(1:9–15)으로 구성되어 있다. 그러나 이미 서론에서 언급한 것처럼 학자들은 매우 다양하게 본문을 섹션화한다. 이 책에서는 다음과 같은 구분을 바탕으로 주해해 나갈 것이다.

A. 하나님의 복수(1:2–3a)
　B. 하나님의 능력(1:3b–6)
A'. 하나님의 징벌(1:7–11)
　B'. 하나님의 두 말씀(1:12–14)
　　C. 분노의 의미(1:15)

1장 하나님의 복수
1:2-3a

2 여호와는 질투하시며 보복하시는 하나님이시니라 여호와는 보복하시며 진노하시되 자기
를 거스르는 자에게 여호와는 보복하시며 자기를 대적하는 자에게 진노를 품으시며 3a 여
호와는 노하기를 더디하시며 권능이 크시며 벌 받을 자를 결코 내버려두지 아니하시느니라

인류 역사에서 가장 중요한 질문들은 아마도 하나님에 관해서일 것이다. "하나님은 누구인가? 그분은 어떤 분이신가?" 라는 질문은 끊임없는 묵상과 상상을 자아냈다. 선지자들은 이 질문들에 대하여 다양한 답을 남겼다. 나훔도 전통적인 개념들을 통해 하나님을 설명하는 글을 남기고 있다. 선지자는 부분적인 유희시(acrostic poem)를 통해 여호와는 노하기를 더디 하지만 죄인은 분명히 심판하는 분이며, 압제 받는 자들의 원수를 갚아 주며 연약한 자들을 위로하는 분이라고 강조하고 있다.[7]

---

7 지난 100년 동안 학자들은 2-8절을 부분적인 알파벳 시로 간주해왔다. 이 섹션이 히브리어 알파벳의 처음 11개 중 9개를 사용하고 있기 때문이다. 그러나 본문을 살펴보면 알파벳 시로 보기에는 매우 불규칙적으로 사용하고 있기 때문에 이것이 정작 알파벳 시인가에 대한 의문이 생길 정도이다. 이런 이유로 일부 학자들은 본문을 알파벳 시로 인정하지 않는다(Floyd). 그러나 아직까지 대부분의 학자들이 이 섹션을 알파벳 시로 간주하는 점을 고려하여 필자도 이 섹션을 불완전한 알파벳 시로 여긴다.

일반적으로 유희시는 완전함(completeness)을 상징한다(Watson). 성경은 유희시들을 통해 시의 중심 주제의 완벽함과 완전함을 강조하는 것이다(Bailey). 그러나 본문에서는 반밖에, 그것도 상당히 불규칙하게 사용되고 있다. 이 부분에 대하여 학자들의 해석이 다양하다. 만일 완성된 유희시가 완전함을 상징한다면, 나훔의 반쯤 완성된 유희시는 비록 아시리아가 곧 혹독한 심판을 받게 될 것이지만, 실제로 그들이 당면한 심판은 하나님이 계획하신 심판의 반에 불과하다는 것을 시사한다는 것이다(Christensen). 또한 나훔의 유희시가 상당히 불규칙적인 면모를 지니고 있다는 것은 하나님의 현현이 범우주적인 격동을 초래하고 있음을 시사한다(Longman).

이 노래를 시작하고 있는 2절은 '복수하시는 여호와'(נֹקֵם יְהוָה)를 세 차례 반복함으로써 책의 전체적인 분위기를 조성하고 있다: "여호와는 질투하시며 보복하시는 하나님이시라. 여호와는 보복하시고 진노하시되 자기를 거스르는 자에게 보복하시며 자기를 대적하는 자에게 진노를 품으신다." 한 문장에서 같은 단어가 세 차례나 사용되는 것은 최상의 의미를 뜻한다. 하나님은 가장 위대한 보복자이시며 보복자들 중의 보복자라는 것을 강조한다(Heflin). 일반적으로 보복은 시기에서 비롯되는 행위이며 하나님께서 보복하신다는 것은 그의 자리를 넘보는 모든 것들에게 느끼시는 여호와의 시기심에서 비롯된다(Robertson; cf. 2절). 시내산에서 이스라엘은 하나님과 결혼했다. 그러므로 남편 여호와께서는 아내의 관심을 빼앗는 그 무엇도 용납하지 않는 시기심에 가득 차 있으신 것이다(Longmann; Patterson).

나훔은 또한 여호와는 '진노하는(חֵמָה) 남편'이라는 점을 두 차례나 강조한다. 이런 관점에서 볼 때 시기와 분노가 꼭 나쁜 것만은 아닌 것이다. 하나님께서 분노하시고 시기하시는 것은 주의 백성을 사랑하시기 때문이다. 분노와 시기는 사랑의 다른 표현이 될 수도 있는 것이다. 중요한 것은 "하나님의 시기와 진노가 누구를 향하고 있는가?"이다. 우리는 하나님의 시기와 분노가 우리를 향하지 않고 우리를 핍박하는 원수들에게 향하도록 신실하게 살아야 한다. 설령 하나님의 진노와 시기가 우리를 향한다 할지라도 절망할 필요는 없다. 그것은 우리와의 관계를 회복하기를 원하시는 하나님의 사랑의 표현이기 때문이다.

때로는 하나님께서 복수심에 불타 그의 백성을 징계하시지만(레 26:15; 렘 5:9; 사 1:24–26), 하나님은 대체로, 야심을 품고 잔인한 계획으로 세계를 짓밟으려는 열방 세력을 징계하실 때 복수심에 불타고 있음을 보게 된다(사 47:3; 렘 46:10; 50–51장). 열방은 하나님의 백성을 파괴함으로써 그들의 주인이자 보호자이신 여호와의 명예를 훼손한다(신 32:26, 35; 미 5:14; 민 31:2; 시 79:10). 그러므로 주의 백성이 불의한 고난을 당하면 하나님께서는 꼭 개입하셔서 가해자들을 벌하신다. 이것도 하나님께서 이스라엘과 시내 산에서 맺으신 언약의 일부이기 때문이다. 이러한 맥락에서 나훔서는 아시리아의 멸망을 암시할 뿐만 아니라 그들에게 속박을 당하고 있는 하나님의 백성에게 소망의 근거가 된다(cf. 사 34:8; 35:4; 59:18; 61:2; 63:4; 렘 51:36). 아시리아의 포악함이 하나님을 움직이고 있는 것이다. 원수들의 핍박이 하나님의 사역을 촉구한다는 것은 고난을 당하는 사람들에게 큰 위로가 된다. 하나님께서 억울하게 당하는 고난을 결코 간과하지 않으실 것이며, 때가 차면 구원자로 고난당하는 자들에게 임하실 것을 확신할 수 있기 때문이다. 마치 이집트의 폭력이 출애굽 구원의 시작이 된 것처럼 말이다. 그러나 중요한 것은 고난 속에 있는 주의 백성이 먼저 주께 부르짖어야 한다는 점이다.

2절에서 하나님의 이름 '여호와'(יְהוָה)가 세 차례 반복되면서 동시에 다른 성호들과 함께 어우러져 삼위일체의 조화를 이루고 있다: '하나님'(אֵל), '주인/바알'(בַּעַל). '엘'(אֵל)은 가나안 신화들에 등장하는 신들의 아버지로서 가장 기본적인 신(神) 개념을 뜻하는 이름이기도 하다. '바알'(בַּעַל)은 가나안의 다산(多産)종교와 연관된 신의 이름이다. 한 구절에서 이렇게 여호와, 엘, 바알이 함께 사용되는 것은 선지자가 이스라엘을 포함한 가나안 사람들이 흔히 다른 신들의 영역에 속한 것으로 여기는 것들이— 풍요로움과 보호 등등—사실은 오직 여호와만이 하실 수 있는 일이요, 주실 수 있는 것임을 강조하기 위해서이다(Coggins). 이러한 가르침은 나훔 시대를 살아가고 있던 유다에게도 커다란 교훈이 되었을 것이다. 아시리아의 압박을 받고 있던 그들은 므낫세의 지휘 아래 바알을 비롯한 이방 신들을 숭배하고 있었기 때문이다. 선지자는 유다가 바알 등의 우상에게 바라는 모든 복은 오직 여호와만이 주실 수 있는 것임을 강조함으로써 그들의 '믿음'이 얼마나 잘못되었는지 일깨우면서, 속히 모든 복의 근원이신 하나님께 돌아와야 한다고 외치고 있다.

나훔은 여호와를 '진노의 하나님'으로 묘사하지만 주님의 분노는 아무에게나 시도 때도 없이 폭발하는 것이 아니다. 하나님의 분노는 적들을 향한 것이며, 오랜 인내 후에 가장 적절한 시기에 폭발한다. 그러므로 하나님의 진노가 임하면 사람들은 지체 말고 빨리 회개해야 한다. 하나님께서 참을 만큼 참으신 후에 심판하시기 때문에 주저하다가는 재앙을 면할 수 없기 때문이다. 다행히 하나님의 진노는 대부분 주의 백성들을 괴롭히는 원수들을 향하고 있다는 것이 성경의 가르침이다. 진노하시는 하나님이 계시기에 우리는 억울한 일을 당해도 너무 원통해 할 필요가 없다. 그분이 꼭 갚아주실 것이기 때문이다.

하나님께서 '노하기를 더디 하는 것'(אֶרֶךְ אַפַּיִם)은 이스라엘의 신앙고백에 자주 등장하는 주제이다(출 34:6; 민 14:18; 느 9:17; 욜 2:13; 욘 4:2). 이 구절들을 살펴보면 한결같이 '무한한 사랑'이 바로 뒤를 잇는다. 그러나 나훔은 사랑, 용서에 대한 문구를 삭제함으로써 자신만의 독특한 표현을 만들고 있다. 그는 하나님의 능력과 힘의 의미를 오직 죄의 심판을 통해서 찾고자 한다. 원수들을 심판하실 때가 무르익었기 때문에 노하기를 더디 하시는 하나님께서 더 이상 그들에게 무한한 사랑을 베풀지 않으시고(viz., 참지 않으시고) 심판하러 오신 것이다. 우리는 하나님의 오래 참으심에도 한계가 있다는 것을 기억해야 한다.

어떻게 생각하면 하나님께서 '노하기를 더디 하신다'는 사실은 악을 행하는 자들에게는 좋은 소식이요, 고통을 당하는 자들에게는 나쁜 소식으로 여겨질 수도 있다. 하나님께서 악한 자들에게 빨리 노하셔야 피해자들이 억울한 압제에서 해방될 수 있기 때문이다. 또한 하나님의 오래 참음이 때로는 원수들에 의하여 그분의 연약함/무능함으로 해석될 수 있는 위험도 안고 있다. 만일 크리스천들이 말하는 것처럼 여호와가 능력과 정의의 하나님이라면, 왜 자신들의 포악함을 방관하느냐는 논리를 펼칠 수 있기 때문이다. 그러나 하나님께서는 이 모든 것을 감수하시고 마지막 순간까지 참으신다. 죄인들이 스스로 회개하고 돌아오기를 바라기 때문이다. 오래 참으심은 하나님의 무능함이 아니라 은혜인 것이다. 또한 주의 백성들에게도 무한하게 오래 참으시지 않는가! 하나님의 오래 참으심이 온 세상 모든 사람들에게 공평하게 적용된다. 우리가 믿는 자들이라고 해서 항상 하나님으로부터 특별한 대우를 받아야 한다는 것을 뜻하는 것은 아니다.

2장 하나님의 능력
1:3b-6

3b 여호와의 길은 회오리바람과 광풍에 있고 구름은 그의 발의 티끌이로다 4 그는 바
다를 꾸짖어 그것을 말리시며 모든 강을 말리시나니 바산과 갈멜이 쇠하며 레바논의
꽃이 시드는도다 5 그로 말미암아 산들이 진동하며 작은 산들이 녹고 그 앞에서는 땅
곧 세계와 그 가운데에 있는 모든 것들이 솟아오르는도다 6 누가 능히 그의 분노 앞
에 서며 누가 능히 그의 진노를 감당하랴 그의 진노가 불처럼 쏟아지니 그로 말미암
아 바위들이 깨지는도다

선지자는 이 섹션에서 여호와가 온 세상의 만물을 지배하시고 통치하신다는 사실을 거듭 강조한다. 고대 사람들이 흔히 신들로 생각했던 회오리바람, 폭풍은 하나님께서 다니시는 길에 불과하며 구름은 그의 발밑에서 이는 먼지에 불과하다(3절). 나훔은 이스라엘 사람들이 바알을 통하여 얻고자 했던 풍요로움이 여호와의 은혜라는 사실도 지적한다. 그동안 그들은 하나님께 받은 은혜에 대하여 엉뚱한 우상들에게 감사하고, 하나님만이 하실 수 있는 일을 엉뚱한 신들에게 간구해왔던 것이다. 참으로 기가 막힌 일을 당하시고도 하나님께서는 계속해서 참아 오셨다. 그러나 이런 일이 나훔 시대 주의 백성에게만 있

었던 것은 아니다. 현대를 살아가는 우리는 어떠한가?

하나님이 어떤 분이라는 것을 3절에서 묘사한 선지자는 하나님의 사역으로 그의 초점을 옮긴다(4–6절). 이 과정에서 그는 과거의 기적들과 현재의 일들을 섞고 있다. "바다를 꾸짖어 말리시고"(4절)는 출애굽 사건을 연상케 한다고 생각될 수도 있지만(cf. 시 106:9), 근본적으로 여호와의 창조섭리와 연관시켜 해석하는 것이 바람직하다고 대부분의 학자들은 말한다. 하나님께서 온 세상을 창조하실 때 질서정연하게 하셨던 것처럼, 하나님께서 원하시면 그 창조를 되돌릴 수도 있음을 경고하는 것이다.

강과 바다는 물을 담기 위하여 창조된 것들이다. 그러나 전능하신 하나님께서 결정만 하시면 바다와 강은 곧 말라 버린다. 이러한 사실은 니느웨에게 각별한 의미를 시사했을 것이다. 니느웨는 두 개의 큰 강(유프라테스와 티그리스) 사이에 위치했으며 도시 중심부로 코서(Khoser) 강이 흐르는 것에 대하여 매우 흡족해하던 곳이었다. 그런데 만일 하나님께서 이 강들을 마르게 하신다면 어떤 일이 일어나겠는가! 도시는 더 이상 자연적인 방어벽에 의존할 수 없으며 적들에게 무방비 상태로 노출되는 것이다.

구약 성경에서 바산, 갈멜, 레바논은 하나님을 반대하는 것의 상징으로 묘사되기도 하며(바산, 시 68:16–18; 갈멜, 암 1:2; 레바논, 시 29:5–6)(Coggins), 가나안에서 가장 기름진 지역을 상징하기도 한다. 즉, 이곳들은 가나안에서 가뭄의 영향을 가장 받지 않는 지역이다(Bailey). 그러나 두려운 하나님의 임재 앞에 이 땅들은 순식간에 메마르고 식물은 죽어간다. 본문에서 바산, 갈멜, 레바논은 일종의 제유법(提喩法)으로 온 세상을 뜻하는 것으로 해석될 수 있다: "여호와께서 전쟁을 하시면 자연과 지구의 지반이 흔들리고 무너져 내리는 것이다"(Longman). 혹은 나훔 시대에는 이미 사라져 버린 북 왕국을 상징할 수도 있다(Bruckner). 하나님께서 범죄한 주의 백성 이스라엘을 아시리아의 손에 녹아내리게 하신 것이다. 산들은 진동하고, 언덕들은 녹아내리고, 땅은 뒤집히고, 세상과 그 안에 있는 모든 것은 곤두박질한다(5절). 선지자가 이 같은 이미지를 사용하여 화산 폭발을 묘사하고 있다고 보는 주석가도 있다(Sweeney).

그러므로 분노하신 하나님 앞에 감히 누가 설 수 있겠는가? 선지자는 앞 섹션(2-5절)을 통하여 바로 이 같은 수사학적인 질문을 이곳(6절)에서 할 수 있도록 준비해 왔다. 심판하시는 하나님 앞에서는 아무리 단단한 반석이라도 결코 안전지대가 되지 못한다(Patterson). 만일 하나님께서 바다를 말리시고, 갈멜을 메마르게 하시어 온 세상에 공포가 드리우게 하신다면, 어떤 악인이 그분 앞에서 안전할 수 있겠는가! 선지자는 여호와의 현현을 무섭고 두려운 일로 묘사함으로써 '악인' 아시리아에 임할 심판의 확고함을 예고하고 있다(Roberts; Maier). 다행히 주의 백성에게는 예수님이라는 반석이 있다. 우리가 주님 위에 굳건히 서는 한 진노하시는 하나님의 심판을 두려워할 필요가 없다.

여호와 앞에 그 무엇도 설 수 없다는 사실이 과학과 기술의 발전을 토대로 한 문명 안에서 살아가는 우리에게 시사하는 것은 무엇인가? 과학의 발전을 누리는 우리는 인류 역사상 가장 풍요롭고 안전한 시대를 살고 있다. 이 시대를 살면서 우리는 자칫 잘못하면 하나님을 의지하지 않고 과학과 기술에 의존할 수 있다. 그러나 우리는 기억해야 한다. 이런 과학과 기술을 주신 분도 하나님이시라는 것을! 그러므로 하나님께서 주신 선물을 의존할 것이 아니라, 그 선물을 주신 하나님을 의지해야 하는 것이다.

3장 하나님의 징벌
1:7-11

7 여호와는 선하시며 환난 날에 산성이시라 그는 자기에게 피하는 자들을 아시느니라 8
그가 범람하는 물로 그 곳을 진멸하시고 자기 대적들을 흑암으로 쫓아내시리라 9 너희는
여호와께 대하여 무엇을 꾀하느냐 그가 온전히 멸하시리니 재난이 다시 일어나지 아니하
리라 10 가시덤불 같이 엉크러졌고 술을 마신 것 같이 취한 그들은 마른 지푸라기 같이 모
두 탈 것이거늘 11 여호와께 악을 꾀하는 한 사람이 너희 중에서 나와서 사악한 것을 권하
는도다

선지자는 하나님의 무시무시한 능력과 분노의 위력을 실감 나게 묘사함으로써 청중들을 두려움으로 사로잡은 다음, 그들의 마음을 위로한다: "주는 선하시다. 환난을 당할 때에 피할 피난처가 되신다. 주께 피하는 사람은 주께서 보살펴 주신다"(7절; 새번역). 저자는 하나님이 이 세상을 심판하실 때 모든 사람이 그의 진노의 대상이 아니라는 사실을 강조한다. 세상을 벌하시는 날 하나님은 자기 백성들에게는 피난처가 되어 주실 정도로 선하신 분이시다. 하나님의 선함은 무엇보다도 자기 백성과의 관계에서 빛을 발한다(Bridges). 인간이

지은 맨 처음 죄(창 3:1–7)는 하나님의 선하심을 믿지 못해서 비롯된 일이기도 하다. 우리는 인류 역사의 그 어느 때보다도 급변하고 요동하는 사회를 살아가고 있다. 많은 사고와 재앙이 세계 각지에서 발생하고 있다. 이러한 정세 속에서 우리는 하나님의 선하심을 얼마나 확고히 믿고 있는가? 이 믿음은 또한 우리의 삶에 어떤 영향을 미치고 있는가? 우리가 선하신 하나님을 믿고 의지하면 어떠한 역경과 불안이 닥쳐와도 좌절할 필요가 없다. 우리는 선하신 전능자의 보호 아래 있기 때문이다.

'범람하는 홍수'를 통한 심판(8절)은 노아의 홍수를 연상케 한다. 한 전승에 의하면 니느웨가 멸망할 때 강물이 도시를 뒤덮었다고 한다. 그러므로 상당수의 학자들이 니느웨의 멸망과 본문을 연결해서 해석하기도 한다(Maier). "원수들을 흑암 속으로 던지신다"(8절)는 것은 그들을 죽음에 이르게 하신다는 뜻이다(삼상 2:9; 욥 20:21; 시 88:12). 아시리아가 다시는 일어설 수 없도록 파괴된다는 것을 의미한다. 하나님께서 한때는 영원한 군주로 근동지역을 지배할 줄 알았던 악한 아시리아의 막을 내리게 하신다. 아시리아의 지배 아래 유다는 얼마나 많은 고통의 나날을 보내야 했을까 상상해보라. 당면한 현실이 너무 혹독했던 유다 사람들에게 해방과 자유의 날을 꿈꾸는 것은 사치였을 수도 있다. 그러나 드디어 선하신 하나님께서 그들에게 해방과 자유의 날을 주셨다. 성경은 계속해서 강조한다. 이 세상에 결코 영원히 존재하는 악의 무리는 있을 수 없다. 선하신 창조주께서 결코 용납하지 않으실 것이기 때문이다. 그러므로 주의 백성은 시대가 아무리 악하다 해도 절망할 필요가 없다. 주님을 소망하면 그분이 우리의 눈물을 닦아주시고 위로하실 날이 올 것이기 때문이다.

몇몇 번역본들이 이 텍스트 곳곳에 '니느웨'를 삽입하지만(NIV경우 1:8, 11; 2:1; 새번역의 경우 1:8, 11), 히브리어의 나훔서는 표제(1:1) 이후 니느웨(נִינְוֵה)란 단어를 2:8에 이르기까지 다시 사용하지 않는다. 이러한 현상은 서스펜스를 조성할 뿐만 아니라, 비록 나훔서가 아시리아의 멸망을 암시하며 선포된 메시지이기는 하지만, 하나님의 백성들을 압제하고 구속하는 모든 세력에게 선포된 경고임을 암시하기도 한다. 하나님께서는 시대와 장소를 초월해서 아시리아와 같은 악의 세력을 심판하셔야만 한다. 만일 악이 지속되게 가만히 두신다면 하나님께서는 자신의 창조 섭리에 성실하지 못하다는 것을 간접적으로 시인하시는 행위가 되기 때문이다(Bailey). 또한 하나님의 성품은 악이 결코 이 세상에서 성공하지 못할 것을 내포하고 있다. 인간이 악으로써 하나님이 창조하신 좋은 세상을 멍들게 하는 것을 용납하신다면, 이 세상은 영원히 하나님이 창조하신 의도를 회복하지 못하게 되기 때문이다(Achtemeier).

하나님이 한 번 화가 나시면 그 앞에 설 자가 아무도 없다는 것을 선언함으로써 여호와의 무한한 성품과 능력을 찬양한 선지자는 하나님의 진노의 대상이 되는 아시리아가 처한 상황에 신탁의 초점을 맞추고 있다. 아시리아는 결코 하나님의 대적이 될 수 없으며, 그들에게 임할 재앙을 막아 낼 능력이 없는 무력한 나라에 불과하다. 반면에 그들의 압박 속에서 신음하고 있는 하나님의 백성 유다에게는 구원의 날이 밝아 올 것이다. 선지자의 아시리아에 대한 평가는 그들을 심히 두려워했던 이스라엘 사람들에게 어떻게 들렸을까? 또한 아시리아가 멸망하는 날에 그들에게 여호와의 구원이 임할 것이라는 예언은 어떻게 받아들여졌을까? 아마도 쉽게 믿기지는 않지만 일단은 시원함을 느꼈을 것이다.

선지자는 9-10절에서 주의 원수들이 결코 막을 수 없는 운명의 물결에 대하여 노래한다. 하나님의 성품과 능력을 노래하던 찬양 언어(hymnic language)가 멈추고 여호와의 원수들을 향한 선지자적 선포가 시작되고 있는 것이다. 그러면 선지자가 염두에 둔 '여호와의 적'은 누구를 의미하는가? 몇몇 학자들은 유다라고 해석하지만(Roberts; Robertson; Maier), 문맥상 아시리아가 확실하다. 선지자는 한마디로 아시리아에게 여호와의 공격을 막아낼 만한 대비책은 존재하지 않으며 어떠한 계략이라도 결코 하나님의 진노를 막아내는 데 성공할 수 없음을 확신하고 있다. 여기서 '계략/음모'(חשב)라는 단어가 사용되는 것은 진노의 대상이 되는 원수들이 단순히 '하다 보니까' 여호와를 대적하게 된 것이 아니라, 만반의 준비를 해서 계획적으로 하나님을 대적하는 것을 뜻한다(Armerding). 그러나 선지자는 마치 아시리아의 모든 준비를 부질없는 행위로 간주하며 그들의 계획을 믿을 수 없다는 듯이 "어찌하여 너희가 여호와를 대적하여 음모를 꾸미느냐?"(9절)라는 수사학적인 질문을 통해 이들을 책망한다. 하나님이 계획하신 일은 결코 인간의 훼방을 받을 수 없으며, 하나님께서는 그의 미래를 막는 자를 두 번 칠 필요도 없을 정도로 확실하게 제거하실 것이다.

하나님을 대적하기 위한 피나는 노력에도 불구하고 적들은 힘없이 무너져 내린다(10절). 10절은 해석하기가 매우 어렵다. 어떤 학자는 "이 문장은 결코 정신이 말짱한 사람이 만든 것이 아니다"라고 선언한다(Arnold). 불타는 가시덤불 이미지에 술 취한 자의 모습이 잘 어울리지 않는다는 것과 '자신의 술에 취한 자들'로 해석되는 히브리어 문구(כְסָבְאָם סְבוּאִים)가 해석상의 난제로 남아 있다. 문자 그대로 해석하면 "그들이 가시덤불처럼 엉켜지고 자신의 술에 취한 자들 같을지라도 그들은 마른 검불처럼 다 타버릴 것이다"가 된다. 번역은 어렵지만 의미는 쉽게 이해된다. 마치 추수 후에 들판에 널려있는 검불들과 마른 덤불들에 불이 붙으면 걷잡을 수 없이 타들어가는 것처럼 하나님을 대적하는 자들이 멸망에 이를 것이라는 선언이다(Roberts). 하나님을 대적하는 것은 처음부터 승산이 없는 싸움이었던 것이다.

왜 하나님께서 아시리아에게 분노하시는가? 11절은 이들에게서 파괴자가 나왔기 때문이라고 선언한다. 선지자는 누구를 뜻하는 것일까? '악을 꾀하는 자'(יֹעֵץ בְּלִיָּעַל)(11절)는 구약의 여러 곳에서 사용되는 표현이다. 제사장으로서 맡은 직분은 감당하지 않고 엉뚱한 일만 하던 엘리의 두 아들(삼상 2:12), 이세벨이 나봇을 살해하고 그의 포도원을 가로챘던 행위(왕하 21:10) 등을 묘사하는 데 사용되었다. 성경에서 이러한 일을 행하는 자는 매우 비열하고 부패한 자들이며 무엇보다도 앞으로 오실 메시아의 성품(사 9:6)과 선명하게 대조되는 경건치 못한 자들이다(Robertson; Patterson).

나훔 시대에 '악을 꾀하는 자'는 구체화되지 않은 아시리아 왕(Bruckner), 혹은 포악한 왕 산헤립(705-681BC)이라는 것이 학자들의 해석이다(Longman; Maier; Bailey). 그는 701년에 예루살렘으로 쳐들어온 적이 있었다(cf. 사 236-38;

왕하 18:13–19:37). 그렇다면 선지자는 예루살렘에 대한 산헤립의 만행을 하나님을 향한 대적 행위로 간주하고 있는 것이다. 하나님의 백성의 원수가 하나님의 원수이다(Bailey). 개인 혹은 집단이 자신(들)의 욕심을 채우기 위하여 다른 사람(민족)을 착취하고 고통을 가중시키는 것은 역사의 주인이신 하나님께 대적하는 행위이다. 비록 이 타이틀이 일차적으로는 산헤립에게 적용되지만, 넓게는 하나님을 대적하는 모든 나라의 지도자들을 의미한다(Robertson). 나훔은 이 타이틀을 아시리아의 형태(form of Assyria)로 나타난 육신화(肉身化)된 악에게 적용하고 있다(Achtemeier).

4장 하나님의 두 말씀
1:12-14

12 여호와께서 이같이 말씀하시기를 그들이 비록 강하고 많을지라도 반드시 멸절을 당하
리니 그가 없어지리라 내가 전에는 너를 괴롭혔으나 다시는 너를 괴롭히지 아니할 것이라
13 이제 네게 지운 그의 멍에를 내가 깨뜨리고 네 결박을 끊으리라 14 나 여호와가 네게 대
하여 명령하였나니 네 이름이 다시는 전파되지 않을 것이라 내가 네 신들의 집에서 새긴
우상과 부은 우상을 멸절하며 네 무덤을 준비하리니 이는 네가 쓸모 없게 되었음이라

나훔서의 각 장은 모두 하나님의 말씀으로 마무리된다(1:12-15; 2:13; 3:5-19). 선지자는 잠시 아시리아에 대한 심판 선언을 멈추고, 이 심판이 유다에게는 어떤 의미를 부여하는가를 선포한다. 선지자는 세 가지로 설명한다. 첫째, 비록 원수의 숫자가 많고 힘이 막강해도 그들은 분명히 망할 것이다(12a절). 그동안 1-11절을 통해 선지자는 하나님에 대하여 3인칭으로 언급해왔다. 이제 하나님께서 1인칭으로 이스라엘에게 말씀을 선포하신다: "비록 그들이 수가 많을지라도 없어지고 말 것이다". 우리말 성경이 '없어지다'로 번역하고 있는 이 히브리어 동사(עָבַר)는 많은 것을 함축하고 있다. 아시리아는 지난 100여 년

동안 적다운 적의 대항을 받아본 적이 없었다.

아시리아는 732년에 유다 왕 아하스의 요청에 따라 시리아를 멸망시켰으며 사마리아를 쑥대밭으로 만들었다. 722년에는 북 왕국 이스라엘과 사마리아의 뿌리를 뽑아버렸다. 701년에는 유다를 침략하여 예루살렘을 제외한 모든 성을 차지한 적이 있다. 663년에는 천연의 난공불락(難攻不落) 요새로 알려졌던 이집트의 수도 테베를 점령했다. 이렇게 위풍당당했던 아시리아는 진정 '숫자가 많고 힘이 막강한' 나라였다. 그렇다면 과연 누가 이 아시리아의 진로를 차단할 수 있다는 말인가? 오직 여호와만이 하실 수 있다고 선지자는 주장한다. 여호와는 그들을 가로막을 능력뿐만 아니라 의지도 있으시다는 것이 그의 확신이다. 이 구절은 나훔서가 612년 훨씬 이전에 기록되었을 가능성을 강력하게 시사한다(Maier). 무엇보다도 본문에 묘사된 아시리아의 모습이 612년의 연약하고 쇠퇴한 모습이 아니라 매우 강인하고 그 힘이 왕성하다는 점이 이러한 사실을 시사한다.

'없어지다'(עָבַר)는 8절에서 아시리아를 강타하여 범람하는 물을 묘사하는 데 사용되었다. 또한 이 단어는 출애굽 당시 하나님께서 죽음의 사신을 통하여 이집트 사람들을 지나가실 때 사용된 것으로 유월절(Passover)의 유래를 연상시키는 것이기도 하다. 즉, 하나님께서 과거에 이집트를 지나가시면서 많은 살생을 하신 것처럼 아시리아를 지나가시며 많은 사람들을 죽이실 것이라는 점을 경고하고 있는 것이다(Robertson). 이곳에서 선포된 말씀이 그대로 이루어질 것이라는 증거는 이 말씀을 하신 분이 다름 아닌 여호와 자신이라는 점이다.

둘째, 하나님께서는 이스라엘을 더 이상 치지 않으실 것이다(12b절). 선지자 나훔은 하나님께서 범죄하는 이스라엘을 아시리아를 통하여 징계하셨으며, 이제는 그 징계가 끝날 것을 선언하고 있다. 어떻게 아시리아 같은 나라가 여호와에 의하여 사용될 수 있는가? 선지자들은 하나님께서 악한 세력을 사용하여 주의 백성을 징계하시는 일을 자주 언급한다. 예를 들면 이사야는 아시리아를 하나님께서 유다를 징계하는 데 사용하시는 '진노의 막대기'로 묘사한다(사 10:12–15). 하나님께서는 필요에 따라서 악을 사용하여 그의 백성을 연단하기도 하신다는 것이다. 그러나 하나님께서 악(인)을 사용하셨다고 해서 결코 악의 행위가 정당화되는 것은 아니다. 그것은 별개의 문제이다. 하나님께서 악(인)을 도구로 사용하시지만 그들의 만행과 비도덕적인 행위에 대해서는 분명히 책임을 물으신다.

셋째, 하나님께서 아시리아가 이스라엘에게 씌운 속박의 멍에를 꺾으실 것이다(13절). 선지자는 이 문장을 '그리고 이제'(וְעַתָּה)로 시작함으로써 자신이 선언하고 있는 자유가 멀지 않았음을 확인하고 있다. 성경 안에서 이 문구는 '역사적 사실'에 대한 언급에서 '현실에 대한 의미'로 넘어갈 때 자주 사용된다(수 24:14; 삼상 12:13)(Longman). '멍에'(מוֹט)는 소와 같은 짐승의 목에 채워지는 것이며 '사슬'(מוֹסֵרָה)은 멍에를 짐승의 몸에 묶는 가죽 줄이다(사 52:2; 렘 2:20; 5:5; 30:8; 시 2:3; 107:14; 116:16). 이제 하나님께서 이스라엘을 구속하고 있는 이방인의 멍에와 사슬을 끊으실 것이다. 주의 백성들이 그렇게 갈망하던 자유의 날이 곧 임하게 된 것이다. 그렇다면 하나님께서 무엇을 위하여 이스라엘에게 자유를 주신단 말인가? 선지자는 다음 섹션을 시작하는 15절에서 이들이 누리게 될 자유의 의미를 밝힌다.

하나님께서 아시리아의 운명에 대하여 세 부분으로 구분하여 말씀을 선포하신다: (1) 이름을 이을 자가 없다; (2) 종교가 사라진다; (3) 죽음이 임한다(14절). 첫째, 이름을 이을 자가 없다. 오늘날도 그렇지만 고대 사람들에게 가장 슬픈 일은 자신의 이름을 이어갈 후손이 없는 것이었다(cf. 신 7:24; 29:20; 삼상 24:21). 아시리아는 마치 대를 이어갈 자손이 없는 사람과 같은 처지가 될 것이다. 아시리아의 마지막 왕 아술바니발(Ashurbanipal)은 한 건물에 새겨진 문구에서 그의 자손들이 그를 오랫동안 기억하고 기념해주기를 바라는 기도를 드렸다(Robertson). 그러나 하나님께서는 그의 기도를 들어주시지 않았다. 우리는 죽으면 어떤 이름을 남기게 될까? 둘째, 압제자의 종교가 망한다. 그동안 아시리아는 종속국들에게 자신의 종교를 강요해왔다. 이제 그들이 종속국들에게 강요한 것을 도리어 강요받게 된 것이다. 선지자는 하나님께서 아시리아 사람들이 새겨 만든 신상과 부어 만든 우상을 모두 다 부수어 버리실 것이라고 선언하고 있다. 그들의 모든 종교행위가 멈추게 될 것이다. 셋째, 죽음이 아시리아에게 임한다. 하나님께서 아시리아 사람들을 위하여 무덤을 파 두셨다. 그들이 '쓸모없게 되었기 때문'(קלל; 새번역)이다. 이 단어는 별 볼 일 없는 사람의 명예를 뜻하기도 하고(삼하 6:22), 남을 경멸적으로 대하는 행위나(삼하 19:44; 사 23:9), 저주를 의미하기도 한다(창 12:3; 삼상 17:43; 삼하 16:5). 즉, 아시리아가 남을 경멸한 만큼 경멸을 당할 순간이 온 것이다. 그들이 남에게 퍼부은 저주가 되돌아온 것이다.

하나님의 일을 등한시하고 그의 백성을 경멸하는 자들은 심은 대로 거둘 날이 임할 것을 기억해야 한다. 하나님께서는 결코 종/백성으로 취한 사람들을 멸시하지 않으신다. 하나님의 백성을 멸시하는 것은 사탄이나 하는 짓이다. 그뿐만 아니라 하나님의 백성을 멸시하는 자는 분명히 그 대가를 치를 날을 맞이할 것이다.

5장 분노의 의미
1:15[2:1][8]

15 볼지어다 아름다운 소식을 알리고 화평을 전하는 자의 발이 산 위에 있도다 유다
야 네 절기를 지키고 네 서원을 갚을지어다 악인이 진멸되었으니 그가 다시는 네 가
운데로 통행하지 아니하리로다 하시니라

여러 가지 차원에서 이 구절은 나훔서의 핵심이다(Heflin). 표현되는 이미지는 산들로 둘러싸여 있는 예루살렘에 좋은 소식을 전하는 전령이 찾아드는 것이다. 매우 흥분된 분위기를 조성하기 위하여 선지자는 '보라!'(הִנֵּה)라는 외침으로 문장을 시작한다(Longman; Patterson). 나훔보다 먼저 사역했던 이사야 선지자도 이 문장의 일부와 거의 흡사한 표현을 사용했다(cf. 사 52:7).[9] 두 선지자는

---

8 히브리어 성경은 1:15를 2:1로 취급하여 우리말 성경의 2장 구절들을 한 절씩 밀리게 한다. 히브리어 성경은 이 구절이 새로운 섹션을 시작하는 것으로 이해한 것이다. 그러나 내용과 문법을 감안할 때 이 구절은 1장과 함께 다루어져야 한다는 것이 학자들의 일반적인 견해이다(cf. Sweeney).

9 이사야 40-55장이 바벨론에서 쓰인 책이라고 주장하는 사람들은 이사야가 나훔을 인용한 것이라고 한다(Sweeney).

같은 문구를 인용하여 좋은 소식을 전하고 있다.

전령이 선포하는 메시지는 '평화'이다. '샬롬'(שָׁלוֹם)은 무엇보다도 삶의 질과 연관된 개념이다. 이제 모든 속박에서 자유롭게 되었다는 의미이다. 그러므로 주의 백성은 진정한 샬롬을 누릴 수 있게 된 것이다. 그 어떤 압제도 받지 않고 살아갈 수 있는 세상이 그들 앞에 펼쳐졌다. 아시리아의 억압과 핍박 형태로 임한 사탄의 속박에서 하나님의 백성들이 드디어 완전한 자유를 누리게 된 것이다(Robertson). 마치 예수님께서 오셔서 사탄의 억압과 핍박에서 우리를 자유롭게 하신 것처럼 말이다. 그래서 크리스천들에게 가장 좋은 인사말은 '샬롬'이다. 우리는 얼마나 자주 속박된 사람들에게 '샬롬'을 선포하는가? 나훔은 주의 백성에게 샬롬을 외치는 사람의 발이 매우 아름답다고 칭찬하고 있다.

그렇다면 하나님께서 왜 이스라엘에게 자유를 주신단 말인가? 바꾸어 말하면 샬롬을 받은 자들은 무엇을 위하여 그것을 사용해야 하는가? 선지자는 '절기를 지키고 서원을 갚는데' 사용할 것을 당부한다. 하나님께서 이스라엘을 아시리아의 손에서 구원하신 근본적인 목적은 그들이 다시 여호와를 마음껏 섬길 수 있도록 하기 위한 것이었다. 유다는 이제 아시리아로부터 종교의 자유를 얻었다. 나훔은 유다가 이 자유를 책임감 있게 사용하기를 바라고 있다(Heflin). 여호와를 경배하는 것으로 이어지지 않는 하나님의 축복은 오히려 우리의 신앙생활에 걸림돌이 될 수 있기 때문이다. 하나님을 경배할 때 우리가 그분에게서 받은 모든 축복이 진정한 의미를 찾게 된다.

Ⅲ. 하나님의 심판

2:1-13[2-14]

선지자는 1장에서 니느웨를 향한 하나님의 분노를 매우 강력하게 묘사했다. 이제 2장에서 그는 니느웨에 임할 여호와의 심판을 선포한다. 아시리아의 과거의 영화와 능력은 침략하는 자들 앞에서 아무런 힘을 발휘하지 못하고 너무나도 허망하게 무너져 내린다. 아시리아의 왕과 백성들은 안간힘을 써보지만 역부족이다. 하나님께서 아시리아의 멸망을 계획하셨기 때문이다.

A. 약속: 경고(2:1-2)

B. 니느웨를 침략하는 자들(2:3-5)

B'. 약탈당하는 니느웨(2:6-10)

A'. 성취: 사자 니느웨의 멸망(2:11-13)

1장 약속: 멸망
2:1–2

[1] 파괴하는 자가 너를 치러 올라왔나니 너는 산성을 지키며 길을 파수하며 네 허리를 견고히 묶고 네 힘을 크게 굳게 할지어다 [2] 여호와께서 야곱의 영광을 회복하시되 이스라엘의 영광 같게 하시나니 이는 약탈자들이 약탈하였고 또 그들의 포도나무 가지를 없이 하였음이라

선지자는 니느웨에게 침략군이 쳐들어 왔으니 그들을 대적해서 싸워 보라고 비아냥거린다. 긴장감을 고조시키기 위하여 선지자는 1절에서 3개의 명령문으로 아시리아의 모습을 묘사한다: “지키라(צַפֵּה)… 견고히 하라(חַזֵּק)… 굳게 하라(אַמֵּץ).” 이러한 노력에도 불구하고 니느웨는 결코 침략군을 물리치지 못한다. 그들이 성을 지키고, 길을 지켜도, 허리를 질끈 동이고 있는 힘을 다하여 싸워도 별 효과가 없을 것이다.

일부 주석가들은 나훔이 어느 나라를 마음에 두고 이 메시지를 선포하는가에 관심을 갖지만(Bruckner), 사실 침략자가 누구이고 어떤 능력을 지니고 있는가는 중요하지 않다. 하나님께서 아시리아의 멸망을 결정하셨기 때문에 아시리아가 망하게 된 것이다. 그러므로 그들이 어느 나라에게 멸망하게 되는가가

문제가 아니라, 그 나라를 누가 보내셨는지가 메시지의 핵심인 것이다. 아시리아는 지난 100여 년 동안 자신을 방어할 수 없는 약한 나라들을 매우 무자비하게 짓밟아 왔다. 이제 그들이 약자의 서러움을 당할 차례가 되었다. 이것은 하나님이 세상을 다스리시는 이치이다. 강할 때가 있으면 약할 때가 있고 승할 때가 있으면 패할 때가 있다. 그러므로 강자는 약자로 전락할 때를 마음에 두고 겸손해야 한다.

니느웨에 대한 경고를 선언하다가 갑자기 유다를 향한 위로의 메시지(2절)가 선포되는 것이 상당히 부자연스럽게 느껴진다. 그래서 많은 학자들이 이 구절을 훗날 다른 사람이 삽입한 것으로 여긴다(BHS; Robertson). 그러나 신학적인 메시지의 흐름에는 전혀 문제가 없다. 아시리아의 멸망이 유다에게는 무엇을 의미하는가를 선언하고 있기 때문이다(Bailey). 이미 언급한 것처럼 이스라엘을 괴롭히는 열방의 멸망은 주의 백성에게는 복음이다. 또한 이 구절이 문학적으로는 일종의 쉼표(pause) 역할을 담당하고 있는데 여기서의 멈춤은 니느웨의 긴장감을 고조시키는 효과를 가져온다(Heflin).

이 구절은 하나님께서 왜 아시리아를 멸망시키고자 하시는가를 설명한다. 주의 백성의 영광을 회복시키기 위함이다. 또한 하나님께서 아시리아의 독선을 바라보고만 계실 수 없는 이유를 설명하고 있다. '영광'(גְּאוֹן)은 '높음'(욥 38:11) 혹은 '자부심'(출 15:7; 사 24:14; 미 5:3)을 뜻하는 단어이다. 하나님께서 땅에 떨어진 이스라엘의 명예를 확실하게 회복시키실 것이다. 한때 이스라엘은 하나님의 선민으로서 얼마나 자부심이 대단한 민족이었던가! 지난 100여 년 동안의 치욕적인 역사가 그들의 자존심을 상하게 했지만, 이제 그들은 하나님의 은혜로 그 자존심을 회복할 수 있게 된 것이다. 그들이 옛적부터 익히 들어왔던 출애굽의 하나님께서 드디어 움직이기 시작하신 것이다.

몇몇 학자들은 '영광'(גְּאוֹן)을 '포도나무'(גֶּפֶן)로 수정하기를 원한다. 이렇게 수정할 경우 A–B–A'–B'의 구조를 형성하며 완벽한 회복의 이미지를 표현한다. 수정을 바탕으로 내용을 나열하면 다음과 같다. 구약에서 포도나무는 이스라엘을 상징하는 것으로 자주 사용된다(창 49:22; 사 5:1–7; 렘 2:21; 12:10; 시

80:8-16). 선지자는 또한 이스라엘이 약탈을 당한 것처럼 아시리아가 약탈을 당할 것을 9절에서 경고하고 있다.

여호와께서 야곱의 영광을 회복시키시며
이스라엘의 포도나무를 회복시키신다.
약탈자들이 그들을 약탈하고
포도나무 가지를 없애버렸다.

2장 니느웨를 침략하는 자들
2:3-5

3 그의 용사들의 방패는 붉고 그의 무사들의 옷도 붉으며 그 항오를 벌이는 날에 병거의
쇠가 번쩍이고 노송나무 창이 요동하는도다 4 그 병거는 미친 듯이 거리를 달리며 대로에
서 이리저리 빨리 달리니 그 모양이 횃불 같고 빠르기가 번개 같도다 5 그가 그의 존귀한
자들을 생각해 내니 그들이 엎드러질 듯이 달려서 급히 성에 이르러 막을 것을 준비하도다

유다에게 잠시 위로의 메시지를 전한 선지자는 다시 니느웨의 파멸로 초점을 옮기고 있다. 그는 이 섹션에서 니느웨를 침략하는 군대가 얼마나 막강하고 살기등등한가를 입체적으로 묘사한다. 침략자들은 최고의 정예군으로 구성되어 있으며, 첨단 무기와 전술을 앞세운 자들이다(Robertson). 그러므로 니느웨는 순식간에 무너져 내릴 수밖에 없다.

나훔의 생생한 적군에 대한 묘사는 바빌론 사람들이 자신들에 대하여 남긴 기록보다 더 생동감이 있다(cf. ANET). 선지자는 고대 근동 강대국 군대들의 막강함과 기강에 대하여 잘 알고 있었다. 그러므로 독자들이 니느웨를 공격하는 침략자들이 도시를 약탈하며 지르는 함성소리까지도 상상할 수 있도록 생동감 있게 묘사하고 있다. 나훔이 구체적으로, 마치 눈앞에 펼쳐지는 광경을

보는 듯한 방법으로 아시리아의 멸망을 묘사하는 것은 무엇보다도 그동안 종속국들 사이에 은연중에 인정되었던 아시리아의 불패설(不敗說, invincibility)이 사실이 아니라는 것을 강조하기 위함이다(Bailey). 아시리아에게도 적수가 있었고, 이 상대가 메대와 바빌론이지만, 이 바빌론과 메대를 움직이시는 분은 바로 여호와이신 것이다.

나훔은 침략자들을 '붉은'(אָדָם) 방패를 들고, '자주색'(תְּלֻעִים) 군복을 입은 것으로 묘사한다(3절). 붉은 방패와 자주색 군복은 매우 섬뜩한 분위기를 조성한다. 방패가 구리로 만들어져서 붉었는지, 아니면 방패에 붉게 물들인 가죽을 씌워서 붉게 보였는지 확실하지는 않다. 한 주석가는 침략자들의 방패와 군복이 아시리아 군인들의 피로 얼룩진 것이라고 하지만(Roberts), 적들에게 위압감을 주기 위하여 일부러 붉은색으로 치장한 것으로 보인다(Sweeney).

청색 혹은 보라색 군복을 입었던 아시리아 군인들과는 달리(cf. 겔 23:6), 메대와 바빌론 사람들은 빨강색 군복을 입었던 것으로 알려져 있다(cf. 겔 23:14-15). 또한 당시 붉은 색은 승리의 색으로 사용되었다(Charles). 침략군이 가지고 있는 창들은 마치 바다가 물결치는 듯하다. 수를 셀 수 없을 정도로 많고 홍수가 온 땅을 휩쓸듯이 아시리아를 휩쓸 수 있는 군사력을 상징하는 것이다. 본문의 의도는 명확하다. 아시리아를 침략하는 자들을 대항할만한 군대는 세상에 존재하지 않는다는 것이다.

선지자는 또한 니느웨의 중심가를 전속력으로 미친 듯이 질주하는 적군의 병거들을 언급함으로써 그들이 천하무적이며 용감무쌍하다는 것을 강조하고 있다(4절). 당시 병거들은 빠른 속력으로 달리면서 적들에게 활을 쏘는 일에 주로 사용되었다. 전쟁을 시작할 때에는 주로 불붙인 화살을 사용했는데, 선지자는 본문에서 불붙은 화살을 쏘며 질주하는 병거 이미지를 사용하고 있다(Sweeney). 나훔은 그들의 모습이 마치 횃불 같고 빠르기는 번개 같다는 설명을 덧붙인다. 과연 누가 이렇게 무섭게 움직이는 적을 막을 수 있을 것인가? 아시리아에게는 능력이 없다.

새번역이 "정예부대를 앞세웠으나, 거꾸러지면서도 돌격한다"로 번역해 놓은 5절 전반부 문구(יִזְכֹּר אַדִּירָיו יִכָּשְׁלוּ בַּהֲלִיכָתָם)는 해석하기가 매우 어렵다. BHS는 이 문장에 'not'을 더하여 "정예부대를 앞세우고 넘어지지 않으면서 돌격한다"로 해석하기를 제안한다. 한 주석가는 텍스트의 일부를 수정하여 "지휘자들이 군대를 지휘한다"로 해석한다(Smith). 그러나 본문을 수정하지 않아도 그 의미를 충분히 알 수 있다. 아시리아를 향해 침략자들이 마치 거대한 물결처럼 결코 막을 수 없는 힘으로 다가오고 있는 것이다.

이 문장의 주어는 아시리아인가, 아니면 침략군인가? 아시리아 사람들로 해석하는 주석가도 있지만(Bruckner), 대체로 침략군들을 뜻하는 것으로 이해한다(Armerding; Longman; Patterson). 그렇다면 왜 침략자들이 넘어진다는 말인가? 본문은 지금까지 침략자들의 절대적인 승리를 선포해 왔다. 그러므로 여기서 그들이 넘어지는 것은 결코 부정적인 의미를 지닌 것은 아닌 것으로 보인다. 침략군이 이 전쟁을 얼마나 성공적으로 치렀는지 자신들이 죽인 아시리아 군인들의 시체에 넘어진다는 것인가?(Armerding) 아니면 이 군대의 사기가 얼마나 높은지 앞서가는 동료 군사들이 넘어져도 전혀 구애받지 않고 순식간에 성벽까지 뛰어간다는 말인가?(Longman; Patterson) 확실하지는 않지만, 그 무엇도 이들을 멈추게 할 수는 없다는 의미인 것은 확실하다.

3장 약탈당하는 니느웨
2:6–10

6 강들의 수문이 열리고 왕궁이 소멸되며 7 정한 대로 왕후가 벌거벗은 몸으로 끌려가니
그 모든 시녀들이 가슴을 치며 비둘기 같이 슬피 우는도다 8 니느웨는 예로부터 물이 모
인 못 같더니 이제 모두 도망하니 서라 서라 하나 돌아보는 자가 없도다 9 은을 노략하라
금을 노략하라 그 저축한 것이 무한하고 아름다운 기구가 풍부함이니라 10 니느웨가 공허
하였고 황폐하였도다 주민이 낙담하여 그 무릎이 서로 부딪히며 모든 허리가 아프게 되며
모든 낯이 빛을 잃도다

아시리아는 홍수가 온 땅을 휩쓸듯이 무섭게 여세를 몰아 쳐들어오는 적군을 결코 대적할만한 능력이 없다. 그러므로 그들은 침략자들 앞에서 쉽게 무너지며 오직 약탈을 당할 일만이 남았을 뿐이다. 수없이 많은 도시들을 약탈했던 자들이 오히려 약탈당하는 신세가 된 것이다. 그러나 아무도 그들을 돕거나 동정하는 자들이 없다. 남을 약탈하고 착취하는 자들의 비참한 종말이다.

니느웨는 티그리스 강의 서쪽 둑에 세워진 도시였다. 중심부에는 코서(Khoser)강이 흐르며 도시의 동맥 역할을 했다. 그러므로 니느웨를 침략하려는 자는 누구든지 이 강에 대한 적당한 대책이 필요했다. 니느웨가 이 강을 천연

적인 방어책으로 사용했기 때문이다. 하나님께서 움직이시니 그동안 니느웨에게 유리하게 작용하였던 것이 불리하게 바뀐다. '물로 버텨오던' 그들이 이제는 '물 때문'에 망하게 된 것이다. 하나의 아이러니(irony)가 형성되고 있다. 니느웨는 물이 많은 정원들과 과수원들을 자랑하던 도시였다. 풍부한 물은 그들의 자부심이었다. 이제 그들은 물이 '너무 풍부해서' 망하게 되었다. 생수가 독물로 변한 것이다.

이 강이 니느웨의 멸망에 어떻게 기여했는가는 정확히 밝혀지지 않았다. 그리스의 사가 시쿠루스(Diodorus Siculus)와 케노폰(Xenophon)은 범람하는 물이 도시의 방어벽 일부를 무너뜨린 것으로 기록하고 있지만, 아시리아를 무너뜨린 바빌론의 기록에는 그들이 니느웨를 공격하면서 물을 사용했다는 기록이 남아 있지 않다. 만일 물을 사용했다면 두 가지의 가능성이 있어 보인다. 첫째, 침략자들이 강의 수문들을 점령함으로써 자신들의 군대가 쉽게 도시에 접근할 수 있도록 물의 수위를 조절했을 것이다. 둘째, 수문 조절을 통하여 한꺼번에 많은 물이 방출되도록 하여 도시를 물에 잠기게 했을 것이다. 본문은 두 번째 가능성을 암시하고 있는 듯하다: "강의 수문이 터지고 왕궁이 휩쓸려서 떠내려간다"(6절; 새번역).

방어벽이 적군에 의해 휩쓸려버린 니느웨의 운명은 뻔한 것이다. 모두 다 한결같이 자신의 목숨을 유지하려고 안간힘을 쓰며 도망한다. 그 많은 주민들이 모든 것을 버리고 허겁지겁 도주한다(7절). 티그리스 강처럼 막강했던 니느웨 사람들이 썰물 때 바닷물이 빠져나가듯이 니느웨를 빠져나가고 있다. 한때는 물이 가득 찬 아름답고 풍요로운 연못이었던 니느웨가(8절) 이제는 물이 새는 호수에 불과하다(Robertson). 이 호수는 머지않아 말라 모든 생명력을 잃게 될 것이다. 다시는 한 국가로 회복되지 못할 것을 암시하고 있다.

7절의 첫 부분이 상당한 해석상의 난제로 남아 있다. '왕후'(개역/새번역)로 번역된 단어(הֻצַּב)는 성경에서 유일하게 이곳에서만 사용되는 단어이며 영어 번역본의 상당수가 "이제 선고되었다"(it is decreed)라는 의미로 해석한다(NIV; NAS; NRS). 반면에 TNK는 이 단어를 '후잡'(Huzzab)이라는 고유명사(여자 이름)

로 해석한다. 영어 번역본들을 따를 경우 벌거벗겨져 끌려가는 것은 온 도시를 두고 하는 말이 된다(cf. Sweeney). 그러나 이렇게 해석할 경우 바로 다음 구절에 "시녀들(여종들)이 비둘기처럼 구슬피 울면서 가슴을 치는 것"과 잘 어울리지 않는 듯하다. '왕후'라는 번역은 문장과 잘 어울린다: "왕후가 벌거벗은 몸으로 끌려가니 그의 시녀들이 비둘기처럼 구슬피 울면서 가슴을 친다." 그러나 문제는 이 단어가 '왕후'로 해석되기가 어렵다는 데 있다. TNK는 '후잡'이라는 여인의 이름으로 번역한다. 이 경우 두 가지의 가능성이 있다. 첫째, 니느웨가 멸망할 때 아시리아의 왕후가 후잡이란 이름의 여인이었다(Ibn. Ezra; cf. Bailey). 대부분의 주석가들이 이 해석을 지지하지 않는다. 둘째, 후잡은 아시리아의 수호신 이스타르(Ishtar)를 뜻한다(Maier). 이렇게 간주하면 하나님께서 아시리아의 수호신까지 포로로 끌려가게 함으로써 아시리아를 이 세상에서 지워버리실 것을 선언하는 것이다. 어느 것을 선택하든지 본문의 의미는 명확하다. 니느웨는 더 이상 위엄을 유지하지 못하고 적들에게 수모를 당할 것이다(Sweeney).

선지자는 2:8에 와서야 처음으로 '니느웨'(נִינְוֵה)를 언급한다. 도망하는 아시리아 사람들에게 뒤쫓는 자가 '멈추어라!'를 외쳐도 뒤돌아볼 겨를도 없다(8절). 침략자들은 곧 약탈을 시작한다(9절). 어느덧 약탈자로 변해 버린 침략자들은 도시가 가지고 있던 모든 귀중품을 빼앗는다. 니느웨가 완전히 빈털터리가 될 때까지 약탈은 계속된다. 아시리아는 지난 200여 년 동안 근동지역에 갖은 약탈과 만행을 일삼아 왔다. 그러므로 그들이 소장하고 있던 보물과 재산은 대단히 큰 규모였을 것이다. 그러나 이제 그들은 모든 노획물을 내놓아야 할 때가 되었다. 누군가 돈은 돌고 도는 것이라고 했다. 세상의 부는 이 약탈자에게서 저 약탈자에게로 끊임없이 새 주인을 맞이할 것이다. 언제까지 지속될 것인가? 이 모든 물질이 최종적으로 하나님께 드려질 때까지 재물의 주인은 끊임없이 바뀔 것이다(Robertson).

이 모든 상황을 니느웨 사람들은 '떨리는 가슴, 후들거리는 무릎, 끊어질 것 같이 아픈 허리, 그리고 하얗게 질린 얼굴'(새번역)을 하고 바라볼 수밖에 없다

(10절). 아시리아를 위대하게 만들었던 모든 것 곧, 용기, 힘, 의지 등이 모두 무너져 내리고 있다. 드디어 니느웨에게 '여호와의 날'이 임한 것이다. 그동안 그렇게 많은 민족의 피눈물을 흘리게 하더니 이제는 그들이 피눈물을 흘릴 차례가 되었다. 하나님께서 인정하지 않으시면 세상의 그 어떠한 권세도 영원할 수 없는 것이다.

4장 성취: 사자 니느웨의 멸망
2:11-13

11 이제 사자의 굴이 어디냐 젊은 사자가 먹을 곳이 어디냐 전에는 수사자 암사자가 그 새
끼 사자와 함께 거기서 다니되 그것들을 두렵게 할 자가 없었으며 12 수사자가 그 새끼를
위하여 먹이를 충분히 찢고 그의 암사자들을 위하여 움켜 사냥한 것으로 그 굴을 채웠고
찢은 것으로 그 구멍을 채웠었도다 13 만군의 여호와의 말씀에 내가 네 대적이 되어 네 병
거들을 불살라 연기가 되게 하고 네 젊은 사자들을 칼로 멸할 것이며 내가 또 네 노략한
것을 땅에서 끊으리니 네 파견자의 목소리가 다시는 들리지 아니하리라 하셨느니라

사자는 힘, 민첩함, 주권을 상징하는 짐승이지만 잡아먹히는 짐승들에게는 잔인함의 표상이었다. 전통적으로 아시리아는 자신들을 사자와 연관시켰다. 아시리아 왕들은 자신들을 사자로 묘사하는 것을 즐겼을(Robertson) 뿐만 아니라, 그들의 수호신 이스타르(Ishtar)가 암사자로, 혹은 사자를 타고 있는 모습으로 자주 등장한다(Watts). 선지자는 두 개의 수사학적인 질문을 통해 아시리아의 성공을 비웃고 있다: "그 사자들의 굴이 어디에 있느냐? 사자들이 그 새끼들을 먹이던 곳이 어디에 있느냐?" 선지자 아모스는 여호와를 사자로 묘사한 적이 있다(암 1:2; 3:8). 세상에서 진정한 사자(통치자)는 오직 여호와 한 분이

란 의미이다.

아시리아의 잔인성이 12절에 잘 드러나고 있다. 그들은 자신들의 배를 채우고 삶을 즐기기 위하여 남들을 무자비하게 착취한 자들이다. 하나님께서는 다른 사람의 눈에서 피눈물 나게 하며 누리는 풍요로움을 결코 용납하지 않으신다. 이러한 원리는 단지 개인적인 차원에서만 적용되는 것은 아니다. 오늘날 국제 사회에서도 연약한 나라들을 착취하여 자신들의 생활 수준을 높이는 나라들이 있지 않은가? 모두에게 하나님의 심판을 받을 날이 다가오고 있다.

공포와 두려움으로 근동을 통치하던 막강한 아시리아가 왜 이렇게 허무하게 무너져 내리는가? 저자는 명확한 신학적 이유를 제시하고 있다. 바로 하나님께서 직접 아시리아를 치시기 때문이다(13절). 물론 메대—바빌론 군이 니느웨를 공략할 것이다. 그러나 그들은 역사의 주인이신 여호와께서 잔인한 나라 아시리아를 심판하는 도구로 사용하시는 것에 불과하다. 하나님께서 메대와 바빌론의 '불과 칼'을 도구로 삼으셔서 아시리아의 힘의 상징들인 '병거, 새끼 사자, 먹이, 전령' 등을 모두 빼앗으실 것이다. 특히 '새끼 사자들'을 죽이심은 앞으로 아시리아가 다시는 회복하지 못할 것을 뜻한다(Armerding).

EXPOSIMENTARY

Nahum

Ⅳ. 잔인한 니느웨가 끝장남

3:1-19

선지자는 지금까지 하나님의 위대하심에서 아시리아의 보잘것없는 형편으로, 그다음은 아시리아의 멸망에 대한 확신으로 메시지를 진행해 왔다. 이제 그는 아시리아의 멸망에 대한 조가(弔歌)를 부른다. 나훔은 소름 끼치는 분위기를 조성하면서 자신의 책을 끝맺고 있다. 이 디스코스는 피, 거짓, 약탈, 창기, 시체, 오물, 점술 등에 관한 언급으로 가득하다(Smith). 아시리아의 끝없는 만행이 끝날 날이 밝았다. 이 섹션은 다음과 같이 세분화될 수 있다.

A. 피를 흘리는 도시에 화가 임함(3:1-3)
B. 창녀처럼 수모를 당하는 니느웨(3:4-7)
C. 별 볼일 없는 니느웨(3:8-13)
D. 부패와 기쁨(3:14-19)

2장 피를 흘리는 도시에 화가 임함
3:1-3

1 화 있을진저 피의 성이여 그 안에는 거짓이 가득하고 포악이 가득하며 탈취가 떠나지 아
니하는도다 2 휙휙 하는 채찍 소리, 윙윙 하는 병거 바퀴 소리, 뛰는 말, 달리는 병거, 3 충
돌하는 기병, 번쩍이는 칼, 번개 같은 창, 죽임 당한 자의 떼, 주검의 큰 무더기, 무수한 시
체여 사람이 그 시체에 걸려 넘어지니

이 텍스트는 스타카토(staccato)처럼 짧고 연쇄적인 문장들로 구성되어 있다. 이러한 기법은 니느웨가 함락될 때 경험할 혼란과 공포감을 적절하게 묘사한다(Bailey). '화 있을진저'(הוֹי)('망한다'[새번역])(1절)는 주로 하나님의 심판과 연관되어 사용되는 단어이다. 이 단어는 구약에서 53차례가 사용되며 그중 (1) 장례식에서 불리는 조가(弔歌)/애가(哀歌)를 시작하는 것으로 8차례; (2) 관심을 갖기 위한 부르짖음으로 4차례; (3) 선지서들에서 다가오는 멸망에 대한 선포를 시작하며 41차례가 사용되었다(Clifford). 본문에서도 세 번째 의미로 사용되고 있지만, 이미 아시리아가 멸망한 것을 2장에서 선언했기 때문에 조가(弔歌)를 시작하는 전문적인 용어로 해석하는 것도 무난하다.

'피의 도성'(עִיר דָּמִים)(1절)은 아시리아에 대한 매우 적절한 표현이다. 아시리

아는 고대 근동 역사에서 가장 잔인한 민족으로 알려졌던 사람들이다. 살만에셀(Shalmaneser III)(858-824BC)은 한 도시를 점령하고 나서 다음과 같은 회고를 남겼다: "나는 마치 아다드(아시리아의 신)가 폭풍우를 내리듯이 적군들에게 임하여 그들을 죽였다. 그들이 파놓은 방어 구덩이를 그들의 시체로 가득 채웠고, 넓은 들판을 그들의 시체로 덮었다. 나는 양털에 빨간 물을 들이듯이 산들을 그들의 피로 물들였다. 나는 많은 병거들과 말을 빼앗았으며 그들의 성읍 앞에 해골 더미를 쌓았다. 나는 그들의 다른 도시도 불태웠다"(ANET).

아시리아는 또한 다음과 같은 만행을 일삼았다. 사람의 손, 발, 귀, 코를 자르고 눈을 파내는 것은 일상적으로 하던 일이었다. 사람들의 목을 잘라서 끈으로 동여매어 도성의 문 앞에 쌓아두거나 걸어두었다. 심지어는 살아있는 사람의 가죽을 벗기기까지 했다(Maier). 마치 제2차 세계대전 때 독일이 유태인들에게 저지른 만행을 방불케 한다. 아시리아 사람들이 이처럼 잔인하고 포악한 짓들을 일삼았으니 선하신 창조주가 결코 그들의 만행을 오래 방관하실 리 없다.

드디어 만행을 일삼던 자들이 만행을 당할 날이 찾아왔다. 그들은 먼저 전속력으로 질주하는 병거에 치이고(2절), 기병대에 의하여 죽임을 당한다(3절). 적군의 칼과 창이 매우 빨리 움직이고 있으며, 휘둘릴 때마다 살생자가 속출한다. 얼마나 많이 죽었는지 시체가 높은 더미로 쌓여있고, 도망하는 사람도, 추격하는 사람도 시체에 걸려 넘어진다. 하나님께서 아시리아가 다른 나라들에게 행한 대로 갚아 주시고 있다. 아시리아는 다시 일어설 수 없는 운명을 맞이한 것이다.

2장 창녀처럼 수모 당하는 니느웨
3:4-7

4 이는 마술에 능숙한 미모의 음녀가 많은 음행을 함이라 그가 그의 음행으로 여러 나라
를 미혹하고 그의 마술로 여러 족속을 미혹하느니라 5 보라 내가 네게 말하노니 만군의
여호와의 말씀에 네 치마를 걷어 올려 네 얼굴에 이르게 하고 네 벌거벗은 것을 나라들에
게 보이며 네 부끄러운 곳을 뭇 민족에게 보일 것이요 6 내가 또 가증하고 더러운 것들을
네 위에 던져 능욕하여 너를 구경 거리가 되게 하리니 7 그 때에 너를 보는 자가 다 네게
서 도망하며 이르기를 니느웨가 황폐하였도다 누가 그것을 위하여 애곡하며 내가 어디서
너를 위로할 자를 구하리요 하리라

선지자는 니느웨가 여호와의 심판을 받아야 하는 이유를 다시 한번 제시한다. 아시리아는 온 세상을 홀리는 창녀질을 했다. 아시리아가 다른 나라를 음행으로 홀리고 마술로 꾀어낸 창녀로 묘사되고 있는 것이다. 아마도 막강한 군사력과 권력을 앞세워 남을 착취하고 거짓 언약 등을 통해 다른 나라들을 농간한 것을 염두에 두고 하는 말인 듯하다(Maier). 아시리아는 자신의 노력과 업적에 대하여 대단한 자부심을 느꼈겠지만, 하나님께서는 이들의 모든 노고를 '창녀질'로 평가하고 있으시다. 얼마나 큰 가치관의 차이인가! 오늘날 많은 목

회자들이 사역의 금자탑을 쌓아 올리고 있다. 그러나 우리들의 노력과 업적에 대하여 하나님께서는 과연 어떤 평가를 내리실까?

옛적에는 아시리아가 뭇 백성들의 선망의 대상이 되었겠지만, 하나님의 심판이 임한 후 아시리아는 멸시와 천대의 대상이 된다. 하나님께서 아시리아가 수치를 당하도록 하시고, 오물로 아시리아를 '도배'하실 것이기 때문이다(5-6절). 그러므로 아시리아를 보는 사람들마다 불쌍하게 여기기는커녕 지저분함의 극치에 달하는 아시리아의 모습을 보고 멀리 달아날 것이다(7절). 그러므로 아시리아는 아무도 반겨주지 않는 버림받은 창녀의 모습으로 종말을 맞게 된다. 저자는 두 개의 수사학적인 질문을 통하여 아시리아의 아픈 현실을 드러내고 있다: "누가 니느웨를 위하여 애도할 것인가?" "누가 니느웨를 위로할 것인가?"(7절)

3장 별 볼일 없는 니느웨
3:8-13

8 네가 어찌 노아몬보다 낫겠느냐 그는 강들 사이에 있으므로 물이 둘렸으니 바다가 성루
가 되었고 바다가 방어벽이 되었으며 9 구스와 애굽은 그의 힘이 강하여 끝이 없었고 붓
과 루빔이 그를 돕는 자가 되었으나 10 그가 포로가 되어 사로잡혀 갔고 그의 어린 아이들
은 길 모퉁이 모퉁이에 메어침을 당하여 부서졌으며 그의 존귀한 자들은 제비 뽑혀 나뉘
었고 그의 모든 권세자들은 사슬에 결박되었나니 11 너도 술에 취하여 숨으리라 너도 원
수들 때문에 피난처를 찾으리라 12 네 모든 산성은 무화과나무의 처음 익은 열매가 흔들
기만 하면 먹는 자의 입에 떨어짐과 같으리라 13 네 가운데 장정들은 여인 같고 네 땅의
성문들은 네 원수 앞에 넓게 열리고 빗장들은 불에 타도다

선지자는 이 섹션에서 아시리아의 자존심을 공격한다. 그는 자신이 마치 이 세상의 모든 것을 장악하고 누리는 자로 생각했던 니느웨의 막강한 자존심에 금이 가게 하는 돌을 던지고 있는 것이다. 이 텍스트의 목적은 아시리아와 이집트의 능력을 비교하고자 하는 데 있는 것이 아니라, 세상의 모든 세력은 하나님 앞에서 아무것도 아니라는 것을 강조하는 데 있다(Achtemeier).

나훔은 니느웨가 무너질 수 있다는 사실을 강조하고자 한다: "니느웨가 테

베보다 나은 것이 있었는가?" 테베(노아몬: '아몬[이집트의 신]의 보호 아래 있는 도시'라는 뜻)는 이집트의 위대한 도시로서 1400여 년 동안 세상에 영향력을 행사했던 곳이었다(Achtemeier). 테베도 니느웨와 같이 강 사이에 위치한 도시로서 흐르는 물줄기를 천연 요새로 삼아 오랫동안 번영했던 성읍이었다. 카이로에서 남쪽으로 650km 떨어진 곳에 있는 이 도시는 나일강의 동쪽 둑에 위치했다.

이곳을 지나는 나일강의 폭이 800m에 달했기 때문에 서쪽에서는 감히 넘볼 수 없는 도시였다. 테베는 남서쪽으로는 사막으로 둘러싸여 있었고, 동쪽으로 조금 더 나가면 홍해가 펼쳐져 있었다. 이집트의 매우 깊숙한 곳에 위치한 이 도시를 아시리아가 663년에 정복한 일은 고대시대에 불가사의한 전쟁 중의 하나로 손꼽힌다(cf. Bruckner). 선지자는 이처럼 막강해 보이던 테베가 663년에 무너졌다면 상대적으로 별 볼일 없는 니느웨도 멸망할 것은 더욱 확실한 것이 아니냐는 논리를 펴고 있는 것이다.

물론 아시리아가 테베 공략에 성공한 것이 그들에게 대단한 자부심을 안겨주었겠지만, 남을 짓밟아 취하는 것과 자신의 수도를 적으로부터 방어하는 것은 별개의 문제이다. 구스(9절)는 오늘날의 에디오피아와 수단의 일부를 뜻한다. 테베가 망하던 때에 이집트는 25대 왕조(715-663BC)의 통치를 받고 있었는데 이 왕조는 수단 사람들에 의하여 시작되었다(cf. Sweeney). 리비아는 오늘날의 리비아와 같은 곳에 있던 나라였다. 붓의 경우는 정확히 어디에 있었는지 아직까지 밝혀지지 않았다.

점령당한 테베의 주민들이 어떻게 되었는가를 설명하는 10절은 아시리아의 잔인함을 묘사한다. 침략자들은 주민들을 노예로 끌어가기도 하고, 어린아이들을 벽에 던져 죽게 하기도 했다. 이러한 행위는 고대 근동에서 흔히 목격되는 일이기도 하다. 그러나 어린아이를 벽에 던져 죽이는 것은 인간의 포악함의 최고봉이다. 이 외에도 아시리아 사람들이 얼마나 잔인한 수단과 방법을 동원하여 적들을 죽였는가를 생각해 보면 인간은 참으로 악한 존재라는 결론에 도달하게 된다.

선지자는 11-13절에서 다섯 가지의 비유를 사용하여 아시리아의 비참한 종말을 설명한다(Robertson): (1) 술에 취해 갈팡질팡하는 사람; (2) 쫓는 자를 피하여 숨는 도피자; (3) 흔들리는 무화과나무; (4) 연약한 여자; (5) 성문이 열리고 빗장이 불타버린 성읍. 나훔은 비유를 적절하게 사용하는 선지자이다. 그는 2:1-13에서 아시리아를 먹이가 없는 사자로, 3:1-7에서는 수치와 수모를 당하는 창녀로, 이제는 술 취하고 연약하고 멍해진 사람으로 묘사하고 있다.

니느웨의 무기력함을 묘사하고 있는 12-13절의 '흔들기만 하면 먹을 이의 입에 떨어지는 처음 익은 무화과'와 '여자 군인들'은 니느웨를 공략하여 약탈하는 것이 마치 어른이 어린아이에게서 사탕을 빼앗아 먹는 것처럼 쉬운 일이라는 것을 강조한다. 우리 말로 하면 누워서 떡 먹기라는 것이다. 한때 근동을 호령하던 자들이 이렇게 몰락했다. 물론 이 모든 일이 하나님께서 하시는 일이기 때문에 가능하다.

4장 부패와 기쁨
3:14–19

14 너는 물을 길어 에워싸일 것을 대비하며 너의 산성들을 견고하게 하며 진흙에 들어가
서 흙을 밟아 벽돌 가마를 수리하라 15 거기서 불이 너를 삼키며 칼이 너를 베기를 느치
가 먹는 것 같이 하리라 네가 느치 같이 스스로 많게 할지어다 네가 메뚜기 같이 스스로
많게 할지어다 16 네가 네 상인을 하늘의 별보다 많게 하였으나 느치가 날개를 펴서 날아
감과 같고 17 네 방백은 메뚜기 같고 너의 장수들은 큰 메뚜기 떼가 추운 날에는 울타리에
깃들였다가 해가 뜨면 날아감과 같으니 그 있는 곳을 알 수 없도다 18 앗수르 왕이여 네
목자가 자고 네 귀족은 누워 쉬며 네 백성은 산들에 흩어지나 그들을 모을 사람이 없도다
19 네 상처는 고칠 수 없고 네 부상은 중하도다 네 소식을 듣는 자가 다 너를 보고 손뼉을
치나니 이는 그들이 항상 네게 행패를 당하였음이 아니더냐 하시니라

선지자는 '악'(רָעָה)을 주제로 삼아 1:2–11과 비교될 수 있는 말씀으로 말씀 선포를 마치고 있다(Achtemeier). 나훔은 경멸 투로 아시리아에게 자신을 방어할 수 있으면 해보라고 조롱한다(3:14–17). 그다음 아시리아의 왕을 비웃는 노래로 말씀 선포를 마치고 있다(3:18–19).

선지자는 강물로 둘러싸여 있는 니느웨에게 "물을 길어두라"라는 말로 조

롱한다. 산헤립이 니느웨를 건축하기 시작했을 때 이 도시에는 수로가 충분하지 않아 시민들이 강을 앞에 두고도 식수난을 겪었던 것으로 알려졌다(Maier). 그러므로 산헤립은 자신이 이 문제를 해결한 것에 대하여 대단한 자부심을 느꼈다. 고대의 전쟁 형태를 살펴보면 한 성읍이 포위되었을 경우 대체로 먹고 마실 것이 없어 자멸할 때까지 기다리는 전술로 승리를 거둔 예가 많다. 이제 선지자는 아시리아에게 물을 축적할 수 있을 만큼 저장해보라고 하는 것이다. 그들이 하나님께서 보내신 공격자들을 상대로 도시를 방어하려고 해도 모든 것이 부질없는 짓으로 드러날 날이 곧 올 것이라는 경고이다.

저자는 또한 "너의 요새를 탄탄하게 보수공사를 해두어라"라고 비아냥거린다. 필요에 따라서는 새로이 흙벽돌을 만들어 쌓아 올리라는 것이다(14절). 선지자의 메시지는 명확하다. 아시리아는 물을 긷고 성벽을 보수함으로써 최선을 다해 침략자들의 공격을 대비하지만, 결코 도성 방어에는 성공하지 못할 것이다. 또한 적의 공격이 시작되면 모든 주민들과 군사들이 메뚜기 떼가 새 먹이를 찾아 날아가듯이 니느웨를 빠져나갈 것이다(15-17절).

악인들의 연합은 이렇다. 일이 잘될 때는 모든 사람들이 충성을 다짐하고 연합하지만, 어려움이 닥치면 각자 자기 이익을 추구하기 위하여 흩어지는 것이다. 이들의 연합은 원래가 각 개인의 이권이 개입된 모임이기 때문이다. 니느웨가 가장 도움이 필요할 때, 니느웨에서 사는 것에 대하여 자부심을 느끼던 자들이, 니느웨에서 돈을 벌던 자들이, 니느웨의 권세를 앞세워 권력을 남용하던 자들이 모두 등을 돌리고 떠난다. 우리 주변에는 끝까지 우리를 도와줄 사람들이 몇이나 되는가?

그러므로 아시리아의 왕은 비참한 최후를 맞는다(18-19절). 아무도 그를 도와줄 사람이 없다. 심지어는 상처 입고 쓰러져 있는 그를 돌봐주는 사람도 없다. 오히려 사람들은 그의 비참한 종말에 대한 소식을 듣고 손뼉을 친다. 세상 사람들이 니느웨의 멸망 소식에 즐거워하는 것은 아시리아의 만행으로 가득 찬 역사에 대한 세상의 평가이기도 하다.

나훔서는 우리의 지난 삶을 돌아보게 하는 책이다. 우리는 얼마나 의롭게 살아왔으며, 세상 사람들과 어떤 관계를 형성하며 살아왔는가? 만일 내가 오늘 죽는다면, 이 소식을 듣고 슬퍼할 사람들은 몇이나 되며, 오히려 기뻐할 사람들은 또 몇이나 될까? 노벨이 각 분야에 상을 수여하게 된 동기에 이런 일화가 있다. 그는 다이너마이트를 발명하여 많은 돈을 벌었다. 그러나 그 다이너마이트가 전쟁에서 살상용으로 사용되는 것에 대하여는 이렇다 할 대책이 없다고 생각했고 또한 그것이 자신의 책임도 아니라고 생각했다. 그러던 어느 날 조간신문을 받아 든 그는 깜짝 놀랐다. 신문사의 기자가 잘못 알고 마치 노벨이 전날 죽은 것처럼 기사를 써서 1면에 대서특필로 기재한 것이었다. 기사의 타이틀은 '죽음의 상인 노벨이 죽다'로 되어 있었으며, 노벨의 업적보다는 부정적인 면에 초점을 맞춘 글이었다. 노벨은 심한 충격을 받았고 그 이후로 많은 생각을 하다가 결국에는 자신이 죽으면 전 재산을 털어 인류의 발전과 평화를 위하여 노력하는 사람들에게 상으로 줄 것을 유언으로 남겼던 것이다.

나훔은 마치 영존할 것 같던 악의 성, 육신으로 상징되는 아시리아의 멸망을 선포하고 있다. 혹시 우리는 아시리아와 같은 모습으로 남을 괴롭히고 있지는 않은가? 혹시 우리는 아시리아가 마치 영원한 권세를 누릴 것 같이 착각한 것처럼 동일한 착각을 하고 있지는 않은가? 하나님의 메시지는 분명하다. 아시리아가 멸망한 것처럼 세상의 악이 심판받을 날이 반드시 임할 것이다.

엑스포지멘터리

하박국

하박국

여호와께서 내게 대답하여 이르시되
너는 이 묵시를 기록하여 판에 명백히 새기되
달려가면서도 읽을 수 있게 하라
이 묵시는 정한 때가 있나니
그 종말이 속히 이르겠고 결코 거짓되지 아니하리라
비록 더딜지라도 기다리라
지체되지 않고 반드시 응하리라
(2:2-3)

비록 무화과나무가 무성하지 못하며 포도나무에 열매가 없으며
감람나무에 소출이 없으며 밭에 먹을 것이 없으며
우리에 양이 없으며 외양간에 소가 없을지라도
나는 여호와로 말미암아 즐거워하며
나의 구원의 하나님으로 말미암아 기뻐하리로다
주 여호와는 나의 힘이시라
나의 발을 사슴과 같게 하사
나를 나의 높은 곳으로 다니게 하시리로다
(3:17-19)

하박국서는 양식과 내용에 있어서 선지서들 가운데 매우 독특한 위치를 차지한다. 선지서는 대체로 선지자가 여호와의 계시를 받아 백성들에게 말씀을 선포하는 형식으로 기록되어 있으나, 하박국서는 선지자가 하나님께 드리는 질문과 그 질문에 대한 여호와의 답변으로 구성되어 있다. 하박국서의 중심이

백성들에게 선포하는 선지자의 메시지에 있는 것이 아니라, 선지자가 백성들의 대표가 되어 그들이 안고 고민하는 문제에 대하여 하나님께 질문을 하고 그 질문에 대한 하나님의 응답을 기록하는 형태를 취하는 데 있다.

내용에 있어서도 하박국은 다른 선지자들처럼 이스라엘이 당면한 현실적인 문제를 언급하는 것이 아니라, 그들이 안고 있는 철학적이고 원론적(原論的)인 고민거리를 다루고 있다. 그는 "공의와 정의의 하나님께서 창조하시고 다스리시는 이 세상에 왜 부정과 악행이 성행하는가?"라는 의문으로 번뇌한다. 물론 그에게도 주변으로부터 전통적이고 때로는 틀에 박힌듯한 대답이 주어졌을 것이다(cf. 욥의 세 친구). 그러나 선지자는 이러한 대답에 만족할 수 없었다. 그는 이 문제에 대하여 여호와 하나님과 직접 대화함으로 답을 얻고자 했다. 이러한 차원에서 하박국 선지자는 때로 욥과 비교되기도 한다. 자신에게 전해져 온 그 어떤 전통도 당연시하지 않고 그칠 줄 모르는 몸부림으로 하나님께 나아가는 노력과 선지자로서의 역할을 다하려는 태도는 그에게 '종교철학자'(the philosopher of religion)라는 타이틀을 안겨주기도 했다(Heflin).

1. 선지자

하박국 선지자는 그의 저서를 벗어나서는 전혀 알려지지 않은 사람이다. 게다가 그는 자신의 계보나 고향에 대해서도 전혀 언급하지 않고 오직 이름만 밝힐 뿐이다(cf. 1:1). 외경에 다니엘서와 연관된『벨과 용』(*Bel and the Dragon*)이라는 책이 있다. 이 책의 표제에서 하박국 선지자가 언급되는데 그는 레위 지파 사람이며, 여호수아라는 사람의 아들이라고 기록되어 있다.『벨과 용』에 의하면 하박국은 유다에 살고 있었는데, 어느 날 들에서 추수하는 사람들을 위하여 죽을 끓이고 있었다. 그런데 갑자기 천사에게 이끌려 바빌론으로 가게 되었고, 그곳에서 사자 굴에 감금되어 있는 다니엘에게 자기가 끓인 죽을 주어 먹게 하였다.

물론 이 모든 것이 역사적 신빙성이 없는 이야기이므로 그가 레위 지파 사람이며, 그의 아버지가 여호수아라는 이름을 가졌다는 것도 믿기 어렵다(Bruce). 그러나 이것이 유태인의 전승 가운데 하박국 선지자의 정보에 대해 알려주는 유일한 출처가 되므로 중요하다 할 수도 있다. 외경인『벨과 용』이 하박국을 레위 지파 사람으로 인식하는 이유는 선지자가 '파수하는 곳'(מִשְׁמֶרֶת)에서 활동하고 있었고(합 2:1), 이 히브리어 용어가 제사장들이 성전에서 불침번을 서거나 사역할 때 사용되는 용어였기 때문일 것이다(대상 23:32; 대하 7:6; 8:14; 35:2; 느 12:9; 13:30)(Sweeney). 하박국이 다니엘에게 자신이 쓴 죽을 전달해 준 이야기는 위경인『선지자들의 삶』(*Lives of the Prophets*)에서도 반복되지만, 이 책은 하박국을 레위 지파가 아니라, 시므온 지파 사람이라고 한다.

'하박국'(חֲבַקּוּק)이라는 이름의 의미에 관하여 학자들의 견해는 둘로 나누어져 있다. 일부는 그의 이름이 아카디아어로 정원 식물의 이름인 함바쿠쿠(*hambaqùqu*)에서 비롯된 것이라고 한다(Noth; Rudolph; Roberts; cf. Bruce; Sweeney). 반면에 다른 주석가들은 그의 이름이 히브리어 동사 '껴안다'(חבק)에서 파생된 것이라 하여 그의 이름을 '껴안는 자'로 풀이한다(Luther; Bailey; Bruckner). 이런 이름 풀이는 이미 오래전부터 있었으며, 이에 근거하여 중세기 때 일부 학자들은 하박국이 엘리사에게 친절을 베풀었던 수넴 여인의 아들이었다고 주장하기도 했다. 이 주장의 근거는 다음과 같다. 열왕기하 4장을 보면 수넴에는 엘리사에게 친절을 베푼 임신하지 못한 부인이 있었다. 여인의 호의에 답례하기 위하여 엘리사는 그를 불러놓고 "내년 이맘때가 되면, 부인께서는 한 아들을 안을 것이오"라고 예언한다(왕하 4:16; 새번역). 이 예언에서 '안다/껴안다'를 뜻하는 히브리어 단어가 하박국의 이름이 파생된 동사 '껴안다'(חבק)이기 때문이었다!

만일 하박국이라는 이름이 '껴안는 자'라는 뜻을 지녔다면, 이 의미는 책의 내용과 잘 어울린다고 보인다. 그는 정의로운 하나님께서 통치하시는 세상에 불의와 불공평이 난무한 현실에 대하여 질문을 던졌다. 하나님께서는 그에게 답을 하셨다. 물론 선지자가 기대했던 명쾌하고 명확한 답은 아니었다(cf. 본문 주해). 그럼에도 불구하고 하나님을 직접 만난 것으로 만족한 그는 하나님의 대답을 그대로 받아들이고 '껴안았다'(lit., '하박국했다'). 사실 선지자의 질문은 답을 받았다기보다는 하나님을 만나는 순간 '녹아내려' 더 이상 문제가 되지 않았던 것이다. 욥의 경험처럼 말이다(cf. 욥 38–42장).

하박국을 소개하는 표제(1:1)도 다른 선지서와 비교할 때 독특한 점을 지니고 있다. 대체로 선지서의 표제에서는 선지자의 이름만 밝힐 뿐인데, 하박국서는 선지자의 이름과 함께 '[그] 선지자'(הַנָּבִיא)라는 전문용어를 함께 사용하고 있는 것이다. 그래서 그가 성전(聖殿) 예언자였다고 주장하는 학자들 중 일부는 이 타이틀이 그가 성전에서 지녔던 직책/보직을 뜻하는 것으로 풀이하기도 한다.

하박국서의 후반부가 성전에서 드려진 예배나 예식에서 사용된 노래와 용어를 포함하고 있다고(cf. 3:1, 3, 9, 13, 19) 생각하는 학자들은 그가 예루살렘에 거주하던 성전 예언자(cultic prophet)였거나 성전 찬양대의 일원이었다는 추측을 내놓았다(Mowinckel; Eaton; Széles; Smith; Barber; Bruckner). 역대상 25:1에 의하면 성전에서 사역하는 자들에게는 "수금과 비파와 제금을 잡아 신령한 노래를 하게 하였다"라고 했는데, 개역과 새번역이 '신령한 노래를 하는 자들'로 번역하는 단어는, 히브리어 단어 'נִבְּאִים'의 문자적 의미로 볼 때 '예언하는 자들'이란 뜻이다. 그래서 대부분의 영어 번역본들과 공동번역은 이 단어를 '수금과 비파와 제금을 가지고 예언하는 자들'로 번역하였다(NIV; NAS; NRS; TNK). 즉, 성전에는 여호와의 뜻을 구하기 위하여 찾아온 백성들에게 악기를 연주하며 예언하는 예언자들이 있었는데, 하박국도 이 부류에 속했던 것으로 추정하는 것이다(Széles). 만일 하박국이 성전 예언자였다면, 그는 하나님의 계시를 성전에서 진행되는 예배 도중 정해진 순서에 따라 선포했을 것이다(Tournay; Petersen; Sweeney).

만일 학자들의 이러한 추측이 신빙성이 있는 것이라면, 선지자들 중 유독 하박국만이 신정론(神正論, theodicy)을 이슈화시키는 것을 어느 정도 이해할 수 있다. 그는 심각한 문제를 안고 성전을 찾아와 여호와의 뜻을 구하는 수많은 성도들, 특히 억울한 일을 당하고 고통받는 자들의 하소연과 탄식을 들으면서

의로우신 하나님께서 통치하는 세상에서 왜 이런 일들이 일어나는가에 대하여 많은 고민을 했을 것이다. 고통 속에서 신음하는 자들과 함께하다 보니 어느덧 그들의 아픔이 선지자 개인적인 번뇌가 되어 있었던 것이다. 그래서 선지자는 하나님께 원론적이고 철학적인 문제에 대하여 질문을 드리게 되었다.

왜 의인이 고통받아야 하는가? 왜 악인이 성행하는가? 물론 그가 하나님께 이런 질문을 드리는 것은 그분의 능력을 의심하거나 믿지 못해서가 아니다. 다만 그가 섬기는 하나님에 대한 자신의 지식과 주의 백성이 당면한 현실이 잘 어우러지지 않는 것에 대하여 설명을 구하는 것일 뿐이다. 그러므로 두 차례(1:3, 13)에 걸쳐 하나님께 질문했던 하박국이 책을 마무리할 때는 개인적인 깊은 신앙으로 어떤 일이 있어도 선하신 하나님의 통치를 믿고 기다리겠다는 확신의 노래를 부르는 것이다(3:17–18). 반면 하박국을 오늘날 교회에서 경배와 찬양을 인도하는 찬양 사역자처럼 필요에 따라 새 노래를 작곡하고 편곡하여 성전 예배를 인도했던 사람으로 해석하는 주석가도 있다(Heflin).

2. 역사적 정황

하박국서는 과연 어느 시대를 배경으로 삼고 있는가에 대하여 일부 학자들은 도저히 알 수 없다는 입장을 고수하지만(R. Smith), 대부분의 학자들은 상당히 다양한 연대들을 제시해 왔다. 이른 연대를 주장하는 학자들은 주전 701년에 있었던 아시리아 왕 산헤립의 유다와 예루살렘 침략 시대를 제시한다(Budde). 또 늦은 연대를 주장하는 사람들은 332–323년대에 근동지역을 정복했던 알렉산더 대왕 시대를 배경으로 하고 있다고 주장한다(Duhm). 그러나 대부분의 학자들은 650–600년대를 하박국서의 역사적 배경으로 제시한다(Thompson; Bruce; Patterson; Bullock; Bailey). 이 같은 다양한 제안들 중 누구의 주장이 가장 설득력 있는가를 결정하는 데 있어서, 책의 표제들(1:1; 3:1)이 이렇다 할 정보를 제공하지 않기 때문에, 그의 메시지 안에서 바빌론의 유다에 대한 위협(cf.

1:6)과 선지자가 1장에서 비난하는 '악한 자들'의 정체가 누구인지를 밝히는 것이 결정적인 단서가 된다고 보인다.

선지자는 하나님께서 유다의 죄악을 바빌론을 통해서 심판하실 것이라고 선포한다. 그렇다면 하박국의 예언은 아무리 늦어도 주전 586년 이전에는 선포되었을 것이다. 왜냐하면 하박국이 경고하고 있는 일이 역사적으로 이 해에 성취되었기 때문이다. 많은 학자들이 하박국의 바빌론 침략 예언이 597년에 느부갓네살이 반역한 유다와 예루살렘을 평정하고 여호야긴을 인질 삼아 바빌론으로 끌고 간 일을 배경으로 한다 해서 하박국의 활동 시기를 늦어도 600년대로 간주한다.

그렇다면 바빌론이 언제부터 유다의 생존을 위협하기 시작한 것일까? 역사적 자료들에 의하면 아시리아는 745년 이후로 100여 년 이상 고대 근동의 군주로 군림했다. 이 기간 동안 이집트를 포함한 대부분의 국가들은 아시리아에게 조공을 바치며 연명해 갔다. 그러다가 이집트는 655년 독립을 선언하면서 더 이상 조공을 바치지 않았고, 나아가 자신들과 아시리아 사이에서 완충지대 역할을 하고 있던 가나안 지역 국가들에게 정치적인 영향력을 행사하기 위해 많은 노력을 기울이기 시작했다. 그러나 아시리아는 반역한 이집트를 응징할 수 없었다. 동쪽에서 바빌론과 메대가 아시리아를 견제하고 있었기 때문이다. 그러던 중 627년 아시리아의 마지막 왕으로 알려진 아슐바니발(Asshurbanipal)이 죽자 제국은 순식간에 몰락하기 시작했다. 호시탐탐 기회를 엿보던 바빌론은 느보(Nabopolassar)가 독립을 선언했을 뿐만 아니라, 메대 군과 함께 동쪽에서부터 아시리아 제국의 영토를 침략하여 빼앗기 시작했다.

이때 아시리아는 워낙 약화되어 있었기 때문에 제대로 싸워보지도 못하고 계속해서 후퇴했다. 서쪽으로 행진을 계속하던 바빌론—메대 연합군은 614년에 아시리아의 옛 수도 앗술(Asshur)을, 612년에는 새 수도 니느웨(Nineveh)를 각각 정복했다. 아시리아는 더 이상 바빌론의 상대가 될 수 없었다. 최후로 609년에 아시리아의 마지막 주요 도시였던 하란(Haran)이 바빌론—메대 군의 손에 함락되었다. 이 광경을 지켜보던 이집트 사람들이 드디어 야심을 드러냈다.

650년대에 아시리아로부터 독립한 이후 아시리아와 적대적 관계를 유지하던 그들이 아시리아의 패잔병들을 도와 바빌론과 싸우기 위하여 609년에 원정길에 나선 것이다. 그들은 바빌론을 물리침으로써 고대 근동의 새로운 군주 자리를 차지하려 했다. 드디어 605년에 유프라테스 강 어귀에 위치한 갈그미스(Carchemish)에서 아시리아—이집트 연합군이 바빌론을 대항하여 전투를 벌였다. 처음에는 바빌론—메대 연합군이 불리한 듯했으나, 전투는 이들의 대승으로 끝났다. 이 일로 인하여 아시리아 제국은 더 이상 지구상에 없는 나라가 되었으며, 이집트는 본국으로 돌아갈 수밖에 없었다. 바빌론 군은 여세를 몰아 이집트를 치기 위하여 가나안 지역에 입성했다.

바빌론 군을 이끌고 가나안을 지나 이집트 국경까지 원정 갔던 사람이 바로 바빌론의 왕자 느부갓네살이었다. 같은 해인 605년 가을에 가나안의 남쪽 이집트 접경 지역에서 바빌론 군과 이집트가 다시 대결했지만, 이번에는 무승부였다. 그때 느부갓네살에게 아버지 느보가 죽었다는 소식이 전해졌다. 그는 왕권을 차지하기 위하여 신속하게 바빌론으로 귀국했다. 느부갓네살이 가나안 지역에 머무는 동안 이집트와 동맹을 맺고 있던 유다의 여호야김 왕은 가나안 지역을 지나던 바빌론 군에 항복했으며, 그들에게 충성할 것을 맹세했다. 바빌론 군은 유다의 귀족들 중에서 일부를 인질 삼아 바빌론으로 끌고 갔다. 이때 바빌론으로 끌려간 유다 사람들 중에 다니엘과 세 친구가 있었다(단 1:1).

이처럼 국제 정세가 긴박하게 돌아가는 상황에서 유다의 형편은 어떠했는가? 경건했던 왕 히스기야가 죽은 후 수십 년 동안 유다는 헤어날 수 없는 영적인 늪에 빠져 있었다. 유다의 왕들 중 가장 영적으로 부패했던 므낫세가 오랫동안 통치하면서 여호와 종교를 거의 뿌리 뽑다시피 했다(왕하 21장). 므낫세는 백성들에게 가나안과 아시리아의 신들을 숭배할 것을 강요했으며, 심지어는 자기 아들을 암몬 사람들의 우상인 몰렉에게 번제로 바쳤다(왕하 21:6). 므낫세는 정치적으로도 군주 아시리아의 지배에 적극적으로 동조한 속국의 왕이었다. 아시리아가 667년에 이집트 정복에 나섰을 때와 663년에 이집트의 수도 테베(Thebes)를 정복했을 때에도 므낫세는 유다의 군대를 동원해 주었다.

므낫세가 55년의 장기 집권을 마치고 643년에 죽자 그의 아들 아몬이 뒤를 이어 유다를 통치했다.[10] 그는 아버지와 비교하여 크게 다를 바가 없었으며, 결국 2년 후 그의 지배를 반대하던 세력에 의하여 암살당했다. 아몬의 아들 요시야가 641년 왕이 되었을 때 그의 나이 8살이었다. 요시야의 어린 시절에 대하여는 별로 알려진 것이 없다. 경건한 원로들이 그의 통치를 도왔던 것으로 추정될 뿐이다. 요시야가 즉위한 때를 기점으로 아시리아 제국은 약화되기 시작했으며, 제국의 쇠퇴는 유다에게 정치적인 독립과 종교개혁의 기회를 선사했다. 아슬바니발이 627년에 죽자 요시야는 대대적인 종교개혁과 정책상의 변화를 시도했다. 요시야는 이미 631년부터 하나님을 찾기 시작했으며, 통치한 지 16년째 되던 해이면서 동시에 아슬바니발이 죽던 해인 627년에는 산당을 제거하고 아세라 목상을 제거하는 등 포괄적인 종교개혁을 단행했다(대하 34:3-7).

요시야의 종교개혁은 세 부분에 역점을 두었다: (1) 이방 종교와 풍습을 뿌리 뽑으려는 꾸준하고 지속적인 노력; (2) 남 왕국 유다뿐만 아니라, 이미 망해버린 북 왕국 이스라엘 영토까지 모든 산당을 제거하는 것; (3) 예루살렘에 여호와 종교 예식과 예배를 중앙집중화하는 것(Bright). 요시야는 이때 아시리아의 종교와 풍습도 이스라엘 영토에서 제거했는데, 그의 행위는 아시리아의 종속국 신분을 부인하고 정치적인 독립을 선언하는 것이나 다름없었다(Ahlström). 요시야의 아시리아에 대한 반역이 이미 시작된 것이다.

요시야의 종교개혁에 큰 힘을 실어준 것이 바로 힐기야 제사장이 성전을 보수하던 중 발견한 여호와의 율법책이었다. 그때가 621년이며, 이 책은 여선

---

10 필자가 사용하는 연대는 모두 딜레(Thiele)의 연대들이다. cf. E. Thiele, *The Mysterious Numbers of the Hebrew Kings*(1st ed.; New York: Macmillan, 1951; 2d ed.; Grand Rapids: Eerdmans, 1965; 3rd ed.; Grand Rapids: Zondervan/Kregel, 1983).

지자 훌다를 통한 하나님의 말씀과 함께 종교개혁을 가속화했다. 이 기간 동안 요시야가 아시리아의 응징을 전혀 받지 않은 것은 위에서 밝힌 것처럼 아시리아가 이미 쇠퇴해가고 있었기 때문이다. 12년 후인 609년에 이집트의 바로 네고(Neco)가 대군을 이끌고 아시리아의 패잔병을 돕는다는 명목으로 가나안 땅을 지날 때, 요시야가 그의 앞길을 막았다. 이집트와 유다의 군대 규모와 모든 것을 비교할 때, 요시야의 행위는 자살행위(Bright)나 다름없는 어리석은 짓이었다(Roux). 그러나 무모하게만 보였던 요시야의 행보는 실제로 이집트가 아시리아의 패잔병들을 돕는 일을 4년 동안이나 지연시키는 결과를 가져왔다. 그러므로 일부 학자들은 그가 생명을 바쳐가면서까지 유다를 괴롭게 했던 아시리아의 부활을 막았다고 평가한다(Rowton).

요시야가 죽자 유다 사람들은 그의 맏아들 엘리야김을 제쳐놓고 여호아하스를 왕으로 세웠다. 그들이 그렇게 한 이유는 엘리야김은 이집트에 항복할 것이며, 여호아하스는 아버지 요시야의 뒤를 이어 유다의 독립을 위하여 투쟁을 계속할 것이라고 생각했기 때문이다(Robinson). 이집트의 바로 네고도 같은 생각이었다. 그래서 그는 여호아하스를 이집트로 끌어가고 그의 형 엘리야김을 왕으로 세웠다. 그리고 자신의 영향력을 과시하기 위하여 엘리야김의 이름을 여호야김으로 바꾸기도 했다(왕하 23:34-35). 여호야김은 매우 난폭한 독재자였다. 그는 예루살렘에서 무죄한 자의 피를 흘렸으며(왕하 24:4), 예레미야는 그를 악하고 잔인하며 자신의 왕궁을 늘리는 것에만 관심을 가졌던 왕으로 묘사한다(렘 22:13-19). 기록에 의하면 여호야김은 유다의 왕들 중 유일하게 여호와의 선지자를 처형한 사람이었다. 역사상 가장 타락한 것으로 평가되는 므낫세도 여호와의 선지자는 죽이지 않았던 것을 감안할 때, 그의 난폭함이 어느 정도였는지 짐작할 수 있다.

학자들은 일반적으로, 하나님께서 예루살렘에서 성행하고 있는 부정과 부패, 힘없고 연약한 자들을 착취하고 억압하는 지도자들을 언제까지나 지켜보고만 계실 거냐는 하박국의 탄식이 바로 여호야김 정권을 염두에 둔 것이라고 간주한다(Heflin; Bailey; Hiebert; Bruce; Bruckner; Sweeney). 이로써 그는 나훔, 스바냐, 그리고 예레미야와 동시대에 예루살렘에서 사역했음을 알 수 있다. 이 시대는 영적으로 매우 어두웠으며, 공의와 정의는 조금도 찾아볼 수 없는 시대였다.

3. 다른 책들과의 관계

하박국서는 마소라 사본(MT)과 칠십인역(LXX)의 12 소선지서 순서에서 동일하게 8번째로 등장하는 책이다. 니느웨의 멸망을 외치고 있는 나훔서를 뒤따르며, 유다와 예루살렘 주민들이 이방 신들을 버리고 여호와께 돌아오지 않으면 혹독한 심판을 피할 수 없다고 경고하는 스바냐서의 앞에 있다. 하박국서에는 두 개의 표제가 등장하고 있지만(1:1; 3:1), 이것들은 그 어떤 역사적 배경에 대한 정보도 주지 않는다. 그러나 책의 내용을 살펴보면 근동의 정치적 무대에 신진 군주로 발돋움하고 있는 바빌론이 유다와 예루살렘을 위협하고 있는 상황을 배경으로 하고 있음이 역력하다. 그러므로 하박국서의 표제가 역사적 배경에 대하여 아무런 정보도 제시하지 않음에도 불구하고, 하박국서가 아시리아의 멸망을 외치고 있는 나훔서와 바빌론 포로 생활을 경고하고 있는 스바냐서 사이에서 연결고리 역할을 하고 있음을 분명히 알게 된다.

나훔서는 여호와께서 유다를 가장 괴롭게 한 나라 아시리아를 치심으로써 이스라엘의 하나님이 온 세상을 통치하시는 분임이 입증될 것을 예언한다. 뒤따르는 하박국서도 여호와께서 온 세상을 통치하신다는 사실에 전적으로 동의한다. 그러나 나훔이 니느웨의 멸망이 여호와의 정의가 실현되었음을 입증하는 것이라고 결론을 내리는 것에 비해, 하박국은 부정과 부패가 만연한 유다와 예루살렘을 심판하기 위하여 바빌론 사람들이 침략해 오는 것과, 그 후 여호와의 뜻을 정의롭게 이행하지 못한 바빌론이 멸망하는 것이 바로 하나님의 정의의 실현이라고 말한다. 또한 나훔이 주의 백성을 괴롭히는 이방 국가가 망하는 것이 하나님의 정의의 실현이라고 하는 반면에, 하박국은 한 걸음 더 나아가 이방인들보다 하나도 나을 것이 없는 주의 백성들도 심판을 받을 것임을 경고하고 있다. 이런 차원에서 하박국의 메시지는 뒤따르는 스바냐의 메시지를 준비하고 있다고 하겠다. 스바냐는 주의 백성들에게 하나님을 전심으로 찾든지, 아니면 그분의 심판을 받든 지 둘 중 하나를 택하라고 경고하고 있다. 고통당하는 주의 백성들이라고 해서 면죄부가 주어지는 것은 아니다. 모든 사람들은 공평하게 심판을 받게 된다. 스바냐서는 하나님께서 주의 백성을 심판하시는 데 사용할 도구가 무엇/누구인가를 구체적으로 밝히고 있지는 않지만, 바빌론이 암시되고 있는 것이 확실하다.

4. 신학과 메시지

하박국 선지자를 통해 예언이 질문형으로 변하고 있다(R. Smith). 대부분의 선지자들은 하나님의 역사와 주권에 대한 확신을 백성들에게 선포했다. 반면에 하박국은 백성들을 대신해서 하나님께 질문을 던진다. 특별히 그는 신정론(神正論, theodicy)에 대하여 하나님께 질문을 던지고 있다. 의로우시고 공평하신 하나님께서 지으시고 통치하시는 세상에서 어떻게 악인이 성공하며, 어찌하여 의인들은 그들로부터 착취를 당하고 괴로워해야 하는가? 하박국은 공평과 의를 지향하고 본질로 삼는 사회가 갖는 가장 기본적이고 실질적인 문제를 제기한다. 그러나 그는 결코 하나님의 의로우심을 의심하여 질문을 던지는 것은 아니다. 그의 논지를 자세히 살펴보면 그는 하나님의 정의를 의심하기보다는 오히려 그분의 공의와 정의를 전제하고 하나님께 질문하고 있음을 알 수 있다.

(1) 세상과 섭리

그는 하나님의 의로우심을 신뢰할 수 없거나 그분의 능력을 믿을 수 없어서 고민하는 것이 아니라, 오히려 전적으로 믿고 있기에 이러한 사실에 상충하는 듯한 현실이 빚어내는 혼돈에 대하여 진솔한 의문을 제기하고 있는 것이다. 그러므로 하박국서는 (1) 하나님의 공의에 관한 책이 아니며, (2) 인간의 의심이나 불신에 대한 책도 아니고, (3) 세상 악의 권세 앞에 무자비하게 당해야만 하는 인간의 연약함에 관한 책은 더더욱 아니다. 하박국서는 그 무엇보다도 하나님의 계획에 관한 책이며, 또한 이 세상에서 그 계획이 어떻게 실현돼 가는가에 대해 쓰인 책이다(Achtemeier). 이 책은 곧 하나님의 섭리(providence)에 관한 책인 것이다. 그러므로 하박국서는 부조리와 부패로 찌든 세상에서 우리가 어떻게 공의와 정의의 하나님께 대한 믿음과 확신을 유지할 수 있는가에 대해서 교훈을 주는 책이다.

선지자는 하나님은 선하시며, 공의를 사랑하시고, 악을 미워하시는 것을 전적으로 믿고 있다. 하박국은 하나님이 그의 백성, 특히 의로운 자들을 매우 사랑하신다는 것을 확신한다. 그렇다면 하나님께서는 그의 백성들의 고통에 대하여 아무런 조치도 취하지 않으시는가? 왜 하나님은 묵묵히 지켜보기만 하시는가? 이에 선지자는, 하나님은 뒷짐 지고 묵묵히 지켜보고만 계시는 분이 아니시며 설령 악이 걷잡을 수 없이 세상을 휘젓고 지배하는 것처럼 느껴지는 순간이 온다 해도 그분은 항상 이 세상의 일에 깊이 관여하고 계시며, 그분의 계획대로 모든 일을 진행해 나가신다고 답한다.

왜 악이 이 세상에 존재하는가? 어떻게 하나님의 계획 속에 악이 포함되어 있단 말인가? 선지자는 하나님께서 자신의 계획을 성취하기 위해서 때로는 악을 사용하신다는 것을 인정하지만, 그 계획 자체가 본질적으로 악하거나 악을 내포하고 있다는 주장은 수용하지 않는다. 왜냐하면 그분은 선하시고, 선한 계획을 진행해 나가시기 때문이다. 그렇다면 하나님께서는 선하시기는 하지만 악을 퇴치하거나 거부하기에는 너무나 무능력하여 자신의 백성들이 악의 세력에게 피해를 보는 것을 지켜보고만 계시는 것인가? 선지자는 이러한 가능성도 단호히 부인한다. 하박국도 다른 선지자들처럼 여호와를 이스라엘이라는 제한된 테두리를 초월하신 온 세상의 창조주이자 주권자로 묘사함으로써 이 세상에는 그 어떤 신(神)도, 권세가도 여호와와 견줄 수 없다고 단언한다. 그분은 이스라엘을 보호하고 인도하는 분이시지만, 또한 바빌론 사람들도 통치하는 분이신 것이다.

그렇다면 믿음과 현실에서 빚어지는 차이는 무엇을 뜻하고 있는가? 여호와를 신뢰하는 믿음은 분명히 선포와 약속을 통하여 알게 되지만, 공평과 공의를 사랑하시는 여호와 하나님은 전지전능하시고 그의 백성을 무척 사랑하신다는 사실을 깨달을 때 우리는 체험적인 믿음을 갖게 된다. 이처럼 하나님께서 적극적인 관심과 사랑으로 백성들을 지켜보시기 때문에 우리가 의롭고 공평한 대우를 받을 수 있도록 하나님께서 배려를 아끼지 않으실 것을 기대할 수 있다. 그러나 하박국 선지자가 처한 현실은 주의 백성들의 삶이 얼마나 불의에 의하여 위축되어 있고 악인들에 의하여 유린당하고 있는가를 우리에게 극명하게 보여주고 있지 않은가! 이러한 믿음과 현실의 대립을 어떻게 이해해야 한단 말인가?

하박국 선지자는 이 믿음과 현실의 대립의 원인을 아주 간단하게 설명한다. 우리가 '사이/진행과정'(in between/in the meantime)에 살고 있기 때문이라는 것이다(cf. Achtemeier). 선지자들은 오랜 세월 동안 하나님에 대하여 많은 것을 계시하고 선포했다. 하나님께서 의와 공평을 사랑하시기에 공의와 공평으로 그의 백성들을 다스리실 것이라는 가르침도 이러한 선포의 한 예이다. 그러나 계시되고 선포되자마자 인간의 현실에서 즉각 성취되고 완성되는 것은 아니며 점차적으로 완성되어가고, 언젠가(viz., 종말 때)는 완전히 성취될 것이다. 하나님께서 의와 공평으로 이 세상을 통치하시고 다스리실 날이 분명히 올 것이다. 옛적 선포가 그대로 성취되는 날이 다가오고 있다. 그러나 그날이 올 때까지 우리는 과거에 있었던 '계시/선포'와 미래에 있을 '성취/완성'의 '사이/진행과정'을 살아가고 있는 것이다. 우리가 바로 이 '사이/진행과정'에서 살고 있는 한, 믿음과 현실은 항상 대립한다는 것이 하박국 선지자의 신학적 통찰이다. 그러므로 하박국서는 시대와 장소를 초월해서 '사이/진행과정'을 살아가고 있는 모든 주의 백성들의 책인 것이다.

그렇다면 '사이/진행과정'을 살아가는 주의 백성들은 어떤 자세로 현실에 임해야 하는가? 믿음과 현실이 빚어내는 갈등에 어떻게 대처해야 하는가? 선지자는 가르침과 자신이 취하는 태도를 통하여 그의 책을 읽는 주의 백성들에게 여러 가지 실제적인 제안과 가르침을 제시하고 있다. 다음 사항들을 생각해보라.

(2) 축복

사람들은 흔히 평안, 건강, 장수, 풍요로움, 공의 등 우리가 삶에서 누릴 수 있는 '축복들'의 유무(有無)를 하나님과의 관계에 대한 지표로 삼는다. 이것을 많이 누릴수록 하나님께서 우리의 삶을 인정하시는 것으로 생각하며, 그렇지 않으면 하나님께서 우리를 징계하고 계신 것이라고 생각하는 것이다. 그런데 하박국 선지자는 하나님과 건강한 관계를 유지하면서도 이러한 '축복들'을 누리지 못했다. 오히려 그는 역경과 궁핍함에 시달리고 있다. 그러나 그는 좌절하지 않았다. 혼란과 갈등에 휩싸인 그는 오히려 이 문제에 대하여 하나님께 진솔하게 의문을 제기했다(1:13). 선지자는 하나님의 성품에서 흠집을 찾아내려는 의도에서 질문을 던지는 비평가가 아니라, 자신이 지니고 있던 하나님에 대한 이해와 이에 상반되는 현실이 빚어내는 갈등에 대하여 하나님의 설명을 요구했던 것이다. 그 결과, 선지자는 역경과 궁핍함을 통해 하나님에 대한 새로운 이해를 갖게 되었으며, 하나님과의 관계가 새로운 차원으로 승화되었다. 하박국은 더 이상 하나님께서 인간에게 내려주시는 축복들로 인해 기뻐하는 것이 아니라, 오히려 그분 존재 자체를 기뻐하며 즐길 수 있는 신앙을 갖게 되었던 것이다(Bruce).

이와 같은 하박국의 신앙은 욥과 비교될 수 있으며, 우리에게 깊은 감동을 더해 준다. 욥은 자신이 왜 고통을 당해야 하는가에 대해서 하나님의 설명을 듣기를 원했다. 드디어 하나님께서 회오리바람 속에서 말씀하셨다. 그러나 하나님의 대답은 일종의 '동문서답(東問西答)'에 불과했다. 그리고 욥은 자신의 생이 끝날 때까지 그 이유를 알지 못했다. 그러나 평소에 남을 통해 듣기만 하던 하나님을 직접 체험한 그에게 있어 그동안의 고민은 더 이상 문제가 될 수 없었다. 그는 하나님을 만났고, 그분에 대한 새로운 이해를 터득했기 때문이었다. 하박국도 비슷한 경험을 했다. 3:17-18에 기록된 선지자의 고백을 생각

해보자: “비록 무화과나무가 무성치 못하며 포도나무에 열매가 없으며 감람나무에 소출이 없으며 밭에 식물이 없으며 우리에 양이 없으며 외양간에 소가 없을지라도 나는 여호와를 인하여 즐거워하며 나의 구원의 하나님을 인하여 기뻐하리로다.” 애초에 그로 하여금 하나님께 질문하게 했던 어려운 상황이 모두 원만하게 해결되어서 이러한 고백을 하고 있는가? 결코 아니다.

하박국이 책을 시작할 때 당면했던 어려운 현실은 책이 끝날 때까지 하나도 변하지 않았다. 변한 것은 다만 하박국뿐이다. 하나님의 공의와 하나님과의 관계에 대한 새로운 이해가 그에게 임했을 때, 그는 더 이상 가시적인 것에 매이지 않고 새로운 차원에서 하나님과의 관계를 누릴 수 있었던 것이다. 하나님의 백성들은 불의와 부조리로 가득 찬 세상을 살아가며 많은 질문을 가슴에 담는다. 힘들고 어려울 때마다 “천국에 가면 하나님께 이 모든 것들에 대하여 반드시 물어보리라!”라며 자신을 달래기도 한다. 그러나 하박국은 그가 경험했던 것처럼 하나님을 만나는 순간 이 모든 것이 다 녹아내려 더 이상 문제가 되지 않기 때문에 질문할 필요도 없을 것이라고 말해준다.

(3) 신앙과 질문

성도들은 “무조건 믿어라!” 혹은 “덮어 놓고 믿어라!”라는 권면을 주고받는다. 누군가 이해되지 않는 부분을 무리하게 이해하려고 하거나 전통적인 가르침에 반론을 제기할 때 자주 사용되는 권고이기도 하다. 그러나 하박국 선지자는 이러한 권면을 받아들이지 않았다. 이것이 하나님을 전적으로 신뢰하고 그분이 어떤 분이신지를 아는 신앙인으로서 취할 자세는 아니라고 생각했던 것이다. 이 권면들은 표면적으로는 하나님에 대한 신뢰를 요구하는 믿음의 강요로 보일 수도 있다. 그러나 실제로는 자칫 잘못하면 하나님께서 ‘불편해 하실 부분’에 대하여 ‘쉬! 쉬!’하며 그냥 넘어가려는 행위가 되기도 한다. 하박국 선지자는 하나님은 그가 혼란스러워하는 부분을 충분히 흡족하게 정리해 주실 수 있는 분이라는 것을 확신했다. 이러한 배경에서 선지자는 전해 내려온 가르침에 만족하지 않고, 남들이 대체적으로 침묵하기 원하는 부분에 대하여 문제를 제기했던 것이다. 이해하지 못하고, 납득이 가지 않는데도 모든 것이 평안한 것처럼 행세하는 것은 믿음이 아니라 위선이라는 것이다. 그러므로 그는 신앙인으로서 기본적인 권리를 행사하고자 했다. 그 결과로 하박국서가 탄생하지 않았는가!

이사야서 또한 믿음의 사람일수록 하나님께 이적의 증거를 구한다고 우리에게 가르치고 있다. 이사야서 안에서 불신과 믿음의 표상으로 대조되는 아하스와 히스기야의 차이점이 바로 여기에 있다. 하나님을 신뢰하기를 거부하던 아하스는 하나님께서 그를 구원하실 것이라는 징조로 원하는 이적을 구하라는 권면을 거부했다. 그는 심한 책망을 면할 수 없었으며, 선지자는 그에게 일방적으로 '임마누엘' 징표를 주었다(사 7). 반면에 그 누구보다도 확고히 하나님을 신뢰하던 히스기야는 일영표(日影表), 무화과 열매의 이적을 받고도, 또 하나의 징조를 구했다(사 38). 불신에서 비롯되는 기적 요구는 문제가 될 수 있겠지만, 하나님께서는 우리가 구하는 표적을 주실 수 있는 분이라는 확신 속에서 비롯되는 징표 요구는 믿음의 고백이 되는 것이다. 하박국은 믿음 생활에 있어서 질문하는 것은 중요하며 성장의 계기가 될 수 있다는 점을 강조하고 있다. 하나님께서는 진솔함으로 그를 찾는 질문자들을 기꺼이 반기실 것이다.

(4) 의인과 믿음

"의인은 그 믿음으로 말미암아 살리라"(2:4)는 하박국서를 매우 유명하게 만들었던 구절이다. 바울은 복음을 논하면서 이 말씀을 인용했다(롬 1:17). 또한, 루터는 이 말씀을 묵상하면서 얻은 감동과 확신을 종교개혁의 발판으로 삼았다. 하박국서에서 이 말씀은 어떤 위치를 차지하고 있는가? 하박국이 신앙과 현실에 대한 모든 의문을 극복할 수 있었던 결정적인 계기가 바로 이 고백에서 드러나는 믿음의 힘이었다고 해도 과언은 아닐 것이다. 그렇다면 선지자가 말하는 믿음이란 무엇인가? 믿음이란 세상이 어떻게 진행되어 가든지 여호와만이 세상을 주관하시고 통치하시는 분이심을 고백하는 것이다. 믿음이란, 비록 그의 백성들은 제대로 이해하지 못한다 할지라도 하나님은 유일하시고 거룩하시며 순수하신 분임을 확신하는 것이다. 믿음이란 언젠가는 선하신 하나님의 의와 공평이 온 세상을 지배할 것이라는 신념이다. 그러므로 믿음이란 오늘을 살면서 부조리한 현실 앞에서도 좌절하지 않고 그때를 기대하며 꿋꿋하게 살아가는 태도인 것이다. 의인은 바로 이러한 믿음으로 현실을 헤쳐나가며 당당하게 사는 자이다.

(5) 하나님의 역사

우리는 모두 하나님께서 필요에 따라서는 기적을 통하여 자신의 계획을 펼쳐 나가신다는 사실을 고백한다. 그러나 선지자는 여호와께서 계획을 펼치시는 가장 기본적인 방법으로 인간 대리인(agent)을 사용하신다는 점을 강조하고 있다. 필요에 따라서 우리는 자신의 계획을 진행해 나가시는 그분의 손과 발의 역할을 감당하는 자가 될 수도 있다. 그렇다면 하나님께서는 자신의 도구가 되기를 자원하는 자들만을 사용하시는가? 하박국은 경우에 따라서 여호와를 인정하지 않는 악한 세력마저도 그분의 계획을 성취해나가는 도구로 사용하신다는 것을 역설하고 있다. 선지자가 "하나님의 백성들 사이에 어찌 악이 성행하며 율법이 해이해지고 공의가 시행되지 못하는 것을 지켜보기만 하십니까?"(1:1-4)라고 탄식을 하자 하나님께서는 주의 백성들 중 악을 행하는 자들을 징계하시기 위하여 무시무시한 갈대아(바빌론) 사람들을 개입시키실 것을 선포하셨다(1:5-11). 표면적으로는 문제보다 처방이 더 가혹한 것처럼 생각되는 대안이다(Bruce). 그러므로 악인을 심판하기 위하여 더 잔악한 악인을 끌어들이시는 하나님의 공의에 대한 선지자의 반문이 계속된다.

이 과정에서 우리는 성경의 여러 곳에서 제시되는 한 가지 원리를 발견하게 된다. 하나님께서는 자신의 계획을 이루어 나가시는 과정에 있어서 어떠한 세력이라도 사용하실 수 있다는 것이다. 거룩한 자들만이 하나님께 쓰임을 받는 것이 아니라, 필요에 따라서는 가장 추한 자들까지도 하나님에 의하여 사용될 수 있다. 그러나 하나님께서 사용하셨다 해서 사용당한 자/것이 정당화될 수는 없다. 아시리아, 바벨론 모두 하나님께서 자신의 백성들을 징계하시는 데 사용하신 '진노의 막대기들'이었다. 그들이 모두 주의 도구로 쓰임을 받았던 것이다. 그러나 그들의 역할이 끝나는 순간, 그들은 하나님께로부터 더 크고 혹독한 징계를 받았다는 것이 선지자들의 일반적인 가르침이다. 하박국도 이러한 원리를 다시 한번 확인해 주고 있다. 그 누구도 하나님께 쓰임 받았다 해서 자만에 빠져서는 안 된다. 왜냐하면 하나님께서 인정하시는 것과 사용하시는 것은 별개의 문제이기 때문이다. 하나님께서는 이 세상의 그 어떤 세력도 사용하실 수 있으시며, 경우에 따라서 그의 사용하심이 그분만이 온 세상의 통치자이며 주권자이심을 드러내고자 하는 의도일뿐일 수도 있다.

5. 개요

하박국서의 통일성과 구조를 논할 때 가장 큰 이슈가 되는 것은 3:1–19의 출처와 기능이다. 스미스(Smith & et al.)를 포함한 상당수의 비평주의 학자들은 3장을 하박국 선지자가 사역을 마친 먼 훗날—바빌론에서 돌아온 귀향민들이 예루살렘에 새로이 정착한 후 한참 동안의 세월이 흐른 후에—저작되어 이 책에 첨부된 것이라고 주장했다. 이렇다 할 역사적 근거나 자료에서 비롯된 학설이 아니라, 3장의 장르가 책의 다른 부분과 너무 다르다는 이유에서였다. 1–2장의 장르는 여느 선지서 양식과 다를 바 없는 선포된 말씀인데, 3장은 시편과 흡사한 노래로 구성되어 있기 때문이었다. 또한 음악적인 용어와 지시(3:1, 3, 9, 19)가 선지서에 등장한다는 것을 납득하지 못했다. 아직도 이러한 입장을 취하는 주석가들이 있지만(Hiebert), 최근 들어서 대부분의 학자들은 3장이 하박국 선지자가 예루살렘의 마지막 날들을 지켜보며 저작한 것이라고 결론짓는다(Achtemeier; Gowan; Haak; Roberts; Sweeney; Bruckner; Bailey; Bruce).

학자들이 이러한 결론을 내리는 이유는 3장이 선지자가 1–2장에서 제기한 문제에 대한 적절한 답으로서의 기능을 하므로 3장이 없다면 하박국서의 완성도가 많이 떨어지기 때문이다. 또한 하박국 선지자가 3장에 기재된 노래를 지으면서 이미 오래전부터 전해 내려온 여호와의 현현과 승리에 관한 용어들을 많이 사용했다는 것이 이 학자들의 견해이다. 이 노래가 모세와 미리암의 노래 등 이스라엘의 가장 오래된 노래들의 이미지와 언어들을 인용하고 있다고 생각되기 때문이다.

하박국서를 읽다 보면 비교적 단조로운 흐름으로 진행되어 가는 듯한 느낌을 받는다. 거의 모든 학자들이 특별한 어려움 없이 하박국서를 다음과 같이 여섯 단원으로 세분화한다. 그러나 이 단원들을 어떻게 묶느냐 하는 것에는 의견이 분분하다. 전체를 짜임새 있는 구조로 묶는 부분에서 서로 동의하지 못하고 있는 것이다. 일부 극단적인 견해를 지닌 학자들은 하박국서는 특별한 구조나 흐름 없이 모든 잡동사니가 모인 것에 불과하다고 한다(Carroll). 그러나 대부분 학자들은 이들의 주장에 동의하지 않는다(Achtemeier; Gowan; Bruce; Roberts; Sweeney).

1. 여호와의 정의에 대한 하박국의 첫 번째 질문(1:1-4)
2. 하박국의 질문에 대한 여호와의 응답(1:5-11)
3. 여호와의 정의에 대한 하박국의 두 번째 질문(1:12-17)
4. 하박국의 질문에 대한 여호와의 응답(2:1-5)
5. 다섯 개의 재앙(2:6-20)
6. 하박국의 노래(3:1-19)

많은 학자들이 하박국서를 세 섹션으로 구분한다. 그러나 세부적인 내용은 현저한 차이를 지니고 있기도 하다. 브루크너(Bruckner)는 1:1-17, 2:1-20, 3:1-19등 세 섹션으로 구분한다. 반면에 대부분의 학자들은 전통적으로 다음과 같이 세 섹션으로 구분한다(Childs; Rudolph; Armerding; Elliger).

A. 선지자와 여호와의 대화(1:1-2:5)
   1. 선지자의 첫 번째 질문(1:1-4)
   2. 여호와의 첫 번째 응답(1:5-11)
   3. 선지자의 두 번째 질문(1:12-17)

4. 여호와의 두 번째 응답(2:1–5)

B. 다섯 개의 재앙(2:6–20)

C. 하박국의 노래(3:1–19)

위의 구조에 대하여 문제를 제기하는 사람들은 A, B, C섹션의 상호관계가 명백하지 않다고 지적한다. 마치 서로 연결고리가 결여된 세 섹션이 임의로 하나로 묶인 듯한 느낌을 받는다는 것이다. 또한 표제로 사용되고 있는 1:1과 3:1의 역할이 이 구조에서는 무시되고 있다는 점이 문제로 제기된다(Sweeney). 대체로 표제는 책을 섹션화하는 데 있어서 가장 기초적인 역할을 한다. 하박국서에서는 이처럼 가장 기본적인 섹션 표시가 두 군데밖에 사용되지 않고 있으며, 만일 책이 섹션으로 구분되려면 이 표제들을 중심으로 구분되어야 한다는 주장인 것이다. 또한 장르상, 1–2장의 내용은 '말씀'(מַשָּׂא)(1:1)이며 3장은 '기도'(תְּפִלָּה)(3:1)라는 것을 감안할 때 하박국서를 두 섹션으로 구분하는 것이 바람직하다는 것이다(Bruce; Robertson; Heflin; Sweeney; Széles).

A. 하나님과의 대화(1:1–2:20)

1. 선지자의 첫 번째 질문(1:1–4)
2. 여호와의 첫 번째 응답(1:5–11)
3. 선지자의 두 번째 질문(1:12–17)
4. 여호와의 두 번째 응답(2:1–5)
5. 다섯 개의 재앙(2:6–20)

B. 하박국의 노래(3:1–19)

위와 같은 구조를 선호하는 학자들은 책에 대한 접근이 상당히 새로워졌다는 주장들을 하지만, 실제로 첫 번째 구조와 별 차이는 없으며, 본문을 주해함에 있어서도 이렇다 할 영향을 미치지 않는다. 또한 하나님과 선지자와의 대화는 상대적으로 짧게 진행되는 것에 비해 다섯 개의 재앙에 대한 선언(2:6–20)은 상당히 길게 지속되고 있다. 그러므로 '하나님과 선지자와의 대화'와 재앙 선언의 관계에 대해 좀 더 깊이 연구돼야 할 것이다. 그뿐만 아니라 텍스트의 분량을 감안한다면 마치 재앙에 대한 언급이 여호와와 선지자 사이에 오가는 대화의 목표 혹은 결과가 되는 듯하다는 것도 다시 검토되어야 한다.

베일리(Bailey)는 하박국서 전체를 짜임새가 느슨한 탄식시로 간주한다. 그에 의하면 하박국서의 성향과 진행이 탄식시와 매우 비슷한 점이 많다는 것이다. 그는 다음과 같은 증거를 제시한다. 히버트(Hiebert)도 하박국서가 탄식시에서 흔히 사용되는 용어와 이미지를 활용하고 있다고 주장한다.

탄식시 요소	하박국서
기원(invocation)(시13:1)	1:2
도움요청(Plea to God for help)(시13:1-2)	1:2, 17; 2:1
항의(Complaints)(시13:2)	1:3-4, 13-16; 2:6-19
하나님 신뢰 고백(Statement of trust in God)(시54:4)	1:12; 2:20
선지적 선포(Prophetic Oracle)(시14:3-4; 89:3-4, 19-37; 91:14-16)	1:5-11; 2:2-5
죄의 고백(Confession of sin)(시69:5) 혹은 무죄 확신(Assertion of Innocence)(시17:3)	
원수 저주(Curse of enemies or imprecation)(시109:8-9)	2:6-19
하나님의 응답 확신(Confidence in divine response)	3:2
찬양 혹은 축복(Hymn or Blessing)	3:3-19

위에 제시된 증거들이 슬픔을 표현하는 시라면 어디서나 발견되는 너무나도 보편적인 것들이며, 또한 탄식시의 요소들도 일관성 있게 순서적으로 나열되어 있지 않음을 쉽게 알 수 있다. 그러므로 하박국서 전체가 탄식시의 구조에 바탕을 두고 형성되었다는 주장은 더 많은 증거를 필요로 한다. 물론 책의

전반적인 분위기는 분명히 탄식시의 성향을 내포하고 있기는 하다. 저자는 지금 하나님의 침묵과 자신이 스스로 해결할 수 없는 신학적 문제를 껴안고 고민하고 있으며, 이 과정에서 그는 하나님 앞에서 신음하고 있는 것이다. 그러므로 하박국서가 탄식시 성향을 띠는 것은 당연하다(cf. Hiebert). 그러나 위와 같은 제안은 책의 흐름, 성향을 이해하는 데 약간의 도움은 되겠지만 구조를 파악하는 데는 도움이 되지 않는다.

최근 들어 성경의 전반적인 대칭 구조(symmetric structure)에 대한 연구가 활성화되고 있으며, 하박국서도 예외는 아니다. 도르세이(Dorsey)는 3:1-19를 1-15절과 16-19절로 구분한 후 다음과 같은 구조를 제시한다.

a. 하박국의 첫 번째 항의: 얼마 동안이나 주님의 정의를 기다려야 합니까?(1:2-4)
  b. 여호와의 첫 번째 응답: 바빌론의 군대가 온다(1:5-11)
    c. 하박국의 두 번째 항의: 어떻게 악한 바빌론 군대를 사용하실 수 있습니까? (1:12-17)
      d. 중앙: 악인이 벌을 받을 테니 기다리라. 그러나 의인은 믿음으로 살리라(2:1-5)
    c'. 여호와의 두 번째 응답: 재앙들이 악인들(바빌론)에게 임하리라 (2:6-20)
  b'. 여호와의 마지막 응답: 여호와의 군대가 온다(3:1-15)
a'. 첫 번째 항의에 대한 하박국의 최종적인 각오: 내가 하나님을 기다리리라(3:16-19)

이와 같은 구조의 장점은 개신교 전통에서 하박국서를 유명하게 만들었던 "의인은 믿음으로 살리라"는 말씀이 책의 중심 사상일 뿐만 아니라 구조적으로도 중앙에 놓여있다는 것을 시사해준다는 점이다. 그러나 문제는 도르세(Dorsey)가 주장하는 것처럼 2:6-20이 여호와의 두 번째 응답이 아니라, 2:1-5이 두 번째 응답으로 이해되는 것이 더 자연스럽다는 점이다. 그뿐만 아니라 대부분의 학자들은 3장을 한 편의 통일성 있는 노래로 간주하고 있는데, 1-15절과 16-19절로 나누어 구조를 분석하는 일은 조금 더 신중해야 할 부분으로 여겨진다.

이처럼 책을 6단원으로 세분화하는 것에는 대부분 동의하지만, 세분화된 단락들을 어떻게 서로 연결하여 책의 전체적 짜임새를 이해할 것인가에 대하여는 의견이 다양하다. 지금까지 제시된 하박국서 구조에 관한 여러 입장들은 각각의 어려움을 안고 있다. 어쨌든 필자는 각 문단의 나눔과 구분이 가장 자연스럽고, 다섯 재앙 선포(2:6-20)가 하나님의 말씀이 아니라 바빌론에게 압제당한 민족들의 입술을 통해 선포되는 비웃음(taunt)으로 간주되기에(cf. Amerding; Patterson; Bailey) 이 섹션이 따로 구분되어 다루어지는 것이 바람직하다고 생각하여 첫 번째 제안을 선호한다.

그렇다면 세 섹션(A, B, C)의 상호 관계를 어떻게 이해할 것인가? A섹션인 하나님과 선지자의 대화(1:1-2:5)는 책의 "왜 악인들이 성행하는가?"라는 기본적인 논제를 제시하고 있으며, B섹션의 악인들에게 임할 5개의 재앙(2:6-20)은 이전 섹션(A)에서 제시된 질문에 대해 "악인들은 꼭 망하게 될 것이다"라는 하나님의 확고한 의지를 선포하고 있다. C섹션인 2:21-3:19는 악인을 향한 하나님의 확고한 의지가 선지자로부터 여호와의 정의에 대한 새로운 확신과 고백을 자아내도록 하는 것으로 이해하는 것이 바람직할 것이다. 그러므로 본 주석에서는 하박국서를 다음과 같이 세 섹션으로 구분하여 주해해 나갈 것이다.

Ⅰ. 표제(1:1)

Ⅱ. 선지자와 여호와의 대화(1:2-2:5)

1장. 선지자의 첫 번째 질문(1:2-4)

2장. 여호와의 첫 번째 응답(1:5-11)

3장. 선지자의 두 번째 질문(1:12-17)

4장. 여호와의 두 번째 응답(2:1-5)

Ⅲ. 다섯 개의 재앙(2:6–20)

1장. 착취하는 자에게(2:6–8)

2장. 거짓 평안을 추구하는 자에게(2:9–11)

3장. 억울한 피를 흘리는 자에게(2:12–14)

4장. 술 취한 자와 폭력을 일삼는 자에게(2:15–17)

5장. 우상을 만드는 자에게(2:18–20)

Ⅳ. 하박국의 노래(3:1–19)

1장. 하박국의 고백과 간구(3:1–2)

2장. 분노하신 하나님의 현현(3:3–15)

3장. 하나님의 현현에 대한 선지자의 반응(3:16)

4장. 선지자의 하나님에 대한 확신과 신뢰(3:17–19)

EXPOSIMENTARY

Habakkuk

Ⅰ. 표제

1:1

[1] 선지자 하박국이 묵시로 받은 경고라

대체로 선지서의 표제는 선지자들이 사역했던 시대와 그들의 개인적인 정보를 제공해준다(cf. 사 1:1; 렘 1:1–3; 겔 1:1–3). 하박국서도 예외는 아니다. 그러나 이 책의 표제는 다른 책들에 비해 매우 제한된 정보를 제공한다. 하박국은 자신이 어느 집안 누구의 아들이었는가 등의 개인적 신상정보를 하나도 언급하지 않는다. 그가 사역했던 시대와 대상이 누구였는지도 밝히지 않는다. 다만 그가 받은 메시지를 '묵시로 받은 경고'/'환상으로 받은 말씀'(공동)(הַמַּשָּׂא אֲשֶׁר חָזָה)이라고 할 뿐이다.

'경고' 혹은 '말씀'으로 번역되고 있는 히브리어 단어 'מַשָּׂא'와 이 단어를 표제로 사용하고 있는 선지서들의 내용이 어떠한 연관성을 가지고 있는가는 구약 학문에서 가장 연구되지 않고 이해되지 않은 영역에 속한다(Tucker). 영어 번역본은 이 단어를 '무게/짐'(burden)으로 많이 번역한다. 하나님으로부터 선지자들에게 임한 말씀이 그들이 지고 가거나 들어 올려야 하는 짐이 된다고 해서 '무게/짐'의 개념으로 번역하는 것이 일반화되어 있는 것이다(Weis). 그러나 이 명사는 '들어올리다/높이다'(נשׂא)라는 동사에서 비롯된 파생어이다. 그러므로 이 단어를 짐으로 번역하는 것 자체에 문제를 제기하는 사람들이 많다. 이 개념의 근본적인 의미는 '높이는 것'과 연관되어야 한다는 것이다.

그렇다면 '높이는 것'과 선지자들이 선포한 말씀은 어떤 연관성을 지니고 있는가? 많은 주석가들은 이 단어가 선지자들의 메시지와 연관되어 사용된 이유가 그들에게 임한 하나님의 말씀이 선지자가 목소리를 '높여 외치던' 것이기 때문이라고 한다(Roberts). 즉, 이 단어는 무게나 짐과 연관되어 이해될 것이 아니라, 선지자들의 근본적인 사역(viz., 목소리를 높여 외치는 것)과 연관되어 이해되어야 한다(Hiebert; Sweeney; cf. 민 23:18; 24:3, 15, 20, 21, 23; 사 14:4). 하박국서는 '하박국 선지자가 목소리를 높여 외친 메시지'인 것이다.

하박국은 자신이 목소리를 높여 외친 메시지를 어떻게 "환상으로 보았단"(חזה) 말인가? 이 동사가 시각적으로 보는 것에 초점을 맞추어서 번역되고 있지만, 시각적인 것뿐만 아니라 청각적인 행위도 전제하고 있다(사 29:7; 렘 23:16; 겔 12:24; 호 12:11; 미 3:6; 합 2:2; 단 1:17; 9:24; 시 89:20; 잠 29:18). 그러므로 이 동사에서 파생된 명사 '이상(חָזוֹן)'은 선지서 전체의 표제로 사용되기도 한다(사 1:1; 2:1; 옵 1; 나 1:1). 선지자가 선포하는 메시지를 '환상으로 보는 것'은 어느 정도 일반화된 현상이며 어떤 해석상의 문제도 없다.

하박국서의 표제는 그를 '선지자'(נָבִיא)라고 한다. 이 단어는 하박국이 선포할 메시지의 출처와 권위를 전제로 하는 의미에서 사용되고 있는 용어이다(Sweeney). 그는 자신의 메시지를 하나님께로부터 받았으며, 자신은 그분의 메시지를 선포할 뿐이기 때문에 모든 사람들은 귀담아들어야 한다는 것이다. 그러나 선지서의 표제가 이러한 방식으로 선지자를 소개하는 것은 매우 독특하다. 물론 하박국은 여호와의 선지자이다. 그러나 다른 선지서들은 표제에서 저자를 '선지자'라는 전문화된 호칭을 사용하여 부르지 않고 단순히 그들의 이름을 밝힌다는 것이다. 그러므로 이 단어가 그의 소명뿐만 아니라 직업을 언급하고 있을 가능성을 배제할 수 없다. 여러 학자들이 주장하는 것처럼 그가 성전 선지자였다면 충분히 가능한 해석이다(cf. Jeremias; Haak). 그가 선지자의 소명을 받아 말씀을 선포하기 전부터 이미 예루살렘에 있는 성전에 고용되어 예배자들을 중보해주는 성전 선지자 활동을 해왔다는 것이다.

하박국이 어느 지파에 속했고 언제 사역했는지는 정확하지 않지만, 그가 바빌론 사람들을 언급하는 것으로 보아 주전 7세기 말경에 사역했다고 대부분 학자들은 일관되게 추측한다(cf. 1:6). 히스기야 왕 이후로 유다는 바빌론과 가까이 지내려고 노력했다. 그러나 7세기 말에 접어들면서 요시야가 노골적으로 아시리아에 반기를 들었으며, 609년에는 바빌론 군을 대항해서 싸우려고 진군하는 이집트군의 앞길을 막다가 살해되었다. 결과적으로 이집트군은 아시리아 패잔병을 돕기 위하여 진군하던 일을 4년이나 늦추게 되었다. 이러한 상황은 동쪽에서 아시리아와 싸우고 있었던 바빌론에게 많은 도움이 되었을 것이다. 그러므로 유다 사람들은 바빌론이 아시리아를 물리치고 나면 자신들의 국제적인 위상과 입지가 상승될 것을 기대했다. 그러나 바빌론은 유다에게 악한 아시리아를 대신하는 폭군에 불과했다. 유다 사람들의 바빌론에 대한 실망과 분노가 하박국서의 역사적 배경이 되고 있는 것이다(Sweeney).

이미 언급한 것처럼 많은 학자들이 그의 이름을 아카디아어로 정원 식물을 뜻하는 함바쿠쿠(*hambaqùqu*)라는 단어에서 유래한 것으로 간주하지만, 히브리어 동사 '껴안다'(חבק)에서 유래한 '껴안는 자'로 해석됨이 바람직하다. 그는 하나님의 말씀을 껴안고 시름했으며, 어려운 시대를 살아가던 주의 백성의 고통을 껴안고 중보했던 사역자였던 것이다. 우리도 하박국의 본을 받아 세상의 아픔을 껴안고 중보하는 크리스천들이 되어야 한다.

EXPOSIMENTARY

Habakkuk

II. 선지자와 여호와의 대화

1:2-2:5

하박국서는 선지자들이 하나님께로부터 받은 신탁들로 구성된 다른 선지서와는 달리 하나님과 선지자의 대화로 구성되어 있다. 책을 시작하자마자 선지자는 인류 역사가 시작된 이후 동·서양을 막론하고, 또한 성경적 종교와 비성경적 종교를 막론하여 공평과 정의의 신을 믿는 모든 사람들에게 끊임없이 문제가 되어 왔던 신정론(神正論, theoldicy)을 공론화한다. 이 세상에서 그 누구보다도 공의와 정의를 사랑하시는 분이 이스라엘의 하나님 여호와이심을 의심하는 사람은 없다. 또한 여호와는 온 천하를 창조하셨을 뿐만 아니라 통치하시는 분이시기도 하다. 그렇다면 왜 공의와 정의의 하나님께서 통치하시는 이 세상에 악인이 득세하고 의인이 고통을 당해야 하는 것이냐 하는 문제가 바로 선지자가 하나님께 여쭙는 질문이다. 선지자의 첫 번째 질문(1:1-4)의 요지는 "어찌하여 악을 그대로 보기만 하십니까?"(1:3)이다. 그의 두 번째 질문(1:12-17)은 첫 번째 질문에 대한 하나님의 대답(1:5-11)을 근거로 첫 번째 질문을 더 구체화하고 보완한 것이다: "하나님께서 악을 지켜보기만 하시지 않는다면, 어찌하여 악인들의 폭력과 착취를 용납하십니까?"

선지자의 두 질문과 하나님의 응답은 문체적인 통일성을 지니고 있다. 선지자는 두 개의 질문을 통해 자신의 혼란스러운 마음을 표현한다(1:2, 12). 하나님은 선지자의 질문에 두 차례 모두 명령형으로 응답하시기 시작한다(1:5; 2:2). 표제(1:1)을 제외한 이 섹션은 다음과 같이 네 파트로 구분될 수 있다.

A. 선지자의 첫 번째 질문(1:2-4)

B. 여호와의 첫 번째 응답(1:5-11)

A'. 선지자의 두 번째 질문(1:12-17)

B'. 여호와의 두 번째 응답(2:1-5)

1장 선지자의 첫 번째 질문
1:2-4

2 여호와여 내가 부르짖어도 주께서 듣지 아니하시니 어느 때까지리이까 내가 강포로 말
미암아 외쳐도 주께서 구원하지 아니하시나이다 3 어찌하여 내게 죄악을 보게 하시며 패
역을 눈으로 보게 하시나이까 겁탈과 강포가 내 앞에 있고 변론과 분쟁이 일어났나이다 4
이러므로 율법이 해이하고 정의가 전혀 시행되지 못하오니 이는 악인이 의인을 에워쌌으
므로 정의가 굽게 행하여짐이니이다

선지자는 첫 번째 세트의 질문들을 순식간에 던진다: "야훼여, 살려 달라고 울부짖는 이 소리, 언제 들어 주시렵니까? 호소하는 이 억울한 일, 언제 풀어 주시렵니까? 어인 일로 이렇듯이 애매한 일을 당하게 하시고 이 고생살이를 못 본 체하십니까?"(2-3a절; 공동) 이러한 기법은 절박함과 긴급함을 전제한다. 선지자는 그동안 절제해 왔던 감정과 보류해 왔던 질문들을 순식간에 하나님 앞에 쏟아 내고 있는 것이다. 그러나 선지자의 질문들은 성향상 분노가 서린 항의가 아니라 슬픔과 탄식에 젖은 원망으로 보인다.

선지자의 감성은 그가 2-3절에서 사용하고 있는 '3+2'운율(meter)과 문장을 시작하는 '언제까지?'와 '부르짖다'에서도 드러난다. 이 운율은 흔히 애가(哀

歌)에서 사용되는 것이며, 하박국서 안에서는 여기서만 사용되고 있다(Elliger; Rudolph; cf. Bailey; Gerstenberger). '언제까지?'(עַד־אָנָה)는 얼마나 더 견디어 내야 하는가를 질문하는 문구이며 애가에서 자주 사용된다(시 13:2, 3; 62:4; 욥 18:2; 19:2)(Sweeney). '부르짖다'(שׁוע)는 곤경에 빠져 있는 사람이 구원을 호소할 때 사용된다(시 5:3; 18:7, 42; 22:25; 28:2; 31:23; 30:3). 역시 애가에서 자주 사용되는 용어이다. 그러나 하박국서와 애가의 공통점은 여기서 끝이 난다. 나머지 부분은 더 이상 애가의 성격을 띠지 않는다. 선지자의 상처받은 영혼이 현실에 대한 실망을 탄식이 섞인 애가를 부르면서 토로하고 있는 것이다(Hiebert).

하박국은 구체적으로 유다 사회에 팽배해져 있는 6가지의 부조리와 문제에 대하여 탄식하고 있다: 폭력/억압(2x), 애매한 일, 고생살이, 약탈, 억압, 시비, 말다툼(2–3절). '폭력/억압'(חָמָס)은 하박국서에 자주 등장하는 개념으로서(1:2, 3, 9; 2:8, 17a, 17b), 윤리적인 책임을 저버리고 상대방에게 심리적인 것뿐만 아니라 육체적인 피해까지도 서슴지 않고 가하는 잔인성을 뜻한다(Amerding). 이 단어와 '약탈'(שֹׁד)은 선지자들이 폭력과 악을 동원하여 재산을 모으는 정치인들을 비난하는 데 쌍을 이루어 사용된다(word–pair). (겔 45:9; 암 3:10; cf. 미 2:4). '애매한 일'(אָוֶן)과 '고생살이'(עָמָל)는 같은 동전의 양면성이라 할 수 있다(Bruckner). '악한 일'(אָוֶן)을 행하는 자들에게 희생당하는 자들은 '억울한 고생'(עָמָל)을 하게 되는 것이다. '시비'(רִיב)와 '말다툼'(מָדוֹן)은 유다의 법정에서 비롯된 개념들이다(Hiebert). 억울한 일을 당했다고 생각하는 사람들에 의하여 유다의 법정에 많은 소송이 제기되고 있었던 것이다(Bruckner). 법관들이 제 기능을 하지 못하여 공평과 정의에 대한 불만이 끊이지 않는 상황을 묘사하고 있다.

선지자가 지적하고 있는 이 6가지 부조리와 문제는 유다 사회의 공평과 정의를 완전히 마비시켰다. 그는 이러한 상황을 4가지로 표현한다: "법은 땅에 떨어졌습니다. 정의는 끝내 무너졌습니다. 못된 자들이 착한 사람을 등쳐 먹는 세상이 되었습니다. 정의가 짓밟히는 세상이 되었습니다"(4절; 공동). 그런데 하박국 선지자는 누구를 두고 '의인'(צַדִּיק)과 '악인'(רָשָׁע)이라 하는가? 즉,

악인은 누구이며, 그들이 희생 제물로 삼고 있는 의인은 누구란 말인가?

악인을 묘사하는 본문의 내용이 너무 일반적이라 규명하기가 쉽지 않아 여러 가지 추측이 난무하다. 많은 학자들이 악인은 아시리아 제국을 두고 하는 말로, 의인은 그들이 억누르던 유다 사람들로 해석했다(Smith & et al.; Johnson). 다른 주석가들은 하박국서를 유다의 정치적 정황을 배경으로 해석하여 선지자가 문제 삼고 있는 박해와 혼돈은, 당시 정권을 잡고 있던 여호야김 왕을 지지하고 친이집트 정책을 지향하던 자들이, 여호아하스 왕을 지지하고 친바빌론 정책을 지향하던 자들을 핍박하는 것으로 이해한다(Nielsen; Haak). 핍박하는 악인들은 여호야김 왕을 지지하는 세력이고, 고통당하는 자들은 이들에 의하여 선지자적인 사역의 범위에서 그리고 말씀 선포에 있어서 제한받은 선지자들이라는 해석도 있다(Janzen).

그러나 선지자가 2-3절에서 나열하고 있는 6가지는 대체로 사회 지도층이 행하는 부조리들과 연관되어 있다. 그러므로 하박국이 악인으로 묘사하고 있는 사람들은 성경 다른 곳에서도 포악하고 하나님을 무시하는 세력으로 정평이 나 있던 여호야김 정권으로 보는 것이 바람직하다(R. Smith; Amerding; cf. 렘 22; 왕하 23-24). 여호야김 정권은 선지자들의 사역도 크게 제한했다. 하박국은 하나님의 공동체라고 자부했던 유다에서 하나님께서 위임해 주신 권력을 악용하여 재산을 모으고 폭행을 가하는 지도자들의 만행을 고발하고 있다. 악한 지도자들에 의하여 정의가 짓밟혔다. '짓밟히다'로 번역된 이 히브리어 단어(עקל)의 기본적인 의미는 '굽게 하다'(개역) 혹은 '왜곡하다'(새번역)라는 뜻이다. 선지자는 유다와 예루살렘에서 이런 일은 비일비재한데 이 공동체의 진정한 주인이신 하나님께서는 왜 침묵하고 계시느냐고 묻고 있다. 하박국의 질문은 백성들의 신음과 탄식을 바탕으로 하나님께 드려진 것이다.

2장 여호와의 첫 번째 응답
1:5-11

하박국의 탄식 어린 질문에 하나님께서는 선지서에서 자주 등장하는 유형의 말씀인 심판 선언으로 대답하신다. 또한 선지자가 제기한 유다와 예루살렘 내의 문제에 대하여는 국제적인 시각으로 응답하신다. 하박국은 유다의 내부에서 일어나고 있는 '작은 문제'에 대하여 하나님께 질문하지만, 하나님은 온 세상에 영향을 미치고 있는 '큰일'에 대하여 선지자에게 대답하시는 것이다. 하나님은 유다에서 일어나는 일뿐만 아니라 온 세상에서 벌어지고 있는 모든 일을 알고 계신다. 그분만이 세상의 창조주이시자 통치자이시기 때문이다.

비록 선지자의 관점에서는 사람들만이 분주히 움직이고 하나님께서는 침묵하고 계시는 것 같았지만, 하나님께서는 선지자가 보지 못하는 영역에서 사역하고 계셨다. 그것도 선지자가 전혀 예상하지 못하는 범위에서 말이다. 우리는 우리 눈에 보이는 것이 실체의 전부가 아니라는 것을 마음에 새겨야 한다. 하나님의 사역은 우리 눈에 보이는 곳에서보다 오히려 보이지 않는 곳에서 더 많이 진행되고 있기 때문이다. 하나님의 대답은 하박국에게 위로가 되기도 하지만, 선지자를 당황케 하기에 충분한 것이었다(Achtemeier; Patterson). 이 섹션은 두 파트로 나뉜다: (1) 하나님의 보이지 않는 곳에서의 사역(1:5-6);

(2) 두려운 바빌론 군(1:7–11).

II. 선지자와 여호와의 대화(1:2–2:5)
2장. 여호와의 첫 번째 응답(1:5–11)

1. 하나님의 보이지 않는 곳에서의 사역(1:5–6)

5 여호와께서 이르시되 너희는 여러 나라를 보고 또 보고 놀라고 또 놀랄지어다 너희의
생전에 내가 한 가지 일을 행할 것이라 누가 너희에게 말할지라도 너희가 믿지 아니하리
라 6 보라 내가 사납고 성급한 백성 곧 땅이 넓은 곳으로 다니며 자기의 소유가 아닌 거처
들을 점령하는 갈대아 사람을 일으켰나니

선지자가 유다의 내부적인 상황에 대하여 제기한 문제를 하나님께서 국제 정세를 들어 대답하시는 것이 의외라고 생각될 수도 있겠지만, 하나님은 하박국의 염려를 확실히 의식하고 계신다. 본문은 이러한 정황을 하박국이 사용한 언어들을 하나님께서 다시 반복하시는 것을 통하여 강조하고 있다. 선지자는 3절에서 "어찌하여 나로 불의를 보게(ראה) 하십니까? 어찌하여 악을 그대로 보기만/방관만(נבט) 하십니까?"라고 탄식했다. 하나님께서는 5절에서 "너희는 보라(ראה), 민족들을 보아라(נבט)"라며 선지자가 사용했던 동사들을 이용하여 응답하신다. 여호와는 선지자의 염려를 잘 알고 계신 것이다. 또한 선지자가 세 개의 질문을 연속적으로 하나님께 던짐으로써 긴박한 분위기를 조성했던 것처럼 하나님께서는 자신의 답변을 4개의 명령문을 연발하심으로써 신속히 대응하시며 지금 선지자에게 주시는 말씀이 성취될 날이 임박했다는 것과 절대적인 것임을 시사하신다(Bailey).

유다의 내부 정세를 보며 탄식하는 선지자에게 하나님께서 "민족들을 보라"라고 명령하시는 것이 의미심장하다. 자신이 처한 정황에서 눈을 떼지 못하며 괴로워하는 선지자에게 눈을 들어 시선을 다른 곳으로 옮기라고 하시

는 것이다. '우물 안의 개구리'라는 말이 생각난다. 이는 자신이 거하는 곳 외의 것은 상상도 할 수 없고 알려고도 하지 않는 자들을 두고 하는 말이 아니겠는가? 많은 경우 우리의 신학적, 신앙적 문제와 갈등은 바로 이 같은 좁은 시야에서 비롯된다. 우리는 신앙적 균형을 유지하기 위해서 우리가 처한 상황을 객관적으로 볼 수 있고, 넓은 안목에서 볼 수 있어야 한다. 그러기 위해서 우리는 종종 우물을 떠나야 한다. 그래서 하나님은 하박국에게 그의 우물 밖을 보라고 명령하시는 것이다.

유다의 악한 지도층이 서민들을 갈취하고 의인들을 박해하는 것에 대한 하나님의 해결책은 바빌론 군을 들어 유다를 치시겠다는 것이다! 하나님의 계획은 하박국에게 있어 파격적이었다기 보다는 충격적인 것이었다. 하박국과 함께 예루살렘의 악한 지도자들에게 갈취를 당하고 법정에서 부당한 판결을 받고 있는 백성들에게 바빌론 군의 침략은 도저히 상상할 수 없는 해결책이었기 때문이다. 그들은 바빌론 사람들이 유다의 썩어빠진 지도자들보다 더 악하다는 것을 잘 알고 있었다. 게다가 동족에게 당하는 것과 타국인에게 당하는 것은 질적으로 다른 이야기라 할 수 있다. 그러므로 하나님께서는 6절에서 바빌론에 대하여 언급하시기 전에 먼저 5절에서 수차례 선지자에게 심적 준비를 단단히 하라고 이르신다: "놀라고 질겁할 일이 벌어질 것이다… 너희가 듣고도, 도저히 믿지 못할 일을 벌이겠다"(새번역).

하나님도 바빌론 사람들이 매우 악하다는 것을 인정하신다: "이제 내가 바빌로니아 사람을 일으키겠다. 그들은 사납고 성급한 민족이어서, 천하를 주름잡고 돌아다니며, 남들이 사는 곳을 제 것처럼 차지할 것이다"(6절; 새번역). 하박국서 안에서의 '의인과 악인'의 정체와 맞물려 '바빌론 사람'(כַּשְׂדִּים)의 정확한 정체에 대한 학자들의 논쟁은 끊이지 않고 있다. 이 이슈에 대하여 한 독일 학자는 1977년에 524쪽에 달하는 논문을 발표했다(Jöcken). 그 논문에서 10여 가지 이상의 해석이 제시되었지만, 대부분이 바빌론을 중심으로 한 것들이었다. 물론 모든 학자들의 동의를 이끌어내는 해석은 없었다.

바빌론 사람들은 '사납고'(מַר) '성급하다'(מהר)라고 하는데 고대 근동 자료에 의하면 그들이 서아시아 지역을 점령할 때, 매우 잔인하고 신속했던 것으로 알려져 있다(Davidson). 하나님은 잔인한 바빌론 군의 성향을 이렇게 표현하고 계신다. 이렇게 신속하고 사나운 군대를 누가 당하겠는가? 유다를 위하여 어떤 나라도 바빌론 군의 신속한 진군을 막아줄 민족은 없다. 바빌론 군의 유다 침략이 속히 있을 것임을 암시하고 있는 것이다. 물론 유다는 이들의 적수가 되지 못한다. 하나님께서는 유다를 집어삼킬 바빌론 군이 어떤 위력을 지닌 군대인지를 자세하게 설명하신다.

Ⅱ. 선지자와 여호와의 대화(1:2–2:5)
2장. 여호와의 첫 번째 응답(1:5–11)

2. 두려운 바빌론 군(1:7–11)

7 그들은 두렵고 무서우며 당당함과 위엄이 자기들에게서 나오며 8 그들의 군마는 표범보
다 빠르고 저녁 이리보다 사나우며 그들의 마병은 먼 곳에서부터 빨리 달려오는 마병이라
마치 먹이를 움키려 하는 독수리의 날음과 같으니라 9 그들은 다 강포를 행하러 오는데
앞을 향하여 나아가며 사람을 사로잡아 모으기를 모래 같이 많이 할 것이요 10 왕들을 멸
시하며 방백을 조소하며 모든 견고한 성들을 비웃고 흉벽을 쌓아 그것을 점령할 것이라 11
그들은 자기들의 힘을 자기들의 신으로 삼는 자들이라 이에 바람 같이 급히 몰아 지나치
게 행하여 범죄하리라

바빌론 군이 특별히 두려운 것은, 그들이 정의와 권위가 바빌론 자신으로부터 비롯된다고 생각한다는 점이었다(7절). '정의'(מִשְׁפָּט)는 법을 뜻할 수도 있다. 바빌론 사람들은 자신들이 행하는 어떠한 만행도 법적으로 정당하며 그들의 행위는 모두 합법적이라고 생각하고 있는 것이다. '권위'(שְׂאֵת)는 다른 사람을 밑에 두고 통제하거나 영향력을 행사한다는 의미를 지니고 있다(Sweeney; cf. 창 4:7; 49:3; 욥 13:11). 즉, 그들의 가치관은 전적으로 이기주의적인 발상에서 시

작되었으며, 자신들이 행하는 모든 것이 곧 법이요 정의라고 정당화시키는데 전혀 주저함이 없다. 그들의 무력(武力)은 그들이 믿는 신이 되어 있는 것이다(11b절).

바빌론의 태도는 오만과 불손이 극치에 달한 야만적 권세가 부리는 추태이다. 바빌론 군은 다른 나라들에 대해 베푸는 공의와 자비에는 전혀 관심이 없다. 자신들은 절대로 망하지 않을 것이라는 확신에서 비롯된 무자비함 때문이다(House). 그러나 어찌하겠는가? 이것이 하나님을 두려워하지 않는 강대국의 윤리이고 가치관이며 이들에게 당하는 약소국가들만 억울할 뿐이다. 오늘날 국제정치 무대에서도 이러한 만행이 계속되고 있다는 점을 생각해보라. 예나 지금이나 인간의 본성은 별로 바뀌지 않았다. 아니, 오히려 더 악해지고 있다. 미가와 이사야가 말하는 것처럼 세상에 공평과 정의가 임하는 때는 오직 하나님의 말씀이 세상을 지배할 때뿐이다(cf. 사 2:1–5; 미 4:2–4).

현실 속에서의 문제는 하나님께서 바빌론처럼 잔인하고 부도덕한 민족을 들어 쓰신다는 점이다. 하박국은 4절에서 공의와 정의가 왜곡되고 무시되는 유다 사회에 대하여 불만을 토로했다. 하나님께서는 선지자가 제기한 문제의 해결책으로 유다보다 공의와 정의를 더 왜곡하는 자들을 불러들이시겠다고 선언하신다. 악을 심판하기 위하여 더 큰 악을 사용하시겠다는 것이다. 물론 성경에 의하면 악을 심판하기 위하여 더 큰 악을 사용하시는 것이 하나님께서 자주 사용하시는 방식인 것은 확실하지만, 그럼에도 불구하고 우리는 선지자가 긁어 부스럼을 만들었다는 생각을 떨쳐버릴 수 없다. 물론 하나님께서는 유다의 불의를 심판하는 도구로 사용하시는 바빌론을 그대로 두지는 않으실 것이다. 사용이 끝나면 폐기 처분하실 것이다(11b절).

바빌론 군의 위력은 실로 공포감을 조성하기에 충분하다(8절). 하나님께서는 8절에서 바빌론 군의 두 가지 성향을 강조하신다: (1) 날렵함; (2) 적극성. 첫째, 그들이 부리는 말들은 표범보다 날쌔고, 기병은 쏜살같이 달리는 자들이다. 즉, 군대의 기동성이 부각되고 있다. 바빌론의 느부갓네살은 605년에 갈그미스(Carchemish)에서 이집트군을 물리친 다음 그 여세를 몰아 순식간에

300km를 달려 후퇴하는 이집트의 패잔병들을 초토화시켰다(Roberts). 바빌론 군의 기동성은 실로 대단했다. 그러므로 그들이 유다를 향해 달려오는 데 많은 시간이 걸리지 않을 것이다. 또한 지형이 험난한 가나안 지역에서는 말이 흔치 않았으며, 말을 농사나 물류 수송에 거의 사용하지 않았다는 점을 감안할 때, 기마병의 출현 자체가 공포감을 조성하기에 충분했다(Thompson).

둘째, 그들은 날렵할 뿐만 아니라 적극성을 가지고 달려온다. 굶주린 늑대가 먹이를 향해 질주하는 것처럼, 먹이를 덮치기 위해 하강하는 독수리같이 그들은 필사적으로 덤벼들 것이다. 바빌론 군은 굶주린 늑대가 가차 없이 먹이를 찢는 것처럼 유다를 삼킬 것이다. 물론 유다는 이들에게 대항할만한 능력이 없다. 그저 일방적으로 당할 날만을 기다려야 한다. 마치 굶주린 늑대와 함께 우리 안에 갇힌 토끼처럼 말이다.

바빌론군의 전력 질주를 묘사하고 있는 9절의 '폭력을 앞세우고 와서'(קָדִימָה מְגַמַּת פְּנֵיהֶם)라는 문구의 해석은 다소 어렵지만(cf. 개역 = '앞을 향하여 나아가며'; 공동 = '얼굴마다 열풍 같은 노기를 띠고') 그 의미는 확실하다.[11] 바빌론군의 전투에 임하면서 적군을 노려보는 흐트러지지 않은 집중력을 뜻하는 것이다.(Roberts). 그들은 민첩함과 적극성뿐만 아니라 흐트러지지 않은 군기와 집중력까지 지니고 있는 것이다. 바빌론 군은 이 같은 자세로 전쟁에 임했기 때문에 '모래알처럼'(כַּחוֹל) 많은 포로를 잡아갈 수 있을 것이다.

옛적에 하나님께서는 아브라함을 비롯한 이스라엘의 선조들에게 모래알처럼 많은 자손을 약속하셨다(창 22:17; 32:12; 41:49). 그리고 그 약속을 지키셨다(수 11:4; 왕상 4:20). 그런데 이제 모래알처럼 많은 아브라함의 자손들이 포로가 되어 바빌론으로 끌려가야 한다. 아브라함에게 내려주신 축복을 묘사하던 표현이 어느덧 심판과 재앙의 표현이 되어버렸다. 정말 믿기 어려운 사실이다.

---

11 NIV = "Their hordes advance like a desert wind"(그들의 무리는 사막의 폭풍처럼 진군하며); NAS = "Their horde of faces moves forward"(그들의 얼굴 떼는 앞으로 진군하고); NRS = "with faces pressing forward"(얼굴들은 앞으로 진군하며); TNK = "their faces are set eagerly as the east wind"(그들의 얼굴은 동쪽바람처럼 적극성을 띠고).

그렇기에 하나님께서는 선지자에게 이미 '도저히 믿지 못할 일'이 일어날 것을 경고하지 않으셨던가(5절)!

진정 바빌론의 만행을 막을 방법이 없는가? 하나님께서는 전혀 없다고 선언하신다(10절). 바빌론 군 앞에 당당하게 맞설 왕이나 통치자는 하나도 없다. 누가 나서든지 그들에게는 웃음거리가 될 뿐이다. 그들 앞에서는 어떤 권력과 권위도 실력을 행사할 수 없다. 유다를 포함한 가나안 지역 국가에는 침략군에 대항하기 위하여 준비해 놓은 요새들이 많았다. 그러나 바빌론 군은 이 요새들을 비웃기나 하듯이 쉽게 점령할 것이다. 그래서 그들은 교만에 빠진다. 자신들의 힘을 신처럼 여기게 된 것이다(11절). 결국 하나님은 유다의 징계를 마치시면서 징계의 도구로 사용하셨던 이 교만한 나라 바빌론을 심판하실 수밖에 없다. 하나님께서 가장 미워하시는 죄가 바로 교만이기 때문이다. 하나님은 공평하신 분이다.

신을 섬기는 사람들은 위기를 맞으면 대체로 신이 자신들의 편이라고 생각한다. 자신들은 의로우며 적은 불의하다고 생각한다. 그러므로 신이 반드시 자신의 편에 서서 싸워줄 것을 기대한다. 역사를 살펴보면 기독교인들도 예외는 아니었다. 전쟁에 가담한 많은 기독교 국가들이 하나님은 자신들의 편이며, 그들의 행위를 축복하실 것이라고 생각했다. 반면 선지자들은 하박국처럼 하나님의 통치를 이스라엘이란 지극히 제한된 범위 내에서 해석하는 것을 거부했다. 그들은 여호와 하나님의 통치의 범위를 온 세상/범우주적으로 해석했다.

그러므로 저자는 "왜 이스라엘의 하나님 여호와께서 고통 속에 신음하는 유다를 내버려두시는가?"라는 질문에 대하여 그분은 유다뿐만 아니라 바빌론을 포함한 열방을 다스리시는 온 세상의 유일하신 통치자이기 때문이라고 대답한다. 여호와 하나님은 유다만을 보호하는 편협한 수호신이 아니라 국제 정세를 주관하시는 분이시기 때문이다. 그러므로 주의 백성들은 자신들의 고통에 대하여 하나님을 원망하기 전에, 온 세상이 하나님의 통치 아래 있는 현실 속에서 자신의 고통이 지닌 의미가 무엇인지를 생각해보아야 한다. 여호와는 주의 백성을 통치하는 분이실 뿐만 아니라 온 세상을 다스리시는 우주적 통치자이시기 때문이다. 하나님은 결코 세상의 어느 민족, 심지어 선택받은 민족에 의해서도 독점될 수 없는 분이시다.

3장 선지자의 두 번째 질문
1:12-17

첫 번째 질문에 대한 하나님의 대답을 받은 하박국이 두 번째 질문을 드린다. 그는 하나님께서 유다에서 행해지고 있는 악행을 심판하기 위하여 그들보다 더 악하고 잔인한 바빌론 사람들을 보내실 것이라는 사실에 만족할 수 없었던 것이다. 그러므로 이 섹션에서도 의인과 그들을 괴롭히는 악인들이 부각되지만, 첫 번째 질문과는 달리 그들의 정체를 규명하는 것은 매우 쉬운 일이다. 첫 번째 섹션에서 악인의 정체를 규명하는 일은 학자들 사이에 많은 논쟁을 일으켰다. 이 섹션에서 악인은 바로 바빌론 사람들이고, 그들에게 고통을 당하는 '의인'은 유다 사람들이다.

어떻게 거룩하신 하나님께서 악인들을 심판하기 위하여 더 악한 자들을 사용하실 수 있단 말인가? 그러므로 그는 자신의 첫 번째 질문을 좀 더 구체화시켜 두 번째 질문을 하나님께 드린다. 물론 처음 질문처럼 이번에도 하나님의 대답을 기대한다. 그러므로 이제부터 하박국서는 논쟁—대화의 성격을 띤다(Hiebert). 하박국이 유다에 만연한 불의에 관해 드린 첫 번째 질문에 대한 하나님의 응답은 국제적인 규모였다. 이번에는 하박국도 국제 정세를 배경으로 하나님께 두 번째 질문을 드리고 있다. 선지자는 세상의 흐름을 잘 파악하고 있었던 것이다. 우리 목회자들도 이러한 통찰력이 필요하다. 신학자들은 이러한 필요에 대하여 "설교자는 한 손에는 성경을, 다른 손에는 시사 매거진을 들고 있어야 한다"는 식으로 표현한다.

선지자의 두 번째 질문은 첫 번째 질문과는 달리 탄식시 양식을 사용하고 있지는 않지만(Elliger), 내용을 보면 분명 탄식시 성향을 지니고 있다(Patterson; Bailey; Hiebert). 하박국의 탄식 어린 질문은 하나님께 직접 드리는 말씀(direct address)(1:12-13a)과 구체적인 문제에 대한 언급(1:13b-17)으로 구성되어 있다. 선지자가 하나님께 드리는 첫 번째 질문과 두 번째 질문은 다음과 같은 공통적인 요소들을 지니고 있다(Amerding).

	첫 번째 질문	두 번째 질문
호소	1:2	1:12
긴급한 질문들	1:2, 3	1:12, 13, 17
공의와 정의	1:2, 3, 4	1:12, 13, 15, 17

이 섹션은 다음과 같이 두 파트로 구분될 수 있다: (1) 선지자의 호소(1:12-13); (2) 바빌론의 만행(1:14-17).

II. 선지자와 여호와의 대화(1:2-2:5)
3장. 선지자의 두 번째 질문(1:12-17)

1. 선지자의 호소(1:12-13)

12 선지자가 이르되 여호와 나의 하나님, 나의 거룩한 이시여 주께서는 만세 전부터 계시지 아니하시니이까 우리가 사망에 이르지 아니하리이다 여호와여 주께서 심판하기 위하여 그들을 두셨나이다 반석이시여 주께서 경계하기 위하여 그들을 세우셨나이다 13 주께서는 눈이 정결하시므로 악을 차마 보지 못하시며 패역을 차마 보지 못하시거늘 어찌하여

거짓된 자들을 방관하시며 악인이 자기보다 의로운 사람을 삼키는데도 잠잠하시나이까

하박국은 "주님께서는 옛날부터 계시지 않으셨습니까?"라는 수사학적인 질문으로 자신의 말을 시작한다. 이 질문은 하나님은 창조주로서 영원하시며, 태초부터 지금까지 계신 분이심을 강조한다(cf. 출 3:14). 그렇다면 선지자는 왜 이 사실을 언급하는 것일까? 하나님은 결코 죽으시거나 변하시는 분이 아니심을 부각하기 위해서이다(Sweeney). 저자는 태초부터 거룩하신 하나님으로 군림해오시던 분이 어떻게 악인들을 사용하실 수 있는가에 대해 의문을 제기하고 있다. 하나님께서 바빌론을 들어서 유다를 벌하신다는 사실이 하박국 개인에게는 엄청난 갈등과 혼란으로 다가오고 있는 것이다. 그래서 그는 "나의 하나님, 나의 거룩하신 주님"에게 호소한다(12절).

선지자는 이러한 혼란 속에서도 하나님에 대한 신뢰를 포기하지 않는다. 그는 12절에서 무려 6개의 하나님의 성호와 성품을 묵상하면서 하나님에 대한 믿음을 고백하고 있다: '여호와… 영원하신 분… 나의 하나님… 나의 거룩하신 분… 여호와… 반석'. 특히 '여호와'와 '반석'은 영구성과 안정성을 상징하는 개념들이다(R. Smith). 우리의 신앙에 혼란이 올 때 가장 좋은 대처 방법 중 하나는 하나님의 성호를 하나하나 들어가면서 그분의 성품을 묵상하는 것이다. 이렇게 하다 보면 어느덧 불안감이 모두 해소되는 것을 느끼게 될 것이다. 하나님의 성호 역시 하나님이 어떤 분인가를 우리에게 가르쳐 주는 계시이기 때문이다.

하박국은 "우리가 사망에 이르지 아니하리이다"(לֹא נָמוּת)라고 선언하는데, 이 확신이 마치 영원하신 하나님께서 태초부터 지켜주셨기 때문에 바빌론이 쳐들어 온다 해도 유다는 결코 망하지 않을 것이라는 고백으로 해석될 수 있다(Patterson). 그러나 실제는 다르다. 선지자가 논하는 주제가 '영원하신 하나님'이라는 것을 감안하면, "당신은 죽지 않을 것입니다(viz., "당신은 영원히 사시는 분이십니다")가 더 합리적이다("You never die"[TNK]; cf. NRS). 그렇다면 왜 이렇게 표기되어 있는 것인가?

이러한 현상을 학자들은 '서기관들의 교정'(*Tiqqunei Soferim*)이라 말한다(McCarthy; Sweeney). 고대 이스라엘의 서기관들(성경 사본을 필사한 사람들)은 본문이 신학적으로 하나님께 불손함을 유발할 가능성을 지니고 있다 싶으면 인칭이나 대명사 등을 바꾸어서 긴장감을 해소했다. 대표적인 예가 창세기 18:22이다. 마소라 사본에 의하면 아브라함이 하나님 앞에 서 있는 것으로 되어 있지만, 실제로 이야기의 흐름을 보면 하나님께서 아브라함 앞에 서 있는 것으로 이해하는 것이 더 정확하다. 왜냐하면 여호와께서는 이미 천사들과 함께 아브라함을 뒤에 두고 떠나셨기 때문이다. 그러나 이러한 해석의 문제는 떠나간 그룹보다 아브라함이 더 위대했기 때문에 여호와께서 그의 관심을 끌고자 했다는 오해를 낳을 수 있다. 그래서 서기관들은 아브라함이 하나님 앞에 서 있는 것으로 본문을 수정해서 이러한 오해를 사전에 방지한 것이다. 유태인들의 전승에 의하면 구약 성경에서 이러한 현상이 일어나고 있는 곳이 18곳에 이른다고 하지만, 실제로는 더 많을 것으로 생각된다(Sweeney).

하박국이 하나님께 선언하는 "당신은 죽지 않습니다"(You never die)는 옳은 말이다. 그러나 인간이 하나님께 이렇게 선언하는 것은 마치 여호와께서는 죽으실 수도 있다는 뜻으로 해석될 위험을 안고 있고, 불손한 행위로 오해될 수 있다고 해서 서기관들이 "우리는 죽지 않습니다"로 수정했던 것이다(Hiebert).

태초부터 지금까지 온 세상을 통치해 오신 거룩하신 하나님께서 주의 백성을 심판하시려고 "그를 일으키셨고"(שַׂמְתּוֹ), "그를 [채찍으로] 삼으셨다"(יְסַדְתּוֹ)(12절). 공동, 개역개정과 영어 번역본들(NIV; NAS; NRS; TNK)은 한결같이 '그들'로 번역하고 있지만, 히브리어 접미사는 3인칭 단수이다. 이는 바빌론을 두고 하는 말이다(Hiebert). 선지자는 12절에서 하나님께서 바빌론을 징계의 도구로 세우셨다는 것을 두 차례 강조한 후, 13절에서 이 사실에 대하여 자신이 겪고 있는 혼란스러운 마음을 토로한다.

저자는 12절에서 하나님의 영원하심과 거룩하심을 부각시켰다. 태초부터 계셨던 거룩하신 하나님께서 이러한 일을 계획하신다는 것은 있을 수 없다는 점을 강조하기 위해서였다. 이제 선지자는 13절에서 하나님의 정의로우심을

상기시킨다: "악을 보시고 참지 못하시며, 패역을 보고 그냥 계시지 못하시는 분입니다." 이 세상에서 그 누구보다도 공의와 정의를 추구하시고 사랑하시는 분이 어떻게 바빌론과 같은 악한 민족을 들어서 유다와 같이 상대적으로 착한 민족을 징계하실 수 있느냐는 반문을 제기하기 위해서이다: "그런데 어찌하여 배신자들을 보고만 계십니까? 악한 민족이 착한 백성을 삼켜도 조용히 계십니까?" 하나님께서 예루살렘에 거하는 악인들을 심판하기 위하여 더 잔인한 악인들을 불러들이신 것도 문제지만, 하나님은 징계 차원에서 바빌론 군을 유다로 끌어들이시는 것에 비해, 바빌론 군은 유다를 완전히 멸절시키려는 의도를 가지고 있는 것도 큰 문제이다(R. Smith).

II. 선지자와 여호와의 대화(1:2-2:5) 3장. 선지자의 두 번째 질문(1:12-17)

2. 바빌론의 만행(1:14-17)

14 주께서 어찌하여 사람을 바다의 고기 같게 하시며 다스리는 자 없는 벌레 같게 하시나
이까 15 그가 낚시로 모두 낚으며 그물로 잡으며 투망으로 모으고 그리고는 기뻐하고 즐
거워하여 16 그물에 제사하며 투망 앞에 분향하오니 이는 그것을 힘입어 소득이 풍부하고
먹을 것이 풍성하게 됨이니이다 17 그가 그물을 떨고는 계속하여 여러 나라를 무자비하게
멸망시키는 것이 옳으니이까

선지자는 12-13절에서 영존하시는 하나님의 의롭고 거룩하신 성품에 비추어 볼 때, 바빌론은 도저히 여호와의 도구로 사용될 수 없다는 주장을 이 섹션에서 제기한다. 그는 하나님께 바빌론의 국제적인 만행에 대하여 어부의 비유를 사용하여 자신의 주장을 뒷받침할 자료와 논리를 제시하고 있다. 그는 하나님께서 바빌론을 들어 쓰시는 것에 대해서 크게 4가지 원리에서 반대한다. 첫째, 바빌론은 권력을 남용하는 어부이다(15a-b절). 바빌론은 자신들보다 상대적

으로 선한 백성들을 모두 낚아 올리고, 그물로 사로잡고, 투망으로 끌어모은다. 이러한 비유는 바빌론과 어울린다. 바빌론 신화에 의하면 그들의 신 말둑이 혼돈을 초래하는 티아맛(Tiamat) 여신을 물리치고 세상에 질서를 정립하는 과정에서 그물을 사용했기 때문이다. 그들은 이제 '그물'을 사용하여 이웃 백성들을 가차 없이 잡아들인다. 바빌론이 어부로 묘사되고 유다를 포함한 그들의 희생물들이 물고기로 묘사되는 것도 의미심장하다. 이것은 바빌론의 위력이 그만큼 대단하며 그 누구도 그들을 대적할 수 없다는 것을 의미한다(Clark & Hatton).

선지자는 이런 일이 하나님의 허용 내지는 지시에서 비롯된 것이라는 점을 이해하기 힘들어한다. 바빌론보다 상대적으로 경건한 나라들이 그들의 그물에 잡혀 희생되고 있기 때문이다. 그러나 악한 세력이 상대적으로 선한 세력에 의하여 심판받아야 한다는 주장도 크게 설득력은 없다. 악한 세력은 모두 악하다. 그러므로 모두 다 심판을 받아야 마땅하며, 심판을 내리는 입장에서 꼭 선한 세력을 사용하여 악을 심판해야 할 의무는 없다.

둘째, 바빌론은 자신의 만행을 기뻐하는 어부이다(15c절). 그물로 많은 물고기를 잡아들인 어부는 '좋아하고'(שׂמח) '기뻐 날뛴다'(גיל). 세상에서 의인이 고통받는 것도 문제이지만, 악인이 즐거워하는 것은 더 눈꼴사나운 일이 아닌가? 공의와 정의의 하나님께서 통치하는 세상에서 왜 이런 일이 일어나야 한단 말인가! 바빌론이 이웃 민족들을 착취하는 것을 견뎌내는 것도 고통스러운데, 하물며 그들이 즐거워하고 기뻐하는 것을 지켜보아야 한다는 것은 더욱더 고통스럽다고 선지자는 호소한다. 또한 하나님께서 이렇게 하신다 해서 하나님이 원하시는 질서가 이 세상에서 속히 확립되는 것도 아니며, 다만 악한 사회를 혼란한 사회로 대체하는 것뿐이라고 선지자는 반론을 제기한다(Achtemeier).

셋째, 바빌론은 그들의 그물에 많은 물고기가 잡히게 하신 분을 알지 못하는 어부이다(16절). 창조주 하나님께서 그들로 이처럼 많은 물고기를 잡게 하신 줄 모르고, 오히려 자신들의 그물 덕분에 이렇게 되었다고 그물에게 고사를 지내고 투망에 향을 살라 바친다. 이러한 행위는 예배를 뜻한다. 투망과 그물이 바빌론 사람들의 신이 되어 있는 것이다(Amerding). 즉, 그들의 군사력이 그들의 신이 되었다는 뜻이다(cf. 1:11). 선지자는 우상을 싫어하시는 하나님께서 이처럼 미신적이고 우상을 좋아하는 자들을 어떻게 사용하실 수 있느냐고 문제를 제기한다. 설령 이방인을 사용하신다 해도, 그들이 여호와의 주권을 인정하고 하나님을 경배하는 범위에서 사용하셔야 하지 않겠느냐는 논리이다. 특히 하나님의 백성들의 입장에서는 도저히 납득이 가지 않는 일이다. 하나님께서 전혀 주를 알지 못하는 민족을 들어서 부족하지만 그래도 나름대로는 하나님을 알고 섬기려 했던 그들을 심판하실 수 있단 말인가? 이렇게 될 경우 하나님을 바라보던 사람들의 허탈감은 이루 말할 수 없지 않은가!

넷째, 바빌론은 착취한 물고기로 호화로운 생활을 하는 어부이다(16절). 그들은 기름진 것을 먹고 넉넉하게 산다. 이 풍요로움은 다른 나라들을 착취한 것에서 비롯되었다. 바빌론은 모든 것을 마음껏 누리는 악인들인 것이다. 하나님이 통치하는 세상에서 악인이 성공하고 의인이 실패하는 것을 지켜보는 것은 너무나 고통스러운 일이지만, 그보다 악인이 풍요로움을 만끽하고 사는 것을 지켜보는 것은 더 고통스러운 일이다. 꼭 그래야 한다면 하나님께서 바빌론으로 하여금 이웃 나라들을 치게 허락하시되, 풍요로움은—특히 이웃 나라들에게서 착취한 재물에 근거한 풍요로움은—절대 누리지 못하게 해야 한다는 것이 선지자의 바람이었던 것이다.

선지자는 자신의 문제 제기를 한 번 더 요약하여 정리한다: “그가 이렇게 해도 되는 것입니까?”(17절; 새번역) 하박국은 하나님께 “바빌론의 실체가 이러한데도 이들을 사용하여 주의 백성을 심판하시겠습니까?”라고 묻고 있는 것이다. 선지자는 하나님의 역사하심에 대하여 심각한 문제를 제기하고 있다. 그럼에도 불구하고 그는 계속 하나님의 주권을 신뢰하고 믿음으로 그분의 뜻을 받아들일 것인가? 그렇게 할 경우 그의 신앙은 새로운 차원에 도달하게 된다. 아니면 자신의 문제 제기가 받아들여지지 않았기 때문에 좌절할 것인가? 이 경우 그의 의문은 그나마 가지고 있었던 믿음마저 파괴할 수도 있다.

이처럼 하나님의 사역에 대한 질문은 우리의 믿음을 한 단계 끌어올릴 수도 있고, 남은 것마저도 앗아갈 수도 있는 것이다.

4장 여호와의 두 번째 응답
2:1–5

1 내가 내 파수하는 곳에 서며 성루에 서리라 그가 내게 무엇이라 말씀하실는지 기다리고
바라보며 나의 질문에 대하여 어떻게 대답하실는지 보리라 하였더니 2 여호와께서 내게
대답하여 이르시되 너는 이 묵시를 기록하여 판에 명백히 새기되 달려가면서도 읽을 수
있게 하라 3 이 묵시는 정한 때가 있나니 그 종말이 속히 이르겠고 결코 거짓되지 아니하
리라 비록 더딜지라도 기다리라 지체되지 않고 반드시 응하리라 4 보라 그의 마음은 교만
하며 그 속에서 정직하지 못하나 의인은 그의 믿음으로 말미암아 살리라 5 그는 술을 즐
기며 거짓되고 교만하여 가만히 있지 아니하고 스올처럼 자기의 욕심을 넓히며 또 그는
사망 같아서 족한 줄을 모르고 자기에게로 여러 나라를 모으며 여러 백성을 모으나니

하박국 선지자는 하나님께 드리는 두 번째 질문에서 4가지 이유를 들어가며 하나님께서 바빌론 군을 사용하지 말아야 한다는 논리를 제시한다. 선지자가 하나님께 드린 질문은 두 가지였다: (1) 애초에 왜 악인을 용납하십니까?; (2) 왜 악인들이 그들보다 선한 사람들을 삼키어도 침묵하십니까?(1:13) 선지자는 질문을 던져놓고 묵묵히 하나님의 응답을 기다리고 있다. 하나님께서는 선지자의 반론에 어떤 답을 제시하실까?

이 섹션은 하박국서에서 가장 번역하기 어려운 텍스트이다(Hiebert). 이 혼란은 텍스트가 손상된 상태에서 전해 내려와 비롯된 것으로 추정된다(Emerton). 텍스트가 안고 있는 어려움 때문에 학자들이 본문의 기능을 이해하는 것에도 이견이 있다. 대부분의 학자들은 본문이 하나님의 응답이라고 간주하지만(Achtemeier), 일부 학자들은 이 텍스트가 선지자에게 하나님의 응답을 기다리라는 권면이라 여긴다(Roberts). 이러한 어려움에도 불구하고 본문이 하박국서에서 가장 중요한 텍스트라는 데는 이견이 없다(R. Smith). 특히 사도 바울과 종교 개혁자 루터에 의하여 2:4는 구약에서 가장 중요한 말씀들 중의 하나에 속하게 되었다. 본문은 근본적으로 신실함, 믿음, 신뢰에 관한 것이다.

하나님의 첫 번째 대답에 반론을 제기한 선지자는 비장한 각오로 하나님의 두 번째 대답을 기다린다(1절). 그는 초소로 올라가 망대 위에서 자리를 지키며 하나님의 응답이 오기를 기다릴 것이라고 한다. '초소'(מִשְׁמֶרֶת)는 제사장들의 사역과 밀접한 관계가 있는 전문 용어이다(cf. 느 12:9; 대하 7:6; 레 8:35; 22:9; 겔 44:8; 민 18:5). 이러한 사실에 근거하여 하박국이 성전에서 예배자들의 의뢰를 받아 하나님의 뜻을 구하여 그들에게 예언/말씀을 선포하는 사역을 하던 예언자였다고 추정하게 된 것이다(Jeremias; Achtemeier; cf. Sweeney). '망대'(מָצוֹר)는 동사 '포위하다'(צוּר)에서 비롯된 전쟁 용어라고 일반적으로 알고 있지만, '지키다'(נצר)라는 동사에서 파생했을 수도 있다(Sweeney). 이 경우가 본문의 문맥과 더 잘 어울린다. 하박국이 하나님께 질문을 드린 후 특정한 곳으로 자리를 옮겨 하나님의 응답을 기다리고 있기 때문이다.

선지자는 자신의 질문에 대하여 하나님께서 어떻게 반응하실까 매우 궁금해한다. 1절의 마지막 문장인 "내가 호소한 것에 대하여 주께서 어떻게 대답하실지를 기다려 보겠다"(개역; 새번역; 공동; NRS; TNK)는 마소라 사본에 대한 충실한 번역이 아니다. 원문을 그대로 번역하면 "내가 호소한 것에 대하여 내가 어떻게 대답하여야 할지를 기다려 보겠다"(NIV; cf. NAS)(מָה אָשִׁיב עַל־תּוֹכַחְתִּי)이다. 일부 주석가들은 이곳에서도 '서기관들의 교정'(*Tiqqunei Soferim*)이 있었다고 생각한다. 하나님은 인간에게 대답할 의무가 없는데, 마치 선지자가 하나님께 그 의무를 요구하고 있는 듯한 인상을 심어주지 않기 위해서 이렇게 교정한 것이라는 해석이다(Sweeney). 대부분의 번역본들이 "주께서 어떻게 대답하실지"로 해석하는 것은 선지자의 질문에 대한 하나님의 응답에 초점을 맞추다 보니 빚어진 현상이다.

그러나 마소라 사본을 문자적으로 번역하면 본문의 의미가 조금 더 새로워진다. 하박국은 그의 마음을 사로잡고 있는 질문에 대하여 어떻게 대답하여 자신을 추슬러야 할지를 고민하고 있다. 또한 지금까지 선지자는 모든 질문이 마치 자신에게서 비롯된 것으로 묘사해 왔지만, 여기서 "내가 어떻게 대답하여야 할지"를 삽입함으로써 그가 던진 질문들은 그의 개인적인 것일 뿐만 아니라, 동시에 많은 주의 백성들의 질문임을 암시한다. 그는 지금까지 자신과 백성들의 대표가 되어 하나님께 여쭈었던 것이다. 그러므로 하박국은 답을 기다리고 있는 백성들에게 하나님의 응답을 전달하기 위하여 기다리고 있다. 하나님의 말씀을 선포할 때, 선지자들은 자신들의 개인적인 지혜를 사용하지 않았다. 그들은 하나님의 말씀에 의존하여 사람들에게 여호와의 뜻을 밝혀 주었던 것이다(Achtemeier).

1절은 하나님의 역사와 인간의 노력이 어떤 관계를 유지해야 하는가를 잘 보여준다(Bailey). 하박국은 하나님의 말씀을 들을 만한 망대로 올라가서 하나님을 기다리고 있다. 그가 망대에서 조용히 하나님을 기다리는 것은 하나님께서 응답하실 것을 확신하기 때문이다. 하나님은 기대를 가지고 주님을 기다리던 선지자를 실망시키지 않으셨다. 인간의 최선의 노력과 확신에 찬 신앙이 하나님으로 하여금 사역하시도록(응답하시도록) 감동을 주었던 것이다. 구약에서 인간의 책임과 하나님의 섭리는 이러한 관계를 유지한다.

얼마나 시간이 흘렀을까? 하나님의 응답이 선지자에게 왔다. 대부분의 학자들은 하박국 선지자가 처음으로 하나님께 질문을 드린 때와 두 번째 질문 사이에는 상당한 시간이 흐른 것으로 간주한다. 왜냐하면 선지자가 처음 질문할 때만 해도 바빌론이 정복자로 국제무대에 모습을 드러낸 듯한데, 이곳에서는 잔인하고 혹독한 억압자로 묘사되기 때문이다(R. Smith).

하나님의 응답에 사용되는 처음 두 동사는 명령형이다. 하나님께서는 선지자에게 묵시를 기록하고 메시지를 판에 새기라고 명령하셨다(2절). 성경에서 예언자들이 받은 묵시는 종종 육성으로 들려왔기에 묵시를 기록하는 것은 특이한 일이 아니었다(cf. Sweeney). '판'(לוּחַ)은 십계명이 기록되었던 돌 판과 같은 단어이다. 이스라엘 사람들이 판을 일종의 게시판(bulletin board)으로 사용했는지의 여부는 확실하지 않지만(Rudolph), 일단 모든 사람들이 볼 수 있도록 하라고 하신다.

새번역이 "누구든지 달려가면서도 읽을 수 있게 하여라"(cf. NRS; TNK)라고 해석하는 히브리어 문구(יָרוּץ קוֹרֵא בוֹ)를 번역하는 것은 다소 어려운 작업이다. 문자적으로 번역하면 "읽은 자가 달리도록 하라"이다(cf. NIV; NAS). 이렇게 해석할 경우 두 가지의 가능성이 있다. 첫째, 메시지를 읽은 사람들이 긴급함을 느껴 가족과 친구 등 다른 사람들에게 알리거나, 자신들의 몸을 피하기 위하여 전속력으로 질주하는 것을 의미한다. 즉, 하나님의 심판이 매우 임박했음을 강조하고 있다. 둘째, 바빌론이 심판을 받아 망할 것이라는 좋은 소식(cf. 3절)을 그들에게 고통당하고 있는 모든 자들에게 속히 전하라는 의미이다(cf. 사 40:9-11).

반면에 전자는 만인이 다 알 수 있도록 쉽게, 모든 사람들이 보는 곳에 메시지를 게시해 놓으라는 뜻으로 이해된다. 심지어는 달려가면서도 읽을 수 있도록 크고 또렷한 글씨로 말이다. 그러나 그 당시 사람들 중 글을 쉽게 읽고 쓸 줄 아는 사람들이 오늘날처럼 많지 않았다는 것을 감안할 때, 전자는 별로 설득력이 없어 보인다. 또한 하나님께서 3절에서 "이 묵시는 정한 때가 되어야 이루어진다"라고 말씀하시는 것을 보면 긴급함이 이슈가 아닌 듯하다. 그렇다면 묵시를 본 사람들이 바빌론이 망할 것이라는 좋은 소식을 알리는 전령이 되어 고통당하는 자들을 위로하는 것을 의미한다고 보는 것이 바람직하다(cf. Sweeney). 하나님께서 하박국 선지자를 통해 백성들에게 알리기 위하여 이상을 기록하라고 명령하시는 것이라는 해석도 있다(Hiebert).

하나님께서 선지자에게 묵시를 기록하라고 명령하시는 또 하나의 이유가 3절에서 밝혀진다. 하박국이 묵시를 문서화함으로써 훗날 선지자가 기록하고 있는 묵시가 성취될 때, 이미 문서화된 것들이 모두 현실로 드러났음을 입증하기 위함이다. 그날이 되면 모든 사람이 하나님 말씀의 신실함과 선지자의 진실성을 시인하게 될 것이다. 또한 하나님을 믿고 의지하는 자들에게 이 말씀은 더욱 큰 믿음을 요구한다. 아무리 현실이 어렵고 힘들더라도, 하나님의 말씀이 비록 '더디게'(מהה) 성취되더라도, 하나님께서 정한 때(מוֹעֵד)가 되면 꼭 실현될 것이다(3절).

저자는 이 묵시가 사람들이 원하는 때가 아니라, 하나님께서 정하신 때에 이루어질 것임을 강조하고 있다. 사람들은 하나님의 뜻이 자신들의 형편과 편의에 따라 자신들이 원하는 시기에 성취될 것을 염원한다. 그렇게 되지 않을 때 하나님께 실망을 토로하기도 한다. 그러나 주의 백성들은 하나님의 말씀이 언젠가는 성취될 것이라는 확신뿐만 아니라, 하나님께서 정하신 때에, 하나님께서 판단하시기에 가장 적절한 때에 그분께서 이루실 것이라는 것까지 인정하고 받아들여야 한다. 하나님의 주권을 인정하는 일에 있어서 하나님의 때를 받아들이는 것은 매우 중요한 부분이다.

일부 주석가들은 본문이 인류의 종말을 염두에 두고 있는 것으로 간주하지만(Heflin), 이미 언급한 것처럼 묵시는 바빌론의 멸망에 관한 것이다. 바빌론의 멸망이 더디 오는 것 같기는 하지만, 하나님께서 정하신 때가 되면 한순간의 지체도 없이 실현될 것이다. 물론 선지자와 그의 말씀을 듣고 있는 청중들은 이때가 언제인지 알 수 없다. 오직 하나님만 알고 계신다.

하나님은 4절에서 이 이상에 대한 현실적인 권면을 주신다: "보라 그의 마음은 교만하며 그의 속에서 정직하지 못하니라". 문제는 이 말씀이 누구를 의미하는가이다. 다음 문구인 "의인은 믿음으로 말미암아 살리라"의 의인과 대조를 이루는 '그'는 누구일까? 일부 학자들이 주장하는 것처럼 텍스트가 전해지는 과정에서 주어가 빠진 것일까?(R. Smith) 문맥의 흐름을 감안할 때, 바빌론이라는 해석도 매력적이다(Sweeney). 이 해석에 의하면 의인은 그들에게 고통을 당하는 유다 사람들이다. 문제는 유다 사람들 중에도 동족을 혹사하는 악한 가해자들이 있다는 점이다(cf. 1:2–4).

'그는 교만하다'(עֻפְּלָה)를 두 단어로 나누어 "마음이 악한 자[악인]는 [보여준] 이상에 따라 걷지 않을 것이다"라는 해석도 있다(Roberts; cf. Emerton). 이 경우는 선지자를 통해 선포된 하나님의 말씀을 믿지 못하는 자들을 뜻한다. 이와 비슷한 해석으로 칠십인역(LXX)이 이 동사를 '믿음을 잃다'(ὑποστείληται)로 번역하는 것에 근거하여 하나님께서 이상을 그대로 이루실 것을 믿지 못하는 자를 뜻한다는 해석도 있다(Bruckner; cf. Roberts). 다음 문구가 어려운 상황에서도 하나님과 그가 주신 이상이 성취될 것이라는 믿음을 요구하는 점을 감안할 때, 교만한 자는 바벨론을 두고 하는 말이 아니라 하나님의 말씀을 믿지 못하는 자를 의미하는 것으로 해석됨이 바람직하다.

2:4b는 하박국서에서 가장 유명한 구절이며 선지자가 1:13에서 제시한 두 질문 중 첫 번째 질문("애초에 왜 악인을 용납하십니까?")에 대한 하나님의 응답이다(Bruckner).[12] 신약에서 이 말씀은 세 차례 인용된다(롬 1:17; 갈 3:11; 히 10:38). 바울은 구원의 서정에 있어서의 믿음의 역할을 이 말씀을 인용하여 강조했다. 하나님께서는 선지자의 질문에 대하여 믿음을 요구하는 것으로 대답하신다: "그러나 의인은 [그의] 믿음으로 산다"(וְצַדִּיק בֶּאֱמוּנָתוֹ יִחְיֶה). 소유격 접미사 '그'(וֹ)는 누구/무엇을 뜻하는가? 만일 이 접미사의 선행사(antecedent)가 하나님께서 보여주신 이상이라면, 의인은 이 이상의 확실성/신뢰성을 의지하고 산다는 것을 의미한다. 반면에 이 접미사의 선행사(antecedent)가 의인이라면, 의인은 자신이 가지고 있는 하나님에 대한 믿음/신뢰를 의존해서 산다는 뜻이다. 어느 쪽 해석을 선택하든지 본문의 강조점은 의인의 신실함에 있다(Hiebert).

억울한 고통과 신음으로 가득한 세상에서 의로우신 하나님의 심판을 믿고 기다린다는 것은 대단한 믿음을 요구한다. 공평하신 하나님께서 압제자를 심

---

12 두 번째 질문에 대한 하나님의 대답은 훨씬 더 길며 2:6-20에 전개되어 있다.

판하시고, 억눌린 자들에게는 보상하실 것이라는 기대는 더욱더 큰 믿음을 요구한다. 하나님은 악인이 영원히 이 땅을 통치하도록 결코 내버려 두지 않으실 것이다. 주님께서 인간이 아닌 하나님의 스케줄에 따라 공정한 심판을 받게 될 것을 묵시를 통해 보여주시며 주님께서 자신의 백성들로부터 믿음을 요구하시는 것이다. 현실이 아무리 암울하고, 공의와 정의가 완전히 무너져버린 것처럼 여겨져도 세상이 하나님께서 말씀하신 대로 될 것임을 확신하며 그분의 때를 인내하며 기다리는 바로 그 믿음을 말이다.

'믿음'(אֱמוּנָה)은 추상적인 개념이 아니다. 사람의 내부적인 안정과 확신에서 흘러나오는 것으로(Bailey), 이것(믿음)을 지닌 사람의 삶에 큰 영향력을 행사한다(Jepsen). 하박국은 자신이 믿는 것을 반영하는 삶을 살도록 권유받고 있는 것이다(R. Smith). 믿음은 하나님의 섭리를 이해하는 열쇠이며, 최종적으로는 성도가 환난과 핍박 속에서도 여호와를 찬양할 수 있는 힘이다(Barber). 하나님께서 성도들에게 직접 힘을 주시고 생기를 주셔서 살게도 하지만, 믿음을 요구하심으로써 그들에게 생명을 주시기도 한다. 사람이 생명을 주시는 하나님에 대한 믿음을 소유하는 한, 삶을 포기하는 일은 결코 없을 것이다.

5절이 우리가 이해하는 것처럼 앞부분에 연결된 것으로 보아야 하는지 아니면 이후 뒷부분(6절 이후)과 함께 분류되어야 하는지에 대한 학자들의 의견이 분분하다. 앞부분에 연결되었다고 하는 주석가들은 비록 5절이 4절의 내용에 비하면 앤티클라이맥스(anti-climax)에 불과하지만, 그래도 5개의 재앙 선포로 구성되어 있는 뒷부분보다는 하나님의 응답의 초반부를 구성하고 있는 앞부분하고 더 잘 어울린다고 생각한다(Rudolph; Bailey; Bruckner; cf. NIV; NRS). 반면에 5절을 재앙 선포의 일부로 보는 사람들도 많다(Elliger; Patterson; Sweeney; cf. 새번역). 지금까지는 하나님께서 말씀하셨지만, 5-20절은 바빌론에게 당한 열방들의 증언이라는 주석가도 있다(Hiebert). 앞 · 뒤쪽 어디에 연결되었든지 5절은 4절과 6절을 이어주는 일종의 전환 구절(transitional verse)이다(R. Smith; cf. Achtemeier).

5절이 앞부분에 연결되었다고 한다면 이는 어떤 의미를 표현하고 있는 것인가? 4절의 오만한 자들이 바빌론이라고 이해하는 사람들은 하나님께서 비록 바빌론을 들어 쓰시기는 하지만, 잠시 일시적으로 그들을 이용할 뿐이라는 것으로 이해한다(Rudolph; Amerding; Bailey). 본문을 바빌론에 대한 비난으로 보는 주석가들 중에는 그들이 술에 속고 있다는 것을 다른 민족들에 비해 술을 매우 많이 마시던 바빌론 사람들의 습성을 잘 드러내고 있다고 해석하는 사람들도 있다(Bruckner). 그러므로 술을 너무 마시는 교만한 바빌론 사람들은 평안히 살 수 없다. 여호와께서 그들 자신의 술버릇으로 인하여 망하게 하실 것이기 때문이다.

일부 마소라 사본들에서는 '술'(יַיִן) 대신에 '부(富)'(הוֹן)라는 단어로 기록되어 있다. 그래서 번역본들도 나누어져 있는 것이다. 개역과 개정개역은 술로(cf. NIV; NAS), 새번역과 공동번역은 부(富)로 번역해 놓았다(cf. NRS). 본문이 바빌론의 모습을 묘사하고 있다고 생각하는 주석가들은 대체로 바빌론은 결코 만족할 수 없는 야망과 욕심으로 세상을 정복하고 착취한다고 말한다. 죽음이 결코 "휴가를 떠나지 않는 것처럼, 바빌론은 쉬지 않고" 정복한 나라들을 착취했다(R. Smith). 죽음이 아무리 많은 사람의 생명을 앗아가도 결코 만족할 수 없는 것처럼, 바빌론 사람들의 재물 욕심은 끝이 없었던 것이다. 심지어는 모든 나라를 정복하고 모든 민족을 노예로 삼아도 만족하지 못한다. 그들은 탐욕의 노예가 되어 망할 것이다. 하나님은 바빌론의 야심을 이용하여 유다를 치게 하셨지만, 결국 그들은 자신들의 욕망 때문에 망하게 될 것이다.

그러나 4절의 교만한 자가 하나님께서 말씀하신 것이 그대로 이루어질 것을 믿지 않는 자들이라면 5절은 단순히 하나님을 신뢰하지 않고 자신의 욕심과 생각에 따라 살아가는 사람들을 두고 하는 말이다(Roberts). 즉, 이 말씀은 시대와 장소를 초월하여 하나님을 경외하지 않고 세상적인 욕망과 가치관을 추구하고 살아가는 사람들에게 주어지는 경고인 것이다. 이들은 이미 주어진 하나님의 이상이 실현될 것을 기대하기보다는 자신의 탐욕을 채우다가 죽게 될 것이다. 그러나 그들은 설령 온 세상을 갖게 된다 해도 만족하지 못할 것이다. 반면에 의인은 하나님의 섭리가 세상에 존재하는 모든 부조리와 불의를 심판하실 날이 꼭 임할 것을 확신하면서 힘든 오늘을 이겨내는 사람이다.

Ⅲ. 다섯 개의 재앙

2:6-20

주석가들 중 일부는 이 섹션이 선지자가 하나님의 응답을 분석하여 선포하는 말씀이라고 하거나(Sweeney), 2절부터 시작된 하나님의 말씀의 연장이라고 한다(Bruckner). 그러나 대다수는 이 섹션이 바빌론에게 짓밟히고 억압당한 민족들이 그들의 압제자 바빌론을 두고 하는 말이라 한다(Hiebert; Patterson; Amerding; Bailey). 텍스트의 장르는 '조롱하는 시(taunt/mocking song)(מָשָׁל)라는 견해가 일반적이다. 조롱하는 노래는 두 가지 요소를 지니는데 첫째, "화를 입으리라!"(הוֹי)는 외침 바로 뒤에 비난받는 행위를 묘사하는 분사(participle)나 비난받는 자의 품행을 부정적으로 평가하는 명사가 따르는 문법 구조를 지니고 있다. 둘째, 제시된 비난은 협박, 문책 혹은 수사학적인 질문 등으로 이어진다(Hals). 다섯 개의 재앙은 각각 비난의 외침(6, 9, 12, 15, 19a절), 협박(7, 11, 13, 16, 20절), 비난(8, 10, 14, 17-19b) 등 조롱하는 노래가 가지는 요소로 구성되어 있다(Patterson). 마지막 것을 제외하고는 각각의 재앙 선포가 "화를 입으리라!"(הוֹי)로 시작한다.

이 섹션에서 이 두 가지 모두 지속적으로 반복되며 조롱하는 노래 양식을 유지하고 있다. 바빌론이 의기양양하여 온 세상을 짓밟고 있지만, 하나님께서 정하신 때가 되면 바빌론에게 억압당한 민족들이 오히려 그들을 비웃을 것이다. 또한 바빌론에게 내려지는 비난은 시간과 장소를 초월하여 남을 억압하는 자들과 방탕을 일삼는 자들에게 경고하는 기능을 띤다. 하나님께서 이러한 것들을 미워하시기 때문이다. 이 섹션은 다음과 같이 다섯 파트로 구분될 수 있다.

A. 착취하는 자에게(2:6-8)
B. 거짓 평안을 추구하는 자에게(2:9-11)
C. 억울한 피를 흘리는 자에게(2:12-14)
D. 술 취한 자와 폭력을 일삼는 자에게(2:15-17)
E. 우상을 만드는 자에게(2:18-20)

1장 착취하는 자에게
2:6-8

6 그 무리가 다 속담으로 그를 평론하며 조롱하는 시로 그를 풍자하지 않겠느냐 곧 이르
기를 화 있을진저 자기 소유 아닌 것을 모으는 자여 언제까지 이르겠느냐 볼모 잡은 것으
로 무겁게 짐진 자여 7 너를 억누를 자들이 갑자기 일어나지 않겠느냐 너를 괴롭힐 자들
이 깨어나지 않겠느냐 네가 그들에게 노략을 당하지 않겠느냐 8 네가 여러 나라를 노략하
였으므로 그 모든 민족의 남은 자가 너를 노략하리니 이는 네가 사람의 피를 흘렸음이요
또 땅과 성읍과 그 안의 모든 주민에게 강포를 행하였음이니라

첫 번째 재앙 선포는 남의 것을 착취해 부자가 된 사람들에게 내려진다(6b절). '볼모 잡은 것'(עַבְטִיט)은 빚을 얻을 때 꼭 갚는다는 것을 보장하기 위하여 빚쟁이들에게 맡겨놓는 담보를 뜻한다(cf. 출 22:25-28). 신명기 24:10-13은 빚쟁이가 강제로 담보를 요구하는 것을 금하며, 가난한 자가 담보로 맡긴 겉옷은 해지기 전에 그에게 돌려주라고 한다. 가난한 사람이 밤에 그 겉옷이라도 덮고 자도록 해야 한다는 배려에서 나온 규정이다. 그렇다면 바빌론이 열방을 착취한 것이 어떻게 바빌론이 국가들에게 담보를 주고 대출한 것과 같다는 말인가? 일부 주석가들은 바빌론이 분명 채무이행을 하지 않을 거면서, 열방에

서 재물을 착취할 때 마치 빌려오는 것처럼 행세했다는 주장을 편다(Roberts). 그러나 볼모 잡은 것은 종속국이 종주에게 바치는 조공을 가리키기도 한다(Sweeney; cf. 신 15:6).

이들에게 선포되는 심판은 하나님께서 정하신 때가 되면 그들이 재산을 모으는 과정에서 남을 착취한 것만큼 착취를 당한다는 것이다. 지금은 이들의 폭력에 침묵하며 하라는 대로 따르는 자들이 때가 되면 마치 잠에서 깨어난 사람처럼 일어나 가해자를 괴롭히고 오히려 착취할 것이다. 곧 심은 대로 거두게 되는 것이다. '너의 빚쟁이들'(נֹשְׁכֶיךָ)(7절)을 개역성경은 '너를 물 자들'로 번역하고 있는데, 이 히브리어 동사(נשׁךְ)는 "[뱀이] 물다"라는 뜻에 근거를 두고 있다. 그러나 이 동사는 "이자를 지불하다"라는 의미도 지니고 있는데 본문의 내용은 후자가 더 어울린다. 그러므로 거의 모든 번역본들처럼 빚쟁이로 번역하는 것이 적합하다.

빚쟁이는 두 가지 의미를 지니고 있다: (1) 나에게 빚을 얻어 쓰고 이자를 지불하고 있는 자(debtor)(NIV); (2) 나에게 빚을 주어 내가 이자를 주는 자(creditor)(NAS; NRS; TNK). 아마도 저자는 이 두 가지 의미를 모두 염두에 두고 이 단어를 사용하는 듯하다(Hiebert). 왜냐하면 하나님의 심판이 임하면 바빌론에게 채무자(debtor)처럼 시달리던 국가들이 채권자(creditor)가 되어 바빌론을 괴롭힐 것이기 때문이다. 주객이 전도되는 것이다.

세상에는 영원한 권력도, 영원한 부귀영화도 존재하지 않는다. 사람은 부유할 때 없는 자들을 배려하고, 누릴 때는 억눌린 자들을 생각하는 지혜가 필요하다. 또한 이러한 배려는 미래를 위한 투자이기도 하다. 이 말씀은 세상의 권력가들을 향한 경고이다(Bailey). 휘두르는 권력이 남들에게 폭력으로 해석되지 않도록 조심해야 한다. 하나님께서는 '부메랑 원리'를 통해 그들이 심은 대로 거두게 하실 것이기 때문이다.

2장 거짓 평안을 추구하는 자에게
2:9-11

9 재앙을 피하기 위하여 높은 데 깃들이려 하며 자기 집을 위하여 부당한 이익을 취하는
자에게 화 있을진저 10 네가 많은 민족을 멸한 것이 네 집에 욕을 부르며 네 영혼에게 죄
를 범하게 하는 것이 되었도다 11 담에서 돌이 부르짖고 집에서 들보가 응답하리라

남들에게 착취한 재물을 가지고 호의호식할 뿐만 아니라 축적해 놓고 오랫 동안 누리려 하는 것이 착취하는 자들의 본능이다. 그러므로 그들은 부를 쌓기 위하여 '부당한 이득'(בֶּצַע)을 탐낸다. 이 단어는 "자르다/폭력을 사용하여 얻다"(בצע)에서 파생한 것으로 협박, 공갈 등을 통하여 갈취한 것들을 뜻한다 (Sweeney; cf. 삿 5:19; 미 4:13; 출 18:21; 삼상 8:3; 시 10:3; 잠 1:19; 겔 22:27). 바빌론에게 적용하면 이 단어는 바빌론이 종속국가들로부터 요구한 조공을 의미한다. 바빌론은 다른 나라들을 착취하여 모은 재산을 보호하기 위하여 '높은 곳에 둥지를 틀고' 그들에게 닥칠 수 있는 재앙 혹은 심판에서 벗어나려고 한다 (9절). 이 말씀은 느부갓네살 시대에 바빌론을 보호하던 성벽이 얼마나 견고하게 만들어졌으며, 성 안에 화려하고 대단한 건물들이 얼마나 많이 건축되었던

가를 염두에 둔 것이다(Sweeney).

바빌론은 이웃 나라들을 착취한 돈으로 매우 화려하고 견고한 성을 건축했다. 느부갓네살이 죽은 후 100년이 지나서 그리스의 역사가 헤로도투스가 바빌론을 방문했을 때, 그 도시가 얼마나 대단했던지 그는 할 말을 잊었다(*Histories*, 1.178–80). 알렉산더 대왕도 바빌론을 자기가 세운 제국의 통치 수도로 삼으려고 계획했다. 바빌론은 사방이 습지로 둘러싸인 사각형 도시였다. 도시 전체가 두 겹의 성벽들로 둘러싸여 있었다. 첫 번째 두 겹 성벽 중 안쪽 성벽은 도시의 중심부를 에워싸고 있었으며 두께는 7m에 달했고, 20m 간격으로 방어 탑이 있었다. 바깥 성벽은 4m 두께로 이루어져 있었으며 감시 탑들이 있었다. 느부갓네살은 두 번째 두 겹 성벽을 더했는데 두 성의 두께가 각각 8m에 달했다. 이 성은 유프라테스 강 동쪽에 위치했으며 총 27km에 달했다. 이 두 성의 두께가 얼마나 두꺼웠는지 성 위에서 네 마리의 말이 끄는 마차가 달릴 수 있었다고 한다(Wiseman). 성의 높이는 알려지지 않았지만 탑의 높이가 12m에 달한 것을 보면 아마도 성의 높이도 이 정도였을 것이다. 이 외에도 느부갓네살은 많은 건물들을 건축했다. 바빌론에서 발견되는 대부분의 벽돌들에 그의 이름이 새겨져 있다(Free).

바빌론 성의 출입은 8개의 문으로 통제되었다. 이 중 제일 유명한 문이 북쪽에 위치했던 이스타(Ishtar) 문이다. 이 문의 높이는 12m에 달했으며 말둑(Marduk) 신과 황소들이 그려져 있었다. 이스타 문을 통해 입성하면 곧장 1,000m에 달하는 대로가 펼쳐졌다. 이 길을 따라 내려가면 에사길라(Esagila) 초소, 말둑의 성전, 에테메난키 신전(Ziggurat Etemenanki)에 이르게 되었다. 이 신전은 7층으로 구성되어 높이가 85m에 달했다(Whitcomb). 바빌론 안에는 53개의 신전들이 있었으며, 도시의 동서를 잇는 120m 길이의 다리가 유프라테스 강 위에 펼쳐져 있었다.

느부갓네살은 최소한 3개의 궁전을 바빌론에 두었으며 그가 가장 많이 거처하던 곳은 남쪽에 위치한 것으로 넓이가 350m, 폭이 200m에 달했다. 바빌론은 또한 '공중정원' 혹은 '매달려 있는 정원'(hanging gardens)으로 유명했으며,

이 정원을 목격한 고대 그리스 사람들은 이것을 세계 7대 불가사의(不可思議) 중 하나로 평가했다. 주전 3세기 바빌론 역사가 베로수스(Berosus)에 의하면 이 정원은 느부갓네살이 아내 아미티스(Amytis)를 위하여 건축한 것이라고 한다. 아미티스는 메대의 산악지방에서 바빌론의 평지로 시집왔다. 고향 산을 그리워하는 아내를 위하여 왕이 도시 한가운데에 거대한 산을 조성했다. 이 산을 성 밖에서도 볼 수 있었다는 것을 감안하면 얼마나 높은 산이었는지 짐작이 갈 것이다. 이 인공 산에는 여러 개의 정원이 있었으며 각종 꽃들과 나무들로 가꾸어졌다. 이 높은 곳으로 유프라테스 강물을 끌어올리기 위해 사용된 기술도 매우 대단했던 것으로 추정된다.

이 모든 바빌론의 견고함과 화려함은 주변 나라들을 폭력으로 제압하여 착취하고 갈취한 부(富) 위에 세워졌다. 오늘날 일부 강대국들이 누리는 풍요로움의 어두운 면을 보는 듯하다. 그러므로 바빌론이 성을 쌓고 집을 짓는 일에 사용된 돌들과 목재들이 침묵할 수 없다(11절). 그들도 바빌론에 의해 무고한 피를 흘린 것에 대하여 하나님께 부르짖는다(Watts; Bailey). 생명이 없는 것들이 부르짖는다는 것은 가인이 아벨을 살인했을 때, 땅이 하나님께 부르짖었던 것과 같은 맥락이다(cf. 창 4장).

이 말씀은 또한 남을 폭행하는 일에 있어서 후환을 두려워하지 않는 자들에게 주신 하나님의 경고이다. 그들이 높은 곳에 둥지를 트는 새처럼 아무리 대단한 대비책을 세워도 때가 되면 그들 역시 폭력의 희생물이 될 것이다. 만일 인간의 힘이 그들을 '낮은 곳'으로 끌어내리지 못한다면, 하나님께서 나서서 그들이 꼭 대가를 치르도록 하실 것이다. 하나님의 명령에 따라 담의 돌들이 부르짖을 것이며(viz., 무너짐), 담의 돌들이 무너져 내리면 집의 들보가 대답할 것이다(viz., 집도 무너져 내림). 마치 지진에 무너져 내리는 집처럼 말이다.

폭력을 행하는 자들이 한 번만이라도 자신들도 희생양이 될 수 있다는 생각을 할 수 있다면, 그들의 삶은 많이 바뀔 것이다. 이들은 무엇이든 올라가면 반드시 내려온다는 것(what goes up must come down)이 세상의 법칙임을 깨달아야 한다. 그러므로 자신들이 높이 오를 때, 내려올 날을 생각하여야 한다. 그러나 이러한 생각을 하지 못하는 것이 또한 이들의 특징이다. 이 가해자들은 어떻게 해서든 자신들은 다른 사람이 휘두르는 폭력의 피해자가 되지 않으려고 안간힘을 쓴다.

3장 억울한 피를 흘리는 자에게
2:12-14

12 피로 성읍을 건설하며 불의로 성을 건축하는 자에게 화 있을진저 13 민족들이 불탈 것
으로 수고하는 것과 나라들이 헛된 일로 피곤하게 되는 것이 만군의 여호와께로 말미암음
이 아니냐 14 이는 물이 바다를 덮음 같이 여호와의 영광을 인정하는 것이 세상에 가득함
이니라

선지자는 불의한 재물로 마을을 건축하고 성을 세우는 자는 분명히 망한다고 선언한다. 자신들이 거할 마을을 건설하기 위하여 많은 노동력을 착취했고, 성을 세우기 위하여 많은 노력을 기울였지만, 결국 모든 것이 헛수고가 된다. 하나님께서 불태워 없애실 것이기 때문이다. 착취한 노동력이 많은 만큼 하나님의 심판에 의한 파괴도 클 것이다. 세운 탑이 높고 클수록 무너질 때 큰소리와 요동이 있지 않겠는가! 집이 커서 건축하는 데 목재를 많이 사용할수록 화염에 휩싸이게 되면 그만큼 불꽃이 크지 않겠는가! 그러므로 결국 열심히 노력한 만큼 실망과 좌절도 클 것이다. 예수라는 반석 위에 세우지 않은 모든 것의 종말이 이렇다(Bailey).

본문 말씀은 말둑(Marduk)이 가장 위대한 신이며, 이 신이 바빌론의 영화를

이룩한 것이라던 바빌론 사람들의 신념에 정면으로 도전한다(Sweeney). 바빌론 신화에 의하면 바빌론의 수호신인 말둑은 무질서의 괴물 티아맛(Tiamat)을 물리침으로써 온 세상을 통치하게 되었다. 그러나 바빌론이 많은 것을 누리게 된 것은 이스라엘의 하나님 여호와의 섭리이며, 이 사실은 하나님의 말씀에 따라 바빌론이 망하는 것을 통해 입증될 것이다.

세상을 지배하는 절대 강국 바빌론이 여호와의 말씀에 따라 폐허가 되는 날, 온 세상에는 바다에 물이 가득하듯이 '여호와의 영광'(כְּבוֹד יְהוָה)을 아는 지식이 가득할 것이다(14절; cf. 사 11:9). 구약에서 여호와의 영광은 성막이나 성전에 내렸던 그분의 임재를 뜻한다(Collins; cf. 출 29:43; 40:34, 35; 왕상 8:11; 대하 5:14; 7:1, 2, 3; 겔 11:23; 43:4, 5). 현상적으로는 구름(출 16:10)과 언약궤와 연관되어 있으며 태우는 불로 묘사되기도 한다(출 24:17). 또한 영광은 능력을 가시화시키는 것이라는 점을 감안할 때, 하박국은 이 단어를 큰 능력이 함께하는 임재를 묘사하기 위하여 사용하고 있다고 보인다(Jacob). 이스라엘은 하나님께서 그들의 예배와 찬송 중에 거하기를 갈망했다. 하박국은 다른 선지자들처럼 하나님의 영광이 이스라엘의 예배에 임하실 뿐만 아니라, 온 우주를 채울 것이라고 선언한다(민 14:21; 시 72:19; 사 6:3). 주의 백성들은 하나님을 아는 지식이 온 천하를 가득 채울 때까지 열심히 전도하고 선교해야 한다.

지식은 매우 관계적인 의미를 지니고 있다. 하나님을 안다는 것은 곧 하나님과 올바르고 바람직한 관계를 유지하고 있다는 것이며, 이 관계는 사랑, 신뢰, 존경, 열린 대화 등을 바탕으로 한다(Fretheim). 그러므로 하나님을 알지 못하는 것은 곧 심판을 의미한다(Bailey). 예수님은 우리가 하나님과의 관계를 회복하고 그분에 대한 지식이 온 땅에 가득하게 하기 위하여 이 땅에 오셨다. 그의 제자들이라고 하는 우리는 얼마나 하나님을 알고 있는가?

4장 술 취한 자와 폭력을 일삼는 자에게
2:15–17

15 이웃에게 술을 마시게 하되 자기의 분노를 더하여 그에게 취하게 하고 그 하체를 드러
내려 하는 자에게 화 있을진저 16 네게 영광이 아니요 수치가 가득한즉 너도 마시고 너의
할례 받지 아니한 것을 드러내라 여호와의 오른손의 잔이 네게로 돌아올 것이라 더러운
욕이 네 영광을 가리리라 17 이는 네가 레바논에 강포를 행한 것과 짐승을 죽인 것 곧 사람
의 피를 흘리며 땅과 성읍과 그 안의 모든 주민에게 강포를 행한 것이 네게로 돌아오리라

바빌론 사람들은 술을 많이 마시고 흥청망청하기로 유명하다(cf. 단 5). 타락한 인간의 본능은 남을 유혹에 빠뜨리고 방탕하게 살고자 하는 욕망이 있다(Robertson). 하박국 선지자는 근동 사람들에게 익숙한 바빌론 사람들의 모습을 묘사하며 그들의 이웃 국가들에 대한 자세를 비난한다. 그들은 자신들의 술 취함과 방탕에 만족하지 않고 남들까지 억지로 술에 취하게 한 다음 쓰러져 있는 그들을 강간하는 악독한 사람들이라는 것이다.

하나님께서는 남에게 억지로 술을 먹이고 욕을 보인 이들에게 '주의 오른손에 들린 심판의 잔'을 마시게 하실 것이다. 하나님의 오른팔은 이스라엘의 원수들에게 유감없이 실력을 발휘하는 능력을 뜻한다(출 15:6, 12; 시 20:7; 77:11;

98:1; 78:54; 18:36; 사 41:10). 또한 역사적으로 볼 때, 바빌론이 마시게 될 '하나님의 오른손에 들린 심판의 컵'은 바사의 고레스를 뜻한다(Bruckner). 하나님께서 술 취한 이웃 나라들을 욕보였던 바빌론을 모든 민족들 앞에서 똑같은 수치를 당하게 하실 것이다. 하나님의 오른손의 능력이 이 일을 이루실 것이다. 역시 심은 대로 거두게 하시겠다는 의지를 밝히신다.

바빌론이 이러한 심판을 받게 될 또 다른 이유는 레바논에서 그들이 저지른 폭력 때문이다(17절). 기록에 의하면 느부갓네살은 자신의 건축사업을 위하여 레바논 숲의 목재들(특히 백향목)을 베어 바빌론으로 이송해 갔다고 한다(Pritchard; Sweeney; Bruckner). 이 과정에서 그들이 레바논의 숲에 살던 짐승들을 많이 죽였을 것은 뻔한 일이며, 또한 망가진 숲에서 더 이상 살 수 없게 된 짐승들도 많이 생겼을 것이다. 그러므로 바빌론의 레바논 숲에서의 마구잡이 벌목은 하나님의 아름다운 창조 섭리에 역행하는 행위이다(Sweeney; cf. 신 20:19-20). 바빌론의 폭행은 숲을 파괴하는 것에서 끝나지 않았다. 그들은 땅과 성읍과 거기에 사는 사람들까지 죽였다. 레바논의 숲만 텅 비게 된 것이 아니라 가나안의 도시들과 마을들도 텅 비게 되었다. 하나님의 아름다운 피조물들이 모두 맹공격을 당한 것이다(Bruckner).

자연은 하나님께서 창조하신 피조물이며 우리가 누릴 수 있는 특별한 것이다. 그러나 인류의 죄 때문에 심판을 받은 자연이 신음 속에서 주 예수 그리스도의 다시 오심을 갈망하고 있다(롬 8:19-22). 자연을 다스리는 청지기로 임명받은 인간이 자연을 혹사하거나 필요 이상으로 파괴하는 것은 옳지 않다. 이 순간에도 개발이란 명분으로 많은 자연이 파괴되고 있다. 우리의 지나친 자연 파괴는 하나님의 심판을 부른다는 점을 기억해야 한다.

5 장 우상을 만드는 자에게
2:18-20

18 새긴 우상은 그 새겨 만든 자에게 무엇이 유익하겠느냐 부어 만든 우상은 거짓 스승이
라 만든 자가 이 말하지 못하는 우상을 의지하니 무엇이 유익하겠느냐 19 나무에게 깨라
하며 말하지 못하는 돌에게 일어나라 하는 자에게 화 있을진저 그것이 교훈을 베풀겠느냐
보라 이는 금과 은으로 입힌 것인즉 그 속에는 생기가 도무지 없느니라 20 오직 여호와는
그 성전에 계시니 온 땅은 그 앞에서 잠잠할지니라 하시니라

바빌론 사람들이 어떠한 거리낌도 없이 지금까지 언급된 죄들을 쉽게 저질렀던 것은 아마도 이 마지막 죄 때문일 것이다. 사람이 신을 찾는 가장 큰 이유 중 하나는 나름대로 어떻게 행동해야 하겠고 어떤 자세로 살아가야 하는가에 대하여 신의 계시를 받기 위해서이다. 문제는 우상들은 신이 아니며 인간의 손으로 만들어낸 조각품으로 말을 하지 못하고 어떠한 이상도 주지 못하는 생명이 없는 물건에 불과하다는 점이다. 그러므로 우상을 숭배하는 자들은 신의 계시를 받으려 할 때, 신의 뜻이 아니라 자신들의 뜻을 신의 뜻으로 착각하게 되며, 이것에 근거하여 자신의 행위를 정당화시킨다.

선지자는 우상숭배의 허구성에 대해 적나라하게 7가지를 언급하며 지적하

고 있다: (1) 인간이 조각했다; (2) 거짓을 가르친다; (3) 말을 할 수 없다; (4) 생명력이 없다; (5) 깨어날 수 없다; (6) 사람을 인도할 수 없다; (7) 생기가 없다(Bruckner). 우상은 사람이 나무나 돌로 조각하고, 그 위에 귀금속으로 치장한 장식에 불과하다. 그러므로 이동할 때에도 숭배자의 등에 실려가야 한다. 당연히 생명력이 없고 말도 하지 못한다. 인간의 손이 만들어낸 조각품을 보고 아무리 "깨어나라!"라고 외치고 "일어나라!"라고 외친다 해서 그 조각품이 생명을 가지게 될 수는 없다. 이러한 장식품에 불과한 것이 어떻게 사람들을 도울 수 있겠는가?

반면에 여호와 하나님은 어떤 분이신가? 온 땅이 그분 앞에서 잠잠해야 할 정도로 능력과 위엄이 무한하신 분이다(20절). 바빌론 사람들의 신앙이 되어버린 군사력(1:11, 16)과 그들이 숭배하는 무능한 우상들하고는 질적으로 다르다. 또한 이분은 예루살렘에 있는 자신의 거룩한 성전에 계신다. 하나님께서 예루살렘 성전에 계시는 한, 이스라엘은 소망이 있다. 불행하게도 주의 백성들의 죄 때문에 하나님은 머지않아 예루살렘 성전을 떠나시게 된다(cf. 겔 8-11장). 하나님의 떠나심과 함께 유다의 평안도 사라졌다.

오늘날 드러내놓고 우상을 숭배하는 크리스천은 없다. 그러나 자신도 모르게 마음으로 우상을 숭배하는 사람들은 많다. 하나님이 계셔야 할 자리에 다른 것이 차지하고 있거나, 하나님이라고 섬기는 신이 성경이 계시해 주는 하나님과 조금이라도 다르면 그것이 바로 우상인 것이다. 그것은 하나님과 비슷한 우상에 불과하다. 그러므로 우리는 이러한 오류에 빠지지 않도록 끊임없이 우리 자신을 성찰하여야 한다.

Ⅳ. 하박국의 노래

3:1-19

정의를 사랑하시고 이 땅에 공평이 실현되기를 무척이나 원하시는 전능하신 하나님께서 예루살렘 거리에서 악인이 의인들을 핍박하는 것을 용납하시느냐는 선지자의 질문에, 하나님은 예루살렘에서 악을 행하는 자들을 심판하시기 위하여 바빌론 군을 끌어들이실 것이라고 대답하셨다. 이에 대하여 선지자는 악인을 심판하기 위하여 더 악한 자들을 들어 쓰실 수 있냐고 물었다. 하나님께서는 때가 되면 바빌론도 처벌하실 것이라고 대답하셨다. 하나님의 사역은 '아직도 현재 진행형'이라는 것이다.

만일 하나님의 사역이 아직도 진행 중이라면, 우리가 체험하는 것이 마치 최종적인 결과인양 호들갑을 떨고 하나님을 원망하는 것은 옳지 않다. 이러한 우리의 행동은 공사가 한창 진행 중이다 보니 튀어나온 철근, 삭막한 시멘트벽, 어지럽게 흐트러진 파이프 등을 보고 건물이 추하고 지붕이 맘에 안 든다는 등 불만과 비난을 쏟아 내는 행위와 별로 다를 바가 없다. 건물이 완성된 다음에야 공정한 평가가 가능한 것이다. 하나님의 사역도 마찬가지이다. 우리는 하나님께서 아직도 진행 중이신 일에 대해서 말을 아끼고 근거 없는 원망을 자제해야 한다. 선지자도 이러한 상황을 의식하였기에 더 이상 하나님께 반문하지 않는다. 오히려 그는 하나님의 거룩하심과 능력에 대하여 깊은 감동을 받게 되어 스스로 고백하게 되었다: "오직 여호와는 그 성전에 계시니 온 천하는 그 앞에서 잠잠할찌니라"(2:20).

이제 그는 그를 감동시키신 거룩하신 하나님, 온 땅을 다스리시는 창조주께 찬양을 드린다. 하나님의 사역에 대하여 심각한 문제 제기로 책을 시작했던 선지자가 그분에 대한 절대적인 신임과 찬양으로 책을 마무리하는 것이 매우 인상적이다. 책을 시작할 때나, 책이 끝나갈 무렵인 지금이나 상황이 달라진 것은 없다. 아직도 악인들은 의인들을 착취하고 있다. 그렇다면 무엇이 선지자로 하여금 이러한 찬양을 드리게 하였는가? 무엇보다도 변화된 것은 선지자 자신이다. 그가 고민 속에서 하나님을 만나게 된 것이다. 하나님의 임재를 체험하는 순간 모든 것이 녹아내렸다. 그리고 그의 하나님에 대한 확신과 신뢰가 더욱더 강해졌다. 그러므로 그의 번민이 그에게 더 확고한 신앙을 갖게 하였다고 할 수 있다. 이 섹션은 다음과 같이 구분될 수 있다.

A. 하박국의 고백과 간구(3:1-2)

B. 분노하신 하나님의 현현(3:3-15)

C. 하나님의 현현에 대한 선지자의 반응(3:16)

D. 선지자의 하나님에 대한 확신과 신뢰(3:17-19)

1장 하박국의 고백과 간구
3:1–2

1 시기오놋에 맞춘 선지자 하박국의 기도라 2 여호와여 내가 주께 대한 소문을 듣고 놀랐
나이다 여호와여 주는 주의 일을 이 수년 내에 부흥하게 하옵소서 이 수년 내에 나타내시
옵소서 진노 중에라도 긍휼을 잊지 마옵소서

그동안 많은 학자들은 하박국서 3장은 1–2장이 집필된 지 100여 년이 지난 후에 다른 사람에 의하여 저작되어 삽입된 것으로 간주하여 1–2장과 잘 어울리지 않는다고 주장했다(Smith & et al.; cf. Hiebert). 하박국 선지자가 3장을 집필하지 않았다는 주장이 제시하는 주요 증거로는 쿰란에서 발견된 하박국서 주석에 3장이 포함되지 않았다는 점, 칠십인역(LXX)과는 다르며 시리아어본, 콥틱어본 등과 같은 텍스트와 연관된 것으로 보이는 헬라어본 구약인 바르베르니 사본(Garberini Greek)이 하박국서 3장을 독립적인 문헌으로 다루고 있다는 점, 만일 3장이 하박국에게서 비롯되었다면 굳이 3:1에 선지자의 이름을 다시 언급할 필요가 없다는 등의 해석이 있다(cf. Sweeney).

그러나 3:1은 하박국 선지자가 이 노래를 지은 것으로 밝히고 있다는 점(이 경우 같은 증거가 상반되는 의미를 나타내는 데 사용되고 있음), 유다 광야에서 발견된 무라

밧(Muraba'at)과 나할헤버(Nahal Hever)의 소선지서 사본들이 3장을 1-2장과 함께 포함하고 있다는 점, 그리고 3장에 기재된 노래의 내용이 1-2장과 밀접한 연관이 있다는 점 등이 많은 학자들로 하여금 하박국 선지자의 3장 저작권을 주장하게 했다. 특히 하박국 선지자가 예루살렘 성전에서 사역하던 선지자였다면 그 가능성은 더욱더 높아진다는 것이 이 학자들의 결론이다(cf. Sweeney; Jeremias). 최근 들어 대부분의 주석가들이 3장도 하박국이 저작했다는 것을 사실로 인정하기에 이르렀다(Achtemeier; Andersen; Heflin; Bailey; Sweeny; Bruckner).

이 노래의 표제(3:1)가 시편과 비교되는 것은 당연하다 하겠다. 저자는 이 노래를 '시기오놋'(שְׁגִינוֹת)에 맞춘 노래라 하는데 이 단어는 시편 7편에서 한 번 더 사용되는 음악 용어이다. 공동번역은 이 단어를 "'만가조(輓歌調)'로 읊을 것이라고 번역하고 있는데 '만가(輓歌)'란 죽은 사람을 애도하는 노래를 의미하는 것"으로 애가(哀歌)의 곡조로 부르라는 의미인 것 같다. 일부 학자들은 아카디아어 '*šegu*'에 근거하여 이 단어를 '애가(哀歌)/조가(弔歌)'라고 이해하지만(Falkenstein and von Soden; Mowinckel; Keller; Claus), 아카디아어와의 연관성 문제, 성경에서 이 단어가 쓰이는 하박국 3장 노래의 성향에 근거하여 많은 학자들이 이러한 해석을 거부한다(Siux; Bauer-Leander; Sellin).

애가가 아니라는 입장을 취하는 학자들은 대부분 이 단어가 어떠한 절제도 없이 부르던 빠른 속도의 노래라고 생각한다(Dahood; Eerdmans; Sellin). 이 해석이 가능한 것은 이 단어가 '벗어나다/길을 잃다'(שׁגה)라는 히브리어 동사에서 비롯된 것이라고 생각하기 때문이다(Sweeney). 그러나 이러한 해석도 만족스럽지 못하다는 것이 지배적이다. 단어의 의미가 확실하지 않아서 거의 모든 번역본들이 하나같이 히브리어 소리를 그대로 음역하여 '시기오놋'에 맞추어 부른 노래라고 번역하고 있다(개역; 새번역; NIV; NAS; NRS; TNK).

이 외에도 3장은 "이 노래는 음악 지휘자를 따라서, 수금에 맞추어 부른다"(19절), '셀라'(סֶלָה)(3, 9, 13절) 등 시편에서는 흔히 사용되지만, 선지서에서는 발견되지 않는 개념들을 보여주고 있다. 3장의 장르를 규명하는 데 중요한 자료들이다. 또한 저자는 3장 전체에 '기도'(תְּפִלָּה)라는 타이틀을 주고 있다(1절).

성경에서 기도는 인간이 하나님께 드리는 것이며(삼하 7:27; 왕하 19:4; 사 37:4; 욘 2:8), 시편의 표제에도 자주 등장한다(시 17:1; 86:1; 90:1; 102:1; 142:1). 이 노래는 포로기 이전 시대에 왕과 백성들이 성전에 모여 여호와께 비와 풍요로움, 그리고 정치와 사회적 어려움에서 구원해 달라는 기도로 드려졌으며, 가을축제(Autumnal Festival) 때 예식에 따라 부르던 노래라는 해석도 있다(Eaton).

이 노래는 출애굽기 15장, 신명기 33장, 시편 18편 등 성경에서 가장 오래된 노래들로 알려진 시들과 깊은 연관성이 있는 것으로 이해된다(Armerding). 그래서 일부 학자들은 3장이 1–2장보다 훨씬 더 오래된 섹션이기에 하박국 선지자가 저작한 것이 아니라는 주장을 펼치기도 한다(Hiebert). 그러나 3장은 과거에 체험한 하나님의 은총과 미래에 대한 기대를 하나로 묶기 위하여, 오랫동안 전승되어 내려온 노래들 중 모세의 노래, 드보라의 노래, 다윗의 노래 등 하나님의 구원을 극적으로 묘사하는 시들의 표현을 적절하게 인용하며 배합하고 있는 것뿐이다(cf. Robertson).

노래의 주제는 창조, 출애굽 사건 등 하나님의 과거 역사를 대표하는 일들뿐만 아니라, 아직도 기대되는 하나님의 최종 심판까지 다루고 있다. 이러한 차원에서 3장은 1–2장에서 제시된 선지자의 질문에 하나님께서 만족할만한 답을 주신 것을 기념하며 감사하고 있는 노래이다(Armerding). 아무리 현실이 어둡더라도 선지자는 하나님의 임재를 소망하면서 여호와의 정의 실현을 기다릴 것이라는 확신에 찬 고백을 담고 있다.

하나님께서 앞으로 바빌론에게 어떻게 하실 것인가에 대한 계시를 받은 선지자는 하나님의 계획에 대하여 알고 나서 '온 세상이 그분 앞에 잠잠할 것'을 주문했다(2:20). 이제 그는 하나님의 주권에 대한 개인적 고백과 찬양을 시작한다: "주님, 내가 주의 명성을 듣습니다. 주님, 주께서 하신 일을 보고 놀랍니다. 주의 일을 우리 시대에도 새롭게 하여 주십시오. 우리 시대에도 알려 주십시오. 진노하시더라도, 잊지 마시고 자비를 베풀어 주십시오"(2절; 새번역). 선지자는 하나님의 구원에 대한 기대를 다시 16절에서 표현한다. 이러한 면에서 2절과 16절은 3–15절을 감싸고 있는 '수미쌍관'(首尾雙關, inclusio)의 형태를 이루고 있다(Patterson). 선지자는 2절을 통해 크게 세 가지를 기도한다: (1) 생명 보존; (2) 이해력; (3) 자비(Robertson).

선지자가 하나님의 명성을 들었다는 고백으로 노래를 시작하는 것은 과거와 현재, 그리고 미래를 연결하고자 하는 그의 의도를 드러내고 있다(Sweeney). 과거에 역사하셔서 명성을 날리셨던 하나님께서 주의 백성의 미래에도 역사하실 것이라는 기대감의 표현이다. 또한 선지자는 주께서 하신 '일'(פֹּעַל)을 보고 놀랐다고 고백하는데, 이 히브리어 단어는 이미 하나님께서 선지자의 첫 번째 질문에 대답하실 때 놀라고 기겁할 '일'(פֹּעַל)이 벌어질 것이라고 경고하시며 사용하셨던 바로 그 단어이다(1:5). 하박국은 하나님께서 약속하신 것을 이행하실 것이라는 기대를 여기에 첨부하는 것이다.

우리말성경본이 '놀랐다'(ירא)로 번역하고 있는 단어는 놀랐다기보다는 '경외하다/두려워하다'가 더 정확한 해석이다(NIV; NAS; NRS; TNK). 성경에 의하면 여호와를 경외/두려워하는 것이 지혜의 시작이다. 종교가 사람을 살리는 참 지혜를 추구한다는 점을 생각할 때, 여호와를 경외하는 것은 곧 종교 행위이자 신앙이다(Garland). 성경은 또한 경외와 두려움은 하나님을 체험할 때 발생하는 자연적인 결과라고 한다(cf. 신 13:12; 17:13; 19:20; 21:21). 우리가 과거에 하나님께서 하신 일을 기념할 때, 단순히 감탄사만 연발하게 되는 것이 아니라 하나님에 대한 새로운 두려움이 우리를 엄습하게 된다(Roberts).

'수년 내'로 번역된 히브리어 문구(בְּקֶרֶב שָׁנִים)의 의미는 대체로 '우리 시대에'로 해석된다(새번역; 공동; NIV; NRS). 개정개역성경이 "부흥하게 하옵소서"(חַיֵּיהוּ)라고 번역한 동사는 "실현되게 하소서/알리소서"라는 의미를 지니고 있다(Sweeney; cf. NIV; NAS; NRS; TNK). 오랜 세월이 지나기 전에 하나님의 명성에 걸맞은 역사/일과 하나님께서 이루겠다고 약속하신 일을 다시 한번 경험하게 해 달라는 기도이다. 물론 이 말씀은 선지자가 향수가 짙은 과거로 돌아가겠다는 것을 의미하는 것이 아니라 가장 아름답고 선한 역사가 머지않아 현실화될 것을 확신하는 것이다(Brown). 과거가 아무리 영화롭고 아름답다 하더라도, 현실을 이겨내고 미래를 기대하는 창조적인 에너지로 탈바꿈하지 않으면 큰 도움이 되지 않는다.

선지자가 하나님의 새로운 역사를 기대하면서 간곡히 드릴 수 있는 말은 오직 "진노하시더라도(רֹגֶז), 잊지 마시고 자비(רַחֵם)를 베풀어 주십시오"이다. 두렵고 떨리는 심판이 진행 중이더라도 어머니의 포근한 품을 연상케 하는 은총을 내려 달라는 간구이다(Patterson; Coppes). 그런데 선지자는 누구에게 자비를 베풀어 달라고 하는가? 하나님께서 이스라엘을 심판하실 때, 그들에게 법대로 하지 마시고 자비로운 심판을 해 달라는 것인가? 아니면 하나님께서 이스라엘의 원수들을 심판하실 때, 이스라엘에게는 은총을 입게 해 달라는 것인가? 선지자가 바빌론뿐만 아니라 예루살렘에서 활동하고 있는 지도자들까지 악인들에 포함시키고 있다는 것을 감안할 때, 첫 번째 해석이 바람직하다(cf. Bailey). 하나님께서 법대로 하시거나 진노만 보이신다면 주의 백성들을 포함한 세상의 모든 사람이 그에게 심판을 받아 죽기에 마땅하기 때문이다.

2장 분노하신 하나님의 현현
3:3–15

하나님의 현현을 묘사하고 있는 이 텍스트를 세분화시키는 것은 쉽지 않은 작업이다. 전문적인 음악용어 '셀라'(סֶלָה)가 마치 후렴처럼 사용되는 것을 보면(3, 9, 13절) 마치 3절까지 있는 노래로 여겨진다. 그래서 일부 주석가들은 본문을 3–8절, 9–13a절, 13b–15절 등 3파트로 나눈다(Bruckner). 반면에 3–15절의 내용은 하나님의 현현을 묘사하는 일에 있어서 서로 연결되어 있는 것처럼 느껴져 어느 곳이든지 섹션으로 나누기가 쉽지 않다. 우리는 이 섹션을 하나님의 임재 묘사(3–7절), 하나님의 현현이 세상에 끼치는 영향(8–15절) 등 두 단락으로 구분하여 살펴보고자 한다. 이는 무엇보다도 사용되는 인칭이 3–7절은 3인칭이다가 8–15절에서는 2인칭으로 변하는 점과 구약 다른 곳에서 묘사되는 하나님의 현현 사건들을 보면 대체로 (1) 하나님의 등장과 (2) 하나님 현현의 파급 효과 등 두 섹션으로 구분된다는 것을 근거로 한 관점이다.

이 섹션을 이해하는 데 있어서 중요한 이슈로 부각되는 것은 시제이다. 선지자가 이미 있었던 일을 묘사하는 것인가, 아니면 이 순간에 진행되는 일을, 혹은 앞으로 있을 일을 예고하고 있는 것인가? 즉, 본문에서 사용되고 있는 동사들을 과거, 현재 혹은 미래 중 어느 때로 해석해야 하는가이다. 우리말 번역본은 대체로 현재형으로 취급하고 있다(개정개역; 새번역; 공동). 반면에 영어 번역본은 과거로 해석하는 것들(NIV; NRS)과 현재형으로 해석하는 것들(NAS; TNK)이 쌍벽을 이루고 있다. 문제는 히브리어 동사가 시제를 지니고 있지 않다는 점에서 비롯된다.

히브리어 동사는 크게 완료형과 미완료형으로 구분되는데, 대체로 완료형은 과거의 일을 묘사할 때, 미완료형은 미래의 일을 예고할 때 사용되지만, 꼭 그런 것만은 아니다. 히브리어 동사는 묘사하는 행위(action)의 질(quality)에 따라 완료형과 미완료형으로 구분되어 사용되는 것이지 시제에 의하여 차별화되는 것이 아니기 때문이다(Waltke & O'Connor).

여기에 혼란을 더하는 또 한 가지는 선지서에서는 완료형이 흔히 미래의 일을 예언하면서 사용된다는 점이다. 학자들은 이러한 현상을 선지적 완료형(prophetic perfect) 혹은 확신 완료형(perfective of confidence)이라고 부르며, 선지자들이 미래에 있을 일을 예언하면서 마치 이미 일어난 일을 회고하는 것처럼 선포하는 현상을 의미한다. 대체로 주석가들은 현재형으로 이해한다(Achtemeir; Bailey; cf. Sweeney). 선지자가 이 노래가 끝나기 전에 엄청난 변화를 경험하는 것을 감안할 때(cf. 3:17-19), 아마도 그는 환상 속에서 하나님의 현현을 이 순간 목격하고 있으며, 그의 경험은 그를 완전히 바꾸어 놓기에 충분했던 것으로 생각된다. 위에서 언급한 것처럼 이 섹션은 두 파트로 구분될 수 있다: (1) 하나님의 임재 묘사(3-7절); (2) 하나님의 현현이 세상에 끼치는 영향(8-15절).

Ⅳ. 하박국의 노래(3:1-19)
2장. 분노하신 하나님의 현현(3:3-15)

1. 하나님의 임재 묘사(3:3-7)

3 하나님이 데만에서부터 오시며 거룩한 자가 바란 산에서부터 오시는도다 (셀라) 그의 영
광이 하늘을 덮었고 그의 찬송이 세계에 가득하도다 4 그의 광명이 햇빛 같고 광선이 그

의 손에서 나오니 그의 권능이 그 속에 감추어졌도다 5 역병이 그 앞에서 행하며 불덩이
가 그의 발 밑에서 나오는도다 6 그가 서신즉 땅이 진동하며 그가 보신즉 여러 나라가 전
율하며 영원한 산이 무너지며 무궁한 작은 산이 엎드러지나니 그의 행하심이 예로부터 그
러하시도다 7 내가 본즉 구산의 장막이 환난을 당하고 미디안 땅의 휘장이 흔들리는도다

하나님의 임재/현현은 성경에서 자주 언급되는 사건이다(신 33:2; 삿 5:4–5; 암 1:2; 미 1:3–4; 겔 1:4–28; 시 68:8–9; 97:2–5). 주로 하나님의 현현은, 주의 백성인 이스라엘을 위협하거나 창조 섭리와 질서를 위협하는 세력들을 하나님께서 싸워 물리치시거나 굴복시키시는 일을 묘사할 때 일어나는 것이다. 비록 하나님의 현현이 대체로 여호와의 군사적인 승리와 연관되어 있지만, 이 장르의 배경은 하나님의 보좌가 있고, 하늘과 땅이 만나는 것을 상징하는 성전의 지성소라는 것이 학자들의 일반적인 견해이다(Sweeney). 하박국 선지자가 3–15절에서 묘사하는 하나님의 현현 이야기는 성경에서 가장 자세하고 구체적으로 기록된 것이다(Achtemeier).

선지자는 하나님의 현현을 묘사하면서 역사와 자연을 하나로 묶고 있다(Hiebert). 하나님의 능력은 전쟁을 통하여 인류 역사에 끊임없이 개입한다(5절). 그는 병거를 타시고 전투지로 말을 모신다(8, 15절). 하나님께서는 활을 쏘시고 칼을 들기도 하신다(9, 11절). 이스라엘에게 승리를 주시기 위해서이다. 전사(戰士)로 묘사된 하나님에게 자연의 이미지가 더해진다. 하나님이 천둥으로, 하나님의 병거가 폭풍을 머금은 구름으로, 온 땅을 휩쓰는 비로 묘사된다(10절). 하나님의 무기인 활과 창은 땅을 치는 낙뢰이다(11–12절). 고대 사람들이 자연에서 관측할 수 있었던 것 중에서 가장 위력적이고 공포를 자아내는 것들이 하나님의 현현과 연관되어 있다(Gowan). 그뿐만 아니라 하나님의 원수들이 바다와 강들에 비유되기도 한다(8–15절). 하나님은 전사로서 인류 역사를 다스리실 뿐만 아니라 창조주로서 자연을 통치하는 분이시기 때문이다.

선지자는 하나님께서 데만에서 오시고 바란 산에서 오신다고 한다(3절). 데만(תֵּימָן)은 오늘날의 예멘을 칭하는 이름이며, 히브리어 동사 '오른쪽에 서

다'(ימן)에서 유래한 단어이다. 근동 사람들은 해 뜨는 동쪽을 바라보며 왼쪽, 오른쪽을 정했다. 동쪽을 향할 때 오른쪽은 곧 남쪽을 가리킨다. 그러므로 동사의 파생어인 데만(תֵּימָן)은 구약 성경에서 고유명사보다는 남쪽을 가리키는 일반명사로 많이 쓰인다(cf. 출 26:18; 겔 47:19; 욥 39:26)(HALOT). 또한 이 단어는 에돔 땅, 혹은 에돔 족속의 조상인 에서와 연관되어 자주 사용되기도 한다(암 1:12; 옵 9; 렘 49:7, 20; 겔 25:13; 수 12:3; 13:4; 창 36:15; 대상 1:36). 하나님의 현현에 관한 성경의 다른 텍스트들이 그분의 오심을 마치 에돔 땅 위에 솟아오르는 태양처럼 묘사한다는 것을 감안할 때, 이 단어가 에돔 족속과 연관되어 사용된다는 점은 중요하다(신 33:2; 삿 5:4–5).

바란 산은 데만의 남쪽에 있으며 성경에서는 에돔의 주요 지역인 세일(Seir)과 연관되어 등장하고(신 33:2), 이스마엘의 집으로 언급되기도 한다(창 21:21). 이곳은 이스라엘이 한 국가로 출범한 시내 반도의 동쪽 끝이기도 하다(Bruckner). 하나님께서 시내 산 방향에서 오신다는 것은 그들이 모세를 통해 시내 산 정상에서 만났던 바로 그분이 오신다는 점을 역설한다. 드디어 시내 산에서 체결되었던 언약이 얼마나 잘 준수되었는가를 재판할 시간이 온 것이다.

선지자는 하나님의 임재가 동쪽에서 올 뿐만 아니라 떠오르는 태양처럼 올 것으로 묘사한다(cf. 3–4절). 천지를 창조하실 때 하나님께서 제일 먼저 빛을 창조하심으로써 세상의 모든 공허와 혼돈을 정리해 나가시며 창조 세계의 질서를 확립하셨던 일을 연상케 한다(Sweeney). 하나님께서는 주의 백성들의 고통과 신음으로 어두워진 세상에 빛으로 오셔서 그들의 모든 아픔과 어두움을 물리치실 것이다. 선지자는 빛을 발하는 하나님의 손에 그의 능력이 있다고 한다(4절). 하나님으로부터 발생되는 빛은 주의 백성들에게는 치유의 광선이지만, 주를 대적하는 자들에게는 철저한 파괴를 가져오는 심판의 빛이다.

빛으로 오시는 하나님과 그의 영광 앞에서 세상과 자연이 혼돈에 빠지고 파괴된다(5–7절). 하나님의 앞과 뒤를 에워싸고 있는 질병(דֶּבֶר)과 전염병(רֶשֶׁף)은 출애굽 때 하나님께서 이집트에 내리신 재앙들을 연상케 한다(Sweeney). 이

것은 전쟁을 동반하는 것들이기도 하다(Roberts). 그래서 성경은 이 두 가지를 하나님께서 적을 칠 때 사용하시는 무기들로 언급한다(출 5:3; 9:15; 레 26:25; 민 14:12; 신 28:21; 32:24). 전염병으로 해석되는 '레셉'(רֶשֶׁף)은 주전 3,000년대부터 가나안에서 질병과 전염병 신의 이름이었다(Xella; Sweeney). 한 이집트의 벽화는 바로가 레셉을 무기로 사용하여 적들을 치는 모습을 그리고 있다. 전쟁과 전염병은 그만큼 밀접한 관계가 있는 것이다.

하나님께서 한 곳에 서시니 온 땅이 흔들린다(6절). 성경은 하나님의 현현을 땅의 흔들림을 동반하는 것으로 묘사한다(출 15:14-16; 나 1:3-5; 욜 2:10). 하나님께서 둘러보시니 열방이 두려워 떤다. 그뿐만 아니라 세상의 높은 산들이 모두 무너져 내린다. 산들과 언덕들은 세상에서 가장 장엄하고 영구적인 안전성을 상징한다(창 49:26; 신 33:15). 그러나 이것들마저도 하나님 앞에서 힘없이 무너지는 연약하고 불안정한 것에 불과하다.

선지자는 하나님의 현현이 '옛적 길을 따라'(הֲלִיכוֹת עוֹלָם לוֹ) 임할 것이라고 한다(6c절). 이곳에서 사용된 히브리어 문구를 '영원한 길'(새번역; NIV; NAS; LXX)로 해석해야 하는지 '옛적 길'(NRS; TNK)이라고 해석해야 하는지에 대하여 다소 논란이 있다. '영원한 길'은 하나님의 계획이 전혀 바뀌지 않고 지금까지 하신 말씀대로 진행될 것임을 시사하는 뜻이며, '옛적 길'은 하나님의 계획은 이미 오래전부터 세워진 것이라는 데 초점을 맞추고 있다. 앞에서 하나님이 시내 산에 임하셨던 분으로 묘사되고, 바로 다음 문장에서 구체적인 지역 이름을 언급하는 것으로 보아 '옛적 길'로 이해하는 것이 바람직하다(Sweeney; Bruckner; Bailey). 하나님께서는 이미 오래전부터 사용하셨던 길을 따라 임하실 것이다.

이 길은 구산과 미디안을 지난다(7절). 미디안(מִדְיָן)은 시리아와 아라비아 광야나 그곳에서 거하던 유목민들을 뜻하는 일반적인 단어이다. 미디안은 아브라함의 아들이었으며 이스마엘과 함께 동쪽 지역에서 살았다(창 25:1-2, 6). 미디안 사람들은 자신들의 지역을 떠나 시내 반도까지 진출했으며, 모세가 이집트에서 탈출해 미디안 여자 십보라를 아내로 맞았다. 그의 장인 이드로는 미디안 족속의 제사장이었다(출 2-3). 구산(כּוּשָׁן)은 성경에서 여기에서만 등장하는 지역 이름이다. 일부 학자들은 이 단어가 오늘의 이디오피아나 이집트 남쪽을 가리키는 구스(כּוּשׁ)에서 비롯된 것이라 생각하여 이디오피아 혹은 이집트를 뜻하는 것으로 해석한다(Sweeney).

그러나 구산이 미디안과 평행을 이루고 있으므로 미디안 지역에 있는 도시거나 미디안의 다른 이름이라고 이해하는 것이 주류를 이룬다(Patterson; Robertson; Baker; Bruckner). 민수기에서 12:1에 의하면 미리암과 아론이 모세가 구스 여인(אִשָּׁה כֻשִׁית)과 결혼했다는 것을 문제 삼는다. 그런데 모세의 아내 십보라는 미디안 여인이었지, 이디오피아 사람은 아니었다. 그러므로 이 해석에 더 무게가 실리는 것으로 생각된다. 그러나 이 사실에 근거하여 오히려 모세와 그의 아내가 흑인이었다고 주장하는 사람들도 있다(cf. Sweeney). 하나님의 현현에 대한 언급이 시내 광야에서부터 시작되었다는 점을 감안할 때, 구산은 이디오피아가 아니라 미디안의 다른 이름이었다는 해석이 더 설득력 있어 보인다. 하나님의 현현은 옛적 길을 따라 시내 광야에서부터 주의 백성에게 임한다.

Ⅳ. 하박국의 노래(3:1-19)
2장. 분노하신 하나님의 현현(3:3-15)

2. 하나님의 현현이 세상에 끼치는 영향(3:8-15)

8 여호와여 주께서 말을 타시며 구원의 병거를 모시오니 강들을 분히 여기심이니이까 강
들을 노여워하심이니이까 바다를 향하여 성내심이니이까 9 주께서 활을 꺼내시고 화살을
바로 쏘셨나이다 (셀라) 주께서 강들로 땅을 쪼개셨나이다 10 산들이 주를 보고 흔들리며
창수가 넘치고 바다가 소리를 지르며 손을 높이 들었나이다 11 날아가는 주의 화살의 빛과
번쩍이는 주의 창의 광채로 말미암아 해와 달이 그 처소에 멈추었나이다 12 주께서 노를
발하사 땅을 두르셨으며 분을 내사 여러 나라를 밟으셨나이다 13 주께서 주의 백성을 구

원하시려고, 기름 부음 받은 자를 구원하시려고 나오사 악인의 집의 머리를 치시며 그 기
초를 바닥까지 드러내셨나이다 (셀라) 14 그들이 회오리바람처럼 이르러 나를 흩으려 하며
가만히 가난한 자 삼키기를 즐거워하나 오직 주께서 그들의 전사의 머리를 그들의 창으로
찌르셨나이다 15 주께서 말을 타시고 바다 곧 큰 물의 파도를 밟으셨나이다

이 섹션은 이스라엘을 구원하시는 하나님의 능력을 찬양하는 승리의 노래이다(Patterson). 앞에서는 하나님의 현현을 묘사하는 데 초점을 맞추었지만, 이곳에서는 그분의 현현이 세상에 끼치는 변화가 부각되고 있다. 이미 언급한 것처럼 3인칭으로 진행되던 현현 묘사가 이 문단에 와서는 2인칭으로 바뀐다. 앞에서는 하나님의 오심을 지켜보는 것을 묘사하지만 여기에서는 하나님께서 선지자 앞에 와 계심을 암시하기 위한 변화인 듯하다(Robertson).

선지자는 수사학적인 질문들로 이 섹션을 시작한다: "주님, 강을 보고 분히 여기시는 것입니까? 강을 보고 노를 발하시는 것입니까? 바다를 보고 진노하시는 것입니까? 어찌하여 구원의 병거를 타고 말을 몰아오시는 것입니까?"(8절) 일부 주석가들과 번역본은 '강들'(נְהָרִים)과 '바다'(יָם)를 히브리어 소리에 따라 음역하여 '네하림'(Neharim)과 '얌'(Yam)으로 표기한다. 이것은 고대 근동 신화에 자주 등장하는 것으로 창조질서를 위협했던 신들을 뜻하는 고유명사들로 간주된다(Roberts; TNK). 우리말 성경본 중에서 공동번역도 이 두 단어를 '물귀신', '바다 귀신'으로 번역함으로써 이러한 의도를 반영하는 듯하다.

성경도 하나님께서 바다와 강 혹은 괴물들을 대적하여 싸우신 것을 암시하는 대목들이 있다(시 93; 사 11:10-16; cf. 시 74; 욥 38; 사 27:1; 사 51:9-11). 그러나 이러한 표현은 그들의 실체성을 인정하는 것이 아니라 근동 신화에 익숙해져 있는 사람들이 가장 쉽게 이해하는 혼돈과 무질서의 개념을 상기시키기 위하여 사용되는 것뿐이다. 성경은 강과 바다가 하나님과 대적하여 그의 창조질서를 파괴하려는 무질서의 신들이 아니라, 하나님의 피조물에 불과하다는 것을 여러 곳에서 역설하고 있다. 그러므로 이 명사들을 고유명사로 간주하여 근동 신화와 연결하는 것은 바람직하지 않다. 일부 학자들은 이 고유명사가 바빌론

을 상징하는 것이라고 풀이하기도 한다(R. Smith).

이 수사학적 질문들의 의미는 분명하다. 하나님께서는 주의 백성을 괴롭히는 원수들을 벌주기 위하여 오신 것이지, 옛적에 하셨던 것처럼 강물을 피로 물들게 하고, 홍해를 가르며, 요단 강물을 멈추게 하기 위하여 오신 것이 아니다(Achtemeier). 열방의 죄를 심판하러 오신 것이다. 특히 바빌론은 옛적에 강과 바다를 치신 분에 의해서 혹독한 심판을 받게 될 것이다(Robertson).

하나님이 말을 타고 오시는 군사로 묘사되는 것은 구약 다른 곳에서도 자주 등장한다(시 18; 68; 104; 사 66; 슥 6). 고대 근동에서 전쟁은 말과 전차를 얼마나 많이 가졌느냐에 의하여 판가름 났다. 또한 말과 전차로 무장한 침략군이 조성하는 위압감은 대단했다. 하나님께서 말을 탄 군사로 오시는 것은 매우 위협적이다. 이것은 마치 큰 군대가 매우 연약한 적을 급습하는 효과를 지니고 있다.

선지자는 군사로 오신 하나님께서 활을 꺼내어 "살을 메우시며, 힘껏 잡아당기십니다"(שְׁבֻעוֹת מַטּוֹת אֹמֶר)라고 하는데, 이 문구의 의미가 확실하지 않다. 문자적인 해석은 "화살[막대기]에 맹세하다"에 가깝다. 그러면 이것은 무엇을 의미하는가? 영어 번역본 사이에도 혼선을 일으키고 있음이 역력하다. NIV는 "많은 활을 요구하셨다"(you called for many arrows); NRS는 "당신의 명령에 화살들은 만족하였다"(sated were the arrows at your command); NAS는 "징계의 막대기가 선포되었다"(the rods of chastisement were sworn); TNK는 "말씀의 막대기가 선포되었다"(sworn are the rods of the word) 등으로 번역하고 있다. 정확한 번역은 어렵지만, 이 말씀의 기본적인 의미는 하나님께서 적을 벌하시겠다고 선언한 말씀이 성취되었다는 것이다(Sweeney).

하나님의 현현 때문에 온 세상에 기상천외한 이변들이 일어난다. 하나님께서 지배하시는 강들이(cf. 8절) 온 땅을 녹이다시피 하여 그 위에 있는 적들을 물리치신다(9절). 물로 적들을 치시는 것은 출애굽 때 하나님께서 바다를 이용하여 이스라엘을 뒤쫓던 이집트군을 몰살하신 일(출 15장)과 기손의 와디(wadi)를 이용하여 시세라의 군대를 물리치신 일(삿 5장)을 연상케 한다(Sweeney). 산이 여호와를 보고 도망한다(10절). 마치 자신들보다 훨씬 더 강한 적수를 만난 군대처럼 말이다.

해와 달도 그 자리에 서 있다(11절). 옛적에 여호수아와 이스라엘 군대가 가나안 사람들을 실컷 살육할 수 있도록 멈추었던 것처럼(수 10장) 그대로 서서 하나님께서 원수들을 마음껏 물리치실 수 있도록 하고 있다. 온 세상의 자연을 떨게 하신 하나님은 창으로 하늘을 가르며 발로 열방을 짓밟으신다(12절). 이 모든 것이 자신의 백성을 구원하기 위해서 펼치시는 하나님의 역사이다(13절). 그는 '친히 기름 부으신 사람'(מְשִׁיחֶךָ)을 구원하기 위하여 수고를 아끼지 않으신다(13절). 하나님께서 '친히 기름 부으신 자'는 일반적으로 대제사장이나 왕을 뜻한다. 그러므로 본문의 '메시아'는 하박국 선지자 시대 때 유다를 다스리던 왕으로 해석되기도 한다(TNK). 또한 하박국서가 왕이 유다를 통치하던 포로 이전 시대의 책이라는 또 하나의 증거로 간주되기도 한다(Sweeney). 본문에서는 단순히 하나님께서 특별한 목적을 염두에 두고 선택한 사람, 혹은 주의 백성들이 사모하고 기다리고 있는 메시아를 뜻할 수도 있다(Bailey).

하나님께서는 주의 백성과 기름 부으신 자를 위하여 악인을 치신다(13절). 그런데 개역성경이 '악인의 집머리'(רֹאשׁ מִבֵּית רָשָׁע)라고 번역하고 있는 문구의 의미는 어떻게 이해할 것인가? 일부 번역본은 이것을 이스라엘을 괴롭히는 나라들에 대한 은유로 생각하여 '악인들의 우두머리'로 번역하는 반면(새번역; NIV), 대부분 번역본은 '집의 머리'(viz., 지붕)로 번역하고 있다(개역; 공동; NAS; TNK; cf. NRS). 거의 모든 주석가들은 이 말씀을 은유적으로 이해한다(Sweeney; Bruckner; Robertson; Bailey). 성경 안에서 이 유형의 문구가 우두머리를 뜻하면서 은유적으로 사용되는 사례가 많다는 것을 감안할 때 무난한 해석이라 하겠다(출 6:14; 민 7:2, 17, 18; 수 22:14; 대상 5:24; 7:7, 9). 그뿐만 아니라, 문맥도 건물이나 사물보다는 사람에게 초점이 맞추어져 있다는 것도 이러한 해석을 뒷받침한다. 이 악인들의 우두머리를 이집트의 바로로 해석하기도 하지만, 선지자 시대에는 바빌론 사람들, 그리고 종말이 이 땅에 임할 때까지 하나님의 역사와 사역을 반대하는 모든 사람을 뜻한다(Patterson). 하나님께서는 이들의 기초까지 파괴하실 것이다.

악인의 멸망을 일반적으로 묘사하던 선지자가 14절에서는 구체적으로 묘사한다: "그들이 우리를 흩으려고 폭풍처럼 밀려올 때에, 숨어 있는 가엾은 사람을 잡아먹으려고 그들이 입을 벌릴 때에, 주의 화살이 그 군대의 지휘관(רֹאשׁ פְּרָזָו)을 꿰뚫습니다." 새번역은 '군대의 머리'를 은유로 간주하여 '군대의 지휘관'으로 번역하고 있다. 선지자는 주의 백성을 위기일발(危機一髮)의 상황에서 구원하신 하나님을 찬양하고 있다. 주의 백성들을 해하여 검불처럼 흩으려 하던 자들이 오히려 하나님의 심판을 받아 검불처럼 흩어지고 있다. 마치 시편 1편의 악인의 종말을 연상케 한다.

여호와의 현현을 통해 주의 백성을 괴롭게 하는 자는 하나님의 심판을 받을 것(13–14절)이라는 확신에 찬 선지자는 이 섹션을 시작할 때 사용한 이미지로 끝을 맺고 있다. 8절에서 하나님을 말을 모시는 군사로 묘사했는데, 15절은 하나님의 말들이 바다를 짓밟는 것으로 막을 내리고 있다. 옛적에 주의 백성을 위하여 홍해를 가르신 바로 그 하나님의 현현이다. 선지자는 하나님께서 과거에 주의 백성을 위하여 하신 일을 근거로 미래를 기대한다. 출애굽 사건을 주도하신 하나님께서 다시 한번 주의 백성을 위하여 구원을 이루실 것이다.

하박국서 3장은 신정론 문제에 대한 해결책으로 묵시적인 비전을 제시하고 있다. 이 비전은 의인이 불의한 자들이 성행하는 세상을 살아가면서도 견딜 수 있다는 것이다. 또한 이는 언젠가는 이 땅에 실현될 하나님의 의로운 통치(2:2–4)에 대한 확신과 악한 세력은 스스로를 파괴하는 성향을 지니고 있다는 것에 대한 통찰력(2:5–20)에 근거하고 있다. 이 비전은 하나님께서는 세상의 일을 자신이 계획하신 대로 인도해 나가시는 분이라는 확신에도 근거하라는 권면이다(Hiebert).

3장 하나님의 현현에 대한 선지자의 반응
3:16

16 내가 들었으므로 내 창자가 흔들렸고 그 목소리로 말미암아 내 입술이 떨렸도다 무리가 우리를 치러 올라오는 환난 날을 내가 기다리므로 썩이는 것이 내 뼈에 들어왔으며 내 몸은 내 처소에서 떨리는도다

선지자의 하나님의 임재에 대한 노래가 3인칭으로 시작했다가(3-7절), 2인칭으로 변했다(8-15절). 이제는 1인칭으로 지속된다. 그가 보고 깨달은 것이 그의 삶에 주는 개인적인 의미를 묘사하기 위함이다. 우리는 이 섹션(16-19절)에서 선지자의 굳은 의지와 믿음을 본다. 그러나 먼저 하나님의 임재를 경험한 선지자는 두려움에 떤다. 성경에서 하나님을 만난 사람이 생명의 위협을 느끼는 두려움에 휩싸이는 것은 흔히 있는 일이다. 특히 이는 죄인이 하나님을 만날 때 일어나는 자연스러운 현상이다. 우리는 종종 하나님을 만나고 왔다고 간증하고 다니는 사람들 중에 삶이 부도덕하고 문란한 사람들을 본다. 그들은 거짓이다. 너무 거룩하셔서 만나는 사람이 죽을 것만 같은 하나님의 실체를 경험한 사람은 결코 그렇게 살지 않는다. 이사야를 보라. 이사야는 소명을 받을 때 만난 이스라엘의 거룩하신 이의 거룩하심에 압도되어 죽음을 두려워하지

않았던가!(사 6장) 나무는 그 열매를 보고 알듯이, 하나님의 종은 그의 삶을 보면 알 수 있다.

두려움 속에서 선지자는 그날을 기다린다. 그렇다면 그날은 열방이 주의 백성을 침략하는 날인가?(개역; NAS; TNK) 아니면 주의 백성을 침략하는 열방 위에 하나님의 심판이 임하는 날인가?(새번역; 공동; NIV; NRS) 물론 이 둘은 서로 연결되어 있지만, 주의 백성 유다가 이미 열방의 침략을 받고 있다면 후자가 맞고, 아직 열방(바빌론)의 침략이 시작되지 않았다면 전자가 맞다. 바빌론의 국제적인 위상이 높아지고 있고, 머지않아 유다를 침략해 올 것이지만, 하박국서가 이들의 유다 침략을 전제하지 않고 예견하고 있다는 점을 감안할 때, 열방의 침략을 기다리고 있다고 해석하는 것이 바람직하다(Patterson).

선지자는 하나님께 예루살렘 거리를 활보하며 연약한 자들을 착취하고 폭행을 휘두르는 유다의 악인들을 왜 심판하지 않으시냐고 물었다. 하나님께서는 그들을 치기 위하여 바빌론 군을 준비시키고 있다고 말씀하셨다. 이제 선지자는 묵묵히 하나님께서 준비하신 바빌론 군이 유다를 침략해 올 날을 기다리고 있다. 그들의 침략은 곧 하나님의 열방 심판과 주의 백성들이 기대하는 구원의 전초전이기 때문이다.

4장 선지자의 하나님에 대한 확신과 신뢰
3:17-19

17 비록 무화과나무가 무성하지 못하며 포도나무에 열매가 없으며 감람나무에 소출이 없
으며 밭에 먹을 것이 없으며 우리에 양이 없으며 외양간에 소가 없을지라도 18 나는 여호
와로 말미암아 즐거워하며 나의 구원의 하나님으로 말미암아 기뻐하리로다 19 주 여호와
는 나의 힘이시라 나의 발을 사슴과 같게 하사 나를 나의 높은 곳으로 다니게 하시리로다
이 노래는 지휘하는 사람을 위하여 내 수금에 맞춘 것이니라

선지자는 17절에서 하나님에 대한 확신과 믿음을 흔들어 놓을 수 없는 6가지를 언급한다: 무화과, 포도, 올리브, 곡식, 양, 소. 하박국은 이 6가지를 가치가 작은 것부터 큰 것에 이르기까지 순서대로 나열하고 있다. 이것은 또한 하나님께서 그의 백성에게 내려주시는 풍요로움이다(cf. 신 14:22-29; 18:3-8; 26:1-15). 그런데 이 6가지가 선지자에게 없는 것은 가정(假定)인가, 아니면 실제인가? 가정이라고 하기에는 너무 현실적이라고 생각하는 주석가들도 있지만(Bailey), 결론을 내리기는 어렵다. 시인은 이런 것들이 없더라도 하나님 안에서 만족하고 즐거워할 것이라고 한다(18절). 삶이 궁핍해도 하나님을 신뢰하고 의지하겠다는 고백이다.

그의 확신에 찬 고백은 하나님의 힘과 능력에 근거한 것이다(19절). 하나님이 그의 힘이시기에, 그는 사슴처럼 뛸 수 있다. 삶의 어떤 장애물 그리고 하나님과의 관계를 곤경에 빠뜨릴 수 있는 상황, 이 모든 것을 선지자는 사슴이 산등성이를 뛰어넘듯이 쉽게 통과할 것이다. 그 이유는 그가 하나님의 힘에 의존하기 때문이다. 그는 하나님을 '여호와 주'(יְהוִה אֲדֹנָי)라고 부르는데 이 성호는 시편 이외에 여기서만 사용되는 표현이다(시 16:2; 68:20; 109:21; 140:7; 141:8). 그만큼 이 기도는 시편과 밀접한 관계를 지니고 있다.

하박국서의 결론을 맺고 있는 이 말씀은 구약의 여러 텍스트 중에서 가장 유명한 말씀 중 하나가 되었다. 이 말씀은 하나님에 대한 믿음과 확신을 고백하는 것들 중 가장 아름답고 확고한 표현에 속한다. 선지자가 처해 있는 상황은 책을 시작할 때나 지금이나 바뀐 것이 없다. 다만 그가 바뀐 것이다. 하나님의 통치와 섭리에 대하여 문제를 제기하던 그가 이처럼 확신에 찬 고백을 하게 된 것은 여호와의 능력과 섭리에 대한 새로운 이해가 그에게 임했기 때문이다. 하나님에 대하여 하박국이 새로운 관점을 갖게 된 것은 무엇보다도 그가 체험한 여호와의 현현때문이었다. 하나님을 실제로 만난 그에게 더 이상 문제 될 것은 아무것도 없었다. 그가 만난 하나님은 참으로 능력이 많으시고 인류의 역사와 세상의 모든 것을 지배하는 분이시기 때문이다.

우리가 사역하면서 마음에 두어야 할 것이 바로 이 부분이다. 우리 자신도 매일 새롭게 하나님의 임재를 체험하도록 노력해야 한다. 또한 우리에게 맡기신 주의 양들이 목자의 현현을 체험하도록 도와주어야 한다. 그들이 어떤 문제를 안고 있더라도 우리가 하박국 선지자의 경험에서 보는 것처럼, 하나님을 만나는 순간 모두 녹아내릴 것이다. 하나님과의 관계만 확실해진다면, 세상의 어떤 문제도 문제가 되지 않기 때문이다.

엑스포지멘터리

스바냐

스바냐

그 때에 내가 예루살렘에서 찌꺼기 같이 가라앉아서
마음속에 스스로 이르기를
여호와께서는 복도 내리지 아니하시며
화도 내리지 아니하시리라 하는 자를
등불로 두루 찾아 벌하리니
그들의 재물이 노략되며 그들의 집이 황폐할 것이라
그들이 집을 건축하나 거기에 살지 못하며
포도원을 가꾸나 그 포도주를 마시지 못하리라
(1:12–13)

그날에 사람이 예루살렘에 이르기를
두려워하지 말라 시온아
네 손을 늘어뜨리지 말라
너의 하나님 여호와가 너의 가운데에 계시니
그는 구원을 베푸실 전능자이시라
그가 너로 말미암아 기쁨을 이기지 못하시며
너를 잠잠히 사랑하시며
너로 말미암아 즐거이 부르며 기뻐하시리라 하리라
(3:16–17)

스바냐는 구약의 그 어느 선지자보다도 '여호와의 날'(יוֹם יְהוָה)이라는 주제에 사로잡혀 있는 사람이다. 그는 또한 '여호와의 날'에 대하여 가장 상세하게 설명하고 있는 선지자이다(Baker). 스바냐는 처음부터 끝까지 이 주제만을 논하고 있다. 그의 책은 온 세상을 파멸에 몰아넣는 심판에 대한 비전으로 시작하며(1:1–6), 이 파괴의 날을 '여호와의 날'이라고 정의한다(1:7–18). 선지자는 청중들에게 이날을 준비하라고 지시한 후(2:1–3), 이날이 열방(2:4–15)과 유다(3:1–5)를 어떻게 파멸에 이르게 할 것인가를 묘사한다. 다행히 모든 것이 절망적은 아니다. 스바냐는 열방에 대한 심판이 절정에 달하는 2장에 슬며시 소망의 씨앗들을 심어 놓더니(2:6–7, 9, 11), 3:6–20에서는 회복에 대한 기대가 절정에 달하게 한다. 여호와의 날은 두렵고 떨리는 심판의 날이지만, 동시에 주의 백성들이 구원과 회복을 기대할 수 있는 소망의 날이기도 한 것이다.

스바냐는 여호와의 날이 심판의 날이라는 것을 역설함으로써 주의 백성이 하나님 앞에 의롭게 살아야 한다는 점을 강조한다. 하나님을 경외하지 않고 소외된 자를 돌보지 않는 사람은 지속적인 평안을 누리지 못한다. 여호와의 날이 임하면 그들이 온전하지 못할 것은 물론 오히려 심판을 받게 될 것이기 때문이다. 오래전에 아모스 선지자가 말한 것처럼 주의 백성에게도 여호와의 날은 빛의 날이 아니라 어둠의 날이 될 수 있으며, 위로의 날이 아니라 정죄와 심판의 날이 될 수 있다. 각자의 삶 속에서 공의와 정의를 사랑하시는 하나님의 말씀에 얼마나 잘 순종하며 살았느냐에 의해서 위로의 날 혹은 심판의 날이 결정되는 것이다. 중요한 사실은 여호와의 날이 인류의 종말에 최종적으로 임하지만, 그 이전에 수많은 여호와 날이 부분적으로 혹은 모형으로 우리의 삶에 임할 수 있다는 것이다.

여호와의 날은 고통과 괴로움 속에서 나날을 보내는 사람들에게는 소망의 날이다. 하나님을 의지하기 때문에 이 세상에서 핍박을 받는 자들에게는 더욱 더 그렇다. 현실이 아무리 어렵더라도 역사를 주관하시고, 인류의 종말을 당신의 계획대로 이끌어 나가실 여호와를 신뢰하면 여호와의 날에 주께서 그들을 위로하시고 축복하실 것이라는 확신이 있기 때문이다. 그러므로 오늘 이 순간 하나님의 섭리에 대하여 이해되지 않는 부분이 있다 하더라도 믿고 기다려야 한다. 불의와 악인들의 만행으로 얼룩진 현실은 성도들에게 지치지 않는 믿음을 요구하는 것이다. 스바냐서는 하나님께서 악을 심판하시는 날과 함께 주의 백성들을 위로하시고 회복하시는 날을 노래함으로써 주의 백성들에게 흔들리지 않는 믿음으로 현실에 임할 것을 권고한다.

1. 선지자

우리는 스바냐서를 벗어나서는 이 선지자에 대하여 어떠한 정보도 얻지 못한다. 더욱이 그는 표제(1:1)에서만 자신의 신분을 밝힐 뿐, 책의 나머지 부분에서는 자신의 인적 사항에 대하여 전혀 언급하지 않는다. 선지자는 자신을 '히스기야의 현손이요 아마랴의 증손이요 그다랴의 손자요 구시의 아들'로 밝히고 있는데, 선지자가 자신의 집안 배경을 언급하면서 이처럼 상세히 4대까지 거슬러 올라간 것은, 다른 선지자들과 비교해 볼 때 매우 이례적인 일이다. 물론 선지자가 단순히 자신의 집안 내력에 대하여 자랑스럽게 생각하여 이렇게 했을 가능성을 배제할 수는 없다(Craigie). 그러나 스바냐가 이처럼 자세히 서술한 것은 4대째 거슬러 올라가서야 밝혀지는 유명한 조상 히스기야 때문일 것이다(J. Smith; G. Smith; Baker).

대부분 주석가들은 이 히스기야가 미가 선지자의 권면에 회심하여 요시야의 종교개혁에 버금가는 개혁을 단행했던 히스기야 왕이라고 생각한다(Bennett; Berlin; Sweeney; Bailey; Motyer). 그렇다면 스바냐는 왜 히스기야의 이름은 밝히면서 '왕'이라는 단어는 함께 사용하지 않는 것일까? 아마도 그의 청중들이 선지자가 왕족이라는 것을 이미 알고 있었기 때문에 히스기야를 왕으로 표기할 필요를 느끼지 않았기 때문일 것이다(Motyer). 스바냐가 왕족이었을 가능성은 그가 왕의 삶에 대하여 익히 알고 있고(1:8), 그의 메시지가 대체로 왕자, 재판관, 선지자, 제사장 등을 포함한 예루살렘과 유다의 상류층과 지도층을 겨냥했다는 점에서 엿볼 수 있다(cf. 1:8-9; 3:3-4).

선지자는 표제에서 자신을 구시의 아들이라고 밝히는데 '구시'(כּוּשִׁי)는 오늘날 에티오피아나 아프리카 사람을 뜻한다 해서 그를 아프리카 사람의 후손으로 간주하는 사람들도 있다(Rice; Blenkinsopp; Bennett). 그의 어머니나 할머니가 아프리카 사람(viz., 흑인)이었을 것이라는 추측이다. 그래서 선지자가 자신의 계보를 4대까지 거슬러 올라가는 것은 그가 단순히 아프리카 사람으로 취급되거나 오해받는 것을 방지하기 위한 노력의 일환이라고 보는 사람들도 있다(Fohrer).

구스라는 이름이 꼭 에티오피아나 아프리카만을 뜻하는 것은 아니다. 성경에서 구스는 사람의 이름으로 사용되기도 한다(렘 36:14; cf. 시 7:1의 '베냐민 사람 구스'). 하박국 3:7에서 구산(구스)이 미디안과 평행을 이루고 있다는 점에 근거하여 구스는 미디안 지역에 있는 도시이거나 미디안의 다른 이름이라고 이해하는 주석가들도 많다(Patterson; Robertson; Baker; Bruckner). 민수기 12:1에서 미리암과 아론은 모세가 '구스 여인'(אִשָּׁה כֻשִׁית)과 결혼했다는 것을 문제 삼는다. 그런데 모세의 아내 십보라는 미디안 여인이었지, 에티오피아 사람이 아니었다. 그러므로 스바냐가 모세의 아내 십보라처럼 미디안의 구스 여인의 자손이었을 가능성을 배제할 수 없다.

선지자의 이름 '스바냐'(צְפַנְיָה)는 "여호와께서 숨기시다"라는 뜻을 지니고 있는데, 이 이름의 뉘앙스는 "여호와께서 귀하게 여기시다," 혹은 "여호와께서 보호하시다" 등으로 이해된다(Berlin; Floyd). 하나님께서 소중하게 여기시기 때문에, 하나님께서 보호하시기 위하여 숨긴다는 의미를 지녔다는 것이다. 그가 전하는 중심 메시지에 잘 어울리는 이름이다. 온 세상에 불같은 심판이 임할 여호와의 날에도 하나님은 그분을 사랑하는 자들은 숨기실 것이기 때문이다.

스바냐는 예루살렘 성에 대하여 잘 알고 있으며(1:10-13), 성전에서 행해지는 예식(1:7-8), 성전 조직(1:8-6; 3:3-4) 등에 대하여도 익히 알고 있었다. 또한 그는 예루살렘 주민들에 대한 애착과 염려(3:7, 14, 17; 1:12-13)로 가득했으며, 예루살렘에 살면서 성전과 왕족들과 상당한 연결 고리들을 가지고 있던 사람이었다. 그래서 학자들은 스바냐가 미가와 이사야처럼 예루살렘에 거주했던 '도시 선지자'(city prophet)였던 것으로 추정한다(Bennett). 비록 스바냐가 미가와 이사야처럼 예루살렘에 거주하기는 했지만, 이 선지자들처럼 서민들의 삶에 대하여는 그다지 많은 관심을 보이지 않는다(Motyer). 그는 지형적으로 유다와 예루살렘 상류층 인사들을 대상으로 사역했기 때문이다.

선지자가 왕족이었을 가능성에 근거하여, 그가 어린 요시야에게 영적인 영향력을 행사하여 왕으로 하여금 전심으로 여호와를 따르게 했을 것이라는 추측도 있다(Motyer). 스바냐의 또 한 가지 중요성은 미가, 이사야 선지자가 히스기야 왕 시대에 유다와 예루살렘에 대하여 말씀을 선포한 이후 약 70여 년 만에 다시 유다와 예루살렘을 대상으로 말씀을 선포한 첫 선지자라는 점이다. 하나님은 70여 년 동안 지속된 침묵을 깨시고 스바냐를 통하여 유다와 예루살렘에게 다시 말씀하신 것이다.

2. 역사적 정황

스바냐서는 유다의 포로기 이후에(Ben Zvi), 심지어는 주전 200년경에 저작된 것이라는 주장도 있지만(L. Smith & Lacheman), 대체로 학자들은 스바냐를 유다 왕 요시야 시대에 사역했던 선지자로 간주한다(Achtemeier; Williams; Hyatt; Bennett; Motyer; Sweeney; Bailey; Bruckner). 가장 큰 증거는 책의 표제(1:1)가 이때를 지목하고 있다는 점이다. 성경의 기록에 의하면 요시야는 8세에 왕위에 올랐는데 그때가 주전 641년쯤 된다(cf. 왕하 21:19-23:30; 대하 33:21-35:26). 그의 아버지 아몬은 실패한 쿠데타에 의하여 희생되었으며, 이 쿠데타는 '땅의 백성들'에 의하여 진압되었다(왕하 21:24).

성경에는 아몬 암살 사건이 어떤 목적에 의하여 진행되었는지 기록이 없지만, 일부 학자들은 예루살렘의 반아시리아파(anti-Assyrian) 정치인들이 친아시리아 정책을 펴던 유다의 정책상의 변화를 유도하기 위하여 그를 암살한 것으로 추측한다(Malamat). 암살자들이 신속하게 처단된 것은 친아시리아 정책을 지향하던 세력도 만만치 않았다는 것을 뜻하지만, 아몬의 죽음이 유다의 외교 정책에 상당한 변화를 가져온 것은 사실이다. 이 사건에서 엿볼 수 있듯이 유다에서 다윗 왕조가 지속되고 있지만 매우 불안하고 불확실하게 유지되고 있으며, 왕들이 영향력을 행사하는 사람들에 의하여 좌지우지되고 있음을 짐작할 수 있다. 특히 요시야가 8세에 왕이 되었기에 외부적인 압력은 더했을 것이다.

요시야가 넘겨받은 유다와 예루살렘에는 매우 심각한 수준의 우상숭배와 이방인의 풍습이 자리 잡고 있었다. 실제로 유다는 주전 7세기의 3/4을 매우 심각한 영적—정치적 퇴보 속에 보냈다(Kaiser). 므낫세(697-643)가 적극적으로 추진했던 '아시리아 모방 프로젝트'와 이 같은 우상숭배와 이방 풍습에 기꺼이 순응했던 아몬(643-641)의 통치 결과였다. 하나님께서는 '므낫세의 죄 때문에'(왕하 24:3) 이미 유다가 여호와의 품을 떠나 돌아올 수 없는 곳까지 갔음을 시사하시고 심판을 준비하셨다. 심지어 요시야가 성전에서 발견된 율법 책의 말씀대로 포괄적인 종교개혁을 단행했지만, 하나님의 심판을 돌이키기에는 역부족이었다. 여 선지자 훌다를 통한 하나님의 말씀은 심판이 요시야의 시대에 임하지 않을 것이라는 사실만 확인해줄 뿐, 머지않은 미래에 심판이 임할 것을 확고히 했다(왕하 22:15-20).

요시야가 왕위에 오른 지 12년째 되던 해(대하 34:3) 혹은 18년째 되던 해(왕하 22:3)에 요시야의 지시에 따라 성전을 보수하던 힐기야 제사장이 성전에서 오래된 책을 발견하였다. 다름 아닌 하나님의 율법이 기록된 책이었다. 요시야는 이 책에 기록된 율법을 바탕으로 포괄적이고 대대적인 종교개혁과 국가 쇄신을 단행하였다. 이때가 주전 621년이다. 이 책이 정확히 무슨 책인지 알 수는 없지만 요시야가 단행한 개혁의 핵심은 산당을 제거하고 예루살렘 성전에서만 여호와를 예배하도록 하는 것이었다. 그래서 학자들은 요시야의 개혁이 오직 한 곳에서만 하나님께 예배를 드리라는 신명기 12장의 내용과 매우 흡사하다 하여 이 책이 신명기 사본이었던 것으로 생각한다.

학자들은 스바냐가 백성들에게 이방인들의 우상숭배와 사회적 부조리에서 스스로를 정결하게 하라고 권면하는 부분도 신명기적 사고와 일치한다고 생각한다(Sweeney). 그뿐만 아니라 유다가 아직도 이방인들의 우상숭배에서 자유롭지 못하다는 것은 스바냐가 요시야 왕의 종교개혁이 아직 시작되지 않은, 곧 요시야 즉위 초기시대에 사역했다는 것을 암시하는 듯하다. 또한 우상을 버리고 오직 여호와를 찾으라는 선지자의 권면(2:1-3)은 요시야의 종교개혁에 가속도를 붙이는 효과를 발휘했을 것이다.

요시야가 대대적인 종교개혁을 단행할 수 있었던 것은 아시리아 제국의 쇠퇴와 맞물려 있었다. 아시리아는 지배하는 속국들에게 자신들의 종교를 적극적으로 강요하지는 않았다(Cogan). 그러나 일정한 압력은 있었던 것으로 알려졌으며, 이미 유다의 상류층은 아하스 왕 시대부터 상당한 범위에서 이들의 종교와 풍습을 받아들였던 것으로 생각된다. 약소국가의 지배층이 '선진국'의 풍습과 가치관을 모방하고자 하는 것은 예나 지금이나 흔히 볼 수 있는 현상이다.

그러므로 이미 깊이 뿌리내린 이방 종교와 풍습을 타파하는 것은 여간 어려운 일이 아니었을 것이다. 그것은 정치적인 도박이라 할 수도 있다. 자칫 잘못하면 종주국에 대한 반역으로 간주될 수 있기 때문이다. 그럼에도 불구하고 요시야가 이러한 모험을 시도할 수 있었던 것은 그의 주변에 경건한 사람들이 많이 있었다는 것과 아시리아의 급속한 몰락이 동반했기 때문이라는 것이 학자들의 일반적인 추측이다.

아시리아 제국의 쇠퇴는 이미 650년대부터 그 징후가 나타나기 시작했다. 러시아 남쪽 지역에서 출발한 유목민/방랑족인 스키티아인들(Scythians)이 근동지역에 기하급수적으로 정착하면서 아시리아 사람들과 '불편한 평화' 내지는 긴장관계를 유지했다. 그때까지 아시리아의 속국으로 있었던 이집트의 바로 프삼틱 1세(Psamtik I, 664-610BC)가 655년에 아시리아에게 조공 바치기를 거부했고 급속도로 쇠약해진 아시리아는 속수무책으로 이집트의 반역을 지켜보아야만 했다.

아시리아의 쇠퇴를 지켜보던 유다도 슬그머니 독립을 추구하기 시작했다(Bright). 이러한 정황에서 아시리아는 마지막 왕 아슐바니발이 627년에 죽은 후 리더십의 부재로 순식간에 몰락하기 시작했다. 바빌론은 625년에 독립을 선언했을 뿐만 아니라 메대군과 합세하여 제국의 동쪽에서 압박을 가하기 시작했다. 불과 10여 년 사이에 바빌론은 아시리아의 수도 앗술과 니느웨를 점령하였으며, 여세를 몰아 605년에 갈그미스(Carchemish)에서 아시리아로부터 최종적인 승리를 거두었다.

아술바니발의 죽음과 함께 시작된 아시리아의 몰락이 그때까지 아시리아를 군주로 섬기던 유다를 비롯한 근동지역의 약소국가들에게 독립을 꿈꾸게 하는 계기가 될 수도 있었겠지만, 실제로는 이들에게 매우 비극적인 결과를 가져다주었다(Malamat). 아시리아의 공백을 바빌론이 순식간에 메워버렸기 때문이다. 각 나라들을 착취하고 학대하는 데 있어서 바빌론이나 아시리아나 별반 다를 바가 없었던 것이다.

성경은 요시야가 통치하던 유다의 독립국가에 대한 꿈도 순식간에 산산조각 났음을 암시한다. 요시야가 종교개혁을 단행하면서 정치적으로도 아시리아와의 관계에서 돌이킬 수 없는 곳까지 갔을 것을 짐작할 수 있다. 성경은 요시야가 자신의 종교개혁의 범위를 이스라엘의 북단 납달리까지 펼쳤다고 한다(대하 34:6-7). 그런데 북 왕국 이스라엘의 영토는 이미 100년 전인 722년에 북 왕국이 멸망하면서 아시리아의 주로 편입되었다. 그렇다면 이 말씀은 아시리아 왕의 종속자로 있던 요시야가 아시리아의 땅을 군사적으로 정복했음을 시사하는 대목이다(Aharoni). 훗날 이집트의 바로 네고가 대군을 이끌고 아시리아의 패잔병을 돕겠다고 진군할 때, 요시야가 무모한 짓인 줄 알면서도 그의 앞길을 막아서야 했던 이유를 짐작할 수 있다. 만일 아시리아가 이집트의 도움을 받아 다시 군주로 부활한다면, 그는 반역죄로 처단받을 수밖에 없는 상황이었던 것이다.

스바냐는 이와 같이 급변하고 불안정한 국제정세를 배경으로 말씀을 선포했다. 그가 예루살렘과 유다에게 전하는 메시지는 오직 이스라엘의 왕이신 하나님만 바라보라는 것이었다. 이것만이 살 길이고, 미래를 보장받을 수 있는 길이며, 환난 때 하나님의 구원을 기대할 수 있는 길이기 때문이다. 국제적인 혼란과 갈등을 여호와의 날의 전초전으로 삼아 철저한 믿음으로 그날을 대비할 것을 호소하고 있는 것이다.

3. 다른 책들과의 관계

스바냐서는 마소라 사본과 칠십인역(LXX)의 12소선지서 목록에서 9번째로 등장하는 책으로서 바빌론의 출현과 유다 정복을 예언하고 있는 하박국서를 뒤따르는 책이다. 또한 주전 586년 바빌론의 손에 무너진 예루살렘 성전 재건과 다윗 왕조의 회복 가능성을 시사하고 있는 학개서 바로 앞에 등장하는 책이기도 하다. 스바냐서를 앞서는 하박국서는 바빌론의 출현과 그들에 의한 예루살렘 파괴를 논하고, 스바냐서를 뒤따르는 학개서는 바빌론 군에 의하여 폐허가 되어버린 예루살렘과 성전을 재건하는 것을 염두에 두고 쓰인 책이다. 이 점에 근거하여 스바냐서가 묘사하고 있는 여호와의 날에 임하는 심판을 바빌론 사람들이 예루살렘과 성전을 파괴하고 유다 백성을 포로로 잡아간 일로 해석해야 한다고 주장하는 주석가들도 있다(Sweeney). 선지자가 사역하던 시대가 그때쯤이라는 사실을 감안하면 충분히 설득력 있는 주장이다. 그러나 스바냐서가 그때의 일을 근거로 아주 먼 미래에 온 세상에 임할 '여호와의 날'에 대한 메시지를 전하고 있다는 사실도 의식해야 한다.

스바냐서가 바빌론 포로 시대에 호세아서, 아모스서, 미가서의 최종 편집형태에 결정적인 영향을 미쳤다는 주장이 있다(Nogalski). 이 설에 의하면 바빌론으로 끌려온 한 신명기적 사가가 소선지서를 편집하는 과정에서 포로기 이전 선지서인 호세아서, 아모스서, 미가서 등을 포로기 이후 선지서인 요엘, 오바댜, 나훔, 하박국, 학개, 스가랴 1–8, 말라기 등과 같은 목록에 포함시키는 데 스바냐서가 결정적인 역할(the turning point from pre–exilic to post–exilic situations)을 했다는 것이다. 포로기 이전 선지서를 신명기적 사가와 연결하는 것은 이 책들의 내용이 여호와의 심판, 특히 최종적으로는 예루살렘의 멸망에 대한 신학적 근거를 제시하고 있으며, 예루살렘 멸망의 신학적 타당성이 신명기서에 근거한 것이라고 생각하기 때문이다. 우리가 이 노갈스키의 주장과 전제에 전적으로 동의할 수는 없지만, 스바냐서가 포로기 전과 후의 선지서들을 구분하는 전환점이라는 것은 나름대로 타당성 있는 결론이라 생각된다. 왜냐하면, 스바냐가 메시지를 선포한 후에 곧 예루살렘이 그의 신탁대로 멸망하기 때문이다.

편집자의 역할을 최소화하면서 스바냐서가 12소선지서의 구조에서 어떤 역할을 하는가를 논하는 주장도 있다. 이 학설은 소선지서 12권을 3파트로 구분한다. 스바냐서는 두 번째 섹션의 마지막 책으로서 나훔서, 그리고 하박국서와 함께 언약적—우주적 심판을 강조한다(House). 이러한 구조에서 스바냐서는 호세아서—미가서가 예고했던 온갖 재앙과 심판의 실체를 확인해 줄 뿐만 아니라 나훔서와 하박국서에서 시작된 대학살에 대한 예언을 완성한다. 예를 들자면 하박국 3:16b는 유다가 결코 바빌론을 통한 하나님의 심판을 피할 수 없을 것이라고 선언하는데, 이러한 흐름 속에서 스바냐서는 바빌론군이 어떻게 예루살렘을 파괴할 것인가를 설명하고 있다(Nogalski). 그뿐만 아니라 3:8-20은 학개서—말라기서가 예고하는 회복의 전주곡 역할을 한다. 이처럼 소선지서의 테마 전개 차원에서 스바냐서의 역할은 매우 결정적인 것이다(House).

4. 신학과 메시지

스바냐의 말씀은 크게 세 가지로 정리된다: (1) 하나님의 진노 선포; (2) 온 세상에 임할 파괴 선언; (3) 다가오는 회복에 대한 신탁(House). 이 세 가지 메시지에 통일성을 주는 주제가 바로 '여호와의 날'(יוֹם יְהוָה)이다. 구약에서 여호와의 날을 예고하는 선지자는 많다. 그러므로 그의 메시지는 신학적으로 볼 때 크게 혁신적인 것은 아니라 할 수 있다(Motyer). 하지만 스바냐가 예고하고 있는 심판은 그 어떤 선지자의 것보다 강렬하다(Heflin). 선지자에 의하면 여호와의 날은 임박한, 그리고 매우 두려운 범우주적인 날이며 유다와 열방뿐만 아니라 자연까지도 파괴되는 날이다. 여호와의 날이 임박했다는 것과 범우주적인 파괴를 초래할 것이라는 점이 지금까지의 역사를 감안할 때 서로 상충되는 일로 생각될 수 있다(Bailey). 왜냐하면 스바냐가 말씀을 선포한 지 이미 2600

여 년이 흘렀지만, 아직까지 범우주적인 파괴를 가져온 여호와의 날은 없었기 때문이다. 그러나 선지자의 말씀을 생각해보면 크게 문제가 되지 않는다.

스바냐는 여호와의 날에 대하여 두 가지 차원에서 말씀을 선포한다. 첫째, 선지자는 여호와의 날이 자신의 시대에 임박했음을 의식하고 있었다 (1:7, 14). 이 두려운 날이 임할 때 멸망할 나라로 유다, 블레셋, 모압, 암몬, 구스, 아시리아 등을 구체적인 예로 들고 있다. 그런데 이날이 다름 아닌 바빌론의 가나안 침략과 근동지역의 평정으로 성취되었던 것이다(Chisholm). 둘째, 스바냐가 선포하는 여호와의 날에 임할 파괴는 그 규모가 범우주적이며, 이스라엘뿐만 아니라 열방의 구원도 동반한다는 점에서 그의 시대를 지나 먼 훗날에 성취될 것이라는 점을 암시하고 있다. 즉, 선지자가 여호와의 날의 임박함과 이날의 범우주적인 파장을 하나의 통일성 있는 그림으로 묶고 있지만, 실제로는 임박한 일과 먼 훗날에 있을 일을 적절하게 조화시켜 놓은 것에 불과하다.

스바냐는 여호와의 날을 매우 확실한 군사적 용어들로 묘사해 나간다. 여호와의 날은 천군 천사를 다스리시는 만군의 여호와께서 이스라엘의 적들과 전쟁을 하셔서 절대적으로 승리하시는 날이다. 누구도 그분을 대적하여 싸울 만한 상대가 되지 못한다. 그러나 하나님께서 구체적으로 누구를 적으로 삼아 싸우시는가에 대해서는 언급이 없다. 그뿐만 아니라 확실히 추정할 수 있는 역사적 정황도 제공하지 않는다. 그래서 일부 학자들은 이렇게 말한다: "스바냐가 자신을 아예 역사에서 떼어낸다… 스바냐가 선포하는 여호와의 날은 전적으로 초자연적인 현상이다"("Zephaniah tears himself loose from history altogether… The Day of the Lord assumes what we call 'the supernatural'"(G. Smith). 스바냐는 분명히 역사의 흐름 속에 살았던 사람이지만, 그가 선포한 메시지의 유일한 목표는 인류의 종말이었던 것이다(Motyer).

그렇다면 스바냐가 선포하는 여호와의 날의 최종 목표는 무엇인가? 하나님께서 무엇을 이루시기 위하여 범세계적인 심판을 진행하시는가? 무엇보다도 자신의 백성을 포함한 세상 만민들이 하나님의 은혜에 의하여 회복되어 여호와께 참예배를 드리게 하기 위함이다(Bruckner). 이러한 사실은 여호와의 날이 주의 백성들에게는 위로의 날이지만, 열방에게는 심판의 날일 뿐이라고 생각하는 자들에게는 신선한 도전이 될 것이다(cf. Rudolph). 스바냐는 그날이 오면 여호와의 심판이 열방뿐만 아니라 이스라엘에도 임할 것이며, 회복 역시 이스라엘에게만 임하는 것이 아니라 온 열방에게 임할 것을 명백히 하고 있다(cf. Patterson).

선지자가 묘사하는 여호와는 진정 전쟁에 능하신 하나님이지만, 동시에 세상 모든 민족을 포함한 온 세상을 창조하신 창조주이자 이들을 다스리시는 왕이므로 하나님께서 이방인을 구원의 대상에 포함시키시는 것은 당연한 일이다(Bennett). 그런데 왜 주의 백성은 심판을 받아야 하는가? 무엇보다도 그들 중에 있는 모든 악한 사람들을 제거하고 오직 경건한 자들을 남은 자들로 구분하기 위함이다(House). 선지자들이 자주 언급하는 남은 자 사상의 최종적인 성취를 위해서 여호와의 날은 꼭 임해야 하는 것이다.

온 인류에게 이처럼 끔찍하면서도 기대가 되는 날을 계획하신 여호와는 과연 어떤 분이신가? 스바냐서는 다른 선지서처럼 철저히 하나님과 그의 성품에 중점을 두고 있다. 심지어는 책이 여호와의 이름이 담긴 문구로 시작해서 여호와의 이름으로 끝이 난다. 일종의 '수미쌍관'(首尾雙關, inclusio) 구조를 형성하고 있는 것이다(Baker). 다른 선지자들이 하나님을 심판하시는 통치자와 간음하는 아내 때문에 분노한 남편의 모습으로 묘사했는데 스바냐서에서는 이러한 하나님의 모습이 결실을 맺고 있다. 다른 선지자들이 하나님의 경고를 주로 선포했다면, 스바냐는 하나님의 말씀보다는 행위를 부각시킴으로써 그분은 결코 공언(空言)하는 분이 아니시며, 하신 말씀은 꼭 실천에 옮기는 분이라는 것을 역설한다(House).

이와 같은 스바냐의 메시지는 당시 유다 사람들 사이에 팽배해졌던 신학적인 문제를 불식시키기에 충분했다. 예루살렘 사람들은 여호와와 이방 신들의 근본적인 차이를 희석시키려 했다(1:4-5). 그들은 또한 하나님을 선도, 악도 행하지 않는 무능하거나 무관심한 분으로 간주했다. 그러나 스바냐는 하나님은 착취, 폭력, 피 흘림 등을 싫어하시는 분이라는 것을 알고 있다(1:9; 3:1, 3).

이스라엘 백성들은 하나님의 오래 참으심을 그분의 무능함으로 착각하는 범죄를 저질렀던 것이다(House).

스바냐가 하나님의 무한한 능력만큼이나 부각시키는 주제는 인간의 죄이다(Patterson). 선지자가 지적하고 있는 가장 근본적인 인간의 죄는 역시 교만이다(2:10; 3:11)(Helfin; Watts). 교만은 유다와 열방 구분 없이 온 인류가 안고 있는 문제이다. 교만은 하나님의 신적 권위에 반역하며(3:1-4), 인간의 무례(2:15; 3:1-2, 4), 우상숭배(1:4-6, 8-9), 불의(1:7-13; 3:3-5) 등에서 영향력을 드러낸다. 또한 교만은 사람으로 하여금 하나님이나 이웃을 위하여 사는 것이 아니라 전적으로 자신을 위하여 살게 한다(1:6, 12). 교만한 자들은 대체로 하나님의 존재를 부인하는 것이 아니라 자신들의 행위에서 그분의 능력을 부인한다(Baker). 결국 교만의 가장 근본적인 문제이자 최종적인 종착역은 하나님을 불신하는 것이며 하나님께서는 이러한 교만을 결코 용납하지 않으신다. 그러므로 그분의 진노를 피하고자 하는 사람들의 유일한 소망은 자신의 연약함을 인식하고 하나님 앞에 무릎을 꿇는 것이다.

5. 개요

스바냐서도 구약의 다른 책들처럼 한때는 학자들로부터 통일성을 거부당했다. 이미 19세기부터 책의 일부가 스바냐가 저작한 것이 아니라는 주장이 제기되었던 것이다(Eichhorn). 심지어는 2-3장에서 2:12-15만을 제외한 나머지 모두가 스바냐의 작품이 아니라고 하는 학자도 있었다(Schwally). 그러나 최근 들어서는 대부분의 주석가들이 스바냐서 전체가, 혹은 거의 모두가 한 사람의 작품이라는 것에 공감한다(Sweeney; Craigie; Motyer; Bruckner; Bailey). 더 나아가 스바냐서가 한 선지자가 선포했던 말씀을 정리한 것으로서 통일성을 지닌 작품이라고 주장하는 학자들도 많다(Heflin; cf. Achtemeier; Roberts; Berlin).

스바냐서를 하나의 드라마로 보는 학자는 드라마적 통일성을 주장하기도 한다(House). 여기서 드라마는 무대에 올려진 연극을 뜻하는 것이 아니라, 하나님과 선지자가 서로 주고받는 교차적 스피치를 뜻한다. 스바냐서 전체가 선지자와 하나님께서 주고받는 시적(詩的) 대화로 구성되어 있다는 것이다. 대화의 중심은 여호와의 날이다. 이 주제가 1:1–7에서 소개되고 여호와의 날에 대한 여러 가지 문제가 논의되고 난 다음(1:8–2:11), 드디어 절정에 달하며(3:6–13), 결론으로(3:14–20) 마무리된다는 것이다. 독창적이기는 하지만 하우스(House)의 제안은 스바냐서가 지닌 스피치의 다양한 특성을 고려하지 않았기 때문에 많은 사람들의 지지를 받지 못했다(Floyd).

전통적으로 학자들은 스바냐서가 세 부분으로 구성되어 있다고 생각했다: (1) 유다와 이스라엘에 대한 심판(1:2–2:3); (2) 열방에 대한 심판(2:4–3:8); (3) 유다와 열방의 구원(3:9–20)(Childs; Achtemeier; Ben Zvi; Bennett). 이 관점은 스바냐의 메시지가 근본적으로 여호와의 날을 중심되는 신학적 주제로 삼고 있다는 이해에서 비롯된 것이다. 반면에 책의 수사학적, 구문론적, 그리고 의미적 요소들과 성향들이 책을 두 파트로 구분한다고 생각하는 주석가들도 있다. 이 경우 1:2–18은 여호와의 날에 대한 선언이며, 2:1–3:20은 여호와를 찾으라는 권면이 된다. 이 권면은 요시야의 종교개혁을 돕기 위한 것이며, 예루살렘 성전에 진정한 예배가 회복되는 것, 이스라엘 왕국의 회복, 그리고 예루살렘에서 서민들이 정당하고 공평한 대우를 받게 하는 것을 목적으로 하고 있다(Sweeney).

스바냐서를 각 파트로 나누는 일에 있어서 학자들 사이에 가장 논란이 되고 있는 구절은 2:4이다: "가사는 버림을 당하며 아스글론은 폐허가 되며 아스돗은 대낮에 쫓겨나며 에그론은 뽑히리라." 블레셋의 네 도시의 멸망을 예고하고 있는 이 말씀은 내용으로 보아 5절부터 시작되는 열방에 대한 심판선언의 일부로 간주되는 것이 당연하다. 문제는 이 문장 앞에 '그러므로/왜냐하면'(כִּי)이 붙어 있다는 점이다. 이 소사(particle)는 앞에 선포된 말씀의 결과나 타당성을 설명하는 문장을 시작할 때 흔히 사용된다. 그러므로 블레셋의 네 도시가 망하는 것은 2:1–3에서 선지자가 예루살렘 주민들에게 회개하라고 권면하는 동기가 되는 것이다: "만일 여호와께 돌아오지 않으면 너희도 블레셋이 멸망하는 것처럼 망하게 될 것이다"(Bennett; cf. HUCA).

만일 블레셋의 네 도시가 이미 망해버렸다면 선지자가 이들의 멸망을 예로 들어 경고하는 논리가 납득이 간다. 그러나 열방에 대한 심판 선언(2:5-3:8)에 언급된 나라들처럼 아직 망하지 않은 상태에서 유독 블레셋의 멸망만 지적하면서 예로 삼는다는 것이 쉽게 이해되지 않는다. 그러므로 구문론적으로 조금 거친 부분이 있기는 하지만, 2:4를 열방에 대한 심판 선언에 포함하는 것이 합리적인 듯하다(Sweeney; Motyer).

스바냐서는 1:2-2:3, 2:4-3:8, 3:9-20등 세 섹션으로 나뉜다. 각 섹션은 유다를 포함한 온 세상에 대한 전반적인 예언으로 시작한 다음, 유다에 대한 특별한/구체적인 말씀으로 이어진다. 첫 번째 섹션인 1:2-2:3에서는 여호와의 날에 심판을 받아 멸망할 유다를 포함한 온 세상에 대한 말씀(1:2-18)과 이 범우주적인 심판이 유다에게 무엇을 요구하는지(viz., 철저한 회개로 그날을 준비해야 한다)가 2:1-3에 기록되어 있다.

두 번째 섹션인 2:4-3:8은 유다의 주변국가들을 중심으로 한 열방에 임할 심판 선언(2:4-15)과 이 범세계적인 재앙이 유다에게는 무엇을 의미하는가(viz., 유다도 다른 나라들과 마찬가지로 죄에 대한 대가를 치러야 한다)로 구성되어 있다. 마지막 섹션인 3:9-20은 유다의 남은 자들을 포함한 온 세상 민족들에게 임하는 하나님의 구원에 대한 말씀과(3:9-13) 예루살렘이 이 놀라운 하나님의 구원을 기뻐하며 부를 감사의 노래(3:14-20)로 이어진다. 이러한 점을 감안할 때, 스바냐서는 다음과 같이 요약할 수 있다.

Ⅰ. 표제(1:1)
Ⅱ. 유다와 예루살렘에 대한 심판(1:2-2:3)
  1장. 온 세상에 대한 심판 선언(1:2-3)
  2장. 유다에 대한 심판 선언(1:4-13)
  3장. 두려운 여호와의 날(1:14-18)
  4장. 회개 권면(2:1-3)

Ⅲ. 열방에 대한 심판(2:4–3:8)

1장. 열방 심판(2:4–15)

2장. 예루살렘의 악행(3:1–5)

3장. 무시된 하나님의 경고(3:6–8)

Ⅳ. 범세계적인 회심과 예루살렘의 구원(3:9–20)

1장. 범세계적인 회심 약속과 남은 자들의 구원(3:9–13)

2장. 예루살렘이 노래하는 날(3:14–20)

EXPOSIMENTARY
Zephaniah

Ⅰ. 표제

1:1

1 아몬의 아들 유다 왕 요시야의 시대에 스바냐에게 임한 여호와의 말씀이라 스바냐는 히스기야의 현손이요 아마랴의 증손이요 그다랴의 손자요 구시의 아들이었더라

스바냐는 책의 표제에서 구약의 다른 선지자들처럼 자신이 어느 시대에 사역했으며, 누구의 자손인가를 밝힌다: "아몬의 아들 유다 왕 요시아 때에, 주께서 스바냐에게 하신 말씀이다. 그의 아버지는 구시이고, 할아버지는 그달리야이고, 그 윗대는 아마랴이고, 그 윗대는 히스기야이다"(새번역). 그는 자신이 요시야 왕(641–609BC) 시대에 사역했다고 한다. 그렇다면 스바냐는 나훔, 예레미야 등과 같은 시대에 사역했던 선지자였다. 스바냐가 선지자 사역을 하게 된 동기는 다른 선지자들과 같이 여호와의 말씀이 그에게 임했기 때문이다.

'여호와의 말씀'(דְּבַר־יְהוָה)이란 문구는 구약에서 242차례 등장하는데 그중 225회는 선지자들과 연관되어 사용된다(Gerleman; cf. Berlin). 이것은 청중들의 시선을 집중시키는 역할을 할 뿐만 아니라, 선지자들이 선포한 메시지가 어디서 유래되었는가를 알려주는 문구이다(cf. 렘 1:2; 호 1:1; 욜 1:1; 욘 1:1; 미 1:1; 학 1:1; 슥 1:1; 말 1:1). 선지자들이 전한 메시지가 이스라엘의 하나님 여호와로부

터 왔다는 것은 곧 이들이 전한 메시지의 독특성과 권위를 역설하는 표현이기도 하다(cf. 1:2, 3, 10; 2:9; 3:8)(Motyer; cf. Bailey). 그들이 선포한 신탁은 곧 세상의 창조주이자 통치자인 하나님께서 직접 주신 것이다.

선지자들이 자신들의 인적 사항을 밝히는 데 있어서 집안 계보는 한, 두 세대 거슬러 올라가는 것이 일반적인 데 비해서, 스바냐는 4세대를 거슬러 올라가고 있다. 계보가 너무 길어지는 것에 대하여 부정적인 시각도 있고(viz., 중세기 랍비 Ibn. Caspi; cf. Berlin), 선지자 아버지의 이름 구시(כּוּשִׁי)가 에티오피아 혹은 아프리카 사람을 뜻하는 것으로 여겨 그가 아프리카 사람이었다고 하는 사람들도 있다. 그렇기 때문에 스바냐는 유다에서 말씀 사역을 할 수 있는 정당성을 확보하기 위하여 이렇게 장황하게 계보를 펼쳐 보이고 있다는 것이다(Blenkensopp; Rice; Bennett).

그러나 그가 구시의 아들이었다는 점이 그의 인종이나 민족적인 배경을 설명하기 위한 것이라는 해석은 별로 설득력이 없어 보인다(Sweeney). 그뿐만 아니라 시편 7:1, 예레미야 36:14 등에서 구스가 사람의 이름으로 사용되는 것으로 보아 단순히 그의 아버지의 이름을 의미하는 것으로 보는 것이 바람직하다. 그의 아버지가 에티오피아 사람이어서 '구스 사람'으로 표기된 것이 아니라, 그의 아버지 이름이 단순히 '구시'였다는 것이다(cf. Berlin). 스바냐가 아프리카 사람이라는 것은 유럽 학자들의 인종에 관한 지나친 관심에서 비롯된 것으로 생각된다(Vuilleumier & Keller; Sweeney).

스바냐가 필요 이상으로 자신의 계보를 자세하게 밝히는 것은 매우 독특한 일이며, 이러한 경우 가장 마지막에 언급된 사람이 제일 중요하다(Wilson). 즉, 마지막에 언급되는 사람에게까지 도달하기 위하여 필요 이상으로 자세한 계보가 사용되고 있는 것이다. 이러한 상황에서 스바냐의 계보가 히스기야까지 거슬러 올라가는 것은 이 히스기야가 선지자뿐만 아니라 그의 청중들에게도 익히 알려져 있던 중요한 인물이었음을 시사한다. 그렇다면 선지자의 고조부 히스기야는 누구였을까?

대부분의 학자들이 추측하는 것처럼 그는 이사야 선지자가 사역했던 시대에 유다를 통치했던 왕 히스기야인 듯하다(Bennett; Berlin; Sweeney; Bailey; Motyer). 스바냐의 메시지가 히스기야 왕의 정치적, 그리고 그의 시대에 사역했던 이사야 선지자의 종교적 메시지와 비슷한 성향을 띠고 있다는 것도 이 추측을 뒷받침한다(Bennett). 그뿐만 아니라 스바냐가 지지하고 있는 요시야의 종교개혁이 히스기야가 단행한 종교개혁에 버금갈 뿐만 아니라 성격도 비슷하다는 것도 계보가 히스기야까지 거슬러 올라가는 한 요인으로 작용한 것으로 생각된다(Berlin). 스바냐는 개혁을 진행하고 있는 요시야에게 여호와를 향한 열심으로 종교개혁을 단행하는 일에 있어서 결코 혼자가 아니며, 옛적에 히스기야 왕도 이러한 일을 하였다는 것을 상기시킴으로 그를 격려하고자 했던 것이다.

선지자의 이름 '스바냐'(צְפַנְיָה)는 "여호와께서 숨기시다"라는 뜻을 지니고 있는데, 이 이름의 뉘앙스는 "여호와께서 귀하게 여기시다," 혹은 "여호와께서 보호하시다" 등으로 이해된다. 하나님께서 소중하게 여기시기 때문에, 보호하시기 위하여 숨기신다는 뜻을 지녔다는 것이다(Berlin; Bruckner). 그가 전하는 중심 메시지에 잘 어울리는 이름이다. 온 세상에 불같은 심판이 임할 여호와의 날에도 하나님께서는 그를 사랑하는 자들은 숨기실 것이기 때문이다.

자녀들의 이름이 부모들의 신앙을 가늠하는 기준이 된다면,[13] 스바냐는 여호와를 매우 사랑했던 집안에서 태어났다고 하겠다(Bruckner; cf. Motyer). 그의 아버지를 제외한 모든 조상의 이름과 자신의 이름이 하나님의 성호 '여호와'와 연관되어 있다. 히스기야(חִזְקִיָּה)는 '여호와는 나의 힘', 아마랴(אֲמַרְיָה)는 "여호와께서 말씀하시다", 그다랴(גְּדַלְיָה)는 "여호와는 위대하시다"를 뜻하며 이미 언급한 것처럼 스바냐(צְפַנְיָה)는 "여호와께서 숨기시다"라는 뜻을 지녔다. 전반적으로 이스라엘의 영성이 부패하고 사회가 타락해 있기는 하지만, 스바

13 이러한 결론은 오늘날 우리 주변을 둘러보아도 충분히 가능하다. 처음 만난 아이의 이름이 온유, 자비, 하은, 예은 등이라고 하면, 우리는 그 아이의 부모가 크리스천임을 쉽게 알 수 있다. 또한 부모들은 신앙적인 고백으로 아이에게 이런 이름을 주었을 것이다.

냐의 집안은 세상의 가치관에 물들지 않은 신실한 자들이 되어 하나님만을 바라보며 살아왔던 것이다. 아마도 그의 집안은 소수이기는 하지만 당시 유다에 존재했던 남은 자들의 일원이었을 것이다.

선지자는 예루살렘 성에 대하여 잘 알고 있으며(1:10-13), 성전에서 행해지는 예식(1:7-8)과 성전 조직(1:8-6; 3:3-4) 등에 대해서도 해박하다. 그는 또한 예루살렘 주민들에 대하여 깊은 애착을 가졌다(3:7, 14, 17; 1:12-13). 선지자는 예루살렘에 살면서 성전과 왕족들과도 상당한 친분 관계를 유지했던 것이 확실하다. 이것을 고려하여 일부 주석가들은 스바냐가 미가와 이사야처럼 예루살렘에서 거주했던 '도시 선지자'(city prophet)였을 것으로 추정한다(Bennett). 그러나 그는 미가와 이사야처럼 서민들에 대하여 많은 관심을 보이지는 않는다(Motyer).

II. 유다와 예루살렘에 대한 심판 1:2-2:3

스바냐는 말씀 선포를 시작하자마자 제일 먼저 범우주적인 파멸을 예고한다(2-3절). 그러나 선지자는 온 세상에 임할 파괴에 대하여 선포하는 것을 최종적인 목적으로 삼지 않는다. 그는 궁극적으로 하나님의 백성으로 구성된 유다 공동체에 대하여 말씀을 선포하고자 하며, 이 목적을 4절에 가서 밝힌다. 범우주적인 파괴 선언은 유다에 대한 심판 선언을 위한 첫걸음 혹은 준비 단계인 것이다(Bruckner).

그러므로 2-3절에서 범우주적인 파괴가 선포되기는 하지만, 왜 파괴되어야 하는지 그 이유에 대하여는 단순히 '악인들' 때문이라는 것 외에는 그 어떤 것도 언급하지 않는다. 선지자가 충격적인 메시지를 유다에게 서슴없이 전할 수 있었던 것은 하나님과 유다가 시내 산에서 맺은 언약에 근거한 것이다(Bennett). 이 메시지는 온 세상을 원래 상태로 돌리시는 창조주 하나님의 역할과(1:2-3) 함께 우상 숭배자들과 반역하는 자들을 파괴하시는 군사(divine warrior)이신 하나님의 능력에(1:4-6) 바탕을 두고 있다(Bennett; cf. Sweeney).

이 섹션은 다음과 같이 4파트로 구분될 수 있다. 온 세상에 대한 심판 선언(A)은 곧 유다에 대한 심판 선언(A')의 준비 단계 역할을 한다. 여호와의 날에 대한 경고(B)도 그들에게 회개를 권면(B')하는 준비 단계 역할을 한다. 네 섹션이 두 쌍의 유기적인 관계를 형성하고 있는 구조로 구성되어 있는 것이다. 다음 구조를 참조하라.

A. 온 세상에 대한 심판 선언(1:2–3)

A'. 유다에 대한 심판 선언(1:4–13)

B. 두려운 여호와의 날(1:14–18)

B'. 회개 권면(2:1–3)

1 장 온 세상에 대한 심판 선언
1:2-3

2 여호와께서 이르시되 내가 땅 위에서 모든 것을 진멸하리라 3 내가 사람과 짐승을 진멸
하고 공중의 새와 바다의 고기와 거치게 하는 것과 악인들을 아울러 진멸할 것이라 내가
사람을 땅 위에서 멸절하리라 나 여호와의 말이니라

하나님께서는 2절에서 앞으로 하실 일(viz., 세상을 말끔히 쓸어버리시는 일)에 대하여 선포하신 다음, '세상을 쓸어버리는 일'이 과연 어떤 의미를 지녔는가에 대한 구체적인 설명을 3절에서 하신다. 세상을 쓸어버리는 일은 곧 사람, 짐승, 새, 물고기까지 없앤다는 뜻이라는 것이다. 그러므로 2절과 3절은 서로 유기적인 관계를 유지하고 있다. 성경에서 "내가 모든 것을 쓸어버리겠다"는 말씀으로 시작하는 책은 스바냐서밖에 없다. 그만큼 선지자의 메시지는 청중들에게 충격적으로 들렸을 것이다(Bruckner).

"말끔히 쓸어버리겠다"(אָסֹף אָסֵף)(2절)는 문구는 학자들 사이에 많은 논쟁을 불러왔다. 첫 번째 히브리어 단어(אָסֹף)는 '모으다'(אסף)의 절대적 부정사(infinitive absolute)이다. 절대적 부정사가 같은 동사 앞에 올 때는 강조형으로 사용된다(예, '꼭/확실히 모으리라' 등). 문제는 뒤따르는 동사(אָסֵף)는 히필 미완료형

(hiphil, imperfect, 1p, singular)의 '파괴하다/끝내다'(סוף)라는 전혀 다른 의미를 지닌 동사라는 것이다. 그러므로 본문에서 기대되는 것은 "내가 확실히 모으리라"(אָסֹף אֶאֱסֹף)(미 2:12)이다.

학자들은 이 문제를 해결하기 위하여 여러 가지 제안을 했다: (1) 뒤따르는 동사(אָסֵף)도 '모으다'(אסף)에서 비롯된 것이며 자음 하나(א)를 표기하지 않은 것이다(Rashi; Wellhasusen); (2) אָסֵף을 אֹסֵף으로 수정하여 앞 동사와 같은 '모으다'(אסף)의 분사(qal, active, participle)로 간주해야 한다(BHS); (3) אָסֵף을 סוף의 히필 부정사로 간주해야 한다(cf. Berlin); (4) אָסֵף을 '더하다'(יסף)에서 비롯된 것으로 간주해야 한다(Sabottka & Kaerlrud). 그러나 이것들은 만족할 만한 대안들이 못 된다(cf. Sweeney).

렘 8:13에서도 본문과 같이 '모으다'(אסף) + '파괴하다'(סוף)로 형성된 문구 'אָסֹף אֲסִיפֵם'가 사용되는 것으로 보아 비록 문법적 구조가 어렵기는 하지만, 그 당시 하나의 숙어로 사용되었던 것으로 이해하는 것이 바람직하다(Sweeney). 선지자들이 유사한 소리를 지닌 약동사를 사용할 때 더 충격적인 효과를 유발하기 위하여 비록 뜻은 다르지만, 비슷한 소리를 내는 단어들을 함께 사용하는 관습의 한 예로 보인다(Gereman; cf. Berlin). 신탁을 시작하는 첫 동사(אָסֹף)의 어원이 수장절(אָסִיף)의 것과 같다고 하여 이 말씀이 수장절에 성전에 모여 있는 사람들에게 선포된 것이라는 추측도 있지만(Bennett), 별로 설득력 있는 해석은 아니다.

하나님께서는 '온 세상'을 말끔히 쓸어 없애겠다고 하시는데, 스바냐가 사역하던 시대에 유다 사람들에게 '온 세상'은 에티오피아 지역에서 시작하여 이라크의 북쪽에 이르는 비옥한 초승달(Fertile Crescent) 지역을 의미한다고 해서 선지자가 이 지역만 염두에 두고 말씀을 선포하고 있다 하는 주석가도 있다(Bruckner). 그러나 문맥과 정황을 고려할 때 선지자가 어떤 특정 지역을 염두에 두고 이 말씀을 선포한 것 같지는 않다. 단순히 그날이 되면 하나님의 심판이 창조된 모든 것에 임할 것임을 뜻하는 듯하다. 아울러 "모두 쓸어버리겠다"는 말씀은 전체적/일반적인 의미를 지녔지 세상에 있는 모든 것을 낱낱이 파괴하겠다는 뜻으로 해석해서는 안 된다. 왜냐하면 2장, 3장에서 선지자가 많은 생존자들을 논하고 있기 때문이다(2:3; 3:6, 9, 10, 20).

하나님께서 땅 위에 있는 것들을 쓸어버리겠다고 하신다. '땅'(אֲדָמָה)이 경작이 가능한 땅을 뜻한다 하여 땅을 쓸어버린다는 것을 사람들이 더 이상 농사를 지을 수 없는 상황, 즉 창세기 2:15의 반전을 뜻하는 것으로 간주하는 주석가도 있지만(Bruckner), 구약에서 땅이라는 단어의 사용을 추적해보면 크게 설득력 있어 보이지는 않는다. 구약에서 땅은 창조된 세상을 뜻한다. 그러므로 여기서도 선지자는 창조된 세상을 염두에 두고 이 단어를 사용하는 것이다.

"내가 땅에서 사람의 씨를 말리겠다"(3절)는 말씀은 하나님과의 언약을 파괴하는 자들에게 내려지는 저주를 연상케 한다(신 28:15-68; 특히 15절)(Bennett). 사람, 가축, 공중의 새들, 바닷속 물고기 등이 파괴된다는 것은 창세기 1장에 기록된 창조가 역(逆)창조(de-creation) 된다는 것을 의미한다. 특히 창조의 절정이라 할 수 있는 5일째, 6일째 창조된 것들이 사라진다는 것은 심판의 심각성을 암시하는 듯하다(cf. 창 1:20-31). 물고기도 사라진다는 것은 이 심판이 옛적 노아 시대 때 있었던 홍수심판보다 그 수위가 더 심각할 것임을 암시하는 대목이다(Motyer).

스바냐는 청중들에게 최고의 충격과 자극을 유도해 내기 위해 창조와 홍수에 관한 암시를 함께 사용하고 있다(Nogalski). 스바냐 시대 사람들이 하나님께서 다시는 물로 세상을 심판하지 않으실 것이라고 선언한 것(창 8:21)을 너무 문자적으로 이해한 것일까? 선지자들이 인간 세계의 실패를 강조하기 위하여 자연 세계마저 혼선을 빚고 파괴되는 것으로 묘사하는 것은 흔한 일이다(호 4:1-19; 암 7:1-6; 렘 4:23-26, 27-31; 사 24:1-13).

창조된 세상의 청지기로 지명받은 사람들이 제 역할을 효과적으로 감당하지 못하여 자연이 파괴되고 재앙에 휩싸이는 것은 요즘도 흔히 목격되는 일이다. 그런데 본문은 다스리는 자들인 사람의 과오로 고통을 당하는 자연이 이번에는 인간의 죄 때문에 하나님의 심판을 받을 것이라고 한다. 지배자/지도자의 잘못 때문에 지배받는 자들/것들이 대가를 치러야 하는 것이다.

성경에 의하면 세상이 심판 아래 있는 이유는 시대를 초월하여 항상 동일하다. 바로 인류의 죄 혹은 인간 사회에 거주하는 '악인들'(רְשָׁעִים) 때문이다. 이 단어는 보통 사람들이 소유하고 있는 '불량함'(badness)이며, 이 불량함은 세상을 위협하는 가장 큰 자연재해(greatest environmental threat)이기도 하다(Motyer). 인류는 여러 가지 이유로 인하여 하나님께 순종해야 하지만, 또한 자신이 살고 있는 자연을 위해서라도 하나님께 순종할 필요가 있다.

사람들은 보통 자신이 이 땅에 영원히 거할 것으로 착각하고 살아간다. 그러나 성경이 증언하듯, 때가 되면 우리 모두는 창조주 앞에 서서 지난날의 의로움에 대한 포상을 받든지, 아니면 악행에 대하여 심판을 받아야 한다. 또한, 마치 영원히 있을 것 같은 세상도 때가 되면 더 이상 존재하지 않게 된다. 하나님께서 심판하여 파괴하실 것이기 때문이다. 언젠가는 사라질 것들에 소망을 두고 살아가는 것은 어리석은 일이다. 영원히 사라지지 않을 하나님의 말씀에 마음을 두어야 한다.

개역성경이 "거치게 하는 것과 악인들을 아울러 진멸할 것이라"로 번역한 히브리어 문구(וְהַמַּכְשֵׁלוֹת אֶת־הָרְשָׁעִים וְהִכְרַתִּי)의 해석은 쉽지 않다. 이 때문에 영어 번역본마다 상당한 차이를 보인다: (1)"내가 파괴와 함께 악인들을 제거할 것이다"([I will remove] the ruins along with the wicked; NAS); (2)"내가 세상을 파괴할 때에 악인들은 오직 파괴의 잔해만 갖게 될 것이다"([When I destroy the world] the wicked will have only heaps of rubble; NIV); (3)"내가 악인들을 넘어지게 할 것이다"(I will make the wicked stumble; NRS; TNK; cf. 공동; LXX). 새번역은 아예 첫 단어(מַכְשֵׁלוֹת)를 사람으로 해석하여 "남을 넘어뜨리는 자들과 악한 자들을 거꾸러뜨리며"라고 번역하고 있다. 정확한 해석은 어렵지만 의미 전달에는 큰 어려움이 없다. 하나님께서 세상을 심판하시는 날, 악인들도 함께 쓸어 버리시겠다는 것이다(Bruckner). '넘어뜨리는 것들'(מַכְשֵׁלוֹת)이 여성 명사라는 것에 근거하여 이것들을 사람들이 새들과 짐승들의 모양을 따라 만들어낸 우상을 두고 하는 말이라고 해석하는 주석가도 있다(Berlin). 물론 다음 섹션이 우상을 논하기는 하지만, 본문에서 그 의미를 찾아내는 것은 조금 무리인 듯싶다.

2 장 유다에 대한 심판 선언

1:4–13

세상에 대한 전반적인 파괴 선언을 마친 하나님께서 구체적으로 유다의 죄와 그들에게 임할 심판을 논하신다. 하나님께서 문제 삼는 유다의 죄는 크게 두 가지이다: (1) 종교적인 죄(4–6절); (2) 사회에서 성행하는 부정부패(7–13절). 이 두 가지 죄는 유기적인 관계를 지니고 있다. 선지자들은 이스라엘 사회의 종교적인 부패가 사회의 윤리적 부정과 부패로 이어진다고 주장했다. 즉, 도덕의 타락은 종교적인 타락에서 비롯된다는 것이다. 왜냐하면 윤리와 도덕의 밑받침이 되고 있는 가치관은 종교적인 성향을 띨 수밖에 없기 때문이다. 특히 하나님께서 통치하시는 신정사회에서는 더욱더 그렇다. 유다가 하나님께 등을 돌리고 우상들을 좇다가 결국에는 도덕성까지 잃게 되었던 것이다.

II. 유다와 예루살렘에 대한 심판(1:2-2:3)
2장. 유다에 대한 심판 선언(1:4-13)

1. 유다의 종교적 죄(1:4-6)

4 내가 유다와 예루살렘의 모든 주민들 위에 손을 펴서 남아 있는 바알을 그 곳에서 멸절
하며 그마림이란 이름과 및 그 제사장들을 아울러 멸절하며 5 또 지붕에서 하늘의 뭇 별
에게 경배하는 자들과 경배하며 여호와께 맹세하면서 말감을 가리켜 맹세하는 자들과 6
여호와를 배반하고 따르지 아니한 자들과 여호와를 찾지도 아니하며 구하지도 아니한 자
들을 멸절하리라

하나님께서 손을 들어서 손수 유다와 예루살렘을 치시겠다고 선언하신다(4절). '하나님의 손'은 구약에서 200여 차례 이상 등장하며 하나님의 무한한 능력을 상징하는 표현이지만, 이 손의 역할은 다양하다(van der Woude). 출애굽 이후로 이 손은 주의 백성들을 구원하는 능력의 손이다(출 3:19-20; 4:17; 6:1; 7:19; 13:3; 15:12; 신 4:34; 5:15; 6:21; 7:8, 19; 9:26). 그러나 때로는 주의 백성을 징계하시는 하나님의 혹독한 심판을 상징하기도 한다(사 9:12, 17, 21; 10:4; 렘 21:5). 불행하게도 한때는 이스라엘을 구원하셨던 하나님의 능력의 손이 본문에서는 주의 백성들을 내리치기 위하여 들려 있다. 하나님의 내리치는 손을 피하거나 대응할 자는 아무도 없다. 유다는 이제부터 일방적으로 당할 수밖에 없는 것이다. 그들의 유일한 소망은 이 징계가 속히 끝나고 너무 고통스럽지 않기를 바라는 것이다.

하나님께서 스스로 유다와 예루살렘을 치신다는 것은 백성들에게 매우 큰 충격이었을 것이다. 야곱은 죽으면서 "홀이 유다를 떠나지 않을 것"이라는 유언적 예언을 남겼다(창 49:10). 하나님께서는 다윗을 생각해서라도 유다의 등불을 결코 옮기지 않을 것이라고 말씀하셨다(왕상 11:13, 36; cf. 15:4; 왕하 8:19; 19:34; 20:6). 그러므로 하나님의 보좌가 있는 성전이 예루살렘에 존재하는 한, 예루살렘이 망한다는 것은 상상할 수 없는 일이었다. 그런데 충격적이게도 하

나님께서 스스로 당신의 거처인 예루살렘을 치신다고 하신다.

왜 하나님께서 자신의 백성을 치시는가? 그들이 예배 예식을 통하여 하나님께 범죄했기 때문이다(Robertson). 이스라엘이 범하고 있는 종교적인 죄는 4가지로 정리될 수 있다: 배교(4b–5절), 불충(5b절), 배신(6a절), 실천적 무신론적 삶(6b절). 아울러 선지자는 본문에서 6부류의 사람들을 비난한다: (1) 바알 숭배자들(4절); (2) 거짓 제사장들(4절); (3) 별들을 숭배하는 자들(5절); (4) 종교적 복합주의자들(5절); (5) 타락한 자들(6절); (6) 실천적 무신론자들(6절).

이들 중 처음 3그룹은 아예 하나님을 믿기를 거부하고 이교(異教)에 몸담고 있는 자들이며, 그다음 3그룹은 하나님을 믿는다고는 하지만 도저히 신뢰할 수 없는 신앙을 가진 자들이다(Motyer). 하나님은 다른 신들과 전적으로 다른 신이라고 수차례 주장하신 여호와께 가장 모욕적인 죄는 종교적 복합주의를 행하는 것이다(House). 그런데도 유다는 이교에서 비롯된 예식과 율법이 제시하는 예배 방식 등을 여호와의 전에서 여호와와 우상들에게 동일하게 행하고 있다. 하나님이 어떤 분이신가에 대한 지식이 결여됨으로 빚어진 결과이다.

하나님께서 바알 신상을 없애는 '이곳'(הַמָּקוֹם)(4절)은 성전을 뜻하며 또한 스바냐가 말씀을 선포하고 있는 곳이기도 하다. 이스라엘 사람들은 예루살렘이 창조된 모든 세상의 중심에 있고, 성전은 에덴동산을 상징하며 성전의 제단이 바로 창조 세계의 배꼽/가슴이라고 생각했다(Levenson; cf. 겔 43:13–17). 그런데 여호와께서 이 세계의 중심이자, 배꼽인 그곳을 스스로 치실 것이다. 역창조(逆創造) 테마임이 역력하다(cf. 3절).

하나님께서 창조의 중심을 스스로 파괴하셔야만 할 정도로 이교가 예루살렘 성전 깊숙이까지 침투했단 말인가? 아니면 스바냐 선지자가 상황을 과장하고 있는가? 열왕기가 이 시대를 묘사하고 있는 내용을 참조하면 결코 과장이 아니다. 이스라엘 종교의 가장 핵심이라고 할 수 있는 성전에는 이미 아세라 종교 예식에 필요한 물건들(왕하 23:4; 21:7), 태양신 샤마스에게 바쳐진 동상들(왕하 23:11)과 아시리아 신들에게 제물을 바치는 제단들(왕하 23:12; 21:4) 등이 소장되어 있었다. 이런 이교적인 제단과 장소에서 유다 제사장들이 예배를 인도했던 것이다(Achtemeier).

하나님은 예루살렘 성전에서 바알 숭배 유물들(שְׁאָר הַבַּעַל)을 말끔히 제거하실 것이며, '그마림'(כְּמָרִים)이라고 불리는 바알 종교의 사제들도 모두 제거하실 것을 선언하신다(4절). 그마림은 바알 종교를 포함한 모든 이교들의 사제들을 부르는 호칭이다(왕하 23:5; 호 10:5). 기록에 의하면 이 이름은 근동지역 서쪽에서 숭배되었던 종교들의 사제들을 칭하는 것이며, 국가의 왕들이 이들을 임명한 것으로 알려져 있다(Tadmor & Cogan; Ahlström). 그러나 본문에서는 이 명사가 바알을 숭배하면서 동시에 여호와를 숭배하는 여호와 종교의 제사장들을 의미한다(Ben Zvi; Berlin).

그들은 여호와 종교와 바알 숭배의 여러 가지 예식과 절차를 혼합시켰다. 왜 그들은 여호와 종교에 바알 종교의 예식을 일부 도입했을까? 바알 종교는 흥분을 자아내며 성적인 쾌감을 누리게 하는 종교였다(cf. 왕상 18:26; 민 25:1–3). 숭배자들에게 무언가 자극적인 만족감을 누리게 했던 것이다. 어느 때든지 종교적인 흥분과 만족감 자체가 예배의 목적이 되고, '진리'를 '도움이 되는 것'으로 대체할 때, 바알이 다시 숭배되는 것이다(Motyer). 이런 면에서 오늘날 일부 교회는 매우 위험한 형태의 예배를 드리고 있다.

하나님께서 하늘의 행성들을 숭배하는 자들도 심판하실 것이다(5a절). 당시 건축 양식을 살펴보면 가나안 지역의 집들은 대체로 지붕이 편평했다. 유다 사람들 중 많은 사람들이 별이 뜨는 밤이면 지붕 위로 올라가 별들에게 제사를 지내고 기도했다(Roberts; cf. 렘 19:13; 32:29). 하늘의 별들과 행성들을 신으로 숭배하는 것은 매우 오래된 일이며 아직도 성행되고 있다. 별자리를 보고 점을 치는 일도 이러한 우상 숭배의 일종이다.

다른 사람들은 그렇다 치더라도 창조주이신 여호와를 아는 주의 백성들은 결코 이런 일을 해서는 안 된다. 별들과 행성들은 신이 아니라 그들의 하나님이신 여호와께서 만드신 피조물에 불과하기 때문이다. 모세 율법은 이러한 행위를 금한다(신 4:19; 17:3–7). 죄가 이 세상에 들어오기 전에는 모든 피조물이 하나님의 놀라운 솜씨를 찬양했는데, 죄의 노예가 된 사람들은 어느새 창조주를 창조물로 대체해 버렸다. 그러니 창조주께서 화가 나시지 않겠는가!

하나님은 여호와를 섬긴다고 하면서 우상도 함께 숭배하는 자들을 심판하실 것이다(5b절). 그들은 여호와의 이름으로 맹세하면서 동시에 말감의 이름으로 맹세한다. 문제는 '말감'(מַלְכָּם)이 무엇을 뜻하느냐이다. 전통적으로 세 가지의 가능성이 제시되었다: (1) 밀곰이라고 알려진 암몬 사람들의 신이다(공동; NAS; NRS); (2) 이스라엘이 힌놈의 아들 골짜기 등에서 아이들을 불살라 바친 신으로서 암몬 사람들의 신 몰렉을 두고 하는 말이다(NIV; Berlin; Whrlich; Weinfeld; Bal); (3) 말감(מַלְכָּם)은 '명사[מֶלֶךְ] + 3mp 접미사'로 분석되며 '그들의 왕'이라는 뜻이다(Sweeney; Bailey; Motyer). 실제로 칠십인역(LXX)은 이렇게 번역하고 있다(τοῦ βασιλέως αὐτῶν).

첫 번째와 두 번째 해석에 문제를 제기하는 사람들은 왜 하필이면 그 많은 우상들 중에서 하나가 지적되느냐는 것을 문제 삼는다. 게다가 이 우상들을 뜻하는 히브리어 단어들이 분명히 존재하는데 굳이 새로운 단어를 만들어 가면서까지 무리를 하는지에 관한 것이다. 그러므로 가장 자연스러운 해석은 '그들의 왕'이라 하겠다.

그렇다면 그것은 이스라엘 사람들이 하나님의 이름으로 맹세하고 그들을 다스리던 인간 왕(예, 므낫세, 요시야)의 이름으로 맹세했던 일을 비난하고 있는 것일까? (so Sweeney) 그럴 가능성은 희박해 보인다. 여기서 '왕'은 이스라엘 사람들이 여호와 혹은 바알 외에 숭배했던 또 다른 신을 뜻한다(Bailey). 탈굼(Targum)도 이 부분을 '그들의 우상'으로 옮기고 있는 것이 이러한 해석이 유력하다는 것을 뒷받침하고 있다. 즉, 그들이 어떤 우상을 숭배하고 있든지, 그 우상이 왕이 되어 그들의 삶을 지배하고 있는 상황을 지적하고 있는 것이다.

하나님께서는 신앙에 있어 양다리를 걸치는 사람을 벌하실 것이다. 종교적 복합주의는 여러 가지 죄 중에서 하나님을 가장 분노하게 하는 죄이다. 하나님의 가장 기본적인 선포이자 계시인 "나는 거룩하다"(קָדוֹשׁ אֲנִי)라는 말씀이 강조하는 것은 그는 다른 신들과 전적으로 다르다는, 즉 차별성을 역설하는 것에 초점을 맞추고 있는데, 유다 사람들이 종교적 복합주의를 행하는 것은 하나님을 다른 신들과 한통속으로 취급하는 행위이기 때문이다. 오늘날에도 교회를 다니면서 사주, 궁합을 보는 사람들이 있다. 심지어는 점을 치는 사람들도 있다. 이들은 기억해야 한다. 이런 행위는 하나님을 가장 분노케 하는 점이라는 사실을.

이어서 하나님은 냉담한 자들을 벌하실 것이라고 선언하신다(6절). 하나님을 믿었다가 등을 돌리거나(6a절), 하나님을 섬긴다고 하면서도 하나님의 뜻을 구하지 않는 자들을 벌하실 것이다(6b절). 지금까지 선지자가 죄인들을 지적한 것을 보면 가장 심각한 죄를 제일 먼저 언급한 후 점차적으로 덜 심각한 죄들을 나열하다가 이 구절에 와서는 가장 '강도가 약한 죄'를 지적하고 있다: 바알 숭배자, 이방 제사장, 별을 숭배하는 자, 종교 복합주의자, 배교자, 실천적 무신론자(Bruckner). 또한 선지자가 외적으로 드러나는 우상숭배(4b-5절)에서 마음속에서 일어나는 배신으로(5b-6절) 옮겨가고 있다고 생각할 수도 있다(Motyer).

이 구절에서는 배교한 사람들과 실천적 무신론자 등 두 가지 유형의 죄인들을 비난한다. 하나님을 '찾다'(בקשׁ)와 '구하다'(דרשׁ)는 구분하기가 어려울 정도로 비슷한 뜻을 지닌 단어들이다(Chhetri). 이 두 단어는 종종 함께 사용되며(신 14:29; 대하 20:3-4; 시 105:3-4; 렘 29:13), 함께 사용될 경우 '찾다'(בקשׁ)는 일반적으로 하나님의 인도하심을 추구한다는 뜻이며 '구하다'(דרשׁ)는 회개를 목적으로 하나님을 찾는 것을 의미한다(Chhetri; Bailey).

한 학자는 성경에서 이 두 단어가 어떻게 사용되는가를 연구한 후 다음과 같은 결론을 내린다: (1) 하나님을 찾는 것은 자신이 악한 길에서 돌이켜 겸손으로 하나님을 경배한다는 뜻이다; (2) 선지자들의 사고에 따르면 하나님을 찾는다는 것은 그와 함께 꾸준히 교제하며 그분의 명령에 순종하고 사랑과 정의를 실천하는 것이다; (3) 아주 많은 제물을 드린다 해도 악한 길에서 돌이켜 회개하지 않으면 하나님께로 나아가는 것을 보장받을 수 없다; (4) 교만한 자와 악인은 아무리 하나님을 찾아도 그분을 만나지 못한다; (5) 구약 저자들에 의하면 하나님께서는 스스로 결정하고 선택하셔서 백성을 찾아가 자신을 계시하신다. 그러나 진정으로 그분을 찾는 자들은 그분을 만나게 될 것을 소망할 수 있다(Chhetri; cf. Wagner).

하나님을 찾는다는 것은 그분을 예배한다는 것을 전제하며, 예배행위는 한 번에 끝나는 것이 아니다. 예배는 여호와 앞에 합당한 자세를 취하고, 회개하는 것이며, 하나님을 두려워하는 일이다. 예배는 행위가 아니라 상태이다(a state rather than an act)(Gerleman). 이 두 개념은 하나님을 예배한다는 것이 예배자들로부터 의도적인 노력을 요구하고 있음을 강조한다. 하나님을 향한 열정은 일부 모범적인 신앙인들에게서만 드러나는 선택이 아니라 모든 주의 백성들에게 요구되는 필수 사항이다(Robertson).

스바냐의 청중들은 하나님을 향한 열정이 없다. 이들의 근본적인 문제는 여호와를 향한 냉담이다. 냉담은 우리보다 더 큰 힘이나 능력이 이 세상을 지배하고 있다는 생각을 하지 못하는 데서 비롯된다. 하나님과 인류의 위대한 계획과 목적은 사탄의 피나는 노력에 의하여 무산되는 것이 아니라, 매우 조용하고 은밀하게 진행되는 수많은 사람들의 냉담으로 말미암아 파괴된다(Bennett). 오늘날 대부분의 교회가 당면하고 있는 문제도 전반적인 성도들의 냉담이다.

스바냐가 요시야의 종교개혁을 지지했을 가능성은 많지만, 그 어디에도 그가 왕의 개혁 세력에 가담하여 함께 사역했다는 증거는 없다. 한 가지 확실한 것은 그가 므낫세와 아몬 같은 악한 왕들의 통치뿐만 아니라 착한 요시야가 이들의 대를 이어 유다를 다스리게 된 시대도 직접 체험했다는 점이다(Motyer). 그럼에도 불구하고 그는 진노하신 하나님의 심판 메시지를 조금도 수정하지 않는다. 유다는 이미 돌이키기에는 너무 많은 죄를 저질렀기 때문이다. 우리도 종종 "하나님은 항상 우리를 기다리신다" 라는 착각에 빠질 때가 있다. 물론 하나님께서 죄인들을 기다리시지만, 하나님의 기다리심과 오래 참음에도 한계가 있다는 것이 성경의 가르침이다. 기회가 있을 때 하나님을 찾는 것도 그분이 주시는 축복이다.

II. 유다와 예루살렘에 대한 심판(1:2–2:3)
2장. 유다에 대한 심판 선언(1:4–13)

2. 유다에 임박한 여호와의 날에 대한 경고(1:7–13)

7 주 여호와 앞에서 잠잠할지어다 이는 여호와의 날이 가까웠으므로 여호와께서 희생을
준비하고 그가 청할 자들을 구별하셨음이니라 8 여호와의 희생의 날에 내가 방백들과 왕
자들과 이방인의 옷을 입은 자들을 벌할 것이며 9 그날에 문턱을 뛰어넘어서 포악과 거짓
을 자기 주인의 집에 채운 자들을 내가 벌하리라 10 나 여호와가 말하노라 그날에 어문에
서는 부르짖는 소리가, 제 이 구역에서는 울음 소리가, 작은 산들에서는 무너지는 소리가
일어나리라 11 막데스 주민들아 너희는 슬피 울라 가나안 백성이 다 패망하고 은을 거래하
는 자들이 끊어졌음이라 12 그 때에 내가 예루살렘에서 찌꺼기 같이 가라앉아서 마음속에
스스로 이르기를 여호와께서는 복도 내리지 아니하시며 화도 내리지 아니하시리라 하는
자를 등불로 두루 찾아 벌하리니 13 그들의 재물이 노략되며 그들의 집이 황폐할 것이라
그들이 집을 건축하나 거기에 살지 못하며 포도원을 가꾸나 그 포도주를 마시지 못하리라

종교적으로 부패한 유다를 비난하신 하나님께서 이제는 정의와 공의가 무너진 그들의 사회를 비난하신다. 정부는 썩었고(8절), 지도층은 외세에 적극 호응하고 있으며(8절), 폭력과 사기가 난무하고(9절), 자신의 풍요로움에 도취한 부자들은 하나님을 두려워하지 않는다(12–13절). 유다의 상류층을 겨냥한 비난이다(Nogalski). 요시야 시대에 이르기까지 유다는 70여 년 동안 경제적 부흥을 누렸다(Bruckner). 그러나 경제적인 풍요로움을 하나님의 축복으로 받은 유다 사람들은 더 깨끗하고, 청렴한 사회를 만들기는커녕 오히려 착취와 타락으로 얼룩진 나라로 만들었다. 경제 부흥에 총체적 부패가 조용히 승차했던 것이다.

선지자는 여호와의 날을 제물 드리는 날로 묘사한다(7–9절). 자신이 성전에서 말씀을 선포하고 있음을 암시했던 선지자가(cf. 4절) 이번에는 성전에서 행해지는 예식을 배경으로 말씀을 선포하는 것이다(Bennett). "주 여호와 앞에 잠잠하라"(הַס מִפְּנֵי אֲדֹנָי יְהוִה)(6절)는 제사장들이 예배를 부를 때 사용하던 용어이

다(Achtemeier; Sweeney; Bennett). 성전에서 제사장들이 제물을 드리는 동안에는 완전히 침묵해야 한다. 짐승들의 각을 뜨는 일에 있어서도, 제단을 준비하는 일에 있어서도, 제물로 사용되지 않는 짐승의 부위를 제거할 때도 침묵해야 했다(Knohl). 레위 사람들로 구성된 성전 찬양대가 찬양을 하는 동안에도 제사장들은 침묵했다(Sweeney). 그러나 여기서는 예배를 시작하니 조용히 하라는 권면이 아니다. 여호와의 날(יוֹם יְהוָה)이 임박했으니 하나님 앞에 침묵하라는 것이다.

스바냐서에서 '여호와의 날'이라는 표현은 이곳에서 처음으로 사용되고 있다. 선지자들은 끊임없이 여호와의 날에 대하여 경고한다(사 13:6, 9; 겔 13:5; 욜 1:15; 2:1, 11; 3:4; 4:14; 암 5:18, 20; 옵 15; 말 3:23). 여호와의 날이라는 개념이 어디서부터 유래되었는가에 대하여 많은 연구가 진행되었지만, 아직도 모든 사람들을 만족시킬 만한 결과는 나오지 않았다(cf. von Rad). 여호와의 날에 대하여 확실하게 말할 수 있는 것은 신적 전쟁(divine war)의 배경이 되고 있다는 것과 이 개념은 이스라엘의 오랜 전통에서 유래된 것이지 이스라엘이 주변 국가들에게서 빌린 아이디어가 아니라는 점이다(von Rad).

하나님과 주의 백성 사이에 문제가 있을 때는 제물을 통하여 해결해야 한다. 이 과정에서 제물은 죽어야 한다. 그런데 이날 하나님께서 잡으신 제물은 예루살렘의 통치자들이며 리더들이다(8절). 본문에서 언급하고 있는 제물(זֶבַח)은 일부는 하나님께 바치고, 나머지는 제사장과 제물 드리는 자가 함께 먹는 유형의 예물이다(HALOT). 그러므로 하나님은 제물을 먹을 사람들을 부르셔서 성결하게 하셨다. 이 일이 임박했음을 시사한다(Berlin).

제물(viz., 이스라엘의 악한 지도자들)을 먹도록 초청을 받은 사람들은 누구일까? 이스라엘의 원수들이라는 해석도 있고(cf. Berlin), 이들에게 착취당하고 신음했던 이스라엘 사람들이라는 견해도 있다(Bruckner). 그러나 본문은 어떠한 힌트도 주지 않는다. 한 가지 확실한 것은 스바냐 선지자는 이스라엘과 하나님의 깨어진 관계가 회복되기 위해서는 악한 지도자들이 제물이 되어 멸망해야만 한다는 주장을 펼치고 있다는 사실이다(Sweeney).

'왕의 아들들'(8절)은 누구를 뜻하는가? 만일 스바냐가 요시야가 즉위한 지 오래지 않아 사역을 시작했다면, 이 말씀은 요시야를 뜻할 수 없다. 어린 요시야에게 막대한 영향력을 행사하는 아저씨들, 즉 암살당한 아몬의 형제들, 혹은 전반적인 왕족들을 의미하는 것이다(Berlin; cf. '왕의 집'[τὸν οἶκον τοῦ βασιλέως], LXX). 그러면 왜 왕은 심판받을 사람의 목록에서 제외된 것일까? 아마도 요시야가 너무 어려서든지, 아니면 경건한 왕이었기 때문일 것이다(Bailey).

'이방인의 옷을 입고 있는 자'는 유다 사람들 중 여호와 종교의 가치관과 원리들을 버리고 아시리아 사람들의 문화와 가치관을 적극적으로 받아들인 자들을 뜻한다(Bruckner). 외국 옷을 입는 것 자체는 문제가 되지는 않는다. 이들은 유다의 옷보다 이방인들의 옷을 선호했을 뿐만 아니라 율법의 가치관과 이스라엘의 풍습을 버리고 이방인들의 삶의 방식을 선호했던 것이 문제가 되었다. 또한 이들의 행동은 이미 이스라엘의 종교 예식에 이방 종교의 풍습이 깊숙이 뿌리내린 것을 상징하기도 한다(Sweeney; cf. 왕상 10:5). 제사장들과 예배에 임하는 자들이 이방 종교와 문화에서 비롯된 옷을 입고 여호와께 예배를 드렸던 것이다(Roberts).

'문지방을 건너뛰는 자'(9절) 역시 이방인들의 풍습이 여호와 종교 속에 자리 잡고 있음을 뜻한다(cf. 삼상 5:5). 탈굼(Targum)은 다곤이 여호와의 법궤 앞에서 목이 부러진 다음부터 블레셋 사람들이 다곤 신전의 문지방을 밟지 않는 풍습이 생겼다는 사무엘상 5:5에 근거하여 이 구절을 '블레셋 사람들의 법에 따라 사는 자들'이라고 풀이한다(Berlin). 고대 사람들은 악령들이 문지방을 넘는 사람들을 넘어뜨리기 위하여 문지방에 살았다고 생각했다(Roberts; Rudoph).

이들과 함께 심판을 받을 무리에는 폭력과 속임수를 써서 주인의 집을 가득 채운 자들이 있다(9절). '폭력과 속임수'(חָמָס וּמִרְמָה)는 부사적 어구로서 폭력과 속임수를 써서 얻은 재물을 뜻하는 환유법(metonymy)이 사용되고 있다(Motyer; Bailey). 그런데 '주인'(אָדוֹן)은 누구를 두고 하는 말인가? 칠십인역(LXX)을 포함한 옛 빈역본은 '주인의 집'을 여호와의 성전을 뜻하는 것으로 이해했다(τὸν οἶκον κυρίου τοῦ θεοῦ αὐτῶν). 반면에 여기서 이슈가 되고 있는 것이 경제적인 착취라면 '주인'은 왕이 되고 주인의 집은 왕궁을 뜻한다(Berlin). '주인의 집'을 이방 신들의 신전으로 해석하는 주석가도 있다(Bailey). 첫 번째 해석(viz., 여호와의 성전)이 문맥에 가장 잘 어울리는 것으로 생각된다.

하나님께서는 지금까지 성전에서 행해지고 있는 여러 가지 이방인들의 풍습에 대하여 비난하셨다. 이제는 유다 사람들이 전혀 거리낌 없이 남에게 착취하고 빼앗은 물건들을 제물로 바치기 위하여 성전으로 가져오는 것을 비난하신다. 이스라엘은 예배를 드릴 때 이방인들의 풍습과 의상을 사용하여 하나님을 분노케 할 뿐만 아니라, 심지어는 하나님께서 가장 싫어하시는 불의의 제물을 여호와의 전에 들여놓아 그분의 진노를 사고 있다. 그들은 하나님을 백성들의 불의한 수입의 일부도 마다하지 않고 제물로 받으시는 분으로 착각하고 있다. 오늘날로 말하면 부동산 투기, 탈세, 뇌물수수, 임금 착취 등을 통하여 얻은 수입의 일부를 헌금으로 내놓는 행위와 비슷하다.

이방인들의 종교 예식으로 하나님을 분노케 했고, 심지어는 폭력과 속임수로 얻은 재물을 성전에 들여놓는 주의 백성들에게 어떤 처벌이 임할 것인가? 하나님은 전에는 들어보지 못한 통곡이 그들의 땅을 가득 채울 것이라고 선언하신다(10–11절). 매우 혹독한 재앙이 임할 것이라는 경고이다.

'물고기 문'은 예루살렘의 북쪽에 있었으며 지중해 쪽에서 예루살렘으로 가장 쉽게 들어올 수 있는 관문이었다(대하 33:14; 느 3:3; 12:39). 느헤미야서에 의하면 이 문은 옛 문과 양 문 사이에 있었다. 역대하 33:14는 이 문이 최소한 므낫세 시대에도 존재했음을 시사한다. 이 문이 '물고기 문'으로 불리게 된 것은 아마도 이 문을 통해서 예루살렘의 생선시장으로 갈 수 있었기 때문이었을 것이다(Berlin; cf. 느 13:16).

'둘째 구역'은 도시의 서쪽 언덕에 위치해 성전을 내려다보고 있었고 대체로 부유한 상류층이 이곳에 살았던 것으로 알려져 있다(Sweeney). 예루살렘의 비즈니스 지역이 이 구역 근처에 있었고 고고학적인 자료에 의하면 이 구역은 이미 히스기야 시대에 사람들이 정착하여 살고 있었으며 그가 성벽을 보수할 때 예루살렘에 복속되었다(Mazar; Avigad). 요시야가 제사장들을 보내 하나님의 뜻을 물었던 여선지자 훌다가 이 지역에서 살았다(왕하 22:14; 대하 34:22).

새번역이 '산 위의 마을'로 번역하고 있는 히브리어 단어(גִּבְעָה)는 산보다는 낮은 '언덕'을 뜻한다. 그런데 이곳에서 무너지면서 소리를 내는 것은 무엇일까? 언덕이 예루살렘의 한 특정 지역(viz., 높은 지역)을 의미한다면 침략군에 의한 단순한 파괴를 뜻한다(cf. Berlin). 그러나 언덕이 이스라엘 백성들이 신상을 세워놓고 우상을 숭배하던 곳을 의미한다면, 그 소리는 우상들이 무너지고 부러지며 내는 소리이다(Roberts; Bruckner). 후자가 매력적이지만, 선지자가 성 전체에서 울부짖는 소리가 들릴 것이라는 점을 강조하고 있는 것으로 보아 이 단어가 높은 지역을 뜻하는 것에 무게를 둔다.

'막데스'(מַכְתֵּשׁ)가 무엇을 뜻하는가도 정확하지 않다. 우리말 성경은 대부분 고유명사로 남겨두어 예루살렘의 특정 지역의 이름으로 간주하지만(개역; 새번역; cf. TNK), 공동번역은 이 단어의 문자적 의미를 좇아 '방앗간'으로 번역하고 있다(cf. NAS; NRS; "market place," NIV). 탈굼은 이 단어를 '기드론 시내'(Kidron wadi)로 번역한다. 그러나 이 단어는 단순히 '낮은 지역'을 의미할 수 있다(Berlin; Motyer). 문맥은 이 단어가 예루살렘의 '저지대'를 의미하고 있음을 암시한다.

선지자의 경고는 그날이 되면 온 예루살렘 성안에 신음소리와 울음소리로 가득할 것이라고 한다. 물고기 문이 상징하고 있는 시장에서는 곡성(קוֹל צְעָקָה)이, 둘째 구역이 상징하는 주택가에서는 울부짖는 소리(יְלָלָה)가 있을 것이며, 높은 지역을 상징하는 언덕에는 무너지는 소리(שֶׁבֶר גָּדוֹל)가 날 것이며, 낮은 지역을 상징하는 막데스에서는 슬피 우는 소리(ילל)가 들린다. 이 섹션은 소리로 가득 차 있다.

'슬피 우는 소리'(ילל)는 성경에서 짐승들이 우는 소리를 묘사하는 데 사용된다는 점에 근거하여 이날 사람들이 큰 실의에 빠져 인간의 자태를 잃어버리고 짐승처럼 흐느껴 운다는 의미로 해석하는 주석가도 있다(Bruckner). 그렇지만 이 단어는 장례식에서 슬퍼하는 것과 연관되어 있으며 선지서를 벗어나서는 단 한 번 사용된다(신 32:10). 선지서 안에서 이 단어는 항상 공동체적 재앙과 연관되어 사용된다. 개인적인 일 때문에 슬퍼하는 것이 아니라 엄청난 일을 당한 사회의 공통적인 반응을 의미하는 것이다(Berlin).

'시장과 주택지구', '높은 언덕과 저지대'는 극과 극을 상징하는 쌍으로 묶여진 단어(word pair)이다. 선지자는 이날 성 사방에서 통곡소리와 무너지는 소리가 들릴 것이며, 남녀노소, 신분과 직분에 상관없이 온 도시가 장례식장처럼 될 것이라고 한다. 스바냐는 이와 같은 포괄적인 파괴를 상징하는 소리에 대하여 4차례나 강조하고 있다. 고대 근동에서도 방향을 말할 때는 동서남북 4가지로 구분했다. 그렇기에 4는 온 세상을 뜻하는 포괄성을 지니기도 한다. 저자는 예루살렘의 네 지역에서 들려오는 네 가지 울음소리를 묘사함으로써 그날에 임할 엄청난 슬픔에 대하여 경고하고 있다. 물론 이러한 파괴가 가져올 경제적 여파에 대해서는 설명할 필요가 없다: "장사하는 백성은 다 망하고, 돈을 거래하는 자들은 끊어졌다"(11절).

하나님께서 등을 들고 예루살렘 거리를 돌아다니신다(1:12-13). 어두운 골목길에 폐허가 된 집에 숨어 있는 사람들을 찾아 나서신 것이다. 그러나 구할 자를 찾는 것이 아니라 교만한 자들을 심판하기 위하여 마치 전쟁터에서 군인이 처형할 자를 찾는 것처럼 찾으신다. 하나님께로부터 숨을 자는 아무도 없다. 모든 죄인은 그분 앞에 모습을 드러내야 한다. 본문은 스바냐서의 가장 중요한 고발(告發, indictment) 장면이다(Achtemeier).

선지자는 1장에서 '심판하다'(פקד)를 세 차례 사용하는데(8, 9, 12절), 이 동사가 사용될 때마다 그 대상이 점차로 일반인들에게 다가온다: (1) 아시리아 사람들의 풍습과 삶의 방식을 도입한 상류층 사람들(8절); (2) 이방인들의 종교 예식에 따라 우상과 하나님께 예배를 드리는 자들(9절); (3) "주는 복도 내리지 않고, 화도 내리지 않는다"고 말하는 자들(12절). 이 목록은 가장 심각한 범죄자로부터 평범한 자에 이르기까지 모든 사람들을 포함하고 있다(Bruckner).

하나님께서 찾아서 벌하실 사람들(הָאֲנָשִׁים הַקֹּפְאִים)을 새번역은 '술 찌꺼기 같은 인간들', 개역은 '찌끼같이 가라앉은 자들', 공동은 '팔자가 늘어진 자들'로 번역하고 있다. 이 표현(קָפָא)은 술 제조 과정에서 가져온 비유이다. 술을 만들기 위하여 포도를 밟은 다음, 찌꺼기가 가라앉으면 위에 남는 맑은 액체가 적당한 색깔과 형체를 갖출 때까지 두었다가 따라 내어야 한다. 너무 오래 두면 끈끈해져 시럽처럼 변하며, 곰팡이가 쓸게 되어 술은 못쓰게 된다. 하나님께서 벌하기 위하여 찾는 자들은 바로 이런 사람들이다.

겉으로는 어떤 모습으로 신앙생활을 하든지 마음속으로는 하나님을 향한 냉담으로 가득 찬 사람을 찾아 심판하신다. 하나님께서 이들이 속으로 하는 말을 지적하시는 것이 그들에게는 마음을 뜨끔케 하는 경험이었을 것이다(Bruckner). 자신의 부와 명예에 도취되어 하나님께 냉담한 죄가 갖는 가장 심각한 문제는 이 죄의 최종 종착역이 결국 자기 숭배라는 점이다(Achtemeier). 이 말씀의 정황이 아이로니컬하다. 부자 술주정뱅이들은 하나님이 무능하다고 생각한다. 그러나 그들은 자신들이 무능하다고 생각하는 하나님께 심판을 받아 집을 잃는다.

하나님께서 그들에게 내리실 심판은 그들로 하여금 자만에 빠지게 했던 재산과 풍요로움을 빼앗는 일이다(13절). 하나님께서 내려주신 축복을 통해 하나님을 더 열심히 경배하는 것이 아니라 오히려 자신의 능력에 도취하는 죄를 범했기 때문에, 그 죄의 원천이 되는 풍요로움을 제거하고 원래의 모습(viz., 거지의 모습)으로 되돌리는 것이다.

선지자는 그들이 빼앗기는 것을 재산, 집, 포도주 등 세 가지로 요약하고 있는데, 이것은 오늘날로 말하면 은행 잔고(재산), 부동산(집), 사업(포도주)을 모두 잃게 될 것을 의미한다(Motyer). 또한 하나님께서 빼앗으실 것들은 8-12절에서 비난의 대상이 된 세 부류의 사회계층에 속한 자들이 잃을 것을 의미하는 것으로 풀이되기도 한다. 왕궁과 성전을 중심으로 사는 사람들은 그들의 궁과 재산을 잃을 것이고, 부자와 상인들은 자신들의 집을 잃을 것이며, '술 찌꺼기' 같은 인간들은 자신들의 '술'을 잃을 것이다(Nogalski).

3장 두려운 여호와의 날
1:14-18

14 여호와의 큰 날이 가깝도다 가깝고도 빠르도다 여호와의 날의 소리로다 용사가 거기서
심히 슬피 우는도다 15 그날은 분노의 날이요 환난과 고통의 날이요 황폐와 패망의 날이
요 캄캄하고 어두운 날이요 구름과 흑암의 날이요 16 나팔을 불어 경고하며 견고한 성읍
들을 치며 높은 망대를 치는 날이로다 17 내가 사람들에게 고난을 내려 맹인 같이 행하게
하리니 이는 그들이 나 여호와께 범죄하였음이라 또 그들의 피는 쏟아져서 티끌 같이 되
며 그들의 살은 분토 같이 될지라 18 그들의 은과 금이 여호와의 분노의 날에 능히 그들을
건지지 못할 것이며 이 온 땅이 여호와의 질투의 불에 삼켜지리니 이는 여호와가 이 땅
모든 주민을 멸절하되 놀랍게 멸절할 것임이라

이 섹션은 여호와의 날과 그날이 세상에 미칠 영향을 묘사하고 있다. 선지자는 바로 앞 섹션에서 이스라엘 사회에 만연한 부패를 문제 삼았다. 이 섹션에서는 묵시적인 언어를 표현하여 하나님의 심판을 예고한다(Patterson). 스바냐가 사용하는 언어는 마치 먼 미래에 있을 듯한 종말적인 이미지를 보여주고 있지만, 실제로는 임박해 있다. 머지않은 미래에 있을 종말적인 파괴를 예고하고 있는 것이다. 선지자는 유다가 바빌론의 손에 의해 겪게 될 파괴와 묵시

적인 언어를 하나로 묶고 있다(cf. Bruckner). 절박감과 함께 이런 날이 꼭 올 것이라는 확신을 강조하기 위하여 선지자는 다섯 절로 구성된 이 짧은 섹션에서 '여호와의 날'(יוֹם־יְהוָה) 혹은 '그날'(הַיּוֹם הַהוּא)이라는 표현을 10차례나 사용한다.

본문은 성경이 여호와의 날에 있을 심판에 관한 기록들 중 가장 중요하고 위대한 기록이다(Bennett). 아모스 선지자가 여호와의 날에 대하여 말씀을 선포하기 전까지 이스라엘 사람들은 여호와의 날을 매우 좋은 날로만 알았다. 그 날이 하나님의 말씀에 순종하지 않은 사람들에게는 혹독한 심판이 임하는 날이라는 것을 생각하지 않고, 언약 백성에게는 무조건 은총과 위로가 임하는 날이라고 생각했다. 아모스 선지자가 그들의 이러한 사고를 깨버렸다. 그 이후 이스라엘에서 여호와의 날은 두렵고 떨리는 날로 이해되었다. 스바냐 선지자도 여호와의 날을 빛의 날이 아니라 하나님께 반항한 백성들이 혹독한 대가를 치르는 어둠의 날로 묘사하고 있다(1:7, 8, 9, 10, 14, 15, 18; 2:2, 3; 3:8).

이날은 매우 신속하게 오고 있으며 전쟁을 동반한 날이다: "가깝고도 심히 빠르도다"(14절). 이날의 표정과 소리는 매우 적나라하고 자극적이다: "득달같이 다가온다… 비탄의 소리… 용사… 절규(14절); "진노의 날… 환란… 고통… 황무… 파괴… 캄캄함… 어두움… 구름… 흑암"(15절); "나팔이 울리는 날… 전쟁의 함성… 무너지는 성읍… 무너지는 망대"(16절); "고난… 소경처럼 걸음… 피… 시체가 오물처럼 됨"(17절); "분노… 불… 활활 태움… 땅에 사는 모든 사람을 눈 깜짝할 사이에 없앨 것임"(18절).

특히 15-16a절은 이스라엘의 문헌들 중 여호와의 날을 가장 극적으로 묘사한 것이다(Nel). 저자는 15-6a절에서 '날'(יוֹם)이라는 단어를 7차례 사용하여 7소절을 구성하는데, 소절마다 7음절로 구성되어 있다(Nel). 성경을 전체적으로 살펴보면 여호와의 날은 다음과 같은 성격을 띠고 있다: 임박해 있다; 하나님의 분노가 악인들에게 내린다; 어둡고 암울한 날이다; 하나님께서 실제 군대를 사용하여 전쟁하시는 날이다; 하나님께 반역한 나라들에게는 무기력하고 좌절되는 날이다(Bruckner).

전통적으로 여호와의 날은 하나님께서 창조하신 피조물을 가지고 이스라엘의 적을 무찔러 주시는 날이었다(출 14:20; 삿 5:4–5; 삼상 7:10). 그러나 이제는 하나님께서 끊임없이 범죄한 자신의 백성들을 상대로 싸우신다. 이날이 얼마나 두렵고 무서운 날인지 사람들 중에 가장 용감무쌍하다고 생각되어 군대의 가장 앞에 서도록 선발된 '용사'(גִּבּוֹר)마저도 싸울 엄두를 내지 못하고 넋을 잃고 절규한다(14절). 나팔과 전쟁의 함성소리(16절) 역시 이날이 전쟁을 동반하고 있음을 시사한다. 하나님께서 주의 백성을 상대로 성전(聖戰)을 치르시는 날이다.

일부 주석가들은 스바냐가 묘사하고 있는 여호와의 날이 임할 지역의 범위를 유다의 영토로 제한한다(Ben Zvi). 그러나 그 범위가 범우주적이라는 것이 학자들의 일반적인 결론이다(Berlin; Bruckner; Motyer; Bailey). 또한 '캄캄하고 어두운 날'(15절)이라는 표현 역시 이날이 온 우주에 영향을 미치는 날임을 암시한다—이날은 해와 달과 별이 빛을 잃는 날이다. 인류는 하나님 없이 세상을 통치하려 들지만, 하나님을 무시한 인간의 통치는 창세기 1:2이 묘사하고 있는 것과 같은 원초적인 무의미와 무질서만을 가져올 뿐이다(Motyer).

이날의 혹독함은 금과 은도 무용지물이 된다는 점에서도 역력히 드러난다(18절). 대체로 전쟁이 일어나면 사람들은 모든 것을 버리더라도 금과 은 등의 귀금속은 버리지 않는다. 어디를 가든 양식으로 바꿀 수 있고, 전쟁이 끝나 새 세상이 열리면 금과 은은 다시 사용할 수 있기 때문이다. 그런데 여호와께서 전쟁을 일으키시는 날은 다르다. 금과 은도 전혀 도움이 되지 않는다. 이사야는 이날이 되면 사람들이 얼마나 두려운지 아예 금과 은을 박쥐와 두더지 같은 가증스러운 짐승들에게 던질 것이라고 했다(사 2:20). 하나님의 타오르는 분노와 질투가 온 세상 사람들을 순식간에 태워 없애는 날(18b절)에 금과 은이 무슨 소용이 있겠는가! 한때는 하나님의 거룩하심의 상징이었던 불(출 3:2–5)이 이스라엘을 태우고 있다.

하나님께서 심판하시는 날, 이 땅의 것과 하늘의 것, 역사적인 것과 범우주적인 것, 구체적인 것과 범우주적인 것들이 함께 어우러져 파괴된다. 그렇다면 도대체 무엇이 이처럼 범우주적인 심판과 파괴를 초래하는가? 하나님께서 그 이유를 정확히 짚어 주신다: "그들이 나 여호와께 죄를 지었기 때문이다"(17절). 창세기는 인간의 죄 때문에 파괴되고 심판받은 자연에 대하여 세 차례나 회고하고 있다(cf. 창 3; 4; 6-9). 안타깝게도 이런 재앙을 경험한 후에도 인간은 바뀌지 않았다. 인간의 죄가 아름답게 창조된 세상의 존재 여부에 가장 큰 영향을 미친다는 진리를 깨닫지 못했던 것이다. 인간의 죄가 본문이 묘사하는 것처럼 이렇게 엄청난 파장을 일으킬 줄은 아무도 상상하지 못했을 것이다. 자연의 안녕(安寧)에 가장 위협적인 것이 인간이라는 말이 실감 난다.

4장 회개 권면
2:1-3

1 수치를 모르는 백성아 모일지어다 모일지어다 2 명령이 시행되어 날이 겨 같이 지나가
기 전, 여호와의 진노가 너희에게 내리기 전, 여호와의 분노의 날이 너희에게 이르기 전에
그리할지어다 3 여호와의 규례를 지키는 세상의 모든 겸손한 자들아 너희는 여호와를 찾
으며 공의와 겸손을 구하라 너희가 혹시 여호와의 분노의 날에 숨김을 얻으리라

선지자는 1장에서 어떠한 은총이나 회복의 가능성을 논하지 않았다. 유다의 죄 때문에 세상 모든 백성과 온 세계가 여호와의 날을 맞이할 것이라고 경고할 뿐이었다. 마치 그 누구에게도 한 조각의 소망조차 없는 듯했다. 그러나 이 섹션에서 선지자는 처음으로 회개하는 자와 여호와를 경외하면서 사는 자들에게는 살 길이 있다는 가능성을 시사한다. 이 신탁은 여호와의 날이 임하기 전에 하나님께 돌아오라는 최후통첩이라 할 수 있다(Bennett). 하나님께 돌아온다고 해서 여호와의 날이 오지 않는 것은 아니다. 여호와의 날은 예정대로 올 것이다. 그러나 여호와의 날이 임해도 의롭게 살아온 자들은 하나님의 심판을 모면할 수 있다는 가능성을 제시하는 것이다.

선지자는 책의 첫 번째 파트를 마무리하면서 회개를 권면한다. 본문이 첫

번째 파트를 마무리하고 있는 것은 3절을 시작하는 "주님을 찾으라!"(בַּקְּשׁוּ אֶת־יְהוָה)라는 권면이 1:6의 "그들이 주님을 찾지 않았다"(לֹא־בִקְשׁוּ אֶת־יְהוָה)라는 말과 함께 '수미쌍관'(首尾雙關, inclusio) 구조를 형성하고 있는 면에서도 역력하다(Motyer). 선지자는 이 섹션에서 5개의 권면을 발하고 있다: "모여라! 모여라! 주님을 찾으라! 의를 추구하라! 겸손을 행하라!"(1, 3절)(Robertson). 스바냐의 권면은 일분일초를 다툴 정도로 급박하게 묘사된다. 심판이 임하기까지는 시간이 별로 없다는 뜻이다. 이러한 정황을 선지자는 2절에서 '…전에'(before; בְּטֶרֶם)를 세 차례 사용하여 반영하고 있다. 하나님의 진노를 피하려면 시간이 너무 늦기 전에 하나님께 신속하게 순응하라는 것이다.

2절에서는 백성들에게 속히 하나님께 돌아와야 하는 세 가지 이유를 말하는 반면, 3절은 하나님을 찾으라는 세 개의 명령으로 구성되어 3–3의 구조를 지니고 있음을 알 수 있다: "여호와의 명령이 내려졌다… 하나님의 분노가 오고 있다… 하나님의 날이 오고 있다"(2절); "여호와를 찾으라… 의를 찾으라… 겸손을 찾으라"(3절). 선지자가 3절에서 찾으라고 권면하는 세 가지는 영적(여호와를 찾으라), 도덕적(의를 찾으라), 그리고 개인적(겸손을 찾으라) 차원에서 변화를 추구하라는 명령으로 생각된다(Motyer). 선지자들의 신탁에서 가장 중요한 요소는 미래의 심판에 대한 예언을 선포한 후에 지금 이 순간 어떻게 살아야 하는가를 제시해 주는 '그러므로'이다. 본문이 바로 스바냐서의 첫 번째 '그러므로'의 역할을 하고 있다: "하나님의 혹독한 심판이 곧 임할 것이다. 그러므로 그 심판을 피하려면 이렇게, 저렇게 대처하라." 삶에서 영적, 도덕적, 그리고 개인적 변화를 추구하지 않으면 하나님의 심판을 피하지 못할 것이다.

공동번역은 1–2절을 열방에게 선포된 메시지로 생각하여 '천대받는 겨레들'이라고 번역하고 있다. 그러나 선지자는 여러 나라 백성이 아닌 '한 민족'(גּוֹי)에게 이 말씀을 선포한다. 주의 백성을 이 히브리어 단어(גּוֹי)로 부르는 경우는 드문 일이었지만, 때때로 하나님의 언약 백성을 향한 불편한 심기를 표현할 때 사용되었다(cf. 사 1:4).

스바냐는 유다 사람들에게 속히 모이라고 명령한다. 이 문구에서 두 차례 사용되고 있는 '모이다'(קשׁשׁ) 동사는 일반적으로 지푸라기나 겨 등을 한 곳/단으로 모으는 것을 의미하며 사람을 모으는 데는 사용하지 않는다(cf. Bruckner). 게다가 이 동사의 히트파엘(hithpael) 형태는 성경 안에서 이곳에서만 사용된다. 그래서 일부 학자들은 이 단어를 수정하여 이 동사가 '모이다'(קשׁשׁ)가 아닌 다른 동사에서 온 것으로 간주한다(cf. Berlin).

문법이나 기본적인 의미를 가늠하기가 쉽지 않지만(cf. Motyer), 저자가 이처럼 특이한 문구를 사용하는 것은 특별한 효과를 위해서이다(Berlin; cf. Weiss). 하나님께서 구원의 손을 내밀며 회개하라고 권면하는 이스라엘은 지푸라기처럼 전혀 가치가 없거나(Hunter; Roberts), 불씨에 노출되면 순식간에 불길에 휩싸이는 인화성이 높은 존재일 뿐이다(Berlin; Bruckner). 하나님의 심판의 불이 지푸라기와 같은 이스라엘 사람들에게 임하면 그들은 순식간에 타버릴 것이다.

대부분의 번역본들이 '수치를 모르는 백성'에서 '수치를 알다'로 번역하고 있는 히브리어 동사(כסף)의 의미에 대하여 학자들의 의견이 다양하다. 이 동사는 구약에서 4차례 더 사용되는데(Qal: 시17:12; 욥 14:15; Niphal: 창 30:30; 시 84:3) 기본적인 의미는 '원하다/갈망하다'이다. 그래서 '누구도 원하지 않는 백성'(unwanted nation)으로 혹은 '하나님을 원하지 않는 백성'(people who do not want God)으로 번역되기도 한다(Berlin; Roberts; 공동). 그러나 '제멋대로 하는 백성'(wayward people)(Patterson), '아무것에도 관심 없는 백성'(people who care for nothing)(Watts)으로 해석하는 것도 가능하다. 또한 '수치'를 하나님을 원하지/찾지 않는 것으로 해석하는 주석가도 있다(Bruckner). 수치를 모르는 주의 백성들에게 전하는 선지자의 경고는 단호하다. 여호와의 심판이 시작되기 전에 속히 한 곳에 함께 모여 회개하고 돌아와 여호와를 찾으라는 것이다(2절). 여호와를 모르는 수치에 대하여 속히 해결책을 모색하라는 권고이다.

이 순간까지 죄만 짓고 살아왔던 백성의 대다수에게는 강한 경고가 선포되는 반면, 하나님의 명령에 순종하면서 살아온 사람들에게는 격려와 소망이 주어진다. '이 땅'(הָאָרֶץ)이란 말을 추가하는 것은 이 부류(겸손한 자들)에 속하는 자들의 수가 그렇게 많지 않다는 것을 암시한다(Bailey). 하나님께서 격려하시는 '겸손한 자'는 '가난한 자, 연약한 자, 고통당하는 자'를 의미하지만(cf. Berlin; Bruckner), 저자는 겸손한 자를 '여호와의 명령을 따르면서 살아가는 자'로 정의하는데 이는 곧 지금까지 하나님을 믿고 의지하며 말씀에 따라 의롭게 살려고 노력했던 사람들을 뜻한다(Bennett; Berlin). 겸손한 자는 자신이 이 세상을 살아가기 위해서는 하나님이 꼭 필요하다는 사실을 깨닫고 그분을 바라며 살아가는 사람이다(Bruckner). 겸손한 자들은 여호와의 날에도 살아 있을 가능성이 '혹시'(אוּלַי)(3절)라는 단어의 사용을 통해 확인되고 있다(Bennett). 이 단어는 대체로 가능성이 없는 부정적인 면모보다는 긍정적인 가능성/소망의 상황을 기대하는 낙관적인 표현이다(HALOT). 이렇게 살아간다면 하나님의 특별한 은총과 구원을 기대해도 좋다는 뜻이다.

하나님은 '이 땅의 겸손한 자들'에게 하시는 3절의 말씀을 통해 이스라엘 사람들이 살 길을 가르쳐 주신다. 만일 그들이 여호와의 날에 심판받아 죽지 않고 하나님의 위로를 받으며 살아 있기를 원한다면 세 가지를 이행해야 한다: (1) 여호와를 찾으라(בַּקְּשׁוּ אֶת־יְהוָה); (2) 의를 찾으라(בַּקְּשׁוּ־צֶדֶק); (3) 겸손을 찾으라(בַּקְּשׁוּ עֲנָוָה). 이미 1:6에서 언급한 것처럼 여호와를 찾는다는 것은 하나님을 경배하고 그분의 말씀에 순종한다는 것을 뜻하는 전문적인 용어이다. 하나님께서 기뻐하시는 참예배를 드리라는 것이다. 또한 진정한 예배는 삶에서 곧 의로운 행동으로 이어진다. 구약에서 '의'(צֶדֶק)는 맺어진 관계가 요구하는 사항들을 충족시키는 것을 의미한다(Bailey; cf. Koch; Reimer). 그러므로 예배를 통하여 하나님과의 관계가 형성되었다면, 의를 행하는 것은 하나님과의 관계가 요구하는 것을 충족시키는 행위이다. 아울러 의를 추구한다는 것은 의롭게 살려고 최선을 다하며 의를 이룰 때까지 포기하지 않는 것을 뜻한다(Robertson). 겸손을 찾는다는 것은 자신의 한계를 깨달아 끊임없이 하나님의 도움을 간구하는 자세로 살아가는 것을 의미한다(Coppes; cf. 새번역).

마지막 날에 하나님께서 구원하실 자는 바른 자세로 하나님을 예배하는 자이며, 그 예배를 통해 확인된 의로우신 하나님과의 관계가 요구하는 대로 이 세상에서 그분의 성품을 닮아가기 위해 의를 추구하며 사는 사람이다. 또한 그는 의를 추구하며 열심히 살지만, 의를 행하는 일에 있어서는 자신의 무능함과 한계를 의식하여 두려움과 떨림으로 하나님 앞에 겸손히 자세를 낮추어 그분의 도우심을 갈망하는 자이다. 하나님께서는 이런 사람을 환난 중에도 특별히 구분하셔서 보호하실 것이다.

EXPOSIMENTARY

Zephaniah

Ⅲ. 열방에 대한 심판

2:4-3:8

이 섹션은 여호와를 찾으라는 선지자의 권면(2:1-3)이 무엇에 근거하는가를 다시 한번 확인해 준다. 만일 이스라엘이 하나님의 말씀에 따라 주님을 찾지 않고, 의를 추구하지 않으며, 겸손하게 살지 않으면, 하나님께서 온 세상을 심판하실 때 그들도 함께 심판을 받아 멸망하게 될 것이라는 경고이다. 선지자는 여호와의 계획과 섭리가 어떻게 온 세상과 유다에서 일어나는 일들을 통하여 진행되는가를 설명함으로써 하나님만이 온 세상을 통치하시는 주권자임을 선언한다. 여호와는 활동 영역이 이스라엘의 영토에만 제한된 한 나라의 편협한 수호신이 아니다. 그분은 온 세상의 창조주이시자 주권자이시다. 그러므로 주의 백성은 이렇게 위대하신 분이 세상의 많은 백성들 중에서 보잘것없는 자신들을 특별히 택하시고 백성 삼으셔서 하나님이 되어주신 것에 대하여 무한 감사하고 감격해야 한다.

이 텍스트의 장르는 열방에 대한 심판 선언(Oracles Against Nations = OAN)이다. OAN은 선지서에서 자주 등장하는 장르이며(사 13-23; 렘 46-51; 겔 25-32; 암 1-2), 이 유형의 신탁은 거룩한 전쟁(聖戰)과 여호와의 날 전승에 기초한 것이다(Bennett). 아모스서는 먼저 열방에 대한 심판을 선언한 뒤에 이스라엘에 대한 심판을 선언함으로써 이 장르를 그의 최종 목표인 이스라엘에게 임할 하나님의 심판 신탁 도구로 사용했다. 스바냐도 이 섹션의 마지막에서 유다에 대한 비난을 선포함으로써 선배 선지자의 방식을 도입하고 있다.

스바냐 선지자의 경고는 분명하다. 유다가 회개하지 않으면 하나님께서 열방을 심판하시는 날 함께 망할 것이다. 왜냐하면 하나님께서 유다를 특별히 구별하셔서 자신의 백성으로 삼으셨는데, 유다는 죄짓고 여호와 하나님을 거역하는 일에 있어서 다른 나라들과 전혀 다를 바가 없기 때문이다. 은총을 입은 사람이 그 은총에 걸맞게 살지 못하면 비난을 받는 것이 당연한 일이며, 은총을 베푼 자도 크게 실망하게 된다는 것을 충분히 인지할 수 있다. 이 섹션은 다음과 같이 세 파트로 구분될 수 있다.

A. 열방 심판(2:4-15)

B. 예루살렘의 악행(3:1-5)

C. 무시된 하나님의 경고(3:6-8)

2장 열방 심판
2:4-15

여기에 언급된 나라들의 순서는 지리적 위치에 근거한 것이다. 블레셋은 서쪽에, 모압과 암몬은 동쪽에, 구스는 남쪽 멀리, 아시리아는 북쪽에 위치해 있다. 선지자는 이처럼 유다 땅의 동, 서, 남, 북에 있는 나라들을 예로 삼음으로써 자신이 예고하는 심판이 온 세상에 임할 것을 암시한다. 또한 이 국가들의 중요성을 다른 각도에서 찾아볼 수도 있다. 선지자는 군사적 강국인 블레셋, 이스라엘과 희미한 친척 관계에 있는 모압과 암몬(창 19:38-38), 별로 알려진 게 없는 먼 나라 구스, 일방적인 제국주의를 지향하는 아시리아 등 이 세상에 서로 얽히고설킨 모든 나라가 이스라엘의 하나님 여호와의 통치 아래 있다는 점을 역설하고 있다(Motyer).

이 국가들의 면모로 보면 도시국가로 구성되어 있는 블레셋, 작은 자치 국가 모압과 암몬, 그리고 대형 제국 아시리아 등 국가 규모에 상관없이 모든 나라가 여호와의 심판을 받아 동일한 종말을 맞게 된다는 것이다. 그러나 본문의 주제가 온 세상의 종말이 아니라 역사의 한순간에 가나안 지역에 임할 심판이라는 반론도 만만치 않다. 열방 목록에 포함된 나라들이 요시야의 가장 큰 원수 국가들이거나 요시야가 정복하기를 원했던 나라들이기 때문이다(Sweeney).

여호와께서 온 세상을 심판하신다는 것은 두 가지 원리의 대립을 의미한다. 첫 번째 원리는, 열방은 주의 백성 이스라엘의 원수라는 사실이다. 그렇기 때문에 이스라엘이 회복되고 축복을 누리려면 열방이 심판을 받아 멸망해야 한다. 이러한 사실과 대립되는 두 번째 원리는, 주의 백성과 열방은 형제라는 점이다(Bennett). 열방이나 이스라엘이나 같은 창조주께서 세우셨다. 또한 역사의 주권자이시며 세상의 통치자이신 여호와께서 이들 모두를 다스리신다. 그러므로 열방은 이스라엘만큼 하나님의 은총을 바라고 누릴 수 있는 자격이 있다. 이 두 가지 원리가 항상 대립을 이루고 있는 곳이 바로 열방에 대한 심판 선언(OAN)이다. 이 섹션은 다음과 같이 구분될 수 있다.

A. 블레셋에 임할 심판(2:4-7)
B. 암몬과 모압에 임할 심판(2:8-11)
C. 구스에 임할 심판(2:12)
D. 아시리아에 임할 심판(2:13-15)

1. 블레셋에 임할 심판(2:4-7)

4 가사는 버림을 당하며 아스글론은 폐허가 되며 아스돗은 대낮에 쫓겨나며 에그론은 뽑
히리라 5 해변 주민 그렛 족속에게 화 있을진저 블레셋 사람의 땅 가나안아 여호와의 말
씀이 너희를 치나니 내가 너를 멸하여 주민이 없게 하리라 6 해변은 풀밭이 되어 목자의
움막과 양 떼의 우리가 거기에 있을 것이며 7 그 지경은 유다 족속의 남은 자에게로 돌아
갈지라 그들이 거기에서 양 떼를 먹이고 저녁에는 아스글론 집들에 누우리니 이는 그들의
하나님 여호와가 그들을 보살피사 그들이 사로잡힘을 돌이킬 것임이라

이미 서론에서 언급한 것처럼 상당수의 주석가들이 4절을 앞부분(2:1-3)과 연

결해서 다룬다. 그 이유는 4절을 시작하는 소사(כִּי)를 접속사로 간주하여 '왜냐하면/그러므로'로 이해하기 때문이다(Berlin). 그러나 4절의 내용은 분명 열방에 대한 심판 선언의 시작이다. 그뿐만 아니라 이 소사(כִּי)를 접속사로 이해하지 않고 강조사(emphatic particle)로 간주할 수 있다(R. Smith). 이 경우 하나님께서 '진정으로' 열방을 심판하실 것을 강조하시는 것이다. 이렇게 해석할 경우 하나님은 열방에 대한 심판 선언을 통해 유다에게 회개할 것(2:1-3)을 다시 한 번 권면하시는 것이 된다(Sweeney). 만일 그렇지 않으면 하나님께서 열방을 심판하실 때에 유다가 심판에서 면제될 것을 장담하지 못한다는 의미이다. 스바냐가 열방뿐만 아니라 유다에게도 동일한 경고를 하고 있다는 점을 고려할 때 이 해석이 훨씬 더 합리적이다. 4절이 앞부분과 연결되어야 한다고 주장하는 주석가들도 이 구절은 앞부분과 뒷부분을 동시에 연결시키는 다리 역할을 하고 있다는 점은 인정한다(Berlin).

블레셋은 원래 5개의 도시국가를 중심으로 형성되었다: 가사, 아스글론, 아스돗, 에글론, 그리고 이 목록에서 빠진 가드. 가사(עַזָּה)는 블레셋의 주요 도시 중 가장 남쪽에 있는 해안 도시였으며(수 13:3; 삿 16:1; 삼상 6:17), 예루살렘에서 남서쪽으로 약 80Km 떨어진 곳이다. 산헤립 왕이 이 도시를 평정한 후 아시리아의 속국으로 있었으며, 아시리아의 도움으로 유다 영토 일부를 점령했다(Stinespring). 하나님께서는 '가사'(עַזָּה)가 '버림받을 것'(עֲזוּבָה)이라고 선언하신다. 유성음을 사용하여 언어유희('아자'가 '아주브' 당한다)를 보여주고 있다.

아스글론(אַשְׁקְלוֹן)은 가사에서 북쪽으로 약 20km 떨어진 곳에 위치한 해안 도시였다(cf. 삿 14:19; 삼상 6:17). 아스돗(אַשְׁדּוֹד)은 아스글론에서 북쪽으로 20km 정도 떨어진 곳에 있었으며(cf. 삼상 5:1; 대하 26:6), 에글론(עֶקְרוֹן)은 아스돗에서 북쪽으로 50km 떨어진 곳에 있었다. '에글론'(עֶקְרוֹן)이 '뽑힐 것'(תֵּעָקֵר)이라는 말씀 역시 유성음에 근거하여 언어유희를 형성한다(Bruckner). 느부갓네살은 가사와 아스글론을 정복했으며, 가사와 에글론은 훗날 유명한 헬라권 도시가 되었다(Stinespring). 아스돗과 에글론도 같은 때에 망했지만, 재건되었다(Patterson). 블레셋의 5대 도시 중 가드가 빠진 것은 아마도 아시리아 사람들에 의하여 이미 멸망했고 선지자의 시대에 이르러서도 아직 회복하지 못했기 때문으로 보인다(Sweeney).

선지자가 블레셋의 네 도시와 연결하여 사용하는 동사들은 도시들뿐만 아니라 여자들에게도 똑같이 적용될 수 있다(Zalcman): 가사는 결혼 전에 약혼자에게 버림받은(עֲזוּבָה) 처녀와 같고(cf. 사 54:6; 렘 4:29), 아스글론은 결혼 후 남편에게 버림받은(שְׁמָמָה) 여인과 같으며(cf. 사 54:1; 삼하 13:20), 아스돗은 내쫓긴(יְגָרְשׁוּהָ) 이혼녀와 같고(cf. 레 21:14), 에글론은 임신하지 못한 여인처럼 뿌리째 뽑힐 것(תֵּעָקֵר)이라고 한다(Zalcman; Gordis; Bennett; Berlin). 선지자가 '버림받은 여인' 은유를 사용하고 있다는 추가적인 증거로는, 아스돗과 함께 사용되는 동사인 '내치다'(גרשׁ) 보다 '황폐하다'(שׁדד)가 본문에 더 적합한 동사임에도 불구하고, '결혼한 여인' 비유를 위해 일부러 부자연스러운 '내치다'(גרשׁ)를 사용하고 있다는 점이다(Zalcman). 국가를 결혼한 여인에 비유하는 것은 선지서에서 자주 사용된다(사 54:4–8; 렘 3; 호 1–3). 그러나 항상 이스라엘에게 적용되며 이방 나라에 대하여 결혼 비유가 사용되는 것은 이곳이 유일하다(Bennett). 그러므로 블레셋에 대한 심판 선언은 유다에게 자숙하라는 경고이다. 블레셋을 치시는 것을 마치 결혼한 아내를 내치는 것으로 묘사하심으로써, 진짜 아내인 이스라엘도 내치실 수 있음을 암시하는 것이다.

선지자는 이 도시들이 '대낮'(צָהֳרַיִם)에 망할 것이라고 하는데 이 말은 전쟁이 매우 신속하게 끝날 것이라는 의미이다. 가나안 지역에서는 보통 동이 트면 전쟁이 시작된다. 그러므로 정오에 모든 것이 끝난다는 것은 적군이 매우 신속하게 이 도시들을 점령해 나갈 것을 암시한다(Berlin; Bailey; Balll; cf. 렘 15:8). 전쟁은 정오에 끝나고 오후부터는 침략군의 통치가 시작되는 것이다(Motyer).

스바냐는 4절에 선포된 내용을 5절에서 다른 언어를 통해 다시 한번 확인한다. 블레셋 사람들은 바닷가에 주로 살았는데, 학자들은 대체로 그들을 오늘날 크리트(Crete)로 알려진 '그레데에서 온 사람'(כְּרֵתִי)들로 추정한다(Roberts; Ehrlich; Kitchen; Wiseman). 그러므로 '바닷가에 사는 사람', '그렛 섬에서 사는 사람'은 블레셋 사람들을 호칭하는 것이 된다. 하나님께서 이들에게 혹독한 심판을 내리실 것이다.

하나님의 심판이 블레셋에 임하면 이들의 땅은 초원이 되고(6절), 주민들은 더 이상 살지 않는다(5b절). 하나님께서 블레셋을 심판하시는 목적은 온 땅을 폐허로 만드는 것이 아니라 그 땅에서 사는 사람들만 제거하는 일이다. 하나님께서는 사람들을 제거한 블레셋 땅을 유다에게 주실 것이다(7절). 블레셋이 아시리아의 도움을 받아 유다의 영토 일부를 점령하고 있는 것에 대한 보복을 암시하는 듯하다(Roberts). 그러므로 블레셋 지역을 향해 심판이 선포된다는 것은 유다에게는 좋은 소식이다. 그들이 환난 날 이곳으로 피하게 되기 때문이다(Bennett).

Ⅲ. 열방에 대한 심판(2:4–3:8)
1장. 열방 심판(2:4–15)

2. 암몬과 모압에 임할 심판(2:8–11)

8 내가 모압의 비방과 암몬 자손이 조롱하는 말을 들었나니 그들이 내 백성을 비방하고
자기들의 경계에 대하여 교만하였느니라 9 그러므로 만군의 여호와 이스라엘의 하나님이
말하노라 내가 나의 삶을 두고 맹세하노니 장차 모압은 소돔 같으며 암몬 자손은 고모라
같을 것이라 찔레가 나며 소금 구덩이가 되어 영원히 황폐하리니 내 백성의 남은 자들이
그들을 노략하며 나의 남은 백성이 그것을 기업으로 얻을 것이라 10 그들이 이런 일을 당
할 것은 그들이 만군의 여호와의 백성에 대하여 교만하여졌음이라 11 여호와가 그들에게
두렵게 되어서 세상의 모든 신을 쇠약하게 하리니 이방의 모든 해변 사람들이 각각 자기
처소에서 여호와께 경배하리라

선지자는 유다의 남서쪽에 위치한 블레셋 지역에 대한 심판을 선포한 후 시선을 돌려 요단 강 동쪽에 있는 유다의 먼 친척 나라 암몬과 모압에 대하여 말씀

을 선포한다. 이 섹션은 백성/겨레라는 말로 묶여 하나의 통일성을 유지하고 있다: '나의 백성'(8절), '나의 백성… 나의 겨레'(9절), '만군의 주의 백성'(10절). 이 섹션에서 선지자는 하나님은 마치 이스라엘에 대해서만 애착을 갖고 있는 분으로 묘사하는 것 같지만, 실상은 그렇지 않다. 이스라엘에 대한 하나님의 애정은 그분의 온 세상 민족들을 향한 사랑과 그들을 구원하고자 하는 열망과 의지의 상징적 표현일 뿐이다(Baker; Motyer). 하나님의 열방에 대한 계획은 11절 마지막 부분에 잘 암시되어 있다: "이방의 모든 섬사람들은 저마다 제 고장에서 주를 섬길 것이다." 이 섹션은 다음과 같은 구조를 지니고 있다 (Motyer).

A. 내 백성을 욕하는 것을 들었다(8절)

B. 신적 반응(divine response)(9절)

A'. 내 백성을 욕한 것에 대한 보복이다(10-11절)

모압과 암몬은 아브라함의 조카 롯에게서 비롯된 민족이다(cf. 창 19:37-38). 이런 친분 관계 때문에 이스라엘이 이집트를 떠나 가나안 땅으로 입성할 때에 하나님께서는 이스라엘에게 이 민족들에 대하여 특별히 배려하도록 지시하셨다(cf. 신 2:9, 19). 그러나 역사를 살펴보면 이스라엘은 광야에 머물 때부터 이 두 나라와 끊임없이 갈등했다(cf. 민 22:1-6; 삿 3:12-30; 11:4-11; 삼상 11:1; 12:12; 14:47). 한때는 다윗도 모압 사람들에게 위협을 느꼈고(시 60편), 암몬 사람들은 의도적으로 그를 자극했다(삼하 10장).

성경은 주의 백성이 스스로 원수 갚는 것을 금한다. 주의 백성의 원수를 갚아 주는 것은 하나님의 일이기 때문이다. 드디어 하나님께서 주의 백성을 대신해서 이들에게 원수를 갚을 순간이 임했다. 모압과 암몬은 유다에게 "욕을 퍼붓고… 악담을 하고… 욕을 퍼부었다"(8절). 이 나라들은 유다를 욕하는 것이 곧 하나님을 욕하는 것임을 깨닫지 못했다(House). 그뿐만 아니라 그들은 유다의 국경을 침범하였다(8절). 문제는 그들이 침범한 영토가 하나님께서 유다에게 주신 땅이라는 점이다. 그들은 본의 아니게 하나님의 나라를 침략했으며, 하나님은 아직도 이 지역의 소유권을 가지고 계시기 때문에 그들의 도발을 묵인하실 수 없는 상황이 되었다(Roberts).

이 두 나라에게 내려질 심판은 어떤 것인가? 그들은 소돔과 고모라처럼 될 것이다(9절). 번역본이 하나같이 암몬과 모압이 "거친 풀이 나는 곳과 소금 구덩이"가 될 것이라고 번역하고 있는 히브리어 문구(מִמְשַׁק חָרוּל וּמִכְרֵה־מֶלַח)의 정확한 해석이 어렵다. 이 구절을 형성하고 있는 주요 단어들(מִמְשַׁק와 מִכְרֵה)이 성경에서 단 한 번씩밖에 사용되지 않으며(hapax legomenon), 다른 단어(חָרוּל)도 자주 사용되는 단어가 아니기 때문이다. 그러나 전반적인 의미를 파악하는 일은 그리 어렵지 않다.

암몬과 모압의 영토가 잡초와 소금으로 덮여 곡식을 생산할 수 없는 땅이 될 것을 뜻한다(Berlin). 소돔과 고모라는 완전한 파괴를 상징할 뿐만 아니라 롯이 소돔에서 도망쳐 나와 딸들과 근친상간을 하여 이 민족들이 탄생했기 때문에 특별한 의미를 지닌 이름이다. 모압과 암몬을 초토화시키겠다는 하나님의 의지에 단호함이 서려 있다: "나의 삶을 두고 맹세한다." 하나님께서는 자신을 "만군의 여호와, 이스라엘의 하나님"이라는 긴 이름으로 밝히심으로써 일이 이렇게 될 것을 자신의 명예를 걸고 단언하신다. 모압 사람들은 사해가 내려다보이는 해발 1,500m 고지에서 살았다. 이 모압 땅에서 모세는 요단 강 건너에 펼쳐져 있는 약속의 땅을 보았다. 모압의 영토는 남북으로 약 100km, 동서로 약 55km에 달했다(Grohman). 천연 요새와 같은 모압의 험한 지형도 하나님의 심판을 막지 못할 것이다. 암몬은 요단 강 동편 지역의 중심부를 차지했으며, 북쪽으로는 길르앗, 남쪽으로는 모압과 접경하고 있었다.

하나님의 심판이 모압과 암몬에 임하는 날, 주의 백성 유다는 분풀이를 실컷 하게 될 것이다. 평소에 이들은 심심하면 유다의 영토를 침략해 와 끊임없는 분쟁을 이어 왔는데, 이스라엘이 드디어 그들의 땅을 정복하여 차지하게 된다(9c절). 롯의 후손들이 유다에게서 빼앗은 땅이 드디어 그 땅의 정당한 상속자들에게 반환될 것이다(Robertson). 하나님께서는 자기 백성들을 괴롭히는 나라들의 행위를 낱낱이 기록해 두었다가 때가 차면 모든 것에 대하여 대가를 치르게 하신다(Motyer).

선지자는 10절에서 8절의 내용을 다시 한번 상기시키면서 모압과 암몬이 멸망하는 이유는 유다를 괴롭혔기 때문이라고 한다. 또한 하나님의 심판이 이 땅에 임하는 날, 세상 사람들은 여호와가 얼마나 무서운 분인가 알게 될 것이며 모두 여호와 앞에 무릎을 꿇고 경배할 것이다(11절). '이방의 모든 섬/해안 지역 사람'(כל אִיֵּי הַגּוֹיִם)을 창세기 11장에 언급된 야벳의 자손들 중 일부를 뜻하는 것으로 이해하여, 이 말씀이 범세계적인 회심을 뜻하는 것이 아니라는 주장도 있다(Berlin). 오직 해안가에 자리 잡은 족속들만 하나님을 경배하게 된다는 것이다.

그러나 이 문구를 이처럼 협소하게 해석할 필요는 없다는 것이 일반적인 견해이다. 본문은 온 세상이 하나님께 대한 경배로 가득할 날을 예고하고 있는 것이다. 3:9–10도 이러한 해석을 뒷받침하는 듯하다. 그러면 이방인들이 하나님을 경배하는 것이 진정한 회심 때문인가, 아니면 모압과 암몬이 당한 일 때문에 두려워서인가? 두려움에서 비롯된 일시적인 현상, 혹은 억지로 강요된 경배로 보는 사람도 있지만(Bruckner), 진정한 회심에 근거한 참예배라는 해석이 일반적이다(Bailey; Motyer).

III. 열방에 대한 심판(2:4–3:8)
1장. 열방 심판(2:4–15)

3. 구스에 임할 심판(2:12)

12 구스 사람들아 너희도 내 칼에 죽임을 당하리라

선지자의 시선이 유다의 동쪽에서 먼 남쪽으로 향한다. 선지자가 에티오피아 사람들(כּוּשִׁים)에게 선포하는 메시지는 딱 한마디이다: "너희도 칼에 맞아 죽는다." 칼에 맞아 죽는다는 것은 전쟁으로 망할 것임을 암시한다. 그런데 지금까지 선지자는 다른 민족들을 나라 이름으로 불렀고, 다음 섹션에서도 아시리아라는 나라에 말씀을 선포하는데, 여기서는 왜 에티오피아가 아니고 에티오피아 '사람들'을 대상으로 하는 것일까? 정확한 이유는 알 수 없으나, 이 신탁이 에티오피아 사람을 대상으로 하는 것과 이들에 대한 말씀이 매우 짧다는 것이 다른 나라들에 대한 신탁들과 차별화되는 부분이다.

에티오피아라고 번역하고 있는 '구스'에 대하여 다양한 해석이 제시되었다. 첫째, 스바냐가 구스라고 하는 나라는 이집트를 말한다. 이러한 주장이 나오게 된 동기는 이 섹션에서 북쪽의 아시리아와 쌍벽을 이루고 있는 곳으로 남쪽의 이집트가 언급되는 것이 자연스러운데 에티오피아가 등장하는 것이 의외이기 때문이다. 그러므로 일부 학자들은 에티오피아를 이집트로 해석하든지, 아니면 에티오피아(구스)를 이집트(미스라임)로 수정하기를 권장한다. 실제로 에티오피아는 이집트와 접경국가일 뿐 아니라 성경에서 종종 이집트와 평행을 이루며 사용된다. 그러나 성경 안에서 에티오피아가 이집트의 다른 이름으로 사용되는 곳은 없다.

둘째, 선지자가 구스로 부르는 나라는 에티오피아/누비아이다(Ball).

셋째, 스바냐가 구스 사람들이라고 하는 족속은 미디안 혹은 미디안 지역에 사는 사람들이다. 구스와 구산은 같은 족속이며, 이들은 유다의 남쪽에 위치한 미디안 사람들이거나 미디안 지역에 살았던 사람들이라는 추측에서 비롯된 주장이다(cf. 합 3:7; 민 12:1; 대하 21:16)(Haak). 그러나 미디안 사람들은 이 시대 유다의 원수 국가 목록에 등장하지 않는다. 오히려 에돔이 예상되지만, 에돔도 언급되지 않는다(Berlin).

넷째, 스바냐가 구스 사람들이라고 부르는 자들은 아라비아반도에 살았던 족속이다. 이러한 주장은 창세기 10:7이 구스의 자손들이 북아라비아 지역에 정착했다고 기록하고 있는 점에 근거한다. 그러나 아라비아 지역에 살았던 구스 사람들은 스바냐서와는 크게 상관없는 족속이라는 것이 학자들의 일반적인 견해다.

다섯째, 선지자가 구스라고 부르는 나라는 메소포타미아, 더 구체적으로 아시리아를 뜻한다. 이 주장은 창세기 10:7이 구스가 니므롯의 아버지이며, 니므롯은 아시리아를 건설했다는 정보에 근거한 추측이다(Berlin).

주장마다 나름대로 설득력이 있어 보이지만, 스바냐는 오늘날의 에티오피아 혹은 당시의 누비아를 뜻한 것으로 생각된다. 구스를 에티오피아로 해석할 때 동서남북의 균형이 가장 잘 잡히기 때문이다. 선지자는 유다의 먼 남쪽에 위치한 에티오피아를 본문에서 언급함으로써 하나님의 심판이 온 세상에 고르게 임할 것을 강조하고 있다고 보는 것이 가장 자연스럽다.

III. 열방에 대한 심판(2:4-3:8)
1장. 열방 심판(2:4-15)

4. 아시리아에 임할 심판(2:13-15)

13 여호와가 북쪽을 향하여 손을 펴서 앗수르를 멸하며 니느웨를 황폐하게 하여 사막 같
이 메마르게 하리니 14 각종 짐승이 그 가운데에 떼로 누울 것이며 당아와 고슴도치가 그
기둥 꼭대기에 깃들이고 그것들이 창에서 울 것이며 문턱이 적막하리니 백향목으로 지은
것이 벗겨졌음이라 15 이는 기쁜 성이라 염려 없이 거주하며 마음속에 이르기를 오직 나
만 있고 나 외에는 다른 이가 없다 하더니 어찌 이와 같이 황폐하여 들짐승이 엎드릴 곳
이 되었는고 지나가는 자마다 비웃으며 손을 흔들리로다

스바냐의 눈길이 드디어 이스라엘의 북쪽을 향함으로써 동서남북을 완성한다. 주의 백성들을 가장 많이 괴롭히고 북 왕국 이스라엘을 송두리째 뿌리 뽑았던 오래된 원수 아시리아와 이 나라의 대표적인 도시 니느웨를 향해 선지자의 가장 강력한 메시지가 선포된다. 아시리아의 폭력과 잔인성은 고대 근동의 역사에서 전설적인 것이었다(Bruckner). 아시리아의 잔인성과 폭력에 견줄 나라가 없었던 것처럼 그들이 체험하게 될 파멸도 다른 나라들과 비교가 안 될 정도로 그다. 니느웨를 중심으로 한 아시리아가 하나님의 심판을 받아 완전히

황무지로 변한다.

한때는 세상을 호령하던 곳이 들짐승이나 살기에 적합한 곳이 되어, 사람이 도저히 살 수 없는 곳으로 변한다. 모든 번역본이 '온갖 짐승'으로 번역하고 있는 문구(כָּל־חַיְתוֹ־גוֹי)를 문자적으로 번역하면 '[각] 나라의 모든 짐승'이다. 이 표현보다는 '땅의 짐승들'(חַיְתוֹ־אֶרֶץ)(창 1:24; 시79:2), '들의 짐승들'(חַיְתוֹ שָׂדָי)(시 104:11), '숲의 짐승들'(חַיְתוֹ־יָעַר)(시 50:10; 104:20)이 더 자연스러운 표현이다. 그러나 칠십인역이 '땅의 짐승들'(πάντα τὰ θηρία τῆς γῆς)로 번역하고 있다는 점을 근거로 거의 모든 번역본과 주석가들이 '땅의 짐승들'로 수정했다.

반면에 '나라의 모든 짐승'을 그대로 두면 일종의 아이러니가 형성된다(cf. Berlin). 한때는 세상 모든 나라들을 호령하고 지배하여 착취한 재물을 가지고 화려하게 꾸몄던 아시리아가 자신이 지배했던 나라들의 들짐승들이나 살기에 적합한 곳으로 몰락할 것을 선언하는 말씀이다. 그 화려했던 도시들은 더 이상 사람들이 살 수 없는 황폐한 땅이 될 것이다. 특히 니느웨가 사막처럼 메마른 곳이 될 것이라는 말씀은 이들에게 임할 심판의 위력을 극대화하는 표현이다.

니느웨는 근동지역에서도 특별히 물이 많은 곳이다. 큰 강과 샛강이 도시의 북서쪽과 남서쪽을 두르고 있었으며, 많은 수로가 도시의 모든 곳에 넉넉한 물을 공급해 주었다(Motyer). 그런데 이곳이 메마른 사막처럼 된다! 믿기지 않는 일이지만, 하나님께서 선포하신 말씀이므로 꼭 그렇게 될 것이다. 하나님의 심판이 아시리아를 강타하면 한때는 "세상에는 나밖에 없다"라고 뽐내던 성(城)이 지나가는 사람들의 비웃음거리가 될 것이다. 사람이 세우는 아성과 존귀한 것들에 하나님의 손이 닿으면 이렇게 된다.

왜 아시리아가 심판을 받아야 하는가? 그들의 교만이 문제가 되고 있다(15절). 앞에서 모압도 일종의 교만 때문에 하나님의 심판을 선고받았다. 그러나 그들의 교만은 이웃 나라를 비아냥거리고 욕하는 등 외형적으로 드러난 반면, 아시리아의 교만은 내적인 성향을 띤다. 세상에 그 누구도 자기와 견줄 자가 없다며 그들이 갖고 있는 모든 것을 자랑하고 뽐내면서 극도의 자기도취에 빠져 있는 모습이다. 하나님께서 가장 싫어하시는 것이 교만인데, 특히 자기 도취에 빠져 있는 교만은 더욱더 그렇다. 그러므로 아시리아에게 임할 심판은 다른 나라들에 내려질 것보다 훨씬 더 강도가 높다. 하나님의 심판이 임할 때 인간의 교만이 높을수록 낙차도 큰 것이다.

스바냐는 열방에 대한 심판 선언을 통해 몇 가지 신학적인 원리를 제시하고자 한다. 첫째, 하나님은 온 세상의 통치자이시다. 스바냐가 예로 들은 네 나라는 각기 상징성을 지니고 있다: 블레셋은 군사적으로 강한 나라이며, 모압과 암몬은 과격한 나라들이며, 구스는 멀리 있어 잘 알려지지 않은 나라이며, 아시리아는 당시의 초강대국이다(Motyer). 스바냐는 이 모든 유형의 나라들이 하나님의 통치 아래 있다는 점을 강조하고자 한다. 둘째, 하나님께서는 세상 만민의 영적인 필요를 채우실 것이다. 하나님은 한 나라를 위해서 특별한 배려를 하시지만(8-10절), 동시에 세상 모든 나라들이 그분을 알고 경배하게 하실 것이다(11절). 셋째, 하나님께서는 역사의 모든 것을 주관하신다. 종종 시간이 지체될 수는 있지만, 인류의 역사는 모두 하나님께서 계획하신 '그날'을 향해 가고 있다. 그리고 그날이 되면 인류는 하나님 앞에서 그동안 했던 모든 일에 대하여 보상/응징을 받아야 한다.

2장 예루살렘의 악행
3:1-5

1 패역하고 더러운 곳, 포학한 그 성읍이 화 있을진저 2 그가 명령을 듣지 아니하며 교훈
을 받지 아니하며 여호와를 의뢰하지 아니하며 자기 하나님에게 가까이 나아가지 아니하
였도다 3 그 가운데 방백들은 부르짖는 사자요 그의 재판장들은 이튿날까지 남겨 두는 것
이 없는 저녁 이리요 4 그의 선지자들은 경솔하고 간사한 사람들이요 그의 제사장들은 성
소를 더럽히고 율법을 범하였도다 5 그 가운데에 계시는 여호와는 의로우사 불의를 행하
지 아니하시고 아침마다 빠짐없이 자기의 공의를 비추시거늘 불의한 자는 수치를 알지 못
하는도다

유다를 가운데 두고 서쪽, 동쪽, 남쪽, 북쪽에 위치한 주변 나라들에게 심판을 선언했던 선지자가 드디어 중심에 있는 과녁 격인 유다와 예루살렘의 죄에 눈을 돌린다. 아모스 선지자가 사용했던 방법처럼 스바냐는 열방에 대한 심판 선언을 그의 최종 목표인 주의 백성에 대한 심판 선언의 전주곡으로 사용했을 뿐이다. 결국 열방에 대한 심판 선언도 연루된 국가들이 듣고 회개하라는 목적보다는 선지자의 청중인 유다와 예루살렘 사람들에게 들으라는 메시지였던 것이다. 스바냐 선지자의 이러한 메시지 선포 방법은 또 한 번 그의 청중을 놀

라게 하기에 충분하다. 그가 지금까지 선포한 비난 메시지에 언급된 나라들의 순서를 보면 블레셋—암몬, 모압—구스—아시리아 등 점차적으로 유다 땅에서 멀어져 가고 있는 느낌을 준다(Motyer). 그러므로 설령 선지자가 열방에 대한 심판 선언을 지속하더라도 바빌론처럼 유다에서 더 멀리 떨어진 나라를 지명할 것을 기대했을 것이다. 그런데 오히려 지형적으로는 멀어져 가던 메시지의 초점이 그들의 심장 예루살렘을 겨냥한 것이다. 게다가 이 말씀은 유다도 하나님의 심판의 대상이 되는 열방 중의 한 국가에 불과하다는 점을 암시하고 있다. 이러한 사실은 특권 의식에 사로잡혀있던 유다 사람들에게 매우 충격적으로 들렸을 것이다(Nogalski).

한때는 하나님의 신부였고 애정의 대상이었던 예루살렘과 유다가 범죄하여 하나님의 원수가 되어 있다. 하나님과의 관계가 파경에 이르게 된 것이다. 특히 백성들을 인도하여 하나님과의 관계를 잘 유지하도록 지도해야 할 지도자들이 하나님과의 언약을 파괴하는 데 앞장섰다는 사실은 이 백성이 처해 있는 매우 절망적인 상황을 잘 드러내고 있다(2-4절). 백성이 아무리 부패했어도 지도자들만 바로 서면 사회에 소망이 있지만, 지도자들이 잘못되면 사회를 바로 세우는 것이 여간 어려운 일이 아니기 때문이다. 그러나 우리가 역사에서 흔히 보듯이, 사회가 부패하기 시작하면 제일 먼저, 그리고 제일 심하게 부패하는 자들이 지도층에 속한 자들이다. 스바냐는 리더십의 부패와 부재를 유다가 당면한 가장 큰 문제로 간주하고 있다.

예루살렘을 향한 비난의 메시지가 전형적인 심판 경고음이라 할 수 있는 '화 있을진저'(הוֹי)로 시작한다(1절; cf. 2:5). 1절을 히브리어 단어 순서에 따라 개역성경을 재조정하면 이렇게 된다: "화 있을진저 패역하고 더러운 곳, 포학한 그 성읍아!" 선지자의 청중들은 이 말씀이 자신들에 대한 것이라는 점을 의식하지 못하고 마지막에 등장하는 '포악한 성읍'(הָעִיר הַיּוֹנָה)이 아시리아의 니느웨를 두고 하는 말로 생각했을 수 있다(so Peshitta). 그러나 이 섹션에서 예루살렘의 이름이 직접 언급되지는 않지만, 선지자의 메시지가 계속되는 동안 청중들은 점차적으로 이 말씀이 아시리아가 아니라 자신들에 대한 비난이라는 것을 깨닫게 된다(Bruckner). 하나님이 니느웨의 재판관, 제사장, 선지자들을 비난하실 이유는 없기 때문이다.

예루살렘이 범하고 있는 죄들에 대한 지적은 그 어느 나라의 것보다도 상세하고 구체적이다. 스바냐가 이사야와 미가처럼 예루살렘의 정황에 대하여 매우 잘 알고 있음을 시사한다. 선지자의 예리한 지적은 종교와 공직에 있는 지도자들의 부조리에 관한 것들이다. 스바냐는 1-4절에서 예루살렘에서 행해지고 있는 12가지의 죄를 지적한다: (1) 반역; (2) 억압; (3) 부정/더러움; (4) 하나님께 불순종; (5) 하나님의 충고를 받지 않음; (6) 여호와를 의지하지 않음; (7) 하나님께 가까이 가지 않음; (8) 으르렁거리는 대신들; (9) 아침이리 떼와 같은 재판장들; (10) 거만한 예언자들; (11) 성소를 더럽히는 제사장들; (12) 율법을 범하는 제사장들. 이 12가지 중 처음 7가지는 하나님께 행하는 범죄이며, 8번째와 9번째 범죄는 일반 백성들에게 저지른 죄악, 나머지 3가지는 하나님과 백성들에게 함께 영향을 미치는 죄악이라는 해석이 있다(Bruckner). 대체로 맞는 말이지만, 이렇게 일관성 있게 나누기는 어렵다. 억압은 백성들을 대상으로 하는 것이고, 성소를 더럽히는 일은 하나님께 범죄하는 행위이기 때문이다. 아시리아의 교만이 유다의 불순종, 불신, 불충, 부정, 불의 등과 균형을 이루고 있다(House).

반역(מָרָה)(1절)은 구약에서 40차례 정도 사용되는 단어인데, 그중 36회는 하나님에 대한 인간의 완고한 행위를 묘사한다(신 21:18; 시 78:8; Motyer). 부정/더러움(גָּאַל)은 10차례 중 7회는 개인적인 부정을 행하거나 오염된 상태를 뜻한다(느 7:64; 사 59:3). 억압(יָנָה)은 항상 백성들을 제압하는 것을 의미한다(신23:17; 시 74:8). 그러므로 1절 말씀은 이스라엘의 죄를 매우 포괄적으로 요약하고 있는 것이다: 하나님을 향한 죄(반역), 자신에게 범한 죄(부정), 다른 사람들에게 저지른 범죄(억압)(Motyer).

1절에서 이스라엘의 죄를 총체적으로 요약한 선지자가 2절에서는 유다 사람들이 하나님께 해야 할 일을 하지 않은 4가지 죄를 지적한다: 듣지도 않고/순종하지도 않고(לֹא שָׁמְעָה)… 충고도 받아들이지 않고(לֹא לָקְחָה)… 의지하지도 않고(לֹא בָטָחָה)… 가까이 가지도 않는다(לֹא קָרֵבָה)." 모두 주의 백성들이 당연히 하나님께 해야 할 일들을 하지 못하고 있음을 지적하고 있다. 주의 백성들은 하나님의 말씀을 듣고(שמע), 그 말씀을 취하고/택하고(לקח), 하나님께 의존하며(בטח), 하나님께 가까이 나아가야 하는(קרב) 등의 신앙상의 4대 의무가 있다. 이 4가지는 서로 유기적으로 연결되어 있는 개념들이다.

그러나 이스라엘은 하나님의 말씀을 듣지도/순종하지도 않고, 하나님의 권면을 받아들이지도 않으며, 하나님을 의지하거나, 가까이하지도 않는다. 또한 이 4가지는 두 종류의 죄로 구분될 수 있다. 순종하지 않는 것과 충고를 받아들이지 않는 처음 두 가지 죄는 하나님의 말씀에 따라 살지 않는 모습을 지적하는 것이다. 다음에 언급된 두 가지는 의지하지도 않고 가까이 가지도 않는 죄로서 하나님과의 관계/교제를 유지하지 않으며 살아가는 모습에 대한 비난이다. 선지자들은 말씀에 대한 순종을 전제조건으로 하나님과의 관계가 형성된다고 하는데, 스바냐도 이러한 논리에서 유다 사람들의 불순종을 비난하고 있는 것이다.

이스라엘이 하나님과의 관계에서 범하고 있는 죄들을 1-2절에서 지적한 선지자가 3-4절에서는 이들이 안고 있는 문제의 핵심인 부패한 리더십을 비난한다. 스바냐는 먼저 정치인과 법조인 등 사회적 리더들을 비난하고 난 다음(3절), 예언자들과 제사장 등 종교적 지도자들을 비난한다(4절). 선지자는 3절에서 이스라엘이 하나님께 범죄하고 있는 것을 네 가지로 비난한 것처럼, 4절에서도 네 종류의 대표적인 리더십을 비난한다.

스바냐는 사회적 지도자들을 비난하면서 짐승 비유를 사용하고 있다: "대신들은 으르렁거리는 사자들이다. 재판관들은 이튿날 아침까지 남기지 않고 먹어 치우는 저녁 이리 떼다"(3절). 사자와 이리 떼는 모두 다른 짐승들을 먹이로 삼는 동물들이며, 목자들이 양들을 방목하면서 가장 경계하는 짐승들이기도 하다. 정치적—사회적 지도자들은 제사장—선지자들만큼이나 이스라엘의 보호자가 되어야 한다. 그런데 예루살렘의 지도자들은 오히려 하나님께서 그들에게 맡겨주신 양들을 희생물로 삼고 있는 것이다. 지도자들이 사적인 욕심을 채우고 이익을 챙기기 위하여 권력을 남용하여 백성들을 착취하고 있다. 선지자는 니느웨가 짐승들의 처소가 될 것이라고 했다(2:14). 이스라엘은 이 말을 듣고 기뻐할 이유가 전혀 없다. 왜냐하면 자신들의 도성인 예루살렘은 이미 오래전부터 '짐승들'에게 먹힌 상황이기 때문이다.

종교적인 지도자들은 어떠한가? 자신들이 가장 소중하게 여겨 생명을 걸고 지켜야 할 것들을 스스로 짓밟는 것이 세상의 지도자들과 다를 바가 없다: "예언자들은 거만하며 믿을 수 없는 자들이고, 제사장들은 성소나 더럽히며 율법을 범하는 자들이다"(4절). 거만함(פֹּחֲזִים)이란 하나님을 두려워하지 않고 무모한 행동을 서슴지 않고 하는 것을 의미한다(cf. Motyer). 이들은 하나님의 이름으로 예언한다고 하면서 마음대로 자신들의 말을 섞어서 하나님의 말씀이라고 선포하고 있다(cf. Roberts). 자신들이 스스로 하나님이 되어 교만함을 보이고 있는 것이다.

하나님께서 선지자들을 통하여 가장 맹렬히 비난하시는 죄가 바로 거짓과 거만함이다. 그런데 선지자들 자체가 '거짓'이며 '교만'이니 어떻겠는가? 자기가 판 구덩이에 스스로 빠지는 격이다. 게다가 선지자들의 삶에서 가장 중요한 것이 신뢰감이 아닌가? 열매를 보고 나무를 판단하는 것처럼, 세상 사람들은 선지자들이 '하나님의 말씀'을 전한다는 사실을, 그들의 삶을 통해 신뢰하고 판단한다. 그런데 그들은 신뢰는 고사하고 고의로 사람들을 속이는 자들이 되어 있다.

제사장들은 어떠한가? 하나님의 제사장들은 특히 거룩한 것과 속된 것을 구분하여 성전이나 자신이 속된 것에 오염되지 않도록 유념해야 한다. 대부분의 번역본이(개역; 새번역; 공동; NIV; NAS) '성소'로 번역하고 있는 단어(קֹדֶשׁ)는 '거룩한 것/물건'을 뜻한다(Berlin; Motyer; NRS; JPS). 거룩한 것과 속된 것을 구분해서 오염되지 않도록 지켜야 하는 자들이 스스로 거룩한 것과 속된 것의 구분을 희미하게 하고 있다(Berlin).

제사장들은 백성들에게 율법(תּוֹרָה)을 가르치는 임무를 맡았다. 그런데 그들 스스로가 율법을 범하고 있다. '범하다'(חמס)는 근본적으로 진정한 의미와 의

도를 왜곡한다는 의미이다(Motyer). 율법을 제대로 가르쳐 사람들에게 도전을 주어야 할 제사장들이 오히려 율법의 진정한 뜻과 목적을 왜곡하고 있는 것이다. 성도들에게 모범이 되어야 할 제사장들과 선지자들이 이 모양이니 이들의 가르침에 따라 예배를 드리고 하나님을 섬기는 백성들은 어떠했을까?

하나님은 어떤 분이신가? 선지자는 하나님을 예루살렘 안에 거하시는 분이라 한다. 비록 주의 백성들이 하나님을 가까이하지 않지만(2절), 그분은 백성들 중에 거하시면서 그들을 가까운 곳에서 지켜보고 계신다. 그분은 의로운 분이셔서 어떤 부당한 일도 하지 않으시며 아침마다 자신의 공의를 빛 가운데 드러내셔서 온 세상이 보도록 하신다. 이스라엘 성읍들이 맞이하는 아침은 재판관이 전날 들었던 소송들에 대하여 판결을 발표하는 때이다(Bennett).

이스라엘 방백들은 저녁에 먹이를 뜯기 시작하면 아침까지 아무것도 남기지 않는 이리 떼들이지만, 하나님은 아침마다 공의와 정의로 이 세상을 비추시는 분이시다. '아침마다'(בַּבֹּקֶר בַּבֹּקֶר)는 광야 생활을 하던 이스라엘에게 매일 만나가 내리던 일(출 16:21), 이사야가 하나님의 영감을 매일 체험하던 일(사 50:4), 레위 사람들이 매일 하나님께 감사와 찬송을 드리던 일(대상 23:30) 등을 묘사하는 데 사용되는 문구이다. 그렇다면 선지자의 메시지는 분명하다. 비록 백성들이 하나님께 반역했지만, 하나님은 항상 이스라엘과 함께하시면서 그들에게 좋은 것을 주시는 꾸준하신 분이시다(Bruckner). 하나님은 이렇게 선하신 분이시기에 주의 백성의 반역이 더욱더 추악한 것으로 드러난다. 인간의 죄가 추악할수록 하나님의 거룩하심은 더 밝게 빛난다. 그러나 불행하게도 악인들은 수치를 모르고 계속 악을 행한다.

3장 무시된 하나님의 경고
3:6–8

6 내가 여러 나라를 끊어 버렸으므로 그들의 망대가 파괴되었고 내가 그들의 거리를 비게
하여 지나는 자가 없게 하였으므로 그들의 모든 성읍이 황폐하며 사람이 없으며 거주할
자가 없게 되었느니라 7 내가 이르기를 너는 오직 나를 경외하고 교훈을 받으라 그리하면
내가 형벌을 내리기로 정하기는 하였지만 너의 거처가 끊어지지 아니하리라 하였으나 그
들이 부지런히 그들의 모든 행위를 더럽게 하였느니라 8 나 여호와가 말하노라 그러므로
내가 일어나 벌할 날까지 너희는 나를 기다리라 내가 뜻을 정하고 나의 분노와 모든 진노
를 쏟으려고 여러 나라를 소집하며 왕국들을 모으리라 온 땅이 나의 질투의 불에 소멸되
리라

3:1에서 시작된 선지자의 예루살렘에 대한 비난은 이 섹션에서도 계속된다. 그러나 한 가지 중요한 차이가 있다. 위 섹션(3:1–5)에서는 하나님의 말씀을 3인칭으로 묘사했다. 그러나 여기서는 예루살렘을 향하여 하나님께서 직접 1인칭으로 말씀하신다. 선지자는 하나님께서 이스라엘이 보는 앞에서 열방을 심판하시고 파괴하신 것이 이스라엘에게 교훈이 되어야 했는데, 주의 백성이 전혀 깨닫지 못한 것에 대하여 못내 아쉬워한다.

하나님은 2장에서 열방을 심판하실 것을 선언하셨는데, 6절은 이들의 멸망을 다시 한 번 생생하게 묘사한다. 여호와께서 성 모퉁이의 망대들을 부수고 거리를 다니는 사람을 모두 죽이셨다. 그러므로 거리가 텅 비었다. 선지자는 6절에서 "사람이 없다"는 말을 세 차례나 한다. 왜 사람이 없는가? 하나님께서 "베고… 부수고… 없애고… 황폐하게" 하셨기 때문이다. 여호와께서 이방나라의 시민들을 완전히 제거하신 것이다.

하나님은 이스라엘이 지켜보는 앞에서 이방인들의 영토를 초토화시키고, 거주민들을 다 죽이시면서도 그들만큼은 올바르게 행동해 이러한 재앙을 모면하기를 바라셨다: "너만은 나를 두려워하고, 나의 가르침을 따르라"(7절). 성경은 여호와를 두려워하는 것/경외하는 것(ירא)이 지식의 근본이며 신앙생활의 출발점이라 한다. 만일 이들이 여호와를 경외하기만 하면, 그래서 하나님의 가르침대로 살면 하나님께서는 "벌하기로 작정하셨다가도 그 수위를 낮추실" 계획이었다. 문제는 하나님의 기대에 전혀 미치지 못하는 백성들의 죄성이다. 그들은 "새벽같이 일어나서 못된 짓만 골라 가면서 한다"(7절). 주의 백성들은 마치 죄를 짓기 위하여 세상에 태어난 자들처럼 산다. 하나님의 권면에도 아랑곳하지 않고 죄를 일삼는다. 하나님의 놀라우신 힘과 파괴력에도 설득이 되지 않은 것일까?

그러므로 하나님께서는 "나를 기다리라"라고 말씀하신다(8절). 그런데 그 대상이 누구인가? 누구에게 기다리라고 하시는 것일까? 만일 이 말씀이 이스라엘 백성 전체에게 하시는 것이라면, 하나님께서는 기대에 못 미치고 여호와의 권면을 전적으로 무시하고 있는 온 이스라엘이 지켜보는 앞에서 열방을 심판하심으로써 다시 한 번 능력을 과시하시고자 하신다(Berlin). 그들을 설득시키기 위해서이다.

이스라엘의 불신과 불충 때문에 열방이 다시 한 번 대가를 치러야 한다. 그러나 이 말씀이 이스라엘 전체를 대상으로 하고 있는 것이 아니라 이스라엘에 속해 있는 '땅의 겸손하고 가난한 자들'(cf. 2:1-3)만을 대상으로 삼고 있다면, 의미가 상당히 달라진다(Roberts; Bailey; cf. House). 하나님께서 이스라엘의 강팍함을 보시고 열방과 이스라엘을 함께 진노의 불로 태우실 것을 뜻하신다. 즉, 많은 죄를 지어 열방과 다를 바 없는 이스라엘이 심판의 날에 열방과 함께 하나님의 심판의 대상이 될 것을 선언하시는 것이다. 하나님은 어떻게 해서든지 선민인 이스라엘을 특별히 여겨 은총을 베풀고자 하셨지만, 이스라엘은 범죄함으로써 하나님의 특별 대우를 거부한 것이다. 은총을 베풀어 주고 싶어도 백성들이 원하지 않아 베풀지 못하신 하나님의 심정은 어떠하겠는가? 물론 땅의 겸손한 자들은 이 모든 것—열방과 이스라엘이 함께 망하는 것을 직접 지켜볼 것이다.

EXPOSIMENTARY

Zephaniah

Ⅳ. 범세계적인 회심과 예루살렘의 구원

3:9-20

선지자는 이 섹션에서 획기적인 내용으로 분위기 전환을 단행한다(Bennett). 바로 앞 구절에서 혹독한 심판과 엄청난 재앙이 있을 것이라고 경고했는데, 여기서는 전혀 다른, 소망과 회복에 대한 기대로 신탁을 채우고 있다. 한 절을 지나면서 임박한 심판 선언이 소망의 약속으로 바뀌는 것이다. 일부 학자들은 메시지의 순간적 반전에 대하여 매우 곤혹스러워한다. 어떻게 '그날'이 열방에 하나님의 분노를 쏟아붓는 날이며, 동시에 그들을 구원하는 날이냐는 것이다(Robertson). 물론 우리는 이 신학적인 긴장감을 다 해소할 수는 없다. 왜냐하면 스바냐 선지자가 해소하지 않고 그대로 두었기 때문이다. 우리가 유일하게 고백할 수 있는 것은 그 누구보다도 여호와의 날에 대하여 깊은 이해와 통찰력을 지닌 스바냐가 이 두 가지 사실의 대립에 대하여 설명할 필요성을 느끼지 못했다는 점이다. 책의 전체적인 분위기를 감안할 때, 저자는 이 섹션에서 여호와의 날에 대한 새로운 면모를 묘사하고 있다. 선지자는 과거에 이날을 분노하신 하나님께서 열방을 짓밟는 날이라고 했다(1:2-17). 그런데 지금은 이날을 하나님께서 죄인들을 파괴하시는 날만이 아니라 그들을 회복하시고 치유도 하시는 날이라고 선포한다. 여호와의 날이 임하면 모든 죄에 대한 심판이 끝난 후 회복이 있을 것이다. 소망이 마지막을 장식할 것이다(hope has the last word)(Motyer).

선지자는 9-13절에서 처음 신탁에서처럼 유다와 온 세상을 함께 다룬다. 나머지 부분(14-20절)에서는 시온이 하나님의 놀라운 구원의 은혜에 감사하여 노래를 부른다. 이 섹션이 선포하고 있는 메시지의 핵심은 그날이 되면 하나님께서 온 인류에게 한 언어를 주어 그들이 함께 여호와를 찬양할 수 있도록 하신다는 것이다. 옛적에 바벨탑에서 있었던 일(창 11:1-9)을 반전시키실 날을 노래하고 있다. 그날이 되면 유다에서는 교만하고 폭력을 행사하는 자들이 신실한 자들로 대체될 것이다. 이 섹션은 다음과 같이 두 파트로 구성되어 있다.

A. 범세계적인 회심 약속과 남은 자들의 구원(3:9-13)

B. 예루살렘이 노래하는 날(3:14-20)

1장 범세계적인 회심 약속과 남은 자들의 구원
3:9–13

9 그 때에 내가 여러 백성의 입술을 깨끗하게 하여 그들이 다 여호와의 이름을 부르며 한
가지로 나를 섬기게 하리니 10 내게 구하는 백성들 곧 내가 흩은 자의 딸이 구스 강 건너
편에서부터 예물을 가지고 와서 내게 바칠지라 11 그날에 네가 내게 범죄한 모든 행위로
말미암아 수치를 당하지 아니할 것은 그 때에 내가 네 가운데서 교만하여 자랑하는 자들
을 제거하여 네가 나의 성산에서 다시는 교만하지 않게 할 것임이라 12 내가 곤고하고 가
난한 백성을 네 가운데에 남겨 두리니 그들이 여호와의 이름을 의탁하여 보호를 받을지라
13 이스라엘의 남은 자는 악을 행하지 아니하며 거짓을 말하지 아니하며 입에 거짓된 혀
가 없으며 먹고 누울지라도 그들을 두렵게 할 자가 없으리라

선지자의 청중들이 전혀 예측하지 못한 상황에서 구원의 메시지가 선포되고 있다. 바로 앞 구절인 3:8만 해도 하나님의 불이 유다를 포함한 세상의 모든 나라들을 태우실 것이라고 경고했다. 그래서 백성들이 "이제는 죽었구나!"라고 탄식할 수밖에 없는 상황에서 전혀 기대하지 않은 은총이 그들에게 약속되고 있는 것이다. 마치 주의 백성들을 내리치려고 들었던 하나님의 징계의 손이 내려오면서 백성들을 쓰다듬고 위로하는 치유의 손으로 변한 것과 같다.

성경은, 특히 선지서는 이처럼 한 절 사이에 메시지의 내용과 분위기가 순식간에 바뀌는 경우를 자주 목격한다. 심판을 내리시기로 결정하고 돌아서서는 은혜를 베풀기로 마음을 바꾸시는 하나님의 모습을 상상해 보라. 그 이미지는 징계와 축복을 오가며 흔들리는 감정을 잘 묘사한다. 이사야서 39:8과 40:1은 좋은 예이다. 우리의 삶에도 때로는 전혀 기대하지 못했던 하나님의 은총과 축복이 내려, 마치 메마른 대지를 적시는 단비처럼 황폐해진 우리의 영혼을 소생시켜 주신다. 그렇기에 우리가 신앙생활을 할 맛이 나는 것이 아닐까? 그래서 '살아있다는 것'은 흥미진진한 모험과 같으며, 하나님과 동행하는 삶은 그분의 은혜에 대한 아름다운 설렘으로 채워지는 황홀함 자체인 것이다.

선지자는 심판이 끝나면 하나님께서 이방인들을 정결하게 하셔서 주님을 찬양하고 섬기게 하실 것이라고 선언한다(9–10절). 심지어는 에티오피아 강들 저편에 사는 사람들도 하나님을 섬기게 될 것이다. '섬기다'(עבר)의 가장 기본적인 의미는 제사와 예배를 드린다는 뜻이다(Bruckner). 2:12처럼 구스를 미디안과 연관하여 해석하는 주석가도 있지만(Berlin), 에티오피아는 열방에 대한 심판 선언에 언급된 나라들 중에서 가장 멀고 잘 알려지지 않은 나라로 이해하는 것이 바람직하다(Bailey; Motyer). 이곳에서 에티오피아가 다시 언급되는 것은 하나님의 구원이 온 세상, 곧 이스라엘의 관점에서 볼 때 가장 멀리 있고 잘 알려져 있지 않은 나라에도 임할 것을 선언하는 것이다. '에티오피아의 강들'은 이집트를 가로지르는 나일강의 상류, 즉 에티오피아를 흐르는 백 나일(White Nile)과 청 나일(Blue Nile)을 뜻하는 것으로 이해된다. 범세계적인 부흥이 임하고 있는 것이다.

지금까지 선지자는 하나님께서 유다의 원수들에 대하여 염려하고 계심을 시사할 뿐이었다(cf. 2:11). 그런데 이제 그들이 하나님의 은혜를 입고 있다. 그들은 '어깨에 어깨를 맞대고/한 어깨로'(שְׁכֶם אֶחָד) 주를 섬길 것이다. 하나님은 먼저 그들의 입술을 정결하게 하신다. '입술'(שָׂפָה)이 복수가 아니고 단수로 사용되는 것은 이들의 언어를 의미한다. 우상과 잡신들을 찬양하여 더러워진 이방인들의 입술이 하나님만 찬양할 수 있도록 정결하게 될 것이다(Bailey).

이 말씀의 배경이 되고 있는 바벨탑 사건과 연관해서 생각해 보자. 옛적에 인류는 하나님 없는 삶을 추구하기 위하여 바벨탑을 쌓다가 심판을 받아 뿔뿔이 흩어졌다. 드디어 그들이 다시 한곳에 모였다. 이번에는 하나님 중심의 삶을 추구하기 위하여 모였다(Motyer). 매우 감동적인 바벨탑 사건의 반전이다. 그들은 한마음으로 여호와를 섬길 것이다. 그들이 스스로 자원해서 할 수 있는 일이 아니라, 하나님께서 하시는 일이다. 죄인을 향한 하나님의 심판이 그들에게 꼭 필요한 복된 변화로 이끄신다는 것이 아이로니컬하다(House).

우리말 성경에 '내가 흩어 보낸 사람들의 딸'(עֲתָרַי בַּת־פּוּצַי)(10절)로 번역되어 있는 문구의 의미에 대하여 논란이 있다. 일부 번역본과 학자들은 중세기 랍비들이 대체로 이 문구를 '아타라이'와 '푸자이'라는 고유의 인종이나 지명으로 간주한 것에 근거하여 고유명사로 취급한다(TNK; Berlin). 푸자이를 붓(Put; cf. 창 10:6; 38:5)으로 수정하는 사람도 있고(G. Smith), 시온으로 대체하자는 제안도 있다(TNK 각주). 그러나 대부분의 주석가들과 번역본이 해석하는 것처럼 '내가 흩어 보낸 사람들의 딸'로 이해해도 전혀 무리가 없다.

하나님이 흩어 보낸 사람이 예물을 가지고 온다는 것은 무엇을 뜻하는가? 세 가지의 가능성이 있다: (1) 열방이 하나님께 드릴 제물을 가지고 온다; (2) 열방에 흩어져 있던 이스라엘이 제물을 가지고 온다(Achtemeier; Bruckner); (3) 열방이 이스라엘을 제물로 가지고 온다(Heflin; Patterson). 선지자가 9절에서 이미 바벨탑 사건을 배경으로 말씀을 선포한 것을 감안하여 바벨탑 비유의 연장선에서 이 말씀을 이해한다면, 첫 번째 해석이 가장 무난하다. 바벨탑 사건으로 인하여 하나님의 심판을 받아 세상 방방곡곡으로 흩어졌던 사람들이 다시 모이고 있는 것이다. 이번에는 하나님께 반역하는 탑을 쌓기 위해서가 아니라, 그분을 경배하기 위하여 제물을 앞세우고 온다.

유태인 선지자가 이방인에 대하여 예언하는 것들 중에서 이보다 더 고마운 신탁은 없다(House). 하나님께서 심판이 끝나면 생존자들의 인종에 상관없이 모든 사람에게 자비와 은총을 베푸시는 것은 하나님은 거룩하시고, 공평하시고, 의로우시며, 죄를 용납하지 않으시는 그런 분이시지만 또한 은혜로우시고, 사랑하시며, 용서하시는 분이심을 강조하는 것이다(Baker). 하나님의 새로운 약속은 인류 역사의 한 장면을 차지할 것이다. 선지자들은 하나님의 사역은 항상 역사 속에 있는 일이라고 한다(Bennett).

열방이 제물을 앞세우고 이스라엘의 하나님 여호와께 예배드리기 위하여 행진해 오는 동안 이스라엘에게는 어떤 변화가 있는가? 이스라엘도 열방의 변화에 버금가는 정결 과정을 지나게 된다(11–13절). 이 일은 하나님께서 유다를 상대로 직접 하시는 일이다. 그러므로 그동안 3장이 시작된 이후에 하나님께서 예루살렘과 유다에 대하여 '그들'이라고 호칭하셨지만, 이곳에서부터는 '너'(2인칭 여성 단수)를 주로 사용하신다. 예루살렘이 정결하게 되는 것은 하나님이 이 도성에 사는 사람들의 죄를 모두 용서해서가 아니다. 하나님께서 예루살렘에서 거만을 떨고 오만하게 굴던 사람들을 모두 제거하심으로써 더 이상 도시에는 죄로 오염시키는 사람들이 없게 될 것이기 때문이다(11절). 하나님께서 아시리아를 교만 때문에 심판하실 것을 선언하셨는데(2:13–15), 동일한 기준을 예루살렘에도 적용하시는 것이다.

교만은 하나님께서 가장 미워하시는 죄악이다. 교만의 근본적인 문제는 하나님의 권위와 주권을 인정하지 않는 데 있다(cf. 1:12, 18; Ben Zvi). 하나님의 주권과 권위를 인정하는 사람은 교만할 수 없다. 선지자가 본문에서 교만한 자로 규명하는 자들은 이미 1:8–13에서 비난했던 유다의 지도층 인사들이다(Berlin). 그날이 되면 하나님의 거룩한 산에는 교만한 인간이 상주할 수 없다.

교만한 죄인들이 제거된 예루살렘에서 살 자들은 누구인가? 선지자는 이 도성이 주의 이름을 의지하는 온순하고 겸손한 사람들(עָנִי וָדָל)로 가득할 것이라고 선언한다(12절). 이들은 하나님 앞에 교만하지 않았을 뿐만 아니라, 2:3에 따르면 하나님이 명령하신 대로 살았던 사람들이다. "여호와의 이름을 의지한다"(חָסוּ בְּשֵׁם יְהוָה)는 말을 문자적으로 해석하면 "여호와의 이름으로 피신한다"는 의미이다. 구약 성경에는 "여호와께 피신한다"(לַחֲסוֹת בַּיהוָה)는 말이 30여 차례 정도 나오지만 여호와의 이름으로 피신한다는 표현은 여기가 유일하다. 근본적인 의미는 같다. 이 세상의 그 어떤 물건, 권력이나 자신의 능력을 의지하는 것이 아니라 오직 하나님만을 의지하며 살아가는 것을 뜻한다(cf. 시 118:8). 겸손한 자는 자신이 내놓을 게 없고 가진 것이 없어 하나님밖에 바라볼 수 없다고 말할 수도 있겠지만, 하나님께서 사람에게 요구하시는 것이 바로 이것이다. 이 말씀은 3:2에서 선지자의 비난을 받았지만 하나님께 가까이 가지 않는 자들을 회상케 하기도 한다.

예루살렘에서 거하게 될 자는 유다 사람들 중 겸손한 자들만을 의미하는 것은 아니다. 이미 선지자는 9-10절을 통해 온 세상에서 사람들이 여호와를 섬기기 위하여 시온으로 올 것을 예고했다. 그러므로 12절에서 예루살렘에 거하는 자들을 말할 때는 이방인들도 포함될 것을 전제로 한 것이다. 세상의 모든 남은 자들이 예루살렘에 모여 하나님의 새 백성을 형성하는 순간이다. 더 이상 인종과 핏줄이 하나님 앞에 나아오는 데 문제가 되지 않는다. 각기 다른 피부색과 언어를 초월하여 모든 민족이 하나님 백성의 일원이 될 수 있다. 하나님께서 세상의 가장 먼 곳에서부터 이방인들을 불러들여 이스라엘의 남은 자들이 되게 하실 것이라는 말씀은 정말 놀랍다(Bennett). 미래에 대한 이상은 나라들 사이에 서로 원수 관계로 엉켰던 과거에 근거한 것이 아니라 새로운 종교와 가치관으로 연합하는 새 시대를 전제로 하고 있다.

이스라엘의 남은 자들에게는 거짓이 없다. 선지자는 '유다 집안의 남은 자들'(2:7), '나의 백성의 남은 자들'(2:9)이라는 표현을 사용했다. '유다 집안의 남은 자들'은 정치적—지리적 개념이며 '이스라엘의 남은 자들'은 종교적—관념적 개념이다(Ben Zvi; Berlin). 그러므로 선지자가 예루살렘에 거하는 남은 자들 속에 이방인들을 포함시키기 위해 '이스라엘의 남은 자들'을 언급하는 것은 당연하다. 그들은 악한 일이나 거짓말을 하지 않는다. 혀를 간사하게 놀리지도 않는다. 하나님의 심판이 있은 후 생존하게 될 남은 자들의 근본적인 성향은 진실성인 것이다(Bruckner). 하나님께서는 이들이 편안하게 잘 살 수 있도록 보호하실 것이다.

2장 예루살렘이 노래하는 날
3:14-20

14 시온의 딸아 노래할지어다 이스라엘아 기쁘게 부를지어다 예루살렘 딸아 전심으로 기
뻐하며 즐거워할지어다 15 여호와가 네 형벌을 제거하였고 네 원수를 쫓아냈으며 이스라
엘 왕 여호와가 네 가운데 계시니 네가 다시는 화를 당할까 두려워하지 아니할 것이라 16
그날에 사람이 예루살렘에 이르기를 두려워하지 말라 시온아 네 손을 늘어뜨리지 말라 17
너의 하나님 여호와가 너의 가운데에 계시니 그는 구원을 베푸실 전능자이시라 그가 너로
말미암아 기쁨을 이기지 못하시며 너를 잠잠히 사랑하시며 너로 말미암아 즐거이 부르며
기뻐하시리라 하리라 18 내가 절기로 말미암아 근심하는 자들을 모으리니 그들은 네게 속
한 자라 그들에게 지워진 짐이 치욕이 되었느니라 19 그 때에 내가 너를 괴롭게 하는 자를
다 벌하고 저는 자를 구원하며 쫓겨난 자를 모으며 온 세상에서 수욕 받는 자에게 칭찬과
명성을 얻게 하리라 20 내가 그 때에 너희를 이끌고 그 때에 너희를 모을지라 내가 너희
목전에서 너희의 사로잡힘을 돌이킬 때에 너희에게 천하 만민 가운데서 명성과 칭찬을 얻
게 하리라 여호와의 말이니라

스바냐서의 마지막 신탁은 예루살렘을 향해 선포된 것이며 주체할 수 없는 기쁨으로 막을 내리고 있다(Achtemeier). 정체를 밝히지 않는 목소리가 예루살렘

에게 즐거워하라고 한다(14절; cf. 사 40). 분위기는 법정에서 피고인에게 자유를 선언하는 것을 연상케 한다(Bennett). 마치 고통스러운 재판이 모두 끝나고 피고에게 무죄가 선고되고 있는 듯한 분위기다.

시온에게 선포되는 메시지의 두 핵심은 기뻐하고 두려워하지 말라는 권고이다. 바로 얼마 전까지만 해도 도저히 상상이 가지 않는 기쁨이다. 저자는 절대적인 즐거움을 묘사하기 위하여 14절에서 네 가지의 비슷한 뜻을 가진 동사를 사용하여 기뻐하라고 명령하고 있다: "노래하여라(רָנִּי)… 즐거이 외쳐라(הָרִיעוּ)… 마음껏 기뻐하라(שִׂמְחִי)… 즐거워하여라"(עָלְזִי). 즐거움은 하나님께서 이스라엘, 열방, 그리고 오늘을 사는 우리 모두에게 주시는 말씀을 제대로 이해하게 하는 해석적 열쇠가 된다(Bennett). '노래하다'(רנן)는 예배 도중 하나님께 찬양 드리는 것과 연관되어 있는 단어로 하나님의 왕권과 이미 과거에 행하신 구원 사역과 앞으로 기대되는 구원 사역을 기념하는 데 사용된다(Hausmann).

선지자는 누가 기뻐해야 하는가에 대하여도 명확하게 밝히고 있다. 여호와의 날에 임한 심판 후 예루살렘에 남아 있는 자들이다. 이점을 강조하기 위하여 선지자는 세 개의 호격(vocative)을 함께 사용하고 있다: "오 시온의 딸아!(בַּת־צִיּוֹן)… 오 이스라엘!(יִשְׂרָאֵל)… 오 예루살렘의 딸아!"(בַּת יְרוּשָׁלָם)(14절) 악인들과 죄인들은 이미 심판을 받아 죽은 후에, 이들의 종말을 보며 두려워 떨고 있는 주의 백성들에게 임하는 말씀이다. 예루살렘에 남은 자들이 마음속 깊은 곳에서부터 기뻐할 수 있는 여건이 마련된 것이다.

본 텍스트의 메시지가 스바냐서의 다른 부분과 분위기와 내용면에서 너무나 다르다 하여 일부 학자들은 이 부분을 훗날 편집자가 첨부한 것이라고 주장한다. 그러나 이러한 주장을 뒷받침할 만한 증거는 없다. 오히려 이 섹션은 진정으로 하나님께는 모든 일이 가능하다는 말이 무슨 의미인가를 실감 나게 하는 것에 초점을 맞추고 있음을 알아야 한다(Bailey). 선지자는 혹독한 심판의 용광로를 지나면 이렇게 환상적인 즐거움이 기다리고 있음을 확인해 준다. 매우 적절한 책의 끝마침이 되는 것이다.

시온이 기뻐하며 더 이상 두려워하지 않는 이유에는 여러 가지가 있다. 첫째, 주님의 이스라엘을 향한 징벌이 끝났기 때문이다(15절). 마치 법정 드라마처럼 전개되어온 스바냐의 신탁에서 이 문장은 하나님께서 이스라엘에 대하여 고발한 것들을 취하했다는 뜻이다(Berlin). 하나님은 더 이상 이스라엘을 원수, 범죄자로 취급하지 않으신다. 더 이상 이스라엘은 피고인 자리에 서서 재판을 받아야 할 필요가 없다. 하나님의 모든 요구 사항이 충분히 충족되었음을 암시한다.

둘째, 하나님께서 모든 원수들을 제거하셨다. '제거하다'로 번역된 히브리어 동사(פנה)의 피엘(piel)형은 선지서에 자주 등장하는 단어로 걸림돌이 되는 것을 없앤다는 뜻이다(Bolle). 물론 이들은 여호와의 날이 시작되면서 하나님의 심판을 받아 이미 멸망한 상태이다. 그러므로 주의 백성이 더 이상 두려워할 것이 없다. 셋째, 이스라엘의 왕 여호와가 그들과 함께 계신다. 하나님이 왕으로 고백되는 곳에서는 교만과 불순종이 있을 수 없으므로 자연히 하나님의 보호가 함께한다(Berlin). 사람이 교만을 버리는 것은 곧 하나님의 임재를 촉구하는 일이다.

그날 하나님의 심판이 끝나고 나면 실의에 빠져 있고 지쳐있는 예루살렘에게 위로와 격려가 쇄도할 것이다: "두려워 말라!"(16절) 이 히브리어 문구(אַל־תִּירָאִי)는 선지서에서 자주 등장하는 것으로서 위로와 격려 신탁을 선포할 때 사용된다(cf. 사 41:14; 44:2). "힘 없이 팔을 늘어뜨리고 있지 말라"(אַל־יִרְפּוּ יָדָיִךְ)는 표현은 "낙심하지 말라"(do not be disheartened)는 뜻을 지녔다(cf. 삼하 4:1; 사 13:7; 렘 6:24; 50:43; 겔 7:17; 21:12; 스 4:4; 느 6:9; 대하 15:7). 히브리 사람들에게 손은 힘과 능력을 상징하는데, 손을 늘어뜨리고 있다는 것은 무능력하고 무기력해서 아무것도 하지 못하고 있음을 의미한다(Bailey). 반대말로는 "담대하라, 용기를 내라"(be strong, take courage)가 있다(Berlin).

그렇다면 주변 사람들이 무슨 근거로 시온에게 낙심하지 말라고 하는 것일까? 선지자는 17절에서 설명한다. 바로 시온이 그렇게 기다리고 갈망하던 여호와 하나님이 '그들 중'에 계시기 때문이다. 선지자는 하나님께서 때가 되면 교만한 자들을 시온의 주민들 중에서 모조리 없애실 것이라고 했다(3:11). 이제 악인들이 제거되어 비어 있는 자리를 하나님의 임재가 채우고 있으시다(cf. 3:15). 여호와께서 백성들 중에 거하신다는 것은 매우 의미심장한 일이다. 하나님께서 그들 중에 계시는 한, 그들은 그 어떠한 것도 두려워할 필요가 없다. 그러므로 선지자는 계속 두려워 말라고 격려한다.

선지자는 이스라엘 중에 거하실 하나님과 백성의 관계를 몇 가지로 묘사하고 있다(17절). 첫째, 여호와는 '구원을 베푸실 전능한 분/용사'(גִּבּוֹר יוֹשִׁיעַ)이시다. 하나님께서 백성을 심판하러 오시는 것이 아니라 그들을 구원하시기 위하여 '용사'로 오시는 것이다. 영웅을 뜻하는 이 용어(גִּבּוֹר)는(cf. 1:14) 이미 수많은 전쟁을 치르면서 영웅적인 행동으로 자신의 명성을 확고히 한, 패배를 모르는 전사를 의미한다(Kosmala). 전쟁에 능숙하신 하나님께서 이스라엘을 그들이 당면하고 있는 모든 곤경과 어려움에서 구원하기 위하여 오신다.

둘째, 하나님께서는 주의 백성을 구원하실 뿐만 아니라, "그들로 인하여 매우 기뻐하신다"(יָשִׂישׂ עָלַיִךְ בְּשִׂמְחָה). 저자는 이 구절을 마치면서 다시 한 번 이 부분을 강조한다: "그가 너로 인하여 큰소리로 [노래하며] 기뻐하실 것이다"(יָגִיל עָלַיִךְ בְּרִנָּה). 주체할 수 없는 기쁨을 묘사하는 극적인 표현들이다. 험한 세상에서 권력과 악인들에게 이리 치이고 저리 치이면서도 끝까지 정의로우신 하나님에 대한 믿음을 버리지 않고 이 순간까지 버텨온 자들이다. 세상 사람들이 모두 하나님을 거역하고 세상의 방식대로 살아갈 때, 이들은 모든 불이익을 감수하면서 하나님의 말씀에 따라 살아온 사람들이다. 그러므로 하나님은 그들을 보실 때마다 가슴이 저리도록 뿌듯하시다. 얼마나 기쁘며 자랑스러우실까! 그날은 하나님께서 경상도 말로는 '억수로', 전라도 말로는 '허벌나게' 기뻐하시는 날이다.

셋째, 하나님께서는 주의 백성을 잠잠히 사랑하신다. 히브리어 문구 '잠잠히 사랑하다'(יַחֲרִישׁ בְּאַהֲבָתוֹ)가 정확히 무엇을 의미하는지는 끊임없는 논란을 일으키고 있다. 문자적으로 풀이하면 "그는 자신의 사랑 안에서 침묵하신다"(He keeps silent in his love)이다. 칠십인역 등 고대 번역본을 근거로 많은 번역본이 "그가 사랑으로 너를 새롭게 하신다"(cf. καινιεῖ σε ἐν τῇ ἀγαπήσει αὐτοῦ)라고 번역하고 있다(새번역; NRS; cf. 공동, "사랑도 새삼스러워라"). 한 주석가는 이 말씀의 의미를 6가지의 가능성으로 요약한다(Patterson): (1) 하나님께서 백성들의 죄를 덮어두신다; (2) 하나님께서 자신의 깊은 사랑 때문에 침묵하신다; (3) 주의 백성들에게 좋은 것을 주시기 위하여 깊은 생각에 빠져 계신다; (4) 하나님께서 자신의 사랑 안에서 쉬고 있으시다; (5) 하나님께서 백성들에게 평화와 고요를 주시는 것이다; (6) 하나님의 이스라엘에 대한 염려에서 비롯된 즐거운 찬양이다. 문맥과 여러 가지 정황을 감안할 때, 첫 번째 해석이 본문에 가장 잘 어울린다. 하나님께서는 예루살렘에 남은 자들의 죄를 더 이상 문제 삼지 않으실 것이다. 그냥 그들의 죄에 대하여는 사랑 안에서 침묵하실 것이다(Ben Zvi; Berlin).

여러 가지 면에서 참으로 감동적인 내용을 담고 있는 구절이다. 예루살렘에 남아 있는 자들은 하나님께서 그들에 대하여 이렇게 느끼시는지 상상할 수 없다. 그저 더 경건하게 살지 못하고, 더 정의롭게 살지 못한 것이 죄송할 따름이다. 자신들도 죄인이기는 마찬가지이며 구원해 주신 것도 놀라운데, 이렇게 기뻐하시며 귀하게 맞아 주시니 얼마나 감개무량하겠는가!

그래서 한 주석가는 이 구절(3:17)을 '구약의 요한복음 3:16'이라고 부른다(Robertson). 적절한 표현이다. 우리가 이 세상의 모든 수고를 끝내고 강 건너 저편에 이르러 하늘 문을 향해 "예수 인도하셨네"라고 외칠 때, 하나님은 우리를 맞이하러 정녕 버선발로 뛰어나오실 것이다. 그리고는 우리를 가슴에 끌어안으시고 입을 맞추시며 기쁜 노래를 부르실 것이다. 상상만 해도 가슴이 찡하다. 그날, 하나님께서 우리 때문에 목이 터지게 노래를 부르실 '그날'을 위하여 오늘 이 순간을 진실하게 살자.

번역본마다 18절을 해석해 놓은 것이 현저하게 다르다: (1)"내가 대회로 인하여 근심하는 자를 모으리니 그들은 네게 속한 자라 너의 치욕이 그들에게 무거운 짐이 되었느니라"(개역; cf. NAS; NIV); (2)"축제 때에 즐거워하듯 하실 것이다. 내가 너에게서 두려움과 슬픔을 없애고, 네가 다시는 모욕을 받지 않게 하겠다"(새번역; cf. NRS); (3)"나는 너에게 내리던 재앙을 거두어들여 다시는 수모를 받지 않게 하리라"(공동; cf. TNK). 한 주석가는 30개 이상의 번역본과 학자들의 해석을 살펴본 후 모두 각자 서로 다르다고(no two were identical) 기록하고 있다(Ball). 이 구절은 해석하기가 거의 불가능하다는 것이 학자들의 일반적인 고백이다(Berlin; Bailey; Motyer). 그러나 기본적인 의미는 확실하다. 예루살렘에 남은 자들이 더 이상 과거에 고민했던 문제들로 인하여 고통을 받지 않을 것이라는 뜻이다. 하나님께서 그들에게 고통을 주는 모든 요소를 제거해 주실 것이다.

하나님의 마지막 위로를 담고 있는 18-20절의 내용은 스바냐서에서 가장 친밀한 어투를 사용하고 있다. 하나님께서는 1인칭 단어와 많은 동사를 사용하시며 남은 자들을 보살펴 주시고 축복하시겠다는 자신의 굳은 의지를 밝히시며 7가지를 약속하신다(Bruckner): (1)"내가 너의 슬픔을 모두 없애리라"(18절); (2)"내가 너를 핍박하는 자를 벌하리라"(19절); (3)"내가 저는 자를 도우리라"(19절); (4)"내가 너희들로 하여금 찬송과 영광을 받도록 하리라"(19, 20절); (5)"내가 너희를 모으리라"(19, 20절); (6)"내가 너를 고향으로 데리고 오리라"(20절); (7)"내가 너희의 운명을 바꾸어 놓으리라"(20절).

우리말 성경들이 '없어진 자'로 번역하고 있는 히브리어 단어 הַצֹּלֵעָה 의(qal, participle, fs)(19절) 의미는 '저는 자/절름발이'이다. 그래서 거의 모든 번역본들이 절름발이(lame)로 번역하고 있다(공동; NIV; NAS; NRS; TNK). 스바냐의 마지막 말씀이 압제당한 자, 절름발이, 사회에서 소외된 자들의 돌아옴으로 장식되고 있다(19절). 세상을 살아가기에 너무 버겁고 서러운 자들에게 구원과 자유가 선포되고 있는 것이다. 하나님의 구원은 유능한 자들만을 대상으로 삼지 않는다. 가장 연약하고 소외된 자들도 하나님의 구원의 대상이다. 아니, 그들은 더 많은 도움을 필요로 하기 때문에 하나님께서 각별히 신경을 쓰시는 무리이다. 하나님의 특별한 사랑을 받는 자들인 것이다. 그들이 온 세상에서 돌아올 것이다(20절).

책이 심장을 짓누르는 듯한 정죄와 비난으로 시작했는데, 그 무엇과도 비교될 수 없는 소망과 위로로 끝을 맺고 있는 것이 매우 인상적이고 감동적이다. 1:10-16에 묘사되어 있는 전쟁의 함성소리는 감격과 감사의 찬양소리로 바뀌고 있다. 마치 북 왕국 이스라엘에게 맹렬하게 타오르는 심판의 유황불을 실컷 끼얹은 다음 회복을 약속하며 책을 마치는 아모스를 연상케 한다. 그러나 아모스는 이스라엘이 역사의 한 순간에 포로생활에서 돌아와 나라를 재건하는 것을 구체적으로 노래했지만, 스바냐는 막연한 어투로 미래를 예고하고 있다(Ben Zvi). 아모스는 주로 여호와의 날을 아시리아가 이스라엘을 집어삼키는 구체적인 날로 보았지만, 스바냐는 인류가 향해 가고 있는 역사의 최종 종착역을 염두에 두고 그날을 기리고 있다. 그날은 복된 날이다. 우리의 모든 슬픔이 사라지는 날이다. 우리의 모든 아픔이 치유되는 날이다. 그날은 또한 하나님을 얼굴과 얼굴로 맞대고 보는 날이다. 그날을 갈망하며 살자.

엑스포지멘터리

학개

학개

이 성전이 황폐하였거늘
너희가 이 때에 판벽한 집에 거주하는 것이 옳으냐
그러므로 이제 만군의 여호와가 이같이 말하노니
너희는 너희의 행위를 살필지니라
너희가 많이 뿌릴지라도 수확이 적으며
먹을지라도 배부르지 못하며
마실지라도 흡족하지 못하며
입어도 따뜻하지 못하며
일꾼이 삯을 받아도 그것을 구멍 뚫어진 전대에 넣음이 되느니라
(1:4–6)

너희가 애굽에서 나올 때에
내가 너희와 언약한 말과 나의 영이
계속하여 너희 가운데에 머물러 있나니
너희는 두려워하지 말지어다
만군의 여호와가 이같이 말하노라
조금 있으면 내가 하늘과 땅과
바다와 육지를 진동시킬 것이요
또한 모든 나라를 진동시킬 것이며
모든 나라의 보배가 이르리니
내가 이 성전에 영광이 충만하게 하리라
만군의 여호와의 말이니라
(2:5–7)

오늘날 많은 기독교인들은 헌신과 희생은 기피하면서 하나님의 백성만이 누릴 수 있는 특권은 실컷 누리려 한다. 이러한 현상은 상당 부분 목회자들과 기독교 서적의 저자들에게 책임이 있다. 강단에서 선포되는 대부분의 메시지가 하나님 나라 확장을 위하여 성도가 감당해야 할 희생과 헌신은 기피한 채 이 세상에서 풍요로움을 누리며 즐겁게 사는 비결에 초점을 맞추고 있다. 요즘 많이 팔리는 크리스천 저자들의 책을 살펴보면 헌신과 희생이 중요한 주제가 되지 못하는 것이 사실이다. 어떤 교회는 희생과 헌신을 감수하며 하나님을 섬기는 공동체인지, 아니면 삶을 즐기기 위한 자구책(self-help)을 추구하는 자들의 집단인지 혼란스러움을 주기도 한다.

19세기만 해도 기독교 저자들의 글에서 흔히 논의되었던 헌신과 희생이 이제는 사람들이 기피하는 인기 없는 개념들로 전락한 것이 매우 안타깝다던 한 목사의 씁쓸한 고백이 생각난다. 그분은 70-80년대에 동유럽권 나라에서 신앙 때문에 엄청난 대가를 치르고 미국으로 망명한 분인데, 미국 교회를 바라보며 이러한 평가를 했던 것이다. 미국 교회를 모방하는 데 혈안이 되어 있는 한국 교회의 분위기도 이와 크게 다르지 않다. 주변을 살펴보면 "이름 없이, 빛도 없이, 부담 없이 섬기리라"는 성도들의 숫자가 급격히 늘어나고 있는 것은 교회의 대형화 추세가 남긴 후유증이라 하겠다.

학개서는 이러한 정서에 일침을 가하는 책이다. 하나님을 믿는다면 삶 속에서 희생과 헌신을 보이라고 요구하는 책이기 때문이다. 학개는 하나님의 일은 뒷전으로 미루고 자신의 삶과 일에만 치중하는 자들에게 회개하고 가치관을 재정비하라고 권면한다. 선지자는 청중들에게 그들의 일이 잘 풀리지 않고 계속 곤경에 처하게 된 것은 하나님의 일을 등한시한 탓이라고 말한다. 그러므로 선지자가 제시하는 해법은 간단하다: "지금까지 미루어 두었던 하나님의 일을 먼저 하라. 그리하면 하나님께서 너희들의 삶을 축복하셔서 모든 것이 잘되게 하실 것이다." 성도의 책임은 뒤로 한 채 그저 축복만을 누리려는 자들에게 하나님 나라에 대한 철저한 희생과 헌신을 요구하고 있는 것이다. 마치 예수님께서 선포하셨던 "먼저 그 나라와 그의 의를 구하라. 그리하면 이 모든 것을 너희에게 더하시리라"라는 말씀을 연상케 하는 메시지이다.

1. 선지자

학개 선지자의 인적 사항에 대하여는 별로 알려진 것이 없다. 본인이 이렇다 할 정보를 제공하지 않기 때문이다. 심지어 그는 자신이 어느 집안사람인지도 밝히지 않는다. 학개서를 벗어나서 이 선지자의 이름이 언급되는 곳은 에스라 5:1과 6:14이 전부인데, 그곳에서도 학개에 대한 개인적인 정보는 전혀 기록되어 있지 않다. 그는 자신을 단순히 '선지자'(נָבִיא)로 밝힐 뿐이다(1:1, 3, 12; 2:1, 10). 일부 주석가들은 선지자의 집안이 문제가 많은 집안이다 보니 자신의 뿌리를 밝히지 않는 것이라고 한다(Meyers & Meyers). 그러나 학개가 귀향민들에게는 너무나 잘 알려진 사람이었기에 다른 정보를 제공할 필요가 없었다는 추측이 지배적이다. 메시지를 전달하는 자(messenger)보다는 메시지(message) 자체를 부각시키는 구약의 정서도 학개가 자신의 신상정보를 최소화하는 일에 한몫한 것으로 생각된다(Petersen; Motyer).

당시 예루살렘에 남아 있던 유태인들과 바빌론에서 귀향해 온 사람들 사이에 미묘하고 불편한 대립이 있었던 점과 학개 선지자가 귀향민들과 긴밀한 관계를 유지했던 것을 감안할 때, 그가 예루살렘에 거주하다가 귀향민을 맞아 선지자로 사역했다기보다는 바빌론에서 돌아온 귀향민 중 하나였을 가능성이 높다. 사역 당시 그의 나이에 대하여도 추측하기 어렵다. 일부 학자들은 2:3에 근거하여(이 구절은 그가 옛적 솔로몬 성전을 직접 보았던 경험을 전제로 하는 말이라는 해석) 그가 책에 기록된 말씀을 선포할 때 80세가 넘은 사람이었다고 주장한다. 그러나 대부분의 학자들은 이 주장을 수용하지 않는다(Craigie; Tollington). 반면에 만일 그가 젊었거나 중년층의 사람이었다면, 그는 586년에 타버린 솔로몬 성전에 대하여 이야기만 들었을 뿐 직접 본 적은 없었을 것이다.

'학개'(חַגַּי)라는 이름은 '나의 절기/나의 축제'(my festival)라는 뜻을 지녔으며, 동사 '절기 제물을 드리다/순례하다'(חגג)에서 비롯되었다(cf. HALOT). 그에게 이러한 이름이 주어진 것은 아마도 그가 이스라엘의 한 종교 절기 때 태어났기 때문이라는 추측도 있다(Feinberg; cf. Wolff). 학개 선지자가 농사에서 이미지와 비유를 많이 도입하여 말씀을 선포한다는 점에 근거하여 그가 팔레스타인 지역을 한 번도 떠나본 적이 없는 농부 출신이었다고 생각하는 사람들도 있다(cf. March). 그러나 이 모든 것이 추측일 뿐, 이를 뒷받침할만한 그 어떠한 역사적 증거도 존재하지 않는다.

2. 역사적 정황

구약의 책들 중에 저작권과 저작 연대에 대하여 학자들의 논쟁이 가장 적은 책 중의 하나가 바로 학개서이다. 책의 길이가 매우 짧고, 에스라서가 그와 스가랴 선지자의 사역 시기를 확실하게 증언해 주고 있으며, 내용이 에스라서에 언급된 선지자의 사역과 동일하기 때문이다. 일부 학자들은 학개서가 처음 200여 년 동안은 구두로 전해지다가 문서화되었다는 주장도 내놓지만(Ackroyd), 많은 설득력을 얻지 못하고 있다. 역사적 근거가 전혀 없기 때문이다.

선지자는 자신의 책에서 다섯 개의 일시(日時)를 제시하고 있는데, 이 모든 날짜가 오늘날 달력으로 환산하면, 주전 520년 8월 29일(1:1)에서 같은 해 12월 18일(2:2) 사이의 날들이다. 물론 이 날짜가 학개가 겨우 4개월 동안 선지자 사역을 했다는 것을 의미하는 것은 아니다. 그는 훨씬 더 오랫동안 지속적으로 사역했지만, 그가 남긴 책은 이 4개월 동안 그에게 임한 하나님의 계시만을 기록하고 있을 뿐이다(Craigie). 선지자가 515년에 있었던 성전 완공을 언급하지 않는 점으로 미루어보아 이 책은 그 이전에 이미 문서화되었을 가능성이 크다.

학개의 사역 시기는 유토피아를 꿈꾸며 538년에 바빌론을 떠나 예루살렘으로 돌아온 귀향민들에게 있어 매우 힘들고 암담했던 때였다. 세스바살의 지도하에 총 49,697명이 538년에 예루살렘으로 돌아왔다(스 2:1–70; cf. 느 7:6–73). 그러나 그 당시 근동의 새로운 군주가 된 페르시아 제국이 가나안 지역을 완전히 정복하지 못한 상태였기 때문에 이처럼 많은 사람들이 돌아올 수 없었다고 생각하는 학자들도 있다. 이들은 에스라서 2장은 캄비스가 가나안 지역과 이집트 정복에 나선 525년 이후에 있었던 일을 기록하고 있으며, 이 귀향민 무리의 리더는 세스바살이 아니라 스룹바벨이었다고 한다(Galling; cf. Beyse).

성경이 기록하고 있는 귀향민의 숫자가 너무 많다는 주장도 있다. 이 학자들에 의하면 520년대 유다 전체의 인구는 20,000명 정도밖에 되지 않았다(Bright; Albright). 느헤미야 시대(440년대)에 가서도 고작 50,000명 정도였다는 추측이 있다(Broshi). 이런 주장을 펼치는 사람들 중에는 에스라 2장에 기록된 목록이 바빌론에서 돌아온 귀향민들이 아니라, 바빌론으로 끌려가지 않고 유다와 예루살렘에 남아있던 자들의 목록이라고 하는 사람도 있다(Hermann). 이처럼 학자들 사이에 당시의 예루살렘과 유다의 인구에 대하여 추측이 무성하지만, 한 가지 확실한 것은 예루살렘과 유다에는 상대적으로 작은 규모의 이스라엘 공동체가 주변 민족들로부터 많은 압력을 받으며 살고 있었다는 것이다.

유다가 바빌론 군의 손에 망한 586년에 포로가 되어 바빌론으로 끌려간 주의 백성 대부분은 다시는 조국으로 돌아갈 수 없을 것이라고 생각했지만, 하나님께서는 페르시아의 왕 고레스를 통하여 이들에게 은총을 베푸셨다. 고레스가 539년에 큰 전쟁 없이 바빌론을 정복하고 페르시아 제국을 고대 근동의 새로운 군주국으로 세웠다. 바빌론의 마지막 지배자이었던 벨사살 정권의 부패와 방탕에 염증을 느낀 바빌론 시민들이 고레스 군에게 바빌론 군 몰래 성문을 열어주었을 뿐만 아니라, 그가 입성할 때 마치 구세주를 맞이하는 것처럼 대대적으로 환영했다. 선두에 서서 이 모든 일을 지휘한 사람이 고레스 군대를 이끈 장군 고브리아스(Gobryas)였다. 바빌론의 신 말둑의 제사장들은 곧 고레스를 정당한 왕으로 선포했다. 고레스는 이들의 성원에 보답이라도 하는 듯, 바빌론에 강제로 끌려와 살던 모든 민족에게 종교의 자유를 선포했다(대하 36:11-12; 스 1:1-4).

고레스의 칙령에 근거하여 상당수의 유대인들이 예루살렘으로 귀향했다.

그들은 스룹바벨과 세스바살의 지휘하에 모국 땅을 밟게 되었으며, 유토피아를 꿈꾸며 돌아왔다. 유다의 총독으로 임명되어 돌아온 스룹바벨은 다윗의 후손이었다. 귀향민들 중 상당수가 머지않아 하나님께서 그를 통해 다윗 왕조를 다시 일으키실 것을 기대했다. 그러나 그들을 기다리고 있던 것은 냉혹한 현실뿐이었다. 유토피아에 대한 꿈은 순식간에 물거품이 되었고, 귀향민들은 생존 자체가 위협받는 상황에 처했다. 바빌론 생활이 안겨준 모든 안락과 편안함을 포기하고 오직 하나님만 바라며 돌아온 귀향민들에게 이렇다 할 축복을 내리지 않으시는 하나님에 대한 실망과 당면한 현실에 좌절한 그들은 여호와의 일에 냉담해지기 시작했다. 하나님의 일을 하기에는 삶이 너무나도 버겁다는 것이 그들의 변명이었다.

이러한 정황에서 페르시아의 정권도 세대교체를 했다. 아카메니안 왕조(Achaemenid Dynasty)의 첫 왕이었던 고레스(559-530)가 죽자 그의 아들 캠비스(Cambyses)가 530년에 즉위하여 522년까지 통치했다. 캠비스는 525년에 이집트를 점령함으로써 페르시아의 통치 영역을 이집트까지 확장했다. 그가 522년 제국의 서쪽 지역 원정을 마치고 본국으로 돌아오는 길에 갈멜 산 근처에서 일이 생겼다. 캠비스가 그즈음 죽었는데, 그 이유와 죽음을 둘러싼 정황이 확실하지가 않다. 일부 학자들은 그가 522년에 갈멜 산 근처에서 갑자기 죽게 되자 이 기회를 틈타 본국에서 가우마타(Gaumata)가 쿠데타를 일으켜 반란을 꾀했다고 한다(Sweeney). 반면에 대부분의 학자들은 그가 가우마타의 쿠데타에 대하여 보고를 받고 죽었다고 한다(Petersen; Motyer; March). 충격을 받아 죽은 것 같지만, 쿠데타 소식을 듣고 자살했다고 생각하는 사람들도 많다(Craigie). 캠비스가 죽자 그의 장군이자 친척이었던 다리우스가 캠비스 군대의 지지를 얻어 왕이 되었다. 그는 군대를 이끌고 돌아와 가우마타를 처형하고 자신의 정권을 안정시키고자 했지만 쉽지는 않았다. 다리우스의 통치가 시작된 후 2년 동안 제국의 여러 곳에서 반란이 일어났으며, 그는 이 기간의 대부분을 반란을 잠재우는 데 사용했다.

다리우스는 페르시아가 지배하던 종속국들의 지지가 필요했다. 공교롭게도 예루살렘 성전 재건은 이러한 시대적 정황과 맞물려 있었다. 그래서 일부 학자들은 다리우스가 예루살렘 성전 재건을 허락한 것은 그의 정권에 대한 유다 사람들의 지지를 확고히 하기 위한 수단이었다고 해석한다. 그러나 성전 재건 허락은 이미 확립된 페르시아의 소수민 정책이 실현된 것뿐이라는 해석이 지배적이다(cf. Sweeney).

유다의 입장에서 볼 때 520년에 성전 재건을 시작한 것은 매우 다행스러운 일이었다. 왜냐하면 다리우스가 반역을 잠재운 다음에는 종속국에 대한 통치를 매우 강화했기 때문이다. 그때까지 페르시아는 각 종속국의 통치를 그 지방 출신 사람에게 위임했는데, 다리우스가 정권을 안정시킨 다음에는 모두 페르시아인이 통치하도록 했다. 성전 건축에 앞장섰던 유대인 총독 스룹바벨이 성전 완공에 대하여 기록한 에스라 6:13-22에는 언급되지 않는 것도 이 맥락에서 설명된다(Coggin). 페르시아의 정책 변화에 따라 스룹바벨이 더 이상 총독이 아니었을 뿐만 아니라, 성전이 완공되기 전에 예루살렘을 떠나야 했던 것이다. 이러한 정황을 고려할 때 다리우스 시대에는 유다 사람들이 페르시아로부터 성전 재건을 허락받는 일이 매우 어려워졌을 것은 뻔한 일이다. 하나님의 때가 페르시아의 정책 변화를 몇 년 앞선 것이다.

3. 다른 책들과의 관계

학개서는 마소라 사본과 칠십인역의 소선지서 목록에 10번째로 등장하는 책이다. 학개서 바로 앞에 등장하는 스바냐서는 예루살렘이 멸망하기 40여 년 전에 저작된 것이며, 학개서는 예루살렘이 멸망한 지 60여 년 후에 저작된 책이다. 이 두 선지서 사이에 100여 년의 세월이 흘렀던 것이다. 이토록 많은 세월이 흘렀어도 이 두 책은 역사적인 차원에서 밀접한 관계를 유지하고 있다. 스바냐 선지자는 책 전체를 다가오는 여호와의 날에 대한 메시지로 장식했는데, 이 여호와의 날은 엄청난 파괴가 동반할 것이라고 경고했다. 드디어 이 여호와의 날이 주전 586년에 유다와 예루살렘에 임했다. 그때 바빌론 군은 유다와 예루살렘에 엄청난 피해와 파괴를 입히며 많은 주민들을 죽이고 나머지를 인질로 잡아갔다. 성전은 불에 타고 성벽도 폐허가 되었다.

세월이 지나 페르시아의 고레스 왕으로 인하여 유다 백성은 다시 조국으로 돌아올 수 있었다. 그러나 돌아온 지 20년이 지나도록 사람들은 성전을 재건하려 하지 않았으며 예루살렘 성벽도 무너진 채로 있었다. 이러한 상황에서 학개가 하나님의 말씀을 받아 나서게 된 것이다. 성전 재건은 586년에 임한 여호와의 날에 파괴된 하나님의 나라를 재건하는 대(大)역사의 시작을 알리는 신호탄이었기 때문이다. 스바냐서는 여호와의 날이 임하면 파괴만 있을 것이라고 경고하지 않고 회복도 예언했다. 학개서에서 드디어 이 회복 사역을 시작할 것을 권고하고 있다. 그러므로 학개서가 스바냐서에서 경고했던 파괴의 복구를 권고하고 있다는 점에서, 이 두 책은 '예언—성취'라는 관계를 통해 역사적인 맥락을 같이하고 있다 하겠다.

뒤따르는 스가랴서는 학개서와 같은 시기에 기록된 책이다. 학개서가 성전 재건에 주력하고 있다면, 스가랴서는 이 성전이 내포한 신학적인 의미를 선포한다. 또한 스가랴는 성전이 이스라엘에게만 중요한 종교적 구조물이 아니라 범우주적인 의미를 지닌 것임을 선언한다. 하나님께서는 이곳에서 악의 세력을 물리치시고 온 우주를 통치하실 것이다. 예루살렘이 온 우주의 중심이 되는 것이다. 이런 면에서 학개와 스가랴는 서로 보완하는 메시지를 전하는 선지자들이라고 할 수 있다. 그러나 선지자 학개는 강력한 카리스마를 가진 설교자였던 것으로 추정되는 반면, 스가랴 선지자는 조금은 의기소침한 환상가였던 것으로 생각된다.

4. 신학과 메시지

학개의 메시지는 예루살렘 성전 재건을 더 이상 미루지 말라는 권고에 맞추어져 있다. 주의 백성들이 여호와의 성전 재건을 통하여 하나님의 통치에 대한 증언과 간증을 하라는 것이다(March). 학개 선지자가 이처럼 성전 재건에 관심을 갖는 데에는 이스라엘 백성들이 귀향한 지 어언 20년이 다 되어 가는데도 아직도 성전이 폐허로 남아 있는 시대적인 정황이 한몫했다. 선지자는 귀향민들이 20년이 지나도록 아직도 모국에서 뿌리를 내리지 못하고 수많은 어려움을 당하는 이유가 성전 재건이 늦어지고 있기 때문이라고 한다. 선지자가 이러한 논리를 펼치는 것에는 성전 건축이 하나님께서 백성들을 축복하시도록 압박을 가하는 일종의 예식 기술(cultic technique)이거나 하나님을 기쁘게 해드리는 일이라는 생각은 추호도 없다(Motyer). 학개에게 있어서의 성전 건축은 주의 백성이 믿음 속에서 행해야 하는 순종 행위일 뿐이다. 아울러 성전 재건은 주전 586년에 있었던 예루살렘의 멸망으로 인해 끊어져 버린 이스라엘 역사의 맥을 다시 이어주는 매우 중요한 사역이라는 점을 암시하고 있다.

이스라엘 귀향민들이 재건하게 될 성전은 옛 솔로몬의 성전에 비하면 형편없이 초라한 것이었다(2:3). 그러나 이 보잘것없는 성전을 재건하는 순간 하나님께서는 다시 그 성전에 자신의 영광을 드러내실 것이며(1:8), 이 백성들과 함께하실 것이다(1:13). 하나님은 성전이 완성될 때 이 백성들에게 임하실 뿐만 아니라, 성전 재건이 시작되는 순간부터 공사가 끝날 때까지 모든 과정에서 이들과 함께하실 것을 약속하셨다(2:4). 성전 재건은 백성들의 노동을 필요로 하지만 하나님께서 하시는 일이라는 점을 학개는 시사하고 있는 것이다. 하나님께서는 성전 재건을 시작한 백성들과 함께하면서 그들을 축복할 것을 선언하셨다(2:19). 학개는 귀향민들이 성전 재건을 시작하는 순간부터 하나님의 축복을 누리게 될 것이며, 완성된 성전을 그들의 삶의 중심으로 삼을 때 모든 일이 잘 될 것이라고 선포한 것이다. 학개의 관점에 있어서의 성전 재건은 귀향민들이 경험한 과거, 현재, 미래의 모든 문제를 해결할 수 있는 가장 유력하고 유일한 해결책이었던 것이다.

학개가 이처럼 귀향민들에게 더 이상 성전 재건 사업을 보류하지 말고 당장 시작하라고 호소하는 것에는 크게 두 가지 이유가 있었다. 첫째, 성전이 지니고 있는 상징적인 의미와 중요성 때문이다. 둘째, 귀향민들이 성전 재건을 통하여 이스라엘의 과거, 현재, 미래를 연결해야만 선택된 민족 이스라엘의 역사의 맥이 흐르게 되기 때문이다.

먼저 성전이 이스라엘의 삶과 종교에 어떤 의미를 지니고 있는지 간략하게 살펴보자.[14] 광야에서 장막 형태로 존재하기 시작한 후부터 성전은 이스라엘의 종교, 사회, 정치, 교육 등 모든 분야에 영향을 미쳤다. 백성들은 이곳에 와서 제물과 기도를 드리며 여호와를 향한 충성과 사랑을 고백했다. 제사장은 이곳에서 주의 백성들에게 하나님의 말씀을 선포하고 가르쳤으며 가난하고 소외된 자들을 성전의 재정으로 보살피기도 했다. 왕을 포함한 정치인들이 하나님의 자문이나 도움이 필요할 때면 성전을 찾아와 기도하고 제물을 드렸다. 이스라엘은 여호와의 신정(神政)을 지향했던 공동체였으므로 하나님이 계신 곳으로 간주되었던 성전이 그들 삶의 구심점이 되는 것은 당연한 일이었다.

그렇다면 성전은 어떤 상징성과 신학적 중요성을 지녔기에 이스라엘의 모든 사람들이 삶의 사계절 내내 성전을 찾았던 것일까? 무엇보다도 성전이 이스라엘 세계의 중심에 위치했기 때문이었다. 하나님께서 이스라엘을 세상 모든 나라들로부터 특별히 택하신 이후 이스라엘의 삶은 성전을 중심으로 회전하기 시작했다. 심지어는 바빌론 사람들에게 파괴된 예루살렘 성전을 생각하며 에스겔 선지자는 언젠가 이스라엘 지파들이 회복되어 다시 가나안 지역에 정착하게 되면 "성소는 그 중앙에 있을 것"이라고 예언하고 있다(겔 48:8). 성전은 이스라엘이 국가로 탄생할 때부터 시작하여 멸망해버린 이스라엘이 완전히 회복될 먼 미래에 이르기까지 이스라엘 세계의 중앙에 위치했으며, 이스라엘의 삶은 성소를 중심으로 형성되었던 것이다.

성전은 또한 이스라엘에게 하늘과 땅이 만나는 곳이었다. 여호와께서는 시내 산에서 이스라엘과 맺으신 언약의 조건에 따라 정규적으로, 그리고 지속적으로 백성들을 만날 수 있는 공간이 필요했으며 성전이 그 기능을 감당하였던 것이다. 아론의 두 아들이 부정함으로 인하여 하나님 앞에서 죽은 다음, 여

---

14 솔로몬 시대 때 건축된 성전의 건축과정과 신학적 의미와 중요성에 대한 자세한 언급은 2002년 1월호 『그말씀』에 실린 필자의 「솔로몬 성전의 건축과 신학적 의미」를 참조하라.

호와께서는 모세를 통해 아론에게 함부로 지성소에 들어오지 말 것을 당부하셨다(레 16). 이스라엘의 가장 거룩한 자들이라고 할 수 있는 제사장들 마저도 자칫 잘못하면 죽임을 당할 수 있다는 것이었다. 왜 제사장들이 죽게 되는가? 하나님께서 설명하기를 "내가 구름 가운데서 속죄소 위에 나타남이라"라고 하셨다(레 16:2). 하나님께서 그의 백성들을 만나려고 임재하시는 곳이 바로 성전이었으며, 이 성전을 통해 하늘의 하나님께서 땅에 거하는 그의 백성들의 기도를 들으셨던 것이다.

아울러 성전은 하늘의 축소판이었다. 하나님은 모세를 시내 산으로 부르신 다음 성막에서 사용할 도구들을 디자인하고 만드는 방법을 알려 주셨다(출 25장). 여호와께서 모형과 규격 등을 상세히 가르쳐 주신 다음 모세에게 당부하셨다: "너는 삼가 이 산에서 네게 보인 양식대로 할지니라"(출 25:40; cf. 25:9). 하나님께서는 모세에게 성전에서 사용할 도구들을 어떻게 만들 것인가를 가르쳐 주시면서 동시에 무언가를 보여 주셨던 것이다. 히브리서 기자는 이 말씀을 직접 인용하면서 다음과 같이 말한다: "저희가 섬기는 것은 하늘에 있는 것의 모형과 그림자라 모세가 장막을 지으려 할 때에 지시하심을 얻음과 같으니 가라사대 '삼가 모든 것을 산에서 네게 보이던 본을 좇아 지으라 하셨느니라'"(히 8:5, 개역). 성경은 이처럼 성전이 하늘에 있는 실체의 복사본/축소판임을 암시하고 있다. 그러므로 성전은 세상에 속해 있으면서도 세상의 것과는 전혀 다른 하늘의 실체를 반영하므로 이스라엘 사람들은 이곳을 세상에서 가장 거룩한 공간으로 여기게 되었다. 백성들은 성전을 보면서 하늘의 실체를 상상할 수 있었을 뿐만 아니라 하나님이 계시는 하늘을 맛볼 수 있었다. 성전이 하늘나라의 축소판이었기 때문이었다.

마지막으로 성전은 하나님의 내재적—초월적 임재의 상징이었다. 솔로몬의 헌당 기도가 고백하는 것처럼 하나님은 결코 어떤 공간에도 제한될 수 없는 자유로운 분이시다: "하나님이 참으로 땅에 거하시리이까 하늘과 하늘들의 하늘이라도 주를 용납지 못하겠거든 하물며 내가 건축한 이 전이오리이까"(왕상 8:27). 그럼에도 불구하고 성경은 성전을 하나님의 거처라고 말하고

있다: "내가 그들 중에 거할 성소를 그들을 시켜 나를 위하여 짓되"(출 25:8). 성전이 하나님의 전이 될 수 없으면서 또한 어떻게 동시에 하나님의 처소라는 말인가? 하나님의 초월성(transcendence)과 연결하여 말할 때는 그분의 범우주적인 초월성과 절대적인 거룩하심이 이 세상의 그 어떤 장소나 건물도 그분을 감당할 수 없게 한다. 결과적으로 성전은 하나님의 전이 될 수 없었던 것이다. 그러나 이스라엘의 통치자로서 백성들 사이에 내재하실(immanent) 때 하나님의 거처지는 분명히 성전이었다. 하나님께서는 성전에서 백성들을 만나셨고 판결을 내려 주셨다. 그뿐만 아니라 하나님의 내재는 이스라엘의 안보와 번영에 필연적인 관계가 있었기에 여호와께서 그들 사이에 내재하신다는 것은 이스라엘의 생존에 매우 중요한 전제 조건이었다. 이러한 내재적 기능을 강조하기 위하여 하나님은 성전에 가시적인 현상으로 임하시고는 하셨다(출 40:34-35, 38; 25:8; 레 9:22-24; 16:2; 민 9:15-23; 왕상 8:10-13; 대하 7:1-3). 온 이스라엘이 보는 앞에서 성전에 임하시는 모습을 보여줌으로써 하나님께서는 이들 사이에 내재함을 확인해 주셨던 것이다.

이와 같이 성전이 갖고 있는 여러 상징성이 학개로 하여금 당대 사람들에게 희생과 대가를 치르더라도 하나님의 집을 재건하라는 하나님의 메시지를 선포하도록 했다. 그러나 두 번째 이유, 즉 선지자들이 성전을 통하여 귀향민들의 과거, 현재, 미래를 연결해야 이스라엘 민족의 역사의 맥이 흐르게 되는 것을 의식했던 것이, 그들로 하여금 백성들에게 성전의 중요성을 새롭게 부각시키는 데 더 큰 동기가 되었던 것으로 생각된다. 바벨론에서 돌아온 이스라엘의 후손들에게 가장 중요한 신학적 질문은 "우리는 누구인가?"라는 정체성에 관한 것이었다. 이 질문은 몇 개의 작은 질문들로 세분화될 수 있다: (1) 포로 이전 시대의 이스라엘(pre-exilic community)과 포로 생활을 끝내고 조상들의 땅을 찾아온 귀향민들(post-exilic community)은 어떤 관계가 있는가?; (2) 옛적에 여호와께서 이스라엘 민족과 맺으셨던 언약은 귀향민들의 시대에도 유효한가?; (3) 하나님께서 다윗에게 축복으로 내려 주셨던 다윗언약은 이 시대에도 의미가 있는가?

학개와 스가랴를 포함한 포로 후기 시대의 성경 저자들은 이 질문에 한결같이 긍정적으로 답하고 있다. 귀향민들은 예루살렘 멸망 이전 시대의 이스라엘 백성들의 맥을 잇고 있으며, 하나님께서 오래전에 선조들과 맺은 언약이 아직도 유효하고, 이미 다윗 왕실이 사라진 이 순간에도 다윗 언약은 유효하다는 것이다. 그들이 확신을 가지고 이처럼 대답할 수 있었던 것에는 성전을 재건하는 사역이 크게 작용했다. 이스라엘이 광야에서 한 국가로 출범할 때 하나님께서는 그들에게 장막을 주셨고 훗날 솔로몬을 통하여 장막을 성전으로 대체하셨다. 오랜 세월 동안 이스라엘의 끊임없는 범죄에도 불구하고 하나님은 이스라엘의 회중에 성전을 유지하심으로써 이 백성들과 함께하고 계신다는 것을 상징적으로 보여 주셨다. 그러나 주전 586년 여름에 예루살렘이 바빌론 사람들에 의하여 함락되고, 이스라엘 사람들이 포로가 되어 끌려갔을 때, 여호와의 성전도 불에 탔다. 이스라엘이 한 국가로 출발할 때부터 이들과 함께했던 장막/성전이 파괴되었다는 것은 약속의 땅에서의 이스라엘의 역사가 막을 내린 것을 의미했다. 그러나 어느덧 60여 년의 세월이 지난 이 순간, 포로로 끌려간 자들의 후손들이 예루살렘으로 돌아와 여호와의 전을 재건하고 있다. 예루살렘 함락으로 끊겼던 이스라엘 역사의 맥이 다시 연결되는 순간이다. 이러한 관점에서 스룹바벨과 세스바살이 귀향민들을 이끌고 예루살렘으로 돌아올 때, 그들의 선조가 바빌론 사람들에게 빼앗겼던 성전 기구들을 모두 챙겨서 바빌론을 출발하는 것은 매우 큰 상징적 의미를 지니고 있다. 그들이 586년에 끊긴 선민 역사의 맥을 잇기 위하여 빼앗겼던 물건들을 되찾아 예루살렘으로 돌아오고 있었던 것이다!

성전 재건은 하나님을 위한 것일 뿐 아니라 귀향민들을 위한 것이기도 했다. 그래서 하나님은 학개와 스가랴를 통하여 재건사업에 미지근한 자세를 취하고 있던 이들에게 강력하게 도전하셨다. 재건된 성전을 통하여 이들에게 복을 내려 주시기 원하셨던 것이다. 성전 재건이 586년에 단절된 역사를 이어주는 것을 의미하므로 귀향민들은 당연히 하나님과 특별한 관계를 누렸던 그들의 조상들처럼 하나님의 선민의 맥을 이어가게 된다. 또한 이들이 하나님의 선민의 맥을 이어가기에 하나님께서 옛적에 시내 산에서 그들의 조상들과 맺은 언약이 아직도 유효하다는 결론을 내리게 되었다(cf. 학 2:5–9). 성전은 이처럼 과거의 이스라엘과 포로 후기 시대 예루살렘 공동체를 여러 차원에서 연결하는 역할을 하고 있는 것이다.

그러나 학개 선지자에게 성전은 단순히 과거와 현재를 연결하는 도구에 불과한 것이 아니었다. 그는 성전을 통하여 하나님의 선민들의 현재가 그들의 미래와도 연결된다는 것을 잘 알고 있었다. 이 부분에 대한 선지자의 자각은 그가 성전과 연관해서 미래에 대한 예언을 선포하는 데서 잘 드러난다. 학개는 메시아의 오심의 서곡이라 할 수 있는 열방 심판이 성전 재건 이후에 올 것을 선언하고 있다(2:20–23). 선지자는 하나님의 인류에 대한 계획과 미래에 있을 주의 구원 사역의 실체는 성전이 재건되지 않는 한, 현실로 드러날 수 없다고 하는 것이다. 학개 선지자는 무엇 때문에 이처럼 성전 재건이 귀향민들이 당면하고 있는 모든 과거, 현재, 미래 문제의 해결책이며 하나님의 약속을 성취하는 데 있어서 필수적인 요소라고 생각하는가? 무엇보다도 성전이 여호와의 신적 왕권의 상징이며 그 어떠한 인간 왕도 여호와의 절대적 통치를 나눠 가질 수 없기 때문이다.

5. 구조와 개요

학개서는 38절로 구성되어 있는 매우 간략한 책이며 다섯 개(1:1–11; 1:12–15; 2:1–9; 2:10–19; 2:20–23)의 짤막한 메시지들을 담고 있다. 학개서를 이처럼 다섯 개의 작은 메시지로 구분하는 데에 있어서 선지자가 책에서 제시하는 날짜들이 결정적인 역할을 한다. 대체로 선지서 안에서 선지자들이 자신들이 메시지를 받은 날짜를 말할 때는 특별한 상황이 없는 한 새로운 섹션의 시작을 의미하는 큰 표시(macro–marker)로 이해되기 때문이다. 학개서의 경우 1:15만이 예외이다. 1:15에 제공된 날짜가 새로운 섹션을 시작하는 것이 아니라 이미 선포된 말씀(1:12–14)이 언제 선포되었는가를 밝혀주는 역할을 하는 것이다.

학개는 다음과 같은 날짜를 제공하고 있다.

구절	페르시아 제국의 날짜	오늘날의 날짜
1:1	다리우스 왕 이년 여섯째 달, 1일	520년 8월29일
1:15	다리우스 왕 이년 여섯째 달, 24일	520년 9월 21일
2:1	그 해(다리우스 2년) 일곱째 달, 21일	520년 10월 17일
2:10	다리우스 왕 이년 아홉째 달, 24일	520년 12월 18일
2:20	그 달(다리우스 2년 아홉째 달), 24일	520년 12월 18일

그런데 학개서의 장르는 시가체(poetry)인가 아니면 내러티브(narrative)인가? 학자들의 대답이 명쾌하지 않다. NIV, NRS, TNK 등 대부분의 번역본이 학개서를 내러티브로 간주한다. 한 주석가는 학개서를 '짧은 변증론적 역사적 내러티브'(brief apologetic historical narrative)라고 부른다(Rudolph; cf. March; Sweeney). 학개서를 내러티브로 간주하는 학자들 중 일부는 학개가 역대기의 영향을 많이 받았다고 주장한다(Beuken). 그러나 만일 이 두 책이 서로 연관성이 있다면 학개서가 역대기에 영향을 미친 것이지, 역대기가 학개서에 영향을 미쳤다는 주장은 설득력이 없다(Baldwin; Motyer). 다른 학자들은 학개서가 역대기가 아니라 열왕기의 스타일과 더 밀접한 연관성이 있다는 결론을 내린다. 학개서와 비슷한 스타일의 다른 성경적 예는 열왕기하 22-23, 예레미야 26; 36; 37-41 등에서 발견되며 신명기적 사가/학파와 깊은 연관성을 지닌 것이라고 한다(Mason).

최근에 와서는 학개서의 상당 부분을 시가체로 간주하는 학자들이 많다. 우리 성경 중 새번역은 학개서의 반(半) 이상을 시가체로 간주한다. 모티어(Motyer)도 책의 대부분을 시가체로 이해하고 있다(cf. Craigie). 당분간 학개서의 장르에 대한 학자들의 논쟁은 지속될 것으로 보이며, 우리가 여기서 이 이슈를 자세하게 논하는 것도 이 책의 목적과는 부합되지 않는다. 이 책에서는 새번역의 장르 분류에 따라 본문을 다루고자 한다.

선지자는 자신의 책을 통하여 귀향민들이 당면하고 있는 이 모든 문제가 성전 재건을 미루어 왔기 때문이라고 선언한다. 아무리 즐기려 해도 만족하지 못하고(1:6), 아무리 노력해도 풍요로움이 없고(1:9; 2:16), 심지어는 기근과 질병이 그들의 농작물을 엄습하게 된 것도(1:10–11; 2:17) 모두 그들이 성전 재건을 기피해 온 것과 연관이 있다는 것이다. 그러므로 그는 첫 번째 메시지인 1:2–11에서 이들이 당면하고 있는 문제의 해결책을 제시한다. 이 섹션의 구조를 살펴보자.

A. 문제: 성전 재건 방관(1:2)

B. 질문: "성전이 무너져 있는데 너희만 완성된 집에 살고 있을 때냐?" (1:3–4)

C. 많이 뿌려도 거두지 못했다(1:5–6)

D. 그러므로 성전을 지어라(1:7–8)

C'. 많이 거두기를 바랐어도 거두지 못했다(1:9a–b)

B'. 질문: "왜 못 거두는지 아느냐?" 성전을 무너진 대로 방치하고 있기 때문이다? (1:9c–d)

A'. 심판: 기근과 가뭄(1:10–11)

책의 첫 메시지를 통해 학개는 이들의 궁핍함이 하나님의 집을 건축하는 것을 꺼려한 결과라고 담대하게 선포하고 있다. 그렇다면 만일 이들이 성전을 재건하면 모든 문제가 해결될 것인가? 선지자에 의하면 의심의 여지가 없다. 그는 책을 구성하고 있는 다섯 개의 메시지를 '성전을 지으라는 권면(1) — 백성들의 순종(2) — 축복 약속(3)' 순으로 나열함으로써 이러한 사실을 강조하고 있다. 본 강의안에서는 다음과 같은 구조를 염두에 두고 본문을 주해해 나가고자 한다. 책의 제 1부(1:1–11)는 질문형으로 각 부분의 요지를 가장 쉽게 설명할 수 있기 때문에 질문들을 사용하고자 한다.

Ⅰ. 비난과 성전을 지으라는 권면(1:1–11)

1장. 아직 성전을 재건할 때가 아니라고?(1:1–2)

2장. 성전이 폐허가 되어 있는데도 잠이 오냐?(1:3–4)

3장. 지난날의 곤핍함을 생각해 보라(1:5–6)

4장. 성전을 지어라(1:7–8)

5장. 왜 못 거두었는지 아느냐?(1:9–11)

Ⅱ. 백성들의 순종적인 반응과 성전 재건 시작(1:12–15)

Ⅲ. 하나님의 격려와 약속(2:1–23)

1장. 성전 재건 사역에 대한 재확인과 격려(2:1–9)

2장. 하나님의 축복 약속(2:10–19)

3장. 메시아의 모형 스룹바벨(2:20–23)

Ⅰ. 비난과 성전을 지으라는 권면

1:1–11

이 섹션에 수록된 말씀은 다리우스 즉위 2년 여섯째 달 초하루, 즉 우리 달력에 의하면 주전 520년 8월 29일에 하나님께서 학개에게 주신 말씀이다. 선지자에게는 날짜가 매우 중요했던 것으로 생각된다. 그렇기 때문에 그는 자신의 책에서 여러 차례 정확한 일자를 기록하고 있다. 학개가 제시하고 있는 유형의 날짜는 오류 범위 ±24시간 내에서 오늘날의 날짜로 쉽게 환산할 수 있다(Craigie).

학개 선지자가 책 전체를 통해 선포한 메시지가 이 섹션에 요약되어 있다. 속히 여호와의 전을 재건하는 일을 시작하라는 권면이다. 또한 우리는 선지자의 메시지를 통해서 그가 사역했던 시대와 사회가 어떠한 모습이었는지 어느 정도 확신을 가지고 추측할 수 있다. 선지자가 말씀을 전하는 과정에서 그의 청중들의 성향과 함께 그들이 하지 못하고 있는 일 등에 대해 상당히 구체적으로 묘사하고 있기 때문이다.

대부분의 선지서들이 선지자의 계보, 활동 영역, 사역 시대와 기간 등을 밝히는 표제로 시작하는데(cf. 사 1:1; 렘 1:1–3; 호 1:1; 욜 1:1; 암 1:1; 옵 1: 믹 1:1 등등), 학개서는 표제를 갖지 않고 곧장 말씀 선포로 들어가고 있다(Petersen). 이러한 특성은 학개서가 표제를 사용하지 않고 곧장 메시지를 시작하는 에스겔서, 요나서, 스가랴서 등 주로 내러티브로 구성되어 있는 선지서들과 유형을 같이하기 때문이라고 한다(Sweeney). 학개가 특별한 표제를 사용하지 않은 것과 자신을 단순히 '선지자'라고 밝히는 것은 그가 이 말씀을 선포한 직후에 학개서를 '출판'했기 때문이라는 해석도 있다(Motyer). 그러나 선지자가 이미 예루살렘 공동체에 너무나도 잘 알려져 있는 상황이라 이러한 추가 설명이 필요하지 않았던 것이다. 이미 서론에서 언급한 것처럼 이 섹션은 다음과 같은 구조를 지니고 있다(조금 다른 교차대구적 구조배열은 모티어[Motyer]를 참조하라).

A. 문제: 성전 재건 방관(1:2)
　B. 질문: "성전이 무너져 있는데 너희만 완성된 집에 살고 있을 때냐?"(1:3-4)
　　C. 많이 뿌려도 거두지 못했다(1:5-6)
　　　D. 그러므로 성전을 지어라(1:7-8)
　　C'. 많이 거두기를 바랐어도 거두지 못했다(1:9a-b)
　B'. 질문: "왜 못 거두는지 아느냐? 성전을 무너진 대로 방치하고 있기 때문이다"(1:9c-d)
A'. 심판: 기근과 가뭄(1:10-11)

1장 아직 성전을 재건할 때가 아니라고?
1:1-2

1 다리오 왕 제이년 여섯째 달 곧 그 달 초하루에 여호와의 말씀이 선지자 학개로 말미암
아 스알디엘의 아들 유다 총독 스룹바벨과 여호사닥의 아들 대제사장 여호수아에게 임하
니라 이르시되 2 만군의 여호와가 이같이 말하여 이르노라 이 백성이 말하기를 여호와의
전을 건축할 시기가 이르지 아니하였다 하느니라

학개 선지자에게 말씀이 임한 것은 이스라엘 달력으로 페르시아의 다리우스 왕 즉위 2년 6월 1일에 있었던 일이다. 오늘날 달력으로 환산하면 주전 520년 8월 29일이며, 바빌론으로 끌려갔던 이스라엘 백성들이 돌아오기 시작한 지도 벌써 18년이 지났다. 이 날짜는 최소한 두 가지의 중요한 의미를 지니고 있는 것으로 생각된다(March). 첫째, 다리우스가 페르시아의 왕이 된 이후 제국 곳곳에서 일어났던 반란이 모두 다 제압된 시기이다. 머지않아 다리우스는 자신의 통치가 안정될 것이라 믿고 그동안 그의 정권을 지지하는 종속국들에게 베풀었던 선처를 제한하기 시작할 것이다. 또한 페르시아는 그동안 종속국들의 통치를 그 지역 출신자를 세워 간접적으로 해 왔지만, 다리우스는 이들을 페르시아인들로 바꿀 것이다. 통치 초기에 반란으로 곤욕을 치렀던 그가 종속

국가들의 반란을 최소화하기 위하여 내놓은 대안으로 생각된다.

유다의 총독으로 임명되었던 스룹바벨의 행보와 행방이 묘연해지는 것도 이러한 상황과 맞물려 있다는 추측이 학자들 사이에 설득력을 얻고 있다(Sweeney). 그도 다리우스가 총독으로 임명한 페르시아 사람에 의하여 대체된 것이다. 그렇다면 성전 재건을 포함한 모든 일에서 유다의 정치적 입지는 시간이 흐를수록 축소될 수밖에 없다. 학자들 사이에 예루살렘 성전 재건 허락이 이미 고레스의 칙령에서 보장된 것이라는 해석과 즉위한 이후 많은 반란을 제압하느라 골치를 앓던 다리우스가 자신의 정권을 지지한 유다에게 특별히 허락한 일이라는 추론이 대립하고 있다. 어느 쪽의 해석을 받아들이든지 한 가지 확실한 것은 얼마 후면 성전 재건이 어려워질 것이라는 점이다. 하나님께서 매우 절묘한 정치적 타이밍을 사용하여 이스라엘을 권고하시고 있다.

둘째, 우리가 잘 알다시피 매달 1일은 주의 백성들이 모여 예배드리는 날이다(민 28:11-15). 이날, 하나님의 말씀이 선지자 학개에게 임했다. 아마도 학개는 절기를 맞아 여호와께 예배를 드리려고 예루살렘에 모여든 이스라엘 백성이 평소보다 훨씬 더 많은 때에 이 말씀을 선포했을 것이다. 학개가 선포한 신탁을 보면 최대한으로 많은 사람들이 듣고 공감대를 형성해야 하는 메시지이다. 그러므로 하나님께서 여느 때보다 많은 사람이 모인 날을 이용하여 말씀을 선포하시는 것은 백성들 사이에 최대한의 효과/반응을 원하시기 때문이다. 이러한 차원에서 이날은 타이밍이 매우 잘 맞는 날이다.

그러므로 우리 보기에는 평범한 날인 520년 8월 29일은 하나님께서 정치적—종교적 여건을 고려하여 정하신 특별한 날이다. 하나님의 역사는 이처럼 타이밍이 잘 맞아 떨어진다. 그분이 통치하는 세상에서는 당연한 일이 아니겠는가! 하나님은 모든 일에 있어서 가장 적합한 때와 정황이 무르익은 때를 알고 적절히 사용하시는 분이시다. 우리는 종종 예측하지 못한 일을 당해 놀라고 낙심하지만, 이 모든 일이 하나님의 섭리와 시간표에 따라 진행되고 있음을 인식해야 한다. 이 부분을 확신하게 되면 갑자기 당한 일로 인한 고통과 당혹스러움이 조금은 견디기 쉬워진다. 이 모든 일을 아시고 헤아리시는 하나님을 믿기 때문이다.

학개 선지자가 말씀을 선포하던 그 무렵 예루살렘은 페르시아의 통치 아래 있었으며, 페르시아 제국에는 지난 몇 년 사이에 많은 변화가 있었다. 바빌론을 정복하고 유다 사람들에게 귀향할 수 있는 기회를 허락한 고레스는 530년에 죽었으며, 뒤를 이어 그의 아들 캠비스(Cambyses)가 왕이 되어 제국을 통치해 왔다. 캠비스는 수년 동안 제국의 서쪽을 평정하고 이 지역 가운데 페르시아의 위상을 높이는 데 주력했다. 그가 525년에 이집트를 정복한 것은 그의 군사적 능력을 암시하는 듯하다. 캠비스가 서쪽 지역 원정을 마치고 본국으로 돌아가기 위하여 갈멜 산 지역을 지날 무렵, 본국에서 가우마타(Gaumata)라는 사람이 왕이 없는 틈을 타 쿠데타를 일으켰다는 정보를 접하게 되었다. 이 소식을 듣고 그는 곧 죽었다. 그의 죽음을 둘러싼 정황은 정확히 밝혀지지 않았으며, 많은 사람들이 자살한 것으로 추정한다(cf. Craigie). 그때가 522년이었다. 캠비스의 친척이자 장군이었던 다리우스가 왕이 이끌던 군대의 지지를 얻어 왕으로 추대되었으며, 그는 곧장 군대를 몰고 귀국해 가우마타를 처형했다.

그러나 페르시아 제국의 내분은 이미 제국의 곳곳에 알려진 상태였으며, 기회를 노리던 종속국들이 순식간에 여러 곳에서 반란을 일으켰다. 다리우스는 즉위 첫 해의 대부분을 곳곳에서 일어난 반란을 진압하는 데에 보내야 했다. 이 과정에서 그는 자신의 정권을 지지하는 종속국가에게는 상당한 혜택을 제공한 것으로 알려져 있다(cf. March; Sweeney). 드디어 혼란스러웠던 제국이 다리우스의 통치 아래 안정을 찾아갈 무렵 하나님의 말씀이 학개에게 임했다.

하나님께서는 페르시아 사람들에 의하여 유다지역의 총독으로 임명된 스룹바벨과 당시 대제사장이었던 여호수아에게 전하라고 선지자에게 말씀을 주셨다. 이 과정을 묘사하고 있는 '학개 선지자의 손을 통하여'(בְּיַד־חַגַּי הַנָּבִיא)라는 말이 독특하다. 다른 선지서에서는 하나님의 말씀이 선지자들에게 '임했다'는 표현이 일반적이다(렘 1:4; 호 1:1; 미 1:1). '선지자의 손을 통하여'라는 표현은 포로기 이후 공동체에서 흔히 사용되었으며 선지자들의 중계 역할을 강조하는 말이다(Wolff). 하나님께서는 학개 선지자를 통하여 귀향민 공동체의 대표적인 정치인과 종교인에게 메시지를 주신다. 물론 이들이 지목되었지만, 유다 사람들 모두에게 들으라는 신탁이었다.

스알디엘의 아들로 밝혀진 스룹바벨은 바빌론에서 돌아온 귀향민이다(스 2:2). 그의 이름은 히브리어가 아니고 아카디아어 '바빌론의 씨앗'(zēr-bābili)의 변형이다(Beyer). 그는 바빌론에서 태어난 것이 거의 확실하다(March). 스룹바벨은 여호수아와 함께 상당한 규모의 귀향민들을 이끌고 예루살렘으로 돌아왔다(cf. 스 2:64–65). 그의 계보는 정확하지 않으며, 이곳과 에스라 3:2에 의하면 그의 아버지는 스알디엘이었는데, 스알디엘은 597년에 바빌론으로 인질이 되어 끌려갔던 여호야긴 왕의 큰아들이었다(cf. 대하 36:9–10). 반면에 역대상 3:19에 의하면 스룹바벨의 아버지는 여호야긴의 셋째 아들이었던 브디아로 알려져 있다. 그래서 일부 학자들은 조심스럽게 스룹바벨이 여호야긴의 손자가 아니라 조카였으며, 계대(繼代) 결혼을 통하여 손자가 된 것이라는 추측을 내놓았다(Rudolph; Petersen). 그의 아버지가 누구였든 간에 한 가지 확실한 것은 그는 다윗 계열의 왕족이었다는 사실이다.

선지자는 스룹바벨을 유다의 총독(פֶּחָה)이라고 부른다(1:1, 14; 2:2, 21). 그 당시만 해도 총독의 임무와 역할이 100년 이후처럼 확실하고 정확하게 정의되지는 않았던 때였다(Petersen). 그럼에도 불구하고 그는 매우 중요한 인물이었다. 아마도 유다에서 가장 큰 영향력을 행사할 수 있는 위치에 있는 사람이었을 것이다. 게다가 그는 다윗 계열의 왕족이었다. 이 두 가지가 일부 귀향민들 사이에는 스룹바벨이 무너진 다윗의 장막을 세우게 될 메시아일 수도 있다는 기대감을 갖게 하기에 충분했던 것으로 생각된다.

여호수아는 여호사닥의 아들이자 대제사장이었다(cf. 스 3:2). 그는 예루살렘이 멸망하던 586년에 리블라에서 느부갓네살에 의하여 살해된 대제사장 스리야의 아들이었다(왕하 25:18; 대상 6:14–15). 그의 호칭인 대제사장(הַכֹּהֵן הַגָּדוֹל)은 그가 이스라엘 종교계에서 상당한 권위를 지녔음을 의미한다. 귀향민 공동체에서 여호수아가 초대 대제사장이 되었으며, 훗날 대제사장직은 이스라엘에서 가장 막강한 권력을 지닌 지위로 발전한다(Petersen).

하나님께서는 성전 재건 이슈를 두고 이처럼 정치계와 종교계에서 가장 유력한 사람들에게 신탁을 주셨다. 이 일의 중요성과 신학적—상징적 의미를 생각할 때 당연한 일이다. 하나님께서 성전 재건 사역에 여호수아와 스룹바벨을 부르신 것처럼 각 사역에 가장 적합한 사람들을 부르신다. 그러므로 하나님께서 우리를 하나님 나라의 사역에 부르시면 모세처럼 못한다고 거부할 것이 아니라, 감사함으로 순종해야 한다. 하나님께서 임무를 주시면 해낼 수 있는 능력을 주시든지, 아니면 사람을 보내 도와주시든지 하실 것이다. 그러므로 우리의 사역에 있어서 우리 자신의 재능이 결정적인 것은 아니다.

하나님께서는 귀향민들이 평소에 하던 말을 예로 들어 성전 재건에 관한 공동체의 정서를 비난하신다: "때가 되지 않았다. 주의 성전을 지을 때가 되지 않았다"(2절). 그들은 성전 재건을 정면으로 거부하는 것이 아니라 적합한 때가 이르지 않았음을 주장한다. 예루살렘으로 돌아온 이후 지속되는 경제적 어려움과 정치적인 불안감에 찌들어 사는 예루살렘 공동체 사람들이 충분히 할 수 있는 말이었다. 그러나 그것은 핑계에 불과했다. 어느덧 예루살렘으로 돌아올 때 그들이 지녔던 성전에 대한 열정이 식어서 성전을 지어야겠다는 양심과 개인적인 이익을 추구하는 욕심 사이에 일종의 '휴전'(truce)이 성립되었던 것이다(Moore).

그들이 바빌론에서 돌아올 때에는 부푼 꿈이 있었다. 오래지 않아 하나님의 엄청난 축복 속에 유토피아가 건설될 줄 알았다. 그러나 그들이 도착하자마자 체험해야 했던 경제적 빈곤과 정치적 불확실성은 그들의 꿈을 송두리째 앗아갔을 뿐만 아니라, 생존 자체를 위협하는 듯했다. 바빌론에서 가져온 돈은 바닥나고, 주변 민족들의 위협은 날이 갈수록 거세지는 상황에서 그들에게 성전 건축은 사치스러운 꿈이었을 가능성이 다분하다(Redditt). 게다가 속히 그들을 축복하시지 않는 하나님이 섭섭하고, 하루하루 살아가는 것이 힘들었을 것이다. 일단은 주의 백성이 살아야 성전도 건설할 수 있는 것이 아니냐는 여론이 압도적이었던 것으로 생각된다.

주의 백성이 성전 재건을 미루고 있는 일이 학개가 메시지를 선포하게 된 동기가 되었다. 선지자는 예루살렘 공동체의 부정적인 시각을 불식시키고, 드디어 성전을 재건할 때가 이르렀음을 역설할 것이다. 그리하여 가능한 한 빨리 일을 진행시킬 것이다. 그때가 가장 적합한 때이기 때문이다. 머지않아 새로이 수립되는 페르시아의 정책에 따라 유다의 총독으로 부임했던 스룹바벨이 페르시아 사람으로 대체되면 성전 재건은 당분간 매우 어려운 일이 될 수 있다.

그러나 이러한 긴박함에도 불구하고 하나님의 때가 이르렀다는 말씀에 순응할 것인가, 아니면 불응할 것인가는 예루살렘 공동체가 내려야 할 결단이다. 말을 물을 마실 만한 물가로 끌고 갈 수는 있어도 강제로 물을 마시게 할 수는 없다. 예루살렘 공동체는 그동안 적절한 때가 이르지 않았다는 이유로 성전 건축을 미루어 왔다. 솔직히 성전 재건에 관심이 없는 사람에게는 적절한 때란 말도 아예 있을 수가 없다(McIlmoyle).

이제 때가 이르렀다고 선포하시는 하나님께서는 이들의 진심을 요구하신다. 성전을 재건하기에 적합한 때가 이르지 않았다는 말을 앞세웠던 사람들은 선지자의 말씀을 듣고 결단을 내려야 한다. 만일 이들이 진심으로 적합한 때가 이르지 않았다고 생각했다면, 이제는 그 생각을 바꿀 시기가 왔다. 왜냐하면 하나님께서 이때가 적합한 때라고 말씀하실 것이기 때문이다. 만일 그동안 이들이 적합한 때가 이르지 않았다는 말을 변명으로 내세워 왔다 하더라도 이제는 더 이상 방관할 여지가 없다. 선지자가 이들의 결단을 촉구하고 있기 때문이다. 이스라엘 공동체는 때가 이르렀다는 하나님의 말씀을 청종하고 성전 재건을 시작하든지, 아니면 이 말씀을 듣고도 성전 재건을 거부하여 그동안 했던 말이 핑계였음을 증명하든지 둘 중 하나를 택해야 하는 기로에 선 것이다.

2장 성전이 폐허가 되어 있는데도 잠이 오냐?
1:3–4

3 여호와의 말씀이 선지자 학개에게 임하여 이르시되
4 이 성전이 황폐하였거늘
너희가 이 때에 판벽한 집에 거주하는 것이 옳으냐

본문이 하나님께서 스룹바벨과 여호수아로 대표되는 유다의 지도층을 대상으로 하는 말씀이라 생각하여 4절이 언급하고 있는 집이 화려하게 건축되고 있던 총독의 집을 뜻하는 것으로 이해하는 주석가들도 있다(Baldwin). 그러나 4–11절의 내용을 감안할 때, 이 말씀은 모든 귀향민 공동체를 두고 하는 말씀이라는 것이 확실하다(Sweeney; Craigie; Motyer; March).

하나님의 성전은 폐허가 되어 있는데, 주의 백성들은 편안히 살고 있다. 새번역과 일부 주석가들은 이들이 '잘 꾸민 집'에서 살고 있는 것으로 이해하고 있다(Motyer). 하나님의 집의 황폐함과 이들이 사는 집의 호화로움이 대조를 이루고 있는 것처럼 이해하는 것이다. 이 경우 선지자의 비난은 예루살렘에 좋은 집을 짓고 사는 일부 부유층을 겨냥한 것이거나 일종의 과장법이다. 그러나 '잘 꾸미다'(ספן)로 번역된 단어는 단순히 '완성되다/덮개가 있다'를 뜻할 뿐이다(HALOT). 게다가 6-11절의 내용을 살펴보면 이들이 윤택한 생활을 하고 있는 상황이 아니다(cf. Jones). 그러므로 본문의 초점이 이들이 사는 집의 호화로움에 맞추어져 있는 것이 아니라, 완성도에 맞추어져 있거나(Meyers & Meyers), 혹은 관심과 무관심에 맞추어져 있다고 봐야 한다(Redditt). 하나님의 집이 아직 폐허로 남아 있는데 어떻게 주의 백성들은 완성된 집에서 살 수 있느냐는 논리인 것이다.

선지자는 예루살렘 공동체의 최우선(priority) 관심사를 문제 삼고 있다(Craigie). 그들은 자신들의 집을 짓는 데 급급하여 정작 하나님의 집을 재건하는 일은 뒷전으로 밀어 놨다. 이 공동체는 이 세상에서 그 누구보다도 자신들이 하나님을 사랑한다고 자부했을 것이다. 옳은 주장이다. 그렇기에 그들은 바빌론의 평안과 안락을 포기하고 어렵게 이 땅으로 오지 않았는가! 그러나 그들의 삶을 주도하는 가치관에 있어서는 하나님께서 결코 흡족해하실 수 없는 부분이 있었다. 바로 흐트러진 가치관의 순서였다. 정말 하나님을 사랑한다면, 그들이 결정하는 모든 일에 있어서 하나님이 최우선이 되어야 하는데 그렇지 못했다. 즉, 하나님 보시기에 그들의 신앙은 상당히 위선적이었던 것이다.

구약시대에 하나님의 집이었던 성전은 하나님을 위한 것이라기보다 백성들을 위한 것이었다. 성전이 없다고 해서 하나님께서 드려지는 제물과 제사를 거부한 일은 없으셨다(Petersen). 성전은 하나님께서 그의 백성들 중에 거하신다는 외적인 상징이었다. 그러므로 성전 재건을 거부하는 행위는 곧 백성들이 하나님의 임재에 대하여 심각하게 생각하지 않는다는 의미를 지녔다. 그들은 하나님의 축복은 간절히 구하고 있었지만, 그 축복의 통로는 거부하고 있는 것이다(Motyer).

물이 마시고 싶어서 컵에 물을 따를 때 컵을 뒤집어 놓고 물을 따르는 사람은 바보다. 컵에는 물이 고이지 않고 주변으로 흐를 것이기 때문이다. 그런데 우리는 종종 하나님께 축복해 달라고 간구하면서도 정작 하나님께서 축복을 담아 주실 그릇은 뒤집어 놓는다. 하나님께 축복을 구하는 것은 성도들의 당연한 권리이다. 그러나 축복을 구할 때, 그 축복이 어떤 통로를 통해 임할 것인가를 생각해 보고, 그 통로를 잘 정비하고 준비하는 것도 우리의 몫이다. 하나님께서 축복을 해 주시고 싶어도 하시지 못하는 불상사가 없도록 해야 한다.

3 장 지난날의 곤핍함을 생각해보라
1:5-6

5 그러므로 이제 만군의 여호와가 이같이 말하노니
너희는 너희의 행위를 살필지니라
6 너희가 많이 뿌릴지라도 수확이 적으며
먹을지라도 배부르지 못하며
마실지라도 흡족하지 못하며
입어도 따뜻하지 못하며
일꾼이 삯을 받아도 그것을 구멍 뚫어진 전대에 넣음이 되느니라

이 섹션을 시작하는 '그러므로 이제'(וְעַתָּה)는 상황의 긴박함을 역설하는 강조형이다(Sweeney). "만군의 여호와가 말씀하신다"는 지금부터 선포되는 말씀이 하나님께서 하신 말씀이라는 것을 강조한다. 선지자는 자신이 긴급하게 하나님의 말씀을 중계하고 있음을 암시하고 있는 것이다. 하나님께서 긴급하게 선포하시는 말씀은 무엇인가?

하나님은 백성들에게 지난날을 생각해 보라고 하신다. 귀향 후 어느덧 20년 가까운 세월이 흘렀다. 하나님께서는 지난 세월 동안 이들이 풍요로운 수

확을 거두지 못했고, 배부르게 먹을 수 없었고, 만족하게 마셔 보지 못했고, 따뜻하게 입어 보지 못했고, 열심히 노력해도 부를 쌓지 못했던 현실을 회상하라고 하신다. 아무리 노력해도 만족할 만한 성과를 거두지 못하는 것을 묘사하는 이 표현들은 당시 국제 조약에서 자주 사용되었던 '무익 저주'(無益詛呪, futility curse)와 연관되어 있다(cf. 신 28:38; Hillers; Motyer; Petersen). '무익 저주'는 계약/조약을 위반하는 쪽에 저주가 내리도록 계약 문서에 표기된 것이다.

하나님께서는 지금까지 귀향민들이 겪었던 온갖 어려움이 하나님께로부터 왔다는 점을 암시하신다. 종종 우리의 삶을 장식하는 일들은 하나님께서 우리에 대한 자신의 감정을 표현하시는 상형문자들(hieroglyphics)인 것이다(Moore). 지속적으로 일이 꼬여갈 때, 아무리 노력해도 만족할 만한 결과가 나오지 않을 때, 이런 때는 잠시 하던 일을 멈추고 은밀한 곳으로 가서 하나님의 음성 듣기를 추구하는 것이 더 생산적이고 효과적이다.

4장 성전을 지어라
1:7-8

7 만군의 여호와가 말하노니
너희는 자기의 행위를 살필지니라
8 너희는 산에 올라가서 나무를 가져다가 성전을 건축하라
그리하면 내가 그것으로 말미암아 기뻐하고
또 영광을 얻으리라 여호와가 말하였느니라

그동안 때가 이르지 않았다는 이유를 앞세워 성전 건축을 기피해 왔던 백성들에게 하나님께서 실제적인 제안을 하신다. 더 이상 방관하지 말고 속히 산에 올라가서 나무를 베어다 성전 건축을 시작하라는 것이다. 성전 건축에 필요한 큰 목재들은 그때 이미 수입되었던 것으로 추정된다(Motyer; cf. 스 3:7). 성전을 세울 때 필요한 돌들도 충분히 있다. 성전과 온 도성이 586년에 폐허가 될 때 남은 바위들이 아직도 예루살렘에는 즐비하게 있었다. 그러므로 이들이 성전을 건축하겠다는 결정만 하면 생각보다 일이 쉽게 진척될 수 있다. 그들이 산에 가서 손쉽게 구할 수 있는 나무들을 베어 오면 이 거대한 사업을 시작할 수 있다. 하나님께서 이들에게 화려하고 사치스러운 집을 요구하시는 것이 아니

다. 성경은 그 당시 유다의 산들에는 상당한 아름드리나무들이 있었다고 한다 (cf. 느 8:15).

만일 이스라엘 백성들이 성전을 지으면 그들이 지금까지 겪었던 모든 궁핍함이 다 해결될 것인가? 결과론적으로는 맞는 말이다. 그러나 선지자는 예루살렘 공동체가 안고 있는 문제가 물질적인 가난함이 아니라 하나님의 임재가 그들과 함께하지 않는 데 있다는 것을 강조한다. 하나님께서 그들과 함께하시면 그들의 문제가 해결될 것을 기대할 수 있겠지만, 하나님의 임재 없이는 아무것도 해결되지 않을 것이다. 그러므로 성전이 완성되면 자동적으로 그들의 문제가 해결되는 것이 아니라, 하나님께서 자신의 임재의 상징으로 그 성전을 '영화롭게 하실'(כבד) 것이다(8절). 옛적에 시내 산에서, 그리고 솔로몬이 헌당식 할 때 보여 주셨던 영광을 이 백성들에게 보여 주실 것이다(cf. 출 40:34; 왕상 8:11). 하나님께서 다시 백성들과 함께하시면 그들이 지금까지 겪었던 문제는 모두 해결된 것이나 다름없다. 이슈는 문제 해결이 아니라, 하나님의 임재이다.

5장 왜 못 거두었는지 아느냐?
1:9-11

9 너희가 많은 것을 바랐으나 도리어 적었고
너희가 그것을 집으로 가져갔으나 내가 불어 버렸느니라
나 만군의 여호와가 말하노라 이것이 무슨 까닭이냐
내 집은 황폐하였으되 너희는 각각 자기의 집을 짓기 위하여 빨랐음이라
10 그러므로 너희로 말미암아 하늘은 이슬을 그쳤고
땅은 산물을 그쳤으며
11 내가 이 땅과 산과 곡물과 새 포도주와 기름과
땅의 모든 소산과 사람과 가축과 손으로 수고하는 모든 일에
한재를 들게 하였느니라

지금까지 하나님께서는 귀향민들에게 지난날들의 궁핍함을 생각해 보라고 하셨지만, 그 이유를 밝히지는 않으셨다. 이제 드디어 9절에서 그 이유를 말씀하신다. 그들이 들에서 많이 거두지 못하고, 그나마 거둔 것을 집으로 가지고 오면, 하나님께서 흩으셨다. 아무리 부를 축적하려 해도, 하나님께서 그렇게 되지 않도록 하셨다는 것이다. 아마도 예기치 못한 지출이 발생하도록 크고 작

은 사고들이 끊임없이 있었음을 시사하는 듯하다.

왜 하나님께서 이렇게 하셨는가? 백성들의 잘못된 가치관과 우선순위(priority)때문이었다. 백성들은 완성된 집에서 살면서 개인 일에 몰두하고 있었다. 그들이 개인적인 일에 몰두한다는 것 자체가 문제는 아니다. 문제는 그들이 집에서 편안히 살고 있는 동안에도 이 세상에서 그렇게 사모하고 사랑한다던 여호와의 집은 폐허로 남아 있었다는 점이다. 그들은 하나님의 집을 건축하는 일을 짐으로 느끼고 희생으로 생각했다. 그러나 이미 언급한 것처럼 성전은 그들이 축복을 받을 통로이지 짐이 아니다. 그들은 잘못 생각하고 있었던 것이다. 종종 우리는 그들처럼 이슈를 제대로 파악하지 못한다. 그리고는 하나님께 대한 엄청난 오해와 원망도 주저하지 않고 표현한다. 그러므로 일이 잘 풀리지 않고 계속 꼬일 때, 하나님에 대한 원망을 입에 담기 전에 무엇이 문제인가에 대한 신중한 묵상이 있어야 한다.

예루살렘 공동체를 형성하고 있는 사람들은 당시 세상에서 가장 하나님을 사랑한다고 자부했던 사람들이다. 그래서 그들은 온갖 역경과 악조건들을 무릅쓰고 살기 좋은 바빌론을 떠나 예루살렘으로 왔다. 그럼에도 불구하고 그들의 노동력과 시간을 사용하는 데 있어서 하나님의 일, 특히 성전을 재건하는 것은 그들의 급선무가 되지 못했다. 하나님께서는 이들에게 무엇이 먼저고 무엇이 그다음인가를 가르쳐 주시기 위하여 기근을 내리셨다(10-11절). 성경은 하나님께서 종종 자연재해와 천재지변을 사용하셔서 주의 백성들을 훈계하신다고 한다. 하나님은 사람들뿐만 아니라 온 우주를 창조하신 통치자이시기 때문이다.

하나님께서는 그들이 경작하던 산, 들, 밭, 농장, 가축 등 온갖 것 위에 가뭄이 들게 하셨지만, 그들은 깨닫지 못했다. 폐허(חָרֵב)와 가뭄(חֹרֶב)이 언어유희를 보여주고 있다. 하나님께서 이스라엘 백성이 성전을 폐허(חָרֵב)(4절)로 남겨둔 것에 대응하여 이들의 땅에 가뭄(חֹרֶב)(11절)이 들게 하셨지만, 이들은 깨닫지 못했다. 가뭄으로 피해를 입게 된 곡물(דָּגָן), 새 포도주(תִּירוֹשׁ), 기름(יִצְהָר) 등은 가나안 지역에서 나는 가장 기본적인 농작물들이다(Sweeney). 하나님께서 기근을 내리셔서 이들의 생명을 위협하셨던 것이다.

오늘날 교회를 둘러보면 주를 위해 죽겠다는 자들이 매우 많다. 주께서 보내시면 “아골 골짝 빈들에도 복음 들고 가고, 소돔 같은 거리에도 사랑 안고 가겠다”고 다짐하며 막을 내리는 선교 집회도 많다. 그런데 이상하게 주를 위해 죽겠다는 사람들은 그렇게 많은데도 주를 위해 지갑을 열겠다는 사람은 별로 많지 않다. 예배 시간에 손을 들고 찬양하며 하나님의 임재를 체험한다는 사람은 많지만, 시간을 바쳐 그들이 만났다는 하나님의 손과 발이 되어 봉사하겠다는 사람은 흔치 않다. 이스라엘 공동체의 상황이 이러했다. 입으로는 그 누구보다도 하나님을 잘 섬기지만, 시간과 물질을 사용하는 데 있어서는 하나님은 고사하고 주변 사람들조차 설득하지 못하는 삶을 살았다. 우리는 삶을 통하여 우리가 하나님을 사랑한다는 사실을 하나님과 이웃에게 입증할 필요가 있다. 물질 만능의 시대인 오늘날, 물질과 시간 활용을 제외하고 어떤 방법으로 하나님을 사랑하고 있음을 보여줄 수 있단 말인가!

II. 백성들의 순종적인 반응과 성전 재건 시작

1:12-15

12 스알디엘의 아들 스룹바벨과 여호사닥의 아들 대제사장 여호수아와 남은 모든 백성이
그들의 하나님 여호와의 목소리와 선지자 학개의 말을 들었으니 이는 그들의 하나님 여호
와께서 그를 보내셨음이라 백성이 다 여호와를 경외하매 13 그 때에 여호와의 사자 학개
가 여호와의 위임을 받아 백성에게 말하여 이르되

여호와가 말하노니
내가 너희와 함께 하노라 하니라

14 여호와께서 스알디엘의 아들 유다 총독 스룹바벨의 마음과 여호사닥의 아들 대제사장 여
호수아의 마음과 남은 모든 백성의 마음을 감동시키시매 그들이 와서 만군의 여호와 그들
의 하나님의 전 공사를 하였으니 15 그 때는 다리오 왕 제이년 여섯째 달 이십사일이었더라

학개 선지자가 다리우스 왕 2년 6월 1일(오늘날 달력으로 520년 8월 29일)에 처음 말씀을 선포한 지 4주가 지나 6월 24일이 되었다. 오늘날 달력으로 9월 21일이다. 이날 드디어 귀향민들이 지난 20년 동안 방치해왔던 성전 재건의 첫 삽을 떴다. 매우 감격스러운 순간이었다. 그러나 이러한 결정이 내려지기까지 많은 기도와 모임이 있었을 것이다. 새로운 것을 창출해 내기 위한 진통도 만만치

않았을 것이다. 그렇기에 4주나 걸려 결단을 내리지 않았겠는가! 물론 오늘날의 여러 모임과 위원회의 활동과 결정력에 비교하면 매우 신속한 대처였다.

학개가 지명했던 정치계 지도자 스룹바벨과 종교계 지도자 여호수아가 주축이 되어 하나님께서 하신 말씀에 따라 성전을 건축하기로 했다. 가장 막강한 권세를 지닌 지도자들이 순종하기로 결단을 했으니 백성들이 따르는 것은 당연하다. 또한 스룹바벨과 여호수아의 권세가 막강했던 만큼 그들은 남다른 헌신과 많은 희생을 각오했을 것이다. 하나님께서는 항상 많은 것으로 축복해 주신 자들에게 많은 것을 요구하시기 때문이다.

저자는 백성들이 자원하여 하나님의 말씀에 순종하게 된 동기를 여호와에 대한 두려움에서 비롯된 것이라 말한다(12절). 동사 '두려워하다'(ירא)는 대체로 목적어를 동반한다(viz., + אֶת־יְהוָה). 그러나 학개는 그들이 '여호와 앞에서'(מִפְּנֵי יְהוָה) 두려워했다고 한다. 백성들의 두려워하는 마음을 강조하는 훨씬 더 강한 숙어이다(Motyer). 번역본에서 '경외하다'로 번역되고 있는 이 동사는 하나님에 대한 존경과 두려움이 함께 임하는 상황을 뜻한다. 이것이 진정한 종교이다(Perowne). 공포에 사로잡혀 마지못해 순종하는 것이 아니라, 마음속에서 우러나오는 거룩한 경외함에 근거하여 자발적으로 순종하기를 결정하는 것이 여호와 종교의 본질인 것이다. 또한 하나님에 대한 건전한 두려움은 우리에게 제대로 된 가치관과 우선순위를 갖게 한다(Craigie). 하나님을 경외하는 것이 삶의 본질이 바뀌는 것으로 표현되는 것이다.

하나님께서도 이들의 자발적인 행동 결정에 만족해하시면서 그들에게 위로의 말씀을 주셨다: "내가 너희와 함께 있겠다"(אֲנִי אִתְּכֶם)(13절). 구체적인 약속 대신 주신 이 말씀은 하나님의 전폭적인 지지와 도움을 의미하는 일종의 백지수표이다(cf. Motyer). 또한 전통적인 구원신탁을 연상케 하는 말씀이다(March; cf. 사 41:10, 13; 43:1, 5; 44:2, 8). 하나님께서 말씀에 순종하여 성전 재건을 결정한 이들에게 약속하시는 것을 개념적으로 말하면 바로 '임마누엘'이다. 물론 하나님께서 함께하신다는 것이 그들이 계획하는 일이 순탄하게 진행될 것을 보장하는 것은 아니다. 앞으로 그들은 많은 역경과 난관을 헤쳐나가야 한다. 희생과 헌신은 고통을 동반한다. 그러나 하나님께서 이들과 함께하시면서 격려해 주시기 때문에 견디어 내기가 좀 더 쉬워질 것이다.

선지자는 1:1-11에서 하나님을 '만군의 여호와'(יְהוָה צְבָאוֹת)(1:2, 5, 7, 9), '여호와'(יְהוָה)(1:3, 8)로 불렀다. 그런데 백성들이 말씀에 순종하기로 결정한 12절에서는 두 차례나 '여호와 그들의 하나님'(יְהוָה אֱלֹהֵיהֶם)이라 하고 14절에서는 '만군의 여호와 그들의 하나님'(יְהוָה צְבָאוֹת אֱלֹהֵיהֶם)이라고 부른다. 그동안 이들의 심판관이셨던 하나님께서 그들이 순종하기로 결정한 순간부터 '그들의 하나님'이 되신 것이다. 순종은 이처럼 하나님과 인간의 관계를 급진전시키는 힘이 있다. 하나님께서 순종하는 믿음을 매우 귀하게 여기시기 때문이다. 아니, 순종은 하나님을 가장 기쁘게 하는 우리의 비밀 무기이기 때문이다.

하나님께서는 8절에서 성전이 완성되면 그 성전에 하나님의 영광을 드러내심으로써 그들과 함께하실 것을 약속하셨다. 그런데 성전이 완공되기도 전, 첫 삽을 뜨는 순간부터 그들과 함께하실 것을 선언하신다. 하나님께서 너무 기쁘신 나머지 백성들에게 보너스를 주시는 것이다! 하나님께서 이처럼 적극적으로 이 프로젝트에 동참하시고 그들과 동행하시니 이 사역의 성공은 보장되었다고 할 수 있다. 하나님의 사역에 동참하는 일에 있어서 가장 어려운 것은 첫걸음을 내딛는 결단이요 의지이다. 그다음부터는 우리의 순종을 기쁘게 보시는 하나님께서 하시는 일이니 쉬워질 수밖에 없다.

귀향민들이 20년 동안 방관해 왔던 일을 어떻게 4주 만에 추진하기로 결단할 수 있었을까? 저자는 하나님께서 리더들과 백성들의 마음을 감동시키셨기(עור) 때문이라고 한다(14절). 이 동사의 기본적인 의미는 '휘젓다'이다(HALOT). 하나님께서는 이들 리더들뿐만 아니라 백성들의 마음도 감동으로 휘저어 놓으셨기에 이런 일이 가능했던 것이다. 사람들의 순종 뒤에는 하나님의 조용한 사역이 숨겨져 있다(Baldwin). 사람들이 순종하겠다는 각오를 다지는 것은 하나님의 은총의 신비(mystery of grace)인 것이다(Jones).

하나님께서는 이미 감동된 사람들을 '함께하겠다'는 말씀을 통해 다시 한 번 감동시키셨다(14절). 크리스천의 삶에서 가장 중요한 것 중 하나가 하나님의 사역과 은총에 대한 감동이다. 하나님께서 어떤 일을 하셨고, 무엇을 하시기를 원하시는가에 감동되면 신앙생활하기가 매우 쉬워진다. 왜냐하면 감동과 감격은 사람으로 하여금 가장 좋은 것을 내놓게 하며 또 최선을 다하도록 하기 때문이다. 감격과 감동이 있으면 하나님 섬기는 것이 너무나 즐겁고, 그분을 위한 헌신과 희생이 결코 짐으로 느껴지지 않는다. 오히려 영광이 되고, 감사의 이유가 된다. 그러므로 순종하겠다는 결단은 백성들이 내려야 했지만, 그다음부터는 모두 하나님의 몫이고 하나님께서는 그들이 전혀 기대하지 않았던 두 가지를 축복으로 내리셨다: (1) 함께하심; (2) 기뻐하며 사역할 수 있는 마음.

Ⅲ. 하나님의 격려와 약속

2:1-23

오랜 망설임 끝에 하나님의 권면으로 시작된 성전 재건은 앞으로 5년이라는 긴 세월이 더 흘러야 끝을 맺게 된다(cf. 스 6:1-22). 학개서는 이 모든 공사 과정을 회고하지 않고 처음 3개월 동안만을 배경으로 하고 있다. 이 섹션에 담겨 있는 말씀은 성전 공사를 시작한 지 한 달 후인 10월 17일, 석 달 후인 12월 18일에 하나님께서 학개 선지자에게 주신 신탁들이다. 메시지의 내용은 매우 긍정적이며 하나님의 격려와 위로가 중심이 되고 있어 종종 '격려의 말씀'(word of encouragement)으로 불리기도 한다(R. Smith). 진행되고 있는 성전 재건 공사는 하나님께서 기뻐하시는 일이며, 참여하는 자들에게 복된 일이라는 것이다. 이 섹션은 다음과 같이 구분될 수 있다.

A. 성전 재건 사역에 대한 재확인과 격려(2:1-9)

B. 하나님의 축복 약속(2:10-19)

C. 메시아의 모형 스룹바벨(2:20-23)

1장 성전 재건 사역에 대한 재확인과 격려
2:1-9

1 일곱째 달 곧 그 달 이십일일에 여호와의 말씀이 선지자 학개에게 임하니라 이르시되 2
너는 스알디엘의 아들 유다 총독 스룹바벨과 여호사닥의 아들 대제사장 여호수아와 남은
백성에게 말하여 이르라

3 너희 가운데에 남아 있는 자 중에서
이 성전의 이전 영광을 본 자가 누구냐
이제 이것이 너희에게 어떻게 보이느냐
이것이 너희 눈에 보잘것없지 아니하냐
4 그러나 여호와가 이르노라 스룹바벨아 스스로 굳세게 할지어다
여호사닥의 아들 대제사장 여호수아야 스스로 굳세게 할지어다
여호와의 말이니라
이 땅 모든 백성아 스스로 굳세게 하여 일할지어다
내가 너희와 함께 하노라
만군의 여호와의 말이니라
5 너희가 애굽에서 나올 때에
내가 너희와 언약한 말과 나의 영이 계속하여
너희 가운데에 머물러 있나니 너희는 두려워하지 말지어다

6 만군의 여호와가 이같이 말하노라
조금 있으면 내가 하늘과 땅과 바다와 육지를 진동시킬 것이요
7 또한 모든 나라를 진동시킬 것이며
모든 나라의 보배가 이르리니
내가 이 성전에 영광이 충만하게 하리라
만군의 여호와의 말이니라
8 은도 내 것이요 금도 내 것이니라
만군의 여호와의 말이니라
9 이 성전의 나중 영광이 이전 영광보다 크리라
만군의 여호와의 말이니라
내가 이곳에 평강을 주리라
만군의 여호와의 말이니라

다리우스 왕 즉위 2년 일곱째 달 21일(520년 10월 17일)에 학개에게 임한 하나님의 말씀이다(1절). 성전 공사가 시작된 지 한 달이 지난 시점이다. 이때 하나님의 격려의 말씀이 임한 것은, 처음에는 많은 사람들이 감격한 상황에서 공사가 시작되었지만, 한 달 동안의 시간이 흐르자 조금씩 열성을 잃어가며, 공사가 지지부진해졌기 때문일 수도 있다(Craigie).

일곱째 달은 솔로몬이 성전을 헌당했던 때이기도 하다(왕상 8:2). 학개에게 말씀이 임한 7월 21일은 이스라엘 종교에 있어서 중요한 날이다. 이날은 같은 달 15일에 시작하여 8일 동안 진행되는 종교적 절기 초막절(Feast of Booths)의 7일째 되는 날이다. 장막절은 이스라엘이 이집트를 떠나 광야생활을 하던 때를 기념하는 절기로, 편안한 집을 떠나 모든 것이 불편한 임시 처소에서 지내야 한다. 마지막 날인 다음 날에는 모든 사람들이 아무것도 하지 않고 쉬는 날이다. 이 절기 때문에 평소보다 많은 사람들이 예루살렘에 모여 있었다. 처음 말씀처럼 이번에도 평소보다 많은 백성들이 예루살렘의 옛 성전 터에 모여든 상

황에서 선포된 것이다. 역시 되도록이면 많은 백성이 이 말씀을 들어야 한다는 것을 암시하고 있다.

성경에 의하면 이 절기에는 율법이 읽혀야 한다(신 31:9-13). 게다가 에스라 3:1-7에 의하면 여호수아와 스룹바벨이 중심이 되어 돌아온 귀향민들이 이때 옛 성전 터에 제단을 쌓아 올렸다고 한다. 에스라-느헤미야서의 날짜에 대한 내부적인 혼란에 근거하여 스룹바벨과 세스바살이 주전 538년이 아니라 522년에 돌아온 것이며, 성전 터에 제단이 세워지고, 성전 기초를 놓은 것이 바로 이때라고 주장하는 주석가들이 있다(Blenkensopp; Sweeney). 이들의 주장대로라면, 학개서가 기록하고 있는 내용들은 귀향민들이 제단을 쌓고 성전 기초를 놓은 지 2년이 되던 해에 선포된 말씀이어야 한다. 그러므로 이 주장은 조금 더 심도 있는 논의를 거쳐서 확인되어야 한다. 어찌 되었건 제단을 세운 기념일을 맞이하여 성전을 마저 세우지 못한 것에 대해 부담을 느끼던 백성들이 그들의 의무를 나열하고 있는 율법 낭독을 들은 터이므로 학개가 선포하는 말씀에 그들의 마음이 많이 열려 있었을 것이라 생각된다.

학개를 통하여 선포된 하나님의 말씀은 스룹바벨, 여호수아, 그리고 그들을 도와 성전을 재건하기로 결단한 모든 백성을 위한 것이었다(2절). 선포되는 말씀의 내용(3-9절)을 볼 때, 성전 건축이 더디게 진행되는 동안 한쪽에서는 옛날 솔로몬의 성전에 비해 지금 건설하고 있는 성전이 너무 초라하고 보잘것없다는 비난이 있었던 것으로 생각된다(Motyer). 에스라 3:12-13에 의하면 성전의 기초가 놓이던 날, 옛 솔로몬 성전을 기억하던 사람들이 큰 소리를 내며 울었다고 하는데, 대부분의 주석가들은 이들이 감격해서 울었던 것이 아니라, 성전을 건설하기 위하여 놓은 기초가 너무 초라하고 볼품없어서 울었던 것으로 이해한다(Blenkinsopp). 일이 잘 진척되면 별 탈이 없지만, 지지부진할 때에는 인간의 본성에 깔려 있는 불만과 비난의 영이 추한 고개를 든다(Craigie). 바로 그때가 실제적인 격려와 도움이 가장 필요한 때인데 말이다. 상황을 지켜보시던 하나님께서 격려자 역할을 자청하셨다.

하나님께서는 먼저 한쪽에서 일고 있는 비난을 잠재우신다(3절). 당시 예루살렘에 사는 사람들 중에는 586년에 파괴된 솔로몬의 성전을 직접 본 사람들이 있었을 것이다. 66년 전 일이니 80세가 넘은 사람들은 옛 성전의 화려했던 모습을 어렴풋이 기억하고 있었을 것이다. 그러나 여러 가지 정황을 고려할 때, 실제로 80세가 넘은 사람은 많지 않았을 것이다(cf. Sweeney). 그들 중에서도 예루살렘 성전을 직접 목격했던 사람의 숫자는 더욱더 적었을 것 또한 확실하다. 게다가 추억은 과거를 실제보다 긍정적으로 생각하게 하는 반면, 현실은 실제보다 비하시키는 경향이 있다. 광야 생활을 하면서 이집트에서 노예 생활하던 때를 동경하던 백성들을 생각해 보라.

불행하게도 몇 명 되지 않은 노인들의 증언에 근거하여 새로이 건설되고 있는 성전의 초라한 모습을 보면서 푸념과 불만을 늘어놓는 사람들이 있었다. 이들은 이처럼 초라하고 보잘것없는 성전을 지으려면 차라리 짓지 말자는 주장을 펼쳤을 것이다. 앞으로 5년 동안 지어야 하는 건물을 공사가 시작된 지 겨우 한 달 만에 비난한다는 것은 결코 바람직한 일이 아니다. 그러나 하나님께서는 이들의 비난을 인정하신다: “너희 눈에 보잘것없지 아니하냐?” 이 질문은 그들의 비난을 인정하신다는 뜻이다(cf. 새번역, “너희 눈에는 하찮게 보일 것이다”). 학개 선지자가 남은 자들(הַנִּשְׁאָר)을 언급하는 것은 성전 재건이 이미 선포된 포로기 이전 선지자들의 예언을 성취하는 일로 보았기 때문이다(Sweeney).

성전은 하나님과 백성들이 만나는 곳이다. 귀향민들은 이미 낮아질 대로 낮아진 상황이기 때문에 성전의 초라함에 대해서는 별로 개의치 않았다. 그렇다면 중요한 것은 하나님께서 성전의 초라함에 대하여 어떻게 생각하시느냐일 것이다. 하나님께서 새로 건축되고 있는 성전이 너무 초라해서 도저히 그곳에서 백성들을 만나실 수 없다고 하신다면 백성들은 대책을 강구해야 한다. 그러나 하나님께서는 이 성전의 초라함이 결코 문제가 될 수 없음을 강력히 시사하신다(4절).

예루살렘 공동체의 궁핍함과 당시 근동지역의 국제 정세와 정황을 잘 아시는 하나님께서는 건물의 초라함을 문제 삼지 않으실 것이다. 하나님께서는 백성들의 곤란과 궁핍함을 무시하면서까지 화려함과 사치를 요구하시는 분이 아니시다. 그분에게 중요한 것은 건물이 아니라 그 건물에서 주님을 찾는 백성들의 상한 심령이다. 잠시 후에 보겠지만 물질적인 풍요로움과 화려함은 언제든지 하나님께서 마음만 먹으시면 창출해 내실 수 있다. 하나님께서 문제가 없으시다면 한쪽에서 일고 있는 비난과 푸념은 바람직하지 않다. 만일 이들이 진심으로 하나님을 생각해서 불만을 토로했다면 이제는 멈추어야 한다. 하나님의 '괜찮다'는 말씀에도 불구하고 계속 비난을 퍼붓는다면 그들의 푸념은 처음부터 비뚤어진 마음에서 비롯된 것이지 결코 하나님을 염려해서 한 말이 아니었음을 증명하는 것이다.

하나님께서는 오히려 성전 건축을 위해 노력하고 있는 정치인 스룹바벨 총독, 종교인 여호수아 대제사장, 그리고 그들을 돕고 있는 모든 백성들에게 힘을 내라고 위로하신다(4절). 하나님께서 그들과 함께하시니 성전을 재건하는 일을 계속하라는 권면도 잊지 않으셨다. 하나님께서 이들과 함께 계신다는 말씀은 성전 재건에 대하여 결단을 내렸던 사람들을 격려하시면서 주셨던 1:13의 약속을 지키고 계심을 뜻할 뿐만 아니라, 그들의 성전 재건 사역을 전적으로 지지하신다는 것을 의미한다. 또한 하나님께서 성전 재건 프로젝트에 직접 참여하셔서 그들과 함께하신다는 것은 그들의 필요를 모두 채우실 것을 시사한다(Motyer).

하나님의 전폭적인 지지는 인칭 사용의 변화에서도 암시된다. 3절은 '너희'(2인칭 복수)가 중심이 되어 그들의 부정적인 관점을 묘사한 반면, 4절은 하나님의 신적(divine) '나'(1인칭 단수)가 지속적으로 사용되면서 이 일에 대한 하나님의 긍정적인 관점과 격려를 표현하고 있다. 그뿐만 아니라 하나님께서는 5절에서 두 가지 사실을 추가로 말씀하시면서 이들을 격려하신다: (1) 이들은 아직도 하나님의 언약 백성이다; (2) 하나님의 영(רוּחַ)이 그들 가운데 머물러 있다.

초막절 절기는 무엇보다도 출애굽과 광야생활의 어려웠던 상황을 재현하며 기념하는 데 초점이 맞추어져 있었다. 하나님께서는 출애굽 사건을 묵상하고 있는 백성들에게 출애굽을 언급하시면서 출애굽 이후로도 변하지 않은 자신의 신실하심을 역설하신다(Motyer). 비록 이스라엘이 지난 수백 년 동안 온갖 죄를 다 저질렀지만, 하나님께서는 아직도 그들을 언약 백성으로 대하신다. 하나님의 이 말씀은 시내 산에서 언약을 맺은 지 900여 년이 지난 이 순간의 백성들에게 임하고 있다. 포로기 전 이스라엘 백성과 포로기 이후 귀향민들은 과연 어떤 관계에 놓여 있는가에 대해 고민하던 사람들에게는 엄청난 위로와 축복을 확인하는 신탁이었을 것이다.

하나님의 꾸준하심은 그의 영이 그들 중에 함께 하시는/서 있는(עֹמֶדֶת) 것에서도 역력하다. 하나님께서는 출애굽 때 모세, 브살렐(출 31:3; 35:31), 장로들(민 11:17, 25–29), 발람(민 24:2), 그리고 여호수아(민 27:18; 신 34:9)에게 영을 부어 주셨다. 그때 그 하나님의 영이 성전을 재건하려는 이들 중에 임하신 것이다. 하나님의 영은 고정적이 아니라 유동적이며, 그들에게 힘을 주고 격려하기 위하여 임하셨다(Motyer). 하나님의 영이 함께하는 이들은 어떤 역경과 고난을 만나도 좌절할 필요가 없다. 출애굽 때에 이들의 조상과 함께하셨던 바로 그 분이 아직도 이들과 함께하시기 때문이다. 하나님께서 함께하신다면 무엇이 두렵겠는가! 그러므로 하나님께서는 이들에게 "두려워 말라"(אַל־תִּירָאוּ)라고 명령하신다. 이 문구는 구원 신탁에서 자주 사용되는 말이다(Rudolph).

일부 사람들의 눈에는 현재 건축되고 있는 성전이 정말 보잘것없는 것이었다. 그러나 이들은 성전 재건을 멈추지 말아야 한다. 성전이 폐허로 남아 있는 것은 이 민족의 황폐함을 상징하기 때문이다(Craigie). 또한 하나님께서는 이 성전에 대하여 매우 원대한 계획을 가지고 있으시다(6–9절). 하나님의 계획에 의하면 지금 이들이 건축하고 있는 성전의 영화와 가치는 솔로몬의 것에 비하여 전혀 손색이 없을 것이다. 이 섹션에서도 역시 모든 동사를 신적(divine) 1인칭이 주도하면서 이 일이 하나님께서 하시는 사역이심을 강조한다. 또한 하나님께서는 이 섹션에서 성전에 대한 매우 영화로운 계획을 발표하심으로써 3절에서 언급하신 일부 백성들의 반론을 완전히 잠재우신다(Sweeney).

하나님께서는 머지않아 온 세상을 뒤흔들어 놓겠다고 하신다. '흔들다'(רעשׁ)는 종종 지진을 의미한다(Craigie; cf. 암 1:1). 하늘과 땅, 바다와 뭍을 흔드실 것이다. 세상의 모든 민족들도 흔들어 놓으실 것이다. 이러한 언어는 하나님의 현현을 묘사한다 하여 먼 훗날 여호와의 날에 있을 일로 해석하는 사람들도 있다(Redditt). 그러나 말씀의 정황을 살펴볼 때 머지않은 미래에 있을 일을 예언하는 것이며, 종말에 있을 일로 간주할 필요는 없다(March). 또한 주제가 범세계적인 심판이 아니라, 성전의 부귀영화라는 사실이 이 같은 주장을 뒷받침한다. 하나님께서 출애굽 때 이집트 사람들의 금은보화를 이스라엘 사람들에게 주신 것처럼, 열방이 가지고 있는 보화로 성전을 채우실 것이다. 성경이 느부갓네살이 예루살렘 성전에서 빼앗아 간 물건들을 '보화'(חֶמְדָּה)라고 부른다(대하 36:10)하여, 학개가 바빌론이 빼앗아갔던 성전 기물들을 모두 돌려주는 것을 염두에 두고 이 말씀을 선언한 것이라고 해석하기도 하지만(Sweeney), 의미를 제한할 필요는 없다. 특히 선지자가 지금 이들이 건설하고 있는 성전이 그날이 오면 솔로몬 성전보다 더 많은 보물을 가지게 될 것이라고 선언하는 것은 빼앗긴 것 외에 더 많은 보물들이 성전에 저장될 것임을 시사하는 것이다.

하나님의 사역이 끝나면 지금 이들이 건축하고 있는 성전은 옛 성전보다 더 '찬란하게/영화롭게' 된다(9절). 이 히브리어 단어(כָּבוֹד)는 하나님의 임재와 연관되어 자주 사용되는 단어이다. 하나님이 새 성전에 계시는 한, 옛 솔로몬 성전에 비해 전혀 손색이 없을 것이다. 치장이 화려해서, 규모가 커서가 아니라 하나님께서 이 성전을 많은 보석들로 채우실 것이며, 성전의 명성을 온 세상에 알리실 것이기 때문이다. 이 일이 가능한 것은 여호와께서 세상의 모든 금과 은을 소유하시기 때문이다. 세상의 모든 것은 하나님께 속했다. 물론 평소에는 사람들의 소유물이지만, 하나님께서 필요하시면 언제든지 거두어들이실 수 있음을 시사한다. 결국 우리가 자랑하는 모든 물질도 하나님의 것이다. 언제든지 주가 쓰시겠다 하면 우리는 순종하는 마음으로 내놓아야 한다. 자원해서 내놓으면 기분이 좋지만, 억지로 빼앗기면 마음이 편하지 않기 때문이다.

하나님께서는 성전을 보물로 채우는 것으로 사역을 마무리하지 않으신다. 그분은 성전에 평화를 주실 것이다. 하나님의 '영광'(כָּבוֹד)이 성전에 임하게 되면 따라오는 자연스러운 결과이다. '평화'(שָׁלוֹם)는 구약에서 가장 포괄적인 단어 중 하나이다. 인류가, 특히 주의 백성이 염원하는 것이 바로 이 평화이다. '평화의 도시'라는 뜻을 지닌 예루살렘(יְרוּשָׁלַםִ)이 이름만 평화의 도시가 아니라 진정한 평화의 도시가 될 것이다. 하나님의 성전에 평화가 가득할 것이기 때문이다. 개인적인 차원에서 하나님의 평화는 성전을 건설하느라 시간과 물질을 바쳐 헌신하고 있는 사람들의 모든 문제가 해결될 것을 의미한다(March). 국제적으로는 하나님께서 성전을 평화로 채우시는 날, 예루살렘은 다시 한 번 세상에서 으뜸가는 도시가 될 것이며, 많은 백성들이 예루살렘으로 순례를 올 것이다. 만군의 여호와께서 명예를 걸고 보장하시는 일이다.

하나님께서는 본문의 말씀을 통하여 성전 재건을 시작한 지 한 달이 지나면서 여러 가지 어려움과 일부 사람들의 비난에 상처받고 좌절한 사람들을 위로하시고 격려하신다. 하나님께서 기뻐하실 뿐만 아니라 하나님이 함께하시는 일이니 절대 포기하지 말라는 것이다. 특히 옛 성전의 화려함을 들먹이며 비난하는 사람들은 설 자리가 없도록 하신다.

예나 지금이나 하나님 백성 공동체는 변하지 않았다. 학개 시대 사람들은 성전을 재건하는 사명을 받았다. 우리는 이 땅에 하나님의 나라를 건설하는 사명을 받았다. 그 당시에도 공동체 내에서 반대하는 목소리가 있었던 것처럼, 오늘날에도 어떤 면에서는 한 공동체가 하나님께서 주신 소명을 감당하는데 가장 큰 걸림돌이 내부에서 이는 비난일 수 있다. 하나님은 함께 일해야 할 때 거들지 않고 뒷전에서 하나님의 이름을 팔며 사람들의 사기를 저하시키고 비난을 퍼부어대는 사람을 좋아하지 않으신다. 건설적인 비난은 항상 필요하다. 그러나 그것이 정말 건설적인지 아니면, 단순히 자신의 불편한 심기와 비협조적인 마음자세에서 비롯된 것인지를 확실히 생각해보고 책임질 수 있는 말만 해야 할 것이다.

2장 하나님의 축복 약속
2:10-19

10 다리오 왕 제이년 아홉째 달 이십사일에 여호와의 말씀이 선지자 학개에게 임하니라
이르시되 11 만군의 여호와가 말하노니 너는 제사장에게 율법에 대하여 물어 이르기를 12
사람이 옷자락에 거룩한 고기를 쌌는데 그 옷자락이 만일 떡에나 국에나 포도주에나 기름
에나 다른 음식물에 닿았으면 그것이 성물이 되겠느냐 하라 학개가 물으매 제사장들이 대
답하여 이르되 아니니라 하는지라 13 학개가 이르되 시체를 만져서 부정하여진 자가 만일
그것들 가운데 하나를 만지면 그것이 부정하겠느냐 하니 제사장들이 대답하여 이르되 부
정하리라 하더라 14 이에 학개가 대답하여 이르되

여호와의 말씀에 내 앞에서 이 백성이 그러하고
이 나라가 그러하고
그들의 손의 모든 일도 그러하고
그들이 거기에서 드리는 것도 부정하니라

15 이제 원하건대 너희는 오늘부터 이전 곧 여호와의 전에 돌이 돌 위에 놓이지 아니하였
던 때를 기억하라 16 그 때에는 이십 고르 곡식 더미에 이른즉 십 고르뿐이었고 포도즙 틀
에 오십 고르를 길으러 이른즉 이십 고르뿐이었었느니라 17 만군의 여호와가 말하노라 내
가 너희 손으로 지은 모든 일에 곡식을 마르게 하는 재앙과 깜부기 재앙과 우박으로 쳤으
나 너희가 내게로 돌이키지 아니하였느니라 18 너희는 오늘 이전을 기억하라 아홉째 달

이십사일 곧 여호와의 성전 지대를 쌓던 날부터 기억하여 보라 19 곡식 종자가 아직도 창
고에 있느냐 포도나무, 무화과나무, 석류나무, 감람나무에 열매가 맺지 못하였느니라 그러
나 오늘부터는 내가 너희에게 복을 주리라

하나님께서 다리우스 왕 2년 7월 21일(주전 520년 10월 17일) 선지자에게 마지막으로 말씀하신 지 두 달이 지난 9월 24일(520년 12월 18일)에 학개에게 다시 말씀이 임했다. 지금까지 하나님의 말씀이 선지자에게 임할 때마다 날짜가 특별한 의미를 지녔던 것을 감안할 때, 이날도 특별한 의미를 지녔던 것으로 추측할 수 있지만, 불행하게도 우리에게는 더 이상의 것은 전해지지 않는다(Craigie). 물론 이스라엘은 주전 164년 이후에는 매년 9월 25일(12월 19일)부터 8일 동안 안티오쿠스 에피파네 4세에게 빼앗은 성전을 정결하게 하여 하나님께 헌당했던 것을 기념하는 하누카(Hanukah) 축제를 지내게 된다. 그러나 이 일은 학개 선지자 시대에서 350여 년이 지난 다음에 있었던 일이다. 일부 주석가들은 마카비 형제들이 주전 164년 9월 25일을 성전 헌당일로 정한 것은 자신들의 행위가 학개 선지자의 예언을 성취하는 것이거나 혹은 연관성이 있다는 것으로 이해했기 때문이라는 해석을 내놓는다(Sweeney). 비록 말씀이 선포되기 시작할 때에는 이날이 특별한 종교적 의미를 지니지 않았지만, 말씀이 끝날 때에는 이날이 성전 재건 과정에 있어서 특별한 날이었음을 밝힌다. 바로 성전의 주춧돌이 놓인 날이었다.

하나님의 말씀은 백성들에게 율법을 가르치는 일을 했던 제사장들에게 율법에 대하여 질의하라는 형태로 학개에게 임했다. 질문은 두 가지였는데, 첫 번째는 거룩한 물건(קֹדֶשׁ)과 닿는 것들이 거룩하게 되느냐는 것이었다(12절). 제사장들의 답은 당연히 '아니다'였다. 두 번째 질문은 부정한 물건(טְמֵא־נֶפֶשׁ)(viz., 시체[cf. 민 5:2; 6:6; 9:10; 19:11, 13] 그러나 본문에서는 단순히 '부정한 [모든] 것'으로 풀이되어야 함; cf. Redditt)과 닿는 것들이 부정하게 되느냐는 것이었다(13절). 제사장들의 답은 당연히 '그렇다'였다. 거룩함은 전염이 안되지만 부정함은 전염이 된

다는 것이 율법의 가르침이다(레 6:27–30; 11:24–28; 22:4–7).

우리는 부정한 것에 닿는 것마다 부정하게 되지만, 거룩한 것은 다른 것을 성결하게 할 수 없다는 성경의 가르침에 대하여 생각해 볼 필요가 있다. 이 말씀은 죄인이 경건한 자를 오염시키는 것은 쉬운 일이지만, 거룩한 자가 죄인을 경건하게 하는 것은 훨씬 어려운 일이라는 것을 의미한다. 그렇기 때문에 교회는 공동체의 순수성을 위하여 어려운 결단을 내려야 할 때도 있다. 물론 교회는 모든 죄인들이 올 수 있는 곳이다. 그러나 자신의 죄에 대하여 양심의 가책을 못 느끼고, 죄의 길에서 돌이킬 생각이 없는 사람은 교회 공동체가 오염되는 것을 막기 위해서라도 내보내야 하는 것이다. 종종 교회가 하나님보다 더 많은 관용을 베풀려 하다가 엄청난 파장을 겪는 일을 목격한다. 바울은 이런 자들을 교회에서 내보내라고 지시한다(cf. 고전 5:1–5). 죄인을 구원하는 것도 좋은 일이지만, 공동체의 순수성도 매우 중요하기 때문이다.

여기까지는 별문제가 없지만, 하나님께서 14절에서 부정하다고 하시는 '이 백성'(הָעָם־הַזֶּה)과 '이 민족'(הַגּוֹי הַזֶּה)이 누구를 두고 하는 말씀인가는 학자들 사이에 상당한 논란을 불러일으켜 왔다. 첫 번째 해석은 사마리아 사람들을 두고 하는 말이라는 것이다(Rothstein; Nowack; Sellin; Beuken; Wolff; Horst). 에스라서 4:1–5에 의하면 사마리아 사람들이 성전 재건에 동참하려 했지만 스룹바벨, 여호수아 등의 지도자들에 의하여 거부당했다. 그들은 이방인들과 피를 섞었다 해서 바빌론에서 돌아온 일부 사람들에 의하여 부정하다는 취급을 받았다. 이 해석에 의하면 학개는 성전 재건 사업에 있어서 사마리아인들에게 어떠한 도움도 받지 말 것을 당부하고 있는 것이다. 왜냐하면 그들의 부정함이 프로젝트 전체를 부정하게 오염시킬 수 있기 때문이다. 대부분의 주석가들이 선호하는 두 번째 해석은 '이 백성'과 '이 민족'은 성전을 재건하고 있는 유다 사람들을 두고 하는 말이라는 것이다(Verhoef; Baldwin; May; Petersen; Sweeney; Motyer; March).

그러나 정확히 무엇이 부정한 것인가에 대하여는 다양한 해석이 제시된다. 첫째, 일부 주석가에 의하면 문제는 유다 사람들이 하나님께 제물을 드리는 제단이 제대로 된 정결 의식을 통해 거룩하게 된 적이 없다는 것에 있다(Wellhasusen; Marti; Koch; Petersen; cf. 스 3:1-7). 그러므로 그들이 이 제단에서 드리는 모든 제물도 부정하다(March). 둘째, 어떤 주석가는 완성되지 못한 성전 자체가 마치 죽은 사람의 시체가 썩어 뼈만 앙상히 드러나 있는 것과 같기에 미완성된 성전에서 일하는 사람들이 모두 부정하다고 한다(Baldwin; cf. Redditt). 셋째, 이 백성이 완성된 성전에서 정결 예식을 치른 적이 없기 때문에 부정하다는 뜻으로 해석하는 학자도 있다(Sweeney). 제단이 문제가 아니라 백성들 자체가 부정하다는 것이다. 넷째, 비록 이들이 거룩한 일(성전 건설)을 하지만, 이 일을 한다고 해서 자동적으로 거룩해지는 것은 아니며, 이들이 부정한 일을 하면, 성전 자체가 부정해질 수 있으니 양심을 지키며 바르게 살아야 한다는 의미로 해석하는 주석가들도 있다(Calvin; Mitchell; Chary; Ackroyd; May; Craigie). 에스라서의 자료와 이들이 처해 있는 상황과 논리를 종합해볼 때, 첫 번째 해석이 가장 설득력 있어 보인다. 그들의 제단이 아직 한 번도 제대로 된 정결 의식을 통하여 성결해진 적이 없다는 것이다.

그러므로 그들이 지금까지 드렸던 모든 제물들도 부정했기에 하나님께서 이들을 축복하실 수 없었다는 것이 선지자의 설명인 것이다(15-17절). 농작물의 수확은 반으로 줄었고(16절), 병충해도 많았다. 심지어 하나님께서 우박을 내리시기도 했다. 이스라엘이 지난 수년 동안 경험했던 기근과 농작물 피해는 결국 영적인 이유에서 비롯된 것이었다(Motyer). 그러나 하나님께 돌아온 자는 아무도 없었다(17절). 왜 이런 일이 일어나고 있는지를 깨달은 자가 아무도 없었다는 것이다. 때로는 하나님께서 재해를 통하여 우리에게 무언가를 말씀하시고자 하신다. 우리는 재앙들을 통해서 하나님의 음성을 들을 수 있는 분별력을 계발하여야 한다.

18절의 의미는 정확하지 않다. "9월 24일로부터"와 "여호와의 성전의 기초를 놓은 날로부터"라는 문구의 관계를 어떻게 이해해야 하느냐가 관건이다. 새번역은 "[과거에] 성전 기초를 놓은 날로부터 [오늘] 9월 24일까지의 기간을 생각해 보라는 것으로 이해한다(Ridderbos; Baldwin; Kittel; cf. LXX). 그러나 대부분의 번역본은 두 문구를 같은 날을 뜻하는 동격(apposition)으로 간주한다(NIV; NAS; NRS; TNK). 바로 이날, 9월 24일에 성전의 주춧돌이 놓였다는 것이며 이 말씀이 주춧돌을 놓은 날부터 이날까지의 일을 생각하라는 것이 아니라, 이날(viz., 주춧돌을 놓은 날)부터 앞으로의 날들을 지켜보라는 의미이다.

그러나 에스라 3장에 의하면 이 주춧돌은 이미 오래전에 세워진 것이 아닌가? 일부 학자들은 에스라 3장과 학개서가 같은 일을 배경으로 하고 있는 것이라고 하기도 하고(Sweeny; March), 수년 전에 세워졌던 주춧돌 위에 새로운 주춧돌을 세우는 것을 의미한다고 하기도 한다(Motyer). 주춧돌 위에 새로운 주춧돌을 세우는 일은 특이한 현상이 아니다. 고대 근동의 성전/신전 건축에서 흔히 볼 수 있는 일이었다(Wiseman). 일부 주석가들은 이날 있었던 일이 이미 3개월 전부터 진행되어 온 공사를 공식적으로 인준하는 기념예배의 성향을 띤 것으로 풀이하기도 한다(cf. Baldwin).

새로이 주춧돌을 놓은 이날(520년 12월 18일)부터 이스라엘의 삶이 달라질 것이다(19절). 이들은 지금까지 체험하지 못했던 풍요로움을 누리게 된다. 하나님께서 축복을 약속하시기 때문이다. 이때면 이른 비가 온 이후 부드러워진 땅에 파종을 마친 상태이다. 이미 들판에 씨가 뿌려진 상태에서 하나님의 약속이 임한 것이다. 물론 하나님의 말씀이 진실인가는 몇 달 후 4-5월에 추수를 해 보면 알게 된다. 그들은 몇 달 후에는 전에 누려 보지 못했던 풍요로운 수확을 거두게 될 것이다. 성전 건축이 시작된 지 고작 3개월이 지났으며, 앞으로도 4년 반 이상은 지나야 완공이 된다. 그런데도 하나님께서 너무 기뻐셔서 축복을 앞당겨 내리신다.

그동안 이들의 문제는 하나님께서 그들 중에 거하지 않으시는 것이었다. 하나님께서 그들 중에 계시지 않으니 아예 축복받는 것은 상상할 수도 없었다. 그러나 하나님께서는 이들이 성전 재건을 결정하는 날부터 이들과 함께 계심으로써 축복의 가능성을 열어 두셨다(1:13). 그들과 함께하시는 하나님께서 드디어 풍년을 줄 것을 선언하셨으니 당연히 그렇게 될 것이다. 문제의 해결은 결국 하나님의 축복에 있는 것이 아니라, 하나님의 임재에 있는 것이다.

그런데 이들은 어떻게 하나님의 임재를 실현할 수 있었는가? 하나님의 말씀에 순종함을 통해서였다. 결국 몸과 마음과 힘을 다하여 하나님을 사랑한 것이 이루어낸 결과였던 것이다(Motyer). 이것이 바로 축복의 비결이다.

3장 메시아의 모형 스룹바벨
2:20-23

20 그 달 이십사일에 여호와의 말씀이 다시 학개에게 임하니라 이르시되
21 너는 유다 총독 스룹바벨에게 말하여 이르라
내가 하늘과 땅을 진동시킬 것이요
22 여러 왕국들의 보좌를 엎을 것이요
여러 나라의 세력을 멸할 것이요
그 병거들과 그 탄 자를 엎드러뜨리리니
말과 그 탄 자가 각각 그의 동료의 칼에 엎드러지리라
23 만군의 여호와가 말하노라
스알디엘의 아들 내 종 스룹바벨아
여호와가 말하노라

그날에 내가 너를 세우고 너를 인장으로 삼으리니
이는 내가 너를 택하였음이니라
만군의 여호와의 말이니라 하니라

같은 날(520년 12월 18일) 하나님의 말씀이 학개에게 다시 임했다. 이 말씀은 특별히 예루살렘 공동체의 정치적 리더인 스룹바벨 총독을 지명하여 주신 신탁이다. 스룹바벨과 여호수아에게 주신 말씀으로 시작한 책이 스룹바벨에게 주시는 말씀으로 끝을 맺고 있다. 여호수아가 배제되는 것은 스룹바벨이 상징하고 있는 다윗 집안에 대하여 메시아적 예언을 주고자 하시기 때문이다(Motyer). 신탁은 미래에 있을 일을 예언하는 것으로 하나님의 역동적인 사역을 전제한다: "땅을 뒤흔들겠다"(21절); "왕국들을 뒤집어엎겠다"; "권세를 깨뜨리겠다"; "병거들을 뒤집겠다"; "자기들끼리 칼부림하다가 쓰러질 것이다"(22절). 사용된 언어와 이미지가 앞으로 도래할 하나님의 날을 묘사하는 것 같다(Petersen).

메시지는 머지않아 하나님께서 온 세상을 흔드실 것이며(21-22절), 스룹바벨을 하나님의 옥새로 삼으실 것이라는 내용이다(23절). 세상을 뒤흔드시는 것은 이미 2:6-7에서도 언급하신 적이 있으니 새로운 일은 아니다. 그때에는 세상을 흔드셔서 많은 보물들이 예루살렘 성전에 쌓이게 하실 것이라고 했다. 이번에는 세상을 흔드셔서 스룹바벨의 정권을 확고히 세워 주시겠다는 약속을 하신다. '옥새'(חוֹתָם)는 줄을 달아 목걸이로(cf. 창 38:18, 25), 반지로(렘 22:24), 혹은 팔찌로(아 8:6) 착용되었으며, 주인의 이름이나 특별한 상징을 담은 것으로서 오늘날 인감도장처럼 주인의 권위와 권한을 상징하는 것이었다(Motyer). 그러므로 하나님께서 스룹바벨을 자신의 옥새로 삼으신다는 것은 여호와께서 그를 통하여 성전을 지으실 것을 뜻하기도 하지만(March), 이 일이 끝나면 그를 통하여 세상을 통치하시겠다는 의미이기도 하다(Sweeney).

그런데 왜 하필이면 스룹바벨인가? 이미 언급한 것처럼 스룹바벨은 다윗 집안의 생존자다. 그러므로 하나님께서 다윗 언약(cf. 삼하 7)을 준수하시려면 무너진 다윗의 장막을 다시 세우셔야 한다. 스룹바벨이 바로 그 다윗 집안을 상징하는 인물이다. 하나님께서 그를 '나의 종'(עַבְדִּי)으로 부르시는데, 이 호칭 역시 다윗 왕조를 두고 사용하는 용어이다(삼하 7:5; 왕상 11:32, 36; 겔 34:23; 37:24-25)(March). 그러므로 이 말씀은 스룹바벨에게 선포된 것이지만, 궁극적으로는 다윗 왕조를 두고 하시는 말씀이다.

하나님께서 이미 약속하신 것처럼 다윗의 후손을 통하여 세상을 통치할 메시아를 주실 것이라는 뜻이다. 하나님의 이 약속도 옛적 다윗 언약을 주실 때를 연상케 한다. 다윗 언약의 발단은 다윗이 하나님을 위하여 '집'을 짓고자 염원하는 데서 비롯되었다. 다윗을 대견하게 생각하신 하나님께서 오히려 다윗과 그의 후손을 위하여 '집'을 지어주신 것이 다윗 언약이다. 스룹바벨이 하나님의 집을 짓는 것을 귀하게 여기신 하나님께서 오히려 그를 위하여 집을 지어주실 것을 약속하시는 것이다.

그러므로 이 예언이 스룹바벨 개인을 두고 하는 말이며, 성전이 완공되면 이렇게 될 것을 의미하는 것으로 해석하여 이 예언이 문자적으로 성취되지 않자 선지자로서 학개의 명예가 상당히 실추되었던 것으로 간주하는 것은 옳지 않다(cf. March; Sweeeny). 만일 이것이 학개의 진심이었다면, 그는 페르시아의 통치에 반역을 꾀하고 있는 것이다. 더욱이 학개서가 최종적으로 정리된 것이 말씀이 선포된 지 한참 세월이 지난 후라고 주장하는 관점에서 생각할 때, 학개가 이 말씀을 스룹바벨 개인의 정권 회복을 두고 선포한 말씀이라면 편집자들에 의하여 책에서 제거되었을 것이다(Craigie). 즉, 훗날 편집자들도 이 말씀을 메시아의 통치에 대한 상징으로 보았지, 스룹바벨 개인을 두고 한 말씀은 아니었다고 생각했던 것이다. 여기서 우리는 예언에 대하여 중요한 사실을 인식해야 한다. 오늘날 만연해 있는 역사–비평학적 학문(historical critical scholarship)은 역사가 선지자들의 예언을 평가하도록 하는 반면, 선지서들은 예언이 역사를 평가하도록 한다는 점이다(Childs).

스룹바벨과 이스라엘 백성들은 하나님의 말씀에 순종하는 의미에서 희생을 각오하고 성전 재건을 시작하였다. 그런데 하나님께서는 오히려 이들에게 넘치는 축복을 약속하셨다. 그들 중에 함께하실 것, 풍성한 추수를 주실 것, 옛 시내 산 언약이 아직도 유효하므로 이들은 아직도 여호와의 백성이라는 것을 확인해 주신 것, 다윗 언약도 아직 유효하다는 것 등등이 그들에게 내려진 축복이다. 즉, 그들은 순종을 위하여 희생을 다짐했지만, 하나님께서는 오히려 그들이 치러야 할 대가보다 훨씬 더 대단한 축복을 약속하시며 내려주신다는 것이다.

그러므로 이들의 헌신은 고통이 아닌 축복의 통로였다. 이것이 하나님의 사역 원리이다. 우리는 흔히 하나님을 섬기는 것이 엄청난 개인적인 희생을 요구하는 것으로 생각하지만, 실제로 하나님께서 답례로 부어주시는 축복에 비교해보면 전혀 희생이라 할 수 없으며, 오히려 엄청난 이익을 남기는 투자에 불과하다는 사실을 깨닫게 된다. 이러한 진리를 인식하고 하나님께서 희생을 요구하실 때 흔쾌히 응하는 사람들이 복이 있다.

엑스포지멘터리

스가랴

스가랴

만군의 여호와께서 말씀하시되
이는 힘으로 되지 아니하며
능으로 되지 아니하고
오직 나의 신으로 되느니라
(4:6)

만군의 여호와가 말하노라
칼아 깨어서 내 목자, 내 짝 된 자를 치라
목자를 치면 양이 흩어지려니와
작은 자들 위에는 내가 내 손을 드리우리라
여호와가 말하노라
이 온 땅에서 삼분의 이는 멸망하고
삼분의 일은 거기 남으리니
내가 그 삼분의 일을 불 가운데에 던져
은 같이 연단하며 금 같이 시험할 것이라
그들이 내 이름을 부르리니 내가 들을 것이며
나는 말하기를 이는 내 백성이라 할 것이요
그들은 말하기를 여호와는 내 하나님이시라 하리라
(13:7–9)

사노라면 슬픔이나 좌절이 없을 수 없는 것이 인생이다. 크리스천들도 이러한 현실에서 예외일 수는 없다. 그러나 우리는 밝은 미래를 꿈꾸며 소망을 벗 삼아 살기에 세상 사람들보다는 암담한 현실에 대하여 조금 더 긍정적으로 생각할 수 있고 지혜롭게 난관을 극복할 수 있다. 문제는 어려움과 고난이 지속될 때이다. 고난의 터널을 지나다 보면 머지않아 서광이 비쳐 길을 밝혀주리라 기대하지만 이 터널이 도대체 끝이 날 것 같지 않다는 느낌이 들면 당혹스러워진다.

스가랴서는 어둠 속을 헤매며 이제나저제나 하나님의 구원의 빛이 임하지 않을까 하는 기대를 안고 살다가 지쳐버린 이스라엘 백성들에게 임한 하나님의 말씀이다. 하나님께서는 선지자를 통해 자신의 지난날의 침묵이 결코 무관심을 뜻하는 것이 아니며 적절한 때를 기다려 온 것이라고 하신다. 선지자는 학개의 사역과 병행하여 바빌론으로부터 돌아온 이스라엘 백성들이 성전 건축을 하도록 격려하고 있다. 또한 장차 오실 메시아에 대한 소망과 그들을 괴롭히던 열방의 멸망을 선포함으로써 주의 백성들에게 미래에 대한 소망을 제시하고 있다. 학개의 사역이 성전 재건을 바탕으로 한 현실적인 이슈들을 다루었다면, 스가랴의 사역은 성전 재건의 중요성과 의미에 관한 비전들을 중심으로 펼쳐진다(Sweeney).

스가랴서는 묵시적인 성향을 띠고 있어서 환상과 메시지의 범위에 있어 소선지자들 중 그 누구의 것보다도 광범위하다. 환상의 범위가 넓은 만큼 그의 예언을 해석하는 것도 만만치가 않다. 그의 비전과 말씀은 메시아에 대한 구체적인 예언을 많이 담고 있으나 해석이 매우 어렵다는 것도 학자들이 동감하는 부분이다.

스가랴서는 신약에서 가장 많이 인용하는 구약의 책에 속한다. 신약은 스가랴서를 70여 차례나 직접 인용하거나 암시한다(Craigie). 그중 1/3은 복음서에서 인용되며, 나머지 대부분은 계시록에서 인용된다. 신약의 저자들이 예수 그리스도의 삶과 사역을 상당 부분 스가랴 선지자의 메시아에 관한 예언의 성취로 보았기 때문이다. 스가랴의 메시지 중에서도 특별히 목자에 대한 신탁이 신약 저자들에 의해서 자주 언급된다.

1. 선지자

스가랴(זְכַרְיָה)라는 이름은 "여호와께서 기억하시다"라는 의미를 지녔으며 구약에서만 29명이 이 이름으로 불릴 정도로 흔한 이름이었다. 소선지서 12권 중 끝에서 두 번째 책의 저자로 알려진 스가랴는 말라기, 학개와 함께 바빌론 포로 시대 이후에 예루살렘에서 사역했던 선지자였다. 그는 혈통상 에스겔, 예레미야처럼 제사장의 후손이기도 했다(cf. 느 12:1; 12:16). 실제로 그의 책에는 그가 자신의 제사장 경험을 바탕으로 메시지를 전한 흔적이 곳곳에 배어 있다(Sweeney; cf. 2:1-4; 4:1-15; 5:1-4; 5:5-11; 6:1-15; 11:4-17).

스가랴는 바빌론에서 태어났으며 스룹바벨, 세스바살 등이 페르시아 왕 고레스의 종교 자유 선포에 힘입어 바빌론에서 거주하던 유다 백성들을 이끌고 예루살렘으로 귀향할 때 그 무리에 섞여 있었던 사람이었다. 이때 스가랴는 어린아이였을 것으로 추정된다(cf. Boda). 기록에 의하면 그의 아버지는 베레갸였으며 할아버지는 잇도였다. 그러나 그가 '베레갸의 아들'이 아니라 '잇도의 아들/후손'(בֶּן־עִדּוֹ)으로 자주 표기되는 것은 그의 아버지가 일찍 죽었기 때문이라는 추측도 있다(Feinberg).

이 문제에 대하여 한 주석가는 스가랴가 잇도의 아들인데, 베레갸(בֶּרֶכְיָה)의 아들로 묘사되는 것은 그를 이사야의 아들 마헬살랄하스바스의 탄생을 목격한 것으로 기록되어 있는 여베레기야(יְבֶרֶכְיָהוּ)의 아들 스가랴와 연관시키기 위해서라고 한다(Sweeney; cf. 사 8:1-4). 스가랴의 사역을 이사야서와 연관시키는 것은 그의 사역과 메시지가 이사야가 예언한 것들의 실현이라는 점을 강조하기 위해서라는 것이다. 역사적으로 베레갸(בֶּרֶכְיָה)와 여베레기야(יְבֶרֶכְיָהוּ)가 같은 사람이라는 점을 입증할 길은 없지만, 이 두 이름이 같은 이름의 다른 유형일 가능성은 충분하다. 스가랴서가 예레미야, 에스겔, 호세아, 아모스, 학개 등 다른 예언서들을 인용하고 있는 점을 고려하면, 스가랴의 사역과 이사야서의 연관성은 가능한 일이다(cf. Sweeney). 한 가지 확실한 것은 그는 상당한 세력과 영향력을 행사했던 집안의 자손이었다는 점이다.

스가랴는 학개가 예루살렘에서 선지자 사역을 시작한 지 2개월 만에 자신의 사역을 시작한 것으로 추정되며 그때가 페르시아의 다리우스 1세(Darius I Hystaspes)(521–486BC)가 근동의 대부분 지역을 통치하기 시작한 이듬해인 520년이었다(cf. 학 1:1; 슥 1:1). 스가랴가 얼마 동안이나 사역을 했는지는 알 수 없다. 이처럼 스가랴가 예루살렘으로 돌아온 귀향민 공동체에서 상당한 영향력을 행사했던 선지자였음은 확실하지만, 실제로 그에 대한 정보는 매우 미흡한 수준에 머물러 있다.

2. 역사적 정황 [15]

유다 백성들을 강제로 바빌론으로 끌고 가 그곳에 정착시켰던 바빌론이 부패와 타락에 휘청거리다가 결국 539년에 고레스의 페르시아군에 의하여 멸망했다. 고레스는 이미 550년대부터 바빌론이 견제해야 하는 세력이 되었으며 538년에 이르러서는 서아시아 지역에서 이집트에 이르는 모든 지역이 그의 통치 아래 있게 되었다(Bright). 그의 세력 확장에 결정적인 기여를 했던 바빌론 정복은 사실은 가장 싱거운 전쟁이었다. 고레스가 539년에 바빌론에 입성하자 바빌론 사람들은 그들의 정부에 얼마나 환멸을 느껴왔는지 고레스를 메시아로 환호했다고 한다. 별다른 저항 없이, 많은 피를 흘리지 않고 바빌론 제국을 접수한 고레스는 이듬해인 538년에 바빌론에 끌려와 억류되어 있던 모든 민족들에게 칙령을 내려 본국으로 돌아가 조상들이 섬기던 신들을 섬길 수 있는 자유를 주었다(cf. 대하 36:22–23; 스 1:1–4; 6:3–5).

바빌론의 그발 강 유역에 거주 지역을 형성하며 살고 있던 유대인들은 이 소식을 매우 반갑게 받아들였으며 곧바로 상당수의 사람들이 다윗 계열의 왕자 세스바살(스 1:8, 11)의 지휘 아래 예루살렘으로 돌아왔다. 세스바살이 다윗 계열의 왕자이며, 예루살렘의 총독으로 임명을 받고(스 5:14) 귀향하게 되었다

15 학개서의 역사적 정황도 참조하라.

는 것은 그와 함께 돌아오는 자들의 발걸음을 가볍게 했을 뿐만 아니라, 머지않아 포로 시대 이전 선지자들이 예언했던 메시아 시대의 도래를 암시하는 것으로 기대했을 것이다.

그는 예루살렘에 도착하자마자 곧장 성전 재건 사업을 시작했다. 에스라 5:16은 그가 성전의 기초를 다진 것으로 기록하고 있다. 그러나 에스라 3:8과 스가랴 4:9는 성전의 기초를 다지는 사업을 주도했던 사람이 스룹바벨이라고 한다. 어떤 일이 벌어진 것인가? 세스바살은 예루살렘에 돌아오자마자 538년에 일을 추진한 것으로 생각된다. 반면에 에스라 3:8은 스룹바벨이 첫 귀향민이 예루살렘으로 돌아온 지 2년이 지난 536년에야 일을 착공한 것으로 기록하고 있다. 학자들은 대체로 세스바살이 538년에 성전 건축을 시작했다가 실패한 것을 2년 후에 스룹바벨이 다시 착공한 것으로 해석한다(McComiskey). 왜 세스바살이 실패했을까? 세스바살에 대한 언급이 에스라서에서도 일찍 사라진다는 점을 근거로, 그가 예루살렘으로 돌아왔을 때는 이미 연로했으며 더 이상 효과적인 리더십을 발휘할 수 없는 상황에 처했기 때문이라고 추정하는 학자가 있다(Bright). 그러나 정확한 이유는 자세히 알 수 없다.

귀향민들은 그들이 돌아오기만 하면 예루살렘에 여호와의 통치가 임하며 이방인들이 온갖 선물을 가지고 시온을 찾아올 것을 기대했다. 그러나 그들을 기다리고 있던 예루살렘의 현실은 혹독하고 힘겨웠다. 예루살렘과 유다 지역에 살고 있던 이방인들은 그들을 괴롭혔으며 경제적으로도 매우 어려운 형편이었다. 그들은 속히 여호와의 성전을 재건해야 한다는—그래야 여호와의 통치가 속히 실현될 수 있다는—생각에 사로잡혀 있었다. 그러나 그들의 조급한 마음에도 불구하고 주위 사람들의 시비와 방해로 성전 재건은 중단되었다(스 4:1-24). 이 사건은 귀향민들을 깊은 좌절의 늪에 빠뜨리기에 충분했다(cf. 스 4:4). 결국 성전의 기초공사는 536년에 마무리되었지만, 성전 건물의 건축은 520년에야 재개될 수 있었다. 성전의 기초가 16년 동안이나 방치되어 있었던 것이다.

고레스가 죽은 후 그의 아들 캠비스(Cambyses)(529-522BC)가 뒤를 이어 왕이 되었다. 그는 이미 근동의 넓은 지역을 장악하고 있던 페르시아 제국에 이집트의 영토를 더했다. 그는 이집트 원정에서 돌아오던 길에 페르시아의 수도 수산에서 가우타마(Gautama)라는 사람이 캠비스의 살해된 형이라 주장하며 왕권을 차지했다는 소식을 접했다. 무슨 이유였는지는 알 수 없지만, 소식을 접한 캠비스는 스스로 목숨을 끊었다. 그때가 522년이다. 이 일이 있은 후 페르시아군의 장군이며 히스탑(Hystapes) 왕족 출신이었던 다리우스가 즉위를 선포하고 나아가 가우타마를 살해함으로써 자신의 왕권을 굳히게 되었다. 그가 바로 다리우스 1세이며 그의 통치 기간은 521−486년이었다.

다리우스가 왕이 된 다음에도 페르시아 제국은 여러 번의 반역과 쿠데타에 시달렸다. 이집트에서 메데에 이르기까지 많은 민족들이 반역을 꾀했다. 그중 가장 심각한 도전은 닌딘투벨(Nindintu−bel)이 시작한 바빌론의 반역이었다. 다리우스가 이 반역들을 제압하는 데 어느 정도의 시간이 걸렸는지 정확히 알 수 없다. 그러나 그가 통치를 시작한 지 2년 만에 스가랴에게 하나님의 말씀(1:7−17)이 임한 것을 생각할 때, 다리우스는 2년 안에 제국을 평정한 것으로 생각된다.

그즈음 패배감과 좌절감이 예루살렘에 살던 귀향민들을 괴롭히고 있었다. 지연되는 메시아 왕국을 생각할 때마다 하나님에 대한 실망은 걷잡을 수 없었으며, 참담하고 절망적인 경제적 현실을 대하며 실의에 빠졌던 것이다. 스가랴는 하나님의 말씀과 계시로 이들을 위로하기를 원했다. 동시에 그는 엄중하게 경고했다. 그들의 옛 선조들을 멸망에 이르게 했던 영적인 질병이 새로이 형성된 이 공동체를 위협하고 있다는 것이었다.

3. 다른 책들과의 관계

바빌론 포로기 이후에 사역했던 스가랴의 신탁으로 구성되어 있는 이 책이 포로기 혹은 포로기 이전 시대에 활동했던 선지자들의 영향을 받은 것은 당연한 일이다. 스가랴는 성전 재건이 하나님의 온 세상에 대한 주권을 확인하는 계기가 되어 페르시아 제국의 멸망을 가져오는 촉매가 될 것이라고 말한다. 이 과정에서 스가랴는 이사야서의 예언을 상당 부분 인용하여(cf. 사 34:16-17; 29:11-12; 8:16) 자신의 신탁은 결코 새로운 것이 아니라, 이사야가 예언한 것들의 성취일 뿐임을 강조한다(Sweeney). 스가랴가 청중들에게 그들의 선조들이 걸었던 죄의 길에서 돌이키라고 권면하는 것은 이사야의 메시지를 그대로 반영하는 것이며(cf. 사 1:2-31), 특히 스가랴 7-8장은 이사야 1-2장의 내용을 바탕으로 선포된 것이라 해도 과언이 아니다. 스가랴는 '순/싹'을 자주 언급하는데(cf. 3, 4, 6장), 이 이미지 역시 이사야 11:1-16과 예레미야 23, 33장 등에 근거를 둔 것이다. 또한 이사야서와 예레미야서가 거짓 예언과 목자의 고난에 대하여 예언하는데, 스가랴서에서도 이들은 중요한 주제들이다(cf. 11장; 13장).

스가랴서는 미가서에 제시된 내용들과도 깊은 연관이 있다. 미가는 다윗 계열의 왕이 하나님의 도구가 되어 열방을 심판할 것이며 또한 열방을 시온으로 이끌어 와 그곳에서 하나님께 복종하고 주님을 경배하게 할 것이라는 원대한 비전을 제시한다. 스가랴도 미가의 비전에 전적으로 동의하며 이야기를 전개해 나간다. 언젠가는 열방이 전쟁 무기를 농기구로 바꿀 것을 노래하는 스가랴 8:20-23가 동일한 주제를 다루고 있는 이사야 2:2-4와 미가 4:1-5 중 미가서 텍스트를 근거로 하고 있다는 점도 스가랴가 미가서의 비전에 전적으로 동의하고 있음을 시사한다(Sweeney). 미가 2:12-13이 여호와께서 주의 백성을 타국으로 내치신 후 목자가 되어 다시 그들을 인도하여 약속의 땅으로 인도하실 것이라고 하는 것도 스가랴서와 밀접한 연관이 있다.

스가랴 1-8장은 학개서와도 깊은 연관이 있다. 물론 학개, 스가랴, 말라기가 같은 시대에 사역했다는 점에서 연관성을 보여준다고 생각할 수 있지만, 이들의 연관성은 단순히 동시대에 사역했기 때문에 생긴 일이 아니라 누군가가 의도를 가지고 이 책들을 함께 놓고 최종적으로 정리했기 때문이라고 생각한다. 특히 학개서—스가랴서 8장까지는 합작(composite work)의 성향이 역력하다는 것이 많은 학자들이 내리는 결론이다(Meyers & Meyers; Sweeney; Coggins). 이 두 책을 서로 독립적인 책으로 보기에는 제시하고 있는 날짜들을 포함해서 너무나도 많은 부분에 연관성을 갖고 있다는 것이다. 즉 이 두 권의 책은 다리우스 왕의 통치 초기 시대를 살아가던 유태인들에게 실제적이고 현실적인 프로그램뿐만 아니라 그들을 괴롭히던 주변 사람들에 대하여도 미래 지향적인 소망을 제시함으로써 이스라엘의 존재성과 정체성을 확립하고 있다는 것이다. 학개서와 스가랴서 7-8의 연관성에 대하여 다음 도표를 참조하라(Meyers & Meyers).

내용	학개서	스가랴서
날짜	1:1, 15; 2:1, 10, 18, 20	7:1
선포적 질문	2:11ff.	7:3ff.
"만군의 여호와의 전"	1:14	7:3; 8:9
"땅의 백성"	2:4	7:5
땅의 황폐	1:6	7:14
"남은 자들"	1:12, 14; 2:2	8:6, 11, 12
담대하라	2:4(3x)	8:9-10
성전 재건	1:2; 2:18	8:9
집/전 = 성전	1:2; 2:3, 7, 15, 18	8:9; 7:3
품삯	1:6	8:10
사람/짐승	1:11	8:10
넉넉한 씨앗 뿌림/성전 건물	1:6-11; 2:18-19	8:12
땅/소산; 하늘/이슬	1:10	8:12
축복	2:19	8:13
"두려워 말라"	2:5	8:13
"열방들"	2:7, 22	8:13, 22, 23
옷자락	2:12	8:23
엘로힘	1:12(2x), 14	8:8, 23

4. 통일성

스가랴서는 구약에서 가장 많은 비평학자들의 연구 대상이 되었던 책들 중 하나다. 아직까지도 1-8장과 9-14장의 관계가 학자들 사이에 논란이 되고 있다(cf. Childs; Coggins). 이 두 섹션은 한 사람에 의하여 기록되었다고 보기에는 스타일이나 내용이 너무나도 다르다는 것이다. 그러므로 대부분의 학자들은 제1 스가랴서와 제2 스가랴서로 구분한다(Ollenburger; Meyers & Meyers). 심지어 일부 학자들은 1, 2, 3 스가랴서로 구분하기도 한다(Achtemeier).

1-8장과 9-14장의 내용면의 차이점들을 생각해보자. 첫째, 1-8장에서는 열방이 평안을 누리고 있다(1:11, 15; 2:4; 6:8). 그러나 9-14장에서는 큰 혼란에 빠져 있다(9:15; 12:9; 14:1-3). 둘째, 1-8장에서는 가까운 미래에 대한 소망이 중심적인 요소로 부각되고 있는데 후반부에서는 모두 사라질 뿐만 아니라 여호와께서 백성들과의 언약을 거부하시며 그들을 버리신다(11:10-11). 상황이 절망적인 것이다. 셋째, 전반부를 구성하고 있는 범우주적인 환상이 후반부에서는 종말적인 심판 선언으로 대체되고 있다. 넷째, 전반부에서 접하지 못했던 단어들과 문장 스타일이 후반부에서 포착된다. 그뿐만 아니라 전반부에서 자주 사용되었던 "여호와의 말씀이라", "하나님께서 말씀하셨다" 등의 표현이 후반부에서는 등장하지 않는다.

스가랴서의 비평학은 이미 17세기에 초석이 놓였다. 스가랴서 1-8장과 9-14장의 현저한 차이에 고심하고 있던 미데(Meade)(1586-1638)는 마태복음 27:9가 스가랴 11:13을 인용하면서도 저자를 예레미야로 밝히고 있는 점에 근거하여 스가랴 9-11장의 저자는 예레미야이며, 12-14장은 스가랴가 저작한 것이라고 주장했다. 그러나 그의 주장은 한동안 학자들의 큰 관심을 받지는 못했다.

미데가 이슈를 처음 언급한 지 100여 년이 훨씬 지난 1785년에 이르러 뉴컴(Newcome)은 9-11장이 예루살렘 파괴 이전에 기록된 것이라고 주장했다. 그는 두 가지 증거를 제시했다. 첫째, 9-11장의 메시지 성격이 호세아서와 매우 비슷하며 에브라임(북 왕국)이 이 섹션에서는 아직도 한 국가로서 독립성을 유지하고 있다는 점이다. 둘째, 9-11장이 지목하고 있는 백성들의 적이 아시리아와 이집트라는 것이다. 뉴컴은 더 나아가 12-14장은 요시아 왕이 죽은 이후에 기록된 것이라고 했다.

베르톨트(Bertholdt)(1812-19)는 뉴컴이 책의 후반부를 9-11장과 12-14장으로 구분한 것을 한층 더 발전시켰다. 그는 9-11장은 이사야의 아들 마헬살랄하스바스의 탄생을 목격한 여베레기아의 아들 스가랴(cf. 사 8:2)가 남긴 것인데 유사한 이름 때문에 이곳에 삽입되었다고 주장했다. 이처럼 비평학의 초기 시대에는 9-14장이 포로 시대 이전에 기록된 것이라는 공감대가 형성되었다.

그러나 18세기 말에 가서는 학자들의 생각이 다른 방향으로 전환되기 시작했다. 1797년에 코로디(Corrodi)는 9-14장이 스가랴 선지자의 시대가 한참 지난 후에 저작된 것이라 주장했으며 아이흐혼(Eichhorn)(1823-24)도 9:1-10:12가 스가랴의 시대로부터 많은 시간이 지난 후에 기록된 것이며 이 본문이 알렉산더 대왕이 시리아—팔레스타인 지역을 정복하는 사건을 회고하고 있다고 생각했다. 그뿐만 아니라 그는 14장이 마카비(Maccabee) 시대에 근거한 것이며 주전 161년에 기록된 것이라는 추측을 더했다.

아이흐혼의 주장은 스가랴서 학계에 큰 영향을 미쳤다. 스타데(Stade)(1881-82)는 아이흐혼의 주장을 한 단계 더 발전시켰다. 그는 9-14장이 여러 사람들이나 출처에서 비롯된 것이 아니라 한 사람에 의하여 정리된 통일성 있는 작품이며 알렉산더 대왕이 죽은 지 얼마 되지 않아 제작된 것이라 주장했다. 오늘날에도 상당수의 학자들은 9-14장이 알렉산더 대왕이 시작했던 헬라 시대를 바탕으로 제작된 것으로 보고 있다. 그들이 제시하는 가장 중요한 증거는 9:1-8이 332년에 있었던 알렉산더 대왕의 시리아—팔레스타인 원정과 너무나도 흡사하다는 점이다. 알렉산더의 헬라 제국이 쇠퇴한 후에도 이스라엘의 선지자들 사이에서는 헬라 제국이 주의 백성의 최종적인 원수를 상징하는 테마(motif)로 자리 잡았다고 간주하는 것이다.

그러나 모든 사람이 위와 같은 결론에 동의하는 것은 아니다. 상당수의 학자들이 다른 견해를 펼치고 있다. 폴진(Polzin)과 힐(Hill)은 10-14장이 515-475년 사이에 저작되었으며, 스가랴가 활동했을 시대에 살았던 다른 사람(들)에 의하여 집필되었다고 주장한다. 라다이(Radday)와 비크만(Wickmann)은 책에 대한 컴퓨터 통계를 통해 책 전체가 괄목할 만한 통일성을 지녔다는 결론을 내렸다. 반면에 포트노이(Portnoy)와 피터센(Petersen)은 이같은 결론에 반론을 제기했다. 이처럼 스가랴 9-14장에 대한 학자들의 견해가 아직도 분분하다.

많은 학자들이 문학적인 연구를 통해 책의 통일성을 연구한다. 라마르세(Lamarche)(1961)는 9-14장의 연구에 구조학(literary structuralism)을 적용시켜 이 섹션이 다양한 장르의 디스코스(discourse)로 구성되어 있지만 주제적으로는 교차대구법을 형성하는 섬세함을 드러내고 있다는 결론을 내렸다. 그는 이 섹션이 500-480년 사이에 최종적으로 정리된 것이라 주장했다. 발드윈(Baldwin)도 라마르세의 방법과 결론에 동조했으며 9-14장에서뿐만 아니라 1-8장에서도 이러한 교차대구법적 구조를 발견했다(cf. Kline).

오트센(Otzen)(1964)은 역사적-비판적(historical-critical) 방법을 적용하여 9-10장은 요시아 시대에, 11장은 예루살렘 함락 직전에, 12-13장은 포로 시대 초기에, 14장은 늦은 귀향 시대에 저작된 것이라고 주장했다. 핸슨(Hanson)(1975)은 세 가지의 연구 방법을 적용하여 이 섹션에서 가장 오래된 텍스트는 9:1-17이며 6세기 중반에, 가장 늦게 저작된 것은 14장으로 늦어도 425년에는 기록된 것이라 주장했다. 차일즈(Childs)(1979)는 9-14장과 1-8장의 직접적인 연관성을 부인하면서도 주제 면에서 깊은 관계가 있다고 결론지었다. 그는 9-14장이 이미 1-8장에서 언급된 종말에 대한 신학을 더 깊이 발전시키며 설명하고 있다고 주장했다.

보수적인 학자들은 9-14장이 해석상의 난제를 포함하고 있다는 사실이 이슈가 아니라 9-14장이 과연 스가랴 선지자에게서 비롯된 메시지인가를 논쟁의 초점으로 보아야 한다고 생각한다. 이미 언급된 문제들과 차이점들은 특별한 어려움 없이 모두 설명될 수 있다(cf. McComiskey, 1015-17). 크래이기(Craigie)는 1-8장과 9-14장의 차이를 시간적인 차이에서 비롯된 것으로 설명한다.

내러티브(narrative)를 중심으로 형성된 1–8장이 기록된 다음 최소한 10여 년이 지난 다음에 9–14장이 시가체(poetry)로 집필되었다는 것이다. 그는 장르와 시대적인 차이가 이 두 섹션의 차이를 불가피하게 만들었다고 한다.

다른 학자들은 1–8장을 독립적인 책으로 간주하기에는 결론 부분이 너무 미약하다고 생각한다. 또한 만약에 1–8장과 9–14장이 각각 다른 저자에 의하여 저작되었다 하더라도 이 두 섹션이 편집자에 의하여 한 권으로 묶였고 이렇게 해서 우리에게 전해진 사실을 쉽게 무시할 수 없다는 주장이다(Sweeney). 스가랴서가 두 권이 아니라 한 권으로 우리에게 전해졌다는 사실은—이 책이 한 선지자에 의하여 저작되었다는 점에 대해서는 학자들의 공감대가 성숙할 때까지 잠시 보류하더라도—책 전체를 하나의 통일성 있는 작품으로 간주하여 해석하는 것이 매우 바람직한 것임을 알려주는 것이라 하겠다. 1–8장과 9–14장의 연결성에 관해서는 다음 도표를 참조하라 (McComiskey).

테마	1–8장	9–14장
열방들에 내재하시는 여호와	1:15; 2:12, 15; 6:8; 8:7	9:1-7, 13; 10:9-10; 11:10; 12:1-4, 9; 14:3, 13-15
주의 백성에 이방인이 포함됨	2:15; 6:15; 8:22	9:7; 14:16
오실 왕	6:11-12	9:9
문제 있는 지도력	7:2-3	10:1-3; 11:4-5, 8
주의 예루살렘을 위한 개입	1:14-17; 2:2-4, 16; 8:3-4, 8	12:1-3, 8; 14:4-5, 10
죄로부터의 최종적인 정결	3:4-5, 9	12:10-13:1
예루살렘의 평안	2:9	14:11
격동하는 열방	1:12	14:2-3

5. 신학과 메시지

성전 재건의 중요성에 대하여 매우 강력한 메시지를 선포했던 학개와 같은 해에 사역을 시작했던 스가랴 선지자 역시 귀향민들에게 성전 재건의 신학적 중요성을 중심으로 메시지를 전개해 나간다.[16] 그러나 이 두 선지자의 메시지에는 분명한 차이가 있다. 학개는 아직 시작되지 않은 성전 건축을 독려하기 위해서 메시지를 선포하기 시작했고, 스가랴는 이미 시작된 성전 공사를 마무리하는 것이 주의 백성에게 무엇을 시사하는가를 중심으로 메시지를 선포한다는 점이다. 스가랴 선지자는 성전 재건이 무엇보다도 하나님과 백성의 관계 회복에 큰 영향을 끼칠 것이라고 한다. 선지자가 이 메시지를 어떻게 전개하는가를 스가랴의 하나님과 공동체에 대한 이해를 중심으로 생각해보자.

선지자들은 신탁과 비전을 통해 끊임없이 주의 백성들이 하나님에 대하여 갖고 있던 지식을 수정하도록 했다. 스가랴는 자신의 책에서 무엇보다도 하나님의 은혜와 자비를 부각시키고자 한다. 여호와는 자기 백성을 사랑하시며 열방으로부터 그들을 구원하여 그들이 약속의 땅에 다시 뿌리를 내리고 살기를 원하신다. 하나님께서는 백성들에게 자비와 위로를 주시며(1:13, 16; 10:6) 그들이 두려워하지 않고 강해지도록 권면하신다. 자비로우신 하나님은 말로만 백성들을 위로하시는 것이 아니라 이미 그들을 위하여 사역하고 계시다. 주님께서는 주의 백성과 그들의 땅을 회복시키시며(1:7–17), 주의 백성이 지고 있는 열방의 멍에를 벗기시고(1:18–21; 6:1–8), 외부의 위협으로부터 그들을 보호하신다(2:1–5). 하나님은 또한 자기 백성을 열방의 손에서 구원하실 뿐만 아니라(2:6–13), 비난으로부터 그들을 변호하시고 죄로부터 그들을 정결케 하신다(3장). 하나님의 영을 통해 그들에게 능력을 주실 뿐만 아니라(4장), 밝은 미래도 약속하신다(8:1–13).

성경에서 하나님의 자비와 은혜는 선민사상과 밀접하게 연관되어 있다. 주

16 성전의 신학적 의미는 학개서 서론의 「신학과 메시지」 섹션을 참조하라.

께서 이스라엘을 선택하시고 사랑하신 것은 주의 백성의 노력에 근거한 것이 아니라 전적으로 그분의 주권에 의한 것, 곧 그분의 은혜와 자비에 근거한 결정이기 때문이다(1:17; 2:12; 3:2). 하나님께서는 자신의 구원사역을 선민에게만 제한하시지 않고 온 세상 백성들에게도 베푸신다. 스가랴는 이방인들도 하나님의 백성이 될 날을 노래하고 있는 것이다(2:11; 8:13, 20–23; 9:7; 14:16–19). 하나님께서 이스라엘과 열방에 은혜를 베푸실 수 있는 것은 그가 우주의 창조주이시며 통치자이시기 때문이다. 그러나 열방이 하나님의 백성이 되기 전에 먼저 죄 문제가 해결되어야 한다(1:18–21; 6:1–8; 9–14장).

하나님께서 주의 백성들을 위해 베푸시는 가장 큰 은혜는 공동체를 회복시키는 일이다. 스가랴는 이스라엘이 바빌론 포로생활이 안겨다 준 고통에서 벗어나 하나님 백성 공동체를 세워나갈 것을 확신한다. 이스라엘이 바빌론에 억류되어 있던 동안에도 꿈을 포기하지 않은 것은 포로생활이 끝나면 그들을 다시 가나안으로 인도하여 새로운 공동체를 세우실 것이라는 하나님의 약속을 믿었기 때문이다. 선지자는 드디어 이 약속이 성취될 때가 임했음을 선언한다.

스가랴는 장차 회복될 공동체를 노래한다(2:4, 6, 7; 8:3, 7–8; 9:11–13). 그러나 하나님 백성 공동체가 회복되려면 아직도 몇 단계를 거쳐야 한다. 먼저, 하나님의 임재가 다시 주의 백성과 함께해야 한다(1:16–17; 2:1–5, 10–13). 바빌론에서 돌아온 주의 백성은 하나님께서 오래전에 선택한 도성인 예루살렘에 성전을 재건해야 한다(1:14–17; 2:1–5, 12; 6:9–15). 성전을 재건하면 하나님께서는 다윗 왕조를 다시 일으키실 것이며(3:8–9; 6:9–15; 9:9–10), 다윗 왕조를 통해 공동체를 통치하게 하실 것이다. 남은 자들로 구성된 공동체는 하나님과의 언약을 갱신할 것이며(8:8; 13:9) 여호와께서는 공동체를 정결하게 하실 것이다(3:1–5, 9; 13:1; 14:20–21). 주께서는 회복된 공동체에게 물질적인 풍요로움을 주시고(2:1–5; 8:4–5, 9–13; 9:17; 10:1), 세상을 정복할 능력도 주실 것이다(1:15, 18–21; 2:7–9; 9:1–8, 13–16; 10:3–7; 12:2–9; 14:1–15). 공동체의 회복은 이스라엘에게 기쁨을 줄 뿐만 아니라(8:18–19), 범세계적인 의미를 지니게 된다. 하나님에 의하여 정복된 온 열방도 언약 공동체에 속하게 될 것이기 때문이다(2:11; 8:20-23; 9:7, 10; 14:16-21). 전능하신 여호와께서 하시는 일이다.

6. 개요

스가랴서의 저작권에 대하여는 많은 논란이 있지만, 책의 구조에 대하여는 학자들 사이에 상당한 공감대가 형성되어 있다. 전반부의 중심을 이루고 있는 환상 섹션(1:7-6:15)은 8개로 구성되어 있다. 많은 학자들이 이 8개의 환상들 중 제사장 여호수아에 관한 환상(3:1-10)은 원래 나머지 7개의 환상들로 짜임새 있게 구성된 섹션에 추가 삽입된 것으로 추정한다(Meyers & Meyers; Ollenburger; Achtemeier). 이 학자들에 의하면 1:7-6:15의 환상은 다음과 같이 구분될 수 있다.

환상1: 세상을 돌아보는 말들
환상2: 네 뿔과 네 일꾼들
환상3: 다림줄을 지닌 사람
선지적 환상: 여호수아와 제사장의 옷
환상4: 촛대와 두 올리브 나무
환상5: 나는 두루마리
환상6: 에바
환상7: 네 마차

위에서 보는 것처럼 이 환상들은 3세트로 구성되어 있다. 처음(1-3)과 마지막(5-7)에 3환상들이 각기 한 조가 되어 등장하며, 중간에 나오는 두 환상을 감싸는 교차대구법적인 구조를 형성하고 있다(A-B-A'). 처음 세 환상(A; 1-3)과 마지막 세 환상(A'; 5-7)은 내용과 구조에 있어서 서로 깊은 연관성을 지녔다. 예를 들자면 말들이 환상1과 환상7에 등장하며, 환상2와 환상6은 구조적 통일성을 지니고 있고, 환상3과 환상5는 선포적 문구(oracular material)를 포함하고 있다.

처음 세 환상(A)과 마지막 세 환상(A')의 순서는 서로 정반대(inverse) 관계를 형성하고 있다(a–b–c–c'–b'–a'). 첫째 환상(a)은 마지막 환상과(a'), 둘째 환상(b)은 여섯째 환상(b')과, 셋째 환상(c)은 다섯째 환상(c')과 서로 스타일 면에서 상호 보완관계를 유지하고 있는 것이다. 중심이 되고 있는 선지적 환상과 환상4에는 이러한 공통분모가 존재하지 않기 때문에 학자들은 선지적 환상이 나중에 삽입된 것으로 생각하는 것이다. 처음 세 환상과 마지막 세 환상은 스타일뿐만 아니라 공통적 주제로도 연관되어 있다. 특히 환상의 범위(scope)에 있어서 각 쌍 중 하나는 다른 환상의 것과 동일한 것이다. 다음을 참조하라(Meyers & Meyers).

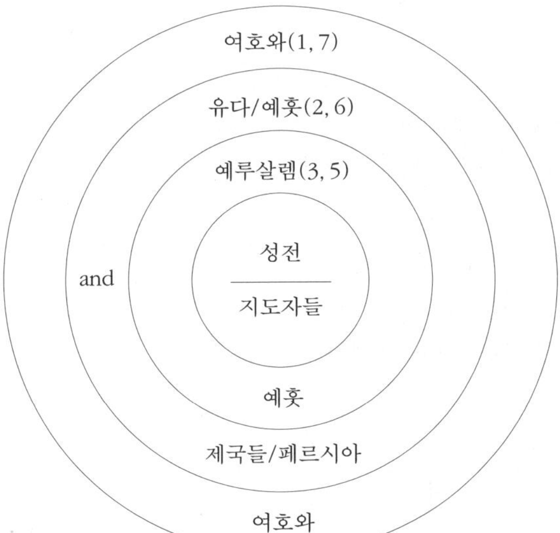

뿐만 아니라 다음과 같이 환상의 범위가 대조될 수도 있다.

1. 우주적: 여호와의 전지(全知) 7. 우주적: 여호와의 전능(全能)
2. 국제적: 유다와 제국들 6. 국제적: 예훗과 페르시아
3. 국가적: 예루살렘의 영역 5. 국가적: 예훗의 통치
선지적 환상 + 4. 예루살렘의 리더십과 성전

위와 같은 구조는 이 환상들이 중앙에 놓여 있는 환상들(선지적 환상과 넷째 환상)에 초점을 맞추고 있음을 뜻한다. 스가랴 선지자의 최종적인 관심사는 예루살렘 성전과 리더십 회복에 있는 것이다. 그러므로 비록 중앙에 놓인 두 환상만이 예루살렘 성전을 언급하고 있지만, 구조적으로는 모든 환상이 한 세트의 성전 비전으로 평가될 수 있는 것이다.

책의 전반부를 마무리하고 있는 7:1-8:23도 교차대구법적 구조를 지니고 있다(Ollenburger). 다음 도표를 참조하라.[17]

A. 사절단이 금식에 대하여 질문함(7:1-3)
  B. 금식에 대한 하나님의 응답(7:4-6)
    C. 조상들의 죄(7:7-12a)
      D. 조상들에 대한 심판(7:12b-14)
        E. 권면(8:9-13)
      D'. 현재와 미래에 임할 구원(8:1-8, 14-15)
    C'. 공동체의 죄(8:16-17)
  B'. 금식에 대한 하나님의 선포(8:18-19)
A'. 사절단이 여호와를 찾음(8:20-23)

도르세이(David A. Dorsey)는 스가랴서에 대하여 다음과 같이 세분화된 구조

17 E와 D'의 텍스트 순서가 조금 다르다.

를 제시한다. 물론 어떤 부분은 너무 지나치게 끼워 맞추려는 의도가 역력하게 드러나지만, 일단은 흥미로운 구조이다.

회개를 위한 외침(1:1–6)

선지적 환상(1:7–6:8)

A. 네 기수(1:7–21)

B. 다림줄을 지닌 남자(2:1–13)

C. 여호와의 집이 정결하게 됨(3:1–10)

D. 중심: 성전이 완성되리라!(4:1–14)

C'. 모든 죄인의 집이 저주를 받음(5:1–4)

B'. 에바를 지닌 여자들(5:5–11)

A'. 네 마차(6:1–8)

금식에 대한 메시지(7–8장)

A. 벧엘에서 온 사람들(7:1–3a)

B. 금식(7:3b–6)

C. 의와 공평에 대한 과거의 외침(7:7–14)

D. 중심: 성전을 재건하라!(8:1–13)

C'. 의와 공평에 대한 현재의 외침(8:14–17)

B'. 금식(8:18–19)

A'. 여러 도시에서 온 사람들(8:20–23)

이스라엘의 회복 예언(9:1–11:3)

A. 레바논과 다른 나라들에 임할 심판(9:1–7)

B. 여호와께서 성전으로 돌아오심(9:8–10)

C. 여호와께서 이스라엘을 구원하시고 회복하심(9:11–17)

D. 여호와께 호소하라!(10:1–2b)

C'. 여호와께서 이스라엘을 구원하심(10:2c–7)

B'. 여호와께서 포로들이 돌아오게 하심(10:8–12)

A'. 레바논과 다른 지역에 임할 심판(11:1–3)

목자와 두 지팡이(11:4–17)

A. 나쁜 목자들이 대체됨(11:4–6)

B. 선한 목자의 사역(11:7–8a)

C. 선한 목자가 '은혜'지팡이를 부러뜨림(11:8b–10)

D. 선한 목자가 수모를 당함(11:11–13)

C'. 선한 목자가 '연합'지팡이를 부러뜨림(11:14)

B'. 나쁜 목자의 사역(11:15–16)

A'. 나쁜 목자가 돌아옴(11:17)

이스라엘의 미래 회복(12–14장)

A. 세상의 모든 나라가 모여듦(12:1–4)

B. 유다의 지도자들이 강건해짐(12:5–9)

C. 다윗 집안의 회개(12:10–14)

D. 죄 사함과 부정함(13:1–2)

C'. 다윗 집안의 회개(13:3–6)

B'. 유다의 지도자가 찔림을 당하고 양들이 흩어짐(13:7–9)

A'. 세상의 모든 나라가 모여듦(14:1–21)

위 내용을 고려하여 본 주석에서는 다음과 같은 구조를 바탕으로 책의 내용을 주해해 나가고자 한다.

Ⅰ. 하나님께 돌아오라는 선포(1:1–6)

Ⅱ. 스가랴가 본 환상들(1:7–6:15)

1장. 세계적 변화에 대한 환상들(1:7–2:17)

2장. 회복과 임재에 대한 환상(3:1–4:14)

3장. 심판과 정결에 대한 환상(5:1–11)

4장. 네 마차(6:1–8)

5장. 제사장과 싹(6:9–15)

Ⅲ. 금식과 축제에 관한 말씀(7:1–8:23)

1장. 사절단이 금식에 대하여 질문함(7:1–7)

2장. 선지자의 응답(7:8–14)

3장. 하나님께서 시온을 번성케 하실 것(8:1–8)

4장. 강건하라는 권면(8:9–17)

5장. 금식이 축제가 될 것(8:18–19)

6장. 열방이 예루살렘으로 몰려올 것(8:20–23)

Ⅳ. 회복과 파멸(9:1–11:17)

1장. 시온의 회복(9:1–17)

2장. 유다와 이스라엘의 회복(10:1–12)

3장. 나무와 목자들이 슬퍼함(11:1–3)

4장. 목자의 이야기(11:4–17)

Ⅴ. 백성들의 운명: 전쟁, 정결, 재창조(12:1–14:21)

1장. 전쟁과 정결(12:1–13:1)

2장. 거짓 선지자와 목자가 제거됨(13:2–9)

3장. 왕에 대한 찬송(14:1–21)

EXPOSIMENTARY
Zechariah

Ⅰ. 하나님께 돌아오라는 선포

1:1–6

1 다리오 왕 제 이년 여덟째 달에 여호와의 말씀이 잇도의 손자 베레갸의 아들 선지자 스
가랴에게 임하니라 이르시되 2 여호와가 너희의 조상들에게 심히 진노하였느니라 3 그러
므로 너는 그들에게 말하기를 만군의 여호와께서 이처럼 이르시되

너희는 내게로 돌아오라
만군의 여호와의 말이니라
그리하면 내가 너희에게로 돌아가리라
만군의 여호와의 말이니라

4 너희 조상들을 본받지 말라 옛적 선지자들이 그들에게 외쳐 이르되 만군의 여호와께서
이같이 말씀하시기를 너희가 악한 길, 악한 행위를 떠나서 돌아오라 하셨으나 그들이 듣
지 아니하고 내게 귀를 기울이지 아니하였느니라 여호와의 말이니라

5 너희 조상들이 어디 있느냐
또 선지자들이 영원히 살겠느냐

6 내가 나의 종 선지자들에게 명령한 내 말과 내 법도들이 어찌 너희 조상들에게 임하지
아니하였느냐 그러므로 그들이 돌이켜 이르기를 만군의 여호와께서 우리 길대로, 우리 행
위대로 우리에게 행하시려고 뜻하신 것을 우리에게 행하셨도다 하였느니라

책을 시작하는 이 섹션은 1–6장에 전개되는 환상들에 대한 서론이자 책 전체를 소개하는 역할을 담당하고 있다. 특히 본 텍스트는 7–8장의 금식에 대한 설교 말씀과 매우 비슷한 스타일과 언어를 지니고 있으며 이 섹션과 비전들(1:7–6:15)로 7–8장은 A–B–A' 구조를 지니고 있다(Ollenburger). 또한 이 섹션은 우리가 여러 선지서들에서 접하게 되는 선지자들 사역의 궁극적인 목적과 과정을 보여주고 있다: (1) 자신의 백성들에게 분노하신 하나님(2절); (2) 회개하고 여호와께 돌아오라는 선지자의 외침(3–5절); (3) 백성들의 회개와 돌이킴(6절). 선지자는 그의 메시지를 듣고 있는 청중들에게 "여호와께 돌아오라(שׁוּב)"(3절)고 호소하고 있으며 그들이 메시지를 듣고 돌아왔다는 기록으로 이 섹션을 마치고 있는 것이다(6절).

잇도의 손자이자 베레기야의 아들인 스가랴(cf. 서론)는 다리우스 통치 2년 8월에 하나님의 소명을 받았다(1절). 그때가 주전 520년경이다. 이미 서론에서 언급한 것처럼 다리우스의 통치가 시작된 이후 잠깐 동안 페르시아 제국은 여러 민족과 속국들의 반역에 의하여 큰 혼란에 빠진 듯했다. 그러나 스가랴가 소명을 받을 즈음에는 모두 평안을 되찾고, 다리우스의 왕권은 매우 굳건해졌던 것으로 보인다(cf. 1:11).

페르시아 제국은 평안을 찾았지만, 예루살렘으로 돌아와 새로운 삶을 추구하던 유다 사람들의 삶은 평안하지 못했다. 귀향민들의 메시아 왕국의 도래에 대한 기대는 날이 갈수록 현실성 없는 것으로 판단되었기 때문이다. 귀향민들이 기대하는 바에 의하면 메시아 왕국이 도래하기 전에 이스라엘을 괴롭혔던 세상 모든 나라들은 하나님의 심판을 받아 멸망해야 했다. 이런 이유로 가우타마의 반역과 캠비스 자살로 비롯된 제국의 혼란(cf. 서론)은 잠시나마 그들에게 지금껏 학수고대하던 여호와의 열방에 대한 심판이 드디어 시작된 것이 아닐까 하는 소망을 불어넣어 주었을지 모른다. 그러나 다리우스가 왕권을 장악한 다음 모든 반역이 진압되었고 세상에는 다시 평온이 찾아왔다. 그들은 다시 잠잠히 여호와를 바라보며 다른 때(viz., 메시아의 때)를 기다려야만 했다.

잠시 흔들리는 듯했던 페르시아 제국이 다시 안정을 되찾았다는 소식은 주의 백성에게 실망을 안겨주었다. 이스라엘의 선지자들이 한결같이 하나님의 뜻이라고 선포했던 메시지들 중 하나는 바빌론으로 끌려간 주의 백성이 바빌론으로부터 본국으로 돌아오는 제2의 출애굽을 경험하게 될 것이며, 이 일이 있은 후 메시아가 시온에 오셔서 자기 백성을 회복하고 새 나라를 건설해 나갈 것이라는 예언이었다. 귀향민들이 그 약속을 믿고 예루살렘으로 돌아온 지 벌써 20년이 지났다. 그런데 아직도 메시아 왕국은 도래하지 않았다. 귀향민들은 초조해졌을 뿐만 아니라, 하나님의 말씀에 대한 신뢰도 조금씩 흔들리기 시작했던 것이다.

이처럼 때로 기다림은 우리를 지치게 하며 심지어는 절망의 늪에 빠지게 한다. 시간이 사랑의 가장 훌륭한 테스트라 하지 않는가! 믿음도 마찬가지가 아닐까? 믿음에 대한 가장 훌륭한 테스트 역시 시간일 것이다. 지연되는 하나님의 약속에 좌절되는 마음을 억제하고 끝까지 그분의 약속을 믿고 의지하는 것이야말로 가장 고귀하고 놀라운 믿음이 아닐까?

사람들의 믿음이 퇴색하고, 하나님의 말씀에 대한 신뢰가 흔들릴 때 하나님께서 스가랴를 통해 백성들에게 말씀하셨다. 주님은 결코 이들을 포기하지 않았고, 이들을 향한 하나님의 사랑은 날이 갈수록 커져 간다는 사실을 확인해주기 위해서였다. 하나님은 귀향민들이 가장 기대하던 메시아 왕국의 도래에 대한 청사진을 선지자를 통해 보여주시며 소망을 절대 포기하지 말 것을 당부하신다. 가장 절망적이라고 느껴질 때가 가장 적합한 하나님의 때라는 것이 다시 한 번 확인되고 있는 것이다.

스가랴가 제일 먼저 백성들에게 전한 메시지는 이스라엘의 과거에 대한 회고였다(2절). 그들의 선조들이 지속적으로 여호와와 그의 말씀을 거역했기 때문에 하나님께서 분노하셨다(4b절). 결국 하나님의 분노는 이스라엘이 역사 속에서 체험했던 모든 재앙과 환난을 통해 표현되었다(5절).

스가랴가 4절에서 옛 선지자들의 가르침을 회고하며 기록하고 있는 "옛적 선지자들이 그들에게 외쳐 가로되 만군의 여호와께서 말씀하시기를 너희가 악한 길, 악한 행실을 떠나서 돌아오라 하셨다"(새번역)는 말씀은 이스라엘의 모든 선지자들의 가르침을 요약하는 말이다. “너희는 각기 악한 길과 너희 악행에서 돌이키라”(렘 25:5; cf. 겔 24:14)는 말씀을 암시하는 것이기도 하다. 그들의 선조들이 선지자들을 외면했다는 사실(4절)은 예레미야 25:3–4, 7의 말씀을 그대로 반영하고 있다. 선지자는 과거 선지자들의 가르침을 인용함으로써 자신이 이스라엘 선지자들의 오랜 전통의 대열에 서 있음을 강조한다. 이 사실은 그의 선지자로서의 권위와 정통성에 직접 연관되어 있다.

“내가 종 선지자들에게 명한 내 말과 내 전례들이 어찌 네 열조에게 임하지 아니하였느냐?”(6절)라는 수사학적인 질문은 신명기 28장에 기록된 언약적 저주들을 연상케 한다. 심지어는 ‘임하다’(נשׂג)와 ‘명하다’(צוה), ‘전례’(חק)는 신명기 28장에서 사용되는 단어들이다(cf. 신 28:2, 15). 백성들의 응답에 사용되는 “여호와께서 [우리에게 행하시려고] 뜻하신 것을 [우리에게] 행하셨도다”(6b절) 역시 예레미야애가 2:17, 예레미야 24:8; 51:12 등을 배경으로 하는 말씀이다.

이처럼 스가랴의 첫 번째 메시지는 마치 옛적부터 전해져 온 하나님의 말씀과 말씀에 대한 암시로 물든 티슈(tissue)와 같다(Mason). 선지자는 자신의 사역에 대한 정당성과 역사성을 옛적 말씀과 연결하여 정리해 나가고 있다. 그러나 스가랴의 사역 능력은 5–6a절에 제시된 수사학적인 질문들에서 비롯된다(Ollenburger): “너희 열조가 어디 있느냐? 선지자들이 영원히 살겠느냐? 내가 종 선지자들에게 명한 내 말과 내 전례들이 어찌 네 열조에게 임하지 아니하였느냐?”(새번역) 선지자에 의하면 그들의 선조들은 모두 죽었다. 그들에게 말씀을 전했던 선지자들도 모두 죽은 지 오래다. 그러나 폐허가 되어버린 예루살렘의 모습은 하나님의 말씀이 얼마나 확실하게 성취되었는가를 보여주는 증거로서 그들과 함께하고 있다(Feinberg). 여호와의 말씀과 전례들은 아직도 건재한 것이다. 스가랴는 자신을 영원히 존재하는 하나님의 말씀을 선포하는 자로 보았다. 이 영원불변하는 하나님의 말씀이 바로 스가랴의 능력과 권위인 것이다. 오늘날 한국 목회자들은 어디에서, 무엇에서 사역자로서의 권위를 추구하는가?

스가랴가 자기 사역의 정당성을 과거에 임한 하나님의 말씀에서 찾았다는 것은 중요한 사실이다. 그렇다면 그는 구체적으로 어떤 사역을 소명으로 받았는가? 하나님은 스가랴에게 "너는 무리에게 고하기를 만군의 여호와께서 이처럼 이르시되 너희는 내게로 돌아오라 나 만군의 여호와의 말이니라 그리하면 내가 너희에게로 돌아가리라 나 만군의 여호와의 말이니라"(3절)라고 말씀하셨다. 선지자의 사역은 귀향민들이 그들 선조들의 과오를 반복하는 것을 경고할 뿐만 아니라, 그들 자신이 여호와께로 돌아와야 한다는 메시지를 선포하는 것이었다.

선지자는 과거의 일을 통하여 자기 세대에게 경고한다. 그들의 조상은 하나님을 거역했기 때문에 혹독한 징계를 받았다. 하나님을 거역하여 벌을 받게 될 위험은 옛날뿐만 아니라 선지자가 사역하는 시대에도 주의 백성의 삶에 도사리고 있었다. 조상 때에도 그랬던 것처럼 이 백성과 멸망 사이를 나누어 놓는 유일한 벽은 반역의 길에서 돌이키는 것이다(McComiskey). 그들이 하나님께 반역하여 이 벽을 무너뜨리는 순간 귀향민들은 또다시 멸망할 것이다. 만일 스가랴의 청중들이 지혜 있는 사람들이라면 선조들의 실패에서 배워야 한다. "너희는 열조를 본받지 말라"(4절)라는 권면은 너무나도 안타까운 말씀이지만 어느 세대에게든지 현실적인 충고이다(Craigie).

소설 『타임머신』으로 유명한 작가 웰스(H. G. Wells)는 이런 말을 남겼다: "역사는 인류의 가장 위대한 선생이다. 그러나 반복되는 역사는, 인류는 역사에서 배우지 못한다는 사실이다." 역사가 우리의 삶의 거울이 될 때, 우리는 비로소 과거 선조들이 범했던 실패와 경험했던 좌절을 반복할 필요가 없게 된다. 안타깝게도 웰스의 말은 현실에 대한 매우 정확한 평가이다. 인류는 오늘날도 선조들의 실수를 반복하고 있으며, 다음 세대도 우리의 실수를 반복할 것이다. 그런 면에서 과거는 이미 미래를 예고하고 있는 것이다.

스가랴의 귀향민 공동체는 어떤 위험을 안고 있었는가? 하나님에 대한 실망이 그들의 마음을 가득 채우고 있었다. 하나님의 구원과 회복이 지연되면서 그들의 마음은 초조해졌고, 이 초조함이 하나님에 대한 신뢰에 금이 가게 했다. 이런 상황은 하나님의 뜻을 분별하면서도, 때를 기다리지 못하는 사람들이 범할 수 있는 죄이다. 때로는 뜻을 분별하는 것보다 때를 기다리는 것이 더 어려운 신앙의 과제가 된다.

또한 이들은 일종의 매너리즘(mannerism)에 빠져 있었다. 이스라엘 종교는 하나님과 그의 백성의 관계에 관한 것이다. 이스라엘은 하나님과의 관계를 통해 먼저는 자신들의 정체성을 확립하고 하나님의 선민으로서 세상 사람들과 함께 어우러져 살아가야 한다. 그러나 귀향민들은 바빌론에서 누리던 모든 것을 뒤로하고 오직 여호와만을 바라보며 예루살렘으로 돌아왔다는 자부심으로 가득했다. 그들은 주변 민족들을 무시했으며 최근에 와서는 학개의 권고에 의하여 여호와의 성전을 재건하면서 특권의식에 사로잡혀 있었다. 자신들이 파괴된 성전을 재건한다는 자만감과 거짓 번영에 사로잡혀 있었던 것이다.

그들 중 상당수가 성전이 완성되는 순간 메시아의 통치가 시온에서 시작될 것으로 기대했다. 이러한 정황 속에서 이스라엘은 자칫 잘못하면 외형적인 것(viz., 성전 건축)에 몰두하여 내면적인 것(viz., 여호와 종교의 본질)을 잃어버릴 위험 속에 놓여 있다. 그러므로 선지자는 이들이 자신의 내면세계를 돌아보며 신앙의 본질을 점검해보기를 권면한다. 그는 옛적 선지자들이 외쳤던 것처럼 여호와 종교의 본질적인 것들로 돌아가자고 소리치고 있는 것이다. 스가랴는 종교적인 공동체가 내적인 것보다는 외적인 것에 치중하려는 성향을 문제 삼고 있는 것이다(Craigie).

스가랴가 청중들에게 외친 메시지는 "여호와께 돌아오라. 그리하면 여호와께서 너희에게 돌아오리라"였다(3절). 선지자는 새로운 메시지가 아니라 오히려 아주 오래된 메시지, 곧 이스라엘의 역사 속에서 선지자들이 수없이 반복한 메시지를 선포하고 있는 것이다(Craigie). 또한, 이 메시지는 때와 장소를 초월하여 어느 세대에게든 선포됐고 앞으로도 선포돼야 할 메시지이다. 특히 사람들의 입맛에 맞추어 듣기 좋은 말만을 골라 선포하는 오늘날의 일부 교회가 귀담아들어야 할 메시지라 하겠다.

스가랴는 사람들은 하나님이 먼저 그들을 찾아주실 것을 기대하면서 살아가지만, 죄인인 우리가 먼저 하나님을 찾아야 한다고 가르치고 있다. 물론 하나님은 필요에 따라서 먼저 죄인을 찾으시기도 한다. 그러나 원리적으로는 죄인이 먼저 주님을 찾아야 하는 것이다. 죄가 인간과 하나님 사이를 막고 있기 때문이다. 죄인이 죄를 회개하고 그분을 찾지 않는 한 그분은 한없이 기다리실 수도 있다. 이 말씀은 단순히 회개를 촉구하는 말이 아니다. 주의 백성들에게 재회/재결합을 호소하는 하나님의 초청이다(Ollenburger).

주의 백성이 찾아야 할 하나님은 어떤 분이신가? 바로 '만군의 여호와'(יְהוָה צְבָאוֹת)이시다. 이 성호는 학개, 스가랴, 말라기가 80회 이상 사용하며 하나님의 무한하신 능력을 잘 나타내었던 이름이다(Feinberg). 이스라엘이 기적을 체험하지 못하는 것은 그들의 하나님 여호와가 연약해서가 아니다. 그분은 여전히 건재하시고 온 세상을 다스리시며 통치하시는 이 세상의 그 어떤 존재와도 비교할 수 없는 만군의 주님이신 것이다. 그들이 하나님을 원망하고 있지만, 실제로는 그들의 삶에서 경험하고 있는 어려움과 문제의 대부분은 그들 자신에게서 비롯된 것이다. 그러므로 이스라엘은 먼저 자신들의 삶을 정리하고 마음을 새롭게 하여 주 여호와를 찾아야 한다.

이처럼 이 신탁은 이스라엘에게 하나님께 돌아오라고 호소하고 있으며 백성들은 선지자의 권면을 받아들여 회개했다(6절). 그들이 체험하는 어려운 문제들을 조상들의 죄 탓으로 돌릴 수도 있겠지만(cf. 애 5:7), 그들은 묵묵히 "만군의 여호와께서 우리 길대로, 우리 행위대로 우리에게 행하시려고 뜻하신 것을 우리에게 행하셨도다"(6절)라고 고백하며 본인들의 책임을 인정하고 있는 것이다. 이들에게는 삶을 되돌아보면서 많은 묵상과 반성이 있었다. 하나님께서는 머지않아 선지자를 통하여 그들에게 미래에 대한 소망을 주실 것이다. 하나님께서 그들에게 주시는 소망은 빈말이거나 막연히 낙관적인 미래에 기초한 것이 아니다. 하나님께서 주시는 소망은 이 공동체가 주의 백성으로서의 정체성과 주의 백성으로서 역사의 한 부분을 구성하고 있는 사실에 근거한 것이다(Ollenburger).

EXPOSIMENTARY
Zechariah

II. 스가랴가 본 환상들

1:7–6:15

선배 선지자들의 가르침을 바탕으로 한 설교(1:1–6)에서 환상들로 넘어가는 것은 마치 새롭고 익숙하지 않은 세계로 들어가는 것과 같다. 스가랴의 환상에서는 말들이 온 세계를 뛰어다니고 날개를 단 여인들이 날아다닌다. 동화 알라딘에서 나오는 나는 양탄자와 같은 두루마리도 있다. 이 환상의 세계는 생동감과 활력으로 가득하다. 분위기는 매우 고조되어 있으며 긴박감까지 느껴진다.

선지자의 환상은 유다와 예루살렘이 회복되고 이 도성의 종교와 삶이 다시 풍요롭고 거룩하게 될 것이라는 내용으로 구성되어 있다. 그러나 스가랴가 상상하는 예루살렘 회복의 최종 목표는 이스라엘 백성의 회복이 아니다. 그가 예언하고 있는 시온의 회복은 곧 하늘과 세상이 만나는 거룩한 공간의 회복이요 재창조이다(Ollenburger). 회복될 예루살렘은 성전(聖殿)과 창조된 세상의 상동관계(相同關係, homology)를 뜻하는 것이다(Levenson). 레벤슨에 의하면 "구약은 성전이 질서정연하고 친절하며 유순한 세상이며, 세상은 하나님의 통치가 드러나는 곳으로서 하나님의 거룩하심이 드러나며 그 어떠한 위협도 받지 않을 뿐만 아니라 주님의 거룩하심이 곳곳에 미치는 신성한 장소"라고 정의하고 있다. 스가랴가 상상하는 예루살렘의 회복은 이처럼 성전뿐만 아니라 온 세상의 회복을 의미한다. 선지자의 원대한 비전은 이 환상들의 구조와 범위에서 역력하게 드러난다(Meyers & Meyers).

환상이 제시되는 순서는 다음 도표들이 보여주는 것처럼 온 세상에 관한 것들(1장)에서 성전과 예루살렘을 향하여 진행되다가 다시 범위가 세상을 향하여 넓혀져 가는 것(6장)을 볼 수 있다. 1장과 6장이 제시하는 세상에 대한 환상은 평안하다. 그러나 그 사이에 있는 환상들은 많은 혼란과 요동을 동반하고 있다. 선지자는 모두 여덟 개의 환상을 같은 날 밤에 받았거나(Feinberg), 며칠 내에 보았던 것으로 생각된다. 환상이 시작되면서 끝날 때까지 선지자는 천사의 설명을 통해 환상의 의미를 이해하게 된다. 이미 서론에서 언급했던 다음 도표를 참조하라.

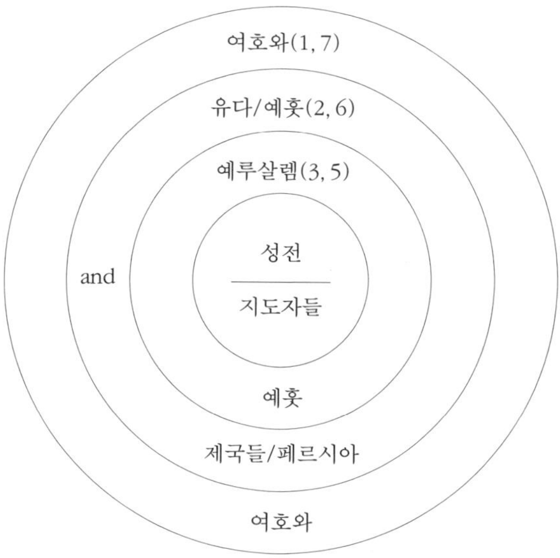

이 섹션은 다음과 같은 구조로도 설명될 수 있다.

1. 우주적: 여호와의 전지(全知) 7. 우주적: 여호와의 전능(全能)
2. 국제적: 유다와 제국들 6. 국제적: 예훗과 페르시아
3. 국가적: 예루살렘의 영역 5. 국가적: 예훗의 통치
선지적 환상 + 4. 예루살렘의 리더십과 성전

1장 세계적 변화에 대한 환상들
1:7-2:17

이 섹션은 세 개의 환상들로 구성되어 있으며 총 여덟 개의 환상 중 공통점을 지니고 있는 첫 번째 유형의 환상들이다. 이 환상들의 공통적인 테마는 열방에 대한 하나님의 징계와 예루살렘/유다를 위한 하나님의 사역이다. 첫 번째 환상에서는 하나님께서 역사하실 것을 약속하며, 세 번째 환상의 마지막 순간에는 이 약속이 어떻게 성취되기 시작하는가를 보여주고 있다. 스가랴가 본 환상들은 모두 같은 날이나 비슷한 때에 비롯된 것으로 보이며(cf. 1:7), 모두 밤에 임한 것들이다(cf. 1:8). 그래서 학자들은 1:7-6:15에 기록된 환상들을 '밤에 본 환상들'(night visions)이라 부른다. 오늘날의 달력에 의하면 스가랴는 주전 519년 2월 15일에 첫 환상을 보았다.[18] 7:1에 가서야 표제가 다시 등장하기 때문에 학자들은 1:7-6:15에 기록된 스가랴의 환상들이 그가 모두 같은 날 받은 것이라 하기도 한다(Boda).

그러나 선지자가 이 모든 환상을 같은 날 받았다고 해서 내용이 모두 같거

18 학자들의 견해에 따라 이 시기의 연대에 1-2년의 차이가 있을 수 있다. 예를 들자면 스위니(Sweeney)는 519년이 아니라 520년이라고 한다.

나 환상들이 전제하고 있는 역사적 정황이 같은 것을 뜻하는 것은 아니다. 첫 번째 환상은 아직도 [바빌론] 포로 생활이 지속되고 있음을 전제하고 있으며, 두 번째 환상에서 평안을 누리고 있는 열방은 다름 아닌 유다를 흩어버린 나라(viz., 바빌론)이다(1:21). 세 번째 환상에서 언급되는 나라 역시 바빌론이 확실하다(cf. 2:6-13).[19] 이처럼 선지자가 페르시아 시대에 이미 망해 버린 바빌론에 대하여 받은 환상으로 책을 시작하는 것은 인류 역사를 주관하시는 하나님의 사역을 과거—현재—미래의 연결선상에서 논하기 위해서이다. 스가랴의 처음 세 환상으로 구성된 이 섹션은 다음과 같이 구분된다.

A. 여호와께서 예루살렘으로 돌아오심(1:7-17)

B. 네 뿔과 네 일꾼(1:18-21[2:1-4])

C. 측량줄을 가진 사람(2:1-13[2:5-17])

II. 스가랴가 본 환상들(1:7-6:15)
1장. 세계적 변화에 대한 환상들(1:7-2:17)

1. 여호와께서 예루살렘으로 돌아오심(1:7-17)

7 다리오 왕 제이년 열한째 달 곧 스밧월 이십사일에 잇도의 손자 베레갸의 아들 선지자
스가랴에게 여호와의 말씀이 임하니라 8 내가 밤에 보니 사람들이 붉은 말을 타고 골짜
기 속 화석류나무 사이에 섰고 그 뒤에는 홍마와 자줏빛 말과 백마가 있기로 9 내가 말하
되 내 주여 이들이 무엇이니이까 하니 내게 말하는 천사가 내게 이르되 이들이 무엇인지
내가 네게 보이리라 하니 10 화석류나무 사이에 선 자가 대답하여 이르되 이는 여호와께
서 땅에 두루 다니라고 보내신 자들이니라 11 그들이 화석류나무 사이에 선 여호와의 천사

19 한 주석가는 스가랴가 이 환상들을 바빌론에서 이미 유다 백성에게 선포한 것을 다시 재사용하거나 과거에 선포한 내용들을 회상하고 있는 것이라 한다(Boda). 그러나 선지자가 메시지를 받은 날짜와 정황을 회고하고 있는 표제(1:7)를 일반적으로 해석한다면, 이날 환상을 받은 것으로 이해되어야 한다.

에게 말하되 우리가 땅에 두루 다녀 보니 온 땅이 평안하고 조용하더이다 하더라 12 여호
와의 천사가 대답하여 이르되 만군의 여호와여 여호와께서 언제까지 예루살렘과 유다 성
읍들을 불쌍히 여기지 아니하시려 하나이까 이를 노하신 지 칠십 년이 되었나이다 하매
13 여호와께서 내게 말하는 천사에게 선한 말씀, 위로하는 말씀으로 대답하시더라 14 내게
말하는 천사가 내게 이르되 너는 외쳐 이르기를 만군의 여호와의 말씀에 내가 예루살렘을
위하며 시온을 위하여 크게 질투하며 15 안일한 여러 나라들 때문에 심히 진노하나니 나
는 조금 노하였거늘 그들은 힘을 내어 고난을 더하였음이라 16 그러므로 여호와가 이처럼
말하노라 내가 불쌍히 여기므로 예루살렘에 돌아왔은즉 내 집이 그 가운데에 건축되리니
예루살렘 위에 먹줄이 쳐지리라 만군의 여호와의 말이니라 17 그가 다시 외쳐 이르기를 만
군의 여호와의 말씀에 나의 성읍들이 넘치도록 다시 풍부할 것이라 여호와가 다시 시온을
위로하며 다시 예루살렘을 택하리라 하라 하니라

선지자는 표제를 사용하여 1:1–6과 이 섹션을 구분하고 있다. 스가랴는 자신이 환상을 본 날짜를 그가 첫 메시지를 선포한 지 3개월이 지났던(cf. 1:1) '다리우스 왕 이년 십일월 곧 스밧월 이십사일'로 밝히고 있다. 오늘날의 달력으로 계산하면 519년 2월 15일이다. 학개와 스가랴에게 이달 24일은 중요한 날이다. 백성들이 정확히 이날로부터 5개월 전이었던 다리우스 왕 2년 6월 24일에 성전 재건을 시작했기 때문이다(학 1:14–15).

이날은 스가랴의 환상 세계로 들어가는 관문 역할을 하고 있다(Boda). 환상 속에서 선지자는 빨간 말을 탄 사람을 한 명 보았다. 그는 '화석류나무'(הֲדַס)(개역, 새번역) 혹은 '소귀나무'(공동) 사이에 서 있었으며 그 뒤에 여러 말들이 서 있었다. 말을 탄 사람을 그리스도의 현현이라고 주장하는 주석가도 있지만(Kaiser), 여호와께서 보내신 천사임이 확실하다(Meyers & Meyers). 선지자가 표현하고 있는 이미지는 마병들을 중심으로 한 군사적 작전이다. 스가랴는 본문에서 군사적 이미지를 사용하여 하나님께서 온 세상의 역사를 주관하고 있으심을 강조하고자 한다(Boda). 물론 하나님께서 역사를 주관하신다는 사실이 항상 뚜렷하게 드러나는 것은 아니다. 그러나 설령 우리의 경험 속에서 인류역

사가 하나님의 무관심과 우연의 연속으로 이루어진 것처럼 묘사될지라도, 절대 불변의 진리는 하나님께서 세상의 역사를 당신의 뜻에 따라 진행해 나가고 있으시다는 것이다.

하나님께서 자신의 뜻에 따라 주의 백성을 회복하시고자 그들을 찾으셨다. 화석류나무는 2m까지 자라는 상록수 관목(shrub)이다. 이 관목은 겨울에도 푸르름을 유지하기 때문에 새로운 시작을 상징하는 나무였다(Sweeney). 이스라엘 사람들은 이 나무의 가지를 엮어 장막절에 1주일 동안 거할 장막을 만들었으며 하나님의 새로운 사역의 시작을 기대했다. 이 나무는 주로 성전 주변에 자라고 있었던 것으로, 성전 재건에 큰 관심을 가지고 있는 선지자 스가랴가 이 나무를 배경으로 환상을 본 것 역시 우연은 아닐 것이다. 스가랴는 새 창조의 상징인 이 나무를 언급함으로써 머지않아 주의 백성을 위한 하나님의 사역이 새로운 전환점을 맞을 것을 암시하고 있다(Sweeney).

그런데 정확히 몇 마리의 말이 화석류나무 아래 있는 천사의 뒤에 서 있는가와 그 말 위에 사람들이 타고 있었는가 하는 것은 혼란스러운 부분이다. 본문은 다른 말들에 탄 사람들이 있었는가에 대하여 정확하게 표현하지 않는다. 다만 11절에서 이 '말들'이 천사에게 구두로 보고하는 것을 보아 짐승들이 말하는 것은 예사스러운 일이 아니기에 그 말들 위에 탄 사람들이 있었을 것이라는 추측이 나올 뿐이다(Ollenburger; Craigie; McComiskey). 그러면 몇 마리의 말이 천사 뒤에 있었을까? 히브리어 성경은 말의 색깔들을 언급할 때 복수를 사용하고 있으며, 우리말 번역본도 혼란을 겪고 있다. 공동과 개역은 세가지 색깔—빨간색, 잿빛, 흰색의 말 한 마리씩으로 해석하고 있으나 새번역은 '붉은 말들과 밤색 말들과 흰 말들'로 해석함으로써 많은 말들이 모여 있음을 암시하고 있다. 이 말들이 사방(四方)을 두루 돌아보고 오는 점을 감안할 때 색깔별로 한 마리씩과 천사가 타고 있던 빨간 말 등 총 4마리였던 것으로 해석하는 것이 바람직하다. 이 환상에서 중요한 것은 기마군의 규모가 아니라 그들이 온 세상을 두루 둘러보고 왔다는 점이기 때문이다. 말들이 천사에게 직접 보고하는 것은 천사가 이들의 상관(上官)임을 암시하고 있다(Ollenburger).

전통적으로 주석가들은 빨간색은 피 흘림을 상징하며 이스라엘의 원수들에게 복수할 것을 상징하는 것이고, 흰색은 승리를 상징하는 것으로 해석해 왔다(Kline; Barker). 그러나 최근에는 대부분의 학자들은 만일 이 말들의 색깔이 특별한 의미를 지녔다면 그 의미는 이미 우리에게는 잊혔으며, 본문을 해석하는 데 어떠한 영향도 미치지 않는 요소라고 간주한다(McComiskey; Craigie).[20] 계시록 6:2-8과는 달리 본문에서는 말들의 색깔이 특별한 의미를 지니지 않는 것이다. 일부 주석가들은 말들이 이 색을 띤 것은 이 시기(2월)의 팔레스타인이 빨간색과 흰색으로 덮여있기 때문에 위장을 위하여(camouflage) 빨간색을 띤 것이라며 색깔의 중요성을 최소화한다(Meyers & Meyers; Boda).

한때 '골짜기(낮은 지역) 속에 있는 화석류나무'(8절)는 골짜기가 깊이 팬 골을 뜻한다 해서 열방 중에 거하는 이스라엘의 비천함(낮음)을 뜻하는 것으로 여겨지기도 했다(Feinberg). 골짜기로 번역된 히브리어 단어(מְצוּלָה)는 성경에서 주로 깊은 물을 뜻하는 단어이다(Petersen; cf. 출 15:5; 느 9:11; 욥 41:31; 시 68:22; 69:2, 15; 88:6; 107:24; 욘 2:4). 그러나 스가랴 1장에는 물에 대한 이미지가 없다. 그러므로 본문에서는 이 단어가 지형적인 높낮이보다는 너무 멀어서 어둡게 보이는 것을 뜻하거나(Ollenburger), 화석류나무의 그늘 혹은 그림자를 의미하는 것으로 해석되어야 한다(Boda). 선지자가 이 단어를 사용하는 것은 열방 중에서 이스라엘의 비천한(낮은) 신분을 나타내고자 해서가 아니라, 세계 역사의 중심에서 볼 때 먼 변방에 있는 주의 백성을 상징하기 위해서이다. 선지자가 본 말들은 세상 곳곳을 둘러보고 세상의 중심에서 지극히 먼 변방에 그림자처럼 존재하고 있는 이스라엘을 찾아온 범우주적인 관측자들이었던 것이다(McComiskey).

이 광경을 지켜보던 선지자가 혼란스럽다는 듯이 천사에게 물었고 천사는 이 환상이 무엇을 의미하는지 곧 말해줄 것을 약속했다(9절). 선지자와 대화

---

20 6:1-8에도 말들이 등장하는데, 다른 색을 띠고 있다. 이 두 섹션을 대조해보면 본 섹션에서는 말들의 속도(민첩함)가 강조되는 반면 6:1-8에서는 말들의 힘이 강조된다. 스가랴서에서 말들은 속도와 힘의 상징이기 때문에 각 말이 지니고 있는 색깔은 중요하지 않은 것이다.

를 진행하고 있는 천사(9절)와 '화석류나무 사이에 선 자'(10절)의 관계를 상관과 부하로 해석하지만(Craigie), 대부분의 학자들은 이들을 동일 인물로 여긴다(Ollenburger; McComiskey). 천사는 자신이 타고 있는 것을 포함한 말들의 임무가 여호와의 명령에 따라 땅을 두루 돌아보는 것이었다고 밝히고 있다(10절). 말들의 이러한 행위는 욥기 1-2장에 언급된 '하나님의 아들들'의 행위를 연상케 한다.

본문은 마치 세 말만 세상을 돌아본 것처럼 언급하고 있지만, 스가랴서 안에서 4라는 숫자가 지니는 중요성을 염두에 둘 때(cf. 2:6; 6:5; 1:18-21), 천사가 탄 말 역시 넷으로 구성된 조(組)의 한 부분임을 짐작할 수 있는 것이다. 넷은 완전함(completeness)을 상징하는 숫자이다. 세상을 둘러보고 온 기마병들이 천사에게 온 세상이 "조용하고 평안하였다"(יֹשֶׁבֶת וְשֹׁקָטֶת)고 보고했다(11절). 그러자 천사는 만족하기는커녕 오히려 실망에 찬 어투로 곧바로 하나님께 언제까지 예루살렘과 유다의 성읍들을 폐허로 버려두실 것인지를 물었다. 무슨 일이 벌어지고 있는가?

천사는 온 세상이 조용하고 평안하게 있는 것을 하나님께서 예루살렘과 성읍들을 보살피시지 않는 것과 연결하고 있다(12절). 열방이 평안한 것은 곧 주의 백성들이 아직도 하나님께 용서받지 못하여 버림을 받고 있는 것을 의미한다. 그는 이러한 유다의 현실을 예레미야가 선언했던 70년의 저주가 지속되고 있는 것으로 간주한다(cf. 렘 25:11). 천사는 열방이 혼미하고 혼란스러워지는 것이 이스라엘의 회복의 서곡이라고 생각하고 있는 것이다. 이 순간 천사는 이스라엘의 입장에 서서 하나님께 탄원하고 있다(Boda). 천사들이 주의 백성을 위하여 하나님께 중보하고 있음을 깨닫게 하는 중요한 말씀이다.

천사의 이런 반응은 유다의 포로기 이후 신학을 반영한다(McComiskey). 바빌론에서 돌아온 사람들은 자신들을 중심으로 한 하나님의 나라는 열방이 큰 동란을 겪은 다음에야 가나안 땅에 조성될 것으로 생각했던 것이다. 그러므로 포로생활에서 돌아온 사람들에게 온 세상의 평안함은 결코 좋은 소식이 될 수 없을 뿐 아니라 선지자들이 외쳤던 회복이 아직도 먼 미래에 있을 일을 뜻하는 것이다. 다리우스가 통치권을 장악할 때 온 세상이 잠시 시끄러웠다(cf. 서론). 그때 유다 사람들은 한결같이 하나님의 통치가 곧 도래할 것으로 기대했을 것이다. 그러나 다리우스는 불과 2년 만에 모든 혼란을 잠재웠다. 이스라엘은 이러한 페르시아 제국의 안녕을 하나님의 자신들에 대한 무관심으로 여겼다.

예레미야의 70년은 이사야의 70년(사 23:15-17)처럼 실제 70년이 아니라 오랜 세월을 상징한다(Ollenburger). 그러나 스가랴는 이 70년을 자신의 시대에 문자적으로 적용하고 있다. 이 경우 70년은 바빌론의 손에 유다가 멸망했던 586년에 시작해서 스가랴가 이 예언을 받았던 519년까지를 뜻하는 것으로 해석될 수 있다(McComiskey). 스가랴는 자신을 선지자들의 전통을 이어가고 있는 자로 여기며 선배 선지자들이 선포했던 메시지를 그가 살아가는 현실에 적용하며 해석해나갔던 것이다. 특히 하나님의 혹독한 심판이 임한 다음, 백성들에게 하나님의 말씀을 선포하는 것은 결코 쉬운 일이 아니었음을 짐작할 수 있다.

천사가 말한 것처럼 정녕 하나님의 이스라엘을 향한 분노와 저주가 아직도 지속되고 있는가? 천사의 탄식 어린 질문을 받으신 하나님께서 위로와 좋은 말로 그에게 말씀하셨다(13절). 천사의 기대와 달리 하나님께서는 더 이상 이 백성을 버리시지도, 저주 아래 두시지도 않겠다고 말씀하신다. 하나님의 반응은 여러 면에서 천사의 모든 우려를 해소하고 있다. 하나님의 긍휼이 주의 백성과 함께하지 않는다는 천사의 탄식이 하나님의 '긍휼'로 대체되고 있으며(16절), 예루살렘과 유다 성읍들의 어려운 형편이 풍요로운 모습으로 대체되고 있다(16-17절). 그뿐만 아니라 열방의 평안은 오랫동안 지속되지 않을 것이 예고되고 있다(15절). 저자는 '다시'(עוֹד)라는 말을 17절에서만 네 차례 사용하여 이스라엘의 회복을 기정사실화하고 있다(Ollenburger).

지연되는 하나님의 통치에 대하여 실망에 가득 찬 사람들에게 14-17절은 이스라엘에게 임할 하나님의 위로와 축복을 노래한다. 내용을 요약하자면 (1) 지칠 줄 모르는 하나님의 열심; (2) 열방에 대한 하나님의 분노; (3) 은혜와 자비로 충만한 여호와의 예루살렘 귀성; (4) 성전 재건; (5) 파괴된 도시의 회복; (6) 도시의 무궁무진한 발전; (7) 시온과 예루살렘에 임할 위로 등 주의 백성들이 갈망할 만한 모든 것들을 약속하고 있는 것이다.

선지자는 혼란과 비관으로 가득한 세상에 좌절하지 않고 이 현실을 대체할 미래에 대한 비전을 제시한다. 어려운 현실이 결코 그의 환상의 날개를 접게 할 수는 없었던 것이다. 선지자가 환상을 통해서 이스라엘 사람들에게 외치는 것처럼 하나님은 결코 그의 백성들을 버리시지 않는다. 심지어 하나님의 은혜와 관심이 주의 백성들에게서 멀어져 있는 것처럼 느껴졌던 순간에도 하나님께서는 천사들을 보내셔서 온 세상을 관찰하고 둘러보고 계셨다. 그뿐만 아니라 하나님의 자비는 끊임없이 주의 백성들을 감쌀 것이다. 때로는 절망적으로만 느껴지는 것이 우리의 삶이다. 크리스천의 삶에서 좌절과 절망이 초래하는 치명타는 하나님께서 더 이상 우리를 사랑하지 않으실 뿐만 아니라 우리를 버리셨다는 생각에 사로잡히는 것이다. 선지자는 본문을 통해 하나님은 결코 우리를 버리시지 않으시며, 그분의 은혜는 바로 이 순간에도 계속된다는 점을 다시 한 번 강조하고 있다.

선지자들은 대체로 평안과 조용함을 지향했던 사람들이다. 특히 스가랴의 선배들은 한결같이 전쟁을 문제 삼은 사람들이었다. 그러나 본문처럼 세상의 평안과 조용함이 때로는 주의 백성들에게 문제일 뿐만 아니라 불안한 미래에 대한 예고일 수도 있다. 우리는 지속될 수 없는 세상의 평안과 거짓 안녕에 속아 안주해서는 안 된다. 오직 하나님만이 주실 수 있는 참평안과 안식만을 추구하며 살아야 한다.

II. 스가랴가 본 환상들(1:7–6:15)
1장. 세계적 변화에 대한 환상들(1:7–2:17)

2. 네 뿔과 네 일꾼(1:18–21[2:1–4])

18 내가 눈을 들어 본즉 네 개의 뿔이 보이기로 19 이에 내게 말하는 천사에게 묻되 이들이
무엇이니이까 하니 내게 대답하되 이들은 유다와 이스라엘과 예루살렘을 흩뜨린 뿔이니

라 20 그 때에 여호와께서 대장장이 네 명을 내게 보이시기로 21 내가 말하되 그들이 무엇
하러 왔나이까 하니 대답하여 이르시되 그 뿔들이 유다를 흩뜨려서 사람들이 능히 머리를
들지 못하게 하니 이 대장장이들이 와서 그것들을 두렵게 하고 이전의 뿔들을 들어 유다
땅을 흩뜨린 여러 나라의 뿔들을 떨어뜨리려 하느니라 하시더라

스가랴의 두 번째 환상은 첫 번째 환상의 메시지를 재확인하고 있다(Sweeney). 비록 이스라엘을 괴롭혔던 열방이 이 순간에는 평안을 누리고 있지만, 때가 되면 그들이 주의 백성을 괴롭히고 흩었던 것처럼 그들 자신이 흩어지고 괴로움을 당할 것이라는 내용이다. 선지자는 환상에서 먼저 네 '뿔'(קֶרֶן)을 보았다. 뿔들이 의미하는 바를 깨닫지 못한 스가랴는 천사에게 이 뿔들에 대하여 물었다. 천사는 이 뿔들이 다름 아닌 유다, 이스라엘, 예루살렘을 흩뜨린 나라들을 뜻한다고 설명했다(19절). 본문에서 뿔은 힘과 능력의 상징이다(Boda). 어떤 나라들을 두고 하시는 말씀일까? 과거 해석자들은 북쪽으로는 사마리아, 남쪽으로는 에돔, 서쪽으로는 블레셋과 두로를 두고 하는 말이든지, 아니면 다니엘서 2, 7, 8장에 언급된 네 제국들인 바빌론, 페르시아, 그리스, 로마를 뜻하는 것으로 해석하기도 했다(Feinberg).

그러나 넷이란 숫자는 묵시문학에서 포괄성을 뜻하며 사용되는 숫자이다. 성경은 범세계적인 범위를 뜻할 때 '세상의 네 모퉁이'라는 표현을 사용한다(사 11:12; 겔 7:2; cf. 계 20:8). 그러므로 여기서도 구체적인 네 나라의 이름을 떠올리는 것보다 주의 백성을 괴롭혔던 모든 나라들과 민족들을 총체적으로 상징하는 것으로 해석하는 것이 바람직하다(Ollenburger; Craigie). 선지자가 다니엘과 달리 이 뿔들이 어떤 짐승들의 것인지 밝히지 않는 것은 그가 특정한 나라들을 염두에 두고 넷이란 숫자를 사용했을 가능성을 더욱더 희박하게 하고 있다(McComiskey).

이 뿔들이 한때는 어떠한 두려움도 없이 하나님의 백성을 약탈하고 온 세상으로 흩어 버렸지만, 때가 되면 그들이 이스라엘에게 행했던 만행에 따라 그대로 보복을 당할 것이다. 이 일을 담당하기 위하여 네 명의 '공장/대장장

이'(חָרָשׁ)가 뿔들 뒤에 등장했다. 이들은 각 사람당 뿔 하나를 맡아서 망치질을 해댈 것이다. 이미지의 대조를 상상해보라. 뿔이 제아무리 강하고 단단하다 해도 대장장이의 손이 휘두르는 망치를 어떻게 감당하겠는가! 앞으로 이스라엘을 괴롭혔던 나라들이 당할 운명이 마치 대장장이의 망치에 부서지는 뿔과 같을 것이라는 의미이다.

지금까지 묘사된 스가랴의 두 환상의 메시지는 포로 시대 이전에 사역했던 선지자들의 메시지와 한 가지 다른 점이 있다. 포로 시대 이전에 사역했던 선지자들은 이스라엘의 회복이 조건적인 성향을 띠고 있음을 강조했다. 그들은 이스라엘의 미래는 백성들의 반응에 따라서 결정될 것이라고 선언했다. 순종하고 회개하면 심판을 모면할 뿐만 아니라, 회복과 축복을 누릴 것이다. 반면에 회개하지 않으면 포로가 되어 열방으로 끌려갈 것이라고 했다. 그러나 스가랴는 어떠한 조건도 전제하지 않고 회복만을 예고하고 있다(Craigie). 이미 하나님의 심판이 불순종한 주의 백성에게 임했기 때문이다. 그러므로 스가랴의 입장에서는 심판 다음에 약속된 회복만이 남아 있을 뿐이다.

이 메시지는 또한 하나님은 이 세상의 역사를 주관하시는 분이시므로 눈에 보이는 것으로 모든 것을 판단하지 말고 그분을 신뢰할 것을 강조하고 있다. 첫 번째 비전에서 온 세상의 평온은 주의 백성들과 천사를 실망시켰다. 그러나 이 환상에서는 첫 번째 환상에 묘사된 열방의 평온함이 모든 것이 아님이 드러난다. 그들의 평온함은 잠시 동안만 유지될 것이다. 하나님께서 그들을 박살 낼 '대장장이들'을 보내실 것이기 때문이다. 이처럼 하나님께서는 항상 어느 시대나 주의 백성을 괴롭히는 자들을 심판하실 만반의 준비를 하고 계신다(McComiskey). 그러므로 성도들은 어려움을 당할 때 좌절할 것이 아니라, 하나님이 그들의 억울함과 원통함을 대신해서 갚아주실 때를 기다리면 되는 것이다.

Ⅱ. 스가랴가 본 환상들(1:7-6:15)
1장. 세계적 변화에 대한 환상들(1:7-2:17)

3. 측량줄을 가진 사람(2:1-13[2:5-17])

1 내가 또 눈을 들어 본즉 한 사람이 측량줄을 그의 손에 잡았기로 2 네가 어디로 가느냐
물은즉 그가 내게 대답하되 예루살렘을 측량하여 그 너비와 길이를 보고자 하노라 하고
말할 때에 3 내게 말하는 천사가 나가고 다른 천사가 나와서 그를 맞으며 4 이르되 너는
달려가서 그 소년에게 말하여 이르기를

예루살렘은 그 가운데 사람과 가축이 많으므로
성곽 없는 성읍이 될 것이라 하라
5 여호와의 말씀에
내가 불로 둘러싼 성곽이 되며
그 가운데에서 영광이 되리라
6 오호라 너희는 북방 땅에서 도피할지어다
여호와의 말씀이니라
이는 내가 너희를 하늘 사방에
바람 같이 흩어지게 하였음이니라
여호와의 말씀이니라
7 바벨론 성에 거주하는 시온아
이제 너는 피할지니라
8 만군의 여호와께서 이같이 말씀하시되
영광을 위하여 나를 너희를 노략한 여러 나라로 보내셨나니
너희를 범하는 자는 그의 눈동자를 범하는 것이라
9 내가 손을 그들 위에 움직인즉
그들이 자기를 섬기던 자들에게 노략거리가 되리라 하셨나니
너희가 만군의 여호와께서 나를 보내신 줄 알리라
10 여호와의 말씀에

시온의 딸아 노래하고 기뻐하라
이는 내가 와서 네 가운데에 머물 것임이라
11 그날에 많은 나라가 여호와께 속하여
내 백성이 될 것이요
나는 네 가운데에 머물리라
네가 만군의 여호와께서 나를 네게 보내신 줄 알리라
12 여호와께서 장차 유다를 거룩한 땅에서
자기 소유를 삼으시고 다시 예루살렘을 택하시리니
13 모든 육체가 여호와 앞에서 잠잠할 것은
여호와께서 그의 거룩한 처소에서 일어나심이니라 하라 하더라

일부 주석가들은 이 섹션을 2:1–5와 2:6–13으로 나누어 앞부분을 환상으로, 뒷부분은 선지자적 신탁(prophetic oracle)으로 따로 다루지만(Boda), 가장 자연스러운 것은 하나의 비전과 이 비전이 시사하는 바로 이해하는 것이다(cf. Sweeney; McComiskey). 스가랴가 이번에는 측량줄을 손에 든 사람을 보았다. 선지자가 그 사람에게 어디로 가느냐고 묻자 그는 예루살렘을 측량하러 가는 중이라고 말하였다.

이 측량줄(חֶבֶל מִדָּה)은 여호와께서 예루살렘 위에 펼치신 먹줄(קָו)(1:16)과 에스겔의 삼줄(קָנֶה)(겔 40:3)과는 다르지만 모두 동일한 기능을 지니고 있다. 에스겔서와 본문에서 천사가 측량줄을 지니고 있다는 것은 성전과 도성의 재건 공사 시작이 임박했음을 뜻한다(Boda). 먹줄이 여호와의 성전 재건과 연관되어 있다면, 측량줄은 예루살렘의 성벽을 재건하는 상징으로 사용된다. 이 두 줄은 재건될 건물과 성벽의 위치와 규모를 정의하는 역할을 하는 것이다.

측량줄을 든 사람이 예루살렘을 향하여 떠나자, 선지자와 함께 있던 천사는 다른 천사를 불러 측량줄을 가지고 떠나는 사람을 뒤쫓아 가서 성벽을 재건할 필요가 없음을 알리라고 하였다(4절). 이유인즉 앞으로 예루살렘이 너무

나도 번성해서 성벽이 의미가 없게 될 것이며, 여호와께서 '불 성벽'(חוֹמַת אֵשׁ)이 되어 그들을 보호하실 것이기 때문이다(4-5절). 선지자는 하나님께서 이스라엘의 '불 성벽'이 되어 주실 것을 예언하고 있는데, 이스라엘의 역사에서 중요한 사건들은 불과 연결되어 있다: 아브라함과 언약을 맺으실 때(창 15:17), 모세에게 호렙 산에서 보이실 때(출 3:2), 출애굽 때의 구원(출 14:24), 율법을 주실 때(출 19:18), 장막을 만들 때(민 9:15), 광야의 여정(신 1:33) 등등(Feinberg). 이스라엘의 옛적 하나님께서 다시 돌아오신 것이다. 아울러 여호와께서 그들과 직접 함께하시며 보호하신다는 말씀은 이미 첫 번째 환상에서 언급된 "여호와께서 그의 백성들에게 돌아와서 함께 거하실 것"에 대한 예언을 다시 확인하는 것이다.

돌이나 흙으로 쌓은 성벽이 아니라 '불 성벽'으로 둘러싸인 성읍은 고대 사회에서도 볼 수 있었다. 페르시아 왕들이 세운 파사르가대(Pasargadae)라는 도시는 보호하는 성벽이 없었다고 한다(Petersen). 대신 성벽이 있어야 할 도시 주변 곳곳에 페르시아 왕들이 신으로 숭배했던 아후라 마스다(Ahura Mazda)에게 제물을 바치는 제단들이 있었다(Petersen; cf. Boda). 페르시아가 평안을 누리는 것을 왕들은 그들의 신 아후라 마스다의 보호 때문이라고 생각했다. 이러한 비유를 바탕으로 스가랴는 하나님의 불같은 임재가 예루살렘에 평안과 보호를 주고 세상의 중심이 될 날을 꿈꾸고 있다(Sweeney).

여호와께서 백성들과 함께하시며 그들의 보호벽이 되어 주실 것이라는 예언은 스가랴 시대의 불안감을 잘 반영하고 있는 듯하다. 이스라엘 사람들은 성전을 재건하고 있는 중이다. 그러나 그들 중에는 성벽이 없는 상황에서 성전을 재건해 보았자 원수들의 표적이 되어 파괴될 것이니 별 의미가 없다는 논리를 제기하는 사람들이 있었을 것이다. 이 부분에 대하여 선지자는 여호와께서 그들의 보호막이 되어 주실 것이니 걱정하지 말고 성전 재건을 계속하라는 메시지를 전하고 있는 것이다(Craigie). 또한 그들은 예루살렘에 성벽이 있을 때에도 밀려오는 바빌론 군을 막을 수 없었다는 사실을 기억해야 한다. 죄인들이 거하는 곳은 어느 곳이든지 안전하지 못하며 하나님이 지켜주셔야만 성이 안전할 수 있다.

여호와께서 예루살렘에 거하시며 그의 백성들의 보호벽이 되어 주시면 이스라엘은 더 이상 열방에 흩어져 고생하며 살 필요가 없다. 그러므로 선지자는 바빌론으로 포로가 되어 끌려가 억류된 삶을 살고 있는 자들에게 속히 그곳을 떠나 예루살렘으로 돌아올 것을 권고하고 있다(6–10절). 선지자가 이 권면을 할 때에 바빌론으로 끌려갔던 이스라엘 사람들은 페르시아 제국의 통치 아래 있었다. 또한 바빌론이 만행을 저지르기 이전에 앗시리아는 북 왕국 이스라엘 사람들을 끌어갔었다. 즉, 이스라엘에게 북쪽에 거하는 나라들은 항상 속박과 재앙을 의미했다. 그러므로 선지자는 백성들에게 '북방 땅'(אֶרֶץ צָפוֹן)을 떠나라고 권면하고 있다. 속박의 땅을 떠나 자유와 소망의 땅, 회복된 시온으로 돌아오라는 것이다.

그뿐만 아니라 하나님께서 그들에게 북방 땅을 탈출할 수 있는 능력도 주실 것이다. "하늘의 사방 바람 같이 흩어지게 하였거니와"(6절)는 하나님께서 마치 과거에 이스라엘을 심판하여 온 세상에 흩으셨던 일을 회상하는 것처럼 묘사하고 있다(Boda; cf. 공동; 새번역; NAS; NIV; NRS). 그러나 본 문맥이 바빌론에서의 탈출을 의미하며, 스가랴서 안에서 '네 바람'이 세상을 두루 살펴보고 돌아온 하나님의 천사들을 의미한다는 것을 감안할 때(cf. Meyers & Meyers), 여기서 네 바람은 흩는 것이 아니라 예루살렘으로 돌아올 수 있는 능력, 즉 하늘을 날 수 있는 능력을 염두에 둔 문장으로 해석되어야 한다는 주장도 있다(Ollenburger; McComiskey). 문맥을 고려할 때 후자가 더 설득력 있는 해석으로 여겨진다.

"열국으로 영광을 위하여 나를 보내셨나니"(8절)는 스가랴서 안에서 가장 해석하기 어려운 부분에 속한다(McComiskey). 많은 학자들이 본문의 뜻을 더 명확하게 하기 위하여 여러 가지 해석뿐만 아니라 텍스트를 수정할 것까지 제안한다. 피터센(Petersen)은 본문의 '나'가 선지자가 아닌 천사임을 강조하기 위하여 "나에게 그 영광을 뒤쫓게 하셨다"로, 샤리(Chary), 발드윈(Baldwin), 스캇(Scott) 등은 '영광'(כָּבוֹד)을 '[마음의] 무거움, 짓눌림'으로 해석하고 '위하여'(after)(אַחַר)를 '함께'로 해석하여 "그가 나를 강압적으로 보내셨다"로 해석하는가 하면, 토마스(Thomas)는 '위하여'(אַחַר)를 관계대명사 אֲשֶׁר으로 수정하여 "하나님의 영광이 나를 보내셨다"로 번역한다. 이와 같은 해석의 기본적인 전제는 이 말을 하는 자가 선지자라는 것이다. 그러나 이 말을 하는 자가 선지자가 아닌 천사로 간주할 경우 위와 같은 추론은 필요 없다. 하나님께서 천사를 이스라엘을 괴롭히는 열방에 보내어 그들을 심판함으로써 자신의 영광을 드러내고자 하셨다는 해석이 가능한 것이다(McComiskey).

스가랴의 권면은 다급한 분위기에서 진행되고 있다. 우리 성경본에는 번역되어 있지 않지만 6절을 시작하고 있는 히브리어 문구(הוֹי הוֹי)(lit., Hey! Hey!)처럼 같은 감탄사가 반복되는 경우 매우 위급한 상황을 묘사한다(Ollenburger; cf. 사 51:9; 51:7; 52:1; 52:11). 북방 땅에 거하는 자들은 속히 그곳을 떠나 시온으로 피하라는 것이다. 그곳이 곧 망할 것이기 때문이다. 머지않아 북방 나라들은 자신들이 핍박하던 자들의 손에 핍박을 받게 될 정도로 나라가 망하거나 쇠퇴해질 것이기 때문이다. 하나님께서 이스라엘의 일로 인하여 그들에게 보복하실 것이다.

이스라엘을 다치게 한 것을 하나님은 "너희를 범하는 자는 나의 눈동자를 범하는 것이라"고 설명하신다(8절). 때로 우리의 삶에서 하나님의 역사가 확실하게 보이지 않을 때가 있다. 그때마다 우리는 실망한다. 그러나 성경은 분명히 말한다. 주의 자녀가 된 우리를 해하는 자들은 마치 하나님의 눈동자를 찌르는 것과 같은 행위를 범하고 있다는 사실을 말이다. 그러니 우리는 그저 주님을 바라며 그분의 역사를 기다리면 된다.

바빌론을 속히 떠나라는 경고는 단지 이스라엘 사람들을 대상으로 하는 것이 아니라 바빌론에 끌려가 억류되었던 모든 민족에게 선포되고 있다. 그들도 하나님이 시온에 거하는 것을 깨닫고 시온으로 올 것이다: "그날에 많은 나라가 여호와께 속하여 내 백성이 될 것이요 나는 네 가운데 거하리라"(11절). 구약에서 시온은 흔히 여호와의 왕권과 연관되어 있는데 본문에서도 예외는 아니다(Ollenburger). "내 백성이 될 것이요"는 이스라엘의 정체성을 확인하는 가장 기본적인 언약 관계에 관한 문장으로 알려진 "그들은 내 백성이 될 것이요 나는 그들의 하나님이 되리라"(신 7:6; 14:2; 삼하 7:23; 렘 24:7; 32:38; 겔 11:20; 37:23)의 첫 부분이다. 구약에서 이 문장은 항상 이스라엘(유다)을 염두에 두고 사용되며, 문장의 첫 부분만 등장하는 경우는 없다. 그러므로 스가랴의 문장은 이 두 가지 점에서 볼 때 매우 독특하다 할 수 있다.

아울러 문장의 후반부를 구성하고 있는 "나는 네 가운데 거하리라"는 전통적인 문구를 재해석하고 있다. 그날이 되면 많은 것이 획기적으로 변할 것이다. 주의 백성에 열방이 포함되는 것도, 하나님의 임재가 주의 백성의 정체성과 직접 연관되는 것도 이러한 변화의 한 부분인 것이다. 여호와의 임재가 세상을 변화시키는 요소가 되고 있다(cf. 10, 11절). 그날이 되면 열방이 시온으로 와서 여호와의 백성이 되고 여호와께서는 그들의 하나님이 되실 것이다(10절). 범우주적인 여호와의 통치가 시작되는 것이다. 이처럼 열방이 포함되는 것은 스가랴 묵시의 특징이라 할 수 있다(Ollenburger).

하나님께서 '북쪽 땅'을 치는 것을 계기로 이 모든 일이 일어난다. 바빌론과 페르시아의 압박에 주눅 들었던 백성들은 아마도 여호와의 능력에 대하여 많은 의문을 던졌을 것이다. 그러나 선지자는 여호와 하나님께서 이 일을 행하실 것이며, 그 누구도, 그 어떠한 신도 그의 앞길을 막을 수 없다는 점을 암시함으로써 하나님의 권능을 드러내고자 한다. 하나님께서는 이 일을 위하여 거하시던 하늘의 거룩한 곳을 떠나 예루살렘으로 오실 것이다(Merrill; Baldwin). 하나님께서 예루살렘에 오시는 날, 이스라엘뿐만 아니라 세상 모든 민족이 그의 백성이 될 것이다. 이처럼 범우주적(universal)인 것과 특별한(particular) 범주를 순식간에 오가는 것이 스가랴서의 특징이다(Petersen; Boda).

이스라엘은 지금 성전을 재건하는 일에 분주하며 성벽도 쌓아야 한다. 그러나 스가랴는 경고하고 있다. 그들이 아무리 철옹성 같은 성벽을 쌓는다 해도 하나님께서 그들의 '불 성벽'이 되어주시지 않으면 아무런 의미가 없다는 사실을 말이다. 재건되는 성전도 마찬가지이다. 아무리 정성을 다하여 재건하고 헌당을 한다 해도 하나님께서 이 도성에 함께하시지 않으면 아무런 의미가 없다. 그러므로 백성들은 자신들의 손을 분주히 놀리지만, 그 노동 자체가 결정적인 안정과 평안을 가져올 것이라는 생각은 버려야 한다. 오직 하나님께서 함께하실 때 이 모든 것이 가능하기 때문이다. 결국 이스라엘이 분주히 건축하고 있는 새 성전의 역사도 하나님께서 하시는 일인 것이다.

2장 회복과 임재에 대한 환상
3:1–4:14

처음 세 환상에서 선지자는 이스라엘을 중심으로 한 온 세상의 변화를 보았다. 시온은 다시 회복될 것이며 하나님께서 그곳에 임하실 것이다. 세상을 지배하던 나라들은 모두 심판을 받을 것이요, 강대국의 핍박과 억압을 받았던 나라들에게는 여호와가 계시는 시온으로 오라는 초청이 주어졌다. 이처럼 처음 세 환상을 통해 선포된 메시지는 매우 긍정적이며 소망적이다. 그러나 하나님께서 주도하실 회복은 이것에 머물지 않는다. 더 나아가 옛적 예루살렘 성전과 예배의 영광이 다시 회복될 것을 선언하신다. 바로 이 내용이 넷째와 다섯째 환상으로 구성된 이 섹션의 핵심이다. 이 섹션은 다음과 같이 두 파트로 나뉜다.

A. 대제사장과 싹(3:1–10)

B. 금 촛대(4:1–14)

1. 대제사장과 싹(3:1–10)

1 대제사장 여호수아는 여호와의 천사 앞에 섰고 사탄은 그의 오른쪽에 서서 그를 대적하는
것을 여호와께서 내게 보이시니라 2 여호와께서 사탄에게 이르시되 사탄아 여호와께서 너를
책망하노라 예루살렘을 택한 여호와께서 너를 책망하노라 이는 불에서 꺼낸 그슬린 나무가
아니냐 하실 때에 3 여호수아가 더러운 옷을 입고 천사 앞에 서 있는지라 4 여호와께서 자기
앞에 선 자들에게 명령하사 그 더러운 옷을 벗기라 하시고 또 여호수아에게 이르시되 내가 네
죄악을 제거하여 버렸으니 네게 아름다운 옷을 입히리라 하시기로 5 내가 말하되 정결한 관을
그의 머리에 씌우소서 하매 곧 정결한 관을 그 머리에 씌우며 옷을 입히고 여호와의 천사는
곁에 섰더라 6 여호와의 천사가 여호수아에게 증언하여 이르되 7 만군의 여호와의 말씀에

네가 만일 내 도를 행하며
내 규례를 지키면
네가 내 집을 다스릴 것이요
내 뜰을 지킬 것이며
내가 또 너로 여기 섰는 자들 가운데에
왕래하게 하리라

8 대제사장 여호수아야 너와 네 앞에 앉은 네 동료들은 내 말을 들을 것이니라 이들은 예표의
사람들이라 내가 내 종 싹을 나게 하리라 9 만군의 여호와가 말하노라 내가 너 여호수아 앞에
세운 돌을 보라 한 돌에 일곱 눈이 있느니라 내가 거기에 새길 것을 새기며 이 땅의 죄악을
하루에 제거하리라 10 만군의 여호와가 말하노라 그날에 너희가 각각 포도나무와 무화과나무
아래로 서로 초대하리라 하셨느니라

일부 주석가들은 이 비전을 시작하는 문구와 진행되는 스타일이 스가랴의 다른 비전들과 현저한 차이를 지니고 있다고 해서 이 비전이 훗날 다른 사람에 의하여 삽입된 것이라는 주장을 편다(Petersen; Sweeney). 예를 들자면 다른 비전

들은 질문과 답변 형태로 진행되는데, 이 비전에서는 이 방법이 사용되지 않는다는 점, 또한 다른 비전들은 선지자가 보는 것에 비해, 이 비전은 하나님께서 그에게 보여주신다는 점 때문이다. 그러나 스타일과 전개 방법이 다른 것은 이 비전의 중요성을 부각시키고 강조하기 위한 문학적인 기술일 수 있다. 스타일이 다르다고 해서 다른 저자를 전제할 필요는 없다. 당시의 대제사장 이름을 언급하고 있는 이 비전은 스가랴의 청중들에게 시사성과 현실적 의미로 인하여 다른 비전들에 비해 중요함을 더해 줄 수 있다.

선지자는 환상 속에서 당대에 대제사장이었던 여호수아의 모습을 보았다.[21] '대제사장'(הַכֹּהֵן הַגָּדוֹל)은 학개-스가랴서를 벗어나서는 잘 사용되지 않는 타이틀이다. 본문이 말하고 있는 여호수아 외에 구약은, 두 명의 대제사장만을 더 언급하고 있을 뿐인데 그들이 바로 여호아스 왕 시대에 사역했던 여호야다(왕하 12:7)와 요시아 왕 시대에 사역했던 힐기야(왕하 22:4, 8; 23:4)이다. 이 두 사람은 성전 보수와 개혁에 연관되어 있던 자들이었다. 본문에 언급된 여호수아 역시 성전 건축과 개혁에 연관되어 있다는 것을 감안할 때, 성경이 이름을 논하는 대제사장들은 모두 성전 건축과 개혁에 관련되어 있다는 공통점을 지니고 있다. 하나님께서 자기 성전을 귀하게 여겼던 자들의 이름을 특별히 기억하도록 하신 것이다.

스가랴가 환상 속에서 보니 여호수아는 천상 어전 회의장에 서 있다. 여호수아를 중간에 두고 누군가가 사탄(viz., 적)을 야단친다(2절). 누가 야단을 치는 것인가? 히브리어 성경은 여호와(יְהוָה)가 야단을 치는 것으로 말하고 있다. 대부분의 번역본이 이 사실을 그대로 반영하고 있다(개역; 새번역; NIV; NAS; NRS). 그러나 문제는 만일 여호와께서 직접 사탄을 나무라고 계신다면 "사단아 여호와가 너를 책망하노라 예루살렘을 택한 여호와가 너를 책망하노라"는 말씀은 어떻게 이해할 것인가?

---

21 한 주석가는 이 비전이 여호수아가 바빌론에서 돌아온 직후, 그러나 다윗 계열의 왕자 스룹바벨은 아직 돌아오지 않은 시대를 역사적 배경으로 하고 있다고 한다(Boda). 대제사장 여호수아에 대하여는 에스라서 3장과 5:1-2, 학개서 1:1-11을 참조하라.

물론 하나님께서 사탄을 책망하실 때 이렇게 하셨다고 할 수도 있겠지만, 왠지 자연스럽지 못하다. 만일 하나님께서 이 말씀을 하셨다면 "내가 너를 책망하노라!"가 더 기대되는 표현인 것이다. 그래서 이 부분의 문제를 의식해 공동번역과 TNK는 '야훼의 천사'가 사탄을 책망하는 것으로 해석하고 있다. 즉 여호와를 재판장으로 둔 천상 어전회의에서 여호수아에 대한 변호인 천사와 검사/비난자 천사의 논쟁이 진행되고 있는 것이다(cf. Baldwin). 그런데 사탄(הַשָּׂטָן)은 누구를 의미하는가? 오늘날 악의 세력의 대명사로 알려진 사탄을 뜻하는 것인가? 아니면 단순히 여호수아를 비난하고 약점을 나열하는 역할을 맡게 된 천사를 두고 하는 말일까?

학자들은 만일 우리가 '사탄'으로 이해하는 고유 인물이라면 문법적으로 정관사가 붙지 않아야 한다는 이유에 근거하여 '원수/비난자'로 해석한다(cf. Boda). 그러나 구약 성경을 살펴보면 오히려 '사탄'이란 정체가 확실할 때 정관사를 붙이는 경우가 많다. 하나님 앞에서 욥을 비난했던 '사탄'의 단어 앞에도 정관사가 붙어 있다(cf. 욥 1-3). 그뿐만 아니라 '하나님'(אֱלֹהִים)이라는 명사 앞에는 매우 자주, 심지어는 '여호와'(יְהוָה)라는 고유명사 앞에도 정관사가 붙을 때가 있다(렘 8:19). 본문에서도 이러한 현상이 일어나고 있다고 할 수 있다. 그러므로 정관사만으로 고유명사인지 일반명사인지를 구분하는 것은 쉽지 않다. 사탄이 천상 어전회의에 참석하고 있다는 것도 결코 쉽게 생각할 문제가 아니다. 물론 구약의 '사탄'은 신약에서 묘사하는 것처럼 하나님께로부터 독립성을 유지하면서 나쁜 짓을 하는 그런 존재는 아니다. 구약에서 사탄의 정체와 능력은 아직 신약에서처럼 구체화되지 않고 있다(Sweeney).[22] 필자는 이를 검사 역할을 맡은 천사로 보지만, 논란의 여지는 다분히 있다.

대제사장 여호수아의 꾀죄죄한 모습(cf. 3절)은 무엇을 상징하는가? 그를 '불에서 꺼낸 그슬린 나무'(2절)로 표현하는 것은 아모스 4:11의 "너희가 불붙는

---

22 스위니(Sweeney)는 스가랴가 페르시아 종교의 이원론(dualism-좋은 신과 악한 신이 동등하게 존재한다는 주장)의 영향을 받아 이런 비전을 보았다고 하지만, 유일하신 하나님을 믿는 그가 이원론을 받아들였을 리는 전혀 없다.

가운데서 빼낸 나무 조각 같이 되었으나"라는 말씀을 연상시키고 있으며 바벨론 포로생활에서 돌아온 지 얼마 되지 않은 여호수아의 형편을 적절하게 묘사하고 있다(Boda). 그의 할아버지 스라야는 느부갓네살에 의하여 처형되었으며(왕하 25:18-21), 그의 아버지 여호사닥은 바벨론으로 끌려갔었다. 이제 그가 바벨론에서 돌아왔지만 할아버지와 아버지의 비참한 종말과 형편을 생각하면 그는 진정 '불에서 꺼낸 그슬린 나무'밖에 되지 않는 것이다.

또한 그의 남루한 모습은 바로 얼마 전에 바벨론 포로생활에서 돌아온 이스라엘의 형편을 적절하게 상징하고 있다(McComiskey). 그러므로 초라한 여호수아의 모습은 예루살렘을 재건하려고 노력하는 귀향민들의 초췌한 상황을 잘 보여주는 것이라 하겠다. 또한 여호수아의 부정(不淨)한 모습은 원래 제사장들이 지녀야 할 순결한 모습과 극명한 대조를 이룬다(Sweeney). 본문을 읽어 내려가며 한 가지 도전을 받는 것은 하나님께서 여호수아처럼 부정한 차림의 사람을 사용하신다는 점이다. 그분은 결코 완벽한 사람들을 찾아 사용하시는 것이 아니라 이처럼 보잘것없는 사람들을 쓰시는 것이다. 그뿐만 아니라 그분만이 여호수아에게 새 옷을 주실 수 있었던 것처럼, 우리에게도 하나님께서 새로운 신분과 정체성을 주실 수 있다. 우리의 현 상황이 초췌하고 부족할지라도 우리는 낙심할 필요가 없다. 언젠가는 하나님께서 우리를 세상의 그 누구의 것보다도 존귀하고 위대한 신분과 정체성을 가진 자로 회복시켜주실 것이기 때문이다.

스가랴는 왜 나라를 상징하는 인물로 다윗 계열의 왕자를 거론하지 않고 종교계의 우두머리인 대제사장을 언급하는 것일까? 일부 주석가들이 주장하는 것처럼 대제사장이 나라를 이끌어가는 정치적인 우두머리가 되어야 한다는 생각은 배어 있지 않다. 단순히 여호와 하나님께서 이스라엘에게 원하시는 거룩함이 어떤 것인지를 확인하고 있을 뿐이다. 하나님께서는 제사장들을 중심으로 백성들에게 정결함에 대하여 가르치고 지도하도록 하셨다. 그런데 이스라엘은 하나님 앞에 깨끗하고 정결한 자들로 서 있지 않고 불결하고 더러운 모습으로 서 있다. 이스라엘의 처량한 모습을 바로 대제사장 여호수아가 대표하고 있는 것이다. 이스라엘의 모습은 하나님께서 기대했던 '제사장의 나라'에 전혀 미치지 못하고 있다(cf. 출 19:6). 그러나 하나님께서는 그들을 용서하실 것이다. 하나님께서 이 환상에서 이스라엘의 더러운 옷을 벗기시고 깨끗한 옷을 입히심으로써 새로운 출발을 약속하시는 것 역시 스가랴의 청중들에게는 복음으로 들렸을 것이다.

천사가 '사탄'을 책망하는 것은 무엇을 의미하는가? 주의 백성들의 죄에도 불구하고 사탄은 결코 이스라엘을 파괴할 자격이 없다는 것을 뜻한다. 하나님께서 이미 주의 백성을 포로 생활에서 구원하는 등 이스라엘의 구원사역을 시작하셨기 때문에 그가 아무리 이스라엘에 대해 비방하고 문제를 토로한다 하더라도 천상 어전회의에서는 아무런 효력을 발휘하지 못할 것이다. 그러므로 이스라엘을 대표하는 대제사장 여호수아가 충격적인 모습으로 하나님 앞에 서 있을지라도 그의 초라하고 불결한 모습은 하나님의 분노를 사기는커녕 오히려 그분의 동정과 위로를 유발하는 것이다: "그 더러운 옷을 벗기라 하시고 또 여호수아에게 이르시되 내가 네 죄과를 제하여 버렸으니 네게 아름다운 옷을 입히리라"(4절).

이스라엘의 더러운 죄들이 씻겨진 후에 그들에게 아름다운 영광의 옷이 입혀질 것이다. 그뿐만 아니라 여호수아에게 '정결한 관'(צָנִיף טָהוֹר)이 씌워지고 깨끗한 옷이 입혀진다. 그런데 이런 일을 명령/부탁하는 자는 누구인가? 히브리어 텍스트는 분명히 스가랴 자신을 가리키는 1인칭으로 되어 있다(개역; 새번역; NIV; NAS; NRS). 그러나 4절에서 여호수아를 정결케 하시는 분이 여호와이심을 감안할 때, 5절에서 선지자가 이 과정에 개입한다는 것은 문맥상 흐름이 매끈하지 않으며, 선지자가 천사에게 명령/부탁하여 여호수아가 관과 옷을 가지게 되는 것도 구약의 정서에 별로 어울리는 것 같지 않다. 그러므로 공동번역과 TNK는 '그'로 번역함으로써 5절을 하나님께서 말씀하신 4절의 연결문으로 해석한다.

스가랴를 안내하고 있는 천사가 여호수아에게 두 가지를 권면했다. 하나님의 도(道)를 준행하고, 율례를 잘 지키라는 것이었다(7절). 여호수아가 이처럼 두 가지 조건을 충족시킴으로써 여호와를 경외하면 하나님께서는 "네가 내 집을 다스릴 것이요 내 뜰을 지킬 것이며 여기에서 섬기는 사람들 사이를 자유로이 출입하게 할 것이다"라고 약속하신다(7절). 그가 성전의 모든 일을 관장하게 될 것과 천상 어전회의에 자유로이 드나들 수 있는 권한을 보장받고 있는 것이다. 하나님께로 직접 나아갈 수 있다는 사실이 그에게 다시 한 번 그의 사역의 진정한 의미를 고취해 주고 있다.

대제사장 여호수아가 성전의 모든 일을 관장하게 될 것이라는 말씀은 이 메시지를 듣고 있는 이스라엘 사람들에게 새로운 감격과 확신을 주었을 것이다. 지금 이들은 불안한 상태에서 성전을 재건하고 있다. 이 프로젝트는 이미 한 번 멈춘 적이 있었다. 그러므로 비록 그들이 선지자 학개의 권고를 받아들여 건축을 다시 시작했지만 미래는 불투명하기만 하다. 그런데 지금 스가랴를 통해 여호수아에게 주어지는 약속은 성전이 완성된 상태를 전제하고 있지 않은가! 즉, 하나님께서 이들의 노력이 헛되지 않도록 성전 재건에 대해 예언해 주시는 것이다. 그러므로 여호수아에게 임한 말씀은 모든 사람들에게 위로와 소망이 되었을 것이다.

하나님의 도(道)를 준행하고, 율례를 잘 지키라는 것은 오래전 솔로몬에게 주신 하나님의 요구이기도 하다(왕상 2:3; 3:14). 또한 여호수아에게 약속되는 "내 집을 다스릴 것이요 내 뜰을 지킬 것"은 과거에는 제사장보다는 왕에게 주어졌던 것들이다. 유다의 왕들은 성전과 성전의 뜰에 많은 영향력을 행사했다(왕하 16:10–16; 21:5; 23:11–12). 이러한 배경에서 본문은 제사장에게 매우 파격적인 제안을 하고 있다. 마치 과거에 왕들이 행했던 일을 이제는 제사장들이 하게 될 것을 암시할 뿐 아니라(Ollenburger) 앞으로 이스라엘이 만들어 나가야 할 나라의 정체성을 확인하고 있다. 그들은 무엇보다도 하나님 앞에 종교적으로 순결한 나라를 만들어가야 하는 것이다.

이처럼 선지자는 3장의 환상을 통해 그동안 제시되었던 환상들 뒤에 역사적인 구체성을 더하고 있다. 지금까지 스가랴는 범세계적인 범위에서 예언을 선포해왔다. 이 환상에서는 그 시대 사람들이 당면하고 있는 실제적인 문제와 그 시대를 살아가고 있는 실제 인물을 언급함으로써 구체성과 실제성을 더하고 있는 것이다. 실제적인 이슈와 사람을 언급함으로써 스가랴는 그의 청중들이 자신들의 현실과 역사를 하나님의 역사의 흐름의 관점에서 바라보기를 권고한다. 암울하고 답답한 자신들의 처지에서 눈을 떼고 하나님을 바라본다면 그들의 고통과 아픔도 하나님의 역사가 이루어져 가는 과정의 한 부분이라는 것이다. 우리의 삶의 모든 부분—기쁘고 즐거운 것뿐만 아니라 슬픈 것까지도 하나님께서 역사를 이루어 나가시는 과정의 한 부분이다.

저자는 하나님께서 이스라엘을 용서하시고 정결케 하시는 것이 매우 중요하고 획기적인 일이지만 앞으로 있을 일에 비하면 서곡에 불과하다고 한다. 저자는 8-9절에서 흥분된 어조로 "보라!"(הִנֵּה)는 감탄사를 세 차례나 반복하고 있다. 그가 전하고자 하는 메시지에 귀를 기울여 달라는 것이다. 선지자는 과연 어떤 메시지를 선포하고 있는가? 먼저 그는 여호수아와 함께 일하는 제사장들은 앞으로 될 일의 예표(מוֹפֵת)라고 말함으로써 흥분된 분위기를 조성하고 있다(8절). 예표(מוֹפֵת)는 '증거, 증표'를 의미하는 것으로서 제사장들은 앞으로 될 일에 대한 '보증수표'라는 것이다.[23] 그렇다면 앞으로 어떤 일이 일어날 것인가? 바로 여호와의 종 '순'(צֶמַח)이 올 것이다(8절). 구약에서 순(צֶמַח)은 곧 다윗의 후손으로 오실 메시아를 의미한다(6:12; 렘 23:5-6; 33:15-16; cf. 사 11:1). 제사장들은 앞으로 다윗의 후손으로 오실 메시아의 예표들인 것이다.

이 일을 거듭 확인하기 위하여 하나님께서 증표로 여호수아 앞에 '일곱 눈이 있는 돌'을 두셨다(9절). '일곱 눈'(שִׁבְעָה עֵינָיִם)에 대한 해석은 매우 다양하다. 스가랴가 7개의 평면을 가진 보석을 묘사하는 것으로(Ackroyd; cf. Ollenburger), 대제사장이 머리를 장식하기 위하여 터번 위에다 꽂았던 핀으로(Mitchell; Petersen), 혹은 성전 재건을 상징하는 돌로(McComiskey) 해석되기도 한다. 심지

23 '예표'는 비언어적인 행동으로 근본적인 목적은 언어로 표현된 예언처럼 메시지를 전달하여 반응을 유도하는 데 있다(Friebel). 성경에서 대표적인 예표는 에스겔 선지자가 피난민의 짐을 메고 가상 성벽을 넘는 것(겔 12:6, 11)과 에스겔이 아내의 죽음에 대하여 어떠한 감정도 드러내지 않으면서 침묵한 일이다(24:24, 27).

어는 단어들의 의미를 다르게 간주해서 이 말씀을 "여호와께서 이 돌에서 7개의 샘 물줄기가 동시에 솟아나게 하실 것"으로 해석하기도 한다(Lipinski). 문맥을 자세히 살펴보면 이 '돌'(אֶבֶן)은 머리에 쓰거나 장식으로 꽂고 다닐만한 작은 것이 아니라 상당히 큰 것으로 여겨진다. 게다가 만일 보석 종류였다면 '돌'이란 말 뒤에 '귀한'(יָקָר)등과 같은 수식어가 붙는 것을 기대하게 되는데(cf. 삼하 12:30; 겔 1:26), 본문에는 그런 단어가 전혀 없다. 이 돌은 7개의 눈을 가졌는데 7은 완전함을 뜻하는 숫자로서(cf. 창 2:1–4) 하나님의 변함없고 끊임없는 보호와 지켜보심을 의미한다(cf. 4:10). 이런 점들을 감안할 때 이 돌은 다름 아닌 이스라엘이 재건하고 있는 성전을 상징하는 것으로 생각된다. 하나님께서 주춧돌을 놓는 것부터 지켜보시고 보호해 주실 것을 암시하는 것이다.

메시아와 성전 건축 사이에 어떤 관계가 있기에 성전 재건이 메시아가 오실 증거로 사용되는가? 무엇보다도 하나님의 말씀의 신뢰성이 이슈화되고 있다. 미래에 대한 불안감 때문에 성전 재건을 주저하는 백성들에게 하나님께서는 그들이 시작한 일은 분명히 끝을 볼 것이며 자신이 이 사실을 보장하신다는 것이다. 그뿐만 아니라 성전이 완성되면 머지않아 '순'이 올 것을 기대할 수 있는, 즉 성전 완성은 메시아의 오심을 예비하는 단계인 것이다. 그분이 오시는 날, 주의 백성들은 죄 사함을 받게 될 것이며 풍요로움과 평안을 누리게 될 것이다(10절). 사람들은 더 이상 욕심을 부리지도 않는다. 누구의 포도와 무화과 나무인 것에 상관없이 서로를 초청하여 함께 먹으며 즐길 것이다(Calvin).

Ⅱ. 스가랴가 본 환상들(1:7–6:15)
2장. 회복과 임재에 대한 환상(3:1–4:14)

2. 금 촛대(4:1–14)

1 내게 말하던 천사가 다시 와서 나를 깨우니 마치 자는 사람이 잠에서 깨어난 것 같더라
2 그가 내게 묻되 네가 무엇을 보느냐 내가 대답하되 내가 보니 순금 등잔대가 있는데 그

위에는 기름 그릇이 있고 또 그 기름 그릇 위에 일곱 등잔이 있으며 그 기름 그릇 위에 있
는 등잔을 위해서 일곱 관이 있고 3 그 등잔대 곁에 두 감람나무가 있는데 하나는 그 기름
그릇 오른쪽에 있고 하나는 그 왼쪽에 있나이다 하고 4 내게 말하는 천사에게 물어 이르
되 내 주여 이것들이 무엇이니이까 하니 5 내게 말하는 천사가 대답하여 이르되 네가 이
것들이 무엇인지 알지 못하느냐 하므로 내가 대답하되 내 주여 내가 알지 못하나이다 하
니 6 그가 내게 대답하여 이르되

여호와께서 스룹바벨에게 하신 말씀이 이러하니라
만군의 여호와께서 말씀하시되
이는 힘으로 되지 아니하며
능력으로 되지 아니하고
오직 나의 영으로 되느니라
7 큰 산아 네가 무엇이냐
네가 스룹바벨 앞에서 평지가 되리라
그가 머릿돌을 내놓을 때에
무리가 외치기를
은총, 은총이 그에게 있을지어다
하리라 하셨고
8 여호와의 말씀이 또 내게 임하여 이르시되
9 스룹바벨의 손이 이 성전의 기초를 놓았은즉
그의 손이 또한 그 일을 마치리라 하셨나니
만군의 여호와께서 나를 너희에게 보내신 줄을 네가 알리라 하셨느니라
10 작은 일의 날이라고 멸시하는 자가 누구냐
사람들이 스룹바벨의 손에 다림줄이 있음을 보고 기뻐하리라
이 일곱은 온 세상에 두루 다니는 여호와의 눈이라 하니라

11 내가 그에게 물어 이르되 등잔대 좌우의 두 감람나무는 무슨 뜻이니이까 하고 12 다시
그에게 물어 이르되 금 기름을 흘리는 두 금관 옆에 있는 이 감람나무 두 가지는 무슨 뜻
이니이까 하니 13 그가 내게 대답하여 이르되 네가 이것이 무엇인지 알지 못하느냐 하는

지라 내가 대답하되 내 주여 알지 못하나이다 하니 14 이르되 이는 기름 부음 받은 자 둘
이니 온 세상의 주 앞에 서 있는 자니라 하더라

이 부분은 스가랴의 비전들 중 편집에 대한 논란을 가장 많이 불러일으킨 비전이다(Boda). 이미 서론에서 언급한 것처럼 만일 네 번째 비전이 훗날 삽입된 것이라면, 이 비전이 스가랴가 밤에 본 7개의 비전 중 한 중심에 있다(cf. Sweeney). 선지자는 다섯 번째 환상에서 '금 촛대'(מְנוֹרַת זָהָב)를 보고 있다. 그러나 이 촛대는 구약에 자주 등장하는 하나의 중심 줄기에 여섯 가지(branches)를 지닌 나무 모양을 한 것과는 다르다(cf. 출 25:31–40). 이 촛대에는 맨 위에 기름을 담는 그릇이 있었다(2절). 그 외 촛대에 관한 설명은 혼란스럽다(cf. Meyers & Meyers). 아마도 7개의 등잔이 이 기름을 담는 그릇의 테두리에 놓여 있는 듯하다. 그러면서 이 그릇에서 연료를 끌어다 쓰고 있는 것이다. 각 등잔은 7개의 '관/심지'(מוּצָקָה)를 지니고 있었다(cf. NIV; NAS; NRS; McComiskey). 총 49개의 불꽃이 이 촛대에서 피어오르고 있는 것이다. 장막에 소장되었던 촛대는 7개의 불꽃을 지녔던 것과는 현저하게 다르다. 이 두 촛대의 기능은 하나님의 임재가 어두움을 물리치는 빛이며, 생명을 주시는 것을 상징하는 데 있다(Ollenburger).

스가랴는 촛대 옆에 두 올리브 나무가 서 있는 것을 보았다(3절). 올리브 나무는 1,000년 동안 살기 때문에 고대 사회에서는 장수의 상징이었다(Meyers & Meyers). 그는 천사에게 이 올리브 나무들이 지닌 의미를 물었지만 즉각적인 대답은 받지 못하고 14절에 가서야 답을 받았다. 6–10절은 이 환상의 흐름을 차단하는 듯한 느낌이 든다 해서 훗날 이곳에 삽입된 것이라는 주장도 있다(Smith). 그러나 텍스트에서 6–10절을 제한다면 흐름이 매끄럽지 못하다는 것이 다른 학자들의 견해이다(cf. McComiskey). 그러므로 텍스트를 재정돈하지 않고 세부사항을 해석하는 일이 쉬운 것은 아니나, 전체적인 의미는 명확하게 파악될 수 있음에 만족하며 해석해나가는 것이 바람직하다.

스가랴는 자신이 본 올리브 나무는 '주께서 기름 부어서 거룩히 구별하신

두 사람'(새번역)이라고 밝히고 있다(14절). 누구를 두고 하는 말일까? 전통적으로 이 말씀은 이 시대의 리더들이었던 대제사장 여호수아(cf. 3장)와 스룹바벨(cf. 6-10절)을 의미하는 것으로 여겨졌으며 오늘날에도 그렇게 생각하는 학자들이 많다(Sweeney; Craigie; cf. 새번역; 공동; NIV; NAS; NRS; TNK). 그러나 문제는 여기서 사용되는 단어 '기름'(יִצְהָר)은 성경 그 어디에서도 '기름부음'이나 '램프 연료'로 사용되지 않는다는 점이다(Ollenburger). 이런 경우에는 기름을 뜻하는 다른 단어(שֶׁמֶן)를 사용한다. 본문이 사용하고 있는 기름(יִצְהָר)이란 단어는 풍요로움과 번영을 상징하는 '곡식과 새 기름' 문구에서 사용되는 단어이다(민 18:12; 신 7:13; 렘 31:12; 욜 2:19). 그뿐만 아니라 여호수아는 제사장으로서 기름 부음을 받은 자이지만 스룹바벨의 경우는 비록 그가 다윗 계열의 왕자였지만(스 3:2; 학 1:1) 이스라엘의 왕은 아니며 성경의 어디서도 그가 왕으로서 기름 부음을 받았을 가능성은 희박하다(McComiskey).

이 같은 사실들을 감안할 때, 본 텍스트의 두 올리브 나무는 백성들에게 풍요로움을 주시는 하나님을 섬기는 '번영 장관'(ministers of prosperity)으로 생각하는 것이 바람직할 것이다(Ollenburger). 즉, 본문은 특정한 인물을 염두에 두고 기록된 것이 아니라, 이러한 기능을 감당하는 자를 의미하며 주어진 것이다(cf. Boda). 천사가 선지자에게 반복하는 "네가 이것들이 무엇인지 알지 못하느냐" 라는 질문 역시 이 올리브 나무의 정체보다도 나무의 기능에 초점을 맞추고자 하는 노력의 산물이다(cf. McComiskey). 물론 이러한 역할을 여호수아와 스룹바벨이 앞장서서 감당했을 것은 의심할 여지가 없는 역사적 사실이다.

환상의 중간에 스룹바벨에게 임하는 하나님의 말씀(6-10절)은 마치 전쟁을 치르고 있는 전사에게 주시는 권면처럼 들린다(Ollenburger). 스룹바벨은 전투에 임할 때 "힘으로 되지 아니하며 능으로 되지 아니하고 오직 나의 신으로 되느니라"라는 사실을 기억해야 한다(6절). '힘'(חַיִל)과 '능'(כֹּחַ)은 군사력을 중심으로 한 이스라엘이 동원할 수 있는 모든 수단을 의미한다. 하나님께서는 스룹바벨이 펼쳐 나가야 할 전투에서 오직 하나님의 '영'(רוּחַ)에 의존해야 한다고 권고하고 계신다. 그가 앞으로 당면해야 할 성전 건축과 연관된 모든 어려움이 '높은 산'으로 묘사되고 있다. 이 높은 산이 허물어져 방치되어온 성전을 상징하는 것으로 해석될 수 있다(Ollenburger). 그러나 바로 다음 문구와 연결해서 성전의 머릿돌로 쓰려고 떼어 오는 돌이 있는 산으로 보는 것이 더 적절한 듯하다(7절).

스룹바벨은 성전 건축에 쓰기 위하여 높은 산에 올라 채석해 와야 한다. 그러나 하나님께서 그를 위하여 그 산을 평지가 되게 하실 것이다. 그러므로 스룹바벨은 전혀 어려움 없이, 마치 평지에서 일하는 것처럼 쉽게 머릿돌을 떼어올 수 있을 것이다. 드디어 그가 머릿돌을 이 '높은 산'에서 가져오는 날, 백성들은 감격에 찬 목소리로 "은총, 은총이 그에게 있을지어다"(חֵן חֵן לָהּ)라고 외칠 것이다. 여기서 '그'는 3인칭 여성 단수로서 스룹바벨이 아니라 머릿돌을 의미한다. 성전 건축의 마지막 단계인 머릿돌이 제 자리를 찾을 때, 백성들은 그동안 성전 건축 과정을 지켜주신 하나님의 은혜를 기념하며 '은총'을 외치며, 동시에 새로이 완성될 성전이 자신들을 향한 하나님의 자비의 상징임을 의식하며 '은총'을 외치고 있는 것이다.

복된 환상을 통해 앞으로 될 일을 보여 주시는 것으로 부족해서 하나님께서는 스룹바벨에게 그가 성전을 완성하게 될 것이라고 보장하신다(9절): "스룹바벨이 이 성전의 기초를 놓았으니, 그가 이 일을 마칠 것이다"(새번역). 그러나 이 일을 진행하는 데 있어서 스룹바벨은 옛적부터 이스라엘에 전해 내려온 가르침을 새로운 교훈으로 삼아야 한다: "많은 군대로 구원 얻은 왕이 없으며 용사가 힘이 커도 스스로 구하지 못하는도다(시 33:16; cf. 출 14:4)." 스룹바벨은 오직 이 프로젝트에 함께하시는 하나님만을 의존하면서 일을 진행해 나가야 한다(cf. 학 2:5).

역사적으로 스룹바벨이 예루살렘 성전 재건에 어느 정도의 영향력을 미쳤는가는 밝혀지지 않았다. 에스라는 '이스라엘 자손과 제사장들과 레위 사람들과 기타 사로잡혔던 자의 자손'이 성전을 봉헌한 것으로 기록하고 있다(스 6:14). 물론 이 무리에 스룹바벨이 서 있었을 것이지만, 성경은 이 일 이후 그의 행방에 대하여 더 이상 언급하지 않는다.

성전이 완성되어가는 것을 보며 모든 사람이 '작은 일의 날'(יוֹם קְטַנּוֹת)(viz., 시작이 미약하다는 뜻; cf. 새번역)이 이처럼 놀라운 일을 이룩할 줄은 꿈에도 상상을 못했다고 고백하게 될 것이다(10절). 성전 재건이 연약하고 볼품없는 사람들의 노력의 결과였다는 것은 우리에게도 커다란 도전이 되어야 할 것이다. 특히 촛대 옆에 서 있었던 두 올리브 나무는 이 촛대의 불이 꺼지지 않도록 연료를 공급했을 것이다. 만일 촛대의 불이 세상의 어두움을 밝히는 하나님의 임재이자 사역이라면, 그 사역에 '연료를 공급하는 것'은 인간의 몫인 것이다. 또한 백성들이 열심히 노력하여 성전을 재건하고 있지만, 그들의 프로젝트는 은밀한 곳에서 보이지 않는 하나님의 역사이심을 인식해야 한다. 그러므로 우리는 "일생의 모든 여정이 끝날 때, 하늘 문에 이르러 예수 인도하셨네"라고 시인하게 될 것이다.

3장 심판과 정결에 대한 환상
5:1–11

스가랴의 다섯 번째 환상은 활동적인 차원에서 처음 네 환상과 대조를 이루었다. 처음 네 환상은 긴박한 분위기에서 움직임(movement)을 중심으로 진행되었다. 그러나 다섯 번째 환상에 등장한 금 촛대는 정지된 물체이다. 선지자는 이제 다시 활동성을 중심으로 한 환상들을 회고한다. 앞으로 소개될 환상들의 활동성은 지금까지 제시된 환상들의 활동성보다 더 확실하고 심지어는 긴박감을 조성한다. 마지막 세 환상의 활동적인 분위기는 처음 네 환상에서는 한 번밖에(2:7) 사용되지 않았던 '가다/오다'(יצא)라는 히브리 동사가 13차례나 사용되는 점에서 역력하게 드러난다.

그러나 처음의 네 환상과 여섯 번째, 일곱 번째 환상들 사이에는 커다란 차이가 있다. 처음 네 환상은 세상으로부터, 주변으로부터 여호와의 성전이 재건되고 있으며 여호와의 세계 통치의 중심지인 예루살렘/시온을 향한 움직임이 있었다. 그러나 5장에 묘사된 여섯, 일곱 번째 환상들에서는 시온/예루살렘에서 세상으로 향하는 움직임이 중심을 이룬다. 방향이 바뀐 것이다.

여섯 번째, 일곱 번째 환상에서 행동 방향이 예루살렘에서 세상으로 향하는 것은 처음 다섯 환상이 초래한 결과이다. 처음 다섯 환상은 한결같이 여호와께서 예루살렘에 임하실 일에 초점이 맞추어져 있었다. 하나님께서 시온으로 오시니 시온에서 무언가는 떠나야 한다. 바로 하나님과 함께 있을 수 없는 죄와 악행과 그것들에 대한 심판이다. 그러므로 선지자는 이 섹션에 묘사된 환상에서 무언가는 예루살렘에서 급히 떠나는 것을 보고 있는 것이다. 마지막 환상은 다시 세상에서 시온으로 향하는 움직임이 있다. 스가랴가 밤에 본 7개의 비전 중 여섯 번째와 일곱 번째 환상으로 구성된 이 섹션은 다음과 같이 두 파트로 구분된다.

A. 날아다니는 두루마리(5:1-4)

B. 에바 안의 여인(5:5-11)

II. 스가랴가 본 환상들(1:7-6:15)
3장. 심판과 정결에 대한 환상(5:1-11)

1. 날아다니는 두루마리(5:1-4)

1 내가 다시 눈을 들어 본즉 날아가는 두루마리가 있더라 2 그가 내게 묻되 네가 무엇을
보느냐 하기로 내가 대답하되 날아가는 두루마리를 보나이다 그 길이가 이십 규빗이요 너
비가 십 규빗이니이다 3 그가 내게 이르되 이는 온 땅 위에 내리는 저주라 도둑질하는 자
는 그 이쪽 글대로 끊어지고 맹세하는 자는 그 저쪽 글대로 끊어지리라 하니 4 만군의 여
호와께서 이르시되

내가 이것을 보냈나니
도둑의 집에도 들어가며
내 이름을 가리켜 망령되이 맹세하는 자의 집에도 들어가서
그의 집에 머무르며
그 집을 나무와 돌과 아울러 사르리라
하셨느니라 하니라

선지자가 날아가는 두루마리를 보았다. 그런데 보통 두루마리가 아니었다. 폭

이 마치 알라딘의 카펫처럼 넓은 두루마리였다. 길이 20규빗(9m), 너비 10규빗(4.5m)에 달하는 대형 두루마리였다. 고대 사회에서 문서로 사용된 두루마리들의 길이는 쉽게 9m를 넘겼지만, 너비가 30cm를 넘는 것은 거의 없었다(Boda). 이러한 정황을 고려할 때 이 두루마리는 예사로운 것이 아니다. 이 규격은 어떤 의미를 지닌 것일까? 어떤 주석가는 두루마리의 크기가 큰 것은 이스라엘의 죄가 이처럼 크다는 점을 강조하기 위함이라 하기도 하고(Redditt), 먼 곳에서도 볼 수 있다는 점을 뜻한다고 하기도 한다(Freedman). 열왕기상 6:3은 "성전의 본당 앞에 있는 현관은, 그 길이가 스무 자로서, 그 본당의 너비와 똑같고, 그 너비는 성전 본당 밖으로 열 자를 더 달아냈다"(새번역)라고 기록하고 있다. 많은 주석가들이 스가랴의 환상을 이 말씀과 연결하려고 노력했다(Luther; Calvin; Mitchell; Smith).

열왕기상 6:24-27은 지성소 안 깊숙한 곳에 위치했던 속죄소에 대하여 이렇게 기록하고 있다: "지성소 안에 올리브 나무로 두 개의 그룹을 만들었는데, 높이는 각각 열 자이다. 그 한 그룹의 한쪽 날개는 다섯 자, 그룹의 다른 쪽 날개 역시 다섯 자이다. 그 날개의 한쪽 끝에서 다른 쪽 날개의 끝까지는 열 자이다. 두 번째 그룹도 열 자이며, 두 그룹이 같은 치수와 같은 모양이었다. 이쪽 그룹의 높이도 열 자이고, 다른 쪽도 열 자이다. 솔로몬은 그 그룹들을 지성소의 가장 깊숙한 곳에 놓았다. 그룹들의 날개는 펴져 있어서, 이쪽 그룹의 한 날개가 저쪽 벽에 닿았고, 저쪽 그룹의 한 날개는 이쪽 벽에 닿았다. 그리고 지성소의 중앙에서 그들의 다른 날개들은 서로 닿아 있었다"(새번역). 이 두 그룹의 높이, 넓이가 곧 스가랴의 두루마리의 규격과 동일한 것이다. 게다가 그룹들의 날개는 이동성을 상징하는데, 스가랴의 두루마리도 하늘을 날고 있다. 이 두루마리에 쓰여 있는 글은 분명히 여호와의 속죄소가 덮개가 되고 있는 여호와의 법궤와 연관이 있다는 것을 의미하는 듯하다(cf. Meyers & Meyers; Halpern). 성전 도구와 두루마리의 관계를 전적으로 부인하는 학자들도 있다(Petersen).

법궤 안에는 율법의 상징인 십계명을 새긴 돌판 두 개가 보관되어 있는 것

으로 알려져 있다: "궤 속에는 호렙에서 모세가 넣어 둔 두 개의 돌판 말고는 아무것도 없었다. 이 두 돌판은, 이스라엘 자손이 이집트 땅에서 나온 뒤에, 주께서 호렙에서 그들과 언약을 세우실 때에 모세가 거기에 넣은 것이다"(왕상 8:9)(새번역). 스가랴는 자신이 본 두루마리에 무엇이 기록되어 있는지 확실히 밝히지 않지만, 악인들을 정죄하고 심판하는 저주의 글이라는 것은 확실하다: "이것은 온 땅 위에 내릴 저주(אָלָה)이다. 두루마리의 한 쪽에는 '도둑질하는 자가 모두 땅 위에서 말끔히 없어진다'라고 씌어 있고, 두루마리의 다른 쪽에는 '거짓으로 맹세하는 자가 모두 땅 위에서 말끔히 없어진다'라고 씌어 있다"(새번역)(3절). 이러한 경고는 이미 십계명 안에 포함되어 있지 않은가! 스가랴의 나는 두루마리는 도둑질을 하고 거짓 맹세를 함으로써 하나님과 맺은 언약을 등한시하거나 무시하는 사람들에게 내릴 저주를 담고 있는 것이다.

학자들은 이러한 맹세를 '저주 맹세'라고 부르기도 한다(McComiskey). 성경에서 발견되는 대표적인 예는 열왕기상 8:31-32에 기록되어 있는 솔로몬의 기도의 한 구절이다: "사람이 이웃에게 죄를 짓고, 맹세(אָלָה)를 하게 되어, 그가 이 성전 안에 있는 주의 제단 앞에 나와서 맹세를 하거든, 주께서는 하늘에서 들으시고 주의 종들을 심판하시되, 악행을 저지른 사람은 죄가 있다고 판결하셔서 벌을 주시고, 옳은 일을 한 사람은 죄가 없다고 판결하셔서 옳음을 밝혀 주십시오"(새번역). 신명기 29:12에서 모세는 "너의 하나님 여호와의 언약(בְּרִית)에 참여하며 또 너의 하나님 여호와께서 오늘날 네게 향하여 하시는 맹세(אָלָה)에 참여하여"라고 말함으로써 언약(בְּרִית)과 맹세(אָלָה)를 비슷한 말 또는 언약의 한 부분을 의미하는 개념으로 사용한다. 그뿐만 아니라 모세는 20절에서 언약을 준수하지 않는 자들에게는 하나님께서 "이 책에 기록된 모든 저주(כָּל־הָאָלָה)로 그에게 더하실 것이라"고 경고함으로써 언약과 맹세/저주의 필연적인 관계를 분명히 드러내고 있다.

이처럼 저자는 이 두루마리의 규격을 성전, 특히 법궤 안에 있는 율법의 상징인 십계명과 연관시킴으로써 두루마리에 쓰인 저주의 대상이 율법을 지녔다고 자부했던 이스라엘 백성들임을 시사한다. 하나님께서 세상을 심판하시기 전에 먼저 주의 백성들이 정결해져야 할 필요성이 있는 것이다. 그렇다면 왜 하필이면 도둑질과 거짓 맹세 등 두 가지만 언급이 되는 것일까? 나머지 법은 상관없다는 것일까? 그렇지 않다. 저자는 이 두 죄가 십계명의 모든 요구를 파괴하는 것을 대표하는 상징성을 내포했음을 암시하고 있다. 또한, 십계명은 곧 율법을 대표하고 있다.

그러므로 이 두 죄는 율법의 어떠한 부분이라도 범하는 자는 그 대가를 치르게 될 것임을 경고하고 있는 것이다. 저자의 이러한 의도는 이 두 죄가 십계명의 어느 계명들을 깨뜨리고 있는가에서 드러난다. 도둑질과 거짓 맹세는 각각 셋째, 여덟째 계명을 범하는 것이다. 전통적으로 십계명은 두 돌에 각기 다섯 계명이 새겨진 것으로 이해되어 왔다. 그렇다면 셋째, 여덟째 계명은 각 돌판에 새겨진 다섯 계명들 중 중간에 위치한 것들이다. 그러므로 본문의 두 죄는 이스라엘의 총체적인 율법 불이행을 지적하고 있는 것이다(McComiskey).

스가랴의 나는 두루마리 환상은 그 당시 사회에 대하여 시사하는 바가 크다. 비록 그들이 바빌론 포로 생활에서 돌아와 새로운 신정 통치 국가를 재건하려고 안간힘을 쓰고 있지만, 그들의 법정은 이미 썩어 있었다. 도둑질하는 자와 거짓 맹세를 하는 자가 버젓이 예루살렘 거리를 활보하고 있다. 이 부분에서 TNK의 번역이 더욱더 현실감을 더한다(3절): "[두루마리의] 한 쪽이 금하는 도둑질을 한 모든 사람이 벌을 받지 않았으며, 두루마리의 다른 쪽이 금하는 거짓 맹세를 한 모든 사람이 벌을 받지 않았다"(For everyone who has stolen, as is forbidden on one side [of the scroll], has gone unpunished; and everyone who has sworn [falsely], as is forbidden on the other side of it, has gone unpunished). 이 사회가 지향하고 있었던 이상적인 모델과 현실이 현저하게 달랐던 것이다. 예루살렘의 법정은 '무죄' 판결만을 선포하는 '무죄 제조 기계'가 되어 있었으며, 법정에서의 증언이 아무런 효력을 발휘하지 못하는 기관으로 부패해 있었다(Ollenburger). 그러므로 나는 두루마리는 구원의 빛을 발하는 것이 아니라 심판의 어두움이 되어 온 땅을 덮었던 것이다.

주의 백성 공동체가 정의를 실현하지 못하니 하나님께서 직접 나서서 죄인들을 심판하신다(4절). 이 비전의 근본적인 이슈는 주의 백성의 순결/순수성(purity)인데(Boda), 이스라엘이 스스로 순결할 수 없으니, 하나님께서 개입하신 것이다. 이 과정에서 하나님께서 새로운 '정의 이행 기관'을 설립하시는 것은 아니다. 단순히 현 시스템의 한계와 잘못된 요인들을 정화시키는 것뿐이다. 하나님의 두루마리가 창공을 날아다니며 악인들의 집을 초토화시킨다. 물론 사람들은 이 현상을 보고 두려워하겠지만, 주의 백성들에 대한 심판은 하나님의 특별한 사랑과 관심을 의미한다. 주의 백성은 심판 과정을 지나면 다시 '제사장의 나라'가 될 수 있는 기회를 맞이할 것이다(cf. 출 19:6).

이 환상은 외부세력이나 영향력으로부터 독립성을 유지하는 믿음의 공동체라고 해서 내부적인 부패로부터 자유하다는 보장이 없음을 시사한다. 실제로 기독교의 역사를 살펴보면 외부의 적보다는 내부의 적이 항상 더 심각한 문제를 초래하지 않았던가! 교회는 이러한 문제를 해결하기 위하여 때로는 외부 세력인 세속적인 권세의 도움을 요청한 경우도 있다. 그러나 이러한 행위 자체도 교회의 부패와 타락을 유도해 왔음을 기억해야 한다. 우리 자체의 문제는 우리 공동체 내에서 해결해야 한다. 그리고 항상 근신해야 한다. 혹시 우리가 내부적으로 부패해가고 있지 않는가를 생각하면서 말이다. 실제로 오늘날 우리 한국교회의 모습을 보면 이 부분과 연관하여 실망스러운 일들이 참으로 많다.

II. 스가랴가 본 환상들(1:7-6:15)
3장. 심판과 정결에 대한 환상(5:1-11)

2. 에바 안의 여인(5:5-11)

5 내게 말하던 천사가 나아와서 내게 이르되 너는 눈을 들어 나오는 이것이 무엇인가 보
라 하기로 6 내가 묻되 이것이 무엇이니이까 하니 그가 이르되 나오는 이것이 에바이니라
하시고 또 이르되 온 땅에서 그들의 모양이 이러하니라 7 이 에바 가운데에는 한 여인이

앉았느니라 하니 그 때에 둥근 납 한 조각이 들리더라 8 그가 이르되 이는 악이라 하고 그
여인을 에바 속으로 던져 넣고 납 조각을 에바 아귀 위에 던져 덮더라 9 내가 또 눈을 들
어 본즉 두 여인이 나오는데 학의 날개 같은 날개가 있고 그 날개에 바람이 있더라 그들
이 그 에바를 천지 사이에 들었기로 10 내가 내게 말하는 천사에게 묻되 그들이 에바를 어
디로 옮겨 가나이까 하니 11 그가 내게 이르되 그들이 시날 땅으로 가서 그것을 위하여 집
을 지으려 함이니라 준공되면 그것이 제 처소에 머물게 되리라 하더라

여섯 번째 환상에서 시작되었던 '제거' 테마가 이 환상에서도 계속된다. 선지자는 '에바'(אֵיפָה) 용량의 그릇을 보았다. 에바는 약 24리터에 이르는 곡물이나 액체를 측량하는 단위이다(cf. 레 19:36; 신 25:14; 겔 45:10-13; 암 8:5; 미 6:10). 또한 에바 용량을 담을 수 있는 그릇을 뜻하기도 했으며 포로 후기 시대에는 다른 크기의 그릇을 뜻하기도 했다(McComiskey). 이 환상에서는 사람을 담을 수 있을 정도로 큰 그릇을 의미할 수 있다. 에바 사이즈의 바구니 안에 들어 있는 여인은 여자 형태의 작은 우상이거나 입상(立像, figurine)일 수 있다(Ollenburger). 어찌 되었건 스가랴는 이 용기의 '뚜껑'(כִּכַּר)이 열리자 바구니 안에 '악'(הָרִשְׁעָה)이라는 여인이 들어 있는 것을 보았다(8절). 다시 바구니의 뚜껑을 닫자 두 여인이 날아와 이 에바를 가지고 하늘을 날았다(9절). 시날에 이 에바를 위한 신전이 지어지는 대로 그곳에 보관하기 위함이었다(11절). 무엇을 뜻하는가?

학자들의 이 환상의 메시지에 대한 의견은 크게 둘로 나누어져 있다. 첫째, 많은 주석가들이 이 환상은 이미 다섯 번째 환상에서 논의가 시작된 사회의 부조리에 관한 것이라고 한다(Petersen; Barker; Stuhlmueller; Merrill). 이 비전에서 여러 차례 사용되는 에바, 덮개 등의 용어가 모두 기준에 관한 것이라는 해석에 근거한 주장이다. 둘째, 다른 주석가들은 이 환상이 다섯 번째 환상에서 시작된 죄에 대한 논의를 새로운 방향으로 발전시켜 잘못된 예배에 대해 메시지의 초점을 맞추고 있다고 한다(Mason; Smith; Redditt; Floyd; Meyers & Meyers; Boda). 이들은 바구니가 우상숭배의 중심지라 할 수 있는 바빌론으로 이송된다는 점을 증거로 든다. 에바 바구니 안에 있는 여인이 우상일 가능성이 높다

는 것이 두 번째 해석을 지지한다.

에바에 들어 있는 '악'이 여자로 묘사되는 것은 악을 표명하는 명사가 여성형이기 때문이라는 것이 학자들의 일반적인 견해이다(Craigie). 또한 바로 앞에서 묘사되었던 여섯 번째 환상과 연결하면 에바에 들어 있는 여인은 다름 아닌 하나님과의 언약을 파괴한 자들의 악행을 의인화한 것임을 알 수 있다. 이 '악' 바구니 속에서 꼼짝 못하고 갇혀 있다는 것은 하나님께서 이미 백성들의 죄에 대하여 행동을 취하셨음을 의미한다(McComiskey). 그러므로 이 바구니가 백성들의 땅을 떠난다는 것은 좋은 소식이다. 그들의 죄악이 제거되고 있는 것이다. 이미 3:1-15과 5:1-4는 하나님께서 백성들의 죄를 제거함으로써 그들이 영적인 목표와 국가적인 목표를 잘 달성할 수 있도록 하실 것을 예고했다. 스가랴는 성전을 재건하면서 메시지를 듣고 있는 백성들에게 그들이 가장 염려하고 힘들어하는 죄 문제가 해결되었음을 선언하고 있다.

죄가 담긴 바구니를 약속의 땅으로부터 멀리 옮겨가는 자들은 학의 날개처럼 커다란 날개가 달린 두 여인이다(9절). '죄'가 여인이었다면 그 죄를 제거하는 자들도 여인이다. 여인들이 악이 갇혀 있는 바구니를 '시날 땅'(אֶרֶץ שִׁנְעָר)으로 옮겨가고 있다. '시날'은 바빌론을 가리키는 단어로 바벨탑이 세워진 곳이다: "사람들이 동쪽에서 이동하여 오다가, 시날 땅 한 들판에 이르러서 거기에 자리를 잡았다"(창 11:2). 그러나 이 바구니가 시날로 간다 해서 시날(바빌론)이 모든 죄악의 원천이기 때문에 그곳으로 돌아간다는 뜻은 아니다. 다만 악이 자리 잡기에 가장 좋은 장소가 이곳이기 때문에 시날로 가는 것이다. 선지자들은 바빌론이 우상숭배, 압제, 착취의 극치를 이룬 곳이라고 비난하고 있다.

환상에서 제거되는 악은 이스라엘을 포로로 끌려가게 했던 죄들이다(Ollenburger). 이제는 그 악이 더 이상 약속의 땅 안에서는 발붙일 곳이 없다. 하나님께서 그것을 제거하여 영토 밖으로 내치셨기 때문이다. 하나님께서 악을 제거함으로써 이 공동체가 다시 새로운 마음자세로 출발할 수 있는 계기를 마련해 주신다. 또한 그들 중에서 에바를 제거하는 것이 악의 제거를 상징했던 것처럼 새롭게 형성된 이스라엘 공동체가 제대로 뿌리를 내리려면 그들 중에 거하는 악이 먼저 제거되어야 한다는 점을 암시한다. 악은 결코 주의 백성들과 함께 할 수 없는 이물질이기 때문이다. 주의 백성은 이 이물질이 다시는 그들의 삶을 침범하지 못하도록 신학적, 도덕적, 사회적 테두리를 쳐야 한다. 만일 침범을 당하면 즉시 제거하며 공동체 테두리 밖으로 계속 몰아내야 하는 것이다. 스가랴의 청중들은 성전을 재건하는 데 전력을 다하고 있다. 그들은 하나님의 '거룩한 사역'에 동참하고 있는 것이다. 그러면서도 그들은 죄에서 자유롭지 못하다. 하나님께서는 외적인 거룩함보다 더 중요한 것은 내적인 거룩함이며, 이 일을 위하여는 모든 이물질을 제거해야 한다고 강조하시는 것이다.

4장 네 마차
6:1–8

1 내가 또 눈을 들어 본즉 네 병거가 두 산 사이에서 나오는데 그 산은 구리 산이더라 2 첫
째 병거는 붉은 말들이, 둘째 병거는 검은 말들이, 3 셋째 병거는 흰 말들이, 넷째 병거는
어룽지고 건장한 말들이 메었는지라 4 내가 내게 말하는 천사에게 물어 이르되 내 주여
이것들이 무엇이니이까 하니 5 천사가 대답하여 이르되 이는 하늘의 네 바람인데 온 세상
의 주 앞에 서 있다가 나가는 것이라 하더라 6 검은 말은 북쪽 땅으로 나가고 흰 말은 그
뒤를 따르고 어룽진 말은 남쪽 땅으로 나가고 7 건장한 말은 나가서 땅에 두루 다니고자
하니 그가 이르되 너희는 여기서 나가서 땅에 두루 다니라 하매 곧 땅에 두루 다니더라 8
그가 내게 외쳐 말하여 이르되 북쪽으로 나간 자들이 북쪽에서 내 영을 쉬게 하였느니라
하더라 면류관을 여호수아의 머리에 씌우다

선지자가 마지막으로 본 환상은 처음 환상과 몇 가지 공통점이 있다. 두 곳 모두 말이 등장하고 있으며, 범위도 범세계적이다. 하나님의 영향력이 세상 끝까지 미치는 것이다. 또한 두 환상 모두 진행되는 장소가 비슷하다. 그러나 차이도 있다. 첫 환상과는 달리 이 환상에는 마차가 추가되어 있다. 첫 환상에서는 말의 신속함이, 이 환상에서는 말의 짐을 끌 수 있는 힘이 강조되고 있는

것이다. 첫 환상에서 네 말이 온 세상을 두루 정찰하고 돌아왔다. 이 환상에서는 마차들이 전쟁에 임할 태세를 갖춘다.

스가랴는 환상 속에서 네 대의 병거가 두 산 사이에서 '나오는 것'(יצא)을 보았다(1절). 이미 언급한 것처럼 스가랴의 마지막 환상은 '가다/오다'(יצא)를 매우 자주 사용하고 있으며, 이 단어는 하나님의 적극적인 개입과 활동을 잘 묘사하는 개념이다(2:7[3]; 5:4,5,6,9; 6:5,6,7)(McComiskey). 이 병거들은 각기 다른 색깔의 말들이 끌고 있다. 첫째 병거는 붉은 말들이 끌고 있고, 둘째 병거는 검은 말들이, 셋째 병거는 흰 말들이, 넷째 병거는 얼룩말들이 끌고 있다(2–3절). 그는 또한 놋으로 된 산 두 개를 보았다(1절).

저자는 이미 1:8에서 말들의 색깔을 언급했다. 그러나 1:7–17에 묘사된 환상은 세 색깔을 언급하고 있지만, 본 환상은 네 가지 색깔을 보고하고 있다. 이 네 가지 색깔이 각각 어떤 의미를 지니고, 무엇을 상징하는가 하는 문제는 학자들의 추론을 낳았다. 그러나 이렇다 할 공감대는 존재하지 않으며 본문에서는 말의 색깔보다는 병거의 숫자가 중요하다고 대부분의 학자들은 주장한다(cf. 1:7–17주해). 병거의 숫자는 첫 환상에 등장했던 말의 숫자처럼 넷이다. 넷은 온 세상을 뜻하는 포괄적인 숫자이다. 그렇다면 병거는 무엇을 뜻하는가?

구약에서 말과 병거는 군대를 상징하며(cf. 사 31:1), 본문에서도 전쟁 분위기를 조성한다. 그뿐만 아니라 시편 68:17[18]은 여호와께서 병거를 지휘하고 있는 모습을 묘사하고 있다. 이렇게 볼 때, 본문의 병거들은 여호와의 군대가 이스라엘을 위하여 싸우려고 출정하는 모습을 묘사하고 있음이 분명하다(Craigie; Miller). 천사는 네 병거를 '네 바람'으로 설명하는데(5절), 구약에서 바람은 하나님의 활동을 상징한다(사 17:13; 41:16; 57:13; 59:19; 렘 51:1). 그러나 본문은 하나님의 파괴력을 의미하는 듯하며 바람이 하나님의 파괴력을 상징하는 이미지는 예레미야 49:36에서도 발견된다.

이 마차들이 어디로 가는지에 대하여는 상당히 혼란스럽다. 텍스트 자체가 많이 부패되어 있으며 문장의 문법도 확실치 않다. 그래서 NAS는 병거들이 남쪽과 북쪽 등 두 방향으로 갔다고 해석하고 있으며, NIV와 NRS는 남쪽, 북쪽, 서쪽 등 세 방향으로 갔다고 하고 있고, TNK는 동서남북 네 방향으로 갔다고 번역하고 있다. 만일 본 환상이 이스라엘의 회복만을 염두에 둔 것이라면 유다 사람들이 고향을 등지고 떠나가야 했던 방향은 남쪽과 북쪽일 것이다. 이렇게 해석할 경우에는 NAS가 가장 설득력 있는 해석이며, 본문이 특별히 '북방'(viz., 페르시아 제국)에서 일어나는 일에 관심을 두고 있다는 점(8절)은 이러한 이해를 뒷받침한다. 그러나 병거의 숫자가 넷이며 넷이란 숫자가 범우주적인 의미를 지녔다는 점을 감안할 때는 TNK의 주장이 매력적이다. 확실한 것은 이 병거들은 하나님의 열방 심판의 도구이자 주의 백성들의 구원의 수단이라는 것이다.

첫 번째 환상에서 천사는 온 세상이 평온을 즐기고 있는 것에 대하여 침통해 했다. 그들의 평안은 이스라엘의 구원의 때가 아직 이르지 않았음을 시사했다. 이제는 하나님께서 임명하신 파괴 천사들이 세상을 두루 다니며 전쟁을 일으킬 시간이 임박했다. 드디어 구원의 시간이 다가오고 있는 것이며, 주의 백성들의 구원은 열방의 혼란과 파괴로 시작되는 것이다.

놋으로 된 산 두 개(1절)는 무엇을 의미하는 것일까? 많은 사람들이 고대 근동의 신화들과 연결하여 다양하게 해석하려 한다(cf. Ollenburger). 그러나 그 어떠한 해석도 만족스럽지 못하다. 천사가 5절에서 마차들이 무엇을 의미하는가를 설명하는 과정에서 "그것들은 하늘의 네 영[바람]이다. 온 세상을 다스리시는 주님을 뵙고서, 지금 떠나는 길이다"라고 설명하는데, 이로써 이 산 두 개는 하나님이 계시는 곳과 천사와 선지자가 있는 곳을 구분하는 경계선임을 알게 된다. 이 산들은 환상에 현실감을 더할 뿐만 아니라 결코 공격하거나 침투할 수 없는 분위기를 조성하고 있다.

5장 제사장과 싹

6:9–15

9 여호와의 말씀이 내게 임하여 이르시되 10 사로잡힌 자 가운데 바벨론에서부터 돌아온
헬대와 도비야와 여다야가 스바냐의 아들 요시아의 집에 들어갔나니 너는 이날에 그 집에
들어가서 그들에게서 받되 11 은과 금을 받아 면류관을 만들어 여호사닥의 아들 대제사장
여호수아의 머리에 씌우고 12 말하여 이르기를 만군의 여호와께서 이같이 말씀하시되

보라 싹이라 이름하는 사람이
자기 곳에서 돋아나서
여호와의 전을 건축하리라
13 그가 여호와의 전을 건축하고
영광도 얻고
그 자리에 앉아서 다스릴 것이요
또 제사장이 자기 자리에 있으리니
이 둘 사이에 평화의 의논이 있으리라 하셨다 하고

14 그 면류관은 헬렘과 도비야와 여다야와 스바냐의 아들 헨을 기념하기 위하여 여호와의
전 안에 두라 하시니라 15 먼 데 사람들이 와서 여호와의 전을 건축하리니 만군의 여호와
께서 나를 너희에게 보내신 줄을 너희가 알리라 너희가 만일 너희의 하나님 여호와의 말
씀을 들을진대 이같이 되리라

스가랴는 지금까지 밤에 본 비전 8개를 제시했다. 이제 그는 자신이 살던 현 시대에 대한 신탁을 선포한다. 이 섹션이 비전이 아니라고 해서 위 비전들로부터 따로 분리하여 독립적으로 다루는 주석가들도 있지만(Boda), 지금까지 제시된 비전들이 가졌던 현실적인 의미를 지녔다 해서 비전과 연계하여 해석하는 주석가들도 있다(Sweeney). 필자는 후자를 선호한다. 본문이 비전의 실제적인 의미를 지니고 있기 때문이다.

선지자 스가랴는 자신의 환상의 세계를 떠나 그의 시대적 상황으로 우리를 인도하고 있다. 우리는 선지자의 현실 세계에서 많은 사람들을 만난다. 우리가 만나는 사람들 중에는 환상에서 보았던 대제사장 여호수아도 있다. 또한 그의 환상의 세계에서 매우 중요한 비중을 차지했던 성전 재건과 종교—정치의 이중적 리더십(cf. 3-4장)도 그의 현실 세계에서 접하게 되는 주제이기도 하다.

하나님께서 스가랴에게 명령하시기를 포로생활에서 돌아온 몇몇 사람으로부터 귀중품을 취하여 금 면류관을 만들어 대제사장 여호수아의 머리에 씌우라고 하신다. 이 과정에서 여러 사람들이 언급된다. 면류관을 만들 수 있도록 금은보화를 제공하는 사람들은 '사로잡힌 자들 중에서 바벨론에서 돌아온' 헬대와 도비야와 여다야였다(10절). 이들은 스바냐의 아들 요시아의 집에 머물고 있었다. 스가랴도 한때는 바벨론에서 돌아온 '사로잡힌 자'(גּוֹלָה)였을 텐데 이 사람들에게 이 표현을 적용하는 것으로 보아 아마도 이들은 최근에 예루살렘으로 돌아온 것으로 풀이된다.

저자는 이 사람들의 구체적인 계보나 신상정보에 대하여는 언급하지 않는다. 이야기 진행에 있어서 크게 중요하지 않기 때문이다. 그런데 하나님께서는 왜 그들에게서 보화를 취하라고 하시는 것일까? 대부분의 학자들은 이들이 성전 재건을 위하여 아직도 바벨론에 거하는 유태인들에게서 모금한 돈을 가지고 왔거나(Ollenburger), 이들이 바벨론에서 엄청난 부를 모았고 그들의 재산을 예루살렘의 번영을 위해 희사할 뜻으로 시온을 찾았기 때문이라고 해석한다(McComiskey). 15절 역시 이러한 사실을 암시하는 듯하다: "먼 곳에 사는 사람들이 와서, 주의 성전 짓는 일을 도울 것이다. 그때에야 너희가, 만군의 주께서 나를 너희에게 보내셨다는 것을 알게 될 것이다. 너희가 주 너희 하나님께 진심으로 순종하면, 이 일이 이루어질 것이다"(15절; 새번역).

하나님은 이렇게 포로민들의 '헌금'으로 만들어진 금 면류관을 대제사장 여호수아의 머리에 씌우라고 말씀하셨다(10절). 스가랴는 대제사장 여호수아가 매우 지저분하고 남루한 옷을 입고 있는 환상을 본 적이 있다. 대제사장이 이러한 옷차림을 하고 있는 것은 그 당시의 정서로는 도저히 상상할 수 없는 불일치한 일이었다. 우리는 이 말씀에서 또 하나의 불일치를 접하고 있다. 왕이 아닌 대제사장이 금 면류관을 쓰고 있는 부분이다. 제사장이 금 면류관을 쓴다는 것은 정치권을 침범하는 행위라고 생각될 수 있다. 과거에 웃시아는 왕으로서 제사장 자리를 탐내다가 하나님의 진노를 산 적이 있다(대하 26:16-20).

요시아가 스바냐의 아들이며(10절), 여호수아가 여호사닥과 연관되어 있다는 사실은 스가랴의 청중들이 감동하기에 충분하다. 스바냐는 예루살렘이 바빌론 군의 손에 멸망할 때, 대제사장 스라야와 함께 느부갓네살에 의하여 처형되었던 부제사장이었다(왕하 25:18-21). 여호사닥은 처형당한 대제사장 스라야의 아들이었다(대상 5:39-40[6:13-14]). 이제 바빌론의 느부갓네살에 의하여 처형되었던 자들의 자손들이 힘을 합하여 스가랴 선지자와 함께 새로운 나라를 건설하는 데 전념하고 있는 것이다.

하나님께서 여호수아에게 주신 말씀은 이미 3:8에서 언급하신 '싹'(צֶמַח)에 관한 것이었다. 싹은 다윗 계열의 왕을 뜻하며 선지자는 3장에서 대제사장 여호수아와 그와 함께 일하는 제사장들은 모두 앞으로 될 일에 대한 증표였다고 했다. 그러나 3장은 싹과 성전의 관계에 대해서는 전혀 언급하지 않았다. 본문은 이 싹이 성전을 건축할 것을 선언하고 있다.

하나님은 성전 재건을 시작한 스룹바벨이 이 일을 끝마칠 것이라고 말씀하셨다(4:6-10). 싹을 언급하고 있는 3:8-10이나, 싹이 성전을 완성할 것이라고 선언하고 있는 본문은 스룹바벨을 싹과 연결해서 언급하지 않고 있다. 그러나 만일 성전을 재건하는 자가 싹이고(6:12-14), 스룹바벨이 성전 재건을 마무리

할 것이라면(4:6-10) 스룹바벨이 싹이 되는 것이다(Ollenburger). 그렇다면 스룹바벨이 스가랴가 말하는 메시아라는 말인가? 물론 학자들 중에는 그렇게 생각하는 사람들도 있다(Mason; Mitchell; Craigie).

선지자가 싹에 대하여 말하면서 '사람'(אִישׁ)에 정관사를 붙이지 않은 것은, 본 텍스트에서 대제사장 여호수아가 가장 유력한 싹의 후보가 아님을 암시하는 것이며, 더불어 이 인물의 정체가 정해지지 않았다는 점도 역설하고 있는 것이다(McComiskey). 본문이 말하고 있는 '싹'은 여호수아도, 스룹바벨도 아닌 미래에 태어날 새로운 인물이다. 한 가지 확실한 것은 이 인물이 다윗 계열의 왕으로 오실 것이라는 점이다. 지금 이 순간 여호수아가 메시아가 쓰셔야 할 금 면류관을 쓰고 있는 것은, 그가 메시아여서가 아니라 단순히 메시아가 오실 것을 확인하는 증거 혹은 예표가 되기 때문이다.

그러므로 모든 예식이 끝나자 하나님께서는 여호수아가 썼던 면류관을 취하여 '헬렘과 도비야와 여다야와 스바냐의 아들 헨'을 기념하기 위하여 성전에 두라고 하신다(14절). 대부분의 학자들은 이 사람들이 10절에 언급한 사람들과 동일하거나 연관성이 있는 것으로 본다. 그러나 오래전부터 칠십인역(LXX) 등 다수의 번역본과 사본들에서 이 이름에 대한 커다란 혼란이 빚어지고 있다. 이 혼란은 우리말 번역본에도 반영되어 있다: '**헬렘**과 도비야와 여다야와 스바냐의 아들 **헨**'(개역); '**헬대**, 토비아, 여다야, 스바니야의 아들 **여호수아**'(공동); '**헬대**와, 도비야와, 여다야와, 스바냐의 아들 헨 곧 **요시아**'(새번역). 다행히 이러한 혼란과 차이는 본문의 뜻을 파악하는 데 큰 영향을 미치지는 않는다. 금관을 만드는 데 있어서 이들이 기여한 바가 기념되고 있는 것뿐이기 때문이다. 주어진 환경에서 하나님의 영광을 드러내고자 노력했던 그들의 이름이 성경에 기록되어 영원토록 기억되는 것은 우리에게도 커다란 도전이 된다.

만일 본문에서 언급하는 메시아 '싹'이 스룹바벨이나 여호수아가 아니라면, 그가 완성하게 될 성전은 어떤 것일까? '싹'이 인류의 역사 속에 등장할 시간이 확실치 않은 것처럼 그가 완성할 성전도 확실치 않다. 다만 스가랴 시대에 재건되고 있는 성전이 아니라는 것은 확실하며, 이 성전은 스가랴의 관점에서는 미래에 메시아에 의하여 완성될 것임을 예측할 수 있다(McComiskey). 그리고 이 메시아는 제사장직과 왕직을 겸하게 될 것이 확실하다. 구약에서 '싹'이 사용될 때마다 이 두 직분이 하나로 묶이는 것이 확실하기 때문이다(Baldwin). 신약은 이 같은 일이 예수 그리스도 안에서 성취되었음을 시사한다.

15절 말씀은 예루살렘 성전 재건에 있어서 바빌론과 페르시아를 탈출하는 사람들이 크게 기여할 것임을 암시한다. 그렇다면 본문이 단순히 귀향하는 이스라엘 백성들을 두고 하는 말일까? 그렇지 않다. 스가랴는 이미 2:10[6]에서 '북방 땅'(바빌론과 페르시아)에 거하는 모든 민족들에게 그곳을 탈출하여 예루살렘으로 나아오라고 권고한 적이 있다. 이런 문맥을 감안할 때 본문은 다시 한 번 세상 모든 민족을 염두에 두고 이 말씀을 선포하고 있는 것임을 알 수 있다. 그리고 이 말씀을 단순히 이스라엘 백성들에게 제한시킨다면 포로 후기 시대의 신학의 중요한 테마—여호와의 통치 아래 유태인과 이방인이 함께 하는 미래를 기대했던 테마—와는 매우 상반되는 결론에 도달한다(McComiskey).

또한 이미 언급한 것처럼 본문이 말하고 있는 성전은 '싹'에 의해서 건축될 미래의 것이다. 그러므로 스가랴 시대에는 포로 생활에서 돌아온 사람들이 한 모형으로서 성전 재건 역할을 담당하지만, 훗날에는 열방이 모여들어 여호와의 성전을 건축하는 날이 올 것이다. 그날이 오면 이곳에서 선포되는 예언이 사실임이 드러날 것이며, 선지자를 보좌하고 있는 천사가 바로 하나님께로부터 보내진 것임이 입증될 것이다. 역시 예수 그리스도의 사역을 통해 이 예언은 성취되었고 앞으로도 성취될 것이다.

EXPOSIMENTARY

Zechariah

Ⅲ. 금식과 축제에 관한 말씀

7:1-8:23

스가랴가 1-6장에 기록된 환상을 본 지 2년이 지났다. 7:1에 의하면 스가랴는 이 말씀을 다리우스 왕 4년 아홉째 달 4일에 받았다. 오늘날의 달력에 의하면 518년 12월 7일에 해당한다. 이는 스가랴서 안에서 주어지는 최종적인 날짜이다. 대부분의 주석가들이 성전 재건이 520년 12월 18일에 시작되어(cf. 학 2:10, 18) 515년 3월에 완공된 것으로 간주한다(Petersen). 그렇다면 스가랴가 이 말씀을 받았을 즈음에는 공사 기간의 반 정도가 경과한 때이며 성전 재건 공사가 한창 진행 중이었을 것이다. 공사를 시작하면서 백성들이 느꼈던 두려움과 불안감은 모두 불식되었고 오히려 새 성전의 완공에 대한 기대와 흥분이 나머지 공사를 속히 마무리하고자 하는 열망의 에너지가 되어 있었다.

그러나 선지자는 말씀을 통해서 예루살렘 거민들에게 성전을 재건하라는 권면을 하거나 하나님을 위하여 특별한 일을 하라고 외치지 않는다. 그는 단지 하나님께서 이미 하신 일, 하시고 계신 일, 그리고 앞으로 하실 일들에 대해 선포함으로 그들을 설득하려 할 뿐이다. 저자의 이러한 의도는 본문의 구조에서도 분명히 드러나는 듯하다. 선지자는 이 섹션에서 다음과 같은 구조를 사용함으로써 반전을 강조하고 있다. 주의 백성들의 과거와 미래는 분명한 질적 차이가 존재한다는 것이다. 금식을 한 예로 들자. 미래에도 과거처럼 금식이 있을 것이다(3절은 하나, 5절은 둘, 8:19는 네 가지 종류의 금식을 언급하고 있음). 그러나 과거의 금식이 슬픔과 탄식으로 얼룩진 금식이었다면, 미래의 금식은 감격과 기쁨으로 가득 찬 금식이 될 것이다. 다음 구조를 참조하라(Ollenburger).[24]

A. 사절단이 금식에 대하여 질문함(7:1–3)
　B. 하나님의 응답: 금식에 관하여(7:4–6)
　　C. 조상들의 행동(7:7–12a)
　　　D. 과거에 임한 심판(7:12b–14)
　　　　E. 권고(8:9–13)
　　　D′. 현재와 미래에 임할 구원(8:1–8, 14–15)
　　C′. 공동체의 행동(8:16–17)
　B′. 하나님의 선포: 금식에 관하여(8:18–19)
A′. 사절단이 여호와를 찾음(8:20–23)

내용에 있어서 7–8장은 1–2장의 내용을 깊이 반영하고 있음을 알 수 있다: 선지자에게 귀를 기울이는 것의 중요성(1:4; 7:7); 포로 생활은 죄의 대가였음(1:6; 7:13–14); 예루살렘을 향한 여호와의 열심(1:14; 8:2); 시온을 위한 여호와의 은혜(1:16; 8:3); 여호와의 시온 거처(2:14[10]; 8:3); 열방이 시온을 향하여 나아옴(2:15[11]; 8:22).

---

24 편의상 이 섹션을 다음과 같이 6 섹션으로 나누어 주해해 나가고자 한다.

A. 사절단이 금식에 대하여 질문함(7:1–7)

B. 선지자의 응답(7:8–14)

C. 하나님께서 시온을 번성케 하실 것(8:1–8)

D. 강건하라는 권면(8:9–17)

E. 금식이 축제가 될 것(8:18–19)

F. 열방이 예루살렘으로 몰려올 것(8:20–23)

7장 사절단이 금식에 대하여 질문함
7:1-7

1 다리오 왕 제사년 아홉째 달 곧 기슬래월 사일에 여호와의 말씀이 스가랴에게 임하니라
2 그 때에 벧엘 사람이 사레셀과 레겜멜렉과 그의 부하들을 보내어 여호와께 은혜를 구하
고 3 만군의 여호와의 전에 있는 제사장들과 선지자들에게 물어 이르되 내가 여러 해 동
안 행한 대로 오월 중에 울며 근신하리이까 하매 4 만군의 여호와의 말씀이 내게 임하여
이르시되

5 온 땅의 백성과 제사장들에게 이르라
너희가 칠십 년 동안
다섯째 달과 일곱째 달에 금식하고 애통하였거니와
그 금식이 나를 위하여,
나를 위하여 한 것이냐
6 너희가 먹고 마실 때에
그것은 너희를 위하여 먹고
너희를 위하여 마시는 것이 아니냐

7 예루살렘과 사면 성읍에 백성이 평온히 거주하며 남방과 평원에 사람이 거주할 때에 여
호와가 옛 선지자들을 통하여 외친 말씀이 있지 않으냐 하시니라

선지자가 1–6장의 환상을 본 지 2년이 지난 다리우스 왕 즉위 4년 아홉째 달인 기슬래(Kislev)월 4일(주전 518년 12월 7일; Boda)에 한 사절단이 예루살렘을 찾았다. 그들은 여호와의 은혜를 구하기 위하여, 즉 자신들이 가지고 온 질문에 대하여 좋은 응답을 기대하며 예루살렘을 찾았다. 그들의 이름이 무엇이며 누가 그들을 보냈는가는 다소 혼란스럽다. 대부분 번역본들은 '벧엘 사람이 사레셀과 레겜멜렉과 그 종자'를 보낸 것으로 해석한다(개역; 새번역; NAS; NIV; NRS). 그러나 벧엘사레셀(בֵּית־אֵל שַׂר־אֶצֶר)이 사람의 이름이라는 해석도 만만치 않다(공동; TNK). 이 경우 벧엘사레셀과 레겜멜렉, 그리고 그들과 함께 한 사람이 예루살렘에 사절단을 보낸 것이거나(cf. TNK; Ollenburger), 벧엘사레셀이 레겜멜렉과 부하들을 보낸 것이다(NEB; Craigie). 벧엘사레셀이란 이름이 신 바빌론 문서에 등장한다는 것을 들어 이들을 바빌론에 거하던 사람들로 해석하기도 한다(Baldwin). 사절단이 벧엘이 아닌 바빌론에서 왔다는 것이다. 그러나 대부분의 학자들처럼 벧엘 사람들이 사레셀 등을 보낸 것으로 해석하는 것이 가장 합리적으로 여겨질 뿐만 아니라 하나님의 대답이 '온 땅의 백성과 제사장들'에게 주어지는 것을 감안할 때(5절), 저자가 바빌론이 아닌 가나안 지역에 하나님의 말씀을 선포하는 것을 염두에 두고 있음을 확인할 수 있다(McComiskey; Boda).

사절단이 가져온 질문은 "우리가 지난 여러 해 동안에 해 온 그대로, 다섯째 달에 애곡하면서 금식해야 합니까?"였다(3절). 이스라엘의 역사를 살펴보면 다섯째 달 7일에 예루살렘의 성전이 바빌론 사람들에 의하여 불에 탔다(왕하25:8–9): "바빌론 왕 느부갓네살의 십구 년 오월 칠 일에 바빌론 왕의 신하 시위대 장관 느부사라단이 예루살렘에 이르러 여호와의 전과 왕궁을 사르고 예루살렘의 모든 집을 귀인의 집까지 불살랐으며…" 벧엘 사람들의 논리에 의하면 이 금식이 시작된 동기는 예루살렘 성전의 파괴였고 이제 그때 파괴된 성전이 거의 완공된 상황이므로 금식은 더 이상 필요가 없지 않느냐는 것이었다. 그들은 성전이 완공되면 금식보다는 오히려 축하 잔치가 열려야 하지 않을까 생각했을 것이다. 신학적인 면에서 성전 재건으로 인하여 70년의 포로기가 끝났다고 생각했기 때문이다(Boda).

선지자를 통한 하나님의 반응은 두 개의 수사학적인 질문을 통하여 선포되었다: "너희가 지난 칠십 년 동안, 다섯째 달과 일곱째 달에 금식하며 애곡하기는 하였으나, 너희가 진정, 나를 생각하여서 금식한 적이 있느냐? 너희가 먹고 마실 때에도 너희 스스로 만족하려고 먹고 마신 것이 아니냐?"(5-6절; 새번역) 사절단은 다섯째 달에 행하는 금식에 대하여 질문을 하였는데 하나님께서는 일곱째 달에 하는 금식도 언급하신다. 일곱째 달 금식은 바빌론 사람들이 예루살렘을 파괴하고 난 다음에 시드기야를 끌어가고 그 자리에 세웠던 총독 그달랴의 암살을 기념하는 것이었다: "그러나 일곱째 달이 되었을 때에, 엘리사마의 손자이며 느다니야의 아들로서 왕족인 이스마엘이 부하 열 사람을 데리고 와서, 그달리야를 쳐 죽이고, 또 그와 함께 미스바에 있는 유다 사람과 바빌로니아 사람들을 죽였다"(왕하 25:25; 렘 41:1-3). 이 일이 있은 후 포로민들과 귀향민들은 이 사건을 기념하며 일곱째 달마다 금식을 해왔던 것이다.

하나님께서는 이들이 '지난 70년 동안' 매년 이때가 되면 금식을 해 온 것으로 말씀하신다. 선지자는 이미 1:12에서 70년을 언급한 적이 있다. 어떤 학자들은 스가랴가 70년을 587년에 있었던 예루살렘 파괴 이후 이때까지(518년)의 연수를 뜻하는 실제적인 숫자로 해석하지만(McComiskey), 아주 긴 시간을 뜻하는 상징적인 기간으로 보는 것이 바람직할 것이다.

하나님의 반응이 상당히 혼란스러워 보이기에 이에 대한 학자들의 해석이 분분하다(cf. Ollenburger). 그러나 전후 문맥을 살펴보면 그렇게 어려운 문제는 아니다. 하나님은 주의 백성들의 종교생활에 존재하는 본질적인 문제를 적나라하게 비난하신다. 그들이 과연 누구를 위하여 금식을 하였느냐는 것이다. 첫 번째 질문의 의미는 이렇다: "너희들이 진정 무너져 내린 성전을 생각하며 금식했느냐? 아니면 하나님의 임재의 상징이었던 성전이 더 이상 존재하지 않아 아쉬움을 금할 길 없는 자신들의 신세가 처량해서 금식을 했느냐?" 선지자는 형식적 예배에서 비롯된 자기 연민(self-pity)은 진정한 헌물(offering)이 아니라 단지 예배자의 욕망을 만족시키는 것(indulgence)일 뿐임을 강조하고 있다(Craigie). 하나님은 두 번째 질문에서 금식의 반대라 할 수 있는 '먹고 마시는 일'을 언급하신다. 백성들이 먹고 마시는 것이 그들 자신을 위한 것이었던 것처럼 금식도 그들 자신을 위한 것이었음을 시사하는 질문인 것이다. 백성들이 먹고 마시는 데 있어서 하나님을 제외한 것처럼 금식에 있어서도 하나님을 소외시킨 것이다(McComiskey). 그러나 진정한 금식은 자신을 만족시키기 위한 것이 아니라 하나님을 만족시키는 것이어야 했다.

2장 선지자의 응답
7:8–14

8 여호와의 말씀이 스가랴에게 임하여 이르시되 9 만군의 여호와가 이같이 말하여 이르시
기를 너희는 진실한 재판을 행하며 서로 인애와 긍휼을 베풀며 10 과부와 고아와 나그네
와 궁핍한 자를 압제하지 말며 서로 해하려고 마음에 도모하지 말라 하였으나 11 그들이
듣기를 싫어하여 [1]등을 돌리며 듣지 아니하려고 귀를 막으며 12 그 마음을 금강석 같게
하여 율법과 만군의 여호와가 그의 영으로 옛 선지자들을 통하여 전한 말을 듣지 아니하
므로 큰 진노가 만군의 여호와께로부터 나왔도다 13 내가 불러도 그들이 듣지 아니한 것
처럼 그들이 불러도 내가 듣지 아니하리라 만군의 여호와가 말하였느니라 14 내가 그들을
바람으로 불어 알지 못하던 여러 나라에 흩었느니라 그 후에 이 땅이 황폐하여 오고 가는
사람이 없었나니 이는 그들이 아름다운 땅을 황폐하게 하였음이니라 하시니라

만일 하나님께서 지난 '70년 동안' 진행된 주의 백성들의 금식에 만족하지 못하셨다면 과연 무엇으로 그분을 만족시킬 수 있는가? 저자는 하나님께서 이 백성들에게 원하시는 것이 전혀 새로운 것이 아니며 오히려 옛적 선지자들의 메시지를 통하여 요구되었던 의로운 삶이라고 주장한다. 하나님께서는 오래 전에 그들의 조상이 예루살렘과 주변에서 평안하게 살 때부터 선지자들을 통

하여 이스라엘이 지향해야 할 삶의 방식을 말씀하셨다(cf. 7절).

하나님께서 자신의 백성들에게 요구하신 '신앙생활'은 어떤 것이었는가? 스가랴는 다음 말을 통하여 포로 시절 이전에 활동했던 선지자들의 메시지를 요약하고 있다: "너희는 공정한 재판을 하여라. 서로 관용과 자비를 베풀어라. 과부와 고아와 나그네와 가난한 사람을 억누르지 말고, 동족끼리 해칠 생각을 하지 말아라"(9-10절; 새번역). 즉, 여호와 종교의 핵심은 형식과 절차에 따라 요구된 제사와 예식을 얼마나 깔끔하게 잘 치르느냐에 있지 않고 공의와 정의를 잘 실행하는 데 있었던 것이다.

스가랴는 과거 선지자들이 전한 메시지를 네 가지로 요약하고 있다: (1) 공정한 재판; (2) 관용과 자비; (3) 억누르지 말 것; (4) 해칠 생각을 말 것. 특히 선지자들이 전했던 메시지는 세상에서 가장 소외당하기 쉽고 착취당하기 쉬운 자들의 인권과 권리를 보호하고 준수해 주는 것이 주의 백성들이 추구해야 할 공의였음을 밝히고 있다. 오늘날도 하나님께서는 믿음의 공동체에게 동일한 요구를 하고 계신다. 우리가 세상의 집단들과 다른 점이 있다면 바로 이 부분에서 드러나야 하는 것이다.

하나님의 요구에 이스라엘은 어떠한 반응을 보였는가? 선지자는 주의 백성들이 "듣지를 않고 등을 돌려 거역하였다. 귀를 막고 들으려고도 하지 않았다. 사람들은 마음이 차돌처럼 굳어져서, 만군의 주께서, 이전 예언자들에게 당신의 영을 부어 전하게 하신 율법과 말씀을 듣지 않았다"라고 회고하고 있다(11-12절; 새번역). 예레미야도 이스라엘의 죄를 하나님께서 보내신 선지자의 메시지를 듣지 않은 것에서 비롯되었다고 회고했다(7:25; 26:5; 29:19; 35:15; 44:4). 이들의 반역은 결국 하나님을 매우 분노하게 만들었다(12절). 하나님의 분노는 결국 두 가지의 결과를 초래했다.

첫째, "내가 불러도 그들이 듣지 아니하였은즉 그들이 불러도 내가 듣지 아니하였다"(13절). 이스라엘이 하나님께 순종하지 않았던 것처럼 하나님께서 그들의 부르짖음을 듣지 않으셨다. 하나님께서 주의 백성들의 탄식하는 소리에 귀를 막으신 것이다. 이스라엘과 하나님 사이에 존재했던 언약관계의 가장 기본적인 개념은 '부르짖다 — 응답하다'였다. 그러나 이스라엘의 반역 때문에 이러한 관계가 깨졌던 것이다.

둘째, "회오리바람으로 그들을 그 알지 못하던 모든 열국에 헤치리라 한 후로 이 땅이 황무하여 왕래하는 사람이 없었나니 이는 그들이 아름다운 땅으로 황무하게 하였음이니라"(14절). 백성들의 죄는 결국 그들을 온 세상에 흩어지게 하였고 그들이 거했던 평안의 땅(cf. 7절)은 황무지로 변해갔다. 그 땅에서 살던 자들은 모두 끌려갔고, 땅의 중요성이 땅에 떨어졌으므로 더 이상 그들의 땅을 왕래하는 자들이 없었다. 하나님을 거역하는 백성들의 비참한 종말이었다. 이 과정에서 이스라엘이 기억해야 할 것은 이 모두가 바로 하나님께로부터 비롯된 일이라는 점이다. 하나님의 분노에 찬 숨결이 그들을 흩는 '회오리바람'이 되었던 것이다(McComiskey). 이스라엘의 형편이 궁하게 되고 성전이 망가지게 된 이유는 결국 주의 백성들의 불순종이었던 것이다.

단순히 금식에 대하여 물으러 온 사절단에게 하나님께서는 왜 이스라엘로 그들의 반역의 역사를 회고하게 하시는가? 아마도 스가랴는 벧엘에서 온 사람들의 말과 삶에서 옛적 그들의 선조들을 멸망에 이르게 했던 형식적인 종교생활의 냄새를 맡고 있는 것으로 보인다(McComiskey). 그러므로 그는 아주 강한 언어로 그들에게 조상들의 죄를 반복하지 말라고 경고하고 있는 것이다. 그리고 이러한 선지자의 경고는 시대와 공간을 초월해서 모든 주의 백성들에게 끊임없이 선포되어야 할 메시지이기도 하다.

3장 하나님께서 시온을 번성케 하실 것
8:1–8

1 만군의 여호와의 말씀이 임하여 이르시되
2 만군의 여호와가 이같이 말하노라
내가 시온을 위하여 크게 질투하며
그를 위하여 크게 분노함으로 질투하노라
3 여호와가 이같이 말하노라
내가 시온에 돌아와 예루살렘 가운데에 거하리니
예루살렘은 진리의 성읍이라 일컫겠고
만군의 여호와의 산은 성산이라 일컫게 되리라
4 만군의 여호와가 이같이 말하노라
예루살렘 길거리에 늙은 남자들과 늙은 여자들이
다시 앉을 것이라
다 나이가 많으므로
저마다 손에 지팡이를 잡을 것이요
5 그 성읍 거리에 소년과 소녀들이 가득하여
거기에서 뛰놀리라
6 만군의 여호와가 이같이 말하노라

이 일이 그날에 남은 백성의 눈에는 기이하려니와
내 눈에야 어찌 기이하겠느냐
만군의 여호와의 말이니라
7 만군의 여호와가 이같이 말하노라
보라, 내가 내 백성을 해가 뜨는 땅과
해가 지는 땅에서부터 구원하여 내고
8 인도하여다가 예루살렘 가운데에 거주하게 하리니
그들은 내 백성이 되고
나는 진리와 공의로 그들의 하나님이 되리라

스가랴에 의하면 하나님의 강렬한 분노가 파괴하는 회오리바람이 되어 이스라엘을 폐허로 만들었었다(7:14). 이제 그분의 열정과 성실로 그들을 회복하실 날이 곧 임할 것이다(2절). 이스라엘을 향한 여호와의 특별하신 애정과 신실하심이 구원을 이루실 것이다. 하나님께서 그날에 예루살렘을 다시 찾으실 것이며 하나님의 찾아오심은 곧 시온에 신실(אֱמֶת)과 거룩/경건(קֹדֶשׁ)이 가득할 것을 의미한다(3절). 이처럼 신실과 거룩은 하나님의 임재와 밀접한 관계가 있는 것이다. 하나님이 거하시는 곳은 곧 신실과 거룩으로 가득하며, 하나님이 부재한 곳에서는 이러한 것들을 찾아볼 수 없다.

하나님이 이스라엘과 함께하신다는 사실은 그들의 삶에 어떤 효과를 가져오는가? 선지자는 하나님께서 주의 백성들과 함께하시면 모든 것이 옛날, 이스라엘이 가장 동경하는 날의 모습을 되찾을 것이라고 예고하고 있다: "예루살렘 광장에는 다시 남녀 노인들이 한가로이 앉아서 쉴 것이며, 사람마다 오래 살아 지팡이를 짚고 다닐 것이다. 어울려서 노는 소년 소녀들이 이 도성의 광장에 넘칠 것이다"(4-5절; 새번역). 특히 본문이 노인들로부터 어린아이들에 이르기까지 예루살렘에는 다양한 나이의 사람들로 가득 찰 것을 강조하는 것은 이 사회가 완벽하게 회복될 것을 강조하고 있는 것이다.

그렇다면 그들은 모두 어디에서 오는 사람들일까? 지금은 열방에 흩어져 있는 주의 백성들이 모두 시온으로 모여들 것이다. 하나님께서 그들을 열방으로부터 인도하실 것이기 때문이다(7-8절). 그뿐만 아니라 이방인들도 예루살렘으로 달려올 것이다(22-23절). 범우주적인 여호와의 통치가 실현된다. 이렇게 새로이 형성된 백성은 다시 하나님과 언약 관계를 맺게 될 것이다: "나는 그들의 하나님이 되고 그들은 나의 백성이 될 것이다"(8절).

물론 하나님은 변화될 예루살렘의 미래가 현실에 찌들어 있는 귀향민들에게는 믿기 어려운 일이라는 것을 인정하신다(6절). 그러나 세상에 그 무엇이 하나님께 기이한 일이요 불가능한 일이겠는가! 선지자는 백성들에게 자신들의 처량한 신세에 초점을 맞추지 말고 하나님의 오묘하고 놀라운 능력을 믿으라고 권면하고 있는 것이다.

4장 강건하라는 권면

8:9–17

9 만군의 여호와가 이같이 말하노라
만군의 여호와의 집 곧 성전을 건축하려고
그 지대를 쌓던 날에 있었던 선지자들의 입의 말을
이날에 듣는 너희는 손을 견고히 할지어다
10 이날 전에는 사람도 삯을 얻지 못하였고
짐승도 삯을 받지 못하였으며
사람이 원수로 말미암아 평안히 출입하지 못하였으나
내가 모든 사람을 서로 풀어 주게 하였느니라
11 만군의 여호와의 말씀이니라
이제는 내가 이 남은 백성을 대하기를
옛날과 같이 아니할 것인즉
12 곧 평강의 씨앗을 얻을 것이라
포도나무가 열매를 맺으며
땅이 산물을 내며 하늘은 이슬을 내리리니
내가 이 남은 백성으로 이 모든 것을 누리게 하리라
13 유다 족속아, 이스라엘 족속아,

너희가 이방인 가운데에서 저주가 되었었으나
이제는 내가 너희를 구원하여 너희가 복이 되게 하리니
두려워하지 말지니라
손을 견고히 할지니라

14 만군의 여호와가 이같이 말하노라 너희 조상들이 나를 격노하게 하였을 때에 내가 그
들에게 재앙을 내리기로 뜻하고 뉘우치지 아니하였으나 15 이제 내가 다시 예루살렘과 유
다 족속에게 은혜를 베풀기로 뜻하였나니 너희는 두려워하지 말지니라 16 너희가 행할 일
은 이러하니라

너희는 이웃과 더불어 진리를 말하며
너희 성문에서 진실하고
화평한 재판을 베풀고
17 마음에 서로 해하기를 도모하지 말며
거짓 맹세를 좋아하지 말라
이 모든 일은 내가 미워하는 것이니라
여호와의 말이니라
금식에 관하여 말씀하시다

불확실한 미래와 혹독한 현실에 발목을 잡힌 자들에게 선지자는 시온의 영광스러운 미래를 보여주고 있다. 그는 청중들에게 앞으로 이스라엘에게 행하실 여호와의 놀라운 사역을 마음에 새기며 강건하도록 격려한다. 스가랴는 "너희는 손을 견고히 할지어다"라는 권면을 9, 13절에서 반복한다. 특히 '만군의 여호와의 집 곧 전을 건축하려고 그 지대를 쌓던 날에 일어난 선지자들의 입의 말'을 귀담아들으라고 하고 있다(9절). 본문이 언급하는 선지자들은 바로 학개와 스가랴를 두고 하는 말이다.

하나님께서는 귀향민들의 시대와 선조들의 시대를 확실한 차이를 두고 말씀하고 계신다(10-13절). 선조들의 불행했던 상황이 모두 반전될 것이다. 이

를 강조하기 위하여 선지자는 매우 강력한 대조를 보여주는 "그러나 이제는'(וְעַתָּה)이라는 말을 사용하며 11절을 시작한다(Sweeney; Boda). 옛날의 어려움과 고통이 이제는 즐거움과 기쁨으로 변할 것이다. 빈곤했던 그들의 삶이 이제는 풍요로워질 것이다. 이제는 그들이 심는 것마다 잘 자라고 좋은 수확을 낼 것이다. 비를 내리지 않던 하늘이 비를 내릴 것이다. 이처럼 모든 것이 잘 되면 한때는 세상의 비난과 조롱거리였던 이스라엘이 선망의 대상이 될 것이다. 어려운 여건에서도 하나님을 바라고 기대하는 사람들에게는 이러한 대조와 반전의 순간이 반드시 찾아올 것이다.

하나님께서 이스라엘의 밝은 미래도 보장하신다(14–15절). 옛적에 하나님께서 조상들에게 분노하여 격렬하게 심판하셨던 그 열심으로 이스라엘의 회복을 이루시겠다는 것이다. 이러한 하나님의 의지는 '작정하다'(זמם)라는 히브리어 동사의 반복적 사용에서 확실히 나타난다. 구약에서 이 단어(זמם)는 항상 하나님의 강력한 심판의 의지를 드러내는 뜻으로 쓰인다(Petersen). 본문의 14절에서도 이러한 의미가 역력하다: "너희 열조가 나의 노를 격발할 때에 내가 그들에게 재앙을 내리기로 뜻하고(זמם) 뉘우치지 아니하였으나…" 그런데 15절에서는 "이제 내가 예루살렘과 유다 족속에게 은혜를 베풀기로 뜻하였나니(זמם)"라는 말씀에서 이 단어를 사용하고 있다. 한때 하나님께서는 무슨 일이 있어도 이스라엘을 심판하시겠다는 강력한 의지를 가지셨다. 이제 여호와께서는 똑같이 강한 의지로 이스라엘을 회복하실 것이다.

그렇다면 머지않아 놀라운 구원을 베푸실 하나님께서 주의 백성들에게 요구하시는 것은 무엇인가? "너희가 행할 일은 이러하니라 너희는 각기 이웃으로 더불어 진실을 말하며 너희 성문에서 진실하고 화평한 재판을 베풀고 심중에 서로 해하기를 도모하지 말며 거짓 맹세를 좋아하지 말라"(16–17절; 새번역). 이 요구는 전혀 새로운 것이 아니다. 이미 하나님께서 옛 선지자들을 통해서 그들의 선조 때부터 백성들에게 요구하신 것이다(cf. 7:9–10). 특히 "너희가 행할 일은 이러하니라"는 옛날 모세가 이스라엘 백성들에게 여호와의 율법을 전해 주면서 했던 말을 연상케 한다: "여호와께서 너희에게 명하사 행하게 하신 말씀이 이러하니라"(출 35:1).

스가랴는 지금 자신의 권고를 모세까지 거슬러 올라가는 이스라엘의 전통과 가르침의 한 부분으로 보고 있는 것이다. 그러나 옛날 선지자들이 이 말씀으로 평안과 번영을 즐기던 공동체에 권고했던 것과는 달리 스가랴는 혹독한 현실에 시달리고 있는 공동체에게 자신들의 어려움에도 불구하고 이렇게 살아야 한다는 권면을 하고 있다. 선지자는 이처럼 선을 행하는 것이 현실의 어려움을 극복하는 길임을 가르치고 있는 것이다.

5장 금식이 축제가 될 것
8:18–19

18 만군의 여호와의 말씀이 내게 임하여 이르시되 19 만군의 여호와가 이같이 말하노라 넷째
달의 금식과 다섯째 달의 금식과 일곱째 달의 금식과 열째 달의 금식이 변하여 유다 족속에
게 기쁨과 즐거움과 희락의 절기들이 되리니 오직 너희는 진리와 화평을 사랑할지니라

드디어 금식 문제를 안고 벧엘에서 찾아온 사절단(cf. 7:4–6)이 하나님의 직접적인 응답을 받는다. 그들이 기대하는 것처럼 그날이 되면 이스라엘의 멸망을 기념하는 모든 금식이 즐거운 축제로 바뀔 것이다. 그뿐만 아니라 이미 7:5에서 언급된 두 금식에 두 가지를 더하고 있다. 이미 7:5의 주해에서 언급한 것처럼 다섯째 달의 금식은 느부갓네살이 성전을 불태운 것과 연관되어 있으며(왕하 25:8–9), 일곱째 달의 금식은 총독 그달랴가 암살된 것을 기념하는 것이었다(왕하 25:23–25).

본문이 추가하고 있는 열째 달의 금식은 느부갓네살이 예루살렘을 포위하기 시작한 것을 기념하는 것이었다(왕하 25:1): "시드기야 구 년 시월 십일에 바빌론 왕 느부갓네살이 그 모든 군대를 거느리고 예루살렘을 치러 올라와서 진을 치고 사면으로 토성을 쌓으매…" 넷째 달에 행해진 금식은 바빌론 사람들

이 예루살렘 성에 입성한 것을 기념하는 것이었다(왕하 25:3-4; cf. 렘 39:2): "그 사월 구일에 성중에 기근이 심하여 그 땅 백성의 양식이 진하였고 갈대아 사람이 그 성읍을 에워쌌으므로 성벽에 구멍을 뚫은지라."

벧엘에서 온 사절단은 단 하나의 금식에 대하여 질문을 했다. 이제 하나님께서는 네 가지의 금식을 예로 들어가며 응답을 하신다. 선지자는 옛적에는 금식이 백성들의 죄를 기념하고 탄식하는 날이었다면, 앞으로는 여호와께서 유다를 위하여 하신 일을 기념하며 즐거워하는 행사가 될 것이라고 확고히 선언하고 있다. 이러한 변화는 금식에 대한 정의와 이해를 완전히 반대로 바꾸어 놓았다. 옛적에는 금식이 절제와 굴욕을 중심으로 행해졌다면, 앞으로는 즐거움과 기쁨을 중심으로 할 것이다(Ollenburger).

금식이 축제가 되는 날을 기대하는 백성들에게 하나님께서는 두 가지를 권고하신다: "오직 너희는 진실과 화평을 사랑할지니라"(19절). 진실을 사랑하는 것은 예루살렘과 성전을 멸망에 이르게 한 거짓으로부터 자유하는 것이며, 평화를 사랑하는 것은 하나님께서 항상 주의 백성들이 소유하기를 원하셨던 융화(integration)와 건전성(wholeness)이 임하게 하는 것이다(Craigie).

6장 열방이 예루살렘으로 몰려올 것
8:20-23

20 만군의 여호와가 이와 같이 말하노라
다시 여러 백성과 많은 성읍의 주민이 올 것이라
21 이 성읍 주민이 저 성읍에 가서 이르기를
우리가 속히 가서 만군의 여호와를 찾고
여호와께 은혜를 구하자 하면
나도 가겠노라 하겠으며
22 많은 백성과 강대한 나라들이 예루살렘으로 와서
만군의 여호와를 찾고
여호와께 은혜를 구하리라
23 만군의 여호와가 이와 같이 말하노라 그날에는 말이 다른 이방 백성 열 명이 유다 사람
하나의 옷자락을 잡을 것이라 곧 잡고 말하기를 하나님이 너희와 함께 하심을 들었나니
우리가 너희와 함께 가려 하노라 하리라 하시니라

예루살렘의 회복과 여호와의 임재, 그리고 금식이 기쁨의 잔치로 변하는 것은 단순히 이스라엘을 위한 일이 아니다. 주의 백성들의 회복의 여파는 온 세상

에 미치게 될 것이다. 선지자가 본문에서 선포하고 있는 열방들의 예루살렘을 향한 행렬은 이미 이사야 2:2-4(cf. 미 4:1-4) 등에서도 제시된 비전이다.

> "말일에 여호와의 전의 산이 모든 산 꼭대기에 굳게 설 것이요 모든 작은 산 위에 뛰어나리니 만방이 그리로 모여 들 것이라 많은 백성이 가며 이르기를 오라 우리가 여호와의 산에 오르며 야곱의 하나님의 전에 이르자 그가 그 도로 우리에게 가르치실 것이라 우리가 그 길로 행하리라 하리니 이는 율법이 시온에서부터 나올 것이요 여호와의 말씀이 예루살렘에서부터 나올 것임이니라 그가 열방 사이에 판단하시며 많은 백성을 판결하시리니 무리가 그들의 칼을 쳐서 보습을 만들고 그들의 창을 쳐서 낫을 만들 것이며 이 나라와 저 나라가 다시는 칼을 들고 서로 치지 아니하며 다시는 전쟁을 연습하지 아니하리라"(사 2:2-4; 개역개정)

그렇다면 이방인들이 어떤 규모로 예루살렘을 찾을 것인가? 스가랴는 이방인의 숫자가 유다 사람들의 숫자의 10배가 될 것을 시사하고 있다(23절): "그날에는 방언이 다른 열국 백성 열 명이 유다 사람 하나의 옷자락을 잡을 것이라." 만수 중의 하나인 10은 이방인들의 숫자가 그만큼 많다는 것을 강조하고 있다. 이처럼 많은 이방인들이 한결같이 여호와를 찾고 있다: "하나님이 너희와 함께하심을 들었나니 우리가 너희와 함께 가려 하노라"(23절). 선지자가 본문에서 제시하는 미래가 스가랴의 청중들에게는 어떤 느낌을 주었을까? 혹시 이방인들이 주를 찾는 것에 대하여 거부감을 느끼지는 않았을까?

Ⅳ. 회복과 파멸

9:1–11:17

이미 서론에서 언급한 것처럼 9–14장의 저자가 누구인지에 대하여는 아직도 논란이 많다. 그러나 최근 들어서는 학자들의 논의가 9–14장과 1–8장의 저자(들)에 초점이 맞추어져 있는 것이 아니라, 1–14장 전체의 통일성에 맞추어져 있고 또 이 같은 논의 방향이 상당 부분 수용되고 있다(cf. Sweeney). 스가랴서의 이분화된 성향보다 통일성이 강조되고 있으며, 저작권은 더 이상 큰 이슈가 되지 않는다는 것이다. 학자들이 이렇게 결론짓는 것은 이 두 섹션의 차이가 서로 다른 저자에서 비롯되었다기보다는 두 섹션이 기록된 장르의 차이에서 비롯된다고 보는 것이 바람직하며(Boda), 설령 이 섹션들이 서로 다른 저자에 의하여 저작되었다는 것이 규명된다 할지라도 그것이 본문을 해석하는 데는 큰 영향을 미치지 않기 때문이다. 물론 아직도 많은 학자들이 편의상 스가랴서를 1–8장과 9–14장으로 구분하기는 한다.

이 섹션은 여호와의 승리 행진(triumphal march)으로 시작하여 시온의 회복과 이스라엘의 흩어진 백성들을 모으기 위한 전쟁 이야기로 발전한다. 메시지는 아직도 많은 유다 사람들이 바빌론에서 돌아오지 않은 역사적 정황을 배경으로 하고 있으며, 선지자는 그들에게 속히 하나님이 계시는 시온으로 돌아올 것을 권면하고 있다(Boda). 이 섹션은 처음에는 매우 긍정적인 분위기에서 시작하지만, 11장의 끝에 가서는 주의 백성들이 극심한 곤경에 처하는 이야기로 마무리된다.

1장 시온의 회복
9:1–17

이 섹션은 장르적으로는 내러티브인 1–8절과 시가체인 9–17절 등 두 파트로 구성되어 있다. 그러나 내용적으로는 세 부분으로 구성되어 있다. 첫째 부분(1–8절)은 시리아에서 남쪽을 향해 진군하시는 여호와의 행진을 그리고 있으며, 둘째 부분(9–10절)은 메시아의 시온 입성을, 셋째 부분(11–17절)은 여호와께서 백성들을 위하여 치르시는 전쟁을 선포하고 있다. 구조적으로 여호와의 전쟁(A)—메시아의 시온 입성(B)—여호와의 전쟁(A')으로 구성되어 있는 것이다. 다음을 참조하라.

A. 여호와의 팔레스타인 진군(9:1–8)

B. 시온에 입성하는 왕(9:9–10)

A'. 백성들을 위한 여호와의 전쟁(9:11–17)

Ⅳ. 회복과 파멸(9:1–11:17)
1장. 시온의 회복(9:1–17)

1. 여호와의 팔레스타인 진군(9:1–8)

1 여호와의 말씀이 하드락 땅에 내리며 다메섹에 머물리니 사람들과 이스라엘 모든 지파의
눈이 여호와를 우러러봄이니라 2 그 접경한 하맛에도 임하겠고 두로와 시돈에도 임하리니
그들이 매우 지혜로움이니라 3 두로는 자기를 위하여 요새를 건축하며 은을 티끌 같이, 금
을 거리의 진흙 같이 쌓았도다 4 주께서 그를 정복하시며 그의 권세를 바다에 쳐넣으시리
니 그가 불에 삼켜질지라 5 아스글론이 보고 무서워하며 가사도 심히 아파할 것이며 에그
론은 그 소망이 수치가 되므로 역시 그러하리라 가사에는 임금이 끊어질 것이며 아스글론
에는 주민이 없을 것이며 6 아스돗에는 잡족이 거주하리라 내가 블레셋 사람의 교만을 끊
고 7 그의 입에서 그의 피를, 그의 잇사이에서 그 가증한 것을 제거하리니 그들도 남아서
우리 하나님께로 돌아와서 유다의 한 지도자 같이 되겠고 에그론은 여부스 사람 같이 되
리라 8 내가 내 집을 둘러 진을 쳐서 적군을 막아 거기 왕래하지 못하게 할 것이라 포학한
자가 다시는 그 지경으로 지나가지 못하리니 이는 내가 눈으로 친히 봄이니라

본문은 여호와께서 전투에서 승리한 후 성전으로 개선하시는 '예식 패턴'(ritual pattern)과 같은 것으로 보인다(Hanson). 대체로 많은 학자들이 1–7절에 언급된 도시들의 목록이 주전 333년에 있었던 알렉산더 대왕의 시리아—팔레스타인 원정 경로와 일치한다고 생각한다(McComiskey). 그러나 여호와께서 알렉산더 대왕을 통해 본문이 예언하는 파괴의 대부분을 이루셨다 하더라도 일치되지 않는 부분들도 있다는 점을 생각해야 한다.

'여호와의 말씀의 경고'(מַשָּׂא דְבַר־יְהוָה)(1절)는 매우 독특한 표현으로 구약에서 모두 세 차례 등장하는 표현이다(슥 12:2; 말 1:1). 이 문구는 계시의 시작을 알리는 '여호와의 말씀'(דְבַר־יְהוָה)과 열방에 대한 심판 선언을 알리는 '경고'(מַשָּׂא)(cf. 사 13–23)를 합한 말로 스가랴가 받은 열방에 대한 심판 선언을 알리고 있다.

하드락(חַדְרָךְ)은 성경에서 여기에서만 언급되는 지역 이름으로 시리아와 아시리아 사람들의 묘비에서나 발견되며 주전 698년 이후로는 더 이상 언급되지 않는다(Otzen). 하맛은 시리아의 주요 도시 중 하나였으며 페르시아 제국 때에도 중요한 위치를 차지한 도시였다. 본문에서 하드락, 다마스크스, 하맛은 함께 하나님께 짓밟힐 지역들 중에서 최북단에 위치한다. 선지자는 하나님의 말씀이 이들에게 임한 것을 "세상 사람과 이스라엘 모든 지파의 눈이 여호와를 우러러봄이니라"(1절; 개역)라고 기록하고 있다. 구약에서 '사람의 눈'은 대체로 하나님을 대적하거나 거부하는 인간의 교만과 욕심을 상징하는 데 자주 사용된다(사 2:11–12; 잠 27:20)(cf. Ollenburger). 그러나 본문에서 "세상 사람의 눈이 여호와를 본다/향했다"(לַיהוָה עֵין אָדָם)는 말은 일종의 숙어로 소유권을 뜻하는 것으로 추정된다. 선지자는 여호와께서 시리아에 대하여 심판의 말씀을 주실 수 있는 것은 시리아도 이스라엘만큼이나 소중한 여호와의 소유물이기 때문이라는 논리를 펴고 있는 것이다(cf. 공동; NRS).

선지자는 하나님의 심판이 두로와 시돈에도 임할 것을 언급하면서 이 도시들을 '넓은 지혜'(חָכְמָה מְאֹד)가 있는 곳으로 부르고 있다(2절). 그러나 문제는 이 문구를 시작하는 전치사(כִּי)를 어떻게 해석하느냐는 것이다. 개역성경과 개역개정이 이해하는 것처럼 두로와 시돈이 큰 지혜를 지니고 있기 때문에 그들에게 심판이 임한단 뜻인가? 이렇게 해석할 경우 두로와 시돈의 교만이 문제가 되어 심판을 받게 될 것이다. 아니면 이 도시들이 아무리 지혜로워도 여호와의 심판을 피할 수 없다는 뜻인가(새번역; NIV; NRS; NAS)? 이 경우 인간의 지혜는 여호와의 심판에서 그 누구도 구원할 수 없다는 것을 뜻한다. 혹은 공동번역이 해석한 것처럼 뛰어난 지혜로 유명했던 시돈과 두로도 여느 도시와 마찬가지로 여호와의 것이기에 심판이 임할 것이라는 뜻인가? 이 경우 지혜가 있는 도시나 없는 성읍들이나 하나님의 심판을 받기는 마찬가지이며 그 이유는 이 모든 도시들이 하나님의 소유이기 때문이라는 것이다.

선지자가 이미 1절에서 여호와께서 온 세상을 소유하심을 강조했다는 점과 1–2절이 이 섹션의 서론 역할을 하고 있는 것을 감안하면 마지막 해석이 가장 설득력 있어 보인다. 지혜가 있는 도시나 없는 도시나 모두 하나님의 심판을 받아야 한다. 여호와께서 세상의 모든 도시들을 소유하시기 때문이다. 하나님께서 세상을 심판하실 때 심판에서 제외될 사람은 하나도 없을 것이다. 그렇기 때문에 우리가 설령 억울한 일을 당하더라도 낙심할 필요가 없다. 언젠가는 모든 사람이 하나님의 심판대 앞에 설 것이며 하나님께서 우리의 모든 억울함을 헤아려 주실 것이기 때문이다.

두로와 시돈을 함께 언급한 다음 선지자는 구체적으로 두로를 지명하여 이야기를 진행해 나간다(3-4절). 내용은 두로가 세상의 온갖 부를 모았으며 자신의 도성을 요새화했지만 여호와의 공격을 피할 수도 방어할 수도 없다는 것이다. '요새'(מָצוֹר; 마초르)는 '두로'(צֹר; 초르)와 언어유희를 형성하고 있다(Smith). 세상의 지혜도, 부귀영화도, 방어력도 모두 하나님 앞에서는 무용지물인 것이다.

두로는 도시의 반이 뭍에 있었고, 반은 약 800m 떨어진 섬에 위치한 특성 때문에 역사적으로 그 누구도 이 나라를 완전히 굴복시키지 못했다. 도시가 섬에 존재하는 이상 몇십 년이라도 거뜬히 버틸 수 있었던 것이다. 기록에 의하면 두로는 침략해온 아시리아 군대와는 5년 동안, 바빌론 군대와는 13년 동안 대치하다가 결국 협상으로 타협안을 찾았다고 하며(cf. Boda), 페르시아 제국도 두로를 종속국으로 삼았지만, 다른 종속국들과는 달리 대폭적으로 자치권을 허용했다고 한다.

당시 두로는 가장 큰 상선들을 가지고 아프리카에서 유럽을 오가며 무역을 했다. 이같이 두로는 배를 타고 유럽과 아프리카를 오가며 필요한 물자와 식량을 조달할 수 있었기 때문에 뭍에 있는 도시가 점령을 당해도 얼마든지 섬에서 건재할 수 있었다. 두로는 유럽에서 아프리카에 이르기까지 온 바다의 상업을 도맡아 하던 나라이므로 해상에서 그들을 대적할 자가 없었던 것이다. 그러므로 두로가 완전히 망하게 될 것이라는 이 예언은 크게 실현성이 없는 것으로 간주되었을 것이다(cf. 겔 25:5-6). 그러나 알렉산더 대왕이 332년에 뭍에 있던 두로를 파괴한 후 거기서 생긴 건축 폐기물로 섬에까지 둑길(causeway)

을 만들어 섬을 점령해 버렸다. 이 일로 인하여 두로는 엄청난 재앙을 맞았다. 알렉산더 대왕이 2,000여 명을 십자가에 못 박아 죽이고 30,000여 명을 노예로 판 것으로 알려져 있다. 두로는 다시는 회복하지 못했으며 오늘날 그 도시에는 6,000명 정도가 살고 있다.

스가랴는 이러한 두로의 멸망이 모두 하나님께서 하신 일임을 강조한다. "주께서 그를 쫓아내시며 그의 바다 권세를 치시리니 그가 불에 삼키울찌라"(4절)는 알렉산더 대왕의 두로 정복을 연상케 하는 표현이다. 스가랴는 여호와 하나님께서 알렉산더 대왕을 통해 두로를 정복했다는 것을 강조하고 있는 것이다. 인류의 역사는 모두 이러한 각도에서 이해될 수 있다.

북방 한계선에서 시작된 하나님의 진군은 지중해 해역을 타고 아스글론, 가사, 아스돗을 거쳐 유다와 가장 가까운 곳에 위치한 에그론까지 이른다(5-7절). 이 네 도시는 모두 블레셋을 대표했던 다섯 도시(pentapolis)에 속한 것들이다. 본문에서 다섯 도시 중 유일하게 빠진 곳은 가드이다. 아모스 1:6-8, 예레미야 25:20, 스바냐 2:4-6 등도 가드를 목록에서 삭제했는데, 이는 이 도시가 유다의 웃시아 왕에 의해 함락되어서이든지(cf. 대하 26:6) 아니면 근접해 있던 아스돗의 커지는 명성 때문에 상대적으로 그 중요성을 잃어서였을 것이다(McComiskey).

선지자는 가사는 왕을 잃을 것이며, 아스글론은 모든 주민을 잃을 것을 선언한다. 주전 8세기에 기록된 아시리아 왕 사르곤 2세의 문서에 의하면 아스돗의 왕이 그의 진군 소식을 듣고 아내와 자식들을 놓고 도망쳤다고 한다. 바빌론의 왕 느부갓네살의 기록은 가사의 왕이 바빌론 왕궁에서 그를 섬겼다고 기록하고 있다. 그러나 블레셋이 자치권을 잃고 상당 부분 파괴를 당하는 것이 그들의 끝이 아니다. 하나님께서 "그 입에서 그 피를, 그 잇사이에서 그 가증한 것을 제하리니 그도 남아서 우리 하나님께로 돌아와서 유다의 한 두목 같이 되겠고 에그론은 여부스 사람 같이 되리라"(7절) 하셨기 때문이다.

입에 있는 '피'(דָּם)는 피가 빠지지 않은 고기를 먹은 것을 뜻한다(cf. 창 9:4; 신 12:16). '가증한 것'(שִׁקּוּץ)은 우상숭배를 포함한 경건치 못한 종교 행위를 종합해서 하는 말이다. 이 두 개념을 종합하면, 본문은 블레셋 사람들이 금지되어 있는 고기를 먹은 것을 의미한다(Ollenburger). 하나님께서 이처럼 흉측한 모습을 하고 있는 블레셋 사람들을 정결케 하실 것이다. 그뿐만 아니라 그들로 하여금 하나님의 백성이 되어서 유다와 한 가족처럼 되게 하실 것이다.

구체적으로 어떻게 블레셋 사람들이 이스라엘에게 속하게 된다는 말인가? 하나님께서는 그들이 '여부스 사람처럼' 되리라는 말씀을 더함으로써 장차 그들이 이스라엘과 어떤 위치에 놓이게 될 것인가를 암시하신다. 여부스 족은 예루살렘에 거하던 이방인들로서 다윗 시대에 가서야 정복되었던 가나안 사람들이었다(cf. 삼하 6:5-8). 평정된 여부스 사람들은 유다 지파에 흡수되었으며 강제 노동을 하는 노예가 되었다(대하 8:7-8). 스가랴는 새로이 형성될 이스라엘과 블레셋의 위치를 정리하고 있다. 블레셋 사람들이 하나님의 백성의 일부는 되지만 회복된 이스라엘 백성들을 섬기게 될 것이다.

이 일이 있은 후에 하나님께서 "내가 내 집을 둘러 진을 쳐서 적군을 막아 거기 왕래하지 못하게 할 것이라 포학한 자가 다시는 그 지경으로 지나지 못하리니 이는 내가 눈으로 친히 봄이니라"라고 말씀하신다(8절). 여호와께서 한 곳에 진을 치신다는 것은 하나님의 일곱 눈동자가 온 세상을 둘러보는 모습과는 대조적이다(4:10). 또한 1절에서 선지자는 온 세상 사람들의 눈이 여호와를 향한다고 했다. 이제 하나님의 눈이 온 세상을 지켜보고 있다. 하나님의 눈이 온 세상에 새로운 질서를 가져온 것이다(Ollenburger). 그러므로 포학한 자가 다시는 여호와의 백성들이 거하는 땅을 짓밟지 못하게 된다.

Ⅳ. 회복과 파멸(9:1–11:17)
1장. 시온의 회복(9:1–17)

2. 시온에 입성하는 왕(9:9–10)

9 시온의 딸아 크게 기뻐할지어다
예루살렘의 딸아 즐거이 부를지어다
보라 네 왕이 네게 임하시나니
그는 공의로우시며 구원을 베푸시며
겸손하여서 나귀를 타시나니
나귀의 작은 것 곧 나귀 새끼니라
10 내가 에브라임의 병거와 예루살렘의 말을 끊겠고
전쟁하는 활도 끊으리니
그가 이방 사람에게 화평을 전할 것이요
그의 통치는 바다에서 바다까지 이르고
유브라데 강에서 땅 끝까지 이르리라

복음서는 한결같이 예수 그리스도가 나귀를 타고 예루살렘에 입성한 것을 본문의 성취로 적용하고 있다(마 21:9; 막 11:9–10; 눅 19:38; 요 12:13). 예수님께서는 나귀를 타고 입성하심으로써 자신의 신분을 확실하게 드러내고 계신다. 또한 그의 모습을 본 백성들은 그를 메시아로 맞이하고 있다. 그들도 나귀를 타고 입성하는 예수님이 누구신지를 인식하고 있었던 것이다. 그들의 행동이 바로 본문에 근거하고 있다는 것을 추측할 수 있다.

스가랴 선지자는 이미 2:10에서 시온에게 여호와께서 이 도성에 거하기 위하여 오시는 것을 기뻐하라고 명령했다. 스바냐 3:14–15도 왕이신 여호와가 시온에 임하는 것을 기뻐하라고 권고하고 있다. 성경은 이처럼 여호와가 왕으로 백성들에게 오시는 것을 기뻐하라고 명령하고 있다(시 47; 96; 98). 그러나 9절은 시온에 여호와가 아닌 인간 왕의 입성을 기뻐하라고 명령하고 있다. 물론 스가랴가 선포하는 메시지가 새로운 것은 아니다. 에스겔은 이미 다윗 계열의 왕이 올 것을 선언한 적이 있다(겔 37:22, 24). 예레미야 역시 같은 생각을 '가지/순'으로 표현했다(렘 23:5; 33:14-22). 스가랴는 앞으로 오실 왕의 이름을 언급하고 있지 않지만 그가 다윗 계열로 오실 것을 확실시하고 있다(Ollenburger).

이 왕은 '공의로우며 구원을 베푸는'(צַדִּיק וְנוֹשָׁע) 자이다. 예레미야 23:5도 '싹'을 의롭다고 칭하고 있다. 본문에서의 '공의'(צַדִּיק)는 의로움보다는 '정당성'을 의미하는 것으로 해석되기도 한다(Ollenburger). 이 경우 왕은 다윗의 정당한 후손이라는 의미이다. 그러나 선지자들이 예언하는 메시아가 항상 공의로운 통치를 할 인물로 묘사하는 점을 감안할 때 의로움으로 간주하는 것이 바람직하다.

이 왕이 시온에 입성하면서 "겸손하여서 나귀(חֲמוֹר)를 타나니 나귀의 작은 것(עַיִר) 곧 나귀 새끼(בֶּן־אֲתֹנוֹת)"를 타고 입성한다(9절). 리핀스키(Lipinski)는 사사기 5:10, 10:4, 12:14 등에 근거하여 나귀는 왕을 포함한 귀족들이 타는 짐승이었다고 주장한다. 그러나 사사기 시대와 스가랴의 시대는 800여 년의 간격을 두고 있다. 또한 창세기 49:10-11에 의하면 형제들을 통치하게 될 유다는 '나귀(עַיִר)… 암나귀 새끼(אָתוֹן)'를 소유할 것을 예언하고 있다. 즉, 이 말씀은 시온에 입성하는 왕이 다름 아닌 유다의 자손으로 오는 다윗의 후손이라는 것을 뜻한다(Ollenburger). 나귀를 타고 오는 것은 무엇보다도 이 왕의 혈통을 드러내고자 하는 것으로 해석된다(Boda).

본문은 또 이 왕이 나귀를 타는 이유를 그가 겸손하기(עָנִי) 때문이라고 밝히고 있다. 아울러 10절은 여호와께서 그의 백성들이 군사력에 의존하는 것을 막기 위하여 그들로부터 전투 능력을 상징하는 모든 말들을 제거하실 것이라고 선언한다. 이러한 상황에서 시온의 왕이 온 세상에 평화를 이룩하기 위하여 입성하면서 전쟁의 상징이 되어버린 말을 타고 오는 것은 앞뒤가 맞지 않는 일이다. 또한 시온의 왕의 능력은 군사력에 있는 것이 아니라 여호와께 있다: "많은 군대로 구원 얻은 왕이 없으며 용사가 힘이 커도 스스로 구하지 못하는도다 구원함에 말은 헛것임이여 그 큰 힘으로 구하지 못하는도다"(시 33:16-17).

왕이 시온에 입성한 후 하나님께서 북 왕국과 남 왕국에서 전쟁과 군사적인 도구들을 모두 제거하실 것이다(10절). 주의 백성들이 그동안 엉뚱한 곳/것을 의지하고 살아온 것을 시정하시겠다는 의지이다. 그들은 지금까지 이스라엘의 하나님 여호와를 의지한 것이 아니라 군사적 힘을 의지하며 살아왔다. 이제 이러한 삶은 끝나야 한다. 에브라임과 예루살렘이 평행을 이룸으로써 언젠가는 하나님께서 이 두 나라를 다시 하나로 만드실 것을 예고하고 계신다(McComiskey). 스가랴의 국가 통일 비전은 이미 다른 선지자들도 언급한 적이 있다. 에스겔은 두 개의 막대기를 하나로 묶음으로써 이러한 사실을 예고했다(겔 37:16-20). 예레미야는 새 언약에 근거하여 두 나라가 하나가 될 것을 예언했다(렘 31:31). 그뿐만 아니라 이사야는 '이새의 뿌리'의 통치 아래 두 나라가 서로 적대관계를 접게 될 것을 선언했다(사 11:10-13). 스가랴는 9-10장에서 통일된 이스라엘을 소망으로 삼고 있으며 11:14에서 더 발전시킨다(cf. Ollenburger).

하나님께서 전쟁의 무기들을 제거하신 다음, 메시아 왕은 온 세상에 평화를 선포하게 될 것이다. 그는 바다에서 바다에 이르는, 강에서 땅끝에 이르는 지역을 통치할 것이다. 여기에서 바다에서 바다는, 지중해에서 사해로 해석될 수 있으며(암 8:11-12), 강은 유프라테스 강을 두고 하는 말씀이다(출 23:31; 왕상 4:21). 이는 가나안 땅의 경계선을 염두에 두고 있는 표현들이며 솔로몬의 통치를 연상시킨다. 솔로몬도 유프라테스 강에서부터 지중해에 이르기까지 모든 지역에서 평화를 누렸던 기록이 있다(왕상 4:24; 5:4). 역시 저자는 시온에 입성한 왕이 다윗의 후손임을 강조하고자 하는 것이다. 그러나 이 말씀은 땅끝까지 이르는 온 세상의 민족들을 뜻하면서 사용된 것으로 해석하는 것이 바람직하다(McComiskey). 시온에 왕으로 입성한 메시아의 통치가 땅끝까지 이르게 될 것을 확인하는 말씀이다.

Ⅳ. 회복과 파멸(9:1–11:17)
1장. 시온의 회복(9:1–17)

3. 백성들을 위한 여호와의 전쟁(9:11–17)

11 또 너로 말할진대 네 언약의 피로 말미암아
내가 네 갇힌 자들을 물 없는 구덩이에서 놓았나니
12 갇혀 있으나 소망을 품은 자들아
너희는 요새로 돌아올지니라
내가 오늘도 이르노라
내가 네게 갑절이나 갚을 것이라
13 내가 유다를 당긴 활로 삼고
에브라임을 끼운 화살로 삼았으니
시온아 내가 네 자식들을 일으켜
헬라 자식들을 치게 하며
너를 용사의 칼과 같게 하리라
14 여호와께서 그들 위에 나타나서
그들의 화살을 번개 같이 쏘아내실 것이며
주 여호와께서 나팔을 불게 하시며
남방 회오리바람을 타고 가실 것이라
15 만군의 여호와께서 그들을 호위하시리니
그들이 원수를 삼키며
물맷돌을 밟을 것이며
그들이 피를 마시고
즐거이 부르기를
술취한 것 같이 할 것인즉
피가 가득한 동이와도 같고
피 묻은 제단 모퉁이와도 같을 것이라

16 이날에 그들의 하나님 여호와께서 그들을
자기 백성의 양 떼 같이 구원하시리니
그들이 왕관의 보석 같이 여호와의 땅에 빛나리로다
17 그의 형통함과 그의 아름다움이 어찌 그리 큰지
곡식은 청년을, 새 포도주는 처녀를 강건하게 하리라

시온에 입성할 메시아 왕에 대한 말씀을 선포한 후 저자는 다시 하나님께서 치르실 전쟁에 대하여 예언한다. 1-8절이 여호와의 전반적인 가나안 정복을 노래하고 있는 반면에 이 섹션은 구체적으로 하나님께서 이스라엘 백성들을 모으고 축복하기 위하여 치르실 전쟁에 대하여 노래하고 있다.

9절에서 시작된 시온을 향한 말씀 선포가 계속되고 있다. 하나님께서는 시온을 불신에서 해방하신 것으로 만족하지 않으시고, 세상에 억류되어 있는 시온의 자녀들을 모두 자유롭게 하여 그들이 이 도성으로 돌아올 수 있도록 하겠다고 선언하신다. 저자는 하나님께서 이스라엘 백성을 열방으로부터 구원하시는 것을 그들을 '물 없는 구덩이로부터' 건져내는 것으로 표현한다(11절). '구덩이'(בּוֹר)는 우기 때 물을 저장했다가 건기 때 식수 등 생활용수로 사용하는 물 저장탱크이다. 탱크의 규모는 매우 커서 밖에서 줄을 던져 건져내지 않으면 빠져나올 수 없는 그런 곳이다(cf. 렘 38:11; 창 37:22). 열방의 압제 속에 고생하는 이스라엘, 그러나 스스로의 힘으로는 결코 헤어나올 수 없는 수렁에 빠진 것과 같은 백성들을 매우 적절하게 묘사하고 있는 이미지이다.

하나님의 해방 행위는 오랜 세월 동안 소망을 포기하지 않고 계속 구원을 바라던 사람들, 즉 '소망을 품은 갇혔던 자들'로 하여금 '요새'(בִּצָּרוֹן)로 돌아오게 하는 것이다. 개역은 이 단어를 '보장'으로, 공동은 '고향'으로 번역하고 있으며 TNK는 '비자론'(Bizzaron)이란 사마리아(שֹׁמְרוֹן)에 대한 애칭으로 번역하고 있다. 그러나 이 단어의 기본적인 개념은 '요새'(cf. NIV; NAS; NRS)이며 본문에서도 이 해석이 가장 자연스러운 의미라고 할 수 있다(Ollenburger;

McComiskey). 중요한 것은 열방에 갇혀 있던 자들이 다시 이스라엘로 돌아와 조상들의 땅을 메울 것이라는 부분이다. 대체로 학자들은 스룹바벨과 세스바살이 돌아오기 전 예루살렘에는 500명 이하의 주민이 거주한 것으로 추정한다(Meyers & Meyers). 그러나 이들과 함께 돌아온 사람들, 또 에스라와 함께 돌아온 사람들도 예루살렘에 거주하는 것을 기피했던 것으로 추측된다. 우리는 이러한 사실을 느헤미야가 제비뽑기를 해서 예루살렘에 거주할 자들을 선별하는 것에서 알 수 있다(느 7:4-5; 11:1-2). 스가랴는 하나님께서 예루살렘에 거하는 자들에게 '배'로 갚아 주실 것을 선언함으로써 그들이 폐허가 된 예루살렘에 돌아와 살 것을 권장하고 있다(cf. 사 54:1; 호 2:1-2). 사람들이 많으면 그만큼 도시가 번성하고 안정되는 것이 당연하기 때문이다. 게다가 하나님의 처소가 완공된다면 이스라엘 사람들이 성전 주변에 정착하여 사는 것은 또 하나의 신앙 고백이라 생각될 수 있다.

하나님께서 열방에 감금되어 있는 이스라엘 백성들을 구원하셔서 가나안으로 인도하실 뿐만 아니라, 이스라엘로 하여금 그들을 괴롭혔던 자들을 칠 수 있도록 하실 것이다(13절). 하나님의 사역이 이스라엘의 상황을 반전시키고 있다. 그동안 주의 백성들이 열방에 의하여 끊임없이 고통을 당했던 것처럼 이제는 하나님께서 이스라엘과 유다를 사용하여 그들을 부수실 것이다. 이 과정에서도 선지자는 일치된 이스라엘과 유다의 모습을 묘사함으로써 통일 이스라엘을 꿈꾸고 있다.

이스라엘이 쳐서 부숴버릴 열방의 대표로 '헬라/그리스'(יָוָן)가 언급되고 있다(13절). '야반'(יָוָן)은 원래 그리스에 속해 있던 소아시아의 남쪽 지역을 칭하는 이오니아(Ionia)를 의미했으나 그리스 전체를 뜻하기도 한다(cf. 욜 3:6). 이사야는 야반을 세상의 끝으로 비유하기도 한다(66:19-20). 한때는 학자들이 이 사실과 1-7절에 묘사된 하나님의 가나안 진군이 알렉산더 대왕의 가나안 정복 일정과 거의 흡사하다 하여 스가랴 9장 전체가 헬라 시대에 저술된 것으로 주장했다(cf. Meyers & Meyers). 그러나 최근에 와서는 더 신중한 입장을 취한다. 페르시아 제국 시대에 저작되었던 것으로 알려져 있는 요엘 3:6이 두로, 시돈과 블레셋이 여호와의 심판을 받아야 하는 이유를 그들이 "유다 자손과 예루살렘 자손들을 헬라 족속에게 팔아서 본 지경에서 멀리 떠나게 하였기" 때문이라고 기록한 사실이 큰 비중을 차지하게 되었기 때문이다(cf. Sweeney). 그뿐만 아니라 1–7절에서 하나님의 진군을 알렉산더 대왕의 가나안 정복과 유사한 것으로 보았다 하더라도 본문은 이스라엘의 두 나라가 하나가 되어 그리스를 칠 것을 강조하고 있다. 이들은 아군이 아니라 서로에게 적이었던 것이다.

하나님께서는 이 모든 일이 '네 언약의 피' 때문에 생긴 일이라는 것을 상기시키고 계신다(11절). '언약의 피'(בְּדַם־בְּרִיתֵךְ)는 구약에서 유일하게 이곳과 출애굽기 24:8에서 사용되는 표현이다. 모세가 하나님의 율법을 백성들에게 모두 읽어주자 백성들이 하나님의 모든 말씀을 잘 준행하겠다고 약속했다(7절). 이에 모세가 "그 피를 취하여 백성에게 뿌려 가로되 이는 여호와께서 이 모든 말씀에 대하여 너희와 세우신 언약의 피(דַם־הַבְּרִית)니라"라고 선포했다(8절). 비록 이스라엘이 하나님과의 언약을 잘 지키겠노라고 맹세한 후에도 언약을 파괴하여 열방에 흩어지게 되었지만, 하나님께서는 그때의 언약에 근거하여 이들을 돕고자 하시는 것이다. 이미 파괴되고 흔적만 남은 언약 관계가 하나님의 일방적으로 부어 주시는 은혜의 근거가 되고 있다.

이 '언약의 피'는 신약이 언급하고 있는 새 언약에도 영향력을 미쳤다(Ollenburger): "저녁 먹은 후에 잔도 이와 같이 하여 가라사대 이 잔은 내 피로 세우는 새 언약이니 곧 너희를 위하여 붓는 것이라"(눅 22:20; cf. 고전 11:25). 물론 출애굽기 24:8과 예레미야 31:31 등이 신약의 언약 개념에 많은 영향을 미친 것은 무시할 수 없는 사실이지만, 스가랴 9–14장이 복음서의 수난 이야기(Passion Narrative)에 많은 영향력을 미쳤다는 것을 감안할 때 본문의 영향력도 무시할 수 없는 것이다.

선지자는 시온에 입성한 연약한 왕이 온 세상을 통치할 것을 선언했다(10절). 또한 유다와 에브라임이 하나가 되어 열방을 물리칠 것을 선언했다(13절). 과연 어떻게 가능한가? 바로 그들과 함께하면서 지휘하는 지휘관이 여호와이시기 때문에 가능하다. 본문이 묘사하고 있는 여호와의 모습을 상상해보라:

"여호와께서 그 위에 나타나서 그 살을 번개같이 쏘아내실 것이며 주 여호와께서 나팔을 불리시며 남방 회오리바람을 타고 행하실 것이라"(14절). 천둥과 번개를 화살처럼 사용하시고 군악대의 장엄한 연주에 맞춰 회오리바람을 병거삼아 타고 다니시는, 그 누구도 앞길을 막을 수 없는 용감무쌍한 천하무적이시다. 이런 하나님께서 "백성을 보호하실 것이니, 그 백성이 원수를 섬멸하여 무릿매 돌 던지는 자들을 짓밟을 것이다." 그러므로 그의 보호를 받는 백성들은 원수들의 "피를 포도주처럼 마실 것이며, 그들은 피가 가득한 동이와도 같고 피로 흠뻑 젖은 제단 뿔과도 같을 것이다"(15절; 새번역). 오랫동안 열방의 핍박 아래 굶주렸던 주의 백성들이 마음껏 먹고 마시고 즐기는 모습이다. 그것도 그들을 괴롭혔던 열방들을 음식 삼아서 말이다. 하나님의 은혜와 사역이 이런 일을 가능케 하는 것이다.

하나님께서 이같이 직접 싸우셔서 이스라엘에게 승리를 주실 뿐만 아니라, 그들의 원수를 짓밟을 수 있는 여건을 만들어 주시니 이스라엘은 당연히 온 세상의 선망의 대상이요, 가장 존귀한 자들이 될 수밖에 없다. 창조주 하나님께서 편애하시는 족속이 되었기 때문이다. 그러므로 저자는 이들의 새로운 지위를 매우 아름답게 묘사한다: "그들은 왕관에 박힌 보석같이 빛날 것이다. 아, 그들이 얼마나 좋고, 얼마나 아름다운가! 총각들은 햇곡식으로 튼튼해지고 처녀들은 새 포도주로 피어날 것이다"(16c-17절; 새번역).

이스라엘은 그동안 열방에 흩어져서 빛이 되기는커녕 사람대접도 받지 못했던 비천한 존재들이었다. 그러나 이제 그들은 '왕관에 박힌 보석'처럼 온 세상에 찬란한 빛을 발하며 그 존귀함을 인정받을 것이다. 이미지의 반전을 생각해보라. 이스라엘은 열방이라는 벽의 한 모퉁이에 박혀 있던, 아무도 그 존재성을 의식하지 못하던 돌에 불과했다. 그런데 이제 하나님께서 그들을 온 세상의 가장 존귀한 보석들로 만들어진 왕관에서도 가장 아름답게 빛나는 보석으로 변화시키신 것이다. 하나님께서 우리 모두를 이처럼 존귀하게 하실 날이 오고 있다.

주의 백성들의 삶에 풍요로움도 임한다(17절). '햇곡식과 새 포도주'는 전통적으로 풍요로움의 상징이다. 이삭은 야곱에게 햇곡식과 새 포도주를 축복으로 빌어 주었으며(창 27:28), 모세는 햇곡식과 포도주가 넘치는 땅을 안전과 평안으로 연결하고 있다(신 33:28; cf. 민 18:12; 왕하 18:32; 사 36:17; 호 7:14). 곡식과 포도주의 풍요로움이 총각 처녀를 강건케 한다. 사회의 젊은 사람들이 강건하다는 것은 이 사회의 미래가 밝다는 의미이다. 역시 하나님께서 내리시는 풍요로움이 이뤄낸 업적이다.

그뿐만 아니라 하나님께서 이들을 마치 목자가 양을 보살피듯이 보살펴 주실 것을 약속하신다(16절). 이스라엘이 신분상 존귀하게 된 것뿐만 아니라 하나님의 직접적인 인도하심을 받는 은혜를 경험하게 된 것이다. 이스라엘은 결코 길을 잃고 헤매는 고아가 아니다. 하나님께서 그들의 길을 직접 인도하실 것이다. 본문에서 한 가지 우리가 인식해야 할 부분은 이러한 이스라엘의 변화는 하나님과의 관계에서 비롯된 것이라는 점이다. 하나님과의 관계가 변하니 그들의 신분과 가치가 변하고 있다.

2장 유다와 이스라엘의 회복
10:1-12

선지자는 하나님께서 이스라엘의 목자가 되어 주실 것을 선언했다(9:16). 마치 이 사실이 얼마나 놀라운 축복인 줄 아느냐고 강조하듯 선지자는 이스라엘을 목자 없이 갈팡질팡하는 양으로 묘사하면서 10장을 시작한다. 앞으로는 하나님께서 직접 이들의 목자가 되어 주실 것을 암시하면서 말이다. 이 섹션의 전반적인 내용은 역시 이스라엘의 회복이다. 유다와 이스라엘이 회복될 뿐만 아니라 하나님 안에서 하나가 될 것이다. 그러므로 하나님께서 실현하실 제2의 출애굽 사건은 세상의 그 어떠한 세력도 막을 수 없다.

10:1-2의 역할에 대하여는 아직도 많은 논란이 있다. 일부 학자들은 이 구절들을 10장에서 떼어내어 독립적인 신탁으로 간주한다(Mason; Saebø). 10:1-2이 서로 밀접한 관계로 평행을 이루고 있는 9:13-17과 10:3-12의 구조를 파괴하고 있다고 생각하는 사람도 있다(Dentan). 그러나 이 섹션이 오히려 9장과 10장을 창의적으로 엮어 통일성을 주고 있다고 주장하는 학자들도 많다(Stuhlmueller; Redditt; Floyd). 이렇게 간주할 경우 10:1-2는 9장의 결론 기능을 하면서 동시에 10장의 서론 역할을 하고 있다고 할 수 있다. 10:1-2를 따로 떼어내어 독립적으로 간주할 필요가 없는 것이다(cf. Boda). 이 섹션은 다음과

같이 세 파트로 세분화될 수 있다.

A. 갈팡질팡하는 백성들(10:1-2)

B. 하나님께서 백성들에게 능력을 주심(10:3-7)

C. 이스라엘의 회복(10:8-12)

Ⅳ. 회복과 파멸(9:1-11:17)
2장. 유다와 이스라엘의 회복(10:1-12)

1. 갈팡질팡하는 백성들(10:1-2)

1 봄비가 올 때에 여호와
곧 구름을 일게 하시는 여호와께 비를 구하라
무리에게 소낙비를 내려서
밭의 채소를 각 사람에게 주시리라
2 드라빔들은 허탄한 것을 말하며
복술자는 진실하지 않은 것을 보고
거짓 꿈을 말한즉
그 위로가 헛되므로
백성들이 양 같이 유리하며
목자가 없으므로 곤고를 당하나니

하나님께서 이스라엘을 바라보시며 "백성은 양 떼같이 방황하며, 목자가 없으므로 고통을 당한다"라고 탄식하신다(2c절). 이스라엘이 왜 목자 없는 양처럼 방황하며 고통을 당하는 것인가? 엉뚱한 목자들을 좇았기 때문이다. 이스라엘이 찾아야 하는 참 목자는 대지에 봄비를 주시고 구름비를 만드시는, 사람들에게 비를 주시고 들의 식물을 주시는 여호와 하나님이시다(1절; cf. 욥 38:25-27). 그런데 이스라엘이 찾았던 '목자'는 누구였는가? 그들은 고대 근동에서 집안의 수호신으로 섬겨졌던 드라빔(תְּרָפִים)(cf. 창 31:19, 34–35; 35:2; 왕하 23:24; 겔 21:26 [21])과 복술자들(קוֹסְמִים)을 의지하고 따랐다. 물론 본문에서 드라빔과 복술자는 이스라엘의 우상숭배를 상징하는 총체적인 표현이다.

이들은 허탄한 우상을 섬김으로써 자신들을 허탄하게 만들었다(cf. 렘 2:5). 이스라엘이 우상을 찾았던 이유는 풍요로움을 누리기 위함이었다. 스가랴는 그들의 선택이 얼마나 잘못되었는가를 드러내고 있다. 물이 귀한 가나안 지역에서 풍요로움은 비와 떼어 놓을 수 없는 관계를 지니고 있었다. 이스라엘 사람들이 계속 우상들을 찾았던 것은 풍요로움을 찾기 위함이었다. 그러나 저자는 그들에게 비를 주실 수 있는 유일한 분은 여호와라고 선언하는 것이다(cf. 렘 5:24; 10:13; 51:16). 결국 드라빔과 복술자를 찾은 것은 자신들을 속이는 일이었고, 거짓에 속아 넘어가는 행위였던 것이다.

본문을 해석하는 데 있어서 가장 큰 이슈는 선지자가 묘사하고 있는 '우상숭배'가 그들의 조상의 이야기인지, 아니면 포로 후기 시대를 살아가던 이 공동체의 문제인지를 가늠하는 것이다. 만일 이 말씀이 과거에 대한 회고라면 스가랴는 무엇 때문에 옛 조상의 이야기를 다시 꺼낼 필요를 느꼈던 것일까? 그러나 만일 이 말씀이 선지자의 시대를 살아가는 이스라엘 사람들의 영적 상태를 묘사하는 것이라면, 이들이 포로 생활에서 돌아온 지 얼마나 되었다고 벌써 종교적으로 타락했단 말인가?

맥코미스키(McComiskey)는 이 말씀이 스가랴의 시대를 살고 있던 사람들의 이야기로 간주한다(cf. Ollenburger; Craigie). 그러나 대체로 포로 후기 시대 예루살렘에 형성된 공동체는 이렇다 할 우상숭배는 하지 않았던 것으로 알려져 있다. 그러므로 이 시대가 이러한 죄를 범하고 있다고 결론짓기는 어렵다. 그렇다면 어떻게 해석해야 하는가? 이 말씀은 근본적으로 이스라엘이 과거의 죄를 회상하는 것으로부터 시작해서 현시대의 문제점을 지적하는 것으로 연결하고 있다고 보는 것이 바람직하다.

선지자는 하나님만이 비를 주실 수 있다는 사실을 확인함으로써 그들의 모든 문제를 그분께 맡길 것을 호소한 후(1절), 세상의 어떠한 우상도, 점술가도 그들에게 진실을 말하거나 그들의 길을 인도할 수 없다는 사실을 선언한다(2절). 그들의 조상들은 이것들을 좇다가 결국 길을 잃고 방황하는 양들처럼 되었다. 그러나 길을 잃고 방황하는 것은 조상들만의 문제는 아니다. 선지자의 시대도 같은 문제로 혼란을 겪고 있는 것이다. 이러한 점에서 선지자는 과거 세대와 현세대가 비슷하다고 주장하고 있는 것이다.

Ⅳ. 회복과 파멸(9:1–11:17) 2장. 유다와 이스라엘의 회복(10:1–12)

2. 하나님께서 백성들에게 능력을 주심(10:3–7)

3 내가 목자들에게 노를 발하며
내가 숫염소들을 벌하리라
만군의 여호와가 그 무리 곧 유다 족속을 돌보아
그들을 전쟁의 준마와 같게 하리니
4 모퉁잇돌이 그에게서,
말뚝이 그에게서,
싸우는 활이 그에게서,
권세 잡은 자가 다 일제히 그에게서 나와서
5 싸울 때에 용사 같이
거리의 진흙 중에 원수를 밟을 것이라
여호와가 그들과 함께 한즉
그들이 싸워 말 탄 자들을 부끄럽게 하리라
6 내가 유다 족속을 견고하게 하며
요셉 족속을 구원할지라
내가 그들을 긍휼히 여김으로
그들이 돌아오게 하리니

그들은 내가 내버린 일이 없었음 같이 되리라
나는 그들의 하나님 여호와라
내가 그들에게 들으리라
7 에브라임이 용사 같아서 포도주를 마심 같이
마음이 즐거울 것이요
그들의 자손은 보고 기뻐하며
여호와로 말미암아 마음에 즐거워하리라

옛적 우상들을 섬김으로써 방황하던 조상들처럼 좋은 리더가 없어 갈팡질팡하고 있는 이스라엘 백성들은 어떻게 될 것인가? 하나님께서 그들을 도우실 것을 약속하신다. 먼저 하나님께서 무능하고 포악한 목자들을 제거하실 것이다(3절). 그런데 이미 2절에서 "백성이 양 같이 유리하며 목자가 없으므로 곤고를 당하나니"라고 선포함으로써 이스라엘에 리더가 없다고 선언했는데, 3절에서는 "내가 목자들에게 노를 발하며 내가 숫염소들을 벌하리라"라며 리더들을 심판할 것을 선언하는 것은 무엇을 의미하는가?

이 두 구절이 언급하고 있는 리더들은 서로 다른 부류의 사람들이다. 대체로 구약에서 목자들은 유다/이스라엘의 리더들을 일컫는 말이다. 그러나 예레미야 12:10-11은 유다를 파탄에 이르게 한 국가들을 '여러 목자들'이라고 부른다(cf. 렘 49:19; 50:44). 또한 이사야 14:9와 에스겔 39:18 등은 국제적인 통치자들과 왕들을 '숫염소'/ '리더'라고 부른다. 그러므로 3절에서 언급하고 있는 하나님의 심판을 받게 될 리더들은 이스라엘을 억압하고 온 열방에 흩어놓은 이방 지도자들이다(Craigie; Ollenburger). 하나님께서 이스라엘을 붙잡고 있는 이방 지도자들을 치심으로써 그들의 회복을 완성하시겠다는 의지를 선언하신다. 이 과정에서 하나님은 유다를 '전쟁터를 달리는 날랜 말' 같이 만들어 사용하실 것이다(3절). 이 말에 올라타고 전쟁을 하시는 분은 다름 아닌 여호와이시다(Merrill). 유다가 원수를 갚을 수 있도록 기회를 열어 주실 것을 암시한다.

하나님께서 백성들을 찾으실 때 그들에게 세 가지를 주신다: 모퉁이 돌(פִּנָּה), 말뚝(יָתֵד), 싸우는 활(קֶשֶׁת מִלְחָמָה)(4-6a절). 문맥 속에서 이 세 가지는 리더들에 대한 은유들이다(McComiskey; Boda). 모퉁이 돌(פִּנָּה)은 왕을 포함한 지도자에 대한 은유이다(시 118:22; 사 19:13; 삿 20:2). 말뚝(יָתֵד)은 흔히 사용되는 표현은 아니지만 이사야 20:20-25에서 '다윗의 집의 열쇠를 가지고 있는' 여호와의 종 엘리아김을 칭하는 데 사용되었다. '싸우는 활'은 유다 지파를 뜻하며 이미 9:13에서 사용되었다. 일부 주석가들은 이 표현이 단순히 이스라엘의 군사력을 상징하며 사용되고 있다고 하지만(Meyers & Meyers), 고대 근동에서 활이 왕권을 상징하였던 것처럼 본문에서도 왕권을 상징하는 것이 확실하다(Mason; Boda)

하나님께서 유다 백성들에게서 많은 지도자가 나올 수 있도록 하실 것이다. 이사야는 유다를 정복한 왕들을 지도자라고 칭한 적이 있다(9:3; 14:4). 이처럼 유다로부터 수없이 많은 지도자들이 나오거나 혹은 온 유다 사람들이 지도자들처럼 유능하게 되어 열방과 전투하여 승리할 것이다. 그들은 적들을 흙 밟듯이 짓밟을 것이다(5절). 심지어는 전투에서 가장 용감무쌍한 군사들로 알려진 기마병들도 그들 앞에서는 힘없이 쓰러진다. 하나님께서 그들과 함께하시면서 그들에게 승리를 주셨기 때문이다(6a절).

하나님의 구원의 손길이 북 왕국까지 임한다(6b절). 선지자는 6절을 시작하는 데 있어서 "요셉 족속을 구원할지라"를 "유다 족속을 견고하게 하며"와 평행으로 배치하여 여호와의 사역의 초점이 이스라엘을 구원하는 것과 견고케 하는 것에 맞추어져 있음을 강조하고자 한다. 이 말씀은 주의 백성이 더 이상 두 나라로 존재하지 않고 한 나라가 될 것을 기대하고 있다. 그러나 11:14가 유다와 이스라엘의 분열을 언급하는 것과 선지자가 기대하고 있는 통일은 메시아의 통치 이후 비롯된다는 점을 생각할 때(9:9), 이 말씀은 역사적인 사건에 바탕을 두면서도 세상에 흩어져 있는 모든 주의 백성들의 하나 됨을 상징하는 것으로 해석하는 것이 바람직하다(McComiskey).

하나님께서 주의 백성과 함께 하시는 날, 몇 가지 변화가 있을 것이다. 첫째, 하나님과 그들의 관계가 처음처럼 될 것이다: "내가 그들을 긍휼히 여김으로 그들로 돌아오게 하리니 그들이 내게 내어 버리움이 없었음같이 되리라". 하나님께서 이미 오래전에 이스라엘을 버리셨지만 옛날처럼 다시 그들을 대하실 것이다. 마치 아무런 일도 없었던 것처럼 말이다. 하나님은 주의 백성들의 죄에 대한 기억을 자신의 머릿속에서 완전히 지우실 것이다(cf. 렘 31:34; 사 43:25). 둘째, 이러한 관계를 다른 말로 설명하면 "나는 그들의 하나님 여호와라 내가 그들을 들으리라"가 된다. 여호와께서 그들의 하나님이 되시고 그들은 하나님의 백성이 되실 것이라는 사실과 그들이 부르짖으면 응답하실 것이라는 점을 축약한 것이다. 이런 관계는 하나님과 이스라엘의 언약 관계의 가장 기본적인 틀이었다. 백성들의 죄로 인해 이미 깨어져 버린 하나님과의 특별한 관계가 다시 회복될 것을 암시하는 것이다. 셋째, 이처럼 '부르짖음 — 응답' 관계가 회복되면 자연히 하나님께서는 그들의 기도를 들으실 것이다. 그동안에는 하나님께서 이들의 기도를 들어주시려 해도 들을 수 없었다. 관계가 깨져 있었기 때문이다. 그러나 앞으로는 확실하게 그들의 기도를 들으실 것이다.

하나님께서 유다를 열방을 공격하는 용감무쌍한 군사들로 삼으신 것처럼 에브라임 또한 적을 무찌르는 도구로 사용하실 것이다(7절). 그들은 마치 술을 마시고 즐거워하는 사람처럼 승리에 도취할 것이다. 그뿐만 아니라 그들의 자식들도 승리를 즐거워한다는 것은 그들의 승리가 오랫동안 지속될 것을 시사한다. 그러므로 그들은 승리를 주신 "여호와로 인하여 마음에 즐거워할 것이다"(7절). 오직 하나님만이 그들에게 참 기쁨을 주실 수 있는 분이라는 점을 깨닫는 순간이다.

Ⅳ. 회복과 파멸(9:1–11:17)
2장. 유다와 이스라엘의 회복(10:1–12)

3. 이스라엘의 회복(10:8–12)

8 내가 그들을 향하여 휘파람을 불어 그들을 모을 것은
내가 그들을 구속하였음이라
그들이 전에 번성하던 것 같이 번성하리라
9 내가 그들을 여러 백성들 가운데 흩으려니와
그들이 먼 곳에서 나를 기억하고
그들이 살아서 그들의 자녀들과 함께 돌아올지라
10 내가 그들을 애굽 땅에서 돌아오게 하며
그들을 앗수르에서부터 모으며
길르앗 땅과 레바논으로 그들을 이끌어 가리니
그들이 거할 곳이 부족하리라
11 내가 그들이 고난의 바다를 지나갈 때에
바다 물결을 치리니
나일의 깊은 곳이 다 마르겠고
앗수르의 교만이 낮아지겠고
애굽의 규가 없어지리라
12 내가 그들에게 나 여호와를 의지하여 견고하게 하리니
그들이 내 이름으로 행하리라
나 여호와의 말이니라

전반부에서 하나님은 유다와 에브라임에게 승리를 주실 것을 선언하셨다. 이 섹션에서는 하나님께서 열방에 흩어져 있는 주의 백성들을 모으실 것을 선포하신다. 하나님께서 구속하셨기에 온 세상에 흩어져 있는 주의 백성들이 다시 모이게 될 것이며 옛날처럼 숫자가 많아질 것이다(8–9절). 옛날처럼 숫자가 많

아진다는 것은 아브라함 언약을 연상케 한다(cf. 창 15:5). 하나님의 은혜로 말미암아 주의 백성들이 어린아이들을 앞세우고 선조들의 땅으로 돌아온다(9절).

주의 백성이 돌아오는 열방의 반경이 이집트에서 아시리아에 이른다(10절). 남쪽과 북쪽을 막론하고 모든 지역에서 돌아온다는 뜻이다. 또한 이집트와 아시리아는 이스라엘을 속박하던 세력의 상징이기도 하다. 주의 백성들이 모든 속박에서 자유롭게 될 것을 의미하는 것이다(McComiskey). 그들은 모두 길르앗 땅과 레바논으로 돌아온다. 그러나 얼마나 많은 사람들이 돌아왔는지 그 땅이 모자라다.

그런데 왜 하필이면 길르앗과 레바논인가? 이 두 지역은 기름진 땅으로 알려졌던 곳이다(아 4:15; 사 29:17; 렘 22:6; 겔 31:16; 나 1:4). 길르앗은 양을 먹이기에 좋은 초장으로 유명했던 곳이기도 하다(대상 6:80; 아 4:1; 6:5; 미 7:14). 이스라엘이 자랑할 만한 가장 비옥한 땅을 다 합해도 돌아올 백성들의 숫자가 너무 많아 그들을 수용하기에는 부족할 것을 강조하고 있다. 숫자가 많아지는 것이 아브라함 언약을 연상시키는 것처럼, 땅에 대한 이야기 역시 아브라함 언약을 상기시킨다(cf. 창 15:18).

이스라엘을 다시 조상의 땅으로 돌아오게 하기 위하여 하나님께서는 그의 백성의 앞길을 막는 모든 것을 제거하신다(11절). "그들이 고난의 바다를 지나올 때에 나 주가 바다 물결의 기세를 꺾을 것이니, 나일 강이 그 바닥까지 다 마를 것이다. 아시리아의 교만이 꺾일 것이며, 이집트의 홀도 사라질 것이다"(새번역). 하나님께서 그의 백성을 속박하는 모든 '고난의 물결'을 잠재우실 것이며, 필요에 따라서 물이 풍부하기로 유명한 나일 강의 바닥까지도 드러내실 것이고 이집트의 왕 바로도 제거하실 것이다. 아시리아도 같은 운명을 경고받고 있다. 하나님의 백성들을 자유롭게 하는 제2의 출애굽 사역에 걸림돌이 되지 말라는 경고인 것이다. 반대해 보았자 성공할 수 없다.

이스라엘의 절대적인 회복을 노래한 선지자는 12절에서 6절의 이미지를 다시 진행해 나가고 있다: "내 백성이 나 주를 힘입어서 강해지도록 하겠다. 그들이 내 이름을 앞세우고, 늠름하게 나아갈 것이다"(cf. 미 4:5). 하나님의 은혜로 그의 백성들은 번성할 뿐만 아니라 그들을 핍박하던 열방 앞에서 자랑스럽게 행군하게 될 것이다. 본 장은 비를 다스리시는 창조주 하나님으로 시작했다가 이스라엘의 구세주 여호와로 마치고 있다. 창조주와 구세주는 별개의 개념이 아니라 연결성과 흐름이 있는 같은 하나님을 강조하고 있는 것이다 (Ollenburger).

3장 나무와 목자들이 슬퍼함
11:1-3

1 레바논아 네 문을 열고
불이 네 백향목을 사르게 하라
2 너 잣나무여 곡할지어다
백향목이 넘어졌고
아름다운 나무들이 쓰러졌음이로다
바산의 상수리나무들아 곡할지어다
무성한 숲이 엎드러졌도다
3 목자들의 곡하는 소리가 남이여
그들의 영화로운 것이 쓰러졌음이로다
어린 사자의 부르짖는 소리가 남이여
이는 요단의 자랑이 쓰러졌음이로다

이 텍스트를 앞부분(10장)과 연결할 것인가 아니면 뒷부분(11:4-17)과 연결하여 해석할 것인가에 대한 학자들의 견해가 분분하다(cf. Meyers & Meyers). 앞부분과 연결할 경우 이 시는 10장에서 묘사했던 여호와의 승리를 기념하는 노래일 것이며, 뒷부분과 연결하면 앞으로 이스라엘에 임할 혼란과 어려움을 예고하는 내용이 되는 것이다(Ollenburger). 일단은 앞부분과의 연결성을 무시하기에는 너무나도 많은 통일성과 공통점이 있다는 것이 일반적인 결론이다(Craigie). 특히 목자와 양의 이미지는 10장과 확실히 연관되어 있으며, 리더십에 대하여 다시 언급되고 있는 것으로 분석된다. 반면에 뒷부분과 연결되어 있는 것도 사실이다. 양과 목자의 이미지가 뒷부분에서 지속되고 있다. 그뿐만 아니라 이 노래의 분위기는 다음 섹션의 내용을 예비케 하는 역할을 하고 있다(McComiskey). 그래서 많은 학자들은 텍스트의 이중성(ambivalence)을 인정한다(Ollenburger).

선지자는 1-2절에서 수목에 대한 이미지를 사용하고 있다: 레바논의 백향목, 잣나무, 바산의 상수리나무, 무성한 삼림. 3절도 '요단의 자랑'(요단 강이 자랑하는 밀림)을 통해 수목 이미지를 연장해 나가고 있다. '요단의 자랑'을 요단 강의 지형으로 해석하기도 하지만(McComiskey), 대부분의 번역본과 학자들은 요단 강 주변의 울창한 숲으로 해석한다(공동; 새번역; NIV; NRS; Ollenburger). 울창한 숲으로 유명했던 곳들이 모두 파괴되고 있다. 그러므로 거할 곳을 잃어버린 짐승들이 소리를 지르며 방황하고 있다(3절). 물론 목자들도 짐승들을 먹일 수 없어 울상이다.

본문이 제시하고 있는 수목 이미지는 두 가지의 의미를 지녔다. 첫째, 레바논과 바산은 이스라엘의 인구가 레바논과 바산의 남쪽에 위치한 길르앗 지역을 초월하여 매우 팽창할 것이라던 10:10을 연상케 한다. 이 경우 본문은 곡식을 심고 가꿀 수 있는 농지를 마련하기 위하여 숲이 망가져 가는 모습을 그리고 있다고 볼 수 있다(cf. 미 7:14). 그렇다면 의미상 긍정적인 메시지이다. 둘째, 레바논의 백향목과 바산의 잣나무는 하나님께서 싫어하시는 교만의 상징이다(사 2:13; 시 29:5-6). 에스겔은 유다의 왕을 레바논의 백향목으로 표현하기도 하고(17:3), 아시리아를 이렇게 부르기도 한다(31:3, 16-17; cf. 사 10:33-34). 이렇게 해석할 경우 1-3절은 여호와께서 정치적으로 교만하고 높아진 자들/것들을 어떻게 하실 것인가에 대한 한 패러다임(paradigm)이 된다(Ollenburger; cf. Craigie). 본문에서는 이 두 가지 의미를 함께 포함하여 해석하는 것이 바람직하다.

4장 목자의 이야기
11:4-17

선지자는 10장 이후로 계속 국제 정세와 유다/에브라임의 회복에 초점을 맞추어 왔다. 이제부터는 메시지의 초점이 스가랴의 시대를 살아가는 유다 공동체의 내부적인 상황에 맞추어진다. 목자도 더 이상 열방의 왕이 아니라 유다의 지도자들이다. 이 섹션은 다음과 같이 세 파트로 구성되어 있다.

A. 스가랴의 소명(11:4-6)

B. 소명 이행(11:7-14)

C. 스가랴의 재소명(11:15-17)

Ⅳ. 회복과 파멸(9:1-11:17)
4장. 목자의 이야기(11:4-17)

1. 스가랴의 소명(11:4-6)

4 여호와 나의 하나님이 이르시되 너는 잡혀 죽을 양 떼를 먹이라 5 사들인 자들은 그들을
잡아도 죄가 없다 하고 판 자들은 말하기를 내가 부요하게 되었은즉 여호와께 찬송하리라
하고 그들의 목자들은 그들을 불쌍히 여기지 아니하는도다 6 여호와가 말하노라 내가 다

시는 이 땅 주민을 불쌍히 여기지 아니하고 그 사람들을 각각 그 이웃의 손과 임금의 손에 넘기리니 그들이 이 땅을 칠지라도 내가 그들의 손에서 건져내지 아니하리라 하시기로

하나님께서 스가랴에게 목자가 되라고 명령하신다(4절): "너는 잡혀 죽을 양 떼를 먹여라"(4절). 그에게 명령하시는 이는 '여호와 나의 하나님'이시다. 이 성호는 매우 독특한 것이며 13장에서 백성들의 "여호와는 내 하나님이시라"라는 믿음의 고백을 기대하게 한다(13:9). 그러나 아직 11장에서 이 고백을 할 수 있는 사람은 스가랴만이 유일하다. 이 디스코스(discourse) 안에서 목자들은 유다의 지도자들을 의미했다. 그렇다면 스가랴가 목자가 되는 것이 그가 실제로 유다의 종교적 혹은 사회적 지도자 자리를 맡았다는 의미인가? 아니면 단순히 상징적인 행위를 말하는가? 확실하지는 않다(cf. Meyers & Meyers).

하나님께서 스가랴에게 보살피라고 맡기신 것은 '잡혀 죽을 양 떼'이다. 비록 꿈을 안고 포로생활에서 돌아온 사람들로 형성된 공동체였지만 결국 이스라엘 사람들은 잡혀 죽을 양과 같았고 그들의 리더들은 이 양들을 보살피는 질이 좋지 않은 목자들이었다. 목자들이 왜 비난을 받고 있는가? 무엇보다도 그들이 양을 돌보는 목적이 잘 키워서 돈을 벌기 위함에 있었기 때문이다(5절). 양들을 사는 사람들 역시 아무런 거리낌 없이 마구잡이로 이 양들을 도살하고 있다. 앞으로 닥칠 상황의 절박함을 잘 묘사하고 있다. 목자들이 리더들이라면 이 양들을 사는 사람들은 누구인가? 이방인들이다. 이스라엘이 미래에 다시 한 번 큰 환난을 맞게 될 것을 암시하고 있다(McComiskey).

더 큰 문제는 이스라엘의 지도자들이 나라와 백성을 팔아먹는 짓을 하게 된다는 것이다. 이 모든 일이 하나님께서 백성을 향한 자비를 거두어 가시기 때문에 일어난다(6절): "여호와가 말하노라 내가 다시는 이 땅 거민을 불쌍히 여기지 아니하고 그 사람을 각각 그 이웃의 손과 임금의 손에 붙이리니 그들이 이 땅을 칠지라도 내가 그 손에서 건져내지 아니하리라." 이 말씀이 묘사하고 있는 하나님의 행위는 느부갓네살의 침략 때의 일을 상기시킨다(렘 13:14): "내가 그들을 불쌍히 여기지 아니하며 관용치 아니하며 아끼지 아니하

고 멸하리라"(cf. 겔 5:11). 그러나 모든 것이 결코 절망적인 것은 아니다. 이미 오래전에 하나님께서는 "그런즉 그들이 대적의 땅에 거할 때에 내가 싫어 버리지 아니하며 미워하지 아니하며 아주 멸하지 아니하여 나와 그들이 세운 언약을 폐하지 아니하리니 나는 여호와 그들의 하나님이 됨이라"라고 약속하셨다(레 26:44). 이스라엘이 바벨론에 머물 때에도 이 약속은 유효했고, 앞으로도 유효할 것이다.

IV. 회복과 파멸(9:1-11:17)
4장. 목자의 이야기(11:4-17)

2. 소명 이행(11:7-14)

7 내가 잡혀 죽을 양 떼를 먹이니 참으로 가련한 양들이라 내가 막대기 둘을 취하여 하나
는 은총이라 하며 하나는 연합이라 하고 양 떼를 먹일새 8 한 달 동안에 내가 그 세 목자
를 제거하였으니 이는 내 마음에 그들을 싫어하였고 그들의 마음에도 나를 미워하였음이
라 9 내가 이르되 내가 너희를 먹이지 아니하리라 죽는 자는 죽는 대로, 망하는 자는 망하
는 대로, 나머지는 서로 살을 먹는 대로 두리라 하고 10 이에 은총이라 하는 막대기를 취
하여 꺾었으니 이는 모든 백성들과 세운 언약을 폐하려 하였음이라 11 당일에 곧 폐하매
내 말을 지키던 가련한 양들은 이것이 여호와의 말씀이었던 줄 안지라 12 내가 그들에게
이르되 너희가 좋게 여기거든 내 품삯을 내게 주고 그렇지 아니하거든 그만두라 그들이
곧 은 삼십 개를 달아서 내 품삯을 삼은지라 13 여호와께서 내게 이르시되 그들이 나를 헤
아린 바 그 삯을 토기장이에게 던지라 하시기로 내가 곧 그 은 삼십 개를 여호와의 전에
서 토기장이에게 던지고 14 내가 또 연합이라 하는 둘째 막대기를 꺾었으니 이는 유다와
이스라엘 형제의 의리를 끊으려 함이었느니라

정확히 어떤 일이 벌어지고 있는지를 이해하는 것이 결코 쉽지는 않다. 다만 선지자가 하는 세 가지 행동은 확실하다(7-9절): (1) 그는 두 개의 목자 지팡이

를 취하여 하나는 '은총'(נֹעַם)이라 이름하고 다른 하나는 '연합'(חֹבְלִים)이라 불렀다; (2) 그는 세 목자를 해고했다; (3) 그는 양 떼를 버렸다.

하나님의 명령에 따라 스가랴는 '잡혀먹힐 양들'을 쳤다(7절). 스가랴가 사회적 혹은 종교적 리더십을 행사했는지는 확실치 않다. 양들을 치면서 그는 두 지팡이를 취하여 '은총'과 '연합'이란 이름을 주었다(7절). 이 두 지팡이의 중요성은 10-14절에 가서야 드러난다. 크레이기(Craigie)는 이 두 지팡이를 하나님의 자비로운 행위로만 해석하지만, 7절에서는 이 이름들이 긍정적인 것인지 부정적인 것인지 확실치 않다. 그리고 후반부에서는 오히려 부정적인 효과를 가져다주는 것들이었다.

스가랴는 양을 치면서 한 달 만에 목자를 셋이나 해고했다(8절). 본문을 교정하여 '양 떼의 1/3을 잃은 것'으로 해석되기도 하지만 그렇게 해석할 근거나 이유가 없다(cf. TNK margin). 이스라엘 사회에서 상당한 지위에 있는 사람들을 면직시켰다는 뜻으로 생각된다(McComiskey). 선지자는 그들을 싫어했으며, 그들도 선지자를 싫어했다. 그러나 이 세 인물이 누구이며 왜 하필이면 셋인가를 논하는 것은 별 도움이 되지 않는다(cf. Mitchell; Baldwin). 일단 악한 목자들을 셋이나 한 달 사이에 제거했으니 많은 사람들이 새로운 시대에 대한 기대를 할 수 있었을 것이다.

그러나 바로 다음 순간에 선지자는 보살피고 있는 양들을 버렸다(9절): "그런 다음에 나는 양 떼에게 말하였다. '나는 더 이상, 너희를 돌보는 목자 노릇을 하지 않겠다. 죽을 놈은 죽고, 망할 놈은 망하여라. 그러고도 남는 것들은 서로 잡아먹어라.'" 참을 만큼 참고 노력도 해 보았지만 문제가 워낙 크다 보니 역부족을 느꼈던 것이다. 하나님께서 6절에서 하신 말씀이 성취되어가고 있는 것이다. 하나님의 리더십을 거부하는 양들은 버림받을 수밖에 없다는 것이 역사적으로 되풀이되며 입증되는 사실이 아닌가?

양을 버린 스가랴는 '은총'(נֹעַם)이라고 불렀던 막대기를 부러뜨렸다(11절). 이 지팡이가 부러진 것처럼 하나님과 열방 사이의 언약을 파괴하기 위함이었다. 그렇다면 하나님과 열방 사이에는 어떤 언약이 맺어졌는가? 이 말씀은 메시아가 새 다윗으로 오시는 날, 그는 온 세상과 평화를 맺을 것이라는 에스겔의 예언을 상기시킨다(34:23-25; 37:24-26)(Ollenburger). 이 언약은 무엇보다도 이스라엘과 유다의 평안을 보장하는 성격을 띤 것이었다. 본문에서도 열방과의 언약이 깨지는 것은 무엇보다도 하나님의 양들을 위협하는 결과를 초래하고 있다. 하나님과 열방의 언약이 파괴된 것은 이스라엘에게는 불길한 일이었다.

언약이 파괴된 것을 보고 '가련한 양들'(עֲנִיֵּי הַצֹּאן)이 이 모든 일이 하나님의 말씀에 의한 것인 줄을 알았다. 그런데 정확히 이들은 누구를 의미하는가? 대부분의 번역본들이 스가랴의 말씀을 청종하던 불쌍한 양들로 간주한다(개역; 공동; NIV; NAS). 그러나 공동과 NRS는 5절에 근거하여 '장사꾼들'로 번역하고 있다. 이들은 양들 중 불쌍한 것들이 아니라, 스가랴의 양치기 때문에 피해를 보았던, '양 떼들 때문에 피해를 보았던 자들'이란 것이다(Ollenburger). 다음 섹션에서 진행되는 일을 감안할 때 이 해석이 설득력 있어 보인다. 그들은 다시 한 번 "내가 부요케 되었은즉 여호와께 찬송하리라"(5절)는 자세로 이 일이 여호와께로부터 온 것으로 받아들이고 있는 것이다.

스가랴가 양을 버리자 다시 자신들의 이익을 챙기려고 침을 흘리고 달려드는 무리가 있었다. 바로 '양을 파는 자들'(cf. 5절) 이었다. 선지자는 기회를 놓치지 않고 그들에게 '품삯'을 요구했다. 목자가 양들을 보호하고 친 것에 대한 품삯이 아니라 죽도록 버려두는 것에 대하여 품삯을 요구하고 있다. 흥미로운 것은 이들이 선지자의 요구를 그대로 수용한다는 점이다. 그들은 30 세겔을 주었다. 노예의 몸값이자 한 사람의 3년 치 봉급이다. 그러나 스가랴는 이 액수에 대하여 만족하지 않는다. 그는 이 돈을 '후하게 받은 품삯'(공동)이라고 빈정대고 있다(13절).

선지자는 그 돈을 받아 자신이 갖지 않고 하나님의 명령대로 남에게 주었다. 그는 이 돈을 누구에게 주었는가(cf. Meyers & Meyers)? 대부분 번역본들이 '토기장이'(הַיּוֹצֵר)에게 주었다고 해석하고 있다(개역; 새번역; NIV; NAS). 그러나 시리아어 번역에 근거하여 MT를 교정해서 '[성전] 금고'(הָאוֹצָר)에 들여놓았다는 해석도 있다(공동; NRS; Ollenburger). 이 부분에 있어서 칠십인역(LXX)은 전혀 도움이 되지 않는다: "그것들이 좋은 것인지 내가 보고자 하니 화덕에 넣어보라"(κάθες αὐτοὺς εἰς τὸ χωνευτήριον καὶ σκέψαι εἰ δόκιμόν ἐστιν).

본문의 정황에서 금고도 잘 어울리는 해석이지만, 시리아어 번역만으로는 MT를 수정하는 것은 마땅치 않다. 게다가 스가랴가 가장 싫어했던 사람들 중에는 종교 지도자들이 끼어 있었는데 이들을 위하여 성전 금고에 이 돈을 두었다는 것이 그다지 납득이 가지 않는다. 그가 이 돈을 받으며 액수에 대하여 빈정대고 있음을 볼 때, 토기장이처럼 가난한 사람에게나 어울리는 액수라는 것을 뜻하면서 그에게 주었던 것으로 해석하는 것이 바람직하다(McComiskey). 이 말씀을 배경으로 하고 있는 마태복음 27:5-8은 공교롭게도 금고와 토기장이를 함께 언급한다.

선지자는 이스라엘과 유다의 분열을 상징하면서 '연합'(הַחֹבְלִים)이라고 이름했던 지팡이를 부러뜨렸다. 스가랴는 '은총' 지팡이를 부러뜨림으로써 열방과 이스라엘의 적대적 관계를 상징했다. 이제 그는 이스라엘과 유다의 분열에 대해 언급함으로써 완전한 혼란(anarchy)을 예고하고 있다. 더 이상 형제애도 기대할 수 없는 사회로 급변할 것을 선언한다.

Ⅳ. 회복과 파멸(9:1-11:17)
4장. 목자의 이야기(11:4-17)

3. 스가랴의 재소명(11:15-17)

15 여호와께서 내게 이르시되 너는 또 어리석은 목자의 기구들을 빼앗을지니라 16 보라 내가 한 목자를 이 땅에 일으키리니 그가 없어진 자를 마음에 두지 아니하며 흩어진 자를 찾지 아니하며 상한 자를 고치지 아니하며 강건한 자를 먹이지 아니하고 오히려 살진 자의 고기를 먹으며 또 그 굽을 찢으리라

17 화 있을진저

양 떼를 버린 못된 목자여
칼이 그의 팔과 오른쪽 눈에 내리리니
그의 팔이 아주 마르고
그의 오른쪽 눈이 아주 멀어 버릴 것이라
하시니라

하나님께서 선지자에게 "우매한 목자의 기구들을 취할지니라" 라고 명령하신다(15절). 이 말씀은 어리석은 목자들에게서 기구들을 빼앗으라는 뜻(개정개역)이 아니라 선지자에게 다시 "못된 목자 노릇을 하라"는 의미이다(공동; 새번역). 하나님께서는 어리석은 목자가 하지 않는 일들을 지적함으로써 참목자가 해야 할 일들을 암시하고 계신다. 참 목자들은 (1) 양을 돌보아야 하며; (2) 없어진 양을 찾아 나서야 하며; (3) 앓는 놈을 고쳐 주어야 하며; (4) 굶은 놈을 먹여 주어야 한다. 그러나 어리석은 목자들은 이런 일에는 관심이 없고 "오히려 살진 놈은 잡아 발굽만 뽑아 버리고 먹어 치울 것이다"(16절). 하나님께서는 스가랴로 하여금 못된 목자로 행동하게 함으로써 앞으로 이스라엘에 이처럼 나쁜 목자들이 많이 나타날 것을 경고하시는 것이다.

악한 목자들에게 저주가 내려진다(17절): "칼이 그의 팔과 오른 눈을 상하게 할 것이니, 팔은 바싹 마르고, 오른 눈은 아주 멀어 버릴 것이다"(새번역). 좋은 목자들이 아주 유용하게 사용할 신체 부위들에 저주가 내려지고 있다. 팔은 양들을 먹이고 상처 난 놈들을 고쳐 주는 데 꼭 필요한 부위이다. 눈은 없어진 양을 찾아 나서는 데 필요하다. 악한 목자들이 이런 일을 하고 있지 않으니 필요 없는 부위로 취급되어 심판을 받아 없어지고 있는 것이다.

V. 백성들의 운명: 전쟁, 정결, 재창조

12:1-14:21

앞 섹션은 '은총'과 '연합'이라는 지팡이를 부러뜨림으로 이스라엘의 미래에 대하여 매우 불확실한 분위기를 조성하며 막을 내렸다. 선지자는 이 마지막 섹션에서 이스라엘의 미래에 대하여 구체적인 그림을 제시한다. 선지자가 제시하는 그림은 밝기도 하고 어둡기도 하다. 회개와 용서가 임하는 면에서는 밝다. 그러나 메시아가 찔려 죽임을 당하는 면에서는 어두운 그림이다. 이 섹션은 다음과 같이 세 파트로 구분될 수 있다.

A. 전쟁과 정결(12:1-13:1)

B. 거짓 선지자와 목자가 제거됨(13:2-9)

C. 왕에 대한 찬송(14:1-21)

1장 전쟁과 정결
12:1–13:1

선지자는 본 텍스트를 "이스라엘에 관한 여호와의 말씀의 경고라"라는 문구로 시작함으로써 앞 섹션(9–11장)과 구분하고 있다(1절). 새로운 디스코스의 시작을 알리고 있는 것이다. 저자는 때가 되면 예루살렘이 옛날처럼 이방인들의 침략을 받을 것이지만, 결과는 매우 다를 것이라는 예언을 하고 있다. 오히려 침략군을 물리치고 짓밟는 그림을 제시하고 있다. 이 섹션은 (1) 난공불락의 요새 예루살렘(12:1–8); (2) 승리, 그리고 슬픔(12:9–13:1) 등 두 파트로 구분될 수 있다.

V. 백성들의 운명: 전쟁, 정결, 재창조(12:1–14:21) 1장. 전쟁과 정결(12:1–13:1)

1. 난공불락의 요새 예루살렘(12:1–8)

1 이스라엘에 관한 여호와의 경고의 말씀이라 여호와 곧 하늘을 펴시며 땅의 터를 세우시
며 사람 안에 심령을 지으신 이가 이르시되 2 보라 내가 예루살렘으로 그 사면 모든 민족
에게 취하게 하는 잔이 되게 할 것이라 예루살렘이 에워싸일 때에 유다에까지 이르리라

3 그날에는 내가 예루살렘에게 모든 민족에게 무거운 돌이 되게 하리니 그것을 드는 모든
자는 크게 상할 것이라 천하 만국이 그것을 치려고 모이리라 4 여호와가 말하노라 그날에
내가 모든 말을 쳐서 놀라게 하며 그 탄 자를 쳐서 미치게 하되 유다 족속은 내가 돌보고
모든 민족의 말을 쳐서 눈이 멀게 하리니 5 유다의 우두머리들이 마음속에 이르기를 예루
살렘 주민이 그들의 하나님 만군의 여호와로 말미암아 힘을 얻었다 할지라 6 그날에 내가
유다 지도자들을 나무 가운데에 화로 같게 하며 곡식단 사이에 횃불 같게 하리니 그들이
그 좌우에 에워싼 모든 민족들을 불사를 것이요 예루살렘 사람들은 다시 그 본 곳 예루살
렘에 살게 되리라 7 여호와가 먼저 유다 장막을 구원하리니 이는 다윗의 집의 영광과 예
루살렘 주민의 영광이 유다보다 더하지 못하게 하려 함이니라 8 그날에 여호와가 예루살
렘 주민을 보호하리니 그 중에 약한 자가 그날에는 다윗 같겠고 다윗의 족속은 하나님 같
고 무리 앞에 있는 여호와의 사자 같을 것이라

1절이 이스라엘을 언급하고 있지만, 1–7절의 내용은 예루살렘과 유다에 초점을 맞추고 있다. 저자는 유다를 수차례 언급하고 있는 것이다: '유다'(2, 7절); '유다 족속'(4절); '유다 두목/씨족'(5–6절); '유다 장막'(7절). 또한 예루살렘이란 이름이 본문에서 수차례 사용되고 있다. '유다 장막'(אָהֳלֵי יְהוּדָה)과 '유다 두목/씨족'(אַלֻּפֵי יְהוּדָה)이란 말은 구약에서 유일하게 이곳에서만 사용되는 표현이다. 이러한 독특성과 저자가 의도적으로 유다를 다윗의 집과 예루살렘의 주민들로부터 구분하려는 것(5, 7절)에 근거하여 이 텍스트가 포로 후기 시대 예루살렘에서 빚어졌던 신분과 종교적인 갈등을 노출하고 있다고 해석되기도 한다(Ollenburger). 실제로 이 부분을 수용하지 않으면 7절을 설명하기가 매우 어렵다.

스가랴는 '경고'(מַשָּׂא)라는 말을 먼저 제시함으로써 이 섹션의 전반적인 메시지의 분위기가 상당히 무거울 것을 암시하고 있다. 백성들은 선지자가 선포하고 있는 경고를 피할 수가 없다. 선지자에게 말씀을 주신 분이 바로 여호와 곧 "하늘을 펴시며 땅의 터를 세우시며 사람 안에 심령을 지으신 자"이시기 때문이다. 저자는 하나님께서 세상에서 가장 높은 곳과 낮은 곳, 그리고 그사

이에 거하는 모든 사람들을 창조하셨음을 고백하고 있다. 이 세상의 모든 것이 하나님께 속한 것이며, 여호와께서 창조주의 권한으로 말씀하시기에 그 누구도 지금부터 선포되는 그분의 말씀을 부인할 수 없음을 시사하고 있다. 그뿐만 아니라 여호와께서 창조주 하나님으로 등장하시는 것은 앞으로 선포될 메시지가 범세계적인 의미를 지닌 것임을 암시하기도 한다.

하나님께서 예루살렘을 "잔으로 만들어 주변의 모든 민족을 취하게 하고, 비틀거리게 하겠다"라고 말씀하신다(2절). 어떤 학자들은 '비틀거리게 하는 잔'(סַף־רַעַל)에서 '잔'(סַף)을 '문지방'(cf. 사 6:4; 렘 35:4)으로 해석하여 '비틀거리게 하는 문지방'으로 해석하기도 한다(Ollenburger). 어느 쪽을 택하든지 기본적인 개념은 때가 되면 온 세상이 합심하여 예루살렘을 공격할 날이 오겠지만 결코 성공하지 못할 것이라는 사실이다(2–3절).

열방이 비장한 각오로 시온을 공격하겠지만, 그들은 마치 술 취한 자처럼 비틀거리거나, 흔들리는 땅 위에서 균형을 잡지 못하는 사람처럼 될 것이다. 공격은 고사하고 자기 자신도 챙기지 못하는 처량한 사람의 모습이다. 침략자들이 성공하지 못할 뿐만 아니라 스스로 다칠 것이라는 사실이 사용되는 이미지를 통하여 다시 한 번 강조된다: "내가 예루살렘을 바위가 되게 할 것이니, 모든 민족이 힘을 다하여 밀어도 꿈쩍도 하지 않을 것이다. 그 바위를 들어 올리려고 하는 자는, 누구든지 상처를 입을 것이다"(3절).

유다와 예루살렘이 이처럼 온 세상 사람들로 구성된 적의 공격에도 불구하고 건재한 것은 여호와의 보살핌이라는 것이 선지자의 주장이다. 하나님께서 예루살렘을 적군의 손에서 구하시는 것뿐만 아니라, 직접 그들의 진영을 교란시키실 것이다(4–5절). 그러므로 이스라엘의 리더들은 하나님께서 함께하시므로 자신들이 강건할 수 있음을 고백하게 된다(5절). 이들의 고백은 형식적인 것이 아니라 자신들의 '심중에 이르는' 말이다. 마음속 깊은 곳에서부터 하나님에 대한 경외와 감사함이 고백으로 흘러나오는 것이다. 진정한 변화가 이들에게 임하고 있으며, 모든 것이 하나님의 은혜 때문이다.

유다와 예루살렘이 적들의 침략에도 불구하고 강건할 뿐만 아니라 오히려 적들을 박살 내는 공격을 펼친다(6절). 유다의 지도자들은 '나무 가운데 화로'와 '곡식단 사이에 횃불'처럼 되어 예루살렘을 공략하기 위하여 진을 치고 있는 적군들을 불태울 것이다. 적들은 예루살렘을 침략하여 취하러 왔다가 오히려 패배만 맛보게 되었다. 그것도 아무것도 건질 수 없는 처절한 패배이다. 이 모든 일이 백성들과 함께하는 여호와 때문이라는 것이 그들의 고백이다(7절).

여호와께서 함께하는 예루살렘 거주민의 모습을 상상해보라(8절): "그날에 나 주가 예루살렘에 사는 주민을 보호할 것이니, 그들 가운데 가장 연약한 사람도 그날에는 다윗처럼 강하게 될 것이다. 다윗 집안은 하나님처럼, 곧 백성을 인도하는 주의 천사처럼, 그렇게 백성을 인도할 것이다"(새번역). 예루살렘에 거하는 자들 중 가장 보잘것없는 자가 돌멩이 몇 개로 장사 골리앗을 때려 죽였던 다윗처럼 변한다. 이러한 백성을 감히 어떤 군사가 당해내겠는가! 예루살렘 성은 난공불락(難攻不落)이요 그 거주민들은 천하무적이 되어 있는 것이다. 이처럼 용감무쌍한 공동체에서 다윗 집안은 어떤 역할을 감당하는가? 그들은 이 백성의 선두주자가 되어 이들을 인도한다(8절): "다윗 집안은 하나님처럼, 곧 백성을 인도하는 주의 천사처럼, 그렇게 백성을 인도할 것이다." 다윗의 후손들이 아주 확실한 인도자 역할을 감당해 낼 것이다.

V. 백성들의 운명: 전쟁, 정결, 재창조(12:1–14:21)
1장. 전쟁과 정결(12:1–13:1)

2. 승리, 그리고 슬픔(12:9–13:1)

9 예루살렘을 치러 오는 이방 나라들을 그날에 내가 멸하기를 힘쓰리라 10 내가 다윗의 집
과 예루살렘 주민에게 은총과 간구하는 심령을 부어 주리니 그들이 그 찌른 바 1) 그를 바
라보고 그를 위하여 애통하기를 독자를 위하여 애통하듯 하며 그를 위하여 통곡하기를 장
자를 위하여 통곡하듯 하리로다 11 그날에 예루살렘에 큰 애통이 있으리니 므깃도 골짜기
하다드림몬에 있던 애통과 같을 것이라 12 온 땅 각 족속이 따로 애통하되 다윗의 족속이

따로 하고 그들의 아내들이 따로 하며 나단의 족속이 따로 하고 그들의 아내들이 따로 하
며 13 레위의 족속이 따로 하고 그들의 아내들이 따로 하며 시므이의 족속이 따로 하고 그
들의 아내들이 따로 하며 14 모든 남은 족속도 각기 따로 하고 그들의 아내들이 따로 하리
라 1 그날에 죄와 더러움을 씻는 샘이 다윗의 족속과 예루살렘 주민을 위하여 열리리라

하나님께서 그들을 도우시니 그들이 승리하는 것은 당연한 일이다. 예루살렘을 침략해 왔던 세상 모든 민족이 하나님의 공격을 받고 힘없이 쓰러진다(9절). 전 섹션에 전개된 이야기의 결론을 이 섹션의 서론으로 사용하고 있다. 그러므로 이야기는 이제부터다. 하나님께서 다윗의 집과 예루살렘 거민에게 은총과 간구하는 신을 부어 주시니 그들이 자신들이 찌른 자를 생각하며 마치 외아들을 잃고 슬피 울듯이 울며, 맏아들을 잃고 슬퍼하듯이 슬퍼한다(10절).

영(רוּחַ)을 부어 주는 것은 에스겔 39:29, 요엘 2:28–29 등에서도 발견되는 개념이다. 그러나 하나님의 영을 언급하고 있는 이들과는 달리 본문은 인간적인 영을 말하고 있다(Ollenburger; McComiskey). 하나님께서 이들에게 은총을 구하고 남을 위하여 기도하는 마음을 주셨으므로 그들이 순수하고 예민한 마음을 가지게 되었다는 것이다. 그들은 하나님께서 주신 예민한 마음을 갖게 되어 찔린 자에 대하여 매우 슬퍼하게 된다. 그들은 마치 '외아들'과 '맏아들'을 잃고 우는 것처럼 슬피 운다.

구약에서 외아들/외동딸에 연관된 슬픔이 나오는 곳은 두 곳이다. 첫 번째, 이삭은 아브라함의 외아들이었다. 만일 아브라함이 이삭을 잃었더라면 얼마나 슬펐을까를 상상해보라(cf. 창 22장). 또한, 입다는 외동딸을 번제물로 바쳤다(삿 11장). 그의 아픔을 생각해보라. 맏아들을 잃는 슬픔에 대해선 출애굽 때에 이집트 사람들이 장자를 잃고 통곡했던 것을 생각해보라. 인간으로서 상상할 수 있는 최고의 슬픔을 상기시키고 있는 것이다. 신약에서는 '맏아들' '외아들' 이란 개념이 메시아적인 의미를 갖게 된다(cf. 요 1:18). 신약은 예수님을 마리아의 맏아들(눅 2:7), 큰 집안의 맏아들(롬 8:29), 모든 피조물의 '맏아들'(골 1:15)로 부르고 있다. 그뿐만 아니라 칠십인역(LXX)이 '외/유일한'(יָחִיד)(only)이란 히브

리어 단어를 '사랑하는'(ἀγαπητὸς) 이란 헬라 단어로 번역하는 것을 감안하면 마태복음 3:17, 누가복음 9:35 등도 본문의 영향을 받았던 것으로 추정된다(Ollenburger).

그들이 찌른 자는 누구인가? 본문의 히브리어 텍스트의 번역과 해석이 매우 어렵다. 본문은 찔린 자를 '나'(אֵלַי)라는 1인칭 단수로 표현하고 있다. 그러나 번역본들의 해석은 나누어져 있다. 개역은 3인칭 단수 '그'라고 번역하고 있는가 하면(cf. NRS) 공동과 새번역은 1인칭 단수 '나'로 번역하고 있다(cf. NIV; NAS; TNK는 "그들은 나에게 슬퍼할 것이다"라고 번역함으로써 또 다른 해석을 제시하고 있다). '그'라고 해석하는 사람들도 나름대로 근거가 있다. '찌르다'(דקר) 동사는 구약에서 항상 신체적인 폭력을 의미하며 흔히 죽음을 초래하는 극렬한 행위를 의미한다(민 25:8; 삼상 31:4; 슥 13:3). 이것을 고려해서 본문을 해석하면 새번역의 '나 곧 그들이 찔러 죽인 그'가 되는데, 다윗의 집안과 예루살렘이 찌른 자는 다름 아닌 여호와이시다(Merrill). 그러면 어떻게 여호와께서 인간들에 의해서 찔려 죽임을 당하였느냐는 것이다. 그러므로 그들은 '그'로 해석하는 것을 선호한다. 그러나 본문을 그렇게 해석하는 것은 무리이며(McComiskey), 전혀 근거 없는 해석인 것이다.

그렇다면 '하나님의 찔림'을 어떻게 해석할 것인가? 어떤 사람들은 구약에서는 여호와와 천사가 밀접한 관계를 지닌다는 것을 근거로 여기서 찔림을 당하는 사람은 천사라고 해석하기도 한다. 그러나 본문의 인물과 3:8-10이 언급하고 있는 '싹'은 매우 밀접한 관계가 있다는 것이 학계의 일반적인 해석인데, 싹과 천사는 분명히 구분된다는 점을 감안할 때 이 인물이 천사일 가능성은 희박하다. 그렇다면 다른 가능성은 무엇인가? 본문에서 찔림을 당하는 자와 13:7에서 죽임을 당하는 목자, 그리고 11:4-14가 언급하고 있는 목자는 서로 밀접한 관계가 있다(McComiskey).

또한 이 인물은 하나님이 '나'라고 말할 수 있을 정도로 여호와와 밀접한 관계가 있다. 즉, 하나님의 메시아, '싹'(3:8-10)인 것이다. 하나님께서는 이 인물과 하나가 되셨기 때문에 이 인물의 고통이 바로 하나님의 고통이 되는 것이다. 우리는 흔히 하나님께서 우리의 고통을 아시는 분이라고 고백한다. 하나님이신 그분이 어떻게 인간인 우리의 고통을 헤아릴 수 있으신가? 바로 본문이 묘사하는 상황에서 이러한 일이 가능한 것이 아닐까?

실제로 신약은 하나님께서 성육신하신 예수님의 삶을 통하여 인간의 모든 고통과 수모뿐만 아니라 심지어는 십자가의 죽음까지도 체험하셨다고 하지 않는가! 신약은 스가랴 12:10을 두 차례 인용한다. 요한복음 19:37은 로마 군인이 예수님의 옆구리를 찔렀을 때 본 구절의 찌르는 것의 성취로 적용한다. 요한계시록 1:7의 "각인의 눈이 그를 보겠고 그를 찌른 자들도 볼 터이요"는 본문을 연상케 한다. 본문은 이처럼 메시아의 수난과 죽음을 예고하고 있는 것이다. 한 가지 당혹스러운 것은 메시아를 찌른 자들이 열방이 아닌 '다윗의 집안'과 '예루살렘의 거민들'이라는 점이다. 하나님께서 이들에게 회개하고 통회하는 마음을 주실 때, 그들은 자신들이 찌른 그분을 바라보며 통곡할 것이다.

유다의 슬픔이 '므깃도 골짜기 하다드림몬(הֲדַד־רִמּוֹן)에 있던 애통'과 같을 것이다(11절). 라스샴라(Ras Shamra) 문서에 의하면 하다드는 다산의 신으로 알려진 바알의 서 셈족어(West Semitic) 이름이다. 림몬은 아카디아의 태풍의 신이었다. 어떤 학자들은 하다드림몬이 이 두 이름을 합한 것이라는 점에 근거하여 본문이 이 신들을 위하여 애곡하는 예식을 염두에 두고 있다고 주장한다(Greenfield). 그러나 스가랴가 무엇 때문에 하나님께서 백성들의 삶에 시작하신 슬픔을 이방 신들에 대한 애곡 예식에 비교하겠는가? 물론 이러한 표현이 그들의 사회에서 커다란 슬픔을 표현하는 비유로 이미 자리 잡았기 때문에 여기서 사용되고 있다는 점을 배제할 수는 없다. 그러나 포로 후기 시대의 정서를 고려할 때 이방 신들의 이름이 언급되는 것은 가능성이 없는 일이다.

그렇다면 저자는 무엇을 염두에 두고 이 말을 했을까? 하다드림몬은 알려지지 않은 지역 이름이다. 본문은 이 지역이 므깃도 골짜기의 한 부분이었음을 언급하고 있다. 므깃도 골짜기는 요시야 왕이 이집트의 바로 느고에게 저격을 당한 곳이다(왕하 23:29). 스가랴는 요시야가 므깃도 골짜기 중에서도 하다드림몬 지역에서 죽었다는 정보를 추가로 제공하고 있는 듯하다. 역대기 기자는 이 일로 인해 온 이스라엘이 매우 슬퍼했으며, 예레미야는 그의 죽음을 슬퍼하며 애가를 지었다고 기록하고 있다(대하 36:20-25). 선지자는 유다와 예루살렘이 이 인물의 죽음을 마치 그들의 선조들이 요시야의 죽음을 슬퍼했던 것처럼 슬퍼할 것임을 예언하는 것이다.

이 인물의 죽음에 대하여 온 땅이 슬퍼한다(12-14절). 저자는 구체적으로 다윗 집안(12절)과 레위 집안(13절)이 선두가 되어 모든 집안의 슬픔을 지휘할 것을 선언하고 있다(14절). 다윗 집안과 레위 집안은 상징적인 의미를 지니고 있다. 다윗 집안은 왕족을, 레위 집안은 제사장을 상징한다. 이스라엘이 메시아의 죽음에 대하여 통곡을 하되 왕족과 제사장들도 함께 비통해할 뿐만 아니라 더욱더 슬퍼한다는 것이다.

특이한 점은 다윗 집안에서는 나단이, 레위 집안에서는 시므이가 지명된다는 것이다. 나단은 다윗의 아들이었으며(삼하 5:14), 시므이는 레위의 자손이었다(출 6:17; 민 3:21). 그런데 더 유명한 자손들도 많은데 왜 하필이면 그리 알려지지 않은 이들을 언급하는 것일까? 아마도 같은 집안이라도 유명한 자들뿐만 아니라 알려지지 않은 자들까지도 모두 애곡하고 있음을 암시하는 듯하다. 이스라엘의 남녀노소가 모두 슬퍼하고 있음을 강조하고 싶은 것이다. 이들은 한목소리가 되어 죽은 자에 대하여 마치 '외아들을 잃고 슬피 울듯이 슬피 울며, 맏아들을 잃고 슬퍼하듯이' 슬퍼하고 있는 것이다(10절).

슬퍼하는 자들에게 용서의 샘이 열린다(13:1). 하나님께서 다윗의 집안과 예루살렘의 거민들을 위하여 '죄와 더러움을 씻는 샘'을 주시는 것이다. 에스겔도 그날이 되면 백성들의 죄가 모두 씻길 것을 예언했다(겔 36:25-29). 그러나 본문은 12:10에 언급되었던 예루살렘 거민들의 '찌름'과 연결되어 있는 듯하다(Ollenburger). 민수기 19:11-20 등 제사에 대한 규례는 죽은 것을 만지는 것 등으로 생겨난 부정함과 불결을 씻는 물에 대하여 언급한다. 다윗의 집안과 예루살렘의 거민은 하나님의 종을 찔러 죽이는 행위(cf. 민 19:16)로부터 생겨난 부정함을 씻을 수 있는 샘을 받게 된 것이다. 정결케 하는 이 샘이 백성들에게 회개의 동기가 되고 있다(McComiskey).

2장 거짓 선지자와 목자가 제거됨
13:2-9

이 디스코스는 두 파트로 구성되어 있다. 첫째 부분(2-6절)은 선지자들과 예언을 제거하는 것에 대한 말씀이다. 둘째 부분(7-9절)은 '여호와의 목자'를 칠 칼에 대한 노래이다. 그러므로 이 구절들은 11장에서 묘사되었던 목자 테마로 다시 돌아가는 것이다. 동시에 이 섹션은 종말적인 환난(13:8-9)으로 막을 내림으로써 14장을 예비하고 있다. 필자는 다음과 같이 본 섹션을 두 파트로 나누어 주해하고자 한다.

A. 거짓 선지자의 멸망(13:2-6)

B. 흩어지는 양 떼(13:7-9)

V. 백성들의 운명: 전쟁, 정결, 재창조(12:1-14:21)
2장. 거짓 선지자와 목자가 제거됨(13:2-9)

1. 거짓 선지자의 멸망(13:2-6)

2 만군의 여호와가 말하노라 그날에 내가 우상의 이름을 이 땅에서 끊어서 기억도 되지
못하게 할 것이며 거짓 선지자와 더러운 귀신을 이 땅에서 떠나게 할 것이라 3 사람이 아

직도 예언할 것 같으면 그 낳은 부모가 그에게 이르기를 네가 여호와의 이름을 빙자하여
거짓말을 하니 살지 못하리라 하고 낳은 부모가 그가 예언할 때에 칼로 그를 찌르리라 4
그날에 선지자들이 예언할 때에 그 환상을 각기 부끄러워할 것이며 사람을 속이려고 털
옷도 입지 아니할 것이며 5 말하기를 나는 선지자가 아니요 나는 농부라 내가 어려서부터
사람의 종이 되었노라 할 것이요 6 어떤 사람이 그에게 묻기를 네 두 팔 사이에 있는 상처
는 어찌 됨이냐 하면 대답하기를 이는 나의 친구의 집에서 받은 상처라 하리라

그날이 되면 하나님께서 이 땅에서 모든 우상을 제거하실 것을 선언하신다(2절). 그러므로 우상들의 이름이 다시는 사람들에 의하여 거론되지 않을 것이다. 하나님께서는 '선지자들'(הַנְּבִיאִים)과 '더러운 영'(רוּחַ הַטֻּמְאָה)을 함께 멸하실 것이다. 본문은 선지자들을 거짓이라고 부르지 않고 단순히 선지자라고 부른다. 그러나 우상들과 더러운 영이 함께 거론되고 있고, 1절이 정결하게 됨을 노래하고 있는 것 등을 감안할 때, 이들은 거짓 선지자들이라는 것이 쉽게 드러난다. 하나님의 관점에서는 우상들, 거짓 선지자들, 그리고 그들이 부리는 더러운 영이 모두 한통속이며 가차 없이 제거되어야 할 것들에 불과하다.

새로이 형성될 이스라엘에는 더 이상 이러한 것들이 발을 디디지 못할 것이다. 심지어는 부모의 사랑도 결코 거짓 선지자들을 제거하는 데 있어서 장벽이 되지 못한다: "그런데도 누가 예언을 하겠다고 고집하면, 그를 낳은 아버지와 어머니가 그 자식에게 말하기를 '네가 주의 이름을 팔아서 거짓말을 하였으니, 너는 살지 못한다' 한 다음에, 그를 낳은 아버지와 어머니는, 아들이 예언하는 그 자리에서 그 아들을 찔러 죽일 것이다"(3절; 새번역). 어떻게 보면 무지막지한 세상이지만, 그만큼 공동체의 순수성과 순결이 우선순위를 차지하게 되는 것이다.

에스겔과 예레미야는 하나님이 말씀을 주시지 않았는데도 여호와의 이름으로 예언했던 거짓 선지자들을 비난했다(렘 14:14; 23:16; 27:15; 겔 13:6-8). 신명기 18:15-22는 하나님께서 말하라고 명령하시지 않았는데도 하나님의 이름으로 말하는 선지자는 죽이라고 지시하고 있다. 선지자에 대한 테스트는 그

가 예언한 것이 실제로 드러나는가 아닌가에 있다(신 13:1–5). 그러나 본문에서는 누구든지 예언만 하면 부모의 칼을 맞는다. 예언이 일방적으로 거짓말로 정의되고 있는 것이다. 이 사회의 정결성의 정도가 어떠한지 암시하고 있다. 그들이 진실을 얼마나 확고히 알든지 간에 말만 들어도 거짓인지 가짜인지 구분이 된다.

거짓 선지자들이 '예언할 때'(בְּהִנָּבְאֹת) 자신들의 예언에 대하여 수치를 느끼며 신분을 숨기려 할 것이다(4절). '예언할 때'는 3절의 마지막 문구를 그대로 반복하고 있다. 그렇다면 이 선지자들은 수치와 두려움을 느낄 이유가 있다. 그들의 행위가 부모들의 칼에 맞아 죽은 선지자들의 행위(3절)와 다를 바 없기 때문이다. 그러므로 그들은 환상을 보았다고 자랑하기는커녕 오히려 자신들의 신분을 숨기려 한다. 사람들에게 예언자처럼 보이려고 걸치는 거친 털옷도 입지 않고(4절), 자신은 선지자가 아니고 농부라고 주장한다(5절). 선지자 아모스의 고백을 연상케 한다(암 7:14).

선지자들은 흔히 자신들의 신분을 나타내기 위하여 거친 털옷을 입고 다녔다. 아마도 엘리야가 털옷을 입고 다닌 것이 이 전통의 시작이 되었을 것이다(왕상 19:13; cf. 마 3:4). 또한 그들이 선지자 행세를 하다가 얻은 상처의 흉터에 대하여 사람들이 물으면 그들은 서슴없이 "아, 이거! 친구 집에서 얻은 거야!"라며 속일 것이다. 이 상처가 3절에서 언급된 '부모들의 찌름'의 결과로 해석되기도 한다(Ollenburger). 그러나 더 자연스러운 설명은 다른 곳에 있다. 엘리야가 바알의 선지자들과 대항해서 싸웠을 때, 궁지에 몰린 바알의 선지자들이 바알의 관심을 끌기 위해 자해하는 모습을 보게 된다(왕상 18:28). 거짓 선지자들은 이런 행위를 간간이 행했다. 변명으로 둘러대는 친구를 보라! 이런 친구들이 몇 명 있으면 원수가 따로 필요 없다!

V. 백성들의 운명: 전쟁, 정결, 재창조(12:1–14:21)
2장. 거짓 선지자와 목자가 제거됨(13:2–9)

2. 흩어지는 양 떼(13:7–9)

7 만군의 여호와가 말하노라
칼아 깨어서 내 목자, 내 짝 된 자를 치라
목자를 치면 양이 흩어지려니와
작은 자들 위에는 내가 내 손을 드리우리라
8 여호와가 말하노라
이 온 땅에서 삼분의 이는 멸망하고
삼분의 일은 거기 남으리니
9 내가 그 삼분의 일을 불 가운데에 던져
은 같이 연단하며
금 같이 시험할 것이라
그들이 내 이름을 부르리니
내가 들을 것이며
나는 말하기를
이는 내 백성이라 할 것이요
그들은 말하기를
여호와는 내 하나님이시라 하리라

선지자의 갑작스러운 메시지가 독자들로 하여금 거짓 선지자에 대한 생각을 순식간에 잊게 하고 다시 목자에 초점을 맞추도록 하고 있다(7절). 8–9절은 7절의 내용을 확대하여 설명한다. 하나님께서는 칼에게 "깨어라!"(עוּרִי)라고 명령하신다. 이 명령은 전쟁터에서 전투를 시작하며 외치는 함성이지만(삿 5:12), 본문에서는 칼에게 사형을 집행하라는 의미를 담고 있다.

누가 죽임을 당하는가? 하나님께서는 이 사람을 '내 목자'(רֹעִי), '내 짝 된

자'(עֲמִיתִי)라고 부르신다(7절). 죽임당하는 목자는 앞에서도 그랬던 것처럼 한 마디도 하지 않고 자신의 운명을 받아들인다. 그런데 하나님께서 왜 이 목자를 죽이기를 원하시는가? 그 목자가 치고 있는 양들이 혼란 속에서 흩어지게 하기 위함이다(7절). "작은 자들 위에는 내가 내 손을 드리우리라"(7절)를 하나님의 보살핌을 뜻하는 긍정적인 의미로 해석하기도 하지만(McComiskey), 거의 모든 번역본과 학자들이 친다는 부정적인 뜻으로 해석한다(공동; 새번역; NIV; NAS; NRS). 본문을 11장을 배경으로 해석할 때 양은 백성이며 목자는 지도자이다. 예수님께서는 이 말씀을 제자들이 그를 버리고 떠나는 일에 적용하셨다(마 26:31; 막 14:27).

양들에게 임하는 하나님의 손길이 얼마나 혹독한지 주민의 2/3가 죽고 오직 1/3만이 살아남게 된다(8절). 2/3가 죽고 1/3이 살아남게 되는 것은 에스겔의 '머리털 사건'을 연상시킨다(겔 5:1-12). 그러나 이 사실은 탄식보다는 감사해야 할 일이 아닐까? 모두 죽이실 수 있었는데 1/3은 남겨두신 것이다. 그러나 살아남게 된 1/3의 삶도 결코 평탄치가 않다. 에스겔의 1/3처럼 계속 혹독한 심판과 연단을 받는다(9절): "그 삼분의 일은 내가 불 속에 집어넣어서 은을 단련하듯이 단련하고, 금을 시험하듯이 시험하겠다"(새번역).

선지자는 용광로 이미지를 사용하고 있다. 용광로 이미지는 성경에서 대체로 시련이 지나면 밝은 미래가 올 것을 기대하게 한다(cf. 욥 23:10; 민 31:23; 말 3:2-3). 더욱이 용광로 이미지가 하나님과 백성들에게 사용될 때는 더욱더 깊어진 관계를 가져온다(Ollenburger). 본문에서도 이러한 기대가 결코 헛되지 않았다는 것이 이 연단의 결과에서 드러난다: "그들은 내 이름을 부르고, 나는 그들에게 응답할 것이다. 나는 그들을 '내 백성'이라고 부르고, 그들은 나 주를 '우리 하나님'이라고 부를 것이다"(새번역). 목자를 치신 것은 양들과의 관계를 회복하기 위한 수단이었던 것이다. 목자를 치심으로써 잠시 혼란과 고난이 양들에게 임했지만, 모든 것이 끝난 다음 하나님께서는 양들을 자신의 백성으로 삼으시고, 양들은 여호와를 '나의 하나님'으로 부를 수 있게 된 것이다.

3장 왕에 대한 찬송
14:1-21

본 디스코스는 9장부터 시작된 스가랴의 환상을 새로운 절정에 올려놓는다. 예루살렘에 대한 전쟁으로 시작되는 이 환상은 12장과 비슷하다. 그러나 여러 가지 결정적인 차이점도 지니고 있다. 12장과 달리 본 장은 다윗의 집안이나 후손, 목자, 선지자, 제사장 등에 대한 언급이 전혀 없다. 스가랴는 자신의 저서에서는 처음으로 이곳에서 여호와를 왕으로 묘사하고 있다(14:9, 16, 17). 여호와를 온 세상의 왕으로 묘사하고 있는 본 장의 메시지의 범위도 매우 넓다. 세상의 모든 족속들이 예루살렘으로 몰려오고 있다(14:17). 반면에 12장에서 일어난 일에 대하여 애곡하는 자들은 유다 사람들로 극히 제한되어 있다(12:11-14).

이 환상은 마지막 시대 때 적그리스도가 이끄는 세력과 있을 최종적인 단판이다(McComiskey). 인류의 종말에 있을 일을 예고하고 있는 이 장은 여러 가지 다양한 주제가 하나로 묶여 있다. 그러므로 책의 다른 부분들과는 달리 상당히 자세하게 세분화시켜서 주해해나가고자 한다. 스가랴서의 마지막 장은 다음과 같이 구분될 수 있다.

A. 예루살렘의 최후 공격(14:1-3)

B. 백성들에게 임한 구원(14:4-5)

C. 새 하늘과 새 땅(14:6-9)
D. 새 예루살렘(14:10-11)
E. 침략해 온 열방에 대한 심판(14:12-15)
F. 여호와를 섬기는 이방 나라들(14:16-19)
G. 영원한 나라에 퍼져 있는 거룩함(14:20-21)

V. 백성들의 운명: 전쟁, 정결, 재창조(12:1-14:21)
3장. 왕에 대한 찬송(14:1-21)

1. 예루살렘의 최후 공격(14:1-3)

1 여호와의 날이 이르리라
그날에 네 재물이 약탈되어
네 가운데에서 나누이리라
2 내가 이방 나라들을 모아
예루살렘과 싸우게 하리니
성읍이 함락되며
가옥이 약탈되며 부녀가 욕을 당하며
성읍 백성이 절반이나 사로잡혀 가려니와
남은 백성은 성읍에서 끊어지지 아니하리라
3 그 때에 여호와께서 나가사
그 이방 나라들을 치시되
이왕의 전쟁 날에 싸운 것 같이 하시리라

얼마 전까지만도 예루살렘이 난공불락의 성(cf. 12장)이 될 것이라고 선언했던 선지자가 예루살렘의 파괴를 예언하는 것이 혼란스러울 수도 있다. 그러나 이 두 사건에는 분명히 차이가 있다. 12장에서 열방은 하나님의 뜻과 상관없이 예루살렘을 공격해 왔다. 반면에 본 텍스트에서는 하나님께서 이들을 예루살렘으로 끌어들이셨다(2절). 즉 하나님의 허락 없이 침략해 왔던 자들에게 예루살렘은 난공불락의 성이었다. 반면에 하나님께서 직접 끌어오신 자들은 성공할 수 있었다.

침략자들은 예루살렘에서 탈취한 노획물을 거민들이 지켜보는 앞에서 분배하고 있다(1절). 예루살렘은 매우 큰 피해와 파괴를 맛보게 된다(2절): "성읍이 함락되며 가옥이 약탈되며 부녀가 욕을 보며 성읍 백성이 절반이나 사로잡혀 가려니와." 본문은 백성의 반이 잡혀갔다고 언급함으로써 나머지는 남아 있음을 시사하고 있다. 완전한 파괴는 아니고 한 가닥 소망이 남아 있는 것이다.

어떻게 이러한 엄청난 수난과 고통이 가능하게 되었는가? 하나님께서 이 일을 위하여 온 세상 사람들을 예루살렘으로 끌어들이셨다는 것이다. 하나님께서 이 일을 진행하고 계시는 사실이 미래에 대한 소망을 갖게 한다. 시간이 지나면 이 모든 환난의 의미를 이해하게 될 것이기 때문이다. 3절은 하나님께서 이들을 대항하여 전쟁하실 것을 예언함으로써 소망의 근거를 더 확실시 하고 있다. 이러한 측면에서 본문이 묘사하고 있는 사건은 바로 선지자들이 예언하던 대로 여호와께서 최종적으로 인간의 역사에 개입하시는 때, 여호와의 날이다(McComiskey).

V. 백성들의 운명: 전쟁, 정결, 재창조(12:1-14:21)
3장. 왕에 대한 찬송(14:1-21)

2. 백성들에게 임한 구원(14:4-5)

4 그날에 그의 발이 예루살렘 앞
곧 동쪽 감람 산에 서실 것이요
감람 산은 그 한 가운데가 동서로 갈라져
매우 큰 골짜기가 되어서

산 절반은 북으로,
절반은 남으로 옮기고
5 그 산 골짜기는 아셀까지 이를지라
너희가 그 산 골짜기로 도망하되
유다 왕 웃시야 때에 지진을 피하여 도망하던 것 같이 하리라
나의 하나님 여호와께서 임하실 것이요
모든 거룩한 자들이 주와 함께 하리라

하나님께서 열방을 대적하시는 날, 여호와께서는 예루살렘의 동편에 위치한 감람산을 밟고 서실 것이며 그 결과로 그 산이 동서로 갈라진다(4절). 산의 반쪽은 북쪽으로 치우치게 되고, 반은 남쪽으로 치우치며 큰 계곡을 형성한다. 이 계곡은 아셀까지 미칠 것이다(5절). 아셀은 잘 알려지지 않은 지역이다. 일단은 감람산에서 멀지 않은 곳으로 상상할 수 있다.

하나님께서 감람산을 두 동강 내서 생긴 계곡은 주의 백성들의 피신처가 된다(5절). 백성들이 과거 웃시아 시대에 있었던 지진에 놀라 도망했던 것처럼 모두 이 계곡으로 피할 것이다. 이 지진은 아모스 1:1에서 언급되고 있다. 그 때 지진이 얼마나 크고 두렵게 임했는지 오랜 세월이 지난 이때에도 공포와 두려움의 상징으로 전해 내려왔던 것이다. 그러나 본문에서 여호와의 백성들이 피하는 이유는 하나님께서 천군천사를 이끌고 세상을 심판하러 오시기 때문이다(5절). 열방의 공격을 두려워해서 피하는 것이 아니라 하나님께서 이 세상의 나라들과 치르실 범우주적인 전쟁을 피하기 위해서이다.

3. 새 하늘과 새 땅(14:6–9)

6 그날에는 빛이 없겠고
광명한 것들이 떠날 것이라
7 여호와께서 아시는 한 날이 있으리니
낮도 아니요 밤도 아니라
어두워 갈 때에 빛이 있으리로다
8 그날에 생수가 예루살렘에서 솟아나서
절반은 동해로,
절반은 서해로 흐를 것이라
여름에도 겨울에도 그러하리라
9 여호와께서 천하의 왕이 되시리니
그날에는 여호와께서 홀로 한 분이실 것이요
그의 이름이 홀로 하나이실 것이라

하나님의 열방에 대한 최종 심판이 진행된 다음 하나님의 도성 예루살렘을 중심으로 큰 변화가 임한다. 크게 세 가지가 눈에 띈다. 첫째, 날씨와 날이 바뀐다: “그날이 오면, 햇빛도 차가운 달빛도 없어진다. 낮이 따로 없고 밤도 없는 대낮만이 이어간다. 그때가 언제 올지는 주께서만 아신다. 저녁때가 되어도, 여전히 대낮처럼 밝을 것이다”(6–7절; 새번역). 기상이 바뀌고 낮과 밤 구분 없이 빛이 세상을 지배한다. 성경에서 어두움은 하나님의 분노(겔 32:8; 습 1:11), 절망(암 5:18), 흉조(욜 2:2), 압제(사 9:1; 42:7), 비통(사 5:30) 등 악한 것을, 빛은 선을 상징한다. 이 모든 악이 세상에서 사라질 것을 선언하고 있다(McComiskey). 또한 세상의 기상이 바뀌고 있다는 것을 시사하고 있다(cf. 계 22:5).

둘째, 예루살렘에서 생수가 흘러 반은 서쪽 바다(지중해)로 나머지 반은 동쪽 바다(사해)에 이른다(8절). 이 생수는 사계절 계속 흐른다. 지중해와 사해는 약속의 땅의 경계선 역할을 하는 곳이다(민 34:12; 신 11:24; 34:2). 예루살렘을 중심으로 한 약속의 땅이 생기로 넘쳐흐를 것이다. 예레미야는 하나님을 생수로 비유하고 있다(2:13; 17:13). 하나님의 생기가 예루살렘으로부터 세상으로 영원히 넘칠 것을 상징한다. 그뿐만 아니라, 이 생수는 가나안 지역 사람들이 사시사철 마음껏 농사를 지을 수 있도록, 그리하여 풍요로움을 즐길 수 있도록 할 것이다. 시온에서 생수가 흐른다는 것은 새로운 사실이 아니라 오래전부터 유래되어 왔던 시온 사상의 연장이다(cf. 겔 42:1-12).

셋째, 하나님께서 왕으로 오신다(9절): "주께서 온 세상의 왕이 되실 것이다." 하나님께서 예루살렘을 회복하실 뿐만 아니라 직접 통치하실 것을 확인하고 있다. 하나님의 왕권 역시 새로운 것은 아니다. 많은 시들이 여호와의 왕되심을 노래하고 있다. 하나님께서는 온 세상의 왕이시고(시 47:3-8[2-7]), '홍수 위에 좌정하신 분'이시며(시 29:10), 하나님의 거처지인 시온에는 강이 흐른다(46:3[2]). 여호와께서 왕으로 오시는 날 "사람들은 오직 주 한 분만을 섬기고, 오직 그분의 이름 하나만으로 간구할 것이다." 이 말씀은 구약종교의 골자라고 불리기도 하는 일명 '쉐마'(말씀)라고 불리는 신명기 6:4-5를 연상케 하는 구절이다. 여호와께서 왕으로 오시는 날, 사람들은 더 이상 다른 이름을 부를 필요가 없다. 왕으로 오신 그분으로 그들은 만족할 것이다.

V. 백성들의 운명: 전쟁, 정결, 재창조(12:1-14:21)
3장. 왕에 대한 찬송(14:1-21)

4. 새 예루살렘(14:10-11)

10 온 땅이 아라바 같이 되되 게바에서 예루살렘 남쪽 림몬까지 이를 것이며 예루살렘이
높이 들려 그 본처에 있으리니 베냐민 문에서부터 첫 문 자리와 성 모퉁이 문까지 또 하
나넬 망대에서부터 왕의 포도주 짜는 곳까지라 11 사람이 그 가운데에 살며 다시는 저주가

있지 아니하리니 예루살렘이 평안히 서리로다

저자는 다시 6–9절에 언급된 '새 하늘과 새 땅' 테마로 돌아가고 있다. 스가랴는 구체적으로 새 예루살렘의 모습을 예언한다: "게바에서 예루살렘 남쪽 림몬까지, 온 땅이 아라바처럼 평평해질 것이다. 그러나 예루살렘은 우뚝 솟아 있으므로, '베냐민 문'에서부터 '첫 대문'이 서 있는 지점을 지나서 '모퉁이 문'까지, 또 '하나넬 망대'에서 왕실의 포도주 짜는 곳까지, 제자리에 그대로 남을 것이다"(10절; 새번역). 예루살렘 주변이 모두 평평해질 것이며 오직 시온만이 우뚝 솟아 옛 모습을 유지할 것이다. 게바는 베냐민 지파에 속했던 곳으로 예루살렘에서 북쪽으로 8km 떨어진 지역이었다. 림몬은 브엘세바에서 북쪽으로 15km 떨어진 남쪽에 있는 지역이었다. 북쪽에서 남쪽까지 예루살렘 주변의 모든 험난한 지형이 평평해질 것을 예고하고 있는 것이다.

에스겔은 성전에서 시작된 물줄기가 아라바 평지를 지나 사해에 이르게 되면, 생기가 없던 사해가 생명력으로 넘쳐흐를 것이라고 예언했다(겔 42:1–12). 스가랴도 이러한 현상을 예언하고 있다: "백성이 다시 예루살렘에 자리 잡을 것이다. 다시는 멸망하는 일이 없을 것이다. 예루살렘은 안전하게 살 수 있는 곳이 될 것이다"(11절; 새번역). 예루살렘의 거민들을 포함한 모든 사람들이 회복될 뿐만 아니라 풍요로움을 즐기게 될 것이다. 한때는 이스라엘을 파멸에 이르게 했던 저주/멸망/진멸(חֵרֶם)(사 43:28)이 다시는 이들을 괴롭히는 일이 없을 것이다. 거민들이 안전하니 자연히 도시도 안전한 곳이 된다.

V. 백성들의 운명: 전쟁, 정결, 재창조(12:1–14:21)
3장. 왕에 대한 찬송(14:1–21)

5. 침략해 온 열방에 대한 심판(14:12–15)

12 예루살렘을 친 모든 백성에게 여호와께서 내리실 재앙은 이러하니 곧 섰을 때에 그들의

살이 썩으며 그들의 눈동자가 눈구멍 속에서 썩으며 그들의 혀가 입 속에서 썩을 것이요
13 그날에 여호와께서 그들을 크게 요란하게 하시리니
피차 손으로 붙잡으며
피차 손을 들어 칠 것이며
14 유다도 예루살렘에서 싸우리니
이 때에 사방에 있는 이방 나라들의 보화
곧 금 은과 의복이 심히 많이 모여질 것이요
15 또 말과 노새와 낙타와 나귀와
그 진에 있는 모든 가축에게 미칠 재앙도 그 재앙과 같으리라

선지자는 이미 하나님께서 시온을 침략한 열방을 대적하여 전쟁을 치르실 것을 선언하였다(3절). 그러나 그는 구체적으로 하나님께서 이들을 어떻게 하실 것인가는 말하지 않았다. 본문은 하나님과 그의 백성을 대적하여 침략해온 열방의 비참한 최후를 생생하게 그리고 있다. 저자의 "여호와께서 내리실 재앙이 이러하니 곧 섰을 때에 그 살이 썩으며 그 눈이 구멍 속에서 썩으며 그 혀가 입속에서 썩을 것이요"(12절)는 마치 인디아나 존스의 "Raiders of the Lost Ark"의 마지막 장면을 연상케 한다. 게다가 사람들뿐만 아니라 그들이 끌고 온 짐승들도 함께 비참한 종말을 맞을 것이다(15절). 더 나아가 여호와께서 침략해 온 적군의 진영에 큰 혼란이 있게 하셔서(cf. 신 7:23; 대하 20:22-25) 서로 죽이는 일이 벌어지게 하신다(13절). 마치 기드온이 300명을 이끌고 미디안 사람들을 쳤던 날과 같은 현상이 일어나고 있다(삿 7:22).

그뿐만 아니라 이방인들의 손에 당했던 유다 사람들이 반격을 하고 있다(cf. 2절). 그들은 승리하여 적군들로부터 많은 보화를 노획한다(14절). 2절에서 당하고 고통스러웠던 것들이 모두 반전되고 있는 것이다. 주의 백성은 현실이 아무리 어렵더라도 좌절할 필요가 없다. 우리에게는 언젠가 우리를 괴롭히는 원수들에게 보복하고 그들을 약탈할 수 있는 꿈과 소망이 있기 때문이다. 그러나 그때가 되면 우리는 우리를 해하려고 했던 자들을 용서하려고 할 것이다.

6. 여호와를 섬기는 이방 나라들(14:16–19)

16 예루살렘을 치러 왔던
이방 나라들 중에
남은 자가 해마다 올라와서
그 왕 만군의 여호와께 경배하며
초막절을 지킬 것이라

17 땅에 있는 족속들 중에 그 왕 만군의 여호와께 경배하러 예루살렘에 올라오지 아니하는
자들에게는 비를 내리지 아니하실 것인즉 18 만일 애굽 족속이 올라오지 아니할 때에는
비 내림이 있지 아니하리니 여호와께서 초막절을 지키러 올라오지 아니하는 이방 나라들
의 사람을 치시는 재앙을 그에게 내리실 것이라 19 애굽 사람이나 이방 나라 사람이나 초
막절을 지키러 올라오지 아니하는 자가 받을 벌이 그러하니라

선지자는 이 텍스트에서 대전쟁에서 살아남은 이방인들의 미래에 대하여 언급하고 있다. 그들은 전쟁에서 패한 자들이 해야 할 당연한 의무를 치러야 할 것이다. 매년 끊임없이 여호와를 찾아와 제물을 드리고 그분 앞에 엎드려야 한다(17절). 만일 이렇게 하지 않을 경우 그들에게 비가 내리지 않을 것이며, 비가 내리지 않으면 그들의 생명이 위협을 받게 되기 때문이다. 심지어는 절대로 마르지 않는다는 나일 강을 자랑하던 이집트도 물 부족을 면할 수 없게 된다(18절).

열방이 매년 예루살렘을 찾아 여호와께 경배를 드려야 하는 절기는 초막절이다(16, 18절). 초막절은 원래 광야생활을 회상하는 절기이다. 이스라엘 백성들은 포로생활에서 돌아와 성전 건축 시작 전에 먼저 초막절을 지냈던 기록이 있다(스 3:4, 8). 그러나 세월이 지나면서 이 절기는 여호와의 왕 되심을 기념하는 날로 지켜졌으며, 즉위시(卽位詩 93; 97 등)가 초막절 때 사용되었던 것으로

추정된다(Ollenburger). 그러므로 본문이 이 절기를 언급하는 것은 바로 여호와의 왕권과 연결되어 있는 것이다.

V. 백성들의 운명: 전쟁, 정결, 재창조(12:1–14:21)
3장. 왕에 대한 찬송(14:1–21)

7. 영원한 나라에 퍼져있는 거룩함(14:20–21)

20 그날에는 말 방울에까지 여호와께 성결이라 기록될 것이라 여호와의 전에 있는 모든
솥이 제단 앞 주발과 다름이 없을 것이니 21 예루살렘과 유다의 모든 솥이 만군의 여호와
의 성물이 될 것인즉 제사 드리는 자가 와서 이 솥을 가져다가 그것으로 고기를 삶으리라
그날에는 만군의 여호와의 전에 가나안 사람이 다시 있지 아니하리라 하시니라

그날이 갖는 특징은 온 세상의 모든 것이 여호와께 구별되어 드려진다는 것이다. 온 세상이 여호와의 거룩하심으로 '거룩화' 되는 것이다. 심지어는 말의 방울에도 '여호와께 거룩하게 바친 것'이라는 글귀가 새겨진다. 성전에서 사용되는 도구도 거룩해지는 것은 당연한 일이다: "예루살렘과 유다에 있는 모든 솥도 만군의 주께 거룩하게 바친 것이 되어, 제사를 드리는 사람들이 와서, 그 솥에 제물 고기를 삶을 것이다. 그날이 오면, 만군의 주의 성전 안에 다시는 상인들이 없을 것이다"(21절). 이렇게 해서 스가랴가 기대하고 있는 새 시대의 그림이 완성된다. 그가 그리고 있는 세상 캔버스에는 한마디로 '거룩' 이란 말로 가득하다.

엑스포지멘터리
말라기

말라기

내 이름을 멸시하는 제사장들아
나 만군의 여호와가 너희에게 이르기를
아들은 그 아버지를,
종은 그 주인을 공경하나니
내가 아버지일진대
나를 공경함이 어디 있느냐
내가 주인일진대
나를 두려워함이 어디 있느냐 하나
너희는 이르기를
우리가 어떻게 주의 이름을 멸시하였나이까 하는도다
(1:6)

만군의 여호와가 이르노라
보라 용광로 불 같은 날이 이르리니
교만한 자와 악을 행하는 자는 다 지푸라기 같을 것이라
그 이르는 날에 그들을 살라
그 뿌리와 가지를 남기지 아니할 것이로되
내 이름을 경외하는 너희에게는
공의로운 해가 떠올라서 치료하는 광선을 비추리니
너희가 나가서 외양간에서 나온 송아지 같이 뛰리라
또 너희가 악인을 밟을 것이니
그들이 내가 정한 날에 너희 발바닥 밑에 재와 같으리라
만군의 여호와의 말이니라
(4:1-3)

1. 선지자

구약의 선지서들 중 마지막 책의 저자인 말라기는 자신의 사생활에 대하여 전혀 기록을 남기지 않았다. 심지어는 말라기가 사람의 이름인지도 확실하지 않다는 것이 학자들의 일반적인 견해이다. 왜냐하면 '말라기'(מַלְאָכִי)는 '나의 사자/특사'라는 뜻을 지니고 있는 일반적인 단어이기 때문이다. 게다가 말라기서 안에서 선지자의 이름은 단 한 차례 사용되는데 바로 책을 시작하는 역사적 표제(1:1)에서이다. 개역성경은 1절을 "여호와께서 말라기로 이스라엘에게 말씀하신 경고라"고 번역함으로써, '말라기'를 인명(人名)인 고유명사로 번역하지만, 동시에 이러한 해석의 불확실성을 각주를 통해 이 단어가 '나의 사자'라는 일반명사로도 번역될 수 있음을 인정하고 있다(cf. Schuller). 즉 "여호와께서 '나의 사자/특사'를 통하여 이스라엘에게 말씀하신 경고라"는 해석도 가능한 것이다. 그래서 중세기의 일부 랍비들은 말라기(viz., 하나님의 사자)가 율법학자 에스라였다는 주장을 내놓았었고, 오늘날에도 이러한 주장을 상당 부분 수용하는 학자도 있다(Sweeney). 그러나 만일 말라기가 하나님께서 보내신 '사자'를 뜻하는 일반명사라고 해도 우리는 이 '사자'가 누구였는지 알 길이 없다.

번역본들을 살펴보면 칠십인역(LXX)을 포함한 대부분의 초기 헬라어 버전들은 말라기를 일반명사로 간주하여 'ἀγγέλου αὐτοῦ'('그의 사자의')로 번역했다. 반면에 후기 헬라어 버전들 중 시마쿠스(Symmachus)와 테오도시온(Theodotion)은 고유명사로 여겨 'μαλαχιου'('말라기의')로 번역했다. 아람어 번역본 중 요나단 탈굼(Targum Jonathan)은 1:1을 "나의 사자 서기관 에스라를 통하여…"라고 해석하고 있으며 이러한 관점은 제롬(Jerome)과 라쉬(Rabbi Rashi, 1040–1105AD), 그리고 칼빈(Calvin)에 의하여 지속되었다. 그러나 요나단 탈굼은 주후 5세기에 제작된 것이며 대체로 과장적인(expansionistic) 성향을 띠는 번역본이라는 것을 감안할 때, 이 번역본이 제시하는 것은 중세기 유태인들 사이에 유행했던 구약에 대한 사색적 역사화(speculative historicizing) 작업의 결과로서 어떠한 증거에 근거한 것은 아니라고 봐야 한다.

수도에피파니우스(Pseudo-Epiphanius), 도로테우스(Dorotheus), 시루스(Ephraem Syrus), 헤시키우스(Hesychius), 이시도루스(Isidorus) 등 초대교회 교부들은 말라기를 스블룬 지역의 한 마을 출신 레위 사람이라고 주장하기도 했다(Smith). 그러나 이들의 주장을 뒷받침할만한 어떤 증거도 없다. 만일 말라기(מַלְאָכִי)가 '말라기야훼'(מַלְאֲכִיַּהְוֶה)('여호와의 사자'), '말라기야후'(מַלְאָכְיָהוּ)(야후의 사자) 혹은 '말라기야'(מַלְאָכִיָּה)('야'의 사자) 등 하나님의 성호를 접미사로 사용하는 이름들 중 가장 짧은 형태의 유형이라면 이것이 고유명사일 수도 있다. 구약에는 이러한 형태의 사람이름이 수 백 가지가 등장한다.

일부 학자들은 말라기라는 이름/명사가 3:1의 "보라 내가 내 사자를 보내리니"(הִנְנִי שֹׁלֵחַ מַלְאָכִי)라는 문구에서 비롯된 것이라고 주장하지만 별로 설득력이 없어 보인다. 왜냐하면 3:1이 언급하는 '내 사자'(מַלְאָכִי)는 훗날 여호와의 날이 임하기 전에 주의 길을 예비하러 보냄을 받게 될 자이며, 말라기서의 메시지를 전하는 선지자와는 구분되어야 하기 때문이다.

어떤 학자들은 말라기서를 독자적인 선지서로 간주하지 않고 스가랴서 혹은 소선지서 전체에 대한 첨부(appendage)로 간주한다(Hill). 이들이 증거로 제시하는 것은 "여호와의 말씀의 경고가 하드락 땅에 임하며"(מַשָּׂא דְבַר־יְהוָה בְּאֶרֶץ חַדְרָךְ)(슥 9:1), "이스라엘에 관한 여호와의 말씀의 경고라"(מַשָּׂא דְבַר־יְהוָה עַל־יִשְׂרָאֵל)(슥 12:1) 등이 "여호와께서 [말라기로] 이스라엘에게 말씀하신 경고라"(מַשָּׂא דְבַר־יְהוָה אֶל־יִשְׂרָאֵל)(말 1:1)와 흡사하다는 것이다. 그러나 이러한 구조의 문구는 선지서에서 자주 발견되는 것으로(cf 학 1:1), 말라기서의 통일적 구조 및 목적과 내용이 이 책이 스가랴서의 한 부분이었다는 것을 부정하는 증거로 생각된다(cf. Hugenberger). 또한 스가랴서와는 내용면에서도 매우 현저한 차이를 지니고 있다.

이미 살펴본 것처럼 '말라기'가 선지자의 이름이 아니라 일반명사라는 주장을 뒷받침할만한 증거는 없다. 따라서 '말라기'를 이 책을 남긴 선지자의 이름으로 간주하는 전통적인 입장을 고수하는 데 별문제가 없어 보인다(Baldwin; Kaiser). 비록 우리가 말라기 선지자의 삶에 대하여 아는 바가 전혀 없지만, 그는 소선지서의 마지막 책을 우리에게 남겨 주었다.

2. 역사적 정황

말라기서의 시대적 상황도 요엘서, 오바댜서, 요나서, 나훔서, 하박국서처럼 책의 내용을 참작하여 추측해야 한다. 저자가 구체적인 시대를 언급하지 않고 있고 시대적인 정황을 추측할 만한 역사적 힌트도 별로 주지 않기 때문이다. 학자들은 말라기서가 언급하는 이슈들이 에스라—느헤미야가 고민했던 것이라는 점을 감안하여 말라기가 그들의 시대에 매우 근접해 살았던 것으로 추정한다(Dumbrell; Kaiser). 에스라가 바빌론에서 귀향한 때가 주전 458년이고 느헤미야가 예루살렘에 도착한 해를 444년으로 볼 때(cf. Cross), 말라기서는 아마도 460년대에 저작된 것으로 생각된다(Stuart; Craigie; Coggins). 반면에 일부 학자들은 말라기서가 느헤미야의 첫 번째 예루살렘 방문(444년)과 두 번째 방문(433년) 사이에 선포된 말씀이라고도 하며(Verhoef), 말라기가 언급하는 문제가 시대와 장소를 초월해서 어느 세대든지 일어날 수 있다는 점을 감안하여 광범위하게 페르시아 시대(530–330년대)로 정하기도 한다(Schuller).

그러나 말라기서가 에스라—느헤미야 시대에 완성된 책이라고 결론 짓는 데는 몇 가지 단서들이 있다. 첫째, 말라기 1:10과 3:1–8은 성전이 존재하는 것을 전제하고 있다. 그뿐만 아니라 새 성전이 완성되고 제사장들이 제사를 드리기 시작한 지 어느 정도의 시간이 흘러 종교 예식이 예루살렘 성전에 자리 잡은 것이 확실하다는 것을 말해 준다. 이 성전은 스룹바벨 등의 노력으로 인하여 516년에 건축된 두 번째 성전을 말한다. 이것은 말라기서가 400년대에 기록되었을 가능성이 매우 크다는 것을 보여준다. 둘째, 말라기 1:2–6은 에돔이 유다 땅에 대한 소유권을 상실한 것에 대해 말하고 있다. 이 사실은 말라기서가 구체적으로 제시해 주는 역사적 자료로서 유일한 것이다(Bartlett). 예루살렘이 6세기에 바빌론의 손에 함락된 후 에돔이 유다 땅을 차지하다시피 했다. 그러나 책 안의 역사적 정황이 이와 다른 것으로 보아 5세기 즈음의 시대를 반영하고 있음을 알 수 있다. 셋째, 말라기서는 이스라엘 사람들이 이방인들과 결혼한 것을 비난하고 있다(2:11-12). 이스라엘 사람들의 이방인들과의 결혼은 에스라—느헤미야 시대에도 커다란 사회 문제였다(스 9-10; 느 10:30; 13:1-3, 23-27). 넷째, 말라기는 가난한 자들을 착취하는 것을 포함한 이스라엘 사회의 부조리와 부패를 비난하고 있는데, 이러한 문제들 역시 느헤미야가 뿌리 뽑으려 했던 것들이다(느 10:32-39; 13:10-13). 이 외에도 말라기 1:6-2:9가 느헤미야의 시대에 있었던 제사장들의 부패와 비슷한 상황을 연상케 하는 것(cf. 느 13:4-9, 29-30)과 말라기서가 레위와 세운 언약을 언급하는데(2:4), 느헤미야도 레위와의 언약에 대하여 회고하고 있는 것(느 13:29) 등이 말라기서가 에스라—느헤미야 시대를 배경으로 하고 있음을 암시한다.

주전 5세기 중반의 유다는 생활 여건이 결코 만족할만한 곳이 아니었다(느 9:32-37). 바빌론으로 끌려간 사람들 중 첫 번째 귀향민 행렬이 538년에 예루살렘에 도착했다(대하 36; 스 1-2). 그들이 예루살렘에 도착했을 때, 유다의 영토는 고작 30Km x 40Km에 달하는 작은 땅에 불과했으며 인구는 겨우 15만 명 정도였다(Yamauchi). 바빌론에서 돌아온 이스라엘 사람들은 매우 혹독한 현실 앞에 좌절했다. 바빌론 포로 생활을 정리하고 본국으로 돌아가기만 하면 당장 여호와의 영적—육체적 축복이 임할 것을 기대하며, 제2의 출애굽을 재현하면서 예루살렘에 입성했던 귀향민들은 부귀영화가 아니라 생존 자체를 위협하는 고난과 싸워야 했다. 성전이 재건된 지 50여 년이 지났지만 솔로몬의 성전과는 비교할 수 없을 정도로 초라했으며(cf. 학 2:3), 빈곤한 성전은 귀향민들의 궁핍함을 그대로 나타내 주는 '지표'(barometer)로 받아들여졌다.

귀향민들이 예루살렘에 도착하자 주변에 살고 있던 민족들은 그들을 반겨주기는커녕 조직적인 협박과 공갈을 일삼았다(cf. 스 4-5). 예루살렘 성전과 성벽을 재건하는 일에서도 주변 민족들이 가장 큰 걸림돌이었고 위협적인 존재였다. 그러나 드디어 516년에 귀향민들은 하박국과 스가랴 선지자의 말씀 선포와 권면에 힘입어 성전을 재건할 수 있었다(스 6:14; 슥 2:10-13; 6:9-15; 8:9-23). 물론 옛적 솔로몬이 건축한 것에 비하면 매우 보잘것없는 것이었지만, 일단 귀향민들이 이루어낸 첫 번째 종교적 개가였다(스 3, 6).

성전이 재건된 다음에는 이렇다 할 진전된 상황은 없었다. 예루살렘 성벽이 무너져 내린 잔해는 성안 곳곳에 산재해 있었고, 사람들은 폐허 더미를 헤쳐가며 이곳저곳에서 듬성듬성 살고 있었다. 학개서, 느헤미야서(5장), 말라기서(3:8–12) 등을 종합해볼 때, 귀향민들은 성공적인 농업사회를 이룩하지 못했으며 지속되는 가뭄, 병충해 등에 큰 피해를 입어서 경제 여건은 날이 갈수록 악화되고 있었다. 가난은 귀향민들 중 소수를 제외한 거의 모든 사람을 강타했다(느 1:3; 2:3, 17; 4:2; 5:1–5; 9:36–37; 말 3:5).

정치적으로 유다는 페르시아 제국의 120주(province) 중 보잘것없는 하나에 불과했다. 선지자들이 6–7세기에 예언했던 메시아는 아직 모습을 보이지 않았으며 실제로 유다는 마카비 시대에 잠시 독립을 맛본 것 외에는 항상 다른 나라의 통치를 받고 있었다. 페르시아 제국이 끊임없이 징수하는 세금, 공물 등은 그렇잖아도 어려운 경제를 넘어뜨리기에 충분했다. 그러나 귀향민들이 체험하고 있던 영적 공허와 패배감에 비하면 경제적 어려움은 그렇게 심각한 사안에 속한 것은 아니었다. 학개와 스가랴 선지자는 초기 귀향 시대인 520년대에 말씀을 선포하였으며 메시아가 오실 것과 하나님께서 이스라엘과 함께 거하실 것을 예언했다. 이 예언이 제대로 이해되고 실현된다면 명확하고 분명한 진실로 드러나지만, 잘못 이해되고 적용된다면 결과는 잔인한 조롱(mockery)을 초래할 수밖에 없었다.

이스라엘은 바빌론에서 돌아온 이후 다시는 밖으로 드러나는 우상숭배(formal idolatry)는 하지 않았다. 물론 이 시대의 문헌들에서 우상숭배에서 비롯된 풍습을 답습하는 성향이 조금 엿보이기는 하지만 에스라, 느헤미야, 말라기서 등에서 우상숭배에 대한 언급이 전혀 없는 데서 이 사실을 확인할 수 있다. 그러나 이스라엘이 우상숭배에서 자유로워졌다고 해서 자동적으로 생동감 있는 유대교적 정통신학을 갖게 된 것은 아니었다. 오히려 윤리적, 종교적 냉담으로 얼룩진 신앙생활에 시달리고 있었기 때문에 그들은 과거에 기드온이 제시했던 신학적 질문(삿 6:13)과 비슷한 "하나님이 변하셨는가?"라는 질문을 하지 않을 수 없었다.

말라기가 비난하고 있는 제사장들의 부패와 타락은 선지자가 살던 시대의 종교성을 상징하는 것이었다. 그들은 스스로 제사에 대한 율법들을 어겼을 뿐만 아니라 여러 가지 형태의 직무유기죄를 범하고 있었다(1:6-2:9). 심지어 제사장들은 흠이 있는 짐승들도 제물로 허용하였는데, 그들이 이렇게 한 것은 백성들을 위한 배려라기보다는 단순히 자신들의 삶을 윤택하게 하는 방편이었다(1:12-14; 2:13; 3:4). 결국 제사장들과 성도들이 공모하여 율법을 범하는 결과를 초래했다(4:4). 그렇다면 성도들은 자신들의 어려운 형편을 참작하여 배려해 주는 듯한 제사장들을 존경했는가? 아니다. 오히려 백성들은 제사장들을 업신여겼다(2:9).

3. 다른 책들과의 관계

말라기서는 선지서들 중 마지막으로 등장하는 책으로서 다른 선지서들에서 전개되고 발전되어 온 주제들의 결론 역할을 할 뿐만 아니라(cf. Hill; Sweeney), 오경의 결론으로 이해되기도 한다(Redditt). 이사야서 이후 여러 선지서들이 이스라엘과 유다의 멸망과 이들이 타국으로 끌려갈 것을 예고했는데, 말라기서는 이 모든 일은 이미 과거에 있었던 일이며, 끌려갔던 자들이 다시 본국으로 돌아와 살고 있는 상황을 배경으로 하고 있다. 또한 소선지서를 시작하는 호세아서는 하나님과 이스라엘의 관계를 이혼 위기를 맞이한 부부로 묘사했는데, 이혼은 말라기서 안에서 중요한 주제로 부각한다. 또한, 말라기서 바로 앞에 등장하는 학개서와 스가랴서는 성전 재건 중에 쓰인 책들로 머지않아 성전이 완공될 것을 기대하는데 반해, 말라기서는 이 성전이 완성되었을 뿐만 아니라 그곳에서 예배를 드리기 시작한 이후 이미 상당한 시간이 흘렀음을 암시한다.

위와 같이 말라기서는 여러 선지서들과 상당한 연관성을 지니고 있지만, 특히 이 선지서와 오경과의 관계는 괄목할 만하다. 말라기 선지자는 오경에 대하여 많은 것을 알고 있었을 뿐만 아니라 자신의 메시지를 구성하는 데 있어서도 오경을 많이 인용하였다. 특히 신명기와는 다음과 같이 9가지의 연관성을 지니고 있다(Hugenberger).

1	구약에서 말라기서와 신명기만이 온 이스라엘 사람들에게 선포하는 것으로 시작한다.
2	말라기서는 신명기적 권면으로 끝을 맺고 있을 뿐만 아니라 호렙 산을 언급하고 있다. 호렙 산은 시내 산에 대한 신명기적 이름이다(신 4:10-14).
3	말라기서와 신명기는 비슷한 표현을 통하여 이스라엘에 대한 여호와의 특별한 사랑을 강조한다(말 1:2-5; 신 4:37; 7:6-10).
4	말라기의 여호와라는 성호 사용(1:6-2:9)은 신명기의 '이름 신학'을 반영하고 있다.
5	구약에서 말라기와 신명기는 하나님의 '아버지 되심'을 독창적으로 강조한다(말 2:10; 신 8:5; 14:1; 32:6).
6	말라기가 제사장들과 레위 사람들에 대한 구분을 확고히 하지 않고 사용하는 것은 신명기의 저작 성향을 반영하고 있으며, 레위와의 언약에 대한 언급(말 2:8)은 신명기 33:8-11을 배경으로 하고있다.
7	말라기의 십일조에 대한 염려(3:6-12)는 제대로 십일조를 드릴 때 축복을 약속한 신명기 26:19와 비슷하다.
8	말라기가 이스라엘을 하나님의 특별한 소유(3:17)로 비유하는 것은 학자들이 말하는 '하사'(grant)를 반영하고 있으며 신명기 7:6; 14:1-2; 26:18 등에서 사용되는 개념이다. 아울러 신명기 14:1-2는 말라기 3:17처럼 이스라엘을 아들로 묘사하고 있다.
9	말라기서에서 강조되는 언약에 대한 용어들은 신명기의 언약에 대한 표현들과 비슷하다.

말라기서는 또한 모세오경에 등장하는 저주와 축복에 대한 많은 암시를 포함하고 있다. 이러한 현상은, 선지자들은 새로운 축복과 저주를 만들어내는 자들이 아니며 이미 모세의 율법을 통해 주어진 것들을 사용하는 자들이었음을 고려하면 쉽게 이해된다. 오경은 이스라엘이 가나안 땅에 입성해서 누릴 축복과 훗날 하나님의 심판에 의해서 이방 나라로 끌려갔다가 돌아와 누리게 될 축복을 구분한다. 오경은 총 27가지의 저주와 10가지의 회복 후 축복(restoration blessings)을 언급하고 있는데(Stuart), 이중 상당수가 말라기서 안에서 발견된다. 오경이 언급하고 있는 27가지 저주(curses)와 회복 후에 약속된 축복 10가지는 다음과 같다.

27가지 저주

저주	레위기	신명기
1. 하나님의 진노와 거부	26:17, 24, 28, 41	4:24-25; 29:20, 24, 27-28
2. 예배의 거부와 파괴	26:31	
3. 전쟁과 파괴		
a.일반적 현상	26:17, 25, 33, 37	28:25, 49, 52; 32:23-24, 30, 41-42
b.포위	26:25-26, 29	28:52-53, 55, 57
4. 두려움, 테러, 공포	26:16-17, 36-37	28:66-67; 32:35
5. 원수와 이방인들로부터 박해	26:16-17, 32	28:31, 33, 43-44, 48, 68; 32:21
6. 농작물 피해와 비생산성		
a.가뭄	26:19	28:22-24
b.병충해		28:38-42
c.일반적 징계	26:20	28:17-18, 22, 40; 29:23
7. 굶주림과 흉년	26:26, 29, 45	28:53-56; 32:34

저주	레위기	신명기
8. 질병, 전염병, 오염	26:16	28:21-22, 27-28, 35, 59-61; 29:22; 32:24, 39
9. 황폐 a.거룩한 장소들 b.도시와 마을들 c.땅/나라	 26:31 26:31, 33 26:32-35, 43	 28:51; 29:23
10. 불에 의한 파괴		28:24; 32:22
11. 들짐승에 의한 피해	26:22	32:24
12. 파괴와 불임 a.가족 b.목축 c.인구	 26:22 26:22 26:22, 36	 28:18, 59 28:18, 51 4:27; 28:62; 32:36
13. 추방과 유배 a.백성 b.왕	 26:33-34, 36, 38-39, 41, 44	 4:27; 28:36-37, 41, 63-64, 68; 29:28; 30:4; 32:26 28:36
14. 유배 중 강제적 우상숭배		4:28; 28:36, 64
15. 허무	26:16, 20	28:20, 29-31, 33, 38-41
16. 수치와 불명예	26:19	28:20, 25, 37, 43-44, 68
17. 재산 빼앗김과 빈곤		28:31
18. 가족을 잃음		28:30, 32, 41; 32:25
19. 무능함과 실족	26:36-37	28:29, 32; 32:35-36, 38-39
20. 심리적 고통		28:20, 28, 34, 65-67
21. 평안과 안식 부재		28:65
22. 시신이 매장되지 못함		28:26
23. 평지에 있는 도시들처럼 됨		29:23
24. 죽음과 파괴	26:36, 39	4:26; 28:20-22, 44, 48, 51, 61; 29:20; 30:15, 18-19; 31:17; 32:25-26, 35, 39, 42

저주	레위기	신명기
25. 일반적이고 비구체적		4:30; 28:20, 24, 45, 59, 61, 63; 29:18, 19, 21-22; 31:17, 21, 29; 32:23, 35
26. 일반적 징계, 저주, 응보	26:41, 43	28:16, 20-21, 27; 30:19; 32:35, 41, 43
27. 복합적 징계	26:18, 21, 24, 28	

10가지 회복 후 축복(restoration blessings)

저주	레위기	신명기
1. 여호와의 은혜, 자비, 임재 회복	26:42, 45	4:29, 31; 30:3, 9
2. 언약 갱신	26:42, 44-45	4:31
3. 참예배 회복과 신실함		4:30; 30:6, 8
4. 인구증가		30:5, 9
5. 농산물의 풍요로움	26:42	30:9
6. 일반적 풍요, 건강, 부 회복		30:3, 5, 9; 32:39
7. 유배지에서의 귀향과 땅 재소유		30:3-5
8. 통일		30:3-4
9. 원수들과 이방인들 제압		30:7
10. 자유와 죽음과 파괴에서 회복	26:44	30:6; 32:39

위 도표를 통해 언급된 27가지 저주와 10가지 축복 중 상당수의 축복과 저주가 말라기 안에서 언급된다. 다음 도표를 참조하라.

말라기서의 내용	유형	축복/저주 내용
"에서는 미워하였으며"(1:3)	저주 1	하나님의 진노와 거부
"그의 산들을 황무케 하였고 그의 산업을 광야의 시랑에게 붙였느니라"(1:3)	저주 9c	땅/나라의 황폐
"그들은 쌓을찌라도 나는 헐리라"(1:4)	저주 15	허무
"사람들이 그들을 일컬어 악한 지경이라 할 것이요 여호와의 영영한 진노를 받은 백성이라"(1:4)	저주 16	수치와 불명예
"너희는 목도하고"(1:5)	축복 9	원수들과 이방인들 제압
"내가 너희 중 하나인들 받겠느냐"(1:9)	저주 1	하나님의 진노와 거부
"너희 손으로 드리는 것을 받지도 아니하리라"(1:10)	저주 2	예배의 거부와 파괴
"내 이름을 위하여 분향하며 깨끗한 제물을 드리리니"(1:11)	축복 3	참예배 회복과 신실함
"떼 가운데 수컷이 있거늘 그 서원하는 일에 흠 있는 것으로 사기하여 내게 드리는 자는 저주를 받으리니"(1:14)	저주 25	일반적이고 비구체적 심판
"내가 너희에게 저주를 내려 너희의 복을 저주하리라"(2:2)	저주 2	예배의 거부와 파괴
"내가 너희에게 저주를 내려"(2:2)	저주 15	허무
"내가 너희의 종자를 견책할 것이요"(2:3)	저주 12a	가족 파괴와 불임

말라기서의 내용	유형	축복/저주 내용
"똥 곧 너희 절기의 희생의 똥을 너희 얼굴에 바를 것이라"(2:3)	저주 16	수치와 불명예
"너희로 모든 백성 앞에 멸시와 천대를 당하게 하였느니라"(2:9)	저주 16	수치와 불명예
"여호와께 제사를 드리는 자도 여호와께서 야곱의 장막 가운데서 끊어 버리시리라"(2:12)	저주 2	예배의 거부와 파괴
"또 너희의 구하는바 주가 홀연히 그 전에 임하리니"(3:1)	저주 1	하나님의 진노와 거부
"그의 임하는 날을 누가 능히 당하며 그의 나타나는 때에 누가 능히 서리요"(3:2)	저주 24	죽음과 파괴
"그는 금을 연단하는 자의 불과 표백하는 자의 잿물과 같을것이라"(3:2)	저주 10	불에 의한 파괴
"그가 은을 연단하여 깨끗케 하는 자 같이 앉아서 레위 자손을 깨끗케 하되 금, 은 같이 그들을 연단하리니 그들이 의로운 제물을 나 여호와께 드릴 것이라"(3:3)	축복 3	참예배 회복과 신실함
"내가 심판하러 너희에게 임할 것이라"(3:5)	저주 26	일반적 징계, 저주, 응보
"나도 너희에게로 돌아가리라"(3:7)	축복 1	여호와의 은혜, 자비, 임재, 회복
"너희가 저주를 받았느니라"(3:9)	저주 26	일반적 징계, 저주, 응보
"너희의 온전한 십일조를 창고에 들여 나의 집에 양식이 있게 하고… 너희 밭에 포도나무의 과실로 기한 전에 떨어지지 않게 하리니"(3:10-11)	축복 5	농산물의 풍요로움
"너희 땅이 아름다와지므로 열방이 너희를 복되다 하리라"(3:12)	축복 6	일반적 풍요, 건강, 부 회복

말라기서의 내용	유형	축복/저주 내용
"그들로 나의 특별한 소유를 삼을 것이요"(3:17)	축복 1	여호와의 은혜, 자비, 임재 회복
"사람이 자기를 섬기는 아들을 아낌 같이 내가 그들을 아끼리니"(3:17)	축복 10	자유와 죽음과 파괴에서 회복
"보라 극렬한 풀무불 같은 날이 이르리니"(4:1)	저주 10	불에 의한 파괴
"내 이름을 경외하는 너희에게는 의로운 해가 떠올라서 치료하는 광선을 발하리니 너희가 나가서 외양간에서 나온 송아지 같이 뛰리라"(4:2)	축복 6	일반적 풍요, 건강, 부 회복
"너희가 악인을 밟을 것이니"(4:3)	축복 9	원수들과 이방인들 제압
"내가 와서 저주로 그 땅을 칠까 하노라"(4:6)	저주 9c와 24	땅/나라 황폐; 죽음과 파괴

4. 신학과 메시지

말라기서가 전하고자 하는 신학적 메시지는 다양하지만, 저자의 초점은 무엇보다도 주의 백성들이 하나님에 대하여 느끼고 있는 소외감과 배신감을 해소하는 데 맞추어져 있다. 하나님께서는 예나 지금이나 변함없이 그들을 사랑하시며, 많은 관심을 이스라엘에게 쏟고 계신다. 이 사실은 저자의 저작 스타일에도 역력히 배어 있다. 말라기서는 55절로 형성되어 있는 짧은 책인데 그중 47절이 여호와의 신적 일인칭(神的, divine I) 문장들로 구성되어 있다(Kaiser). 비율로 볼 때 그 어느 책보다도 하나님께서 직접 선포하시는 말씀이 큰 비중을 차지하는 책이다. 이스라엘이 아무리 믿으려 하지 않고 문제를 제기한다 하더라도 결코 지워지거나 바뀔 수 없는 진실은 하나님께서 그들을 무척 사랑하시며 주의 백성에 대하여 지대한 관심을 가지고 계신다는 것이다. 선지자는 하나님의 사랑을 의식하지 못하는 이스라엘을 깨닫게 하기 위하여 다음과 같은 주제들을 중심으로 말씀을 선포하고 있다.

(1) 변함없는 하나님의 관심

주로 귀향민들과 그들의 후손들로 구성된 말라기 선지자의 청중들은 바빌론에서 귀향할 때부터 기대했던 회복과 번영이 실현되지 않자 현실에 대해 환멸감(disillusionment)을 느꼈고, 동시에 하나님에 대해 실망과 배신감을 느꼈다. 이미 지적한 대로 이러한 상황에 처해 있는 자들에게 가장 근본적인 신학적 이슈는 "하나님께서 아직도 우리에게 관심을 가지고 계시는가?"였으며 이 질문은 바빌론에서 하나님의 구원의 손길을 바라다가 지쳐 버린 그들의 조상들의 신음 소리이기도 했다(cf. 사 40:27).

말라기 선지자는 이 질문에 대해 먼저 "여호와가 말씀하셨다"라는 표현을 25차례나 사용함으로써 긍정적으로 답하고 있다(1:2, 6, 8, 9, 10, 11, 13, 14; 2:2, 4, 8, 16; 3:1, 5, 7, 10, 11, 12, 13, 17; 4:1, 3). 말라기는 하나님께서 그들에게 관심이 없으셨다면 이 질문을 받고도 침묵하셨을 것이라고 생각한다. 그러나 선지자는 하나님께서 이들에 대해 많은 관심을 갖고 계셨음을 알기 때문에 이 짧은 책(55절로 구성) 안에서 25차례나 "여호와가 말씀하셨다"라는 표현을 사용하는 것이다. 그러므로 선지자의 선포는, 하나님께서는 지쳐 있는 백성을 절대로 무관심으로 대하지 않으시며, 과거 그들의 조상과 동일하게 그의 절대적인 관심이 말라기의 시대를 살아가는 아브라함의 후예들에게 그대로 적용되고 있다는 것을 드러내는 것이다.

그렇다면 이 백성들에게 말씀하신 하나님은 어떤 분이신가? 이스라엘 사람들은 그분이 과거에 자신의 선조들과 언약을 맺었던 분이심을 기억해야 했다. 그들의 열조를 온 세상 뭇 백성들과 구별하여 은혜를 베푸신 그분은 바로 여호와 하나님이시고, 약속한 것들을 번복한 적이 없는 신실한 주님이심을 사람들은 깨달을 필요가 있었던 것이다. 그래서 선지자는 그분을 '여호와, 언약의 하나님'이라고 21차례나 언급함으로써 이러한 사실을 확인하기 원했다(1:1, 2, 4, 5, 7, 13; 2:11, 12, 13, 14, 17; 3:3, 4, 6, 13, 16; 4:5). 이 성호는 여호와께서 과거에 그들의 선조들과 언약을 맺으셨고, 그분은 아직도 그 언약을 소중히 여기시는 분이라는 사실을 강조한다.

말라기는 또한 하나님을 '만군의 여호와'라고 24차례나 부른다(1:4, 6, 8, 9, 10, 11, 12, 14; 2:2, 4, 7, 8, 12, 16; 3:1, 5, 10, 12, 14, 17, 19; 4:3). 다윗이 골리앗을 향해 나갈 때 사용한 '만군의 여호와'라는 표현(삼상 17:45)은 여호와는 과거에 이스라엘과 맺은 언약에 제시된 대로 이 백성을 보호하시고 그 어떤 대적의 손에서도 구하실 수 있는 능력의 주님이심을 강조한다. 능력과 신실하심을 겸비하신 여호와께서 그들에게 가장 인격적인 방법으로 이 백성들을 찾아오셨던 것이다. 하나님께서는 때로는 자식에게 서운함을 느끼시는 아버지로 말씀하셨고(1:6; 2:10), 때로는 백성들로부터 외면당한 왕의 모습으로 이들을 찾아오셨다(1:14).

물론 고대 근동의 문화적 배경을 고려하면 이 표현들은 일차적으로 언약 관계를 상기시키는 호칭이지만, 말라기서 안에서는 하나님과 이 백성 사이의 특별한 관계를 묘사하는 것이다. 여호와께서는 경우에 따라 사랑하시고(1:2; 2:11), 미워하시고(1:3; 2:13, 16), 분개하시고(1:4), 괴로워하시고(2:17), 기뻐하시거나 불쾌해하시고(1:10, 13; 3:4), 책망하시고(2:3, 17; 3:11), 축복하시며(1:2–5; 2:2; 3:10–12), 저주도 하시는 분이시다(1:4, 10, 13–14; 2:2, 9, 12, 13, 15, 16; 3:9, 11, 12). 선지자는 이러한 표현들을 통하여 여호와가 그들 곁에 매우 가까이, 인격적으로 다가와 계심을 선언한다.

그중에서도 선지자가 백성을 향한 하나님의 무한한 관심을 확실하게 표현하는 방법은 매우 광범위한 하나님의 신적 일인칭(神的, divine I) 사용이다. 말라기서는 55절로 구성된 매우 짧은 책이지만 그럼에도 불구하고 47절이나 여호와께서 일인칭을 사용하여 '내가/나'로 시작하는데, 이는 말라기서가 그 어느 선지서보다도 확실하고 구체적으로 하나님과 인간의 만남을 묘사하고 있다는 것을 말해준다. 왜 하나님께서 그들에게 가까이 와 계시는가? 이 백성을 향하신 하나님의 관심이 너무나 크시기 때문이다. 주님께서는 이 백성들과 함께하실 뿐만 아니라 가장 가까운 곳에서 그들을 지켜보시는 하나님이시다. 그럼에도 불구하고 백성들은 하나님은 자기들을 외면하고 내버려 두시는 분이라고 생각했다.

(2) 변함없는 하나님의 사랑

선지자는 하나님께서 아직도 관심으로 가득 찬 눈으로 이 백성을 지켜보고 계시다고 선포하지만 그의 청중들은 쉽게 설득되지 않았던 것 같다. 대부분의 사람들은 "관심을 갖고 있는 것과 사랑한다는 것은 별개 문제다"라는 논리를 주장했는데 그 대표적인 구절에서 백성들은 "설령 그분이 우리에 대한 관심을 갖고 계신다 할지라도 그분은 우리를 사랑하시는가?"라고 반문한다(1:2). 이 질문에 대해 선지자는 하나님의 말씀으로 대응한다: "나는 너희를 사랑한다. 나 여호와가 말한다"(1:2). 하나님께서는 자신의 모든 인격을 걸고 그의 백성을 얼마나 사랑하는가를 선포하신다. 하나님이 이스라엘을 사랑하신다는 증거로 제시되는 것은 하나님이 에서와 야곱 형제 중 야곱과 그의 자손(이스라엘)을 얼마나 사랑했는지, 하나님의 에서와 그의 자손을 향한 관심은 '미움'으로밖에 표현이 안 된다는 것이다(1:2-3). 선지자는 하나님께서 자신들을 버리셨다고 원망하는 백성들에게 잠시 모든 것을 멈추고 스스로를 위로하려고 고안해낸 패배감을 버린다면 하나님의 그들을 향한 사랑이 얼마나 큰지 쉽게 깨닫게 될 것이라고 선언하고 있다(Kaiser).

이러한 여호와의 깊은 사랑이 모든 사람들에게 똑같이 적용되지는 않을 것이다. 선지자는 주의 날이 이르면 하나님의 사랑은 한 부류의 사람들에게만 제한될 것이라고 강조한다. 여호와의 사랑을 받을 사람들은 "주를 경외하며, 주의 이름을 존중하는 사람들"이다(3:16). 그렇다면 무엇이 주를 경외하고 그의 이름을 존중하는 일인가? 이에 대해 선지자는 하나님의 사랑을 의심하지 않는 것(cf. 1:2), 여호와를 아버지로, 주인으로, 위대한 왕으로 공경하는 것(1:6, 14), 자기의 사명과 책임을 잘 감당하는 것(2:7-9; 3:7-12), 모든 약속과 언약에 신실한 것(2:10-16), 예배에 있어서 형식이나 의무감에 매이지 않는 것(1:7-8, 13-14; 3:3-4), 세상에서 공의를 행하는 것이 주님을 경외함이라고 말하고 있다(2:17-3:5).

여호와는 이러한 삶을 사는 자들을 사랑할 뿐만 아니라 매우 특별한 마음을 가지고 바라보신다. 그는 그들을 '특별한 소유'(סְגֻלָּה)(3:17; cf. 출 19:5, 신 7:6)

로 여기시며 애지중지하실 것이다. 그래서 선지자는 여호와가 이스라엘을 무척 사랑하신다는 것을 분명히 전하고 있다. 그러나 그는 동시에 이 사랑은 결코 모든 사람들에게 똑같이 적용되는 것이 아니라 그의 '특별한 소유'가 되는 사람들에게만 임하게 될 것을 말한다. 강도에 있어서는 여호와의 사랑은 과거나 지금이나 변화가 없지만, 범위에 있어서는 그 적용이 제한될 것이다. 말라기는 변함없는 여호와의 사랑이 아브라함의 자손들에게 똑같이 적용되었던 과거와는 달리 앞으로는 이스라엘 사람들 중에서도 한 부류에게만 임할 것임을 예언하고 있다.

(3) 변함없는 하나님의 언약

만일 여호와께서 아직도 이 백성에게 커다란 관심을 가지고 계실 뿐만 아니라 그토록 사랑하신다면 이들이 당면하고 있는 모든 문제들과 어려움은 무슨 의미를 지니고 있는 것일까? 이 문제에 대해 이스라엘 백성들은 그들의 궁핍하고 고통스러운 삶과 부조리로 멍들어 있는 사회를 바라보며 "하나님이 우리를 사랑하신다면 왜 이런 일들을 허용하시는가?"라는 질문을 던지고 있다(1:2; 2:17).

선지자는 백성들이 여호와의 언약을 잘 준수하지 않음으로써 이 모든 일들이 일어나고 있음을 강조한다. 그들은 여호와의 이름을 멸시했고(1:6), 제사장들은 백성들을 잘못 가르쳤으며(2:7-8), 그 백성들은 조상들이 여호와와 맺은 언약을 욕되게 했고(2:10), 아내와 맺은 결혼 언약을 파괴했으며(2:13-16), 여호와를 괴롭게 하였다(2:17). 이들은 더 나아가 여호와의 것을 훔쳤으며(3:8-9), 비방까지 했다(3:3-4). 제사장들은 흠 있는 제물을 하나님께 드렸고(그들이 준수해야 할 가장 기본적인 언약 의식의 파괴를 뜻함) 백성들을 잘못 가르치고 있었으며(그들의 가장 중요한 언약 소명을 무시하는 행위를 뜻함) 일반 백성들은 십일조를 성전에 들여놓지 않고(그들이 준수해야 할 가장 기본적인 언약 의식의 파괴를 뜻함) 이혼을 일삼고(그들의 가장 기본적인 언약적 삶의 파괴를 뜻함) 있었다. 결국 남녀노소, 지도자나 평민 할 것 없이 모두가 하나님과의 언약을 총체적으로 파괴한 것이 당시 이스라엘의 영적 상황이었다. 그러므로 이스라엘은 먼저 자신들이 범죄에 대한 충분한 인식도 없이 하나님만을 원망하고 있는 현실에서 속히 벗어나야 했다.

이스라엘 사람들도 이 문제에 대해서는 할 말이 있었다. 선지자들이 귀향하면 누리게 될 것이라던 부귀영화는 전혀 실현되지 않았고, 예루살렘으로 돌아오기만 하면 모든 것이 잘되리라는 기대도 완전히 무너져 내렸다. 이 와중에 그들의 부모들은 초라하지만 그나마 성전을 재건했으며, 그 성전에서 여호와께 제물을 드리고 있었다. 다소 흠이 있는 제물이지만 말이다. 물론, 아무런 흠이 없는 최상의 짐승들을 제물로 드려야 하지만 현실이 현실이니 만큼 자신들은 최선을 다해 제물로 드린 것인데 하나님이 너무하시지 않느냐는 것이다. 또한 하나님께 십일조를 드려야 되는 것도 잘 알지만 지금 당장 의식주 해결이 어려운 상황에 처해 있는 이들에게는 십일조를 성전에 들여놓지 못하는 상황이 불가피한 것이었다.

그들이 자신들은 올바른 마음자세로 최선을 다하고 있음을 보여주는 증거로 제시하는 것은, 비록 생활이 매우 궁핍하고 나름대로 여호와께 상처도 받았지만 그들은 자신들의 선조와는 달리 이런 열악한 환경에서도 이방 신들을 좇지 않고 여호와만을 섬기고 있다는 사실이었다. 즉, 그들의 입장에서는 하나님께서 먼저 그들과의 약속을 준수하시지 않았기 때문에 이 모든 일들이 일어났다는 것이었다. 이 부분에 대하여 선지자는 그들에게 임한 모든 어려움의 시초는 바로 그들 자신에게 있다고 단호하게 해명한다. 선지자는 비록 그들이 선조들같이 더 이상 우상숭배는 하지 않는다 해도 여호와 종교를 활성화하지 않는 것을 심각한 문제로 보았던 것이다.

선지자는 또한 이스라엘이 당면한 모든 어려움은 그들이 하나님의 백성으로서 감당해야 할 의무를 준수하지 않는 것에 대한 하나님의 심판이라고 주장한다(3:8-12). 즉, 하나님의 악순환이 진행되고 있는 것이다. 여호와는 백성들이 자신들의 의무를 이행하지 않았기에 언약에 명시된 대로 축복을 거두어 가셨고, 백성들은 축복을 받지 못했기 때문에 하나님과의 약속을 지킬 수 없었다. 그렇다면 이 악순환을 어떻게 끊을 것인가? 선지자는 이 악순환의 고리는 당연히 먼저 이 백성이 과거에 여호와와 그들의 선조들 사이에 맺었던 언약을 준수함으로 끊어야 한다고 주장한다. 말라기는 이처럼 옛적 언약 준수가 유일한 살 길임을 강력히 시사하고 있다.

이와 같이 말라기서는 과거에 이스라엘의 선조들과 하나님 사이에 맺었던 언약을 가장 기초적인 신학적 배경으로 수록한다(McKenzie & Wallace). 말라기서 안에서 이 언약의 의무사항(stipulation)을 구체적으로 제시하는 것을 지향하기보다 당연한 것으로 전제하는 것은 그만큼 모세오경이 이 책의 바탕을 형성하고 있다는 점을 잘 드러내는 것이다. 하나님께서 그의 백성을 얼마나 사랑하시며 또 이 사랑은 어떻게 표현되는가(1:2–5)는 신명기(4:32–34; 7:6–8; 10:14–25; 23:5)나 호세아서(3:1; 11:8–9; 14:5)의 '언약/사랑'의 관계로 비교될 수 있다. 이미 위 섹션에서 언급한 것처럼 후겐버거(Hugenberger)는 9개의 말라기서와 신명기의 연결점을 제시하는가 하면, 스트워트(Stuart)는 말라기서가 모세오경에 제시된 27개의 언약적 저주(covenantal curses)와 10개의 회복 후 축복(restoration blessings)을 21차례나 언급하고 있다고 주장한다. 말라기서 안에서 시내 산 언약을 연상시키는 것들 중 다음 예들이 포함되어 있다. 흠이 없는 예물을 드려야 하는 것(1:6–14), 제사장들의 율법을 가르치는 업무(2:1–9), 이혼과 다른 민족들과의 결혼(2:10–16), 성전과 예배를 유지해 나가는 레위인들의 업무(3:6–12) 등이 바로 그것이다.

특히 말라기의 결혼에 대한 가르침은 그 소중함과 가치를 제시한다는 면에서 구약에서 흔하지 않은 높은 이상을 결혼에 부여하고 있다고 볼 수 있다. 아마도 선지자는 하나님의 백성의 결혼이 그들의 후예들만 탄생시키는 것이 아니라 하나님 왕국의 시민들을 생산해 내는 것임을 의식하고 있는 듯하다. 또한 선지자는 "인간 세상에서 가장 소중하고 기본적인 언약인 결혼을 깨는 것을 이렇게 쉽게 생각하는 백성들이 눈에 보이지 않는 하나님 여호와의 언약은 어떻게 잘 준수하겠는가?"라는 논리를 펼쳐나가는 듯하다. 말라기서의 메시지를 요약하고 있는 구조적 도표에서도 언약의 중요성이 역력하다(cf. 뒤따르는 '개요' 섹션을 참조하라).

(4) 변함없이 다가오는 여호와의 날

'여호와의 날' 신학을 제시하는 데 있어서 말라기서는 두 가지의 특징을 강조하고 있다. 첫째, 이날은 언약적 축복이 하나님의 '특별한 소유'(סְגֻלָּה)에 임하는 날이며, 나머지 사람들에게 저주가 임하는 날이다(2:17–3:5; 3:13–4:3). 여호와의 날은 여호와의 언약의 축복을 즐길 수 있는 사람의 수를 제한하고 있다. 과거에는 이스라엘의 후손이면 누구나 다 자동적으로 이 축복의 수혜자들이 되었지만 앞으로는 그렇지 않을 것이라고 선지자는 주장한다. 둘째, 말라기는 여호와의 날이 오기 전에 먼저 그날의 도착을 알리고 사람들을 예비시키는 선구자(forerunner)가 있을 것임을 밝히고 있다(4:5). 이 선구자는 엘리야이며 세상에 먼저 와서 깨어진 인간관계를 회복시킴으로 사람들로 하여금 이날을 준비하도록 한다(4:6).

선지자는 또한 그의 종말론을 통해서 율법과 선지자 제도를 하나로 묶고 있다. 주의 날에 대한 가르침에서 그는 모세를 언급하고 있으며(4:4), 선지자 엘리야를 지목하고 있다(4:5). 모세는 율법을 중계한 자이자 율법의 대명사이고 엘리야는 선지자의 대표적인 예이자 역시 선지제도의 대명사이다. 이들이 여기서 함께 언급되는 것은 앞으로 다가올 주의 날에는 이 두 제도가 하나가 될 것임을 예언하고 있기 때문이다. 말라기 선지자의 논리는 간단하다. 모세는 이 백성에게 율법(언약의 의무사항)을 가져다준 사람이며, 선지자들은 준수되지 않은 율법(파괴된 언약)을 다시 이행하도록(언약을 회복시킴) 사역한 자들이기 때문에 언약을 전제로 하고 있는 여호와의 날에 대한 그의 이해에 당연히 선지자가 포함되어 있는 것이다.

말라기는 어렵고 혹독한 현실에 당면하여 하나님을 원망하는 그의 청중들에게, 이 모든 어려움은 그들이 이행해야 할 가장 기본적인 언약을 준수하지 않은 데서 비롯되었다고 선언한다. 그러므로 그들의 생각과는 달리 하나님이 변하신 것이 아니라 오히려 그분을 전적으로 믿고 의지하지 못하는 이들에게서 문제가 비롯되었다고 주장하는 것이다. 어떤 면에서 선지자의 가르침은, 오늘날 명목상으로만 하나님을 추구하고 실제로는 많은 불만을 토해내는 그리스도인에게 도전적인 메시지를 전한다고 하겠다. 말라기서는 하나님께 버림받았다는 느낌을 떨쳐버릴 수 없었던 사람들에게 변함없는 그의 진한 사랑을 확인해 주고 있기 때문이다. 지난 몇 년 동안 있었던 한국 경제 사정의 악화와 교세의 침체는 많은 성도들과 교회들로 하여금 말라기서에 나오는 청중들의 심정처럼 하나님을 원망하게 만들고 있다. 이러한 한국 교회의 현실 속에서 선지자는 그 옛날 이스라엘 백성들에게 했던 것처럼 "여호와는 여러분의 삶에 무한한 관심을 갖고 있습니다"라는 메시지를 전달하고 있는 것이다.

5. 개요

후겐버거(Hugenberger)는 말라기서의 교차대구법적 구조를 다음과 같이 제시한다. 후겐버거의 구조 분석을 책의 전반적인 구조적 골격으로 받아들이는 데에 문제는 없어 보인다(cf. Schuller). 대부분의 학자들 사이에 말라기서의 구조에 대한 공감대가 형성되어 있으며 몇몇 학자들은 4:4-6을 마지막 디스코스에 포함하기도 한다(Kaiser). 말라기서는 55절의 짧은 공간 속에 22개의 질문을 담고 있는데 이 질문들은 책의 구조를 파악하는 데 큰 도움이 된다.

쌍을 이루는 부분들		공통 테마
A. 표제(1:1)	A′. 요약적 권면 (4:4-6)	여호와가 이스라엘에게 할 말이 있으시다
B. 제1 논쟁(1:2-5)	B′. 제6 논쟁 (3:13-4:3)	하나님은 악인과 의인을 구분하신다. 여호와의 언약적 사랑의 증거는 그가 악인은 심판하시고 의인은 아끼신다는 점이다.

쌍을 이루는 부분들		공통 테마
C. 제2 논쟁 (1:6-2:9)	C′. 제5 논쟁 (3:6-12)	두 개의 단정적인 질문들로 시작한다. 부적절하고 마지못해 드리는 제물을 바치는 것을 책망한다. 축복이 저주로 바뀔 것이며 열방에서 여호와의 이름이 높아질 것이다.
D. 제3 논쟁 (2:10-16)	D′. 제4 논쟁 (2:17-3:5)	여호와가 부부간의 정절(貞節)에 대한 증인이다. 유다는 여호와께 대한 정절을 지키지 못했다.

필자는 다음과 같은 본문 분석을 바탕으로 말라기서를 주해해 나가고자 한다. 후겐버거는 표제(1:1)를 독립 유닛(unit)으로 다루지만, 여느 소선지서처럼 이 책에서는 편의상 첫 섹션에 포함시켰다.

Ⅰ. 제1 논쟁(1:1-5)
- 1장. 표제(1:1)
- 2장. 하나님께서 백성들의 의심을 질문으로 대답하심(1:2-3a)
- 3장. 여호와께서 에돔을 폐허로 만드실 것임(1:3b-4)
- 4장. 여호와는 편협한 수호신이 아님을 깨닫게 될 것임(1:5)

Ⅱ. 제2 논쟁(1:6-2:9)
- 1장. 대답을 요구하는 세 질문(1:6)
- 2장. 하나님께서 질문에 대답하심(1:7-8a)
- 3장. 흠 있는 제물은 안 된다는 것을 알아야 함(1:8b-9)
- 4장. 제사장들에 대한 비난(1:10-14)
- 5장. 제사장들에게 임할 심판(2:1-5)
- 6장. 제사장들이 수치를 당할 것임(2:6-9)

Ⅲ. 제3 논쟁(2:10–16)

1장. 백성들의 신실하지 못함이 제물에 끼치는 영향(2:10–13)

2장. 언약을 위하여 하나님께서 제물을 거부하심(2:14)

3장. 백성들은 신실해져야 함(2:15–16)

Ⅳ. 제4 논쟁(2:17–3:5)

1장. 백성들이 하나님의 정의를 의심함(2:17)

2장. 여호와의 사자가 오면 세상에 정의를 실현할 것임(3:1–5)

Ⅴ. 제5 논쟁(3:6–12)

1장. 백성들의 불순종에도 여호와는 변하지 않으심(3:6–7a)

2장. 십일조와 헌물로 하나님께 돌아올 수 있음(3:7b–12)

Ⅵ. 제6 논쟁(3:13–4:3)

1장. 백성들이 하나님을 억누름(3:13)

2장. 백성들이 하나님을 섬기는 것이 쓸모없다고 생각함(3:14–15)

3장. 신실한 사람들은 언약 갱신에 참여할 것임(3:16–4:3)

Ⅶ. 요약적 권면(4:4–6)

1장. 모세의 율법을 기억할 것(4:4)

2장. 엘리야 약속과 파괴에 대한 경고(4:5–6)

EXPOSIMENTARY

Malachi

Ⅰ. 제1 논쟁

1:1–5

표제를 포함하고 있는 말라기서의 첫 섹션은 다음과 같이 구분될 수 있다. 표제는 대체로 선지자의 인적 사항과 사역 시기에 대한 정보를 제공하는데, 말라기서의 경우 선지자에 대한 개인 정보와 사역 시기에 대한 언급이 없다. 그러므로 책의 내용에서 선지자의 사역 시기를 가늠해야 하는데, 이미 서론에서 언급한 것처럼 선지자가 몇 가지 힌트를 주고 있기 때문에 그의 시기를 추측하는 일이 그다지 어려운 일은 아니다.

나머지 부분(1:2–4)이 하나의 통일성 있는 디스코스(discourse)로 분류되는 것에 반론을 제기하는 학자들은 거의 없다. 다만 이 섹션의 장르가 내러티브(narrative)인지 아니면 시가체(poetry)인지에 대하여는 다소 논란이 있다. 대다수의 최신 번역본이 내러티브로 간주하고 있지만(NIV; NRS; NAS; RSV; TNK; 공동), 소수는 시가체로 간주하기도 한다(BHS; 새번역). 본문은 히브리 시의 가장 기본적인 특성인 평행법을 많이 사용하고 있다. 또한 저자는 의미적으로 비슷한 개념/낱말들의 평행(3, 4절), 반대 개념/낱말들의 평행(2, 2–3, 4절), 그리고 통합적/합성적(synthetic) 평행도 사용하고 있다(5절). 그러므로 대다수 번역본과 달리 시가체로 간주해도 별문제는 없는 것이다.

이 섹션은 에돔에 대한 심판 선언을 중심으로 구성되어 있다. 에돔은 이스라엘의 처음이자 마지막이며, 가장 가까운 적으로서, 여기서는 일종의 비유법인 제유법(提喩法, synecdoche)을 사용하여 모든 원수 나라들을 상징하고 있다 (Stuart). 하나님께서는 에돔을 예로 들어 이스라엘을 미워하거나 대적하는 나라들은 결코 평안하지 못할 것을 경고하신다. 선지자들은 다른 나라들에게 심판을 선포하는 일을 통하여 이스라엘에게 위로와 소망을 주고자 했다. 이스라엘 선지자들이 열방에 대하여 심판을 선언하는 것을 '열방에 대한 심판 선언'(Oracles Against Nations = OAN)이라고 하는데, 이러한 스피치는 선지서에 자주 등장하며(cf. 사 13–23장; 렘 46–51장; 겔 25–35장; 암 1–2장), 거의 모든 선지서가 어떠한 형태로든 열방에 대한 심판 선언을 담고 있다. 분량을 분석해보면 에돔은 가장 많은 분량을 차지하지 않으면서도, 가장 많은 선지자들로부터 비난을 받고 있다. 선지서 안에서 언급되는 나라들은 다음과 같다.

나라	본문
암몬	사 11:14; 렘 25:21; 49:1-6; 겔 26:1-7; 암 1:13-15; 습 2:8-11
아라비아	사 21:13-17; 렘 25:24; 49:28-32
아람	사 7:7; 8:4; 17:1-14; 렘 49:23-27; 암 1:3-5; 슥 9:1-2
아시리아	사 10:15-19; 10:25; 14:24-27; 30:31; 37:21-25; 미 5:5-6; 나훔서 전체; 습 2:13-15; 욘 3:4; 슥 10:11
바빌론	사 13:1-22; 14:3-23; 21:1-10; 47:1-15; 렘 50:1-46; 51:1-64; 합 2:4-20
에티오피아	사 18:1-7; 20:1-5; 습 2:12
에돔	사 11:14; 21:11-12; 34:1-17; 렘 25:21; 49:7-22; 애 4:21; 겔 25:12-14; 35:1-15; 욜 3:19; 암 1:11-12; 옵1-21; 말 1:2-5
이집트	사 19:1-25; 20:1-5; 렘 46:1-26; 겔 29:1-21; 30:1-26; 31:1-18; 32:1-32; 욜 3:19; 슥 10:11; 14:18-19
엘람	렘 49:34-39
모압	사 11:14; 15:1-9; 16:1-14; 렘 25:21; 48:1-47; 겔 25:8-11; 암 2:1-3; 습 2:8-11
블레셋	사 11:14; 14:28-32; 렘 25:20; 47:1-7; 겔 25:15-17; 암 1:6-8; 옵 19; 습 2:4-7; 슥 9:2-8

시돈	사 23:1-18; 렘 25:22; 겔 28:20-23
두로	사 23:1-18; 렘 25:22; 겔 26:1-21; 27:1-36; 28:1-19; 욜 2:4-8; 암 1:9-10
열방	사 10:12-14; 24:1-23; 34:1-17; 63:1-16; 렘 25:15-38; 겔 38:1-23; 39:1-28; 욜 3:9-16; 미 7:8-17; 학 2:20-22; 습 1:2-3; 슥 12:1-9; 14:12-19

이 섹션은 말라기서를 구성하고 있는 여러 논쟁들 중 첫 번째로 제시되는 것으로서, 앞으로 선지자가 메시지를 선포하는 데 주로 사용할 양식을 제시하고 있다: (1) 주장(assertion); (2) 주장에 대한 반문; (3) 반문에 대한 반응; (4) 의미(implication).

구절	양식	문구
1:2a	여호와의 주장	"내가 너를 사랑했다"
1:2b	이스라엘의 반문	"어떻게 우리를 사랑하셨습니까?"
1:2c-4	반문에 대한 여호와의 반응	(1)이스라엘이 에돔과 갈등을 빚을 때 이스라엘과 함께하심; (2)에돔의 황폐; (3)에돔의 재건 열망에 내려진 저주
1:5	의미	이스라엘은 여호와가 단지 그들의 수호신에만 불과하지 않다는 것을 알아야 한다.

이 논쟁(2-5절)은 질문(A)—약속(B)—깨달음(A')의 구조를 형성하고 있다. 전체적으로 볼 때 이 섹션은 다음과 같이 구분될 수 있다.

표제(1:1)

A. 하나님께서 백성들의 의심을 질문으로 대답하심(1:2-3a)

B. 여호와께서 에돔을 폐허로 만드실 것임(1:3b-4)

A'. 여호와는 편협한 수호신이 아님을 깨닫게 될 것임(1:5)

1장 표제
1:1

1 여호와께서 말라기를 통하여 이스라엘에게 말씀하신 경고라

말라기서를 시작하는 "여호와께서 말라기로 이스라엘에게 말씀하신 경고라"는 표제는 다른 선지서처럼 세 가지의 정보를 제공하고 있다: 내용, 보내는 자, 받는 자. 이 책에 기록된 것은 선지자가 하나님께로부터 받은 메시지이며, 보내는 자는 이스라엘의 하나님 여호와이시며, 받는 자는 이스라엘 백성인 것이다. 말라기는 선배 선지자들처럼 이 표제를 통해 그가 선포할 말씀이 결코 자신에게서 비롯된 것이 아니며, 여호와 하나님의 대변자로서 그분의 메시지를 전하는 것뿐임을 강조하고 있다. 사역자들의 임무는 바로 여기에 있다. 우리는 새로운 메시지를 창조해 내는 것이 아니라, 이미 주신 말씀을 선포하는 것이다. 물론 그 과정에서 창의력을 발휘하는 것은 필수적이다.

말라기 선지자는 에스라—느헤미야 시대에 바빌론으로부터 돌아온 귀향민들을 중심으로 형성된 포로기 이후 시대의 유다에서 사역한 것이 거의 확실한데(cf. 서론), 메시지의 대상을 유다로 제한하지 않고 온 이스라엘로 삼은 것은 무슨 의미일까? 아마도 그는 선지자들의 이스라엘 역사에 대한 오랜 전통

을 그대로 반영하고 있는 듯하다. 비록 이스라엘이 솔로몬이 죽은 직후인 931년에 남 · 북 왕국으로 나누어졌고 북 왕국이 '이스라엘'이란 이름을 소유하게 되었지만, 선지자들은 끊임없이 이 두 나라가 하나가 되어야 한다는 관점을 갖고 있었으며, 두 자매 나라가 하나가 되는 날을 꿈꾸었다. 이러한 관점은 선지자들 대부분이 북 왕국 이스라엘이 아시리아의 손에 멸망한 이후에 사역을 하고 글을 남겼지만—그러므로 비록 그들의 사역 대상이 대부분 유다 사람들이었지만—이스라엘이란 호칭을 511차례, 유다라는 이름을 300차례 사용하는 것에서 역력히 드러난다.

그뿐만 아니라 이미 이스라엘이 더 이상 국가로 존재하지 않던 시대를 배경으로 하는 에스라—느헤미야서 역시 '유다'보다는 '이스라엘'이라는 이름을 더 많이 사용한다. 에스라서는 이스라엘을 40차례, 유다를 15차례 언급하고 있으며, 느헤미야에서는 이스라엘을 21차례, 유다를 29차례 언급한다. 포로기 이후 시대를 살았던 성경 저자들은 바빌론으로 끌려갔던 유다 사람들의 귀향을 유다가 아니라 '온 이스라엘'의 회복의 시작으로 간주했다(Sweeney). 선지자들의 '이스라엘—유다' 이름 사용은 다음과 같다(Stuart).

선지서	이스라엘	유다
이사야	91	31
예레미야	125	183
에스겔	186	15
다니엘	4	8
호세아	44	15
요엘	3	6
아모스	30	4
오바댜	1	1
요나	0	0
미가	12	4
나훔	1	1

선지서	이스라엘	유다
하박국	0	0
스바냐	4	3
학개	0	4
스가랴	5	22
말라기	5	3
총계	511	305

'경고'(מַשָּׂא)는 '나르다/올리다'(נָשָׂא)라는 동사에서 비롯된 단어로 '무게/짐'(burden)이라는 의미를 지녔지만(HALOT), 정확한 의미는 아직까지도 확실하게 밝혀지지 않았다.[25] 이 단어는 선지서에서 총 34차례 사용되며 선지자들이 하나님께로부터 받은 말씀, 신탁, 계시 등을 의미한다. 말라기처럼 선지자의 메시지가 시작되면서 이 단어가 사용되는 경우는 16번에 달하며 이러한 정황에서는 선지자들이 선포할 메시지의 전체적인 성향을 묘사하는 기능을 한다. 이 히브리어 단어가 내포하고 있는 의미가 부정적이기 때문에 우리말 성경본은 대부분 '경고'로 번역하고 있다. '경고'와 '여호와의 말씀'(דְּבַר־יְהוָה)이란 표현이 함께 사용되는 것은 이곳과 스가랴 9:1, 12:1뿐이다.[26] 하나님의 말씀은 우리들 중 신앙생활을 잘 하는 사람들에게는 복이 되고 위로가 되지만, 믿음으로 살지 못하는 사람들에게는 경고와 짐이 될 수 있다는 의미이다.

이미 서론에서 언급한 것처럼 '말라기'(מַלְאָכִי)가 고유명사(한 사람의 이름)인지,

25 이 개념이 선지자들이 메시지를 선포할 때 목소리를 높이는 일에서 비롯되었다는 해석이 있다(Sweeney). 이 단어가 구약에서 사용된 모든 사례를 연구한 한 학자는 이 단어가 "하나님의 역사가 인류 역사에 어떻게 드러났는가"를 설명하는 선지자적 디스코스(prophetic discourse)를 뜻한다고 결론지었다(Weis).

26 이 같은 사실에 근거하여 한 주석가는 말라기서가 스가랴서에서 시작된 '경고(מַשָּׂא) 시리즈' 중 세 번째에 해당하는 것이라며 말라기서가 스가랴서의 일부라고 한다(Hill). 그러나 말라기서가 독립적인 구성을 지닌 점과 스가랴서 자체도 독립적인 구성을 지닌 점 그리고 이 두 책의 표제가 현저하게 다른 점들을 감안할 때 별로 설득력 없는 주장이다(cf. Sweeney).

아니면 일반명사('나의 사자/종')인지에 대하여는 학자들 사이에 의견이 분분하다(cf. Hill; Petersen). 일반명사로 간주하는 학자들은 말라기서가 뜻하는 '말라기'(viz., 하나님의 사자)는 선지자 엘리야라고 한다(Sweeney; cf. 3:22-24). 그러나 이 책을 기록한 선지자의 이름으로 받아들이는 데 큰 문제는 없어 보인다(cf. 서론).

2장 하나님께서 백성들의 의심을 질문으로 대답하심
1:2-3a

2 여호와께서 이르시되
내가 너희를 사랑하였노라 하나
너희는 이르기를
주께서 어떻게 우리를 사랑하셨나이까 하는도다
나 여호와가 말하노라
에서는 야곱의 형이 아니냐
그러나 내가 야곱을 사랑하였고
3a 에서는 미워하였으며

이미 위에서 언급한 것처럼 말라기서는 여러 개의 논쟁들(disputations)로 구성되어 있다. 선지자가 논쟁법을 매우 광범위하게 사용하는 궁극적인 목적은 하나님이 무능하시거나, 아니면 자신들에게 무관심하다는 백성들에게 그들의 주장은 결코 사실이 아니며, 만일 그들이 하나님을 경외하고 존경하는 마음으로 그분께 돌아오면 주님께서 그들을 위하여 역사하실 것을 선언하는 데 있다(Pfeiffer).[27] 논쟁 양식의 근본적인 목적은 청중들을 신앙적인 행동/실천으로 유도하는 데 있다(Mason).

몇몇 학자들은 "여호와께서 가라사대"(אָמַר יְהוָה)와 "여호와께서 말하노라"(נְאֻם־יְהוָה)가 같은 의미를 반복하고 있고 음률에 잘 어울리지 않는다고 하여 본문에서 "여호와께서 말하노라"를 제거하자고 제안하지만, 선지서 안에서 이 두 문구가 같은 구절에서 사용되는 사례가 14회나 되는 것을 감안할 때 그냥 두는 것이 바람직하다(cf. 렘 16:5; 23:2; 29:32; 30:3; 31:16, 37; 34:17; 35:13; 49:2; 학 2:9; 슥 1:3, 4, 16; 8:6).

"여호와가 가라사대 내가 너희를 사랑하였노라"(2절)는 말라기서의 서론이자 중심 주제이다(Kaiser). 상반되는 말인 '사랑하다'(אהב)와 '미워하다'(שׂנא)는 개인적이고 감정적인 사랑과 미움을 의미하는 것이 아니라 고대 근동의 외교와 국가 간의 관계에 있어 자주 사용되는 관념화된 언어로 동맹과 적대적 관계를 의미한다(Schuller; cf. 호 2:5, 7, 10, 12, 13; 레 26:17; 신 33:11; 대하 19:2). 열왕기상 5:1 역시 두로의 히람이 다윗을 '사랑했던 자'(אֹהֵב)라고 표현함으로써 이 두 나라의 동맹관계를 확인하고 있다. 그러므로 본문은 하나님께서 각별한 관심을 가지고 이스라엘을 '동맹국'처럼 대접하신 것에 비해 에돔은 적대국으로 취급하셨다는 점을 강조한다.

하나님께서 이삭의 아들 에서로부터 유래한 백성인 에돔을 원수로 취급하신 이유는 무엇인가? 에돔이 이스라엘의 적이었다는 단순한 이유 때문이었다(Thompson). 이미 언급한 것처럼 에돔은 이스라엘과 적대적인 모든 나라들을 뜻하는 것으로 제유법(提喩法)이 사용되고 있다(Stuart). 즉, 하나님께서는 이

---

27 파이퍼(Pfeiffer)는 논쟁(disputation) 양식은 다음 세 가지 요소를 지녔다고 한다: (1) 선지자의 기본적 선언(assertions) 혹은 논제(theses); (2) 선지자의 선포에 반론을 제기하는 자들(viz., 선지자가 설득하려는 자들)의 반박 선언(counter assertions) 혹은 반박 논제(counter theses); (3) 선지자가 자신이 주장하는 바를 입증하려는 장문(長文)의 대가(consequences) 혹은 결과(results) 선언문. 파이퍼의 연구 결과를 좀 더 발전시키거나 다소 다른 견해를 가진 학자들도 있다(cf. Petersen; Mason). 그를 포함한 대부분 학자들은 말라기서에서 6개의 논쟁을 파악한다(cf. Hugenberger).

스라엘의 적들을 자신의 적으로 취급하심으로써 이스라엘을 향한 사랑과 애정을 확인하고 있는 것이다. 구약 안에서 '사랑하다—미워하다'는 또한 '좋아하다—싫어하다', '받아들이다—거부하다', '인정하다—인정하지 않다' 등의 대조를 의미하기도 한다(cf. 창 29:30-33).

말라기의 청중들도 하나님께서 그들을 사랑하신다는 사실을 조상 대대로 귀가 따갑게 들어왔을 것이다. 그러므로 하나님의 '사랑한다'는 선언을 그대로 받아들이지 못하고, 오히려 "우리를 사랑하신다는 증거를 보여주십시오"라고 반박하고 있다(2절). 2절의 히브리어 텍스트에서는 다음과 같은 교차대구법을 형성하고 있다.

A. "내가 너희를 사랑하였노라"(אָהַבְתִּי אֶתְכֶם)

B. 여호와께서 가라사대(אָמַר יְהוָה)

B'. 너희는 이르기를(אֲמַרְתֶּם)

A'. "어떻게 우리를 사랑하셨나이까"(בַּמָּה אֲהַבְתָּנוּ)

백성들의 반론 제기에 대하여 하나님은 자신이 행하신 커다란 일—창조, 출애굽, 약속의 땅을 주신 것 등 이미 하나님의 선택을 상징하는 대명사들을 언급하시지 않고, 선조시대에 태어났던 야곱—에서 쌍둥이의 일을 증거로 제시하신다(cf. 창 24-28장). 이 둘이 쌍둥이로 태어났고 아무리 생각해도 에서가 버림받고 야곱이 선택받을 만한 일을 한 적이 없는데 하나님께서 모태에서부터 야곱을 아브라함 언약의 상속자로 삼으신 일은 그 어떤 사건보다도 하나님의 일방적인 은혜를 잘 묘사한다. 그러므로 하나님께서는 패배감과 배신감에 젖어 있는 백성들에게 "옛적에 내가 형편없는 야곱을 일방적으로 선택하고 사랑했다면, 그의 후손들인 너희들도 동일하게 조건 없는 사랑으로 대하지 않겠느냐?"라고 확언하시는 것이다.

우리도 마찬가지이다. 하나님의 사랑에 대하여 확신이 서지 않을 때, 가장 좋은 방법은 하나님께서 우리를 위하여 하신 일들을 되새겨 보는 일이다. 하나님의 구원을 받을 만한 일을 하지 않았고, 구원을 선물로 받을 만한 자격도 없는 우리에게 먼저 손을 내미신 하나님이시다. 이런 분이 이제 와서 우리에 대하여 실망하시고 구원을 거두시겠는가? 있을 수 없는 일이다. 그러므로 하나님께서 과거에 이루신 일들을 기념하면 현실에 대한 불안감이 사라지고, 미래에 대한 불확실성도 해소되는 것이다.

3장 여호와께서 에돔을 폐허로 만드실 것임

1:3b-4

3b 그의 산들을 황폐하게 하였고
그의 산업을 광야의 이리들에게 넘겼느니라
4 에돔은 말하기를
우리가 무너뜨림을 당하였으나
황폐된 곳을 다시 쌓으리라 하거니와
나 만군의 여호와는 이르노라
그들은 쌓을지라도 나는 헐리라
사람들이 그들을 일컬어 악한 지역이라 할 것이요
여호와의 영원한 진노를 받은 백성이라 할 것이며

하나님께서 이미 에돔을 황무하게 하심으로써 그들을 미워하셨다. 그들의 땅이 황무지(שְׁמָמָה)로 변했다는 것은 무엇보다도 더 이상 사람이 살 수 없게 되었다는 점을 강조하는 표현이다(cf. 사 6:11). 만일 에돔이 나라를 재건하려고 노력하더라도 여호와께서 다시 헐어 버리실 것이다(4절). 에돔이 한 국가로 다시 회복될 가능성은 전혀 없다는 것을 강조하고 있다. 그러므로 결국 에돔은 '악한 지역'으로, 에돔 사람들은 '여호와의 영원한 진노를 받은 백성'으로 일컬음을 받게 될 것이다.

이스라엘의 사촌 민족인 에돔이 왜 이처럼 혹독한 심판을 받게 되었는가? 이상적인 상황에서 이 두 나라는 우애를 다져 나가고 서로를 우호적으로 대해야 했지만, 역사는 오히려 국경을 같이하고 있던 이 둘 사이에 항상 라이벌 의식과 갈등이 있었다고 기록하고 있다. 게다가 바빌론 군이 예루살렘을 함락시킬 때, 에돔은 바빌론과 함께했다(시 137:7). 그러므로 580년대 이후 에돔은 유다 지역에 큰 영향력을 행사했을 것을 쉽게 상상할 수 있다.

그런데 말라기는 이 책이 기록된 것으로 추정되는 460년대에는 에돔이 이미 망했음을 전제하고 있다. 불과 100여 년 사이에 무슨 일이 있었던 것일까? 최근에 유다의 남동쪽 지역에서 발굴된 고고학적인 자료들을 살펴보면 부분적인 답이 나온다. 7세기 초에 에돔은 요단 강 동편 지역에 상당한 영향력을 행사하고 있었으나 정체불명의 조직화된 유목민들이 이 지역으로 유입되면서 영향력이 감퇴하기 시작하였다. 7세기 말에 이르러서는 에돔은 더 이상 이 지역에 이렇다 할 영향력을 행사할 수 없었으며, 대안으로 유다를 넘보기 시작했던 것이다. 특히 586년 이후의 유다는 자신을 방어할 수 없는 연약한 지역이 되어 있었기에 유다의 남쪽 지역부터 점령해 들어가기 시작했다. 그러나 이러한 에돔의 유다 지역 통치도 잠깐이었다.

상당수의 학자들이 에돔은 552년에 바빌론의 나보니두스(Nabonidus) 왕에 의하여 멸망한 것으로 추측한다(Bartlett). 정확히 어떤 일이 있었는지는 모르지만 6세기 말 즈음의 에돔은 더 이상 가나안 지역에 영향력을 행사하는 나라가 아니었다. 4세기 초에 들어서는 나바태아(Nabatea) 사람들이 페트라(Petra)를 포함한 에돔의 영토를 장악했다. 말라기 선지자가 552년 사건을 배경으로(Bartlett), 혹은 4세기 초 사건을 바탕으로(Sweeney) 이 말씀을 선포하는지 정확하지 않지만, 에돔의 멸망을 현실로 간주하면서 "이미 망한 에돔이 다시는 일어설 수 없을 것"이라고 예언하고 있는 것이다. 이스라엘의 숙적이었고 바빌론 군의 예루살렘 공략에 앞장섰던 에돔이 종말을 맞게 된 것이다. 그들은 자신들이 유다에게 행한 죄로 이처럼 신속하게 하나님의 심판을 받으리라고는 상상조차 못했을 것이다.

선지자는 에돔의 종말을 선언하고 있는 4절을 통하여 3가지를 확인해 주고 있다: (1) 에돔 사람들이 다시 국가를 재건하려 할 것이다; (2) 하나님께서 그들의 계획을 수포로 돌아가게 하실 것이다; (3) 에돔이 재건되지 못하고 영원히 폐허로 남는 것은 하나님을 대적한 나라의 참상으로서 영원히 기억될 것이다. 이 사실들은 말라기 시대에 아직도 어느 정도의 '에돔 세력'이 유다 주변에 남아 있음을 시사하고 있다.

에돔의 비참한 운명은 세상 나라들의 운명이 여호와 하나님의 손에 달려있음을 상기시켜 준다. 유다가 바빌론의 손에 멸망하고 백성들이 포로로 끌려갔을 때, 누가 유다 사람들이 훗날 그들의 종주국(宗主國)의 정식 허가를 받고 축복 속에(스 1:1-11; 4:3; 6:1-15; 7:11-28; 느 2:7-9; 13:6) 돌아와 나라를 재건할 것이라고 상상이나 했겠는가? 반면에 바빌론 군을 도와 예루살렘을 공격하고 그 대가로 유다 땅을 차지하다시피 했던 에돔은 이처럼 뿌리째 뽑힐 줄이야! 불과 100여 년 만에 이 두 나라의 희비가 엇갈리고 있는 것이다. 모두 다 하나님께서 하신 일이다. 그러므로 성경은 성도들이 억울한 일을 당하더라도 직접 보복하는 것을 금한다. 심판주 하나님께서 모든 일을 알고 계시기 때문에 적절한 때에 최선의 조치를 취해 주실 것이기 때문이다. 우리를 힘들게 하는 자들에 대한 심판과 복수는 우리 하나님께 속한 것이다.

4장 여호와는 편협한 수호신이 아님을 깨닫게 될 것임
1:5

5 너희는 눈으로 보고 이르기를 여호와께서는 이스라엘 지역 밖에서도 크시다 하리라

하나님께서는 말라기의 청중들이 여호와께서 에돔에 대한 3-4절의 약속을 실현하는 것을 직접 목격하게 될 것이라 선언하신다. 이 사실은 에돔이 최근에 나라가 흔들릴 만한 큰일을 당했지만 아직 완전히 망한 것은 아니라는 점을 암시한다. 말라기는 오바댜 10, 아모스 9:12 등이 예언한 에돔의 영구적인 멸망이 머지않아 자신의 시대에 성취될 것이라고 선포하고 있다.

에돔이 영구적으로 망할 때, 이스라엘은 다시 한 번 자신들의 하나님이 편협한 수호신이 아님을 깨닫게 될 것이다: "여호와께서는 이스라엘 지역 밖에서 크시다 하리라." 성경은 끊임없이 여호와는 온 세상의 창조주이시고 통치자라는 것을 강조해 왔다. 그러나 이스라엘은 주변 국가들이 자신들이 숭배하는 신들을 그들의 영토와 백성들만을 보호하는 수호신으로 간주했던 것에 영향을 받아 여호와를 이스라엘의 수호신 정도로 생각해 왔다. 그러나 말라기는 에돔이 지도에서 영구적으로 사라지는 날, 이스라엘은 다시 한 번 그들의 하

나님이 편협한 수호신이 아니라 온 세상을 다스리시는 신이라는 사실을 실감하게 될 것을 선언한다. 이처럼 역사가 진행되어감에 따라, 하나님에 대한 이해도 깊어져야 하는 것이다.

반면에 이스라엘은 비록 많은 상처를 입고 비틀거리고는 있지만, 여전히 존재하고 있다. 쌍둥이로부터 유래한 두 나라의 운명이 대조되고 있다. 선지자는 눈이 있고 깨달음이 있는 자라면 이러한 사실을 단순한 역사적인 우연으로 보지 말 것을 당부한다. 에돔이 망하고 이스라엘이 존재하는 것은 하나님께서 야곱을 사랑하셨기 때문이다. 그렇다면 더 어떤 증거가 필요하겠는가? 그러나 설득되지 않는 이스라엘은 계속 하나님과 선지자에게 반론을 제기한다.

II. 제2 논쟁

1:6-2:9

이 섹션은 말라기서 전체 분량의 1/3을 차지하는 긴 논쟁으로 구성되어 있다. 간혹 이 논쟁이 다른 것들에 비하여 길이가 거의 배가 된다는 점에 근거하여 두 부분으로 나누는 학자들이 있지만(cf. Sellin), 거의 모든 사람들이 1:6-2:9가 한 디스코스라는 데 동의한다(Glazier-McDonald; Sweeney; Hugenberger). 선지자가 첫 번째 디스코스를 진행해 나가는 데 사용했던 양식이 그대로 반복되고 있는 것도 이 섹션이 통일성 있는 한 섹션임을 암시한다. 물론 첫 번째 논쟁과 달리 반론과 반응이 두 차례씩 반복되지만 기본적으로 동일한 구조를 지니고 있다. 다음 도표를 참조하라.

구절	양식	문구
1:6a-b	여호와의 주장	"나를 공경함이 어디 있느냐… 나를 두려워함이 어디 있느냐"
1:6c	이스라엘의 반문	"우리가 어떻게 주의 이름을 멸시하였나이까"
1:7a	반문에 대한 여호와의 반응	"더러운 떡을 나의 단에 드렸다"
1:7b	이스라엘의 반문	"우리가 어떻게 주를 더럽게 하였나이까"

구절	양식	문구
1:7c-8a	반문에 대한 여호와의 반응	"너희가 주의 상은 경멸히 여길 것이라 말함을 인함이니라… 너희가 눈 먼 희생으로 드리는 것이 어찌 악하지 아니하며 저는 것, 병든 것으로 드리는 것이 어찌 악하지 아니하냐"
1:8b-2:9	의미	제사장들은 여호와의 율법이 멸시되어서는 안 된다는 것을 알게 될 것이다. 그들이 율법을 어긴 것에 대한 심판을 받게 될 것이다.

이 논쟁은 예루살렘의 제사장들이 직무를 잘 이행하지 않은 것에 대한 문책이다. 제사장들은 백성들에게 율법을 가르치는 일, 율법과 규례대로 재판해 주는 일, 그리고 적절한 예배인도 등의 의무를 받았다. 그러나 말라기에 의하면 이들은 이 세 분야에서 모두 낙제점을 받고 있다. 선지자들이 제사장들을 비난하는 것은 흔한 일이지만 결코 쉬운 일은 아니었다. 말라기 역시 이 섹션에서 이러한 정서를 반영하고 있다. 그는 이 디스코스에서 "만군의 여호와가 이르기를…" 등의 메신저 양식(messenger formula)을 11차례나 사용하고 있는데 (1:6, 8, 9, 10, 11, 13[2x], 14; 2:2, 4, 8), 이는 말라기서의 다른 섹션뿐만 아니라 다른 선지서와 비교할 때 최고 높은 빈도수에 속한다. 주제가 제사장들의 잘못에 관한 것이기 때문이다. 그들에게 직분을 주어 일꾼으로 삼으신 '고용주 하나님'께서 '직원들'에게 말씀하시는 것이다. 그뿐만 아니라 이러한 현상은 만일 말라기의 청중들 중 선지자가 선포하는 메시지가 하나님께로부터 온 것이 아니기 때문에 받아들일 수 없다는 입장을 취하는 부류가 있었다면, 분명히 제사장들이 이 부류에 포함되어 있음을 시사하고 있다(Stuart).

내용적으로 볼 때, 이 섹션이 사용하는 단어들과 개념들은 모세오경의 내용을 반영하고 있다. 특히 아론의 축도로 알려진 민수기 6:24-26, 레위 사람들의 평화 언약으로 알려진 민수기 25:12-13, 그리고 모세가 레위 사람들을 축도하는 신명기 33:8-11이 바탕이 되고 있다. 하나님께서 옛적에 제사장들과 레위 사람들에게 내려 주셨던 복에 대한 언어를 사용하여 이들을 비난하고 저주하시는 것이다. 즉 하나님의 은혜를 잘못 사용하는 사람들에게는 그 은혜가 저주로 바뀔 수 있다는 경고이다. 본문은 아론의 축도(민 6:24–26)와 다음의 공통점을 지니고 있다(Fishbane; cf. Stuart).

민 6:23–27	말 1:6–2:9
아론과 아들들(23절)	제사장들(1:6; 2:1, 7)
축복하다(בָּרַךְ)(24절)	너희의 복(בָּרַךְ)(2:2)
지키다(שָׁמַר)(24절)	지키다(שָׁמַר)(2:7, 9)
여호와(각 축복의 시작)	여호와(13차례 사용)
비추다(אוֹר)(25절)	불사르다(אוֹר)(1:10)
얼굴(פָּנִים)(25, 26절)	얼굴(פָּנִים)(1:8, 9; 2:3,4, 9)
은혜를 베풀다(חָנַן)(25절)	은혜를 구하다(חָנַן)(1:9)
들다(נָשָׂא)(26절)	버림을 당하다(נָשָׂא)(2:3)
주다/두다(שִׂים)(26, 27절)	두다(שִׂים)(2:2[2x])
평안(שָׁלוֹם)(26절)	평강/화평(שָׁלוֹם)(2:5, 6)
나의 이름(שְׁמִי)(27절)	나의 이름(שְׁמִי)(1:6, 11[2x], 14; 2:2, 5)
내가 축복하리라(בָּרַךְ)(27절)	내가 저주하리라(אָרַר)(2:2)

1장 대답을 요구하는 세 질문
1:6

6 내 이름을 멸시하는 제사장들아
나 만군의 여호와가 너희에게 이르기를
아들은 그 아버지를, 종은 그 주인을 공경하나니
내가 아버지일진대 나를 공경함이 어디 있느냐
내가 주인일진대 나를 두려워함이 어디 있느냐 하나
너희는 이르기를
우리가 어떻게 주의 이름을 멸시하였나이까 하는도다

본문을 구성하고 있는 세 질문들 중 처음 둘은 하나님께서 제사장들에게, 마지막 하나는 제사장들이 하나님께 반론하며 드리는 질문이다. 처음 두 질문은 수사학적인 것들이며 세상의 이치로 청중들을 설득시키기 위한 첫 단계이다(Sweeney). "아들은 그 아버지를, 종은 그 주인을 공경하나니 내가 아버지일진대"는 "만일 X라면 Y이다"라는 '한층 더 강력한 논리'(*a fortiori*)의 좋은 예이다(Stuart). 이 논리는 "만일 종이 주인을 공경하고 아들이 아버지를 공경하는 것이 세상의 이치라면, 그 누구보다도 위대한 아버지인 나에 대한 너희의 공경은 어디 있느냐?"라는 효과를 발하고 있다. 제사장들이 일반인들도 하지 않는 짓을 한다는 비난이다. 하나님을 가장 사랑하고 섬겨야 할 자들이 오히려 하나님을 배반하는 것은 결코 새로운 일은 아니다. 오래전 이사야 선지자는 주의 백성이라고 자칭하던 이스라엘이 짐승만도 못한 짓을 했다고 비난했다 (사 1:2-3).

구약에서 여호와를 아버지라고 부르는 경우가 아주 없는 것은 아니나 그리 흔하지는 않다(cf. 출 4:22-23; 신 32:5-6, 18-19; 사 1:2; 43:6; 63:16; 렘 2:4; 호 11:1). 반면에 여호와를 '주인'이라 부르는 경우는 60여 차례에 달한다(Stuart). 선지자는 이스라엘 공동체에서 그 누구보다도 제사장들이 앞장서서 주인이시자 아버지이신 여호와를 경외하고 존중해야 하는데 그렇지 못하고 있음을 지적한다. 그들은 오히려 하나님의 이름을 더럽히고 있다. '이름'(שֵׁם)은 정체성, 성품, 명예, 중요성, 권력, 권위, 임재, 존재, 대표성 등 다양한 것을 의미할 수 있다. 그렇다면 매일 주님께 제사를 드리는 제사장들이 실제로는 하나님을 무시하고 모독하고 있는 것이다. 오늘날의 상황에 비하여 말하자면 하나님을 가장 가까운 곳에서 섬겨야 할 사역자들이 오히려 그분을 욕되게 하고 있는 것이다.

제사장들이 선지자의 비난을 쉽게 받아들일 리 없다. 그들은 우리가 언제 하나님의 이름을 멸시했느냐고 반문한다. 하나님을 무시하는 사역자들 대부분은 자신들이 하나님을 욕되게 하고 있다는 생각은 아예 하지 못한다. 오히려 자신들은 열악한 상황에서도 하나님을 열심히 섬기고 있으며, 사역을 통해 하나님의 이름을 영화롭게 하고 있다고 자부한다. 이러한 차이는 어디에서 오는 것인가? 어느 관점에서 상황 파악을 하느냐에 따라 달라진다. 말라기 시대에 성전에서 사역했던 제사장들은 자신들과 어려운 현실에 찌든 이스라엘 백성의 관점에서 모든 것을 바라보고 있다. 반면에 하나님께서는 이미 시내 산에서 그들의 조상들에게 주신 기준에 따라 상황을 평가하고 있으시다. 누구의 관점이 옳은가? 당연히 하나님의 관점이다. 우리는 성경을 통해 제시된 하나님의 관점과 기준에 따라 상황을 판단하고 평가할 수 있는 안목을 길러야 한다.

2장 하나님께서 질문에 대답하심

1:7-8a

7 너희가 더러운 떡을 나의 제단에 드리고도 말하기를
우리가 어떻게 주를 더럽게 하였나이까 하는도다
이는 너희가 여호와의 식탁은 경멸히 여길 것이라 말하기 때문이라
8a 만군의 여호와가 이르노라
너희가 눈 먼 희생제물을 바치는 것이 어찌 악하지 아니하며
저는 것, 병든 것을 드리는 것이 어찌 악하지 아니하냐

도대체 제사장들이 어떻게 행동했기에 "너희들이 여호와의 이름을 멸시하였다"(6절)라는 비난을 받게 된 것일까? 선지자는 이 섹션에서 답하고 있다. 그들은 모세율법을 어김으로써 하나님을 욕되게 했다. 율법은 가장 좋은 것과 처음 것은 하나님의 것임을 거듭 강조해 왔다. 이 사실을 제사장들이 모를 리 없었다. 왜냐하면 제사장들은 백성들이 드리는 처음 것과 가장 좋은 것들을 먹고 살았기 때문이다.

그렇다면 왜 제사장들이 병들고 눈멀고 흠 있는 짐승들을 제물로 드리는 것을 허락했을까? 또한 경우에 따라서 제사장들과 함께 자신들이 드리는 제

물을 먹었던 이스라엘 사람들이 왜 흠 있는 짐승들을 제물로 드렸을까? 아마도 특별히 병든 것 외에는 흠 있는 짐승이나 없는 것이나 고기 맛은 같았기 때문일 것이다. 오늘날 농부들은 자신들이 수확한 것들 중에서 대체로 상품성이 없는 농산물을 먹는다. 옛날에도 마찬가지였다. 그들은 흠 있는 짐승을 먹는 것에 익숙해져 있어 별 문제의식을 느끼지 못했을 것이다. 그러나 하나님의 관점에서는 제물로 드려지는 짐승들이 단순히 제사장이나 제사를 드리는 자들의 식사에 불과한 것이 아니었다. 제물은 드리는 자의 하나님을 향한 헌신과 충성을 상징했다.

이 사실을 모를 리 없는 제사장들이 병들고 흠 있는 짐승들을 제물로 받은 이유는 무엇일까? 여러 가지 가능성이 있다: (1) 번제의 경우 아무도 그 고기를 먹지 않고 모두 태워야 하기 때문에 병든 짐승들을 허용했다; (2) 흠 있는 짐승들이 제물로 드려질 때는 적절한 뇌물이 함께했다; (3) 적은 수의 흠 없는 짐승보다 여러 마리의 흠 있는 짐승이 제사장들과 드리는 자들에게 더 많은 먹거리를 제공했다; (4) 제사장들이 제물을 드리는 것을 더 쉽고 간편하게 함으로써 더 많은 수입을 올릴 수 있었다; (5) 가나안과 블레셋 사람들, 그리고 그 외 다른 민족들이 신들에게 바치는 제물의 질이 상당히 낮았던 것으로 알려졌다. 그러므로 이스라엘 종교도 주변 민족들의 풍습에서 많은 영향을 받아왔으며, 결국 제사장들이 이를 수용하게 된 것이다(cf. Smith; Stuart). 어찌 되었든 제사장들도, 백성들도 새로운 지침의 수혜자들이 되었다. 오직 여호와만 소외되고 손해를 보게 된 것이다. 여기에 언급된 여러 가지 이유 중 하나 혹은 복합적인 이유로 인해 말라기 시대에 흠 있는 짐승들이 제물로 드려졌던 것으로 생각된다.

가장 큰 문제는 제사장들이 무지해서 이런 일을 허용한 것이 아니라, 이것이 그들의 하나님에 대한 불신과 서운함에서 비롯된 것이라는 사실이다. 전통이 하나님의 말씀을 대체하게 되었고, 진화된 예배관이 계시된 의식을 대체해 버렸다. 문제는 이처럼 하나님의 기준을 따라주지 않고 '각자 소견에 옳은 대로' 행하기 시작하면 끝이 없다는 것이다. 그러므로 경건과 거룩은 처음부터 타협할 수 있는 이슈가 되어서는 안 된다. 우리는 경건과 거룩에 있어서는 그 어떤 타협도 악(惡)이며 죄(罪)라는 사실을 기억해야 한다.

3장 흠 있는 제물은 안 된다는 것을 알아야 함
1:8b–9

8b 이제 그것을 너희 총독에게 드려 보라
그가 너를 기뻐하겠으며 너를 받아 주겠느냐
9 만군의 여호와가 이르노라
너희는 나 하나님께 은혜를 구하면서
우리를 불쌍히 여기소서 하여 보라
너희가 이같이 행하였으니 내가 너희 중 하나인들 받겠느냐

제사장들도 변명은 있었을 것이다. 그러나 잘못된 것은 잘못된 것이다. 그러므로 자신들의 행동을 정당화하려는 제사장들에게 하나님은 이렇게 책망하신다: "눈먼 짐승을 제물로 바치면서도 괜찮다는 거냐? 절뚝거리거나 병든 짐승을 제물로 바치면서도 괜찮다는 거냐?"(새번역) 이러한 비난을 듣고도 자기의 잘못을 깨닫지 못하겠으면 다음과 같이 해보라고 지시하신다: "그런 것들을 너희 총독에게 바쳐 보아라. 그가 너희를 반가워 하겠느냐? 너희를 좋게 보겠느냐?"(새번역) 아마도 이스라엘 사람들 중 그 누구도 총독에게 흠 있고 병든 짐승을 드릴 정도로 대담한 자는 없을 것이다. 잘못하면 생명을 잃을 수 있기 때문이다. 그런데도 이들은 온 세상의 왕이시자(1:14) 다름 아닌 '만군의

여호와'(יְהוָה צְבָאוֹת)께 인간 권력자에게도 바칠 수 없는 형편없는 제물을 드리고 있다! 제사장들과 이스라엘에게 창조주이자 전능자이신 하나님이 어느덧 인간 총독보다 못한/낮은 분이 되셨다. 제사장들이 앞장서서 흠 있는 짐승들을 제물로 바치는 일은 하나님의 권위와 인격을 모독하는 행위로서 절대로 있을 수 없는 신성모독이다. 그러므로 이스라엘이 다시 하나님의 은혜를 받기를 갈망한다면, 이 일에 대한 철저한 회개가 앞서야 한다.

여기서 사용되는 '총독'(פֶּחָה)이란 단어가 말라기서의 저작시대를 제한하고 있다. 이 단어는 페르시아어에서 유래했으며(Sweeney), 페르시아 제국 시대(539-333BC)를 배경으로 하고 있다. 말라기 선지자가 이 말씀을 선포할 때에 성전에서 제물이 드려지고 있으며, 아직 에스라(458BC)와 느헤미야(444BC)를 중심으로 한 종교개혁은 일어나지 않았던 때이다. 그래서 학자들은 말라기의 저작 시대를 늦어도 460년대쯤으로 추정하는 것이다(cf. Petersen).

제사장들과 백성들이 이렇게 하나님께 모욕적인 행위를 하고도 그들의 기도가 하나님의 보좌에 열납되고 그분의 복이 내려지기를 기대한다면 얼마나 위선적인 것인가? 만일 이런 상황에서 여호와께서 그들에게 복을 내리신다면 여호와께 문제가 있는 것이 아니겠는가! 즉, 선지자는 이스라엘이 당면하고 있는 모든 문제와 어려움이 바로 잘못된 신앙생활에서 비롯되었다는 사실을 강조하고 있다. 물론 이 원리가 시대와 장소를 초월하여 모든 사람들에게 항상 적용되는 것은 아니다. 그러나 말라기의 청중들의 경우 그들의 잘못된 신앙적 행위가 하나님의 복을 막고 있었다.

4장 제사장들에 대한 비난

1:10–14

10 만군의 여호와가 이르노라
너희가 내 제단 위에 헛되이 불사르지 못하게 하기 위하여
너희 중에 성전 문을 닫을 자가 있었으면 좋겠도다
내가 너희를 기뻐하지 아니하며
너희가 손으로 드리는 것을 받지도 아니하리라
11 만군의 여호와가 이르노라 해 뜨는 곳에서부터 해 지는 곳까지의 이방 민족 중에서 내
이름이 크게 될 것이라 각처에서 내 이름을 위하여 분향하며 깨끗한 제물을 드리리니 이
는 내 이름이 이방 민족 중에서 크게 될 것임이니라 12 그러나 너희는 말하기를 여호와의
식탁은 더러워졌고 그 위에 있는 과일 곧 먹을 것은 경멸히 여길 것이라 하여 내 이름을
더럽히는도다 13 만군의 여호와가 이르노라 너희가 또 말하기를 이 일이 얼마나 번거로운
고 하며 코웃음치고 훔친 물건과 저는 것, 병든 것을 가져왔느니라 너희가 이같이 봉헌물
을 가져오니 내가 그것을 너희 손에서 받겠느냐 이는 여호와의 말이니라 14 짐승 떼 가운
데에 수컷이 있거늘 그 서원하는 일에 흠 있는 것으로 속여 내게 드리는 자는 저주를 받
으리니 나는 큰 임금이요 내 이름은 이방 민족 중에서 두려워하는 것이 됨이니라 만군의
여호와의 말이니라

비록 조금 흠이 있더라도 예배를 드리는 것이 아예 드리지 않는 것보다 낫지 않을까? 아마도 대다수 사람들은 그렇게 생각할 것이다. 그러나 이 이슈에 대하여 하나님은 강경한 입장을 고수하신다. 하나님께서 규정하신 것에 위배된 예배를 드리려거든 차라리 성전의 문을 닫아 버리라는 것이다(10절). 즉, 엉터리로 드리려면 차라리 예배를 드리지 말라는 경고이다. 왜? 예배는 하나님을 찬양하고 그분의 이름을 존귀케 하는 것인데 주의 백성들이 예배를 드릴 때마다 하나님께서 수모를 당하고 분노를 느끼시기 때문이다. 이런 예배는 아예 드리지 못하게 하라고 하신다. 예배를 자주 드리는 것은 좋은 일이다. 그러나 우리는 '양으로 승부할 수 없는 것'이 예배라는 사실을 기억해야 할 것이다. 예배는 양보다 질이 더 중요하다. 우리는 좋은 예배, 곧 하나님께서 기뻐하시는 예배를 드리기 위해 최선을 다해야 한다.

"너희 중에 성전 문을 닫을 자가 있었으면 좋겠도다"(10절)라는 하나님의 말씀은 성전에서 사역하는 제사장들 중에 잘못된 예배를 드리느니 차라리 성전 문을 닫겠다는 각오로 사역하는 사람이 하나도 없다는 것을 아쉬워하는 표현이다(Sweeney). 모든 제사장들이 한통속이 되어 하나님께 수준 이하의 예배를 드리게 된 것은 아마도 그들에게 하나님을 등한시 여기는 마음이 있어서였을 것이다. 물론 그들이 조상에게 전해 받은 말씀은 끊임없이 여호와를 창조주이시요, 우주의 주인이실 뿐만 아니라 온 세상의 통치자로 묘사했을 것이다. 그런데 최근의 역사, 특히 지난 100여 년의 역사를 되돌아보며 이들의 생각이 바뀌었던 것일까? 그들은 여호와를 연약하고 편협한 이스라엘의 수호신 정도로 생각하기에 이르렀다. 물론 고대 근동의 정세 속에서 보면 여호와는 형편없고 보잘것없는 나라 이스라엘의 하나님이니 이러한 결론은 당연했을지도 모른다.

하나님께서는 그들의 결론이 잘못되었음을 지적하고 있다: "해가 뜨는 곳으로부터 해가 지는 곳까지, 내 이름이 이방 민족들 가운데서 높임을 받을 것이다. 곳곳마다, 사람들이 내 이름으로 분향하며, 깨끗한 제물을 바칠 것이다. 내 이름이 이방 민족들 가운데서 높임을 받을 것이기 때문이다"(11절; 새번역).

이 말씀의 기본적인 의미는 때가 되면 하나님께서 온 세상의 찬송을 받을 것이라는 긍정적인 것이지만, 이스라엘에게는 강력한 경고이기도 하다. 만일 그들이 돌이키지 않으면, 하나님의 영광이 그들을 떠나 이방인들을 찾아갈 수도 있다는 점을 암시하기 때문이다(cf. 사 2:2–5). 여호와께서는 이스라엘의 하나님이시며 동시에 열방의 하나님이시기 때문이다.

이 말씀의 시제를 어떻게 다루어야 하는가에 대하여 두 가지 입장이 팽팽하게 맞서 있다: (1) 현재/과거(LXX; NRS; TNK; 공동). 이 구절에서 동사가 사용되지 않는 것이 말라기 시대에 일어나고 있는 일을 의미하는 것으로 해석하기 때문에 이렇게 번역한다; (2) 미래(NIV; NAS; 개역; 새번역). 본문이 묘사하고 있는 현상은 종말에 메시아 시대에 있을 일이라는 결론에서 이렇게 번역한다. 구약의 전반적인 여호와의 날에 대한 가르침과 말라기 시대의 정치적 정황을 고려할 때, 이 구절이 미래 시제로 간주되는 것이 바람직하다. 그날이 오면 해 뜨는 곳에서 해 지는 곳에 이르기까지 온 세상이 여호와께 영광을 돌릴 것이라고 세 차례나 강조되고 있다: (1) 내 이름이 높임을 받을 것이다; (2) 내 이름으로 분향할 것이다; (3) 내 이름이 높임을 받게 될 것이다. 그만큼 하나님은 존귀하신 분이시다. 그러나 제사장들은 그분을 그렇게 대하지 않았다. 온 세상이 존귀하게 높이는 여호와의 이름(שֵׁם)을 그들은 땅에 떨어뜨린 것이다.

저자는 12–13절에서 다시 한 번 7–8절의 내용을 반복하여 제사장들이 무례를 범하는 것이 결코 무지나 실수에서 비롯된 것이 아니라 의도적이며 그들의 행위가 불법이라는 것을 강조한다. 개역성경의 "너희는 말하기를 여호와의 상은 더러웠고 그 위에 있는 실과 곧 식물은 경멸히 여길 것이라"(12절)라는 번역은 본래의 뜻을 잘 전달하지 못하고 있다. 공동번역의 "주께 차려 올리는 제사 상, 더러우면 어떠냐? 아무 음식이나 차려 드렸으면 됐지!"(cf. 새번역)가 제사장들의 경건치 못한 마음 자세를 잘 묘사하고 있다.

지금까지 하나님께서는 제사장들의 잘못을 질타하셨고, 그들과 합세하여 죄를 범하고 있는 이스라엘 백성들에게는 이렇다 할 말씀을 하시지 않았다. 즉 그들은 지금까지 간접적으로/암시적으로만 비난을 받았다. 이제 14절에서 하나님께서는 비난의 초점을 제사장들의 농간에 한통속이 되어 장단을 맞추고 있는 예배자들에게 맞추고 있다. 예배자들은 온전한 제물을 가져오지 않기로 작정했고, 선지자는 이들을 '속이는 자'(נוֹכֵל)라며 매우 강도 높게 비난한다. 제사장들도 이들과 한통속이 되어 온전하지 못한 제물을 받기로 결정했다. 즉, 이 일에 있어서 그 누구도 책임을 면하지 못한다. 제사장들과 백성들이 당장 회개하지 않으면 그들은 하나님의 저주를 받게 될 것이다(14절). '저주'(אָרוּר)는 신명기 27장, 28:15-46에서 언약을 위반하는 자들에게 선포되는 매우 강력한 언어이다. '속이는 자'와 '저주'는 흠 있는 짐승을 제물로 바치는 행위가 얼마나 심각한 범죄인가를 잘 묘사한다.

더 나아가 제사장들과 예배자들의 행위가 문제 되는 이유 두 가지가 14절에 요약적으로 묘사되어 있다: (1) 여호와는 '위대한 왕'(מֶלֶךְ גָּדוֹל)이시다; (2) 모든 민족이 그의 이름을 두려워한다. 온 세상이 두려워하고 왕으로 경외하는 여호와를 그의 백성 이스라엘만 두려워하지 않고 경외하지 않는다. 여호와를 경외함에 있어서 온 세상 사람들에게 모범이 되라고 부르심을 받은 이스라엘 공동체가 오히려 그들의 소명에 위배되는 일을 하고 있다. 하나님의 "나는 위대한 왕이다"라는 말씀의 의미는 "왕으로서 나는 위대하다"가 아니라, "나는 온 세상 나라들의 종주(宗主, suzerain king)이다"라는 뜻이다(Stuart). 하나님은 세상을 다스리시는 주인이시고, 주의 백성들과 열방은 그를 섬기는 종들이 되어야 한다.

5장 제사장들에 임할 심판
2:1–5

1 너희 제사장들아 이제 너희에게 이같이 명령하노라 2 만군의 여호와가 이르노라 너희가
만일 듣지 아니하며 마음에 두지 아니하여 내 이름을 영화롭게 하지 아니하면 내가 너희
에게 저주를 내려 너희의 복을 저주하리라 내가 이미 저주하였나니 이는 너희가 그것을
마음에 두지 아니하였음이라

3 보라 내가 너희의 자손을 꾸짖을 것이요
똥 곧 너희 절기의 희생의 똥을 너희 얼굴에 바를 것이라
너희가 그것과 함께 제하여 버림을 당하리라
4 만군의 여호와가 이르노라
내가 이 명령을 너희에게 내린 것은
레위와 세운 나의 언약이 항상 있게 하려 함인 줄을 너희가 알리라
5 레위와 세운 나의 언약은 생명과 평강의 언약이라
내가 이것을 그에게 준 것은 그로 경외하게 하려 함이라
그가 나를 경외하고 내 이름을 두려워하였으며

만일 제사장들이 회개하고 악행에서 돌이키지 않는다면, 하나님께서는 그들

의 축복을 저주하시겠다고 선언하신다(2절). 무엇을 뜻하는 것일까? 제사장들이 누리고 있는 축복을 저주로 바꾸겠다는 말인가?(cf. 공동; 새번역) 아니면 제사장들이 예배에 참석한 자들에게 빌어 주는 복을 저주로 바꾸겠다는 의미인가? 만일 제사장들이 누리고 있는 축복을 저주로 바꾸겠다는 경고라면 제사장들의 풍요로운 삶을 뜻할 수 있다. 그러나 이 시대의 전체적인 상황을 고려할 때, 그들이 그다지 많은 것을 누린 것으로 생각되지는 않는다.

반면에 제사장들의 축복을 저주로 바꾸겠다는 경고라면 매우 큰 파장을 초래할 것이다. 예배에 참석한 자들이 예배가 끝나면 제사장들의 축복을 받는 것이 그 당시의 풍습이었는데, 제사장들이 복을 빌어줄 때마다 오히려 나쁜 일만 일어난다고 생각해보라. 누가 예배를 드리러 가겠는가? 제사장들이 복의 근원이 아니라, 오히려 심판과 저주의 근원이 된다면 말이다. 이 점을 고려할 때, 후자가 더 설득력 있는 해석이다. 하나님은 제사장들에게 앞으로 이렇게 할 것이라는 경고에 그치시지 않고, 이미 그렇게 해 왔음을 선언하신다.

그동안 제사장들이 빌어준 축복이 저주로 변하여 이스라엘 사람들에게 임했다(cf. Sweeney). 물론 모든 경우를 두고 하는 말은 아닐 것이다. 그러나 이러한 사실은 무엇을 의미하는가? 경우에 따라서 하나님은 우리가 빌어 주는 복과는 전혀 상관없이 운행하신다는 것이다. 아무리 복을 빌어 주어도 복이 되지 않을 수 있고, 아무리 저주를 해도 저주가 되지 않을 수가 있다. 복은 하나님께서 주권적으로 결정하여 내려 주시는 것으로 사람이 빌어 준다고 해서 현실화되는 것은 아니다.

하나님의 제사장들에 대한 심판은 그들의 축복을 저주로 바꾸는 것에서 멈추지 않는다. 제사장들에게도 개인적인 재앙이 임할 것이다. 그러나 정확히 무엇을 의미하는지 밝히는 것은 쉽지 않다. 개역개정이 "내가 너희의 자손을 꾸짖을 것이요"(3절; cf. 새번역)로 번역한 히브리어 문구(גֹעֵר לָכֶם אֶת־הַזֶּרַע)의 정확한 의미가 확실하지 않다. 그래서 번역본들은 "너희의 팔을 자를 것이다"(공동), "내가 너에게 등을 돌릴 것이다"(LXX), "너희의 자손을 멸할 것이다"(TNK) 등을 제시한다. 만일 이 말씀이 제사장들의 회개를 종용하기 위한 경고라면 그들의 자손들을 멸한다는 의미가 가장 강력한 효과를 발휘했을 것이다. 지금도 그렇지만, 고대사회는 자손들을 통해 가족의 이름을 보존하는 것을 가장 중요한 일 중 하나로 여겼다. 그러므로 그 무엇보다도 집안의 미래를 위협하는 것은 가장 큰 경고로 받아들여졌다.

하나님께서는 제사장들의 집안의 미래를 위협하는 것 외에 그들이 온 백성들 앞에서 큰 수치를 당하게 될 것을 경고하신다(3절). 그들의 얼굴에 똥 곧, 이스라엘의 종교 절기 때 잡은 짐승들의 똥을 그들의 얼굴에 바를 것이라고 협박하신다. '똥'(פֶּרֶשׁ)은 제물의 창자와 내장에 들어 있는 모든 배설물과 찌꺼기를 통틀어서 가리키는 말이다. 한 주석가는 하나님께서 똥으로 제사장들의 얼굴에 바르시겠다고 말씀하시는 것은 당시 제사장들이 제물을 드릴 때 짐승의 똥을 제대로 처리하지 않아 똥이 스며 있는 제물을 드린 것을 의미한다고 풀이한다(Sweeney). 그러나 본문에서 선지자가 강조하고자 하는 것은 똥이 상징하는 부정과 제사장이 상징하는 정결의 대조이다. 제사장들의 깨끗함은 하나님 앞에서 그들의 거룩함을 상징했다. 반면에 똥은 가장 더러운 물체이다. 그러므로 이러한 배설물로 제사장의 얼굴을 칠하는 것은 이들이 상상할 수 있는 최고의 수치를 뜻한다.

그뿐만 아니라 그들의 얼굴에 바르는 배설물의 양이 예사롭지 않다. '너희 절기의 희생'(פֶּרֶשׁ חַגֵּיכֶם)은 평소에도 성전에서는 제물들이 도살되었지만, 절기 때는 도살하는 짐승의 양이 몇 배에 달했던 점을 의식한 말이다. 아예 '똥통'에 제사장들의 얼굴을 처박든지 아니면 그들의 얼굴을 똥으로 도배하겠다는 뜻이다. 그러나 하나님께서는 제사장들의 얼굴을 똥으로 도배하는 것으로 심판을 멈추지 않으신다. 그들을 아예 배설물과 함께 똥 치우듯이 성전에서 치워 버리시겠다고 말씀하신다(3절). 하나님의 강렬한 분노가 상상이 되는 대목이다.

하나님께서 왜 이렇게 분노하시는가? 제사장들의 불순한 행동이 하나님께서 보존하시고자 하는 매우 소중한 것을 위협하고 있기 때문이다. 바로 '레위와 세운 언약'(בְּרִיתִי אֶת־לֵוִי)이 위협을 받고 있다(4절). 그러므로 하나님의 심판과 경고는 이 언약을 지속적으로 유지하는 데 그 목적이 있다. 하나님은 결코 심판을 위한 심판을 하는 분이 아니라는 것을 구약은 끊임없이 강조한다. 본문에서도 하나님께서는 제사장들이 더 성결해지고 거룩해질 수 있도록 그들을 심판하신다. 말라기는 4-7절에서 제사장들을 '레위, 그(he/him)' 등 단수로 말씀하신다. 제사장들의 집단적인 정체성과 책임을 강조하기 위함이다.

'레위와의 언약'은 구체적으로 무엇을 의미하는가? 저자는 이 부분에 대해 5-7절에 가서 설명한다. 그러나 4절에서는 주제를 소개하는 정도로 마무리하고 있다. 말라기의 비난을 듣고 있는 제사장들은 하나님의 '레위와의 언약'이란 말을 듣고 무엇을 떠올렸을까? 민수기 25:11-13이 생각났을 것이다: "제사장 아론의 손자 엘르아살의 아들 비느하스가 나의 질투심으로 질투하여 이스라엘 자손 중에서 나의 노를 돌이켜서 나의 질투심으로 그들을 진멸하지 않게 하였도다 그러므로 말하라 내가 그에게 나의 평화의 언약을 주리니 그와 그 후손에게 영원한 제사장 직분의 언약이라 그가 그 하나님을 위하여 질투하여 이스라엘 자손을 속죄하였음이니라."

예레미야는 선지자들 중 가장 구체적으로 '레위와의 언약'을 언급한다: "나 여호와가 이같이 말하노라 너희가 능히 낮에 대한 나의 약정과 밤에 대한 나의 약정을 파하여 주야로 그때를 잃게 할 수 있을진대 내 종 다윗에게 세운 나의 언약도 파하여 그로 그 위에 앉아 다스릴 아들이 없게 할 수 있겠으며 내가 나를 섬기는 레위인 제사장에게 세운 언약도 파할 수 있으리라 하늘의 만상은 셀 수 없으며 바다의 모래는 측량할 수 없나니 내가 그와 같이 내 종 다윗의 자손과 나를 섬기는 레위인을 번성케 하리라 하시니라"(33:20-22). 말라기는 레위와의 언약의 가장 중요한 요소가 생명(הַחַיִּים)과 평강(הַשָּׁלוֹם)이라는 것을 잘 알고 있다(5절). 예레미야 선지자도 말라기처럼 민수기 25:11-13에 묘사된 레위와의 언약의 가장 중요한 요소가 평강과 생명이라는 것을 인식하고 있다.

6장 제사장들이 수치를 당할 것임
2:6–9

6 그의 입에는 진리의 법이 있었고
그의 입술에는 불의함이 없었으며
그가 화평함과 정직함으로 나와 동행하며
많은 사람을 돌이켜 죄악에서 떠나게 하였느니라
7 제사장의 입술은 지식을 지켜야 하겠고
사람들은 그의 입에서 율법을 구하게 되어야 할 것이니
제사장은 만군의 여호와의 사자가 됨이거늘
8 너희는 옳은 길에서 떠나 많은 사람을 율법에 거스르게 하는도다
나 만군의 여호와가 이르노니
너희가 레위의 언약을 깨뜨렸느니라
9 너희가 내 길을 지키지 아니하고
율법을 행할 때에 사람에게 치우치게 하였으므로
나도 너희로 하여금 모든 백성 앞에서 멸시와 천대를 당하게 하였느니라 하시니라

저자는 5절에서 옛 제사장들은 하나님을 경외하고 그의 이름을 두려워했다고

한다. 선지자는 이제 6절에서 옛적 제사장들의 참신한 모습을 회상한다. 말라기는 제사장들이 하나님을 경외하고 그의 이름을 두려워하는 것이 무엇을 의미하는가를 세 가지로 설명한다: (1) 진실하고 정확하게 율법을 가르치고 공정하게 판결하는 것; (2) 모든 직무를 성심껏 행하는 것; (3) 주의 백성들의 거룩함을 보존하는 것.

제사장의 매우 이상적인 모습이 7절에 그려져 있다. 제사장의 입술은 항상 하나님에 대한 지식으로 가득해야 하며, 그들은 또한 하나님을 아는 지식을 보존해야 한다. 이 지식을 바탕으로 모든 사람들에게 공평한 판결을 해주어야 한다. 제사장들에 의하여 성전에서 내려지는 신성한 판결은 여호와께서 하늘 법정에서 내리시는 거룩한 판결의 모형이기 때문이다(Levenson). 또한 제사장들이 왜 이처럼 적극적으로 하나님의 의를 실현하고 그를 아는 지식을 보존해야 하는가? 그들은 다름 아닌 '만군의 여호와의 사자'(מַלְאַךְ יְהוָה־צְבָאוֹת)들이기 때문이다. 구약에서 '여호와의 사자'는 그의 메시지를 가지고 오는 천사를 가리키는 용어로 50차례 정도 사용된다. 세 차례는 선지자를 두고 사용된다. 그리고 제사장을 가리켜 여호와의 사자로 부르는 곳은 이곳이 유일하다. 저자는 제사장을 여호와의 사자로 칭함으로써 그들도 천사나 선지자처럼 하나님의 대변인이 되어야 한다는 점을 강조하고 있다.

위 사항과 비교할 때 말라기 시대의 제사장들이 얼마나 엉터리들인가가 8절에 묘사되어 있다. 선지자는 4-7절을 통해 묘사된 제사장 상(像)이 자기 시대의 제사장들을 통하여 완전히 파괴되었음을 세 가지로 선언한다. 첫째, 그들은 하나님을 거역했다. 제사장들이 하나님께서 정하신 정도(正道)를 떠나 행한 것은 곧 하나님을 거역하는 행위가 되는 것이다. 둘째, 제사장들은 많은 사람들이 율법을 범하도록 부추겼다. 물론 직접 죄를 지으라고 선동하지는 않았을 것이다. 그러나 율법을 가장 확고하게 지켜 나가야 할 제사장들이 그것을 범하고 있으니 일반인들은 더욱이 율법 범하는 것을 예사롭게 생각했을 것이다. 셋째, 심지어는 그들의 제사장직의 정당성의 근거가 되는 레위의 언약마저 파괴했다. 자신들의 정체성과 정당성을 스스로 저버리고 있는 행위이다.

또한 언약 파괴/위반에는 항상 위반에 대한 징벌/저주가 뒤따른다. 말라기는 제사장들에게 머지않아 하나님의 심판이 그들에게 임할 것을 경고하고 있는 것이다.

9절은 선지자가 8절에서 암시한 제사장들에 대한 하나님의 심판/저주의 상당 부분이 이미 성취되어가고 있음을 시사하고 있다. 물론 일부 학자들은 구절의 시제를 미래로 해석하기도 한다(Stuart). 그러나 대부분의 번역본이 과거나 현재로 표기한다(NIV; NRS; NAS; TNK; 개역; 새번역; 공동). 그들이 당면하고 있는 어려움의 상당한 부분이 이미 시작된 하나님의 심판의 일부라는 것이다.

아모스, 이사야 등은 공의와 정의가 세상에 실현되는 것을 종교적인 규례와 형식에 맞추어 제사를 드리는 것보다 더 소중하게 여겼다. 그런데 말라기는 왜 이처럼 제물과 그 제물을 드리는 자들을 문제 삼고 있는 것일까? 성도들의 내적인 자세와 그들의 외적 표현이 항상 이분화될 수 없음을 시사하는 듯하다. 말라기가 외형적으로 드러나는 제물을 문제 삼았다면, 오늘날 우리의 예배 요소들—음악, 예배 장소, 떡과 포도주, 찬송가, 예배 녹화 등등—에 대하여는 어떤 메시지를 선포했을까?

EXPOSIMENTARY
Malachi

Ⅲ. 제3 논쟁

2:10-16

제사장들의 죄를 집중적으로 비난하던 선지자가 다시 백성들의 죄로 시선을 옮기고 있다. 이 논쟁에서 그가 지적하고 있는 문제는 세 가지이다: (1) 이방인과의 결혼(10-12절); (2) 이방인 식의 예배(12-13절); (3) 혐오스러운 이혼(14-16절). 이방인과의 결혼을 문제 삼는 것이 결코 인종이나, 민족차별주의에 근거한 것은 아니다. 이러한 결혼이 문제가 되는 것은 종교의 혼합을 초래하기 때문이라는 데 있었다. 즉, 이스라엘 사람들이 이방인들과 결혼하여 그들을 개종시켜 이스라엘 종교로 끌어들였다면 괜찮았을 텐데 오히려 이스라엘 사람들이 이방 종교로 끌려가는 일이 비일비재했던 것이다. 이방인 식의 예배가 문제가 되는 이유는 더 이상의 설명이 필요 없다. 이혼이 문제가 되는 것은 구약이 허용하지 않기 때문이 결코 아니다. 여기서의 문제는 단순히 아내를 싫어하게 되어 이혼한다는 것에 있었다.

이 섹션을 형성하고 있는 세 번째 논쟁과 두 번째 논쟁(1:6-2:9)은 여러 개의 단어를 공통적으로 사용한다. 학자들은 선지자가 독자들이 두 메시지를 연결해서 기억해 나가는 데 도움을 주기 위하여 이러한 기술법을 사용하고 있는 것으로 생각한다. 다음 현상을 참조하라.

단어	두 번째 논쟁	세 번째 논쟁
아버지	1:6	2:10
제단	1:7, 10	2:13
은혜, 받다	1:8, 10, 13	2:13
언약	2:4, 5, 8	2:10, 14
제물	2:3	2:15
보호/보존하다	2:7	2:15, 16

처음 두 디스코스처럼 이 섹션도 다음과 같이 공통된 양식을 따르고 있다.

구절	양식	문구
2:10-13	선지자의 주장	"어찌하여 우리 각 사람이 자기 형제에게 궤사를 행하여 우리 열조의 언약을 욕되게 하느냐"(10절); "유다는 여호와의 사랑하시는 그 성결을 욕되게 하여 이방 신의 딸과 결혼하였으니"(11절); "너희가 이런 일도 행하나니 곧 눈물과 울음과 탄식으로 여호와의 단을 가리우게 하도다"(13절)
2:14a	이스라엘의 반문	"어쩜이니까?"(14절)
2:14b	반문에 대한 선지자의 반응	"너와 너의 어려서 취한 아내 사이에 여호와께서 일찍이 증거하셨음을 인함이니라"(14절)
2:15-16	의미	백성들은 자신들의 영을 지켜야 하며 하나님과의 언약에 불신실해서는 안 된다.

하나님의 말씀을 시작했던 처음 두 논쟁과는 달리 이 논쟁은 선지자의 말씀으로 시작한다. 여호와의 말씀이 16절에 가서야 직접 인용되고 있다. 선지자가 문제를 제기하고 있는 이슈들은 대체로 에스라—느헤미야 시대에 유다가 당면했던 문제들이다. 다음 구조가 제시하는 것처럼 말라기는 여러 개의 주요 단어를 반복적으로 사용함으로써 이 섹션에 통일성을 부여하고 있다 (Hugenberger).

A. 한(אֶחָד) 아버지이자 한(אֶחָד) 하나님이 그의 백성을 창조했다(ברא); 일반적인 불신 비난(10절)

B. 구체적인 죄에 대한 비난: 이방인들과의 결혼을 통해 드러난 궤사(בגד)(11절)

C. 저주: 제물(מִנְחָה)을 드리는 자도 끊어 버리실 것(12절)

C'. 저주: 예배를 통해 드리는 헌물(מִנְחָה)을 거부하심(13절)

B'. 구체적인 죄에 대한 비난: 이혼을 통해 드러난 궤사(בגד)(14절)

A'. 유일하신 하나님이 오직 하나만(אֶחָד) 지으셨다(ברא). 왜 하나만(אֶחָד) 지으셨는가? ; 일반적인 불신 비난(15–16절)

2장 백성들의 신실하지 못함이 제물에 끼치는 영향
2:10-13

10 우리는 한 아버지를 가지지 아니하였느냐
한 하나님께서 지으신 바가 아니냐
어찌하여 우리 각 사람이 자기 형제에게 거짓을 행하여
우리 조상들의 언약을 욕되게 하느냐
11 유다는 거짓을 행하였고
이스라엘과 예루살렘 중에서는 가증한 일을 행하였으며
유다는 여호와께서 사랑하시는 그 성결을 욕되게 하여
이방 신의 딸과 결혼하였으니
12 이 일을 행하는 사람에게 속한 자는
깨는 자나 응답하는 자는 물론이요
만군의 여호와께 제사를 드리는 자도
여호와께서 야곱의 장막 가운데에서 끊어 버리시리라
13 너희가 이런 일도 행하나니
곧 눈물과 울음과 탄식으로 여호와의 제단을 가리게 하는도다
그러므로 여호와께서 다시는 너희의 봉헌물을 돌아보지도 아니하시며
그것을 너희 손에서 기꺼이 받지도 아니하시거늘

이 섹션은 말라기서 뿐만 아니라 구약 전체에서 가장 해석하기 어려운 텍스트 중 하나이다. 특히 12절의 일부인 히브리어 문구 'עֵר וְעֹנֶה'와 15절을 어떻게 해석하느냐는 아직도 난제로 남아 있다. 개역개정은 12절의 문구(עֵר וְעֹנֶה)를 '깨는 자나 응답하는 자'로 번역하고 있지만 도무지 뜻을 이해할 수 없다. 새번역과 공동번역은 이 문구를 아예 번역에 반영하지 않았다. KJV는 '능숙한 자와 학자'(the master and the scholar)로, NRS는 '증인 혹은 응답자'(any to witness or answer)로, NIV는 '그가 누가 되었든 간에'(whoever he may be)로 NAS는 '잠에서 깨어나 응답하는 모든 사람'(*everyone* who awakes and answers) 등으로 번역하고 있다. 첫 번째 단어는 대체적으로 벌거벗은 것을 뜻하고 두 번째 단어는 동거를 의미하는데, 이 두 단어는 모두 성적(性的) 뉘앙스를 포함하고 있다(Glazier-McDonald; Petersen; cf. HALOT). 이렇게 간주할 경우 본문은 이스라엘이 소년 시절의 아내(여호와)를 버리고 이방 여인(우상들)과 동거하는 것, 즉 우상숭배를 비난하는 것이다(Petersen).

선지자는 또한, 먼저 이스라엘이 하나님과 맺은 특별한 관계를 언급한다: "우리는 모두 한 아버지를 모시고 있지 않느냐? 한 하나님이 우리를 창조하시지 않았느냐?" 이 질문들은 수사학적인 것들로 답을 요구하기보다는 사실을 강조하는 데 사용되고 있다. 그러면 '한 아버지'는 누구를 의미하는가? 주석가들은 이 '한 아버지'가 아담을 두고 하는 말이라고 하기도 하고 혹은 아브라함, 심지어는 야곱을 일컫는 말이라고 하기도 한다. 그러나 아담은 그 어디에서도 이스라엘 사람들의 아버지라 불린 적이 없으며, 본문에서도 아담을 뜻하는 그 어떤 근거도 없다. 아브라함은 간혹 이스라엘의 아버지로 불리기도 한다(수 24:3; 사 51:2). 여호와 하나님이 이스라엘의 아버지로 묘사되는 곳도 적지 않다(출 4:22-23; 신 32:6, 18; 사 63:16; 64:8; 렘 2:27; 3:4, 19; 31:9). 말라기가 이미 1:6에서 하나님이 이스라엘의 아버지라는 점을 강조한 것으로 보아 본문에서도 아버지는 바로 하나님을 의미한다는 것을 쉽게 짐작할 수 있다. 선지자가 강조하고자 하는 사실은 사람들이 숭배하는 신들은 그들의 영적 아버지와 다름없으며 이스라엘은 여호와를 영적 아버지로 섬기고 있는 민족이라는 점이다. 그렇다면 이스라엘 사람들이 결코 바알 숭배자와 결혼해서는 안 되는 또 하나의 이유가 여기에 있다. 서로 영적인 아버지가 다르기 때문이다. 여호와 하나님께서 아세라와 사돈이 될 수는 없지 않은가!

두 번째 질문인 "한 하나님이 우리를 창조하시지 않았느냐?"의 의미는 무엇인가? 일부 주석가들은 하나님께서 온 인류를 창조하신 것을 뜻하는 것으로 해석한다(Sweeney). 그러나 저자의 관심은 온 인류가 아니라 이스라엘에게 맞추어져 있다. 즉, 하나님께서 이스라엘을 특별한 백성으로 창조하셨다는 것을 강조하고자 하는 것이다. 이스라엘이 한 민족으로서 하나님의 창조사역의 매우 중요한 부분을 차지하는 것은 여러 곳에 언급되어 있다(신 32:6; 시 78; 121; 124; 135; 148; 사 43:1, 7, 15; 44:2; 63:16; 64:8). 그러므로 선지자는 그의 메시지에 귀를 기울이고 있는 유다 사람들에게 그들은 태초 때부터 창조주 하나님과 특별한 관계를 유지하고 있는 자들로서 하나님을 욕되게 하는 행동을 자제해야 한다고 호소한다. 이방인들과의 결혼은 이러한 차원에서도 문제가 된다. 하나님께서 창조하신 이스라엘의 거룩한 씨앗이 잘못 사용되는 경우가 되기 때문이다(Sweeney).

그렇다면 이스라엘의 어떤 행동들이 하나님과의 특별한 관계를 욕되게 하는가? 선지자는 이 섹션에서 이스라엘이 범하고 있는 두 가지 문제로 이미 앞에서 언급한 이방인들과의 결혼(11절)과 잘못된 예배 관습(13절)을 지적한다. 이스라엘이 하나님을 욕되게 하는 첫 번째 행위인 경건하지 못한 결혼 관습은 다음과 같은 몇 가지 질문을 유도한다: (1) 말라기 시대에 이방인들과의 결혼은 어느 정도 성행했을까?; (2) 이방인들과의 결혼이 어떻게 이스라엘의 하나님과의 언약을 파괴한다는 것일까?; (3) 정확히 '여호와의 사랑하시는 그 성결'(קֹדֶשׁ יְהוָה אֲשֶׁר אָהֵב)의 의미는 무엇인가?; (4) 이스라엘 사람들이 무엇 때문에 이방인들과의 결혼을 즐기게 되었을까?

첫 번째 질문("말라기 시대 때 이방인들과의 결혼이 어느 정도 성행했던 것일까?")은 에스라—느헤미야서에서 그 답을 찾을 수 있다. 에스라가 예루살렘으로 돌아와 성전에 귀중품을 전달한 다음(7–8장), 가장 먼저, 그리고 강력하게 추진한 사역이 바로 이방인들과의 결혼을 제거하는 것(9–10장)이었다. 이 점에서 이 시대 유다 사람들 사이에 타 종족과의 결혼이 매우 성행했음을 짐작할 수 있다. 문제가 얼마나 심각했는지 유다의 지도자들이 에스라를 찾아와 이 문제를 그가 해결해야 할 가장 긴급한 이슈로 삼아줄 것을 요청했다: "이 일 후에 방백들이 내게 나아와 가로되 이스라엘 백성과 제사장들과 레위 사람들이 이 땅 백성과 떠나지 아니하고 가나안 사람과 헷 사람과 브리스 사람과 여부스 사람과 암몬 사람과 모압 사람과 애굽 사람과 아모리 사람의 가증한 일을 행하여 그들의 딸을 취하여 아내와 며느리를 삼아 거룩한 자손으로 이방 족속과 서로 섞이게 하는데 방백들과 두목들이 이 죄에 더욱 으뜸이 되었다 하는지라"(스 9:1–2; 개역).

이 말씀에 의하면 문제는 단순히 사회의 일부에 제한되어 있는 것이 아니라, 평민들로부터 지도자들에 이르기까지, 일반인들로부터 제사장들을 포함한 종교 지도자들에 이르기까지 모든 계층의 사람들이 연루되어 있음을 알 수 있다. 지도자들이 타 종족과의 결혼에 대한 규례를 어기고 있으니 이 율법이 강요되지 못했던 것이다. 그때가 에스라가 예루살렘으로 돌아온 직후이므로 아마도 458/7년쯤 되었을 것으로 여겨진다.

느헤미야 역시 같은 문제를 해결해야 했다. 그가 예루살렘을 처음 방문하여 예루살렘의 성벽을 쌓았던 444년에는 이런 문제가 언급되지 않고 있지만, 그가 수산으로 돌아갔다가 다시 예루살렘을 찾았던 때로 추정되는 420년경에는 국제결혼이 다시 성행하고 있었다. 그는 그때의 일을 다음과 같이 기록했다: "그때에 내가 또 본즉 유다 사람이 아스돗과 암몬과 모압 여인을 취하여 아내를 삼았는데 그 자녀가 아스돗 방언을 절반쯤은 하여도 유다 방언은 못하니 그 하는 말이 각 족속의 방언이므로 내가 책망하고 저주하며 두어 사람을 때리고 그 머리 털을 뽑고 이르되 너희는 너희 딸들로 저희 아들들에게 주지 말고 너희 아들들이나 너희를 위하여 저희 딸을 데려오지 않겠다고 하나님을 가리켜 맹세하라 하고 또 이르기를 옛적에 이스라엘 왕 솔로몬이 이 일로 범죄하지 아니하였느냐 저는 열국 중에 비길 왕이 없이 하나님의 사랑을 입은 자라 하나님이 저로 왕을 삼아 온 이스라엘을 다스리게 하셨으나 이방 여인이 저로 범죄케 하였나니 너희가 이방 여인을 취하여 크게 악을 행하여 우리 하나님께 범죄하는 것을 우리가 어찌 용납하겠느냐"(느 13:23-27; 개역). 이처럼 포로 후기 시대의 유다 공동체의 정체성을 위협할 정도로 문제가 심각했음을 알 수 있다.

그러나 여기서 한 가지 주의해야 할 점은 타 종교인과의 결혼(religious intermarriage)과 타 종족과의 결혼(interracial marriage)은 구분되어야 한다는 것이다. 구약 성경은 결코 타 종족과의 결혼을 맹목적으로 거부하지 않는다. 이스라엘 남자들과 결혼한 대표적인 이방인들인 룻, 라합, 아비가일, 모세의 구스인 아내 십보라 등등이 이러한 사실을 뒷받침하고 있다. 반면에 성경은 타 종교인과의 결혼에는 강력하게 문제를 제기한다. 무엇보다도 그들의 종교가 이스라엘의 순수성과 종교성을 부패하게 하여 하나님께로부터 멀어지게 하는 결과를 가져왔기 때문이다. 가나안의 모든 종교는 가증한 요소들을 지녔다. 에스라도 이스라엘 사람들이 타 종교인들과 결혼하여 그들의 종교생활을 따라 '그들의 가증한 일'(תּוֹעֲבֹתֵיהֶם)을 저지르고 있음을 문제 삼고 있다(스 9:1; cf. 왕상 11:1-8; 16:31; 느 13:26).

두 번째 질문은 "이방인들과의 결혼이 어떻게 이스라엘의 하나님과의 언약을 파괴한 것일까?"이다. 이 질문에 답하기는 그다지 어렵지 않다. 이스라엘이 하나님과의 언약을 준수하기 위하여 꼭 지켜야 하는 조항인 율법은 이스라엘 사람들이 타 종교인과 결혼하는 것을 구체적으로 금하고 있다(출 34:16; 레 21:14; 민 36:6; 신 7:3; 13:6-9; cf. 24:37-40; 27:46; 28:1, 6). 그럼에도 불구하고 제사장으로부터 일반인까지 모두 이방인과 결혼하는 것은 이들이 모세율법을 어떻게 받아들였는가를 단면적으로 보여준다. 그들에게 율법은 이미 유효기간이 지난 낡은 규제에 불과했던 것이다. 이러한 상황은 매우 심각한 영적 문제라고 할 수 있다. 실제적으로 이방인들과의 결혼보다 하나님께서 주신 말씀에 대한 이스라엘 사람들의 마음 자세가 더 커다란 문제였다. 그러나 이 문제가 꼭 옛날 일은 아닐 것이다. 오늘날에도 많은 크리스천들이 성경에 대하여 이러한 입장을 취하고 있지 않은가?

세 번째 질문의 바탕인 '여호와의 사랑하시는 그 성결'(קֹדֶשׁ יְהוָה אֲשֶׁר אָהֵב)(11절)이 무엇을 의미하는가를 살펴보자. '성결'(개역; 개정개역) 혹은 '성전'(공동; 새번역)으로 번역되고 있는 히브리어 단어(קֹדֶשׁ)는 구약에서 예루살렘 성전을 뜻하기도 하고 약속의 땅을 의미하기도 한다. 그러나 본문의 정황과 레위기 19:8에서 이 단어가 지니고 있는 의미를 감안할 때, 여기서 '성결/성전'은 이스라엘 백성을 뜻하거나(Stuart), 하나님의 거룩하심을 의미한다(Sweeney). 이 문구 앞에 붙는 '여호와의 사랑하시는'이라는 표현 역시 이러한 해석을 뒷받침하고 있다.

네 번째 질문인 "이스라엘 사람들이 율법이 반대하는데도 무엇 때문에 이방인들과 결혼하였을까?"를 생각해 보자. 무엇보다도 경제적인 안정과 사회적인 평안을 위하여 국제결혼을 선호했을 것이라는 추측이다(Craigie). 에스라—느헤미야서에 의하면 바빌론에서 귀향한 이스라엘 사람들을 기다리는 것은 혹독한 가난과 사회적 불안뿐이었다. 이러한 상황에서 오래전부터 가나안 땅에 정착하여 자리를 잡고 살고 있었던 이방인들은 그들에게 경제적인 디딤돌과 안정적인 사회적 평안을 보장해 줄 수 있었던 것이다(cf. Sweeney). 즉, 이스라엘 사람들은 '돈 때문에' 이방인들과 결혼했던 것이다.

이렇게 '하나님의 성소'를 더럽힌 자에게 주어지는 징계는 무엇인가? 선지자는 야곱의 가문에서 그를 '끊어버리는 것'(כרת)이라고 말한다(12절; cf. 레 19:8). 심지어는 제사장도 이러한 기준에서 제외될 수 없다고 말라기는 주장한다. 그런데 '끊어내다'(כרת)는 정확하게 무엇을 의미하는가? 처형하라는 말인가? 다른 나라로 추방하라는 뜻인가? 아니면 단순히 족보에서 제거하고 이방인 취급하듯이 하라는 말인가? 학자들이 이 문제를 많이 논의해 왔지만 확실하지는 않다(cf. Smith). 사건의 정황과 재판을 진행하는 사람의 소관에 따라서 추방에서 처형으로까지 해석될 수 있었던 것으로 추정된다. 본문에서는 선지자가 여호와께서 이처럼 언약을 위반하는 자들을 죽이실 것을 시사하는 듯하다(Stuart).

말라기 선지자가 지적하는 이스라엘의 두 번째 문제는 잘못된 예배 관습이다(13절). 이스라엘 사람들이 이방인과 결혼하는 일로 하나님과의 언약을 위반했기 때문에 여호와께서 그들의 제물을 받지 않으셨는데, 그들은 오히려 이방인들의 관습을 모방하여 하나님의 동정을 사려는 예배를 드렸다: "눈물(דִּמְעָה)과 울음(בְּכִי)과 탄식(אֲנָקָה)으로 주님의 제단을 적셨다"(13절). 가나안 사람들은 그들이 섬기는 신들이 예배자들이 강하게 감정을 드러낼수록 더 큰 영향을 받는다고 생각했다. 이러한 사고를 이스라엘이 받아들인 것이다. "제단을 적셨다"라는 말은, 일반인들은 제단에 나아갈 수 없는 것을 고려할 때, 제사장이 백성을 대표해서 이런 짓을 저질렀음을 암시하고 있다. 특히 '탄식'(אֲנָקָה)이란 말은 이 시대의 예배가 단순히 예배자들이 죄에 대한 회개와 고백을 초월하여 감정을 백분 발휘하여 하나님을 이용하려 들었던 것을 묘사하고 있다(Stuart).

호세아는 예배 도중에 슬피 부르짖는 일을 예식에 포함시키는 이방인들의 관습을 따랐던 북 왕국 사람들을 맹렬하게 비난했다: "성심으로 나를 부르지 아니하였으며 오직 침상에서 슬피 부르짖으며 곡식과 새 포도주를 인하여 모이며 나를 거역하는도다"(호 7:14). 엘리야와 바알 선지자들의 대결에서도 기록되어 있는 것처럼 이방인들은 때로는 자해를 하면서까지 신들에게 호소했다: "저희가 그 받은 송아지를 취하여 잡고 아침부터 낮까지 바알의 이름을 불러 가로되 바알이여 우리에게 응답하소서 하나 아무 소리도 없고 아무 응답하는 자도 없으므로… 저희가 큰 소리로 부르고 규례를 따라 피가 흐르기까지 칼과 창으로 그 몸을 상하게 하더라"(왕상 18:26–28). 에스겔도 이방 종교 예배에서의 감정 조작을 비난했다: "그가 또 나를 데리고 여호와의 전으로 들어가는 북문에 이르시기로 보니 거기 여인들이 앉아 담무스를 위하여 애곡하더라 그가 또 내게 이르시되 인자야 네가 그것을 보았느냐 너는 또 이보다 더 큰 가증한 일을 보리라 하시더라"(8:14–15). 이사야 선지자 역시 감정에 복받쳐 예배하는 모압 사람들을 비난했다: "그들은 바잇과 디본 산당에 올라가서 울며 모압은 느보와 메드바를 위하여 통곡하도다 그들이 각각 머리털을 없이 하였고 수염을 깎았으며 거리에서는 굵은 베로 몸을 동였으며 지붕과 넓은 곳에서는 각기 애통하여 심히 울며"(사 15:2–3).

물론 탄식하고 애곡하는 것 자체가 문제가 되는 것은 아니다. 죄에 대한 탄식과 슬픔은 권장할 만한 것이다(민 25:6; 스 3:13; 10:1). 그러나 통곡하고 탄식하는 것이 자신의 죄와 무능함을 슬퍼해서가 아니라, 하나님을 이용하는 도구가 될 때 문제가 된다. 오늘날 일부 교회에서 지향하고 있는 감정에 치우친 예배도 바로 여기에 문제가 있다. 이런 예배의 문제는 하나님께서 그의 백성들에게 진정으로 원하시는 '예배'가 무엇인지를 망각하게 하는 것이다. 하나님께서는 '상한 심령'이 드리는 예배를 기뻐하시는 분이시지 '상한 감정'이 드리는 예배를 원하시는 분이 아니다. 아울러 우리는 하나님께서는 결코 이런 식으로 인간의 감정에 의하여 조작되거나 이용당하시는 분이 아니라는 점을 기억해야 한다.

2장 언약을 위하여 하나님께서 제물을 거부하심
2:14

14 너희는 이르기를 어찌 됨이니이까 하는도다
이는 너와 네가 어려서 맞이한 아내 사이에
여호와께서 증인이 되시기 때문이라
그는 네 짝이요 너와 서약한 아내로되
네가 그에게 거짓을 행하였도다

말라기 선지자는 이스라엘 사람들이 별다른 이유도 없으면서 단순히 아내가 싫어서 이혼하는 행위를 비난하기 시작한다. 에스라와 느헤미야는 이미 이루어진 타 종교인과의 결혼의 해결책으로 그들에게 이혼을 강요했다(스 9-10). 아마도 그들은 국제결혼이 이스라엘의 민족적인 정체성을 위협했을 뿐만 아니라 이런 결혼 자체가 불법이라고 결론지었기 때문일 것이다(cf. Sweeney). 말라기도 이러한 경우에 이혼이 가능하다는 생각을 배제하지 않는 듯하다. 그러나 선지자는 자신의 시대에 성행하고 있는 이혼의 사유에 대하여 근본적인 문제를 제기하고 있다. 경우에 따라서는 종교적인 갈등 때문에 이혼이 성립될 수도 있지만, 그 당시 사람들이 이혼하는 대부분의 이유가 바로 아내가 싫증이 나서였다는 것이 문제였다.

이들의 결혼에 증인으로 서신 하나님께서 이들의 이혼을 결코 용납할 수 없음을 밝히신다. '증인으로 서다'(עוּד)는 오늘날 법정에서 증인들이 증언하는 것과는 다른 개념이다. 계약에 증인으로 서는 자는 계약이 잘 이행되도록 쌍방을 관리하는 역할을 감당했다. 계약을 잘 이행하는 사람에게는 상을, 계약을 잘 이행하지 않는 자에게는 벌을 내리는 역할을 했던 것이다. 그러므로 대부분의 고대 근동 계약을 보면 신들이 증인으로 등장한다. 하나님께서도 이러한 차원에서 증인이 되신 것이다. 그렇다면 구약은 결혼을 두 사람이 체결하는 법적인 계약으로 보았는가? 이 구절에서 언급하고 있는 '언약(בְּרִית)'은 결혼이라는 것이 확실하다(Hugenberger). 구약의 다른 곳에서도 결혼이 언약/계약으로 간주되었다(호 2:16–20; 잠 2:17; 겔 16:8, 59–60, 62; 삼상 18–20). 비록 구약이 일부다처제를 허용하기는 했지만 단순히 아내가 싫어서 이혼하는 것은 결코 용납될 수 없다는 것이 선지자의 주장이다.

'너의 어려서 취한 아내'(אֵשֶׁת נְעוּרֶיךָ)라는 말은 구약시대에는 결혼이 아주 어린 나이에 본인들의 의사와는 상관없이 부모들에 의하여 결정되었음을 시사하고 있다(Hugenberger; Stuart). 대부분은 사춘기에 접어들기 전에 결정되었지만, 경우에 따라서는 아예 아이가 태어나기도 전에 결혼이 약속되었다. 결혼을 하게 되면 문서로 결혼 계약이 체결되고(De Vaux), 하나님 앞에 맹세를 하게 되며(Hugenberger), 축하 잔치에 참석한 하객들이 결혼식의 증인이 된다. 하나님께서는 이 둘이 결혼 계약을 잘 준수하도록 보살피시는 역할을 감당했다. 남자가 훗날 다른 여자와 결혼할 수 있었지만 '어려서 취한 아내'라는 호칭은 새 여자에게 적용할 수 없었다(Stuart).

3장 백성들은 신실해져야 함
2:15-16

15 그에게는 영이 충만하였으나
오직 하나를 만들지 아니하셨느냐
어찌하여 하나만 만드셨느냐
이는 경건한 자손을 얻고자 하심이라
그러므로 네 심령을 삼가 지켜
어려서 맞이한 아내에게 거짓을 행하지 말지니라
16 이스라엘의 하나님 여호와가 이르노니
나는 이혼하는 것과 옷으로 학대를 가리는 자를 미워하노라
만군의 여호와의 말이니라
그러므로 너희 심령을 삼가 지켜 거짓을 행하지 말지니라

대부분의 학자들은 15절을—특히 처음 1/2을—말라기서뿐만 아니라 구약 전체에서 가장 해석하기 어려운 구절들 중 하나로 간주한다. 학자들은 마소라 사본이 심하게 부패됐다고 하기도 하고(Torrey), 어떠한 의미도 만들어낼 수 없다고 좌절하기도 한다(Hvidberg). 앞으로도 정확한 의미를 파악하기가 불가능

할 것이라고 단정한다(Schuller). 영어와 한국어 번역본들 모두 상상력과 추측의 결과물이다. 위에 주어진 개역개정을 제외한 주요 한국어 번역본들의 해석은 다음과 같다.

개역	여호와는 영이 유여하실찌라도 오직 하나를 짓지 아니하셨느냐 어찌하여 하나만 지으셨느냐 이는 경건한 자손을 얻고자 하심이니라 그러므로 네 심령을 삼가 지켜 어려서 취한 아내에게 궤사를 행치 말찌니라
공동	야훼께서 너희의 몸과 마음을 묶으실 때, 무엇을 바라셨겠느냐? 하느님께서는 후손을 주시려고 하신 것이다. 그러니 변심하여 조강지처를 버리지 않도록 하여라.
새번역	한 분이신 하나님이 네 아내를 만들지 않으셨느냐? 육체와 영이 둘 다 하나님의 것이다. 한 분이신 하나님이 경건한 자손을 원하시는 것이 아니겠느냐? 너희는 명심하여, 젊어서 결혼한 너희 아내를 배신하지 말아라.

문제는 그 어떤 해석과 의미 분석도 만족스럽지 못하다는 것이다. 그러므로 텍스트에서 결코 파악해 낼 수 없는 것에 전념하는 것보다는 알아낼 수 있는 것에 치중하는 것이 본문을 이해하는 데 도움이 될 것이다. 한 가지 확실하게 해석되는 부분은 위 번역본들이 동일한 의미로 옮기고 있는 마지막 구절 "젊어서 결혼한 아내를 배신하지 말라"이다. 그렇다면 15절의 전반부에는 이러한 결론을 내리도록 하는 논리적인 근거가 제시되었을 것이다. 아마도 결혼에 대한 창조적인 원리를 언급했던 것으로 추정된다.

"이스라엘의 하나님 여호와가 이르노니 나는 이혼하는 것과 학대로 옷을 가리우는 자를 미워하노라 만군의 여호와의 말이니라 그러므로 너희 심령을 삼가 지켜 궤사를 행치 말찌니라"(16절; 개역)의 번역은 쉽지만 이 말씀에 대한 학자들의 해석은 4가지로 나누어 진다: (1) 본문은 이혼에 대한 말을 하고 있지 않으며 오직 이방 예배를 문제 삼고 있다; (2) 본문은 이혼을 허용하거나 요구한다; (3) 이 말씀은 모든 종류의 이혼을 금한다; (4) 이 구절은 아내가 싫증이 나서 하는 이혼을 금하는 것이지 다른 정황에서 비롯된 이혼을 언급하는 것은 아니다(Hugenburger; cf. Stuart). 모든 것을 감안할 때 4번째 해석이 가장 설득력 있어 보인다(cf. 신 24:1-4). 선지자는 이러한 이혼은 '범죄로 옷을 물들게 하는 것'과 같다고 선언한다. 그뿐만 아니라 말라기는 이런 어처구니없는 이유에서 비롯되는 이혼을 비난하는 16절에 무게를 실어주기 위하여 '사자적 문구'(使者的 文句, messenger formula)를 두 차례나 사용하고 있다. 하나님께서 이혼을 전적으로 금하지는 않으시지만 매우 싫어하신다는 것은 부인할 수 없는 사실이다(Sweeney).

Ⅳ. 제4 논쟁

2:17-3:5

선지자의 네 번째 논쟁은 새로운 주제를 소개한다. 하나님께서 자신의 백성을 정결케 하고 그들의 예배와 삶을 율법이 요구하는 수준까지 회복시킬 사자를 보내실 것이라는 사실이다. 이 과정에서 선지자는 백성들이 필요로 하는 세 가지를 언급하며 메시지를 진행해 나간다: (1) 메시아의 필요성; (2) 심판하는 날의 필요성; (3) 사회 정의의 필요성. 그뿐만 아니라 말라기는 주의 백성들에게 필요한 두 가지의 개혁을 노래한다: (1) 제사장 제도의 개혁; (2) 예배 제도의 개혁.

이 섹션은 말라기서 안에서 처음으로 '여호와의 날'을 언급하는 곳이기도 하다. 선지자는 여호와께서 속히, 갑자기 오셔서 그의 대적들을 물리치실 것이며, 대체로 그날은 매우 어두운 날이 될 것을 선언하고 있다. 그러나 이 말씀에 대해 가장 흥미로운 것은 '언약의 사자'(מַלְאַךְ הַבְּרִית)가 바로 여호와이심을 암시하고 있다는 것이다(Stuart). 보내는 이와 보냄을 받은 이가 같은 분이신 것이다. 구약의 다른 곳에서는 볼 수 없는 독특한 현상이다. 그러므로 보수적인 학자들은 본문을 삼위일체에 관한 중요한 말씀으로 간주한다(cf. Kaiser; Craigie). 네 번째 논쟁 역시 처음 세 논쟁과 동일한 양식을 취하고 있다.

구절	양식	문구
2:17a	선지자의 주장	"너희가 말로 여호와를 괴로우시게 하였다"
2:17b	이스라엘의 반문	"우리가 어떻게 여호와를 괴로우시게 하였나"
2:17c	반문에 대한 선지자의 반응	그들이 "'주께서는 악한 일을 하는 사람도 모두 좋게 보신다. 주께서 오히려 그런 사람들을 더 사랑하신다' 하고 말하고, 또 '공의롭게 재판하시는 하나님이 어디에 계시는가?'"라고 말함으로써 하나님을 괴롭게 하고 있다.
3:1-5	의미	여호와의 사자가 올 것이다; 여호와께서 심판하실 것이다; 예배와 공의가 회복될 것이다.

네 번째 논쟁은 또한 앞 논쟁들과 여러 가지 연결점이 있으며 특히 세 번째 논쟁에서 사용된 주요 단어들을 반복하고 있다. 다음 도표를 참조하라.

단어	세 번째 논쟁	네 번째 논쟁
이혼/보내다(שׁלח)	2:16(Piel)	3:1(Qal)
찾다(בקשׁ)	2:15	3:1
언약(בְּרִית)	2:10, 14	3:1
제물/헌물(מִנְחָה)	2:12-13	3:3-4
이스라엘, 유다, 예루살렘	2:11	3:4
증인(עֵד)이신 여호와	2:14	3:5

텍스트 분배에 있어서 다소 문제가 있어 보이지만 이 섹션은 다음과 같은 교차대구법적 구조를 지니고 있다(Wendland).

A. 경고: 심판의 날이 다가온다(2:17-3:2a)

B. 과정—백성들을 정결케 하는 것을 통하여(3:2b-3a)

B'. 결과—기뻐하시는 제물(3:3b-4)

A'. 경고: 심판의 날이 다가온다(3:5)

1장 백성들이 하나님의 정의를 의심함
2:17

17 너희가 말로 여호와를 괴롭게 하고도 이르기를
우리가 어떻게 여호와를 괴롭혀 드렸나이까 하는도다
이는 너희가 말하기를
모든 악을 행하는 자는 여호와의 눈에 좋게 보이며
그에게 기쁨이 된다 하며
또 말하기를 정의의 하나님이 어디 계시냐 함이니라

선지자는 유다 사람들이 하나님을 비방함으로써 그를 괴롭게 한다고 선언한다. 그들이 어떻게 하나님을 비방하는가? 그들은 악인이 세상에서 성행하는 것을 보며 결론짓기를 "주께서는 악한 일을 하는 사람도 모두 좋게 보신다. 주께서 오히려 그런 사람들을 더 사랑하신다"(표준)라고 한다. 하나님께서 악인을 좋아하시고 사랑하신다는 것은 이 세상에서 그가 선보다 악을 선호하는 악한 신이라는 주장을 펼치는 것과 같다. 그러므로 그들은 한 걸음 더 나아가 "공의롭게 재판하시는 하나님이 어디에 계시는가?"라며 하나님에 대한 불만을 토로했다. 어떻게 공평과 정의의 하나님 여호와를 섬기던 자들이 이처럼 진실을 왜곡하게 되었을까?

무엇보다도 현실에 대한 실망과 삶의 고통이 그들의 마음을 멍들게 했을 것이다. 이미 서론에서 언급한 것처럼 예루살렘으로 돌아오기만 하면 곧 하나님의 통치가 시작되어 풍요로운 삶을 누리게 될 것이라고 기대했던 귀향민들은 지연되기만 하는 하나님의 은혜와 민생고에 많은 상처를 받았던 것이다. 처음에는 하나님의 거처이자 임재의 상징인 성전이 허물어진 상태여서 그렇다고 생각했다. 그래서 솔로몬이 건축한 것에 비하면 매우 초라하고 볼품은 없었지만, 열심히 성전을 재건했다. 그러나 성전이 완공된 후에도 하나님의 통치는 시작되지 않았다. 오히려 날이 갈수록 주변 민족들과 유다에 살고 있는 이방인들의 협박과 공갈은 더해만 갔다. 결국 이들은 막연히 하나님을 기다리다가 지치게 된 것이다.

하나님을 기다리다가 지치고 생활고에 찌든 이들의 마음에는 어느덧 하나님에 대한 원망으로 가득 차 있었다. 더불어 조금씩 그들의 신학도 멍들어가기 시작했다. 이렇게 어렵게 살아가고 있는 자신의 백성을 내팽개치거나 방치하는 신은 그들의 삶에 전혀 관심이 없는 매정한 신이라고 생각했던 것이다. 그리고 급기야는 슬픔과 고통 속에서 이스라엘을 방치하시는 여호와는 악한 신이라는 독을 품은 말을 서슴지 않고 내뱉기 시작했다. 말라기의 청중들이 품고 있는 아픔과 절망이 어느 정도는 상상이 간다. 특히 '한(恨)'에 익숙해져 있는 우리 민족은 더더욱 그들의 심정을 이해할 수 있을 것이다. 그러나 그렇다고 해서 하나님을 원망하는 것은 옳지 않다. 선지자는 말라기 시대를 살고 있는 주의 백성들의 경우 문제는 하나님께 있는 것이 아니라 바로 그들에게 있다고 주장한다. 그뿐만 아니라 말라기가 반문하는 것처럼 주의 백성들이 내뿜는 독설은 사실이 아니다. 하나님은 공의를 사랑하시고 그의 백성들의 삶에 깊은 관심을 가지고 지켜보고 계신 분이시다.

무엇이 이스라엘의 문제였는가? 그들은 하나님의 침묵을 단순히 무관심으로, 그의 본질적인 악으로 간주했다. 반면에 선지자는 하나님의 침묵이 더 큰 일을 이루기 위한 준비작업이라고 한다. 말라기의 세대가 체험하고 있는 하나님의 침묵은 머지않아 오실 여호와의 출현을 예비하는 과정이라는 것이다. 결국 이스라엘은 지나치게 성급하게 생각하고 자신들의 관점에서 보이는 것으로 결론짓다가 이런 망언을 하고 오류를 범하게 된 것이다. 하나님의 주권을 전적으로 인정하고 그분의 침묵을 기도의 응답으로 받아들이는 자가 복 있는 사람이다.

때로는 현존하는 악의 문제가, 선을 사랑하시고 이 세상에 무한한 관심을 쏟으시는 사랑의 하나님을 믿는 유다—기독교 종교가 풀지 못하는 영원한 수수께끼로 남을 때가 있다. 성경 저자들도 이 문제에 대하여 끊임없이 고민하고 있음을 시사한다. 모세(신 32:5, 16–18, 28), 시편 기자들(시 37; 49; 73), 하박국(합 1:2–4, 12–17), 바울(롬 1:29–32), 베드로(벧후 3:4), 요한(계 6:9–10) 등등 여러 사람들이 이 문제를 가지고 고민했다. 그러나 이들은 만인이 납득할 만한 답을 내놓지 못했다. 이 세상에서 의인이 고통받는 것과 악인이 번성하는 것은 창조주 하나님만이 아시는 신비적인 영역에 속한 문제이기 때문이다. 한 가지 확실한 것은 언젠가는 모든 것이 합당한 보응을 받을 것이며, 정의가 이 땅에 하수처럼 넘칠 것이라는 사실이다.

2 장 여호와의 사자가 오면 세상에 정의를 실현할 것임

3:1–5

1 만군의 여호와가 이르노라
보라 내가 내 사자를 보내리니 그가 내 앞에서 길을 준비할 것이요
또 너희가 구하는 바 주가 갑자기 그의 성전에 임하시리니
곧 너희가 사모하는 바 언약의 사자가 임하실 것이라
2 그가 임하시는 날을 누가 능히 당하며
그가 나타나는 때에 누가 능히 서리요
그는 금을 연단하는 자의 불과 표백하는 자의 잿물과 같을 것이라
3 그가 은을 연단하여 깨끗하게 하는 자 같이 앉아서
레위 자손을 깨끗하게 하되 금, 은 같이 그들을 연단하리니
그들이 공의로운 제물을 나 여호와께 바칠 것이라
4 그 때에 유다와 예루살렘의 봉헌물이 옛날과 고대와 같이 나 여호와께 기쁨이 되려니와
5 내가 심판하러 너희에게 임할 것이라 점치는 자에게와 간음하는 자에게와 거짓 맹세하는
자에게와 품꾼의 삯에 대하여 억울하게 하며 과부와 고아를 압제하며 나그네를 억울하게
하며 나를 경외하지 아니하는 자들에게 속히 증언하리라 만군의 여호와가 말하였느니라

하나님께서는 2:17을 통해 표현된 백성들의 원망에 대하여 적극적인 반응을 보이신다. 머지않아 하나님께서는 그들이 가지고 있는 하나님에 대한 이해가 전적으로 잘못되었음을 보여주실 것이다. 하나님은 그들의 삶에 무관심하신 분이 아니시며, 공의가 이 세상을 통치하는 것을 그 누구보다도 원하시는 분이시다. 이 텍스트는 구체적으로 네 가지를 선언하고 있다: (1) 하나님께서 백성들의 삶에 간섭하기 위하여 오실 것이며, 먼저 길을 예비할 '사자'(מַלְאָךְ)를 보내실 것; (2) 하나님께서 예고 없이 갑자기 성전에 나타나실 것; (3) 여호와 하나님이 바로 '언약의 사자'(מַלְאַךְ הַבְּרִית)로 오실 것; (4) 그가 바로 백성들이 학수고대하던 바로 그분이라는 것.

성경에 제시된 하나님의 구원 계획의 진행과 흐름 속에서 본문은 분명히 메시아에 대한 교리의 한 부분을 차지하고 있다(Stuart). 하나님이 오시기 전에 사자를 보내시는 것은 시내 산을 출발하는 이스라엘의 앞길을 준비하기 위하여 천사를 보내셨던 일과 매우 흡사하다(출 23:20). 실제로 말라기 3:1과 출애굽기 23:20이 비슷한 부분을 지녔다는 것은 우연이 아니다. 말라기는 출애굽기 23:20의 말씀을 의도적으로 사용함으로써 옛적에 하나님께서 주의 백성들을 위하여 이룩하신 놀라운 승리 전에 파견했던 주의 사자가 다시 올 것을 선언한다. 즉, 앞으로 이스라엘 백성들이 체험할 하나님의 구원은 출애굽 때처럼 놀랍고 위대한 것이 될 것임을 시사하고 있는 것이다. 또한 출애굽기 23장은 학자들에 의하여 '언약 조항'(Covenant Code)(cf. 출 24:7)으로 불리는 섹션을 마무리하고 있다. 아마도 선지자는 이러한 사실도 염두에 두고 본문을 출애굽기 23:20과 연관 짓는 것으로 생각된다. 이 두 텍스트의 관계에 대하여는 다음 도표를 참조하라.

출 23:20	말 3:1
보라 내가 사자를 보내어 (הִנֵּה אָנֹכִי שֹׁלֵחַ מַלְאָךְ)	보라 내가 내 사자를 보내리니 (הִנְנִי שֹׁלֵחַ מַלְאָכִי)

출 23:20	말 3:1
네 앞서 길에서 너를 보호하여 (לְפָנֶיךָ לִשְׁמָרְךָ בַּדָּרֶךְ)	그가 내 앞에서 길을 예비할 것이요 (וּפִנָּה־דֶרֶךְ לְפָנָי)

본문이 언급하고 있는 자들이 도대체 누구인가에 대하여는 논란이 많다. 먼저 길을 예비하러 보내는 사자가 있다. 그다음에 갑자기 이들이 그렇게 갈망하던 '주님'(הָאָדוֹן)께서 나타나신다. 그런데 이 주님이 바로 '언약의 사자'(מַלְאַךְ הַבְּרִית)라는 보충 설명이 더해진다. 문장의 구조를 살펴보면 성전에 임하시는 '주'와 '언약의 천사'는 분명히 동격어이다(Stuart). 그렇다면 이 '언약의 사자'(혹은 주)와 주의 길을 예비하는 '나의 사자'(מַלְאָכִי)와는 어떤 관계가 있는가? 동일 인물인가 아니면 다른 인물인가? 그동안 이 이슈는 많은 논쟁을 유발해 왔다(cf. Smith). 학자들의 주장을 정리해보면 다음과 같다: (1) '나의 사자'는 다름 아닌 말라기이며 선지자는 자신의 역할을 여호와의 날을 예비하는 것으로 이해했다; (2) '나의 사자'와 '언약의 사자'는 동일 인물이며 한 인간적 선포자를 의미한다; (3) '나의 사자'와 '언약의 사자'는 동일 인물이며 천사를 두고 하는 말이다; (4) '나의 사자'와 '언약의 사자'는 모두 하나님을 두고 하는 말이다; (5) 선지자가 이미 제사장을 '만군의 여호와의 사자'(2:7)로 불렀던 것을 감안할 때, 이 둘 중 최소한 하나는 제사장이다; (6) 하나님의 사자는 선지자 엘리야이다(Sweeney).

위에 제시된 것처럼 학자들에 의하여 매우 다양한 해석이 제시되었지만, 본문이 묘사하고자 하는 내용은 매우 간단하며 메시아의 오심과 연관되어 있다. 메시아가 오기 전에 그의 길을 예비하는 선구자(forerunner)가 올 것이다. 그렇다면 오는 자와 그의 길을 예비하는 자는 누구를 의미하는가? 신약에 의하면 바로 메시아로 오신 주 예수 그리스도이며, 그의 길을 예비한 자는 세례 요한이다. 물론 신약에서 예수 그리스도를 '언약의 사자'로 부른 적은 없다. 그러나 여러 가지 측면에서 예수님은 우리와 '새 언약'을 맺으신 자로 언급된다(눅 22:20; 고후 3:6; 히 7:22). 이러한 차원에서 말라기 3:1과 4:5-6은 구약의 메시아 예언에 매우 중요한 요소를 더하고 있다. 본 텍스트는 그가 오시기 전에 그의 길을 예비하는 자가 올 것을 구약의 그 어느 본문보다 확고히 하고 있다.

미래에 하나님과 그의 백성들 사이에 새 언약이 세워질 것은 이미 여러 선지자들이 예언해 온 것이며, 말라기도 이러한 맥락에서 이 메시지를 선포하고 있는 것으로 생각된다(cf. 사 55:3; 61:8; 렘 31:31–34; 겔 16:62; 37:26). 그뿐만 아니라 메시아가 갑자기 오신다는 것은 신약과 구약의 '여호와의 날'의 개념에 잘 어울리는 상황이다(사 29:5; 48:3; 렘 15:8; 18:22; 눅 12:39–40; 벧후 3:10; 계 16:15). 또한 주께서 그의 성전(聖殿)에 임하시는 것 역시 여러 선지자들이 예고했던 사실이다(겔 43:4; 슥 6:12–15; 마 21:12–16; 엡 2:21; 계 7:15–17). 하나님께서 이 세상에 오실 때 그의 성전에 임하시는 것은 그곳이 주의 거처이자 통치의 중심지가 될 것을 생각할 때 당연한 일이다. 물론 신약에서는 믿음의 공동체와 우리 각자의 몸이 하나님의 성전이라 불리면서 우리의 삶이, 그리고 우리가 속한 공동체의 삶이 하나님의 통치 아래 있어야 한다는 사실을 확고히 하고 있다.

선지자는 메시아의 오심을 두렵고 떨리는 여호와의 날이라고 정의하고 있다(2절). 이스라엘 사람들은 대체로 여호와의 날은 자신들에게는 위로의 날이요 소망의 날이며, 그들의 적에게는 두려움과 심판의 날이 될 것으로 생각해 왔다. 그러므로 그들은 끊임없이 여호와의 날을 구원의 날처럼 기다렸다. 그들의 생각이 완전히 틀린 것은 아니다. 이스라엘이 주장해 온 것처럼 여호와의 날은 하나님의 백성들은 위로를 받고(사 13:6–13; 렘 46:10; 겔 13:5; 30:3–4; 욜 2:28–32; 3:14; 옵 15; 슥 14:1) 그의 적들은 심판을 받는 날이다(욜 1:15; 2:1, 11; 암 5:18–20; 습 1:7, 14–18). 이스라엘이 하나님의 백성으로서 그의 율법과 규례대로 살아왔다면 이날은 진정 그들을 위한 날인 것이다. 그러나 문제는 비록 이스라엘이 인정하지 않지만 그들이 언약을 어김으로 인해서 여호와의 적이 되어 있다는 사실이다. 아모스도 말라기처럼 이스라엘 백성이 하나님의 적이 되어버렸던 사실을 선포했다.

여호와의 날이 이러한 양면성을 지니고 있기에 성경은 이날을 구분하는 날(day of separation)로 묘사한다(Stuart). 이날은 의로운 자를 악한 자로부터 구분하는 날, 양을 염소로부터 구분하는 날, 알곡을 가라지에서 구분하는 날 등으로 묘사되는 것이다. 그렇다면 저자의 "그가 이르는 날에, 누가 견디어 내며, 그가 나타나는 때에, 누가 살아남겠느냐?"에 적절한 답은 무엇인가? 말라기를 포함한 모든 선지자들의 말씀을 깨닫고 있는 자들은 쉽게 '오직 여호와와의 언약을 신실하게 지키는 자'라는 답을 제시할 것이다. 그렇다면 누가 이날을 견디지 못하며, 누가 살아남지 못할 것인가? 당연히 하나님과의 언약을 지키지 않은 자들과 더 이상 하나님과의 언약의 보호를 받지 못하는 자들이다.

여호와의 날에 있을 구분/차별 테마는 2절 마지막 부분에서도 지속된다: "그는 금과 은을 연단하는 불과 같을 것이며, 표백하는 잿물과 같을 것이다." 불은 금속을 제련하는 데 필수적인 도구이다. 각 금속의 끓는 온도가 모두 다르기 때문에 불로 온도를 조절해서 불순물을 제거하고 순수 금속을 얻을 수 있다. 다른 선지자들도 연단하고 정결케 하는 불에 대한 이미지를 주의 백성들에게 자주 적용한다(사 29:6; 30:27-30; 66:15-17; 렘 15:14; 겔 22:20-21; 36:5; 욜 1:19-20; 2:3; 나 1:6; 습 1:14-17). 선지자의 청중들 중 대장간을 지나쳐본 사람이라면 말라기가 선포하는 말씀의 바탕이 되는 강력한 이미지를 잘 인식하고 있을 것이다. 여호와가 주의 백성들에게 정결케 하는 불로 임하는 목적은 스가랴 13:9에 잘 묘사되어 있다: "내가 그 삼분지 일을 불 가운데 던져 은 같이 연단하며 금 같이 시험할 것이라 그들이 내 이름을 부르리니 내가 들을 것이며 나는 말하기를 이는 내 백성이라 할 것이요 그들은 말하기를 여호와는 내 하나님이시라 하리라"(개역). '잿물'은 빨래를 세탁할 때 사용되었던 물질이다. 천에서 때를 분류/제거하는 물질인 것이다. 그러므로 불과 잿물은 하나님께서 여호와의 날에 행하실 일을 상징한다. 하나님께서 심판주로 오시는 날 주님은 불과 잿물처럼 남길만한 것을 남기시고, 남길 가치가 없는 것은 제거해 버리실 것이다.

이 섹션은 기독론, 특히 삼위일체론에 중요한 기여를 하는 구약 텍스트로 분류된다. 여호와의 사자로 보내심을 받은 자가 바로 다름 아닌 여호와로 드러나기 때문이다(Kaiser). 어떻게 보낸 자와 보냄을 받은 자가 같은 인물일 수 있는가? 우리는 예수에 대하여 동일한 질문을 한다: 어떻게 하나님에 의하여 보냄을 받은 자가 바로 성육신한 하나님이란 말인가? 물론 삼위일체론을 인정하지 않고는 이 질문에 대한 답을 얻을 수 없다. 말라기는 바로 이러한 면에서 기독론에 기여하고 있는 것이다.

선지자는 여호와를 '앉으신 자'로 묘사하고 있는데(3절), 앉아 있는 자세는 심판 혹은 재판을 뜻하거나(출 18:13; 룻 4:1–2; 단 7:9–10), 통치를 뜻한다(삼상 1:9; 시 29:10; 132:12; 렘 17:25). 아울러 저자는 여호와는 이스라엘을 제련하는 불일 뿐만 아니라(cf. 2절), 제련사(refiner)로 묘사하고 있다(3절). 그렇다면 그날 여호와께서 정결케 하실 대상은 누구인가? 바로 제사장을 중심으로 한 레위 사람들이다(3절). 하나님께서 금과 은을 제련하듯이 레위 사람들을 제련하실 것이다. 무엇을 위하여 그들을 제련하시는가? 논쟁 2, 3에서 언급된 잘못된 제사에 종지부를 찍기 위해서이다. 역시 이 섹션에서 지속되는 테마는 분류/구분이다. 잘못된 제사를 드려(1:8, 13) 언약을 파괴하고 하나님을 분노케 했던 제사장들과 레위 사람들은(2:4, 8) 레위 지파에서 제거될 것이며 신실하게 여호와를 섬긴 자들은 보존될 것이다.

선지자가 3–4절이 언급하고 있는 여호와의 날에 제사장들이 드릴 제사가 옛적 모세를 통해 주어진 시내 산 언약에 의한 것이라는 힌트는 어디에도 없다. 말라기서의 그 어디에도 여호와의 날에 있을 메시아의 사역이 시내 산 언약이 요구하는 제사 제도를 회복시키는 것이라고 암시하는 텍스트는 없다(Stuart). 저자는 단순히 여호와의 날이 임하면 한때는 이스라엘이 하나님께 드렸던 제대로 된 제사와 진정한 예배가 드려질 것을 예언하는 것뿐이다.

이스라엘 국가와 민족이 정결하게 되는 것은 여호와의 날의 궁극적인 목적이며 이 과정은 레위 사람들을 정결케 하는 것으로 시작될 것이다. 제사를 드리는 자들이 구분되어 잘못 드리는 자들은 제거되고 제대로 드리는 자들이 남아 예배를 주도하게 되니 드려지는 예배와 제물에 대하여 하나님께서도 기뻐하신다(4절). 하나님께서 왜 이 제물을 기뻐하시는가? 많은 것을 드려서인가? 성경은 하나님께서 기뻐하는 제물에 대하여 두 가지로 규정한다: (1) 올바른 종류의 제물이 드려져야 한다; (2) 올바른 사람이—하나님과의 언약을 잘 준수하는 사람이 드려야 한다(cf. 암 5:21-27; 사 1:10-15). 비싼 것을 많이 드려야 하나님께서 기뻐하신다는 사고는 성경의 그 어디에도 없다. 이러한 사고는 오히려 이방 종교에서 팽배했던 것에 지나지 않는다(Stuart). 그렇다면 왜 '값비싼 제물/많은 제물'은 여호와 종교에서 별 의미가 없는가? 제물과 예배는 결코 하나님을 '배부르게' 하는 것이 아니기 때문이다. 이러한 사고 역시 이방 종교들의 생각에 지나지 않는다.

성경은 예배와 제물이 근본적으로 하나님의 은혜에 감사드리는 자의 반응이라고 정의한다. 비록 직접적으로 언급되지는 않았지만 하나님께서 가인의 제물을 받지 않으신 것도 바로 이런 이유에서였다(cf. 창 4). 고린도후서 9:7은 제물을 드리는 자세에 대한 지침이기도 하다: "각각 그 마음에 정한대로 할 것이요 인색함으로나 억지로 하지 말찌니 하나님은 즐겨 내는 자를 사랑하시느니라."

간혹 말라기를 이스라엘의 제사에만 관심이 있었던 선지자로 간주하는 사람들이 있다(cf. Rudolph). 이러한 사람들은 사회의 부조리를 강력하게 지적하고 있는 5절의 말씀은 훗날 누군가가 삽입한 것으로, 말라기의 말이 아니라고 주장할 수밖에 없다. 그러나 5절의 말씀은 2:17절을 보충 설명하는 것이며 본문의 구조에서도 중요한 역할을 하는 문장이다. 저자는 5절에서 모세언약을 위반하는 7가지 범죄행위를 나열하고 있다: "내가 너희를 심판하러 가겠다. 점치는 자와 간음하는 자와 거짓으로 증언하는 자와 일꾼의 품삯을 떼어먹는 자와 과부와 고아를 억압하고 나그네를 학대하는 자와 나를 경외하지 않는 자들의 잘못을 증언하는 증인으로, 기꺼이 나서겠다"(개역).

왜 하필이면 이 7가지인가? 특별히 사악한 것이라 여기에 나열한 것일까? 아니면 이 7가지가 각 분야의 죄를 대표하는 대표성을 지닌 것일까? 그렇지는 않은 것으로 생각된다. 아마도 이 7가지 죄가 말라기 시대에 매우 성행했으며, 언약이 준수되지 않고 있음을 증명하는 데 충분하기 때문에 사용되는 것으로 여겨진다. 선지자가 문제 삼고 있는 7가지 죄는 다음과 같다. 첫째, 점치는 것(כשף)이다. 이것은 하나님께 가증스러운 행위로 신명기 18:12 등이 금하고 있으며 이방인들로부터 빌려온 풍습이었다(cf. 왕하 9:22). 이는 한때 이스라엘에 매우 성행했으며(대하 33:6; 렘 27:9), 율법은 이러한 행위를 하는 자들을 사형에 처할 것을 명시하고 있다(출 22:18). 둘째, 간음하는 것(נאף)이다. 이는 십계명을 범하는 도덕적 부패 행위였으며(출 20:14; 신 5:18) 언약을 무효하게 만드는 일이었다. 간음 역시 사형을 요구하는 범죄였으며(신 22:22), 성경(창 20:9; 39:9)과 고대 근동 문화에서 때로는 '큰 죄'(great sin)로 알려져 있었다(Moran; Rabinowitz). 신약도 이 죄를 매우 심각하게 취급하고 있다(마 5:27–32; 롬 2:22; 고전 6:9; 갈 5:19; 히 13:4; 야 2:11). 셋째, 거짓으로 증언하는 것이다. 거짓 증언은 십계명을 범하는 행위이며 가증스러운 짓이다(렘 7:9–12). 하나님의 이름을 빌려 행하는 특별한 거짓말이며 그만큼 하나님의 이름을 욕되게 하는 행위이다. 그뿐만 아니라 이 범죄는 항상 억울한 사람을 궁지에 몰아넣게 되어 있다. 넷째, 일꾼의 품삯을 떼어먹는 것이다. 고용인으로서 범할 수 있는 가장 비인도적인 범행이다. 물론 좋지 못한 근로 여건 등으로 노동력을 착취하는 것도 나쁘지만, 약속한 날짜에 품삯을 지불하지 않거나 도저히 생활할 수 없을 정도의 저임금에 사람을 고용하는 것은 더 나쁜 일이다. 이게 바로 자본주의가 갖고 있는 가장 기본적인 허점이다. 사람을 사람답게 하지 못하는 것이 자본주의인 것이다. 다섯째, 과부와 고아를 억압하는 것이다. 구약에서 '고아와 과부'는 가장 절박하고 어려운 여건에 처한 사람들을 의미하는 표현이다. 성경은 여호와께서 바로 이들의 아버지이시고 대변자라고 경고한다. 이 세상에 의지할 곳 하나 없는 빈곤한 자들을 착취하고 그들의 인권을 무시하는 행위를 결코 용납하지 않으실 것임을 역설하시는 것이다. 여섯째, 나그네를 학대하는 것이다. 과부와 고아처럼 '나그네'는 남의 도움이 없이는 살 수 없는, 이웃에게 의지해야만 하는 불쌍한 사람의 상징이다. 또한 하나님께서 이스라엘에게 나그네를 잘 대접하라는 것은 옛적 그들이 이집트에서 나그네로서 서러운 생활을 경험했기 때문이었다(출 22:21; 신 10:18–19). 일곱째, 여호와를 경외하지 않는 것이다. 이 행위는 그 자체가 범죄일 뿐만 아니라 위에 나열된 6

가지 죄의 성향을 요약하는 것이기도 하다. 여호와를 경외하는 것은 하나님을 항상 화가 난 분으로 혹은 순간적으로 감정이 폭발할 수 있는 일관성 없는 두려움을 자아내는 존재로 생각하라는 것이 아니다. 단지 하나님의 법과 명령을 어길 때 초래되는 그분의 심판과 징계를 두려워하라는 의미이다. 하나님을 두려워하지 않는 것은 곧 그에게 속하지 않았다는 의미로 해석되기도 한다(렘 32:39).

V. 제5 논쟁

3:6-12

상당수의 학자들이 6절이 '그러므로/왜냐하면'(כִּי)으로 시작한다 하여 6절을 독립 문단의 시작으로 간주하지 않고 앞 디스코스에 붙이고 있다(Sweeney; cf. NRS). 그러나 이 단어로 시작하기 때문에 새로운 문단의 시작이 될 수 없다는 것은 별로 설득력이 없다. 이 논쟁 역시 다른 논쟁과 같은 구조로 이루어져 있다(Hugenberger). 특히 제2 논쟁처럼 본 섹션도 두 주장—반문 구조를 지녔다. 다음 사항을 참조하라.

구절	양식	문구
3:6-7a	여호와의 주장	"너희 열조의 날로부터 너희가 나의 규례를 떠나 지키지 아니하였도다 그런즉 내게로 돌아오라 그리하면 나도 너희에게로 돌아가리라"
3:7b	이스라엘의 반문	"우리가 어떻게 하여야 돌아가리이까"
3:8a	반문에 대한 여호와의 반응	"사람이 어찌 하나님의 것을 도적질하겠느냐 그러나 너희는 나의 것을 도적질하였다"
3:8b	이스라엘의 반문	"우리가 어떻게 주의 것을 도적질하였나이까"
3:8c	반문에 대한 여호와의 반응	"곧 십일조와 헌물이라"

구절	양식	문구
3:9-12	의미	이스라엘은 성전에 들여놓는 십일조를 줄임으로써 주의 것을 도적질하고 있다. 만일 그들이 하나님께 제대로 드린다면 그들은 매우 큰 풍요로움을 누릴 것이며 이 일로 인하여 유명해질 것이다.

이 섹션에서도 여러 주요 단어들이 반복적으로 사용됨으로써 전체적인 통일성을 유지하고 있다. 또한 본 논쟁은 다음과 같이 A–B–C–D–C'–B'–A' 구조를 지닌 것으로 간주되기도 한다(Wendland). 그러나 모든 사람들이 동의하는 것은 아니다. 본문이 교차대구법으로 이루어져 있다는 것을 전적으로 부인하는 학자들도 많다(Stuart).

A. 서론: 하나님의 전제(3:6)
B. 호소— 회개하라!(3:7)
1. 긍정적인 표현: "너희가 나의 규례를 떠나 지키지 아니하였도다"
2. 부정적인 표현: "내게로 돌아오라"
C. 고발: 너희는 나의 것을 도적질하였다(3:8)
D. 선고: 저주!(3:9a)
C'. 고발: 너희가 나의 것을 도적질하였다(3:9b)
B'. 약속 — 회개하는 자들 위에 복이 임하리라!(3:19-11)
1. 긍정적인 표현: "내가 하늘 문을 열고 너희에게 복을 쌓을 곳이 없도록 붓지 아니하나 보라"
2. 부정적인 표현: "황충을 금하여 너희 토지 소산을 멸하지 않게 하며 너희 밭에 포도나무의 과실로 기한 전에 떨어지지 않게 하리니"
A'. 결론: 메시아적 비전(3:12)

1장 백성들의 불순종에도 여호와는 변하지 않으심
3:6-7a

6 나 여호와는 변하지 아니하나니
그러므로 야곱의 자손들아 너희가 소멸되지 아니하느니라
7a 만군의 여호와가 이르노라
너희 조상들의 날로부터 너희가 나의 규례를 떠나 지키지 아니하였도다
그런즉 내게로 돌아오라
그리하면 나도 너희에게로 돌아가리라 하였더니

선지자는 이스라엘의 불신에도 불구하고 그들이 이 순간까지 멸망하지 않은 이유를 하나님께서 변하지 않으셨기 때문이라고 단정한다. 즉, 주의 백성들의 끊임없는 거역과 실패에도 불구하고 하나님의 은혜와 자비는 변하지 않는다는 사실이 주의 백성의 소망의 근거가 되는 것이다. 하나님께서 변하지 않으시기에 그들이 멸망하지 않고 아직도 '야곱의 자손'으로 남을 수 있었다.

여호와께서는 이러한 사실을 강조하기 위하여 이스라엘 백성이 최근에만 불순종한 것이 아니라 그들의 조상 시대에서부터 대대로 하나님을 거역해 왔

음을 회고하신다(7절; 사 65:7; 렘 2:5; 3:25; 9:14; 14:20; 23:27; 34:14; 44:9; 애 5:7; 겔 2:3; 호 10:1–2, 9; 11:1–2; 13:4–6). 만일 하나님께서 처음부터 '법대로' 그의 백성을 대하실 것이었다면 그들을 이미 오래전에 진멸했을 것이다. 그러나 이스라엘의 끊임없는 반역에도 불구하고 하나님이 처음부터 그들을 버리지 않으시기로 작정하셨기에 그들은 한 민족으로서 유지될 수 있었다. 이러한 하나님의 무한하시고 무조건적인 자비에 변함이 없으므로 아직도 그들이 하나님의 백성으로 존재할 수 있는 것이다.

우리의 소망도 이 사실에 근거하고 있지 아니한가? 만일 하나님께서 법과 규정에 따라 우리가 행한 대로 갚아주시는 분이라면 우리에게는 소망이 없다. 죄를 짓지 않고 사는 것은 거의 불가능한 일이기 때문이다. 다행히 하나님께는 오래 참으심과 무한한 용서와 은혜가 있다. 그러니 우리가 하나님을 떠나 누구에게 가겠는가? 우상을 숭배하는 것이 얼마나 어리석은 일인가는 끝까지 자기 백성을 버리지 않으시는 은혜의 하나님과 제시된 요구 사항에 따라 숭배자들을 평가하는 것으로 알려진 우상들을 비교해보면 알 수 있다. 물론 우상들은 인간이 만들어낸 개념이지 숭배자들에게 축복과 심판을 내릴 능력이 있는 신들이 아니다.

2장 십일조와 헌물로 하나님께 돌아올 수 있음
3:7b–12

7b 너희가 이르기를 우리가 어떻게 하여야 돌아가리이까 하는도다
8 사람이 어찌 하나님의 것을 도둑질하겠느냐
그러나 너희는 나의 것을 도둑질하고도 말하기를
우리가 어떻게 주의 것을 도둑질하였나이까 하는도다
이는 곧 십일조와 봉헌물이라
9 너희 곧 온 나라가 나의 것을 도둑질하였으므로 너희가 저주를 받았느니라
10 만군의 여호와가 이르노라
너희의 온전한 십일조를 창고에 들여 나의 집에 양식이 있게 하고
그것으로 나를 시험하여
내가 하늘 문을 열고 너희에게 복을 쌓을 곳이 없도록 붓지 아니하나 보라
11 만군의 여호와가 이르노라
내가 너희를 위하여 메뚜기를 금하여 너희 토지 소산을 먹어 없애지 못하게 하며
너희 밭의 포도나무 열매가 기한 전에 떨어지지 않게 하리니
12 너희 땅이 아름다워지므로 모든 이방인들이 너희를 복되다 하리라
만군의 여호와의 말이니라

"내게로 돌아오라 그리하면 나도 너희에게로 돌아가리라"(7b절)는 말씀은 이 순간 여호와께서 그들을 떠나 계심을 뜻하는가? 선지자는 그렇다고 한다. 비록 그들이 하나님께 예배하고 제물을 드려도 그분은 떠나신 지 오래다. 성경은 하나님께서 백성들을 거부하시는 것을 그들에게 내려질 수 있는 재앙에 포함한다(cf. 레 26:28; 신 31:17; 32:19). 이스라엘이 언약 조항을 준수하지 않았기 때문에 하나님과 맺은 언약의 보호를 받지 못하는 상태에 이른 것이다.

그렇다면 하나의 악순환이 진행되고 있다. 민생고에 시달리는 이스라엘은 그들에게 풍요로움을 주시지 않는 하나님으로부터 배신감과 실망을 경험하고 있다. 그래서 그들의 신앙은 위축되었으며 제물과 십일조를 드리는 일 등 자신들이 이행해야 할 의무를 소홀히 하고 있다. 하나님께서는 이에 분노를 느끼시고 그들에게 내리시던 복을 거두시며 오히려 더 혹독한 어려움을 당하게 하셨다. 즉, 그들이 처한 곤경은 하나님께로부터 온 징계였던 것이다.

이 사실을 깨닫지 못하는 이스라엘은 하나님을 향한 마음이 더 강팍해져만 가고 있다. 이들은 한 번도 자신들이 겪고 있는 어려움이 모세율법 준수를 토대로 한 신앙생활을 하지 않는 데서 비롯되었다는 것을 생각하지 못했다. 어떤 이들은 노골적으로 이방 신을 섬기고(2:11), 다른 사람들은 여호와 예배를 이방인들의 종교 풍습으로 오염시켰다(2:12-13). 또한 그들은 공공연히 여호와 하나님의 무능함을 탓했을 것이다.

이스라엘 사람들이 경험하고 있는 문제를 해결할 수 있는 방법은 무엇인가? 그들의 행위 중 율법에 어긋나는 모든 일에서 회개하고 돌아와 여호와를 유일한 왕과 주인으로 대하는 것이다(cf. 출 20:3-6; 신 5:7-8). 다른 말로 표현하자면 둘째 논쟁이 지적한 부적절한 예배, 셋째 논쟁이 문제 삼은 불신, 넷째 논쟁이 드러낸 사회적 부패 등이 모두 바뀌어야 한다. 그들은 이러한 행위에서 돌이켜야 한다. '돌아오다/돌이키다'(שׁוב)는 선지자들이 백성들의 회개를 종용하면서 자주 사용하는 단어이다(cf. 렘 3:22; 4:1; 5:3; 8:4-5; 18:7-10; 겔 3:17-21; 14:7; 17:21-32; 욜 2:12-14; 슥 2:3, 9, 11; 3:5; 5:4; 6:1; 7:10; 11:5; 12:7).

안타깝게도 이스라엘은 주님께 '돌아가는 것/회개하는 것'이 구체적으로 무엇을 의미하는지를 모르고 있다. 그러므로 "우리가 어떻게 하여야 돌아가리이까"라고 질문한다. 물론 이들의 질문이 방법을 몰라서 방황하는 자의 진솔한 물음일 수도 있지만, 자신들은 도저히 하나님께 돌아갈 수 없다는 비관적인 입장의 표시일 수도 있다. 혹은 설령 그 길을 안다고 하더라도 이미 상황이 돌이키는 것을 허락지 않는다는 표현일 수도 있다.

하나님께서는 이스라엘이 주님께 돌아오기에 때가 너무 늦었거나 방법이 어려운 것이 아니라는 점을 강조하신다. 제대로 된 십일조와 예물을 드린다면 문제 해결의 실마리가 보일 것이라고 하신다. 물론 그동안 선지자가 지적해 온 문제들을 종합할 때, 제물을 제대로 드리지 않는 것이 그들의 유일한 문제는 아니다. 그러나 일단 제대로 된 제물과 십일조를 드리는 것은 여호와께 돌아오는 것을 가시화하는 가장 좋은 수단이라는 뜻이다. 실제로 이들이 가장 아까워하는 것이 하나님께 드려야 하는 제물이 아닌가? 그들이 가장 아까워하는 것을 드릴 때, 하나님께서는 그들이 그렇게 갈망하던 풍요로움을 주실 것이다(cf. 10–12절).

선지자는 십일조와 헌물을 제대로 드리지 않는 것은 바로 하나님의 것을 도적질하는 행위라고 규정한다(8절). 선지자의 단호한 선언은 우리에게 몇 가지 질문을 하게 한다: (1) 어떻게 십일조를 드리지 않는 것이 하나님의 것을 도적질하는 것인가?; (2) 십일조(הַמַּעֲשֵׂר)와 헌물(הַתְּרוּמָה)의 차이점은 무엇인가?; (3) 말라기가 진정 십일조를 드리는 것이 회개의 중심이라고 말하고 있는가?; (4) 만일 크리스천들이 십일조를 드리지 않는다면 하나님의 것을 도적질하는 것인가? 이 질문들을 하나씩 생각해보자.

첫 번째 질문, 곧 "어떻게 십일조를 드리지 않는 것이 하나님의 것을 도적질하는 것인가?"는 성경의 청지기론을 통해 답할 수 있다. 세상의 모든 것이 여호와의 소유물이며(시 24:1; cf. 시 50:12), 우리의 모든 풍요로움 역시 하나님의 것이다(출 19:5; 레 20:26; 25:23). 그러므로 인간은 결코 세상의 것들을 소유할 수 없으며 잠시 사용하는 것뿐이다. 이러한 생각이 특별히 십일조와 첫 소산을 하나님께 드리는 것에 깊이 배어 있다(출 13:2; 34:19; 레 27:30, 32; 민 8:17).

그뿐만 아니라 성경은 헌물과 십일조를 드리는 것은 주인이 하나님께 드리는 것이 아니라, 소작인이 그들이 경작하고 있는 땅의 주인이신 하나님께 드리는 것으로 가르친다. 그러므로 제대로 헌물을 드리지 않는 것은 바로 소작인이 땅 주인에게 드려야 할 부분을 드리지 않는 행위가 되는 것이다.

두 번째, "십일조(הַמַּעֲשֵׂר)와 헌물(הַתְּרוּמָה)의 차이점은 무엇인가?"라는 질문에 답변하기는 쉽지 않다. 헌물은 상당히 광범위한 개념이며 십일조도 일종의 헌물이기 때문이다. 그러나 두 개념의 사용처에는 어느 정도의 차이가 있는 것이 사실이다. 전반적으로 십일조는 레위 사람들의 몫이며, 헌물은 제사장들의 몫이다(Judaica). 선지자가 여기서 이 두 가지를 언급하는 것은 주의 백성들이 종교 제도와 성전을 유지하기 위하여 하나님께 드려야 하는 모든 종류의 제물을 포괄적으로 의미하는 것으로 생각된다(Sweeney).

이스라엘 사람들은 십일조만 드린 것이 아니라, 때에 따라 다양한 제물을 성전에 들여놓았다. 그래서 학자들은 구약시대 사람들이 평균적으로 자신의 소득의 20%를 십일조 및 다양한 제물로 드렸던 것으로 추측한다. 자신들은 하나님께 버림받은 자들이라 생각하는 이스라엘 사람들은 온전한 십일조 외에도 그들이 하나님께 드려야 할 갖가지 헌물을 제대로 드리지 않음으로써 오히려 하나님을 배신했다. 말라기 시대를 살았던 주의 백성의 가장 큰 문제는 입으로는 하나님을 사랑한다고 경배하지만, 제물로는 그렇지 못한 것에 있었다. 이러한 현상은 꼭 그 당시의 문제만은 아닐 것이다. 주의 백성이라 자부하는 우리는 어떠한가?

"말라기가 진정 십일조를 드리는 것이 회개의 중심이라고 말하고 있는가?"라는 세 번째 질문에 대한 대답은 '그렇다'이다. 선지자가 문제 삼고 있는 것은 이스라엘이 여호와와의 언약 조항을 잘 이행하지 않는다는 것이며, 언약 준수의 가장 필수 요건 중 하나가 십일조를 드리는 것이다. 그러므로 이러한 정황에서 선지자가 온전한 십일조를 드리는 것이 회개의 중심이라고 말하는 것은 당연한 일이다. 우리가 어떤 가치관과 세계관을 가지고 살아가고 있는가가 우리의 돈 씀씀이에 직접적으로 반영되어 있다. 종교개혁자 루터는 죄인의 회심은 꼭 '지갑의 회심'을 동반해야 한다고 했다. 우리는 주님 나라의 확장과 사역에 있어 재정적으로 관대해야 한다.

네 번째 질문, 곧 "만일 기독교인들이 십일조를 드리지 않는다면 하나님의 것을 도적질하는 것인가?"에 대한 답은 고린도후서 9:6-7에서 찾을 수 있다. 십일조는 신약시대를 살아가는 크리스천들에게 요구되는 율법은 아니다. 그러나 한 공동체의 일원으로서 기독교인들은 모두 성심껏 그 공동체의 재정적인 필요를 채울 의무는 있다. 교회는 전도(선교)와 구제를 위하여 존재한다. 교회가 이런 일을 하려면 돈이 필요하다. 우리는 교회가 제 기능을 잘할 수 있도록 재정적으로 헌신해야 한다. 헌금은 예배의 다섯 가지 요소(기도, 찬양, 헌금, 말씀을 듣는 것, 성찬예식) 중 하나이다(Stuart).

말라기 선지자는 9절에서 이스라엘이 당면한 현실을 세 가지로 정리하고 있다: (1) 온 나라가 저주 아래 있다; (2) 이 저주는 그들이 하나님의 것을 도적질하는 것에서 비롯되었다; (3) 도적질이 제한된 범위에서 행해지는 것이 아니라 사회 전반에 팽배해 있다. 온 나라가 저주 아래 있다는 사실은 "떼 가운데 수컷이 있거늘 그 서원하는 일에 흠 있는 것으로 사기하여 내게 드리는 자는 저주를 받으리니"(1:14), "너희가 만일 듣지 아니하며 마음에 두지 아니하여 내 이름을 영화롭게 하지 아니하면 내가 너희에게 저주를 내려 너희의 복을 저주하리라 내가 이미 저주하였나니 이는 너희가 그것을 마음에 두지 아니하였음이니라"(2:2) 등을 연상케 한다. 이러한 사실은 일종의 아이러니를 형성한다(Sweeney). 주의 백성들은 하나님께 드려야 할 제물들을 드리지 않아 저주 아래 있게 되었으며 그로 인하여 땅의 풍요로움을 누리지 못한다. 저주 아래에 있는 그들은 하나님의 것을 계속 훔침으로써 저주를 지속시킨다. 백성이 먼저 회개하고 주께 돌아오지 않으면 지속되는 저주에서 빠져나올 길이 없는 것이다.

우리는 경제적으로 매우 어려운 여건에 처해 있는 백성들이 십일조 및 헌물 요구를 제대로 충족시키지 못하는 것에 대하여 충분히 이해할 수 있다. 또한 제물로 드리는 짐승들에 대한 규례는 적용하기가 쉽지만, 십일조에 대한 법을 강요하는 것은 결코 쉬운 일이 아니다. 각 개인의 수입은 사적인 정보이기 때문이다. 그러므로 사람들은 형편이 어려워지면 성전에 가져오는 여러 가지 헌물들 중 십일조의 액수를 가장 쉽게 조작했을 것이다. 그 누구도 알 수 없고 표시도 나지 않았기 때문이다. 그러나 그들은 하나님께 모든 것을 맡기고 그분의 규례가 요구하는 대로 순종할 수 있는 믿음이 필요했다.

이들이 당면하고 있는 어려움에서 탈피하고 싶다면 십일조와 헌물을 제대로 드려야 한다(10절). 인상적인 것은 명령어로 시작해서 조건 문장으로 끝맺는다는 것이다. 이런 구조는 순종하면 누릴 수 있는 복을 강조한다: "순종하라! … 그러면 이런 복을 누릴 수 있다." 이 말씀은 십일조를 드리는 자마다 시대와 장소를 초월해서 풍요로움을 누릴 것이라는 약속이 아니다. 말라기 시대를 살아가는 이스라엘 백성들, 하나님에 대하여 많은 불만을 지니고 살아가는 자들에게 그들의 문제의 해결책은 바로 하나님을 전적으로 의지하는 것이라고 강조하는 말씀이다. 또한 하나님께서 "나를 시험하라" 하시는 것은 성경이 다른 곳에서 금하고 있는 불신에서 비롯되는 시험과는 다르다는 사실도 인정해야 할 것이다. 때로 하나님께서는 진실을 파악하는 시험을 요구하신다(cf. 출 4:1-9; 왕상 18:22-39; 사 7:10-17; 시 34:8). 반면에 불신에서 비롯된 시험은 삼가야 한다(cf. 신 6:16; 삿 6:36-40; 마 12:38-39; 요 4:48; 6:30; 고전 10:9).

백성들이 제대로 십일조를 드린다면 하나님께서는 "내가 하늘 문을 열겠다"라는 약속을 하신다(10절). 무엇을 의미하는가? 가나안 지역에서 풍요로움을 누리려면 필수적이었던 비를 뜻한다(cf. 창 7:11-12; 사 24:18; 왕상 8:35-36; 대하 6:26). 이러한 약속이 여기서 주어지는 것은 아마도 선지자가 이 말씀을 선포할 때에 가나안 땅에 심한 가뭄이 진행되고 있었음을 시사하는 듯하다(Smith). 그러나 비의 약속은 단순히 말라기 시대에만 적용되는 약속이 아니다. 종말적인 의미도 내포되어 있다. 선지자들은 끊임없이 풍부한 비와 상상을 초월하는 풍요로움을 연결한다(사 30:23-26; 44:3; 욜 2:23-27; 3:18; 암 9:13; 학 2:18-19; 슥 8:12; 10:1). 그러므로 하나님께서는 이들에게 십일조를 제대로 드림으로써 그들 시대에 비를 보장받으라고 강요하시는 것이 아니라, 언약을 준수함으로써 다가올 미래의 상상을 초월하는 풍요로움을 누려 보라고 호소하시는 것이다(Stuart). 그러나 비만 제대로 내려준다고 해서 풍요로움이 저절로 찾아오는 것은 아니다. 그러므로 하나님께서는 병충해의 피해도 막아 주시고 나무들이 과실도 잘 맺게 보살펴 주실 것을 선언하신다(11절): "내가 너희를 위하여 황충을 금하여 너희 토지소산을 멸하지 않게 하며 너희 밭에 포도나무의 과실로 기한 전에 떨어지지 않게 하리라".

풍요로움도 중요하겠지만, 열방의 놀림거리가 되어 있는 이스라엘에게 가장 중요한 것은 명예 회복이었을 것이다. 그러므로 하나님은 이스라엘을 온 세상의 선망의 대상으로 삼아 주실 것을 약속하신다. 여호와께서 이스라엘을 이집트에서 인도해 내시어 광야에서 그들과 언약을 맺었을 때, 그들은 온 세상의 선망의 대상이었다. 그러나 세월이 지나면서 그들의 불순종으로 그 명예는 실추되었고 급기야 온 세상의 조롱거리가 되었다. 이처럼 이스라엘의 언약 불이행은 그들을 곤경에 빠뜨렸을 뿐만 아니라 세상의 조롱거리로 만들었지만, 만일 지금이라도 돌이키고 회개한다면 모든 것이 반전될 수 있다는 것이 하나님의 약속이다.

EXPOSIMENTARY

Malachi

Ⅵ. 제6 논쟁

3:13–4:3[3:13–21][28]

말라기서 안에서 두 번째로 긴 논쟁을 구성하고 있는 이 섹션의 주제는 다가오는 여호와의 날이다(cf. 2:17–3:5). 선지자들의 여호와의 날에 관한 가르침에 있어서 19–21절의 가르침은 가장 긍정적인 것에 속한다. 이 논쟁에서도 다른 논쟁들처럼 많은 단어들이 반복적으로 사용되어 전체 섹션에 통일성을 더하고 있으며, 특히 이 섹션은 다섯 번째 논쟁과 많은 공통점을 지녔다. 이 논쟁에서도 하나님의 직접적인 선언이 중심을 이루고 있다. 지금까지의 논쟁을 정리해 보면 제1, 2논쟁과 제5, 6논쟁은 하나님의 말씀을 중심으로 형성되어 있으며, 중심 논쟁이라 할 수 있는 제3, 4논쟁은 선지자가 하나님에 대하여 선포하는 말씀으로 구성되어 있다. 말라기가 지속적으로 사용하고 있는 구조가 이 논쟁에서도 역력하다. 다음을 참조하라.

구절	양식	문구
3:13a	여호와의 주장	"너희가 완악한 말로 나를 대적하였다"

28 이 섹션은 구절로 나누는 데 있어서 히브리어 성경과 영어와 한국어 번역본들이 차이를 두고 있다.

구절	양식	문구
3:13b	이스라엘의 반문	"우리가 무슨 말로 주를 대적하였나이까"
3:14-15	반문에 대한 여호와의 반응	"너희가 말하기를 하나님을 섬기는 것이 '헛되니 만군의 여호와 앞에 그 명령을 지키며 슬프게 행하는 것이 무엇이 유익하리요 지금 우리는 교만한 자가 복되다 하며 악을 행하는 자가 창성하며 하나님을 시험하는 자가 화를 면한다 하노라' 함이니라"
3:16-4:6	의미	말라기의 청중들 중 신실한 자들이 언약 갱신을 시도한다. 하나님께서 신실한 자들을 지키시고 주의 날에 악한 자를 심판하시고 의인을 축복하실 것이다. 만일 언약이 준수되지 않으면 땅이 파괴될 것이다.

1장 백성들이 하나님을 억누름
3:13

13 여호와가 이르노라
너희가 완악한 말로 나를 대적하고도 이르기를
우리가 무슨 말로 주를 대적하였나이까 하는도다

삶에 지치고 응답받지 못한 기도생활에 실망한 백성들이 하나님에 대한 원성을 높였다. 그들은 하나님을 비방하고 원망하였다. 선지자는 이스라엘의 이러한 행위는 하나님께 대적하는 일이라고 한다. 그러나 문제는 그들이 하나님으로 하여금 복을 내리시지 못하도록 한 것이 아닌가? 그들의 비방이 하나님께 부담이 된다는 말을 듣고 그들은 마치 놀란 것처럼 "우리가 무슨 말로 주를 대적했습니까?"라고 반문하고 있다.

우리는 행실에서만 신중해야 하는 것이 아니라 사용하는 언어에서도 신중해야 한다. 특히 하나님에 대하여 말할 때는 우리의 언어가 망언이 되지 않도록 신중에 신중을 기해야 한다. 그렇지 않으면 이스라엘이 저지른 죄가 바로 우리의 죄가 될 수 있다. 하나님의 백성은 행동에서뿐만 아니라 사용하는 언어에서도 믿지 않는 사람들과 다르다는 것을 온 세상에 보여주어야 한다.

2장 백성들이 하나님을 섬기는 것이 쓸모 없다고 생각함
3:14-15

14 이는 너희가 말하기를
하나님을 섬기는 것이 헛되니
만군의 여호와 앞에서 그 명령을 지키며
슬프게 행하는 것이 무엇이 유익하리요
15 지금 우리는 교만한 자가 복되다 하며
악을 행하는 자가 번성하며
하나님을 시험하는 자가 화를 면한다 하노라 함이라

급기야 백성들은 하나님을 섬기는 일이 부질없는 짓이라 생각한다. 이스라엘 사람들이 직접적으로 하나님을 비방하는 말을 하지 않았을 수 있다. 이러한 망언은 신성모독으로 간주될 수 있기 때문이다. 그러나 선지자는 그들이 평소 하는 말을 종합해 보면 이러한 결론을 내릴 수밖에 없다고 한다. 그들은 하나님께서는 정의와 공평이 이 세상에 행해지는 것에 관심이 없으시다고 원망했다. 심지어는 하나님께서 의인보다는 악인들을 선호하신다는 망언을 일삼았다. 인류를 두고두고 괴롭히는 문제, 곧 의인이 고통을 당하고 악인이 성행하는 문제가 이들의 발목을 잡았던 것이다. 그러므로 그들은 하나님의 말씀대로 선하게 살 필요성을 느끼지 못하고 있다.

사실 우리가 신앙생활을 할 때 가장 어려운 이슈들 중 하나에 속하는 것이 바로 이 문제이다. 하나님께서 신실하고 믿음으로 살려고 하는 자에게는 복을 주시고, 악한 짓을 일삼는 사람들은 즉결심판에 넘기신다면, 세상이 얼마나 더 살기 좋은 곳이 될 것이며, 우리도 얼마나 더 열심히 신앙생활을 하려는 열망을 갖겠는가? 안타깝게도 현실은 그렇지 않다. 결국 악인이 판을 치는 현실에 실망한 사람들이 신앙을 버리고 하나님께 등을 돌린다. 성경은 우리에게 이처럼 절망적인 현실에서 고개를 들어 미래를 바라볼 것을 요구한다. 하나님께서 이 세상을 심판하시는 날, 우리가 현실에서 경험하고 있는 모든 부조리와 불합리성이 해결될 것이라는 약속을 곁들이면서 말이다. 현실이 실체의 전부라고 생각하거나 현실만 바라본다면 우리는 실망할 수밖에 없다. 그렇기 때문에 우리는 종말론적인 관점을 가지고 미래를 바라보며 오늘을 살아가야 한다.

3장 신실한 사람들은 언약 갱신에 참여할 것임
3:16-4:3

16 그 때에 여호와를 경외하는 자들이 피차에 말하매
여호와께서 그것을 분명히 들으시고
여호와를 경외하는 자와 그 이름을 존중히 여기는 자를 위하여
여호와 앞에 있는 기념책에 기록하셨느니라
17 만군의 여호와가 이르노라
나는 내가 정한 날에 그들을 나의 특별한 소유로 삼을 것이요
또 사람이 자기를 섬기는 아들을 아낌 같이 내가 그들을 아끼리니
18 그 때에 너희가 돌아와서 의인과 악인을 분별하고
하나님을 섬기는 자와 섬기지 아니하는 자를 분별하리라
4:1 만군의 여호와가 이르노라
보라 용광로 불 같은 날이 이르리니
교만한 자와 악을 행하는 자는 다 지푸라기 같을 것이라
그 이르는 날에 그들을 살라 그 뿌리와 가지를 남기지 아니할 것이로되
2 내 이름을 경외하는 너희에게는
공의로운 해가 떠올라서 치료하는 광선을 비추리니
너희가 나가서 외양간에서 나온 송아지 같이 뛰리라

3 또 너희가 악인을 밟을 것이니
그들이 내가 정한 날에 너희 발바닥 밑에 재와 같으리라
만군의 여호와의 말이니라

백성들이 하나님을 원망하면서 하는 말이 옳은가? 선지자는 전혀 사실이 아니라고 주장한다. 하나님께서는 주의 백성들의 형편에 깊은 관심을 기울이고 계시며, 그들의 탄식 소리를 들으신다. 그뿐만 아니라 여호와께서 세상을 심판하시는 날이 이르면 그들이 토로한 불만의 모든 것이 적절하게 해결될 것이다. 그날이 되면 악인은 정녕 심판을 받아 망할 것이요, 하나님을 끝까지 신뢰하는 자들은 합당한 보상과 위로를 받을 것이다.

그뿐만 아니라 이날은 이미 다른 논쟁에서 제시된 것처럼 분류/구분하는 날이어서 누구든지 여호와 앞에 놓여있는 '기념책'(סֵפֶר זִכָּרוֹן)에 이름이 기록된 자는 모두 다 여호와의 구원을 누리게 될 것이며, 그 책에 이름이 기록되지 않은 악인들은 모두 멸망에 이르게 될 것이다(16절). 즉, 사람들은 이 책에 의하여 두 부류로 구분될 것이다. 이 기념책은 어떤 종류의 문서일까? 몇몇 학자들은 이 책을 신약의 '생명책'과 동일시하지만, 하나님과의 언약을 신실하게 지키겠다는 사람들의 서명이 들어있는 책이라는 해석이 일반적이다. 비록 대다수의 사람들이 하나님의 신실하심과 공의로우심을 의심하여 그분과의 언약을 등한시하거나 어기더라도 일부는 끝까지 그분을 신뢰하고 언약을 준수하겠다는 각오로 살아갔는데, 바로 이들을 여호와의 구원의 대상으로 삼으시겠다는 것이다(cf. 스 10; 느 7:6-63; 10).

하나님께서는 기념책에 기록된 사람들을 구분하여 매우 특별한 대우를 하실 것이다(17절). 그들을 친자녀처럼 대하실 뿐만 아니라 아주 '특별한 소유'(סְגֻלָּה)로 삼으실 것이다. 구약에서 하나님과 백성들 사이를 아버지—아들로 묘사하는 것은 그리 흔한 일이 아니다. 그런데 여기서는 하나님께서 그들

을 자녀로 대하실 뿐만 아니라 아주 소중한 소유로 간주하여 특별히 대우하실 것을 선언하신다. 사람들이 주장하는 것과는 달리 하나님께서 이 세상의 일들과 상황을 살피시고 관심 있게 지켜보고 계시다는 것이다. 그리고 모든 것이 끝나는 날, 여호와께서 자신의 '소유들'을 구분하시고 인정하실 것이다.

여호와의 날이 임하면 악인들에게 임할 하나님의 심판은 두렵기만 하다(4:1). 강력한 용광로의 이미지가 이날에 있을 일을 주도하고 있다. 성경은 흔히 불을 하나님의 심판과 분노에 연관시킨다(창 19:24-28; 시 2:12; 89:46; 사 30:27; 렘 4:4; 21:12; 암 1:4, 7, 10, 12, 14; 2:2, 5). 특히 용광로는 고대 근동 사람들이 상상할 수 있는 가장 뜨거운 불이었다. 하나님의 심판과 분노가 극에 달한 것이다. 그러나 동시에 여호와의 날은 주의 백성을 정결케 하는 날이다. 마치 용광로가 가장 순수한 금속을 산출해 내듯이 하나님의 심판은 그들 사이에 있는 모든 부정과 찌꺼기를 태울 것이다.

모든 불순물이 제거된 백성들 위에 "의로운 해가 떠올라서 치료하는 광선을 발할 것이다"(4:2). 모든 육체적, 영적 문제에서 치유를 받은 백성들이 마치 송아지처럼 뛰논다. 농경사회에서는 놓칠 수 없는 자유의 이미지이다. 비록 여호와의 날이 악인들에게는 심판과 진노의 날이지만, 하나님을 끝까지 의지하고 그를 기다렸던 백성들에게는 더 없는 위로와 회복의 날이 되는 것이다.

이날은 악인들의 기세에 눌려 힘들게 살아오다가 하나님의 치유와 위로를 받고 회복되어 송아지처럼 뛰어다니는 자들이 그 여세를 몰아 악인들을 짓밟는 날이다(4:3). 평소에 억울하게 당해왔던 사람들이 원수 갚음을 하는 날인 것이다. 선지자는 백성들에게 이처럼 의인이 승리하고 악인을 짓밟는 그림을 제시함으로써 하나님은 공평하신 분이심을 믿고 현실을 이겨 나갈 것을 권고하고 있다. 더불어 어떤 경우에도 하나님이 악인을 사랑하신다는 망언은 삼가라고 당부하고 있다.

Ⅶ. 요약적 권면

4:4-6

책을 마무리하면서 선지자는 지금까지 선포된 내용을 되돌아보며 크게 두 가지를 권면한다. 첫째, 하나님께서 시내 산에서 모세를 통해 주신 율법을 준수하라는 것이다. 이스라엘이 하나님의 저주 아래 살고 있는 이유가 그들이 율법대로 살지 않기 때문이라는 말라기의 주장에 적절한 결론이다. 둘째, 여호와의 날이 올 것이라는 점을 마음에 품고 살라는 권면이다. 이 권면 역시 현실만을 보고 실망하며 좌절하는 이스라엘 백성들의 관점이 바뀌어야 한다고 말하고 있다.

𝓛 장 모세의 율법을 기억할 것
4:4

4 너희는 내가 호렙에서 온 이스라엘을 위하여 내 종 모세에게 명령한 법 곧 율례와 법도를 기억하라

선지자는 앞에서 공평과 정의가 존중되고, 하나님에 대한 믿음과 신뢰가 인정받는 주의 날이 미래에 임할 것이라는 예언을 선포했다. 이제 그는 권면으로 책을 마친다. 그의 청중들이 미래에 임할 하나님의 심판을 믿는 자로서 이 세상을 살아가려면, 그들은 오늘 이 순간을 어떻게 살아가야 하는가? 선지자의 답은 간단하다. 여호와의 말씀대로 살아가라는 것이다: "너희는 내가 호렙에서 온 이스라엘을 위하여 내 종 모세에게 명한 법 곧 율례와 법도를 기억하라." 미래에 대한 확신과 소망, 과거에 대한 감사와 묵상도 결코 현실에 충실하고 말씀대로 진실하게 살아가는 것을 대체할 수 없다. 그뿐만 아니라 지금까지 선지자가 문제 삼았던 모든 것들은 제사장들을 포함한 주의 백성들이 현실에 충실하지 않았기 때문에, 곧 하나님께서 옛적에 주신 말씀대로 살지 않았기 때문에 일어난 일들이었다. 이들이 하나님께서 이미 주신 말씀대로만 살아 왔어도 이런 일은 없을 것이다.

우리는 종종 주변에서 '새로운 진리'를 찾아 나서다가 실족하는 사람들을 보게 된다. 이미 주신 말씀대로 살지도 못하면서 왜 그들은 새로운 진리를 추구하는 것일까? 이 세상에서 하나님을 알고 누리는 데 필요한 모든 것은 이미 옛적에 우리 선조들에게 주신 말씀인 성경에 자세하게 기록되어 있다. 우리는 성경이 말씀하는 대로만 살면 되는 것이다. 더 이상 해 아래 새로운 것은 없다. 또한 우리의 삶이 성경에 기록된 삶의 모습과 일치하지 않는다면, 이미 성경을 통해 주신 말씀으로 우리의 삶을 성찰해 보는 지혜가 필요하다.

2장 엘리야 약속과 파괴에 대한 경고
4:5-6

5 보라 여호와의 크고 두려운 날이 이르기 전에
내가 선지자 엘리야를 너희에게 보내리니
6 그가 아버지의 마음을 자녀에게로 돌이키게 하고
자녀들의 마음을 그들의 아버지에게로 돌이키게 하리라
돌이키지 아니하면 두렵건대
내가 와서 저주로 그 땅을 칠까 하노라 하시니라

주의 날이 임하기 전에 엘리야가 먼저 와서 그의 길을 예비할 것이다(5절). 이러한 사실은 몇 가지 근본적인 질문을 하게 한다: (1) 왜 다른 사람이 아닌 엘리야인가?; (2) 이 엘리야는 열왕기에 기록되어 있는 그 엘리야인가, 아니면 다른 엘리야인가? 만일 열왕기의 엘리야라면 그가 하늘에서 내려오는 것인가, 부활하는 것인가, 아니면 성육신하는 것인가? 이 질문들에 대한 가능한 답들이 말라기가 이 말씀을 선포한 이후 끊임없이 제시되었으며 예수님께서 직접 요한을 엘리야로 지명하실 때까지 심지어는 요한의 제자들까지도 혼란스러워했다.

왜 다른 사람이 아닌 엘리야인가? 왜 모세, 아브라함, 혹은 다윗 등 다른 인물이 아니고 엘리야가 오는가? 선지자들의 사역은 다가오는 심판에 대하여 미리 경고함으로써 하나님의 은혜를 드러내는 일이었다. 선지자들 중에서도 특별히 엘리야는 아무런 거리낌 없이 이 역할을 감당했다. 엘리야는 언약을 이해하지 못한 백성들에게 언약 중보자로 다가왔다. 본문의 엘리야도 이러한 역할을 감당하고 있다. 그러므로 여기에서 엘리야가 등장하는 것이 적격이라 할 수 있다(Sweeney).

이 엘리야가 열왕기에 기록되어 있는 그 엘리야인가, 아니면 다른 엘리야인가? 만일 열왕기의 엘리야라면, 그가 하늘에서 내려오는 것인가, 부활하는 것인가, 아니면 성육신하는 것인가? 예수 그리스도께서 세례 요한을 두고 엘리야라고 하신 말씀을 감안할 때, 본문이 언급하고 있는 엘리야는 아합 왕 시대의 실제 인물을 두고 하는 말이 아니라, 단순히 그가 했던 사역에 비교하면서 비유적으로 언급하는 것임을 알 수 있다.

엘리야의 사역은 "아버지의 마음을 자녀들에게로 돌이키게 하고 자녀들의 마음을 그들의 아버지에게로 돌이키게 하는 것"이다(4:6). 이 말은 일종의 히브리어 숙어로 "자식들이 부모들처럼, 부모들도 자식들처럼 한마음이 된다"는 의미이다(Stuart). '부모와 자식'은 총체적인 의미를 지닌 한 쌍으로 이루어진 단어이다(merism). 말라기는 지금 일종의 가정 회복을 의미하는 것이 아니라 부모와 자식이 하나 되어 함께 여호와의 언약을 준수하는 날이 올 것임을 선언하고 있다. 만일 이 무리에 속하지 않는 자가 있다면 하나님께서는 그들에게 지금까지 언급하신 모든 심판과 저주를 내리실 것이다.

한때(지금도) 한국에는 이 텍스트를 근거로 자신이 엘리야라고 주장하는 이단 교주가 있었다. 그는 이 텍스트가 자신의 사역에 대하여 예언하고 있으며, 자신의 사역을 아버지(viz., 하나님)의 마음을 자식들(viz., 성도들)에게 돌이키고, 자식들(성도들)의 마음을 아버지이신 하나님께 돌이키게 하는 것이라고 했다. 그런데 이걸 어쩌나! 본문은 단수 '아버지'(אָב)가 아니라 복수 '아버지들'(אֲבוֹתָם)을 사용하고 있는 것을(cf. NAS; NIV; NRS; TNK). 이미 언급한 것처럼 이 텍스트는 부모와 자식이 하나가 되어 여호와의 언약을 준수하는 날이 올 것임을 예언한다. 또한, 설령 이 이단 교주가 주장하는 것처럼 본문이 관계 회복에 대하여 예언하고 있다고 해도 이 말씀은 육체적인 가족 관계(우리와 자녀들)의 회복을 예언하고 있는 것이지 영적인 가족 관계(하나님과 우리)의 회복과는 무관하다. 그는 우리말 성경이 단수와 복수를 정확하게 구분하지 않았기 때문에 생겨난 어이없는 이단 우두머리였다. 이처럼 어이없는 일이 다시는 일어나지 않도록 하기 위해서라도 우리말 번역본들을 좀 더 확실하게 정비할 필요가 있다.